Studien zum ausländischen und internationalen Privatrecht

227

Herausgegeben vom
Max-Planck-Institut für ausländisches
und internationales Privatrecht

Direktoren:
Jürgen Basedow, Holger Fleischer und Reinhard Zimmermann

Jens Peter Janköster

Fluggastrechte im internationalen Luftverkehr

Verspätung von Fluggästen, Überbuchung
und Annullierung von Flügen

Mohr Siebeck

Jens Peter Janköster, geboren 1973; Studium der Rechtswissenschaft in Konstanz; 2008 Promotion; derzeit Syndikusanwalt für Reise-, Wettbewerbs- und Kartellrecht bei der Hapag-Lloyd Aktiengesellschaft in Hamburg.

ISBN 978-3-16-150038-1
ISSN 0720-1141 (Studien zum ausländischen und internationalen Privatrecht)

Die Deutsche Nationalbibliothek verzeichnet diese Publikation in der Deutschen Nationalbibliographie; detaillierte bibliographische Daten sind im Internet über *http://dnb.d-nb.de* abrufbar.

© 2009 Mohr Siebeck Tübingen.

Das Werk einschließlich aller seiner Teile ist urheberrechtlich geschützt. Jede Verwertung außerhalb der engen Grenzen des Urheberrechtsgesetzes ist ohne Zustimmung des Verlags unzulässig und strafbar. Das gilt insbesondere für Vervielfältigungen, Übersetzungen, Mikroverfilmungen und die Einspeicherung und Verarbeitung in elektronischen Systemen.

Das Buch wurde von Kumpernatz + Bromann in Schenefeld gesetzt, von Gulde-Druck in Tübingen auf alterungsbeständiges Werkdruckpapier gedruckt und von der Buchbinderei Held in Rottenburg gebunden.

Vorwort

Die vorliegende Arbeit wurde im Wintersemester 2008/2009 vom Fachbereich Rechtswissenschaft der Universität Konstanz als Dissertation angenommen. Die mündliche Doktorprüfung fand am 20. Oktober 2008 statt. Literatur, Rechtsprechung und Gesetzgebung befinden sich auf dem Stand von Ende 2008. Einzelne Gerichtsentscheidungen und Aufsätze wurden bis Ende Juli 2009 berücksichtigt.

Die Arbeit entstand in wesentlichen Teilen während meiner Tätigkeit als wissenschaftlicher Mitarbeiter am Lehrstuhl meiner Doktormutter Frau Prof. Dr. Astrid Stadler. Ihr gilt mein ganz besonderer und herzlicher Dank für ihre wertvollen Anregungen, ihr stets offenes Ohr für Sorgen und Nöte jeglicher Art und die Erstellung des Erstgutachtens.

Danken möchte ich auch Herrn Prof. Dr. Jochen Glöckner für die kurzfristige Erstellung des Zweitgutachtens, Frau Denise Digrell vom Institut für Luft- und Weltraumrecht der Universität Köln für ihre Hilfe bei der Literaturrecherche und meinen ehemaligen Lehrstuhlkollegen Julia, Andreas, Stefan und Nico, meinem Bruder Jörg und den vielen Freunden (Axel, Elmar, Hanno, Michael, Michael, Niklas, Stefan, Stefan, Sven, Thomas, Tim), die in verschiedenster Form, insbesondere in Diskussionen und durch ihre Hilfe beim Korrekturlesen, zum Gelingen der Arbeit beigetragen haben.

Herrn Prof. Dr. Jürgen Basedow danke ich für die Aufnahme der Arbeit in die Schriftenreihe des Max-Planck-Instituts für ausländisches und internationales Privatrecht. Der Johanna und Fritz Buch Gedächtnis-Stiftung danke für die Förderung der Drucklegung.

In besonderer Weise danken möchte ich schließlich meinen Eltern, die mich in all den Jahren der Ausbildung immer begleitet, unterstützt und motiviert haben.

Hamburg, im August 2009 *Jens Peter Janköster*

Inhaltsübersicht

1. Teil Einleitung 1
2. Teil Die Grundlagen der Luftbeförderung 21
   1. Kapitel Das im Einzelfall anwendbare Recht 21
   2. Kapitel Der Luftbeförderungsvertrag 49
   3. Kapitel Der Beförderungsanspruch des Fluggastes 69
   4. Kapitel Leistungsänderungen und Stornierungen 91
3. Teil Flugverspätung 117
   1. Kapitel Definition 117
   2. Kapitel Rechtsfolgen der Flugverspätung 133
4. Teil Nichtbeförderung auf einem bestimmten Flug 341
   1. Kapitel Definitionen 342
   2. Kapitel Rechtsfolgen 344
5. Teil Gesamtergebnis 349

Inhaltsverzeichnis

Abkürzungsverzeichnis XV

1. Teil Einleitung 1
§ 1 Problemstellung 1
§ 2 Die Entwicklung der Fluggastrechte 5
§ 3 Überblick über die Rechtsquellen 11
    A. Internationales Einheitsrecht 12
        I. Montrealer Übereinkommen (MÜ) 12
        II. Warschauer Abkommen und Haager Protokoll (WA/HP) 12
    B. EG-Recht 13
        I. HaftungsVO 13
        II. FluggastrechteVO 14
        III. Schwarze-ListeVO 15
    C. Nationales Recht 16
        I. Luftverkehrsgesetz (LuftVG) 16
        II. MÜ Durchführungsgesetz (MontÜG) 16
        III. Deutsches Vertragsrecht 17
    D. Allgemeine Beförderungsbedingungen (ABB) 17
        I. IATA-Empfehlung RP 1724 17
        II. Wirksamkeit 18
    E. Airline Passenger Service Commitment (APSC) 19

2. Teil Die Grundlagen der Luftbeförderung 21
1. Kapitel Das im Einzelfall anwendbare Recht 21
§ 1 Internationale Luftbeförderungen 21
    A. Internationales Einheitsrecht 21
        I. Montrealer Übereinkommen (MÜ) 21
            1. Internationale Beförderung 22
            2. Luftbeförderungsvertrag 23
            3. Entgeltlich 24
            4. Zwischenergebnis 24
        II. Warschauer Abkommen (WA) 24
    B. EG-Recht 25
        I. HaftungsVO 26
            1. Bei Anwendbarkeit des MÜ 26
            2. Bei Nichtanwendbarkeit des MÜ 28
        II. FluggastrechteVO 30
        III. Schwarze-ListeVO 31

C. Nationales Recht 31
  I. Das nach dem deutschen IPR anwendbare Recht 31
      1. Vertragliche Anknüpfung? 32
      2. Rechtswahl nach Art. 27 EGBGB 32
      3. Sonderanknüpfung des Art. 29 II EGBGB............................... 35
      4. Das Recht der engsten Verbindung, Art. 28 EGBGB.................... 35
          a) Art. 28 II EGBGB.. 35
          b) Art. 28 V EGBGB.. 37
      5. Art. 29 a EGBGB 40
      6. Ergebnis.. 41
  II. Montrealer-Übereinkommen-Durchführungsgesetz (MontÜG)............ 41
  III. Luftverkehrsgesetz (LuftVG)... 42
      1. Bei Anwendbarkeit des MÜ 42
      2. Bei Nichtanwendbarkeit des MÜ... 43
          a) Bei Anwendbarkeit der HaftungsVO 43
          b) Bei Nichtanwendbarkeit der HaftungsVO........................... 43
  IV. Deutsches Vertragsrecht 44
      1. Bei Anwendbarkeit des MÜ 44
      2. Bei Anwendbarkeit der HaftungsVO... 45
      3. Bei Anwendbarkeit des WA 45
      4. Bei Anwendbarkeit des LuftVG 45
      5. Bei Anwendbarkeit der FluggastrechteVO 45
      6. Bei Anwendbarkeit der Schwarze-ListeVO 46
D. Ergebnis 46
§ 2 Nationale Luftbeförderungen 47
§ 3 Gesamtergebnis 48

2. Kapitel Der Luftbeförderungsvertrag... 49
§ 1 Rechtsnatur und Form.. 49
§ 2 Vertrag zugunsten Dritter 50
§ 3 Wirksame Einbeziehung von ABB 51
  A. Grundsatz... 51
  B. Buchung im Reisebüro 53
  C. Online-Buchungen 54
  D. Ticketautomat 55
  E. Telefonische Buchung... 55
  F. Fremdsprachliche Beförderungsbedingungen 56
§ 4 Beförderungsdokumente 57
  A. Flugschein... 57
  B. Gepäckschein.. 59
  C. Gepäckidentifizierungsmarke 59
§ 5 Die Vertragsbeteiligten 60
  A. Vertraglicher und ausführender Luftfrachtführer 60
      I. Code-Sharing.. 62
      II. Wet-Lease 63
  B. Aufeinanderfolgende Luftfrachtführer... 63
  C. Ausführendes Luftfahrtunternehmen i.S.d. FluggastrechteVO............. 66
  D. Vertragspartner für die Beförderung im Luftverkehr 67
  E. Fluggast/Reisender 67

3. Kapitel Der Beförderungsanspruch des Fluggastes 69
- § 1 Abschluss des „Rumpf"-Beförderungsvertrages 69
- § 2 Platzbuchung 71
  - A. Begriff 71
  - B. Rechtliche Qualifizierung 72
  - C. Anspruch 76
  - D. Einzelheiten 76
    - I. Ausführender Luftfrachtführer 76
    - II. Fluggerät 78
    - III. Flugroute 79
    - IV. Flugnummer 80
    - V. Information über Abwicklungsfragen 85
    - VI. Ergebnis und Umbuchung 86
- § 3 Beförderungen über mehrere Teilstrecken 87
  - A. Begriff 87
  - B. Ein Beförderungsvertrag oder mehrere Beförderungsverträge? 88
  - C. Anspruch auf durchgehende Beförderung? 90

4. Kapitel Leistungsänderungen und Stornierungen 91
- § 1 Einseitige Änderung der Flugzeiten 92
  - A. Voraussetzungen einseitiger Leistungsänderungen 92
  - B. Änderung der Flugzeiten 95
    - I. Zumutbarkeit 95
    - II. Wirksamkeit bestehender Klauseln in ABB 97
- § 2 Stornierung der Platzbuchung bei verspätetem Erscheinen 99
  - A. Verspätetes Erscheinen 99
    - I. Zum Check-in (Abfertigung) 99
      - 1. Grundsatz 99
      - 2. Einhaltung der Meldeschlusszeiten 101
        - a) Grundsatz 101
        - b) Rechtliche Verbindlichkeit 102
        - c) Ausnahmen der Einhaltung 105
    - II. Zum Boarding (Einsteigen) 106
  - B. Rechtsfolge: Stornierung der Platzbuchung 107
    - I. Einseitiges Stornierungsrecht 108
    - II. Verlust des Beförderungsanspruchs 110
    - III. Andere Lösungsansätze 112
  - C. Nichterscheinen des Fluggastes 113
  - D. Rückbestätigung und Abfliegen der Flugcoupons 114

3. Teil Flugverspätung 117

1. Kapitel Definition 117
- § 1 Maßstab der Rechtzeitigkeit – die Flugzeiten 118
  - A. Auslegung der Parteivereinbarung 119
    - I. Flugticket 119
    - II. Reiseplan, Reisebestätigung 119
    - III. Flugplan 119
    - IV. Angemessene Zeit 120
  - B. Off-Block und In-Block Zeit 122
  - C. Verbindlichkeit der Flugzeiten 123

		D. Ergebnis 125
§ 2	Abflug- und Ankunftsverspätung 126

2. Kapitel Rechtsfolgen der Flugverspätung 133
§ 1 Vorfragen 133
    A. Fixgeschäft 133
        I. Bedeutung der Abflugzeit 134
            1. Absolutes Fixgeschäft 134
                a) Rechtsprechung 134
                b) Literatur 135
                c) Eigene Stellungnahme 139
                      aa) Bedeutung der Abflugzeit nach der
                            Parteivereinbarung 139
                      bb) Entfallen des Beförderungsanspruchs 142
                      cc) Qualifizierung der späteren Beförderung 144
                      dd) FluggastrechteVO 147
                      ee) Verspätetes Erscheinen 148
                      ff) Abgrenzung des Anwendungsbereichs von Art. 19
                            MÜ 149
            2. Relatives Fixgeschäft 150
                a) Grundsatz 150
                b) Bedeutung der Abflugzeit nach den Vertragsumständen 152
                c) Bedeutung der Abflugzeit nach der Vertragsnatur 153
                d) FluggastrechteVO 155
            3. Erfüllungszeitraum für den Abflug 156
        II. Bedeutung der Ankunftszeit 158
        III. Ergebnis 161
    B. Reichweite der Verspätungshaftung nach Art. 19 MÜ 161
        I. „Verspätung bei der Luftbeförderung" 161
        II. Methodik der Auslegung des MÜ 166
        III. Auslegung des Verspätungsbegriffs in Art. 19 MÜ 172
            1. Grammatische Auslegung 172
            2. Systematische Auslegung 174
            3. Historische Auslegung 176
            4. Rechtsvergleichende Auslegung 181
            5. Teleologische Auslegung 190
        IV. Ergebnis 191
    C. Das MÜ als abschließende Regelung der Flugverspätung 192
        I. Zweck der Regelung 192
        II. Verdrängung anderer Anspruchsgrundlagen? 193
        III. Reichweite der Ausschlusswirkung 194
            1. Eingeschränkter Regelungsbereich des MÜ 194
            2. Abschließende Regelung in Teilbereichen 195
                a) Weite Bestimmung 195
                      aa) Rechtsprechung zum WA 195
                      bb) Dagegen sprechende Gründe 196
                      cc) Wortlaut von Art. 29 MÜ 198
                      dd) Änderung der Rechtslage gegenüber Art. 24
                            WA/HP? 198
                      ee) Ergebnis 200

		b) Enge Bestimmung...201
	IV.	Ergebnis 203
D.	Gesamtergebnis 204
E.	Nichtanwendbarkeit des MÜ 204
§ 2	Die Fluggastrechte im Einzelnen 205
	A.	Abflugverspätung...205
	I.	Erfüllung 205
	II.	Recht auf Information...208
		1. Informationspflicht...208
		2. Schadensersatz 209
	III.	Rücktritt 210
		1. Vorfragen..211
		a) Vorleistungspflicht des Fluggastes...211
		b) Anwendbarkeit des allgemeinen Leistungsstörungsrechts.....213
		2. Verzögerung der Leistung 216
		3. Geringfügige Abflugverspätungen..217
		4. Nachfrist...219
		a) Erforderlichkeit..219
		b) Dauer...223
		c) Geringfügige Überschreitung der Nachfrist 227
		d) Rücktritt bei Angebot nach Fristablauf 228
		5. Rücktritt vor Fälligkeit..229
		6. Einschränkung des Rücktrittsrechts in ABB.............................230
		7. Erweiterungen des Rücktrittsrechts in ABB 231
		8. Ergebnis...231
		9. Beförderungen über mehrere Teilstrecken................................232
	IV.	Schadensersatz statt der Leistung..237
		1. Identische Voraussetzungen 237
		2. Verschulden 239
		a) Eigenes und der eigenen Mitarbeiter......................................240
		b) Fremdverschulden..245
		c) Streik...250
		d) Einschränkungen in ABB..252
		3. Schaden..255
		a) Allgemeines...255
		b) Kosten eines Ersatzfluges 257
		c) Entgangener Gewinn...259
		d) Vergebliche Aufwendungen bzw. entgangene Leistungen 261
		e) Flugpreis..267
		f) Nicht Verzögerungsschaden...268
		g) Beförderungen über mehrere Teilstrecken 269
		4. Mitverschulden..271
	V.	Verzögerungsschaden...273
	VI.	Ansprüche aus Gewährleistungsrecht...277
	B.	Ergebnis...277
	C.	Ankunftsverspätung..278
	I.	Recht auf Information...278
	II.	Schadensersatz...278
		1. Verspätung...278

        2. Geringfügige Verspätungen...279
        3. Haftungszeitraum 280
        4. Beschränkung auf luftverkehrsspezifische Risiken 284
        5. Haftungsausschluss oder -beschränkung.....................................291
        6. Verschulden 294
            a) Eigenes Verschulden..295
            b) Verschulden der Leute 297
        7. Adäquat kausaler Schaden..302
        8. Beförderungen über mehrere Teilstrecken 306
            a) Mehrere Beförderungsverträge 306
            b) Ein Beförderungsvertrag 309
        9. Mitverschulden 311
        10. Haftungshöchstbeträge 314
        11. Sonstiges..318
            a) Schadensanzeige..318
            b) Klagefrist...318
            c) Vorschusspflicht, Art. 28 MÜ 319
            d) Versicherungspflicht, Art. 50 MÜ 319
            e) Information der Fluggäste nach der HaftungsVO 321
        12. Ergebnis...322
        13. Nichtanwendbarkeit des MÜ 322
    III. Andere Anspruchsziele 323
        1. Ansprüche nach der FluggastrechteVO 323
        2. Minderung..323
            a) Sachmangel?..325
            b) Ausschluss gemäß Art. 29 MÜ 330
            c) Ergebnis...333
        3. Rücktritt wegen verspäteter Ankunft 334
        4. Rücktritt bei Beförderungen über mehrere Teilstrecken 337
  D. Verzögerungen nach der Ankunft...337
  E. Haftung des ausführenden Luftfrachtführers 338

4. Teil Nichtbeförderung auf einem bestimmten Flug...................................341

  1. Kapitel Definitionen 342
    § 1 Überbuchung...342
    § 2 Annullierung..343
    § 3 Vorverlegung...343
    § 4 Umbuchung...343

  2. Kapitel Rechtsfolgen 344

5. Teil: Gesamtergebnis..349

Literaturverzeichnis...351

Sachverzeichnis..369

Abkürzungsverzeichnis

a.A.	anderer Ansicht
AASL	Annals of Air and Space Law
ABB	Allgemeine Beförderungsbedingungen
a.E.	am Ende
AEA	Association of European Airlines
a.F.	alter Fassung
AfL	Archiv für Luftrecht
allg.	allgemein
Anm.	Anmerkung
APSC	Airline Passenger Service Commitment
ASL	Air and Space Law
AUC	Air Transport Users Council
Aufl.	Auflage
Avi.	CCH Aviation Cases
bzgl.	bezüglich
bzw.	beziehungsweise
C.M.L.R.	Common Market Law Reports
ca.	circa
CCH	Commerce Clearing House
CODA	Central Office for Delay Analysis
CRS	Computer-Reservierungssystem
DAR	Deutsches Autorecht
DGfR	Deutsche Gesellschaft für Reiserecht
d.h.	das heißt
DLR	Deutsches Zentrum für Luft- und Raumfahrt
EALA	European Air Law Association
ECAC	European Civil Aviation Conference
ELFAA	European Low Fare Airline Association
ERA	European Regions Airline Association
ETR	Europäisches Transportrecht
EVO	Eisenbahn-Verkehrsordnung
f./ff.	folgende
FluggastrechteVO	Verordnung (EG) 261/2004
Fn.	Fußnote
FS	Festschrift
ggf.	gegebenenfalls

grds.	grundsätzlich
HaftungsVO	Verordnung (EG) 2027/1997
h.M.	herrschende Meinung
HS	Halbsatz
IATA	International Air Transport Association
ICAO	International Civil Aviation Organisation
i.d.R.	in der Regel
i.S.d.	im Sinne des
i.S.v.	im Sinne von
ITZ	Internationale Transport Zeitschrift
i.V.m.	in Vebindung mit
J.A.L.C.	Journal of Air Law and Commerce
LBA	Luftfahrt-Bundesamt
lit.	Buchstabe
LuftVG	Luftverkehrsgesetz
m.E.	meines Erachtens
m.N.	mit Nachweisen
MontÜG	Montrealer Übereinkommen Durchführungsgesetz
MÜ	Montrealer Übereinkommen
m.w.N.	mit weiteren Nachweisen
NfL	Nachrichten für Luftfahrer
Nr.	Nummer
NZV	Neue Zeitschrift für Verkehrsrecht
Rn.	Randnummer
RP	Recommended Practice
RRa	Reiserecht aktuell
S.	Seite oder Satz
Schwarze-ListeVO	Verordnung (EG) 2111/2005
sog.	sogenannt
SVLR	Schweizerische Vereinigung für Luft- und Raumrecht
SZR	Sonderziehungsrecht des Internationalen Währungsfonds
TCAA	Transatlantic Common Aviation Area
TranspR	Transportrecht
u.a.	unter anderem
ÜberbuchungsVO	Verordnung (EWG) 295/1991
usw.	und so weiter
u.U.	unter Umständen
v.	vom oder versus
VO	Verordnung
W.L.R.	The Weekly Law Reports

WA	Warschauer Abkommen
WA/HP	Warschauer Abkommen/Haager Protokoll
ZAG	Zusatzabkommen von Guadalajara
z.B.	zum Beispiel
Ziff.	Ziffer
zit.	zitiert
ZLR	Zeitschrift für Luftrecht
ZLW	Zeitschrift für Luft- und Weltraumrecht

Im Übrigen wird auf *Kirchner*, Hildebert/*Pannier*, Dietrich, Abkürzungsverzeichnis der Rechtssprache, 6. Aufl., Berlin, 2008, verwiesen.

1. Teil

Einleitung

§ 1 Problemstellung

Der weltweite Luftverkehrsmarkt boomt. Seit der Liberalisierung des Luftverkehrs in den USA, Europa und vielen anderen Teilen der Welt werden durch die Fluggesellschaften mit steigender Tendenz neue Flugziele[1], weitere Verbindungen und vor allen Dingen preiswerte Flüge angeboten. Die Passagierzahlen steigen entsprechend seit Jahren kontinuierlich an. Allein in Europa wurden im Jahr 2006 innerhalb der 27 EU-Mitgliedstaaten annähernd 740 Millionen Fluggäste befördert, was einer Steigerung um 4,7% gegenüber dem Jahr 2005 entspricht.[2] Hinzu kommen ca. 48 Millionen Fluggäste pro Jahr nur im Verkehr zwischen den 25 EU-Mitgliedstaaten und den USA; hier kam es zu einer Steigerung zwischen 2005 und 2006 um 1,7%.[3] Der Personenluftverkehr mit den USA hat damit einen Anteil von etwa 20% am gesamten Personenluftverkehr der EU mit Staaten außerhalb der EU und bildet den größten Verkehrsstrom mit einem einzelnen Nicht-EU-Land.[4]

Diese Zahlen werden sich aller Voraussicht nach mit der im Jahr 2008 erfolgten Liberalisierung des Luftverkehrsmarktes zwischen der EU und den USA und der Schaffung sog. Open-Skies-Bedingungen mit dem Fernziel einer Transatlantic Common Aviation Area (TCAA)[5] weiter stark erhöhen.[6]

---

[1] Nach Angaben der EG-Kommission kam es zwischen 1992 und 2007 zu einer Steigerung der innereuropäischen Flugrouten um 120%, vgl. unter der Leitseite Verkehr der EG-Kommission <http://ec.europa.eu/transport/index_de.html>. Man denke nur an die Insel Sylt, die inzwischen von mehreren großen deutschen Fluggesellschaften angeflogen wird, und an viele osteuropäische Städte, die heute regelmäßig bedient werden.

[2] Eurostat Dokument 126/2007 (Verkehr), zu finden unter <http://epp.eurostat.ec.europa.eu>. Von 2004 auf 2005 gab es eine Steigerung um 8,5%.

[3] Eurostat Dokument 52/2008 (Verkehr), zu finden unter <http://epp.eurostat.ec.europa.eu>.

[4] Eurostat Dokument 52/2008 (Verkehr), zu finden unter <http://epp.eurostat.ec.europa.eu>.

[5] Siehe dazu *Fritzsche*, S. 232 ff.

[6] Seit März 2007 existiert das Luftverkehrsabkommen der EU mit den USA, siehe ABl. L 134 v. 25.5.2007, S.4, das die bisherigen bilateralen Luftverkehrsabkommen der einzelnen Mitgliedstaaten mit den USA abgelöst hat. Es wurde im Oktober 2007 im Europäischen Parlament verabschiedet und ist Ende März 2008 in Kraft getreten. Siehe zu dem Abkommen mit den USA insbesondere *Fritzsche*, S. 269 ff.

Weltweit geht die International Air Transport Association (IATA) in den kommenden Jahren von einer Zunahme der Passagierzahlen im Personenluftverkehr von jährlich zwischen 5 und 6% aus.[7]

Begünstigt durch die Liberalisierung des Luftverkehrs und die Entwicklung des Internets behaupten sich auch immer mehr Fluggesellschaften am Markt, darunter vor allem sog. Billigfluggesellschaften (Low-Cost-Carrier oder No-Frills-Airlines)[8], die unter anderem damit werben, dass sie das Fliegen zum „Taxipreis" anbieten.[9] Die sog. etablierten Fluggesellschaften (Network-Carrier)[10] haben auf dieses Angebot ihrerseits mit eigenen Preisoffensiven reagiert und bieten heute – jedenfalls für Frühbucher – ebenfalls teils sehr günstige Flugpreise an, allerdings in der Regel nur im Rahmen verschiedener Sondertarife, die, ebenso wie die Tarife der Billigfluggesellschaften, mit Einschränkungen zur Umbuchbarkeit und Stornierbarkeit verbunden sind.

Der alte Traum vom Fliegen ist für viele Menschen, sei es auf Geschäfts- oder Urlaubsreisen, Alltag geworden. Vor allen Dingen wegen ihrer Geschwindigkeit und der Möglichkeit, große Distanzen innerhalb kürzester Zeit zu überwinden, erfreut sich diese Art der Fortbewegung weiter steigender Beliebtheit, auch wenn der obligatorische Tomatensaft heute oftmals extra bezahlt werden muss. Schon sind neue Projekte geplant, die die Dimension des Fliegens mit dem heute größten Verkehrsflugzeug der Welt, dem A380 von Airbus mit seinen bis zu 800 Sitzplätzen, bei weitem übertreffen werden. In spätestens zwanzig Jahren sollen Menschen durch das Weltall in weniger als zwei Stunden von Europa nach Australien fliegen können. Bereits jetzt werden Startplätze für die in der einen Variante dann, ähnlich den amerikanischen Space-Shuttles, senkrecht startenden (Raum-)Flugzeuge gesucht, die den bei dieser Art des Starts zu erwartenden enormen Lärmbelästigungen

---

[7] IATA Passenger and Freight Forecast 2005–2009, zu finden auf der Website der IATA <www.iata.org>. Die EG-Kommission rechnet mit einer Verdopplung der Passagierzahlen im Luftverkehr zwischen 2000 und 2020, vgl. die Angaben unter der Leitseite Verkehr der EG-Kommission <http://ec.europa.eu/transport/index_de.html>.

[8] Einen guten Überblick über die derzeit in Europa operierenden Gesellschaften findet man unter <www.billigflieger.de> oder <www.discountflieger.de>. Die Fluggesellschaften sind zum Teil organisiert in der European Low Fare Airline Association (ELFAA), <www.elfaa.com>.

[9] Nach Angaben der EG-Kommission hat sich die Zahl der Fluggesellschaften in Europa seit 1990 um ca. 20% erhöht. Auf die sog. Billigfluggesellschaften entfällt inzwischen ein Anteil von ca. 30% der Sitzplatzkapazität im innereuropäischen Fluglinienverkehr, vgl. unter der Leitseite Verkehr der EG-Kommission <http://ec.europa.eu/transport/index_de.html>. Zur Entwicklung des Low-Cost-Angebotes in Deutschland siehe auch den Luftverkehrsbericht 2008 des Deutschen Zentrums für Luft- und Raumfahrt (DLR), S. 20, zu finden unter <www.dlr.de>. Die Zahl der deutschen Billigfluggesellschaften hat sich inzwischen durch verschiedene Zusammenschlüsse jedoch erheblich reduziert. Übrig geblieben sind im Wesentlichen Air Berlin, Germanwings und TUIfly.

[10] In Europa handelt es sich dabei im Wesentlichen um die Fluggesellschaften, die in der Association of European Airlines (AEA) <www.aea.be> und in der European Regions Airline Association (ERA) <www.eraa.org> zusammengeschlossen sind.

standhalten.[11] Nach einer anderen Variante tragen herkömmliche Trägerflugzeuge die (Raum-)Flugzeuge zunächst bis in eine Flughöhe von ca. 15 km. Erst hier wird dann der Raketenantrieb der (Raum-)Flugzeuge gezündet und der Flug in den Weltraum beginnt.

Mit den steigenden Passagierzahlen geht aber auch eine Zunahme des Verkehrsaufkommens einher. Gegenüber 2006 ist die Zahl der Flüge in Europa im Jahr 2007 um 5,3% auf über 10 Millionen Flüge angewachsen, von 2001 bis 2006 ist das Verkehrsaufkommen sogar um 17% gestiegen.[12] Dies führt nicht nur zu einer höheren Belastung der Umwelt, sondern immer häufiger auch zu einer (zeitweisen) Überlastung des Luftraumes und zu Engpässen an den Flughäfen, die sich besonders bei extremen Wettersituationen noch verstärken. Für die Fluggäste bedeutet dies, neben anderen Faktoren, dass sie in Zukunft in zunehmendem Maße von Flugverspätungen betroffen sein werden. Bereits heute weisen etwa 20% aller Kurz- und Mittelstreckenflüge und ca. 30% aller Langstreckenflüge in Europa eine mehr als 15-minütige Abflug- und/oder Ankunftsverspätung auf, mit leicht steigender Tendenz.[13] Auch von Überbuchungen oder Annullierungen, seien sie wirtschaftlicher oder anderer Art, wird der Fluggast in Zukunft wohl häufiger betroffen sein.[14] Sie führen regelmäßig ebenfalls dazu, dass der Fluggast an seinem Zielort verspätet ankommt.

In dieser Arbeit soll untersucht werden, welche Ansprüche der individualreisende Fluggast, dessen Luftbeförderung somit nicht im Rahmen einer Pauschalreise erfolgt, in den genannten Situationen gegen den vertraglichen Luftfrachtführer[15] hat. Die Begrenzung auf Ansprüche gegen den vertraglichen Luftfrachtführer ist bewusst vorgenommen worden, da sich hier im besonderen Maße die Frage nach der Abgrenzung der Anwendbarkeit von internationalem Einheitsrecht sowie europäischem und nationalem Recht

---

[11] Vgl. nur den Artikel „Wie jeder in 90 Minuten nach Sydney kommt" vom 4.2.2009, zu finden unter <www.welt.de>.

[12] Siehe die Jahresberichte für 2006, 2007 (Digest – Annual, Delays to Air Transport in Europe) des Central Office for Delay Analysis (CODA), einer Abteilung von Eurocontrol, zu finden unter <www.eurocontrol.int/eCoda/portal>. Nach Angaben der EG-Kommission hat sich das Verkehrsaufkommen im Luftverkehr zwischen 1980 und 2000 verdreifacht, vgl. unter der Leitseite Verkehr der EG-Kommission <http://ec.europa.eu/transport/index_de.html>.

[13] Siehe den Luftverkehrsbericht 2008 des Deutschen Zentrums für Luft- und Raumfahrt (DLR), S.50 f, zu finden unter <www.dlr.de>. Ein ähnliches Bild ergeben die vierteljährlichen Berichte der Association of European Airlines (AEA) über die Verspätungen europäischer Fluglinien, zu finden unter <www.aea.be>.

[14] Das jedenfalls lassen erste Auswertungen der gegenüber den nationalen Beschwerde- und Durchsetzungsstellen nach Art. 16 FluggastrechteVO, VO (EG) 261/2004 – in Deutschland ist das Luftfahrt-Bundesamt (LBA) zuständig, vgl. auch unter <www.lba.de> – vorgebrachten Beschwerden vermuten, vgl. Appendix B des Final Report (Review of Regulation 261/2004) vom Februar 2007, zu finden unter der Leitseite Verkehr der EG-Kommission <http://ec.europa.eu/transport/index_de.html>.

[15] Zu dem Begriff ausführlicher unter Punkt 2. Teil, 2. Kapitel, § 5 A. Seite 60.

stellt. Zu deren Beantwortung sind vor allem der häufig angenommene Fixgeschäftscharakter des Luftbeförderungsvertrages und die Bedeutung der Flugnummer für die Beförderungsverpflichtung des vertraglichen Luftfrachtführers genauer zu betrachten. Zwar kommt die Rechtsprechung im Einzelfall auch bisher in der Regel zu sowohl für den Luftfrachtführer als auch den Fluggast „gerechten" Ergebnissen, eine tragfähige dogmatische Struktur ist dahinter meines Erachtens jedoch nicht erkennbar.

Die Ansprüche der Fluggäste gegen den ausführenden Luftfrachtführer[16] und die Ansprüche „europäischer" Fluggäste gegen ein ausführendes Luftfahrtunternehmen[17] i.S.d. EG-Rechts sollen dagegen nicht im Detail behandelt werden, auch wenn das ausführende Luftfahrtunternehmen i.S.d. EG-Rechts häufig mit dem vertraglichen Luftfrachtführer identisch sein wird.[18] Erstere Ansprüche sind überwiegend im Montrealer Übereinkommen (MÜ) geregelt,[19] während für letztere Ansprüche die VO (EG) 261/2004 (FluggastrechteVO) maßgebend ist. Insbesondere die FluggastrechteVO wirft zwar zweifelsohne ebenfalls viele interessante Fragen auf, deren ausführliche Behandlung aber über den Rahmen dieser Arbeit hinausgehen würde. Es verbleibt jedoch die Hoffnung, dass die hier vorliegende Untersuchung der übrigen Ansprüche des Fluggastes gegen den vertraglichen Luftfrachtführer auch zu einem besseren Verständnis der Ansprüche gegen den ausführenden Luftfrachtführer und vor allem der Ansprüche gegen ein ausführendes Luftfahrtunternehmen nach der FluggastrechteVO führen wird.

Die Arbeit beschränkt sich ferner, soweit nationales Recht anwendbar ist, auf die Analyse der Ansprüche des Fluggastes nach deutschem Recht. Sie ist somit aus der Perspektive desjenigen Fluggastes geschrieben, der seinen Flug in der Regel in Deutschland bucht, hier seine Flugreise antritt und beendet und auch hier seine Rechte geltend machen will.[20]

---

[16] Zu dem Begriff ausführlicher unter Punkt 2. Teil, 2. Kapitel, § 5 A. Seite 60.

[17] Zu dem Begriff ausführlicher unter Punkt 2. Teil, 2. Kapitel, § 5 C. Seite 66.

[18] Das ist immer dann der Fall, wenn der vertragliche Luftfrachtführer den betroffenen Flug selbst durchführt und damit zu einem ausführenden Luftfahrtunternehmen des Gemeinschaftsrechts wird, was möglich ist, weil die Definition des ausführenden Luftfahrtunternehmens in Art. 2 b) FluggastrechteVO auch den vertraglichen Luftfrachtführer mitumfasst, wenn dieser den Vertrag selbst durchführt, während vertraglicher und ausführender Luftfrachtführer gemäß Art. 39 MÜ begrifflich zwingend personenverschieden sind.

[19] Geht man davon aus, dass der vertragliche Luftfrachtführer mit dem ausführenden Luftfrachtführer einen Vertrag zugunsten Dritter, also des Fluggastes schließt, so BGH NJW 1985, 1457 f. (ablehnend, lediglich unechter Vertrag zugunsten Dritter, allerdings *Gansfort*, S.156 ff.; vgl. auch *Gansfort*, RRa 1994, 2 ff. und 22 ff.), sind ergänzend zu Ansprüchen aus dem MÜ auch Ansprüche nach nationalem Vertragsrecht gegen den ausführenden Luftfrachtführer denkbar, denn dem Dritten stehen neben dem Erfüllungsanspruch grds. auch die Sekundärrechte zu, siehe dazu auch unter Punkt 2. Teil, 2. Kapitel, § 2 Seite 50, a.A. für eine Pauschalreise LG Frankfurt/Main TranspR 1985, 235.

[20] Zu der Frage unter welchen Voraussetzungen deutsches Recht auf eine Luftbeförderung anwendbar ist, genauer unter Punkt 2. Teil, 1. Kapitel, § 1 C. I. Seite 31.

Weiterhin wird die Arbeit, wie bereits angedeutet, die Rechte derjenigen Fluggäste nicht behandeln, die eine Pauschalreise gebucht haben, obwohl sie zum Teil, jedenfalls wenn es um die Haftung nach internationalem oder europäischem Recht geht, identisch sein werden.[21] Ganz im Vordergrund stehen vielmehr die Rechte der individualreisenden Fluggäste bei einer Beförderung im Fluglinienverkehr[22] oder Gelegenheitsverkehr[23], die nicht zuletzt im Zuge des enormen Wachstums des Billigflugsektors und aufgrund des Umstandes, dass immer mehr Deutsche ihren Urlaub lieber selbst organisieren,[24] weiter an Bedeutung gewinnen werden.

Ausgeklammert bleiben schließlich auch die Haftung des vertraglichen Luftfrachtführers für Unfallschäden,[25] die Haftung des vertraglichen Luftfrachtführers im Hinblick auf die Beförderung von Reisegepäck und die wohl seltene Haftung des vertraglichen Luftfrachtführers nach Art. 12 VO (EG) 2111/2005 (Schwarze-ListeVO), da hier auf die Ansprüche nach Art. 8 FluggastrechteVO verwiesen wird.

§ 2 Die Entwicklung der Fluggastrechte

Die Fluggastrechte spielen bereits seit den Anfängen der Luftfahrt[26] in der rechtlichen Diskussion eine nicht ungewichtige Rolle. Der Terminus „Fluggastrechte" wurde jedoch erst in jüngster Zeit im Zusammenhang mit den Maßnahmen der USA und der Europäischen Gemeinschaft auf diesem Gebiet geprägt.[27] Seither steht der Begriff für die Gesamtheit der verschiedenen Rechte des Flugreisenden im Hinblick auf die Flugbeförderung. So sind bereits auf der ersten und der zweiten internationalen Luftprivatrechtskonferenz 1925 in Paris und 1929 in Warschau Haftungsfragen, unter anderem auch die Verspätungshaftung des Luftfrachtführers, intensiv diskutiert worden. Die Diskussionen mündeten schließlich in der Zeichnung des Warschauer Abkom-

---

[21] Nicht von Bedeutung ist in diesem Zusammenhang dagegen die Unterscheidung zwischen Linien- und Gelegenheitsverkehr. Sie hat auf die Fluggastrechte keine Auswirkung.
[22] Vgl. dazu Art. 21 LuftVG.
[23] Vgl. dazu Art. 22 LuftVG. Auch hier ist inzwischen der Einzelsitzplatzverkauf möglich, siehe *Führich* Rn. 992; *Tonner*, II. Rn. 9.
[24] So die Tourismusanalyse des Freizeit-Forschungsinstitutes von British American Tobacco (BAT), siehe dazu den Artikel „Deutsche organisieren ihren Urlaub lieber selbst" <www.spiegel.de> vom 9.2.2005.
[25] Dazu *Mutschler*, S. 1 ff. und *Benkö/Kadletz*, S. 1 ff.
[26] Zur Geschichte und Bedeutung der Luftfahrt siehe insbesondere *Riese*, S. 5 ff.; *Brinkhoff/Windhorn* in Kölner Kompendium I, Einführung, Rn. 12 ff.; *Schäffer*, TranspR 2003, 377 ff.
[27] *Hobe*, European Air Law Association Papers, Volume 18, S. 51 ff. Inzwischen gibt es auf der Website der Lufthansa <www.lufthansa.de>, einen eigenen Punkt „Passagierrechte". Allgemein zu den Passagierrechten im Gemeinschaftsrecht siehe *Karsten*, VuR 2008, 201 ff.

mens (WA) durch 23 Staaten, dem ersten Abkommen zur Vereinheitlichung bestimmter Regeln über die Beförderung im internationalen Luftverkehr, das am 13.2.1933 für zunächst fünf Staaten in Kraft trat. Ende 1933 waren es bereits zwölf Staaten, Deutschland ratifizierte das Abkommen im Dezember 1933, die USA traten im Juli 1934 bei.[28] Heute haben das WA 152 Staaten ratifiziert.[29]

Es ging zunächst jedoch nicht so sehr um die Fluggastrechte an sich, sondern vielmehr um die Vereinheitlichung von Rechtsfragen, der es aufgrund der grenzüberschreitenden Natur des Luftverkehrs dringend bedurfte.[30] Ferner war es das Ziel, durch eine Begrenzung der Haftung der aufstrebenden Luftfahrt keine Steine in Form von möglichen ruinösen Schadensersatzforderungen und nicht finanzierbaren Versicherungsprämien in den Weg zu legen.[31] Je mehr die Luftfahrtindustrie im Laufe der Jahre jedoch den Kinderschuhen entwuchs, umso lauter wurden die Forderungen nach einer Erhöhung bzw. Beseitigung der Haftungsbeschränkungen. Über mehrere Stationen wie das Haager Protokoll (HP) von 1955, das zu einigen Änderungen des WA führte, und das Zusatzabkommen von Guadalajara (ZAG) von 1961, das Ergänzungen zum WA betraf, führten die Diskussionen schließlich im Mai 1999 auf der Montrealer Konferenz zur Zeichnung des Montrealer Übereinkommens (MÜ) durch 52 der 118 teilnehmenden Staaten.[32]

Am 4.11.2003[33] trat dieses Abkommen für zunächst 30 Staaten in Kraft, darunter die für den weltweiten Luftverkehr wichtigen Staaten USA und Kanada. Für die meisten Staaten der Europäischen Gemeinschaft gilt das Abkommen seit dem 28.6.2004,[34] also gemäß Art. 53 VII MÜ 60 Tage nachdem die damaligen EG-Mitgliedstaaten die Ratifikationsurkunden[35], wie beschlossen,[36] am 29.4.2004 gemeinsam hinterlegt hatten. Nur Portugal und Griechenland hatten sich über den Beschluss hinweggesetzt, so dass das

---

[28] *Giemulla* in *Giemulla/Schmid*, WA, Einleitung Rn. 1 f. Zur Geschichte des sog. Warschauer Systems insgesamt vgl. auch Denkschrift zum MÜ, S. 32 ff.
[29] Stand: Ende Dezember 2008. Vgl. die ICAO-Liste der Zeichnungen und Ratifikationen des WA auf <www.icao.int>.
[30] *Giemulla* in *Giemulla/Schmid*, WA, Einleitung Rn. 1; Denkschrift zum MÜ, S. 32.
[31] *Giemulla* in *Giemulla/Schmid*, WA, Einleitung Rn. 1; ähnlich *Kadletz*, VersR 2000, 927, 929, Denkschrift zum MÜ, S. 32.
[32] *Ruhwedel*, TranspR 2001, 189, 190; Denkschrift zum MÜ, S. 33.
[33] Gemäß Art. 53 VI MÜ 60 Tage nach Hinterlegung der 30. Ratifikationsurkunde durch die USA, vgl. *Schmid/Müller-Rostin*, NJW 2003, 3516, 3517.
[34] Vgl. auch *Staudinger/Schmidt-Bendun*, NJW 2004, 1897.
[35] Das deutsche Ratifikationsgesetz ist abgedruckt im BGBl. 2004 II, S.458; siehe dazu auch BT-Drs. 15/2285 mit Denkschrift zum MÜ, S. 32 ff. und die Bekanntmachungen über das Inkrafttreten des MÜ, BGBl. 2004 I, 1027 und BGBl. 2004 II, 1371 samt Erklärungen Deutschlands und der EG gemäß Art. 57 MÜ.
[36] Art. 2 des Ratifikationsbeschlusses des Rates der EG, ABl. L 194 v. 18.7.2001, S. 38, der nach Art. 53 II MÜ als Organisation der regionalen Wirtschaftsintegration auch ein eigenes Beitrittsrecht zukommt.

Abkommen für sie schon früher in Kraft trat.[37] Inzwischen gilt das MÜ in 87 Staaten,[38] darunter auch die zum 1.5.2004 und zum 1.1.2007 neu aufgenommenen EG-Mitgliedstaaten. Ratifiziert haben das MÜ – für den europäischen Raum von Bedeutung – ferner die EWR-Staaten Norwegen und Island und als Nicht-EWR-Staat die Schweiz. Es ist zu erwarten, dass das MÜ das WA im Laufe der Jahre komplett ablösen wird.[39]

Das MÜ verfolgt das Ziel einer Modernisierung des WA und einer Zusammenführung mit den anderen damit zusammenhängenden Übereinkünften des sog. Warschauer Systems,[40] und baut dabei in weiten Teilen maßgeblich auf den Bestimmungen des WA auf. Es ist das abschließende Ergebnis von sieben Jahrzehnten völker-, europa- und schließlich auch AGB-rechtlicher Teilentwicklungen, die in ihm als Gesamtkonzept des internationalen Luftprivatrechts homogen aufgegangen sind.[41] Das MÜ bringt damit eine wesentliche Vereinheitlichung des über die Jahre entstandenen juristischen Flickenteppichs, bei dem nicht immer sofort erkennbar war, welche Fassung des WA und welche Zusatzabkommen und Protokolle anzuwenden waren.[42] Aber auch wichtige Rechtsfragen der internationalen Luftbeförderung wurden neu geregelt. Vor allem konnte sich die Konferenz angesichts der hohen Betriebssicherheit des modernen Luftverkehrs, die Überlegungen zur Begrenzung der Haftung zunehmend in den Hintergrund treten lässt, nun vor allem einer Verbesserung des Verbraucherschutzes und der Frage eines *angemessenen Schadensersatzes* bei Personen-, Sach- und Verspätungsschäden *nach dem Grundsatz des vollen Ausgleichs* zuwenden.[43] So wurde insbesondere die generell unbegrenzte Haftung des Luftfrachtführers bei Tod und körperlicher Verletzung von Fluggästen beschlossen, daneben wurde eine Vorauszahlungsverpflichtung als Soforthilfe in diesen Fällen begründet und eine obligatorische Versicherung des Luftfrachtführers eingeführt.[44]

Gleichzeitig mit dem MÜ sind die VO (EG) 2027/97 (HaftungsVO) in der durch die VO (EG) 889/2002[45] geänderten Fassung und das deutsche LuftVG in der durch das Gesetz zur Harmonisierung der Haftungsfragen im Luftverkehr[46] geänderten Fassung in Kraft getreten. Beide Novellierungen

---

[37] *Müller-Rostin*, GPR 2004, 266, 267.
[38] Stand: Ende Dezember 2008. Einen Überblick über den Ratifikationsstand gibt die ICAO-Liste zu den Zeichnungen und Ratifikationen zu finden unter <www.icao.int>.
[39] *Bollweg/Schnellenbach*, ZEuP 2007, 798, 801; *Schmid/Müller-Rostin*, NJW 2003, 3516, 3517; *Reuschle*, Einl. Rn. 48.
[40] Vgl. Abs. II der Präambel des MÜ; *Ruhwedel*, TranspR 2001, 189, 190.
[41] *Ruhwedel*, TranspR 2001, 189, 192.
[42] *Schmid/Müller-Rostin*, NJW 2003, 3516, 3517.
[43] Vgl. Abs. III der Präambel des MÜ; *Ruhwedel*, TranspR 2001, 189, 190.
[44] Ausführlich *Ruhwedel*, TranspR 2001, 189, 192.
[45] ABl. L 140 v. 30.5.2002, S. 2.
[46] BGBl. 2004 I, S. 550; vgl. dazu auch BT-Drs. 15/2359.

passen die Haftungsvorschriften des EG-Rechts bzw. des nationalen Rechts an die Vorschriften des MÜ an.

Für die Entwicklung der Fluggastrechte, insbesondere im Bereich der Überbuchung, Annullierung und Abflugverspätung von Flügen, ist aber auch die Entwicklung des Luftrechts in der Europäischen Gemeinschaft von großer Bedeutung. Seit den Anfängen der Liberalisierung des Luftverkehrsmarktes in Europa mit dem 1. Maßnahmenpaket der Kommission von 1987,[47] insbesondere aber seit dem 3. Liberalisierungspaket der Kommission, das am 1.1.1993 in Kraft getreten ist,[48] und der damit einhergehenden weitgehenden Befreiung des Luftverkehrs von den bisherigen Wettbewerbsbeschränkungen,[49] haben in Europa die Passagierzahlen und das Verkehrsaufkommen in einem atemberaubenden Tempo zugenommen. Heute bestehen zwischen den EG-Staaten sog. Open-Skies-Bedingungen, so dass die Fluggesellschaften für den Flugverkehr innerhalb der EG nicht mehr auf Verkehrsrechte aus bilateralen Luftverkehrsabkommen angewiesen sind. Zusätzlichen Schub bekam die Entwicklung durch den endgültigen Wegfall der Kabotagebeschränkungen im Jahr 1997,[50] also der Möglichkeit für Fluggesellschaften der EG, außerhalb ihres Heimatstaates einen Inlandsflug mit vollen Verkehrsrechten anzubieten.

Mit der Liberalisierung und der deutlichen Zunahme des Flugverkehrs rückten aber auch die Fluggastrechte zunehmend in den Mittelpunkt der Diskussion und man sah die Notwendigkeit, auch die Belange der Fluggäste besser zu schützen.[51] Insbesondere die zunehmende Überbuchungspraxis der Fluggesellschaften und die unterschiedliche Handhabung von Ausgleichleistungen in diesen Fällen war der EWG ein Dorn im Auge.[52] Trotz einer bereits vorliegenden Selbstverpflichtung der AEA-Fluggesellschaften zur Zahlung einer Entschädigung, die aber nur für die angeschlossenen Gesellschaften bindend war,[53] führte die Diskussion schließlich 1991 zur Verabschiedung der sog. ÜberbuchungsVO[54], die erstmals gemeinsame Mindestnormen für Ausgleichsleistungen im Fall der Nichtbeförderung infolge Überbuchung festlegte.

---

[47] Dazu *Schwenk*, 2. Aufl., S. 511.
[48] Vgl. insbesondere die VO (EWG) 2407/92 (Betriebsgenehmigungen), 2408/92 (Streckengenehmigungen) und 2409/92 (Flugpreise). Inzwischen sind alle drei Verordnungen abgelöst worden durch die VO (EG) 1008/2008 über gemeinsame Vorschriften für die Durchführung von Luftverkehrsdiensten in der Gemeinschaft, ABl. L 293 v. 31.10.2008, S. 3.
[49] Dazu *Schwenk*, 2. Aufl., S. 513 f.; *Schwenk/Giemulla*, S. 103 f.; *Jung*, ZLW 1998, 308 ff.; *Fritzsche*, S. 69 ff.; *Brinkhoff/Windhorn* in Kölner Kompendium I, Einführung, Rn. 36 ff.
[50] Vgl. Art. 3 II VO (EG) 2408/92, *Schwenk*, 2. Aufl., S. 561; *Schwenk/Giemulla*, S. 679 und 733.
[51] Vgl. Abs. II der Erwägungsgründe der VO (EWG) 295/91, ABl. L 36 v. 8.2.1991, S. 5.
[52] Vgl. Abs. III der Erwägungsgründe der VO (EWG) 295/91.
[53] Siehe *Schmid*, TranspR 1991, 128. Zur Association of European Airlines (AEA) siehe deren Website <www.aea.be>.
[54] VO (EWG) 295/91.

Im Laufe der Jahre sah man jedoch weiteren Handlungsbedarf. Die Bestimmungen der ÜberbuchungsVO sollten deutlicher gefasst, eine konkrete Meldeschlusszeit für den Fluggast eingeführt und der Betrag der zu zahlenden Ausgleichsleistung angepasst werden.[55] In der Tat hatten die nicht allzu hohen Beträge die Fluggesellschaften nicht dazu angehalten, die Anzahl der Überbuchungen zu reduzieren. Der von der Kommission 1998 unterbreitete Vorschlag[56] zur Änderung der ÜberbuchungsVO scheiterte jedoch letztlich an Uneinigkeiten im Rat über die Einbeziehung des Flughafens Gibraltar.[57]

Im Jahr 2000 unternahm die Kommission einen erneuten Anlauf und kündigte in einer Mitteilung[58] an das Europäische Parlament und den Rat umfassende Maßnahmen zum Schutz der Fluggäste in der Europäischen Union an, der sich der Rat in einer Entschließung anschloss.[59] Unter anderem wurden Maßnahmen zur Verbesserung der Lage von Fluggästen, die von verspäteten Flügen betroffen sind, die Regelung von Mindestanforderungen an Beförderungsverträge und die regelmäßige Information der Fluggäste in Form von Verbraucherberichten angekündigt,[60] da eine zunehmende Unzufriedenheit mit der Leistungsqualität im Flugverkehr zu beobachten sei.[61] Im Übrigen wurden die Fluggesellschaften dazu aufgerufen, die Fluggastrechte in freiwilligen Selbstverpflichtungen nach US-amerikanischem Vorbild zu verbessern.[62]

Um den drohenden gesetzlichen Regelungen der EG zuvorzukommen, begannen die europäischen Fluggesellschaften daraufhin freiwillige Selbstverpflichtungen im Rahmen des sog. ECAC[63]/EU-Dialogs auszuarbeiten. Das Ergebnis, das sog. Airline Passenger Service Commitment (APSC),[64] wurde im Mai 2001 präsentiert und am 14.2.2002 im Rahmen einer Feierstunde im Europarat in Straßburg gestartet. Inzwischen hatten sich nach Informationen der ECAC bereits mehrere Fluggesellschaften aus 34 Mitgliedstaaten gegenüber der ECAC zur Umsetzung verpflichtet.[65] Die Selbstverpflichtung, die

---

[55] Vgl. Abs. V, VI und XV der Erwägungsgründe des Vorschlages der Kommission zur Änderung der VO (EWG) 295/91, KOM 1998, 41, ABl. C 120 v. 18.4.1998, S. 18.
[56] KOM 1998, 41, ABl. C 120 v. 18.4.1998, S. 18.
[57] Vgl. Punkt 4. der Begründung des Vorschlags der Kommission für eine VO über eine gemeinsame Regelung für Ausgleichs- und Betreuungsleistungen für Fluggäste im Fall der Nichtbeförderung und bei Annullierung oder großer Verspätung von Flügen, KOM 2001, 784, hier bezeichnet als FluggastrechteVO.
[58] KOM 2000, 365.
[59] ABl. C 293 v. 14.10.2000, S. 1.
[60] Vgl. Punkt 6. der Zusammenfassung der Mitteilung KOM 2000, 365.
[61] Vgl. Punkt 1. der Zusammenfassung der Mitteilung KOM 2000, 365.
[62] Vgl. Punkt 7. der Zusammenfassung der Mitteilung KOM 2000, 365.
[63] European Civil Aviation Conference, <www.ecac-ceac.org>.
[64] Zu finden auf der Website des Air Transport Users Council (AUC), <www.caa.co.uk/auc> und unter der Leitseite Verkehr der EG-Kommission <http://ec.europa.eu/transport/index_de.html>.
[65] Unterzeichnet hat auch die Lufthansa, vgl. die Umsetzung im Customer Service Plan, zu finden unter <www.lufthansa.de>.

sich an dem US-amerikanischen Vorbild orientierte, brachte aber nur geringfügige Verbesserungen für die Passagiere. Im Übrigen ist die Selbstverpflichtung rechtlich nicht bindend und wird auch nur von einigen Fluggesellschaften unterstützt. Die sog. Billigfluggesellschaften gehören überwiegend nicht dazu.

Auch die Deutsche Bahn hat im Jahr 2004 im Zusammenwirken mit dem Bundesverbraucherministerium mit der „Kundencharta Fernverkehr[66]" den Weg zu mehr Fahrgastrechten über eine Selbstverpflichtung gewählt. Es zeigt sich jedoch auch bei der Deutschen Bahn, dass Selbstverpflichtungen grds. nicht genügen, um die Kundenrechte ausreichend zu schützen.[67] Selbstverpflichtungen gehen äußerst selten über das politisch unbedingt Notwendige hinaus.

Die Kommission hielt daher auch weiterhin an ihrem Vorhaben fest, die Passagierrechte in der EU zu verbessern, und wollte auch Regelungen für den Fall von Verspätungen oder Annullierungen von Flügen treffen. Sie präsentierte im Dezember 2001 den Vorschlag für eine Verordnung über eine gemeinsame Regelung für Ausgleichs- und Betreuungsleistungen für Fluggäste im Falle der Nichtbeförderung und bei Annullierung oder großer Verspätung von Flügen, die sog. FluggastrechteVO, die die alte ÜberbuchungsVO endgültig ablösen sollte.[68] Es begann daraufhin ein zäher Gesetzgebungsprozess, an dessen Ende die neue VO (EG) 261/2004, verabschiedet wurde.[69] Vorausgegangen war ein Vermittlungsverfahren zwischen Parlament und Rat nach Art. 251 III ff. EGV, bei dem es am 26.1.2004 im Rat zu einer äußerst knappen Entscheidung für die Verabschiedung der Verordnung kam, nachdem das Parlament dem Vermittlungsergebnis inzwischen zugestimmt hatte. Nur weil Portugal letztendlich doch für die Verordnung stimmte und Deutschland sich der Stimme enthielt, nachdem im Kabinett die Fronten zwischen dem Justiz- und dem Wirtschaftsministerium auf der einen Seite und dem Verkehrs- und dem Verbraucherschutzministerium auf der anderen Seite verhärtet waren, während Großbritannien und Irland gegen die Verordnung stimmten, wurde diese schließlich verabschiedet.[70] Sie ist nach Art. 19 FluggastrechteVO am 17.2.2005 in Kraft getreten. Die Verordnung war dabei nach Ansicht der Kommission notwendig, um den Schutz der Interessen der Fluggäste im immer stärker vom Wettbewerb und von Preis-

---

[66] Zu finden auf der Konzernwebsite der Bahn unter <www.db.de>.
[67] Der Fahrgast 2/2004, S. 30 (Pro Bahn – Stellungnahme zur „Kundencharta Fernverkehr" der Deutschen Bahn AG).
[68] KOM 2001, 784.
[69] ABl. L 46 v. 17.2.2004, S.1. Zur weiteren Entwicklung der Fluggastrechte auf europäischer Ebene siehe die Mitteilung der Kommission KOM 2007, 168.
[70] Vgl. den Artikel „Bis zu 600 Euro Schadensersatz bei überbuchtem Flug", <www.spiegel.de> vom 26.1.2004.

rückgängen bei steigender Nachfrage geprägten Markt zu gewährleisten.[71] Ähnliche Motive finden sich auch in den Erwägungsgründen der Verordnung wieder, ausdrücklich wird dort der Verbraucherschutz hervorgehoben.

Im Jahr 2005 wurden die Fluggastrechte auf europäischer Ebene schließlich durch die VO (EG) 2111/2005, die sog. Schwarze-ListeVO weiter verbessert, die im Laufe des Jahres 2006, bzw. in Teilen erst Anfang 2007, in Kraft getreten ist. Sie regelt die Erstellung einer europaweiten schwarzen Liste von Fluggesellschaften, gegen die in jedem Mitgliedstaat eine Betriebsuntersagung zu ergehen hat, den Anspruch des Fluggastes gegen den vertraglichen Luftfrachtführer auf rechtzeitige Benennung des ausführenden Luftfahrtunternehmens einer Luftbeförderung und den Anspruch gegen den vertraglichen Luftfrachtführer auf Erstattung des Flugpreises für den Fall, dass eine Fluggesellschaft nachträglich in die Liste aufgenommen wird. Konkreter Hintergrund war ein Unfall der türkischen Flash Airlines, gegen die in der Schweiz eine Betriebsuntersagung ergangen war, während einige Mitgliedstaaten der EG weiter angeflogen werden durften.[72] Nach einer Reihe weiterer Unfälle im Sommer 2005 erließ dann Frankreich eine eigene schwarze Liste und forderte die EG auf, eine europaweite Liste zu beschließen.[73]

Zu nennen ist ferner die VO (EG) 1107/2006 über die Rechte von behinderten Flugreisenden und Flugreisenden mit eingeschränkter Mobilität,[74] die diese Personen vor Diskriminierung schützen und sicherstellen soll, dass sie Hilfe erhalten. Sie gilt seit dem 26.7.2008.

Neben dieser Entwicklung in Europa trug in Deutschland auch eine Entscheidung des BGH aus dem Jahr 1983 zur Verbesserung der Fluggastrechte bei. Mehrere Klauseln der von den Luftfahrtgesellschaften damals verwendeten Allgemeinen Beförderungsbedingungen (ABB) wurden in diesem Verfahren für unwirksam erklärt.[75]

§ 3 Überblick über die Rechtsquellen

Das für die Fluggastrechte maßgebliche Recht ergibt sich somit aus einer Vielzahl von Rechtsquellen, die an dieser Stelle noch einmal kurz im Überblick dargestellt werden sollen. Grob unterteilt werden können sie in völkervertraglich vereinbartes internationales Einheitsrecht, EG-Recht, nationales Recht und allgemeine Beförderungsbedingungen (ABB). Den verschiedenen

---

[71] Vgl. Punkt 1. der Begründung des Verordnungsvorschlags der Kommission, KOM 2001, 784.
[72] Siehe den Verordnungsvorschlag der Kommission, KOM 2004, 48, 4.
[73] *Kohlhase*, ZLW 2006, 22, 23; *Schladebach*, Rn. 268.
[74] ABl. L 204 v. 26.7.2006, S. 1. Siehe dazu *Konert/Ephraimson*, ASL 2008, 233 ff.
[75] BGH NJW 1983, 1322 ff. mit Anm. Bunte.

Selbstverpflichtungen der Fluggesellschaften, insbesondere dem sog. Airline Passenger Service Commitment, kommt dagegen nur geringe Bedeutung zu.

A. Internationales Einheitsrecht

I. Montrealer Übereinkommen (MÜ)

Das für zivilrechtliche und insbesondere haftungsrechtliche Fragen der internationalen Luftbeförderung bedeutsamste Regelungswerk ist inzwischen das Montrealer Übereinkommen (MÜ)[76]. Es ist aufgrund seiner Ratifikation durch die EG zugleich auch Gemeinschaftsrecht, was zur Konsequenz hat, dass der EuGH im Vorabentscheidungsverfahren gemäß Art. 234 EG-Vertrag über seine Auslegung zu befinden hat.[77] Das MÜ regelt im Bereich der hier aufgeworfenen Fragen in Art. 19 MÜ insbesondere den Anspruch des Fluggastes auf Schadensersatz im Falle einer (Ankunfts-)Verspätung.

II. Warschauer Abkommen und Haager Protokoll (WA/HP)

Das Warschauer Abkommen (WA)[78] und das Warschauer Abkommen in der Version des Haager Protokolls (WA/HP)[79], die über Jahrzehnte maßgeblich die Haftung im internationalen Luftverkehr bestimmt haben, werden dagegen zunehmend an Bedeutung verlieren und nach und nach durch das MÜ, das gemäß Art. 55 MÜ allen anderen Bestimmungen des Warschauer Systems vorgeht, abgelöst werden. Sie bleiben maßgebend, sofern das MÜ mangels Unterzeichnung durch einen an der Luftbeförderung beteiligten Staat nicht anwendbar ist. Da diese Fälle jedoch zunehmend seltener werden dürften, sollen sie auch im Rahmen dieser Arbeit nur noch am Rande Berücksichtigung finden.

Rechtsprechung und Literatur zum WA und zum WA/HP sind dagegen weiterhin für die Auslegung des MÜ von großer Bedeutung.[80] Nach seiner

---

[76] Abgedruckt in amtlicher Übersetzung als Anhang zum deutschen Ratifikationsgesetz, BGBl. 2004 II, S.458; siehe auch BT-Drs. 15/2285 mit Denkschrift zum MÜ, S. 32 ff. Siehe zum MÜ inzwischen zahlreiche Aufsätze: *Weber/Jakob*, AASL 1999, 333 ff.; *Müller-Rostin*, ZLW 1999, 324 ff.; *Müller-Rostin*, TranspR 1999, 291 ff.; *Schmid*, RRa 1999, 131 f.; *Müller-Rostin*, ZLW 2000, 36 ff.; *Schiller*, SJZ 96 (2000), 184 ff.; *Bollweg*, ZLW 2000, 439 ff.; *Kadletz*, VersR 2000, 927 ff.; *Saenger* NJW 2000, 169 ff.; *Ruhwedel/Schmid*, RRa 2000, 147 ff.; *Whalen*, ASL 2000, 12 ff.; *Ruhwedel*, TranspR 2001, 189 ff.; *Bollweg*, RRa 2001, 21 ff.; *Müller-Rostin*, VersR 2001, 683 ff.; *Schmid/Müller-Rostin*, NJW 2003, 3516 ff.; *Littger/Kirsch*, ZLW 2003, 563 ff.; *Clarke*, TranspR 2003, 436 ff.; *Harms/Schuler*, TranspR 2003, 369 ff; *Koller*, TranspR 2004, 181 ff; *Müller-Rostin* GPR, 2004, 266 ff.; *Schmid*, RRa 2004, 198 ff.; *Koller*, TranspR 2005, 177 ff.; *Boettge*, VersR 2005, 908 ff.; *Ruhwedel*, TranspR 2006, 421 ff.; *Bollweg/Schnellenbach*, ZEuP 2007, 798 ff. *Ruhwedel*, TranspR 2008, 89 ff.
[77] *Koller*, vor Art. 1 MÜ Rn. 3; *Basedow*, FS Schlechtriem, S. 165, 185 f.
[78] RGBl. 1933 II, S. 1039.
[79] BGBl. 1958 II, S. 291.
[80] *Giemulla* in *Giemulla/Schmid*, MÜ, Einl. Rn. 73.

Präambel steht das MÜ in der Kontinuität des WA und der in weiteren Abkommen vorgenommenen Ergänzungen, die im MÜ zusammengeführt werden sollen. Soweit wie möglich wurden die bisherigen Formulierungen übernommen. Der Bezug zur Auslegung der bisherigen Abkommen sollte dadurch erhalten bleiben.[81] Insbesondere kann daher weiterhin auf die bisherige Rechtsprechung zurückgegriffen werden.[82]

Im WA bzw. WA/HP ist es auch Art. 19, der den Anspruch des Fluggastes auf Verspätungsschadensersatz beinhaltet.

B. EG-Recht

Die Entwicklung des EG-Rechts im Luftverkehr ist zwar anfangs zögerlich verlaufen, im Laufe der letzten 20 Jahre hat die Europäische Gemeinschaft auf der Grundlage von Art. 80 II EGV jedoch zahlreiche grundlegende Regelungen für den Luftverkehr getroffen, die aber zunächst vor allem die Liberalisierung des europäischen Luftverkehrsmarktes betrafen.[83] Aber auch im Hinblick auf die Fluggastrechte gibt es inzwischen drei EG-Verordnungen, die diesen Bereich maßgeblich regeln.

I. HaftungsVO

Zu nennen ist zunächst die VO (EG) 2027/97 (HaftungsVO) in der durch die VO (EG) 889/2002[84] geänderten Fassung, die die Regelungen des MÜ für Flüge von Fluggesellschaften der Europäischen Gemeinschaft jetzt eins zu eins übernimmt.

Während die VO (EG) 2027/97 sich zunächst nur auf die Haftung von Luftfahrtunternehmen bei Unfällen bezog, wird der Anwendungsbereich der Verordnung durch die Änderung damit wesentlich erweitert. Gemäß Art. 3 in der geänderten Fassung gelten für die Haftung eines Luftfahrtunternehmens der Gemeinschaft für Fluggäste und deren Gepäck nun alle einschlägigen Bestimmungen des MÜ, also z.B. auch die Verspätungshaftung in Art. 19 MÜ. Dementsprechend ändert sich auch der Titel der Verordnung. Er lautet gemäß Art. 1 Nr. 1 der VO (EG) 889/2002 nun: „Verordnung (EG) Nr. 2027/97 des Rates vom 9. Oktober 1997 über die Haftung von Luftfahrtunternehmen bei der Beförderung von Fluggästen und deren Gepäck im Luftverkehr." Die HaftungsVO, die in der geänderten Fassung zwar am Tag nach ihrer Veröffentlichung im Amtsblatt in Kraft getreten ist, gilt gemäß Art. 2 II der VO

---

[81] *Cheng*, ZLW 2000, 287, 296 f. m.w.N.
[82] *Müller-Rostin*, ZLW 2000, 36, 50.
[83] Vgl. *Schwenk*, 2. Aufl., S. 17 ff. und S. 509 ff.; *Schwenk/Giemulla*, S. 14 ff.
[84] ABl. L 140 v. 30.5.2002, S. 2; siehe dazu *Ruhwedel*, TranspR 2004, Sonderbeilage, S. XXXIV ff.

(EG) 889/2002 jedoch erst seit dem 28.6.2004, dem Tag des Inkrafttretens des MÜ für die EG.

Luftfahrtunternehmen der Gemeinschaft – gemäß Art. 2 I b) HaftungsVO sind dies Luftfahrtunternehmen, denen in einem Mitgliedstaat im Einklang mit der VO (EWG) 2407/92, jetzt VO (EG) 1008/2008, eine gültige Betriebsgenehmigung erteilt wurde – unterliegen daher seit dem 28.6.2004, sofern die Bestimmungen des MÜ nicht bereits unmittelbar anwendbar sind, bei ihren Flügen dem Haftungsregime des MÜ. Die Haftungsvorschriften des MÜ sind daher jetzt insbesondere auch auf nationale Flüge durch Luftfahrtunternehmen der EG anwendbar. Zudem werden für Luftfahrtunternehmen der Gemeinschaft über das MÜ hinausgehende Regelungen getroffen.

II. FluggastrechteVO

An zweiter Stelle steht die VO (EG) 261/2004[85] über eine gemeinsame Regelung für Ausgleichs- und Unterstützungsleistungen für Fluggäste im Fall der Nichtbeförderung und bei Annullierung und großer Verspätung von Flügen, die sog. FluggastrechteVO.[86] Sie harmonisiert für den europäischen Markt weiter die Bedingungen, unter denen Fluggesellschaften in einem liberalisierten Markt miteinander im Wettbewerb stehen.[87]

Die FluggastrechteVO trat am 17.2.2005 in Kraft und hat die VO (EWG) 295/91[88], die sog. ÜberbuchungsVO, abgelöst. Während die ÜberbuchungsVO nur die Frage der Ausgleichsleistung für Fluggäste auf Linienflügen im Fall der Überbuchung regelte, ist der Anwendungsbereich der FluggastrechteVO erheblich größer. Geregelt sind nunmehr auch die Rechte der Flugpassagiere,

---

[85] ABl. L 46 v. 17.2.2004, S. 1. Zu einer möglichen Korrektur der Verordnung siehe die Mitteilung der Kommission der Europäischen Gemeinschaften KOM 2007, 168.
[86] Zu der VO siehe *Tonner*, II. Rn. 20 f.; *Tonner* in *Gebauer*, Kapitel 13 a Rn 1 ff.; *Reuschle*, Art. 19 MÜ Rn. 58 ff.; *Führich*, Rn. 957 ff.; 1010 ff.; 1051 ff. und inzwischen zahlreiche Aufsätze: *Tonner*, RRa 2004, 59 ff.; *Lienhard*, GPR 2004, 259 ff.; *Staudinger/Schmidt-Bendun*, VersR 2004, 971 ff.; *Staudinger/Schmidt-Bendun*, NJW 2004, 1897 ff.; *Haanappel*, ZLW 2005, 22 ff.; *Schmid*, RRa 2004, 198; *Schmid*, ZLW 2005, 373 ff.; *Schmid*, ZLW 2006, 81 ff. (Großkreis-Entfernung); *Schmid*, NJW 2006, 1841 ff.; *Schmid*, NJW 2007, 261 ff.; *Weise/Schubert*, TranspR 2006, 340 ff.; *Wagner*, VuR 2006, 337 ff.; *Peterhoff*, TranspR 2007, 103 ff.; *Lehmann*, NJW 2007, 1500 ff. (Gerichtsstand); *Führich*, MDR 2007, Sonderbeilage, 1 ff.; *Arnold*, ASL 2007, 93 ff.; *Staudinger/Schmidt-Bendun*, NJW 2007, 2301, 2304 f.; *Staudinger*, NJW 2007, 3392 ff.; *Staudinger*, DAR 2007, 477 f.; *Dengler*, RRa 2007, 210 ff.; *Müller-Rostin*, RRa 2007, 256 ff.; *Schmid*, ASL 2007, 376 ff.; *Kummer*, RRa 2008, 14 ff.; *Rennig*, RRa 2008, 58 ff.; *Zandke-Schaffhäuser*, RRa 2008, 168 ff.; *Schmid*, RRa 2008, 202 ff.; *Leffers*, RRa 2008, 258 ff.; *Mankowski*, TranspR 2008, 177 ff.; *Bollweg*, RRa 2009, 10 ff.; *Kummer*, DAR 2009, 121 ff.; *Am Ende*, ELR 2009, 23 ff.; *Keiler*, ZVR 2009, 236 ff.; *Tonner*, VuR 2009, 209 ff.; *Giesecke/Makiol*, TranspR 2009, 213 ff.; *Lamberz*, RRa 2009, 62 ff.
[87] Vgl. Erwägungsgrund 4 der FluggastrechteVO.
[88] ABl. L 36 v. 8.2.1991, S. 5.

die von Flugannullierungen oder Flugverspätungen betroffen sind.[89] Im Übrigen ist die Verordnung nicht mehr auf Linienflüge beschränkt, die Beträge der in bestimmten Fällen zu leistenden Ausgleichsleistung wurden erhöht und eine konkrete Meldeschlusszeit für das rechtzeitige Erscheinen des Fluggastes zur Abfertigung am Flughafen eingeführt.

Die Verordnung beschränkt sich allerdings auf die Regelung der Ansprüche des Fluggastes gegen ein ausführendes Luftfahrtunternehmen,[90] für bestimmte Flüge muss es zusätzlich ein Luftfahrtunternehmen der Gemeinschaft sein,[91] im Falle einer Abflugverspätung, Überbuchung oder Annullierung eines ganz bestimmten Fluges.[92] Sie regelt Ansprüche gegen den vertraglichen Luftfrachtführer daher nur für den Fall, dass er die Beförderung selbst durchführt und somit auch ausführendes Luftfahrtunternehmen i.S.d. FluggastrechteVO ist. Auch für diesen Fall sollen nach der eingangs gemachten Einschränkung im Rahmen dieser Arbeit aber die Ansprüche des Fluggastes gegen das ausführende Luftfahrtunternehmen nach der FluggastrechteVO ausgeklammert bleiben.

III. Schwarze-ListeVO

Regelungen, die den Bereich der Fluggastrechte betreffen sind schließlich auch in der VO (EG) 2111/2005,[93] der sog. Schwarze-ListeVO, die im Laufe des Jahres 2006, bzw. in Teilen erst Anfang 2007, in Kraft getreten ist, enthalten.[94] Gegenstand der Verordnung ist die Erstellung einer schwarzen Liste[95] von Fluggesellschaften, gegen die eine Betriebsuntersagung zu ergehen hat, der Anspruch des Fluggastes gegen den vertraglichen Luftfrachtführer bzw. den Vertragspartner für die Beförderung im Luftverkehr nach Definition der Schwarze-ListeVO auf rechtzeitige Benennung des ausführenden Luftfahrtunternehmens[96] einer Luftbeförderung und der Anspruch des Fluggastes gegen den vertraglichen Luftfrachtführer bzw. den Vertragspartner für die Be-

---

[89] Geschaffen wurde durch die VO in einem kleinen Teilbereich somit ein erstes harmonisiertes, unmittelbar anwendbares europäisches Schuldrecht. Ähnlich auch *Linhart*, S. 45 f.; *Lienhard*, GPR 2004, 259, 260, 266.
[90] Vgl. die Begriffsbestimmung in Art. 2 b) FluggastrechteVO; genauer dazu unter Punkt 2. Teil, 2. Kapitel, § 5 C. Seite 66. Der Reiseveranstalter ist dabei i.d.R. kein ausführendes Luftfahrtunternehmen, vgl. BGH NJW 2008, 2119, 2120 m. Anm. *Führich*, LMK 2008, 266064.
[91] Vgl. Art. 3 I b) FluggastrechteVO.
[92] Vgl. Art. 4 I, 5 I und 6 I FluggastrechteVO.
[93] ABl. L 344 v. 27.12.2005, S. 15.
[94] Zu der Verordnung siehe *Kohlhase*, ZLW 2006, 22 ff.; *Lindner*, RRa 2006, 58 ff.; *Tonner*, II. Rn. 69 ff.; *Reitzfeld/Mpande*, ASL 2008, 132 ff.
[95] Die Liste kann unter anderem eingesehen werden auf der Website der Deutschen Gesellschaft für Reiserecht <www.dgfr.de>, bzw. unter <http://ec.europa.eu/transport/airban/>.
[96] Vgl. dazu die Definition in Art. 2 e) Schwarze-ListeVO.

förderung im Luftverkehr nach Definition der Schwarze-ListeVO auf Erstattung des Flugpreises bei nachträglicher Aufnahme einer Fluggesellschaft in die Liste, der jedoch im Rahmen dieser Arbeit nach dem eingangs Gesagten ausgeklammert bleiben soll.

C. Nationales Recht

Von Bedeutung für die hier aufgeworfenen Fragen ist dagegen das nationale Recht. Die bisher genannten Regelwerke erfassen die Luftbeförderung nur in Teilbereichen[97] und auch nur teilweise abschließend[98]. Ergänzend bzw. sofern einzelne Regelungen auf bestimmte Flüge überhaupt nicht anwendbar sind, kann grds. auch nationales Recht zur Anwendung kommen. Zu unterscheiden ist dann zwischen den spezifischen den Luftverkehr betreffenden Vorschriften und den allgemeinen Vorschriften des nationalen Rechts. Dabei soll entsprechend der eingangs genannten Eingrenzung im Rahmen dieser Arbeit nur auf das deutsche Recht[99] näher eingegangen werden.

I. Luftverkehrsgesetz (LuftVG)

Im deutschen Recht finden sich spezielle Regelungen für den Luftverkehr zunächst im LuftVG. Dort regeln die §§ 44 ff. LuftVG die Haftung des Luftfrachtführers bei der Durchführung einer Luftbeförderung. Die Vorschriften wurden durch Art. 1 des Gesetzes zur Harmonisierung des Haftungsrechts im Luftverkehr[100] denen des MÜ weitgehend angepasst, so dass seit Inkrafttreten des MÜ für die Bundesrepublik[101] auch dann, wenn das MÜ oder die HaftungsVO nicht anwendbar sind, eine Haftung nach den Grundsätzen des MÜ besteht. Das betrifft insbesondere nationale Flüge mit Luftfrachtführern, die nicht Luftfahrtunternehmen der Gemeinschaft sind.

II. MÜ Durchführungsgesetz (MontÜG)

Mit Art. 1 des Gesetzes zur Harmonisierung des Haftungsrechts im Luftverkehr[102] wurde auch das Gesetz zur Durchführung des Übereinkommens vom

---

[97] Vgl. nur den Titel des MÜ „Übereinkommen zur Beförderung bestimmter Vorschriften über die Beförderung im internationalen Luftverkehr". Dazu später genauer unter Punkt 3. Teil, 2. Kapitel, § 1 C. Seite 192.
[98] Siehe z.B. Art. 29 MÜ.
[99] Zur Anwendbarkeit deutschen Rechts siehe genauer unter Punkt 2. Teil, 1. Kapitel, § 1 C. I. Seite 31.
[100] BGBl. 2004 I, S. 550; vgl. auch BT-Drs. 15/2359.
[101] Die Änderungen des LuftVG sind gemäß Art. 4 II des Gesetzes zur Harmonisierung der Haftungsfragen im Luftverkehr ebenfalls mit Inkrafttreten des MÜ für die Bundesrepublik am 28.6.2004 in Kraft getreten.
[102] BGBl. 2004 I, S. 550; vgl. auch BT-Drs. 15/2359.

28.5.1999 zur Vereinheitlichung bestimmter Vorschriften über die Beförderung im internationalen Luftverkehr, das sog. MontÜG, verabschiedet. Es trifft ergänzende Regelungen zur Haftung bei Personen- und Güterschäden, zur Umrechnung des Sonderziehungsrechts des Internationalen Währungsfonds und zur Versicherungspflicht des Luftfrachtführers.

III. Deutsches Vertragsrecht

Letztlich finden auf den Luftbeförderungsvertrag ergänzend aber auch die übrigen nationalen privatrechtlichen Bestimmungen Anwendung, bei Anwendbarkeit deutschen Rechts somit insbesondere die Vorschriften des allgemeinen Teils und die Vorschriften des allgemeinen und besonderen Schuldrechts des BGB.

D. Allgemeine Beförderungsbedingungen (ABB)

Da die internationalen Vorschriften, die Normen des EG-Rechts und des LuftVG die Luftbeförderung nur in Teilbereichen abschließend und zwingend regeln und auch die Vorschriften des BGB grds. abdingbar sind, werden ergänzend zu den genannten Bestimmungen die Rechte und Pflichten der Parteien des Luftbeförderungsvertrages ganz erheblich auch durch die allgemeinen Geschäftsbedingungen (AGB) und insbesondere die allgemeinen Beförderungsbedingungen (ABB) der Luftfrachtführer bestimmt. Es handelt sich nach einhelliger Auffassung auch dabei um typische Allgemeine Geschäftsbedingungen i.S.v. §§ 305 ff. BGB.[103]

I. IATA-Empfehlung RP 1724

Die Beförderungsbedingungen der Fluggesellschaften im Personenverkehr beruhen heute in vielen Fällen noch immer auf einer Empfehlung der International Air Transport Association (IATA) aus den 1980er Jahren, und zwar auf den in der Recommended Practice (RP) 1724 aufgestellten „General Conditions of Carriage (Passenger and Baggage)".[104]

So lehnen sich z.B. die im Personenverkehr maßgeblichen ABB Flugpassage der Lufthansa[105] auch nach diversen Überarbeitungen, die z.B. durch das Inkrafttreten des MÜ und der FluggastrechteVO notwendig wurden, immer noch sehr stark an die IATA-Empfehlung an. Ebenso verhält es sich

---

[103] Vgl. nur BGH NJW 1983, 1322, 1323 m.w.N.; LG Frankfurt/Main NJW-RR 1987, 823, 825; *Kronke* in MünchKomm HGB, Art. 1 WA 1955 Rn. 19.
[104] Abgedruckt als Anhang II-1 in *Giemulla/Schmid*, MÜ. Siehe auch *Tonner*, II. Rn. 7.
[105] Zu finden unter <www.lufthansa.de> bzw. auf den entsprechenden Landesportalen auf <www.lufthansa.com>.

mit den ABB von Germanwings.[106] Hier standen vermutlich die ABB der Muttergesellschaft Lufthansa Pate, lediglich in Teilen wurden die ABB den besonderen Verhältnissen einer im Billigflugmarkt operierenden Fluggesellschaft angepasst. Ganz anders verhält es sich dagegen mit den AGB und ABB der Air Berlin.[107] Eine Anlehnung an die IATA-Empfehlung ist nicht erkennbar, auch beschränken sich die Regelungen hier auf ein Mindestmaß.

Rechtliche Verbindlichkeit kommt diesen „Muster-ABB" der RP 1724 allerdings nicht zu, es handelt sich lediglich um eine Verbandsempfehlung, die allenfalls die Mitgliedsfluggesellschaften der IATA bindet.[108]

II. Wirksamkeit

Ganz gleich, ob die ABB der Fluggesellschaften auf einer Verbandsempfehlung beruhen oder nicht, sie unterliegen als AGB der Inhaltskontrolle nach den AGB-Vorschriften des BGB, also den §§ 307 ff. BGB.[109] Diese Kontrolle wurde durch die Gerichte auch immer wieder ausgeübt. So hat der BGH bereits im Jahr 1983 die ABB der Lufthansa, die mit der IATA-Empfehlung RP 1013, der Vorgängerregelung der Empfehlung RP 1724, wörtlich übereinstimmten, auf Klage eines Verbraucherschutzvereins in Teilen für unwirksam erklärt.[110] Und erst jüngst wurden fast identische Bestimmungen der Billigfluggesellschaft Ryanair durch das OLG Köln wiederum auf Klage eines Verbraucherschutzvereins erneut für unwirksam erachtet.[111]

Weder die durch die IATA-Empfehlung angestrebte „weltweite Rechtseinheitlichkeit", noch die Tatsache, dass die ABB auf den Regelungen des WA und jetzt des MÜ beruhen, noch die im Linienverkehr nach § 21 II bzw. § 21 a LuftVG „implizite" Genehmigung[112] der Beförderungsbedingungen durch das Bundesverkehrsministerium bzw. das Luftfahrtbundesamt (LBA)[113] hindern eine Inhaltskontrolle der Gerichte anhand der AGB-Vorschriften des BGB.[114] Vielmehr gebieten gerade der mit den AGB-Vorschriften bezweckte Schutz

---

[106] Zu finden unter <www.germanwings.de>.
[107] Zu finden unter <www.airberlin.de>. Air Berlin unterscheidet zwischen AGB und ABB, wobei die hier interessierenden Regelungen überwiegend in den AGB zu finden sind.
[108] BGH NJW 1983, 1322, 1323 m.w.N.
[109] So bereits *Eisenbarth*, S. 2 und 66 ff.
[110] BGH NJW 1983, 1322 ff.
[111] OLG Köln, RRa, 2003, 275 ff.
[112] Nach der Neuregelung von § 21 LuftVG sind die Beförderungsbedingungen heute nicht mehr Gegenstand der Fluglinigengenehmigung. Gemäß § 21 II 2 LuftVG kann die Anwendung von Beförderungsbedingungen nunmehr nur noch ganz oder teilweise untersagt werden, vgl. *Giemulla* in *Giemulla/Schmid*, LuftVG, § 21 Rn. 18.
[113] Vgl. Erlass zur Übertragung von Genehmigungs- und Erlaubnisaufgaben im Luftverkehr vom Bundesministerium für Verkehr (BMV) auf das Luftfahrt-Bundesamt (LBA) vom 31.5.1996, NfL I-142/96.
[114] BGH NJW 1983, 1322, 1323 f.; *Giemulla* in *Giemulla/Schmid*, LuftVG, § 21 Rn. 23; *Basedow* in MünchKomm BGB, 4. Aufl. Band 2a, § 307 Rn. 166; *Führich*, Rn. 980 m.w.N.

des Verbrauchers und der Zweck der AGB-Vorschriften, den Rechtsverkehr von unwirksamen AGB freizuhalten, eine Inhaltskontrolle.[115]

Ferner dürfen die ABB auch nicht gegen die Bestimmungen des MÜ oder der HaftungsVO verstoßen. Die strenge Haftung des MÜ ist zwingend und kann nicht zum Nachteil des Fluggastes abgeändert werden.[116]

E. Airline Passenger Service Commitment (APSC)

Eine weitere Rechtsquelle der Fluggastrechte stellen die sog. freiwilligen Selbstverpflichtungen der Fluggesellschaften dar. Im Rahmen des sog. ECAC/EU-Dialogs haben die Mitgliedsfluggesellschaften der ECAC im Jahr 2002 das sog. Airline Passenger Service Commitment verabschiedet, das den Fluggesellschaften zur Umsetzung empfohlen wurde.[117] Mehrere Fluggesellschaften haben dies inzwischen auch getan. Unterzeichnet hat z.B. die Lufthansa, die ihre freiwillige Verpflichtung im sog. Customer Service Plan umgesetzt hat.[118] Ein großes Manko der Selbstverpflichtung ist jedoch, wie bereits erwähnt, dass ihre Umsetzung rechtlich nicht verbindlich ist und dass sie auch nur von wenigen Fluggesellschaften unterstützt wird.[119] Insbesondere die sog. Billigfluggesellschaften enthalten sich größtenteils einer Umsetzung. Auch brachte das Airline Passenger Service Commitment nur geringfügige Verbesserungen der Fluggastrechte bei Telefonreservierungen, Gepäckproblemen, der Informationsweiterleitung, der Bearbeitung von Reklamationen und Erstattungen und der Versorgung von Fluggästen, die sich bei längeren Verspätungen bereits an Bord befinden. Insbesondere in den Bereichen Verspätung, Flugannullierung und Überbuchung gab es jedoch keine nennenswerten Verbesserungen.

---

[115] BGH NJW 1983, 1322, 1324.
[116] Vgl. Art. 26, 47, 49 MÜ.
[117] Zu finden auf der Website des Air Transport Users Council (AUC), <www.caa.co.uk/auc> und unter der Leitseite Verkehr der EG-Kommission <http://ec.europa.eu/transport/index_de.html>.
[118] Zu finden unter <www.lufthansa.de>.
[119] Kritisch auch *Staudinger/Schmidt-Bendun*, NJW 2004, 1897, 1901; *Tonner* in *Gebauer*, Kapitel 13 a Rn 19.

2. Teil

Die Grundlagen der Luftbeförderung

1. Kapitel Das im Einzelfall anwendbare Recht

Entscheidend für die Beantwortung der Frage nach den Fluggastrechten bzw. nach den Ansprüchen des Fluggastes gegen den vertraglichen Luftfrachtführer ist zunächst die Frage nach dem im Einzelfall anwendbaren Recht.[1] Aufgrund der gezeigten Vielfalt der Rechtsquellen, die in der Literatur m.E. zu Recht kritisiert wird,[2] ist es jedoch nicht immer einfach, das jeweils anwendbare Recht zu ermitteln. Grundsätzlich zu differenzieren ist zwischen internationalen und lediglich nationalen Luftbeförderungen.

§ 1 Internationale Luftbeförderungen

A. Internationales Einheitsrecht

Bei internationalen Beförderungen kommt als erstes die Anwendbarkeit des internationalen Einheitsrechts in Betracht. Dieses enthält i.d.R. selbst Kollisionsrecht, das im Verhältnis zu den nationalen Vorschriften des internationalen Privatrechts des EGBGB lex specialis ist.[3] Ziel des Einheitsrechts ist es gerade auch, die kollisionsrechtliche Ungewissheit bei grenzüberschreitenden Sachverhalten zu eliminieren.

I. Montrealer Übereinkommen (MÜ)

Das MÜ ist gemäß Art. 1 I MÜ anwendbar, wenn eine internationale entgeltliche Beförderung von Personen, Reisegepäck und Gütern gegeben ist, die durch Luftfahrzeuge vorgenommen wird. Sind diese Voraussetzungen gege-

---

[1] Zum Ganzen siehe auch *Führich*, Rn. 944 ff.
[2] Staudinger/Schmidt-Bendun, VersR 2004, 971 ff.
[3] *Kropholler*, Einheitsrecht, S. 189 f. m.w.N.; *Koller*, vor Art. 1 MÜ Rn. 4; *Koller*, vor Art. 1 WA 1955 Rn. 4; *Koller* vor Art. 1 CMR Rn. 3; *Reuschle*, Einl. Rn. 38.

ben, geht es gemäß Art. 55 MÜ allen anderen Abkommen des Warschauer Systems vor, insbesondere auch dem WA/HP.[4]

1. Internationale Beförderung

Nach Art. 1 II 1 Var. 1 MÜ liegt eine internationale Beförderung zunächst vor, wenn Abgangs- und Bestimmungsort nach den Vereinbarungen der Parteien in dem Hoheitsgebiet von zwei Vertragsstaaten liegen. Unter Abgangsort ist dabei der Flughafen zu verstehen, an dem der Fluggast das Flugzeug betritt, Bestimmungsort ist entsprechend der Flughafen, an dem der Fluggast ankommen soll.[5] Ohne Bedeutung bleibt nach Art. 1 II 1 Var. 1 MÜ eine Unterbrechung der Beförderung oder ein Fahrzeugwechsel. Eine internationale Beförderung i.S.d. MÜ kann also insbesondere auch bei Beförderungen über mehrere Teilstrecken[6] gegeben sein. Grds. wird hier jedoch zu fordern sein, dass die Beförderung aufgrund nur eines Beförderungsvertrages[7] erfolgt.[8] Nur für mehrere aufeinanderfolgende Luftfrachtführer macht Art. 1 III MÜ hiervon ausdrücklich eine Ausnahme.[9] Unerheblich ist, dass die einzelnen Teilstrecken ggf. von verschiedenen Luftfrachtführern ausgeführt werden.[10]

Nach Art. 1 II 1 Var. 2 MÜ ist eine internationale Beförderung aber auch dann gegeben, wenn Abgangs- und Bestimmungsort in dem Hoheitsgebiet eines Vertragsstaates liegen, sofern nur eine Zwischenlandung in dem Hoheitsgebiet eines anderen Staates geplant ist, auch wenn dieser kein Vertragsstaat ist. Geregelt ist damit nach h.M. vor allem die Internationalität sog. Round-Trip-Beförderungen bzw. des sog. Round-Trip-Fluges (Rundfluges), dessen Abgangs- und Bestimmungsort in einem Vertragsstaat liegen und dessen einzelne Flüge u.U. nicht dem Abkommen unterliegen würden, weil der Zielort des Hinfluges in einem Drittstaat liegt.[11] Zur Buchung eines Rundfluges in diesem Sinne ist es grds. – wie auch bei One-Way-Beförderungen über mehrere Teilstrecken – erforderlich, dass der Fluggast Hin- und Rückflug mit dem vertraglichen Luftfrachtführer in einem Beförderungsvertrag vereinbart.[12] Anderes gilt gemäß Art. 1 III MÜ wiederum nur für aufeinanderfolgende Luftfracht-

---

[4] Siehe auch *Koller*, vor Art. 1 MÜ Rn. 7 m.N. zu Zweifelsfällen.
[5] *Reuschle*, Art. 1 MÜ Rn. 30.
[6] Siehe zu diesem Begriff genauer unter Punkt 2. Teil, 3. Kapitel, § 3 Seite 87.
[7] Siehe zu diesem Begriff genauer unter Punkt 2. Teil, 3. Kapitel, § 3 B. Seite 88.
[8] Ähnlich *Kronke* in MünchKomm HGB, Art. 1 WA 1955 Rn. 45 und *Reuschle*, Art. 1 MÜ Rn. 31 m.w.N. Nach den Gesamtumständen der Vereinbarung dürfte nur eine internationale Beförderung geschuldet sein.
[9] Siehe dazu genauer unter Punkt 2. Teil, 2. Kapitel, § 5 B. Seite 63.
[10] *Reuschle*, Art. 1 MÜ Rn. 31; *Giemulla* in *Giemulla/Schmid*, MÜ, Art. 1 Rn. 10.
[11] Vgl. LG Düsseldorf ZLW 1971, 290, 292; LG Berlin ZLW 1973, 304, 305; *Ruhwedel*, Rn. 42; *Guldimann*, Art. 1 WA Rn. 20; *Koller*, Art. 1 WA 1955 Rn. 13; *Kronke* in MünchKomm HGB, Art. 1 WA 1955 Rn. 44; *Giemulla* in *Giemulla/Schmid*, MÜ, Art. 1 Rn. 7; *Reuschle*, Art. 1 MÜ Rn. 32.
[12] Ähnlich *Reuschle*, Art. 1 MÜ Rn. 32, der eine gemeinsame Vereinbarung fordert.

führer. Unerheblich ist, dass der Rückflug ggf. nicht angetreten werden soll[13] und wie lange der Zwischenaufenthalt dauert, sofern der Fluggast nur nach einer von vornherein bestimmten Aufenthaltsdauer wieder zum Abgangsort zurück befördert werden soll[14]. Keine internationale Beförderung in diesem Sinne liegt dagegen bei einem Rundflug vor, bei dem lediglich die Zwischenlandung in dem Hoheitsgebiet eines Vertragsstaates vorgesehen ist, Abgangs- und Bestimmungsort jedoch in einem Drittstaat liegen.[15]

Keine internationalen Beförderungen i.S.d. MÜ sind gemäß Art. 1 II 2 MÜ eindeutig auch Beförderungen zwischen zwei Orten innerhalb eines Vertragsstaates, sofern eben keine Zwischenlandung in einem anderen Staat geplant ist, und zwar nach h.M. auch dann, wenn das Hoheitsgebiet eines anderen Staates überflogen wird[16]. Unklar ist die Situation bei Beförderungen über mehrere Teilstrecken für Zubringer- und Anschlussflüge zu internationalen Beförderungen. Nach hA handelt es sich bei Zubringerflügen innerhalb eines Staatsgebietes zu einem internationalen Weiterflug aber schon dann um eine internationale Beförderung, wenn nach den Gesamtumständen der Vereinbarung die Reise ins Ausland bereits begonnen hat, also insbesondere, wenn nur ein Flugschein ausgestellt worden ist.[17] Gleiches gilt für Anschlussflüge.[18] Nicht dem MÜ unterliegen Flüge dagegen dann, wenn dem Luftfrachtführer nicht bewusst sein konnte, dass es sich insgesamt um eine internationale Beförderung handelt.[19]

Maßgebend ist schließlich in allen Fällen die von den Parteien vereinbarte Route. Technisch, meteorologisch oder betrieblich bedingte Änderungen haben auf die Internationalität der Beförderung keinen Einfluss.[20]

2. *Luftbeförderungsvertrag*

Nach herrschender Meinung ist das MÜ daneben nur anwendbar, wenn die Beförderung aufgrund eines wirksamen Beförderungsvertrages erfolgt,[21] der auf eine Beförderung mittels Luftfahrzeugen gerichtet ist[22]. Zwar sei dies in Art. 1 I MÜ nicht ausdrücklich geregelt, jedoch könne dem Hinweis auf die

---

[13] *Giemulla* in *Giemulla/Schmid*, MÜ, Art. 1 Rn. 7 a.E.
[14] BGH ZLW 1976, 255, 257.
[15] *Reuschle*, Art. 1 MÜ Rn. 33.
[16] *Kronke* in MünchKomm HGB, Art. 1 WA 1955 Rn. 44; *Giemulla* in *Giemulla/Schmid*, MÜ, Art. 1 Rn. 9.
[17] *Giemulla* in *Giemulla/Schmid*, MÜ, Art. 1 Rn. 10; *Kronke* in MünchKomm HGB, Art. 1 WA 1955 Rn. 45; *Reuschle*, Art. 1 MÜ Rn. 31.
[18] *Giemulla* in *Giemulla/Schmid*, MÜ, Art. 1 Rn. 10; *Reuschle*, Art. 1 MÜ Rn. 31.
[19] United States Court of Appeals, Second Circuit, Lemly v. Trans World Airlines, 20 Avi. 17,520; *Giemulla* in *Giemulla/Schmid*, MÜ, Art. 1 Rn. 9.
[20] Dettling-Ott, S. 10; Giemulla in Giemulla/Schmid, MÜ, Art. 1 Rn. 5.
[21] *Koller*, Art. 1 MÜ Rn. 2; *Reuschle*, Art. 1 MÜ Rn. 6; *Schollmeyer*, IPRax 2004, 78.
[22] *Koller*, Art. 1 MÜ Rn. 2; *Koller* TranspR 2005, 177, 179; a.A. *Ruhwedel*, TranspR 2006, 421, 428.

„Vereinbarungen der Parteien" in Art. 1 II MÜ und der ausdrücklichen Bezugnahme auf den Beförderungsvertrag in Art. 1 III MÜ entnommen werden, dass der Abschluss eines Luftbeförderungsvertrages durch die Vertragsparteien Voraussetzung der Anwendbarkeit des MÜ sei.[23] Darüber hinaus kommt aber auch in Art. 3 V MÜ zum Ausdruck, dass zwischen den Parteien ein Luftbeförderungsvertrag abgeschlossen worden sein muss, wenn dort bestimmt ist, dass der Beförderungsvertrag in seiner Wirksamkeit unabhängig ist von der nach dem MÜ vorgeschriebenen Aushändigung eines Einzel- oder Sammelbeförderungsscheins.

3. Entgeltlich

Schließlich muss die Beförderung nach Art. 1 I 1 MÜ grds. gegen Entgelt erfolgen. Nur dann, wenn das Interesse des Luftfrachtführers an der Beförderung ein wirtschaftliches ist, scheint die strenge Haftung nach dem MÜ sachgerecht.[24] Das Entgelt braucht aber nicht in Geld geleistet zu werden, sondern kann auch in einer Sach- oder Dienstleistung bestehen, wenn diese Geldwert besitzt.[25] Unentgeltliche Beförderungen sind nach Art. 1 I 2 MÜ nur dann erfasst, wenn sie von einem Luftfahrtunternehmen durchgeführt werden. Voraussetzung ist damit eine gewerbliche nicht notwendig hauptberufliche Tätigkeit; die Beförderung muss also in der Absicht erfolgen, durch systematischen und dauernden Einsatz von Luftfahrzeugen Gewinne zu erwirtschaften.[26]

4. Zwischenergebnis

Nicht in den Anwendungsbereich des MÜ fallen daher im Umkehrschluss reine Inlandsbeförderungen, Beförderungen, deren Abgangs- oder Bestimmungsort in einem Nichtvertragsstaat liegt, Beförderungen aus Gefälligkeit ohne Beförderungsvertrag und unentgeltliche Beförderungen, die nicht von einem Luftfahrtunternehmen durchgeführt werden.

II. Warschauer Abkommen (WA)

Sollte das MÜ trotz Vorliegens der übrigen Voraussetzungen mangels Ratifikation des Abkommens durch einen von der Beförderung betroffenen Staat nicht anwendbar sein, ist daran zu denken, dass aufgrund einer Ratifikation des WA möglicherweise eine internationale entgeltliche Beförderung i.S.v.

---

[23] *Giemulla* in *Giemulla/Schmid*, MÜ, Art. 1 Rn. 29; zum WA so bereits *Guldimann*, Art. 1 Rn. 3 ff.; *Ruhwedel*, Rn. 47.
[24] So bereits zum WA, BGH NJW 1974, 1617, 1618.
[25] *Reuschle*, Art. 1 Rn. 16; *Schoner*, ZLW 1977, 256, 261 m.w.N.
[26] *Giemulla* in *Giemulla/Schmid*, MÜ, Art. 1 Rn. 34; zum WA so bereits *Guldimann* Art. 1 Rn. 13; *Ruhwedel*, Rn. 50; *Goldhirsch*, S. 9 f.

1. Kapitel Das im Einzelfall anwendbare Recht

Art. 1 WA in einer seiner Fassungen gegeben ist, die zu einer Anwendbarkeit des WA führen würde.[27] Die Anwendungsvoraussetzungen sind im Vergleich zum MÜ im Übrigen identisch.

B. EG-Recht

Ob bei internationalen Beförderungen auch EG-Recht zur Anwendung kommt, hängt zunächst vom territorialen Geltungsbereich des EG-Rechts ab. Dieser ist im Luftverkehr keineswegs auf die EG-Mitgliedstaaten beschränkt. Seit dem Abkommen über den Europäischen Wirtschaftsraum[28] (EWR) im Jahr 1994 gelten nahezu alle Rechtsakte[29] der EG auch in den EWR-Staaten, also Norwegen, Island und Liechtenstein. Darüber hinaus hat die Schweiz im Jahr 2002 mit der EG ein umfangreiches Abkommen im Bereich des Luftverkehrs abgeschlossen, das die diesbezüglichen Regelungen der EG im Wesentlichen auch auf die Schweiz ausdehnt.[30]

Sodann ist zu fragen, ob bereits das MÜ bzw. das WA oder das WA/HP auf die in Frage stehende Beförderung anwendbar sind. Ist dies der Fall, muss nämlich das Verhältnis des EG-Rechts zum internationalen Einheitsrecht geklärt werden. Im Verhältnis zum nationalen Recht entstehen dagegen keine Probleme. Gegenüber diesem genießen EG-Rechtsverordnungen nach der Rechtsprechung des EuGH als gemäß Art. 249 II 2 EGV unmittelbar anwendbares EG-Recht Anwendungsvorrang,[31] und zwar auch gegenüber dem Kollisionsrecht[32].

---

[27] *Koller*, vor Art. 1 MÜ Rn. 7; *Koller*, Art. 1 MÜ Rn. 3; *Tonner*, II. Rn. 2. So war z.B. über lange Jahre auf One-Way Flügen von Deutschland in die USA nicht das WA/HP, sondern lediglich das WA in seiner Ursprungsfassung anwendbar, vgl. *Kadletz/Bürskens* in *Kronke/Melis/Schnyder*, Handbuch, Teil E Rn. 218 und 280, da die USA das WA/HP nicht ratifiziert hatten. Für die USA trat dieses erst am 14.12.2003 in Kraft.

[28] Abkommen über den Europäischen Wirtschaftsraum, Art. 7, Art. 47, Anhang XIII Ziff. VI., ABl. L 1 v. 30.1.1994, S. 3 (9, 15, 422, 443), das Abkommen, insbesondere eine aktuelle Fassung des Anhangs findet sich auch auf der Website der EFTA <www.efta.int>; zum Ganzen auch *Jung*, ZLW 1998, 309, 311; *Schladebach*, Rn. 389 ff.

[29] Die geltenden Rechtsakte können Anhang XIII des Abkommens in der jeweils aktuellen Fassung entnommen werden.

[30] Abkommen zwischen der Europäischen Gemeinschaft und der Schweizerischen Eidgenossenschaft über den Luftverkehr, ABl. L 114 v. 30.4.2002, S. 73, die geltenden Rechtsakte finden sich in der jeweils aktuellen Fassung des Anhangs zum Abkommen, der durch den Luftverkehrsausschuss Gemeinschaft/Schweiz in regelmäßigen Abständen geändert wird, zuletzt durch Beschluss vom 18.10.2006, vgl. ABl. L 298 v. 27.10.2006, S. 23; zum Ganzen *Bentzien*, ZLW 2000, 467; *Schladebach*, Rn. 392 ff.

[31] EuGH Slg. 1964, 1251, 1269 f. = NJW 1964, 2371, 2372 (Costa/E.N.E.L.); *Führich* Rn. 938; vgl. auch Art. 3 II 2 EGBGB.

[32] LG Frankfurt/Main, NJW-RR 1998, 1589; *Palandt/Heldrich*, Art. 3 EGBGB Rn. 10; *Ruhwedel*, TranspR 2004, Sonderbeilage, S. XXXIV, XXXVI; *Führich* Rn. 938; *Führich*, MDR 2007, Sonderbeilage, 1 und 14; *Martiny* in MünchKomm BGB, Art. 28 EGBGB Rn. 247 und Art. 34 EGBGB Rn. 104; *Mankowski* in *Reithmann/Martiny*,

I. HaftungsVO

Als wichtigste EG-Verordnung ist zunächst die sog. HaftungsVO, VO (EG) 2027/1997 idF der VO (EG) 889/2002 zu betrachten. Sie ist gemäß Art. 3 I HaftungsVO grds. anwendbar, wenn die Luftbeförderung von einem Luftfahrtunternehmen der Gemeinschaft vertraglich geschuldet bzw. durchgeführt wird.[33] Darunter fallen gemäß Art. 2 I b HaftungsVO alle Luftfahrtunternehmen, denen von einem Mitgliedstaat der EG im Einklang mit der VO (EWG) 2407/1992, jetzt VO (EG) 1008/2008, eine gültige Betriebsgenehmigung erteilt worden ist. Das ist gemäß Art. 1 I dieser VO grds. der Fall bei allen in der EG niedergelassenen Luftfahrtunternehmen, die gemäß Art. 3 I der VO Fluggäste im gewerblichen Luftverkehr befördern. Nicht erfasst ist jedoch gemäß Art. 3 III der VO die Beförderung von Fluggästen, Post und/ oder Fracht mit Luftfahrzeugen ohne Motorantrieb und/oder mit ultraleichten Motorflugzeugen. Außerdem nicht erfasst sind Rundflüge, mit denen keine Beförderung zwischen verschiedenen Flughäfen verbunden ist. Für die Frage der Genehmigungspflicht ist insofern auf einzelstaatliche Rechtsvorschriften wie § 20 LuftVG zurückzugreifen. Darüber hinaus erteilt ein Mitgliedstaat einem Luftfahrtunternehmen gemäß Art. 4 der VO die Betriebsgenehmigung unter anderem nur, sofern sich sein Hauptgeschäftssitz in dem Mitgliedstaat befindet, es Inhaber eines gültigen Luftverkehrsbetreiberzeugnisses ist, es über ein oder mehrere Luftfahrzeuge verfügt und die Haupttätigkeit des Unternehmens die Durchführung von Flugdiensten ist. So erhalten z.B. Flugpauschalreiseveranstalter mangels Luftverkehr als Haupttätigkeit keine EG-Betriebsgenehmigung und sind somit auch keine Luftfahrtunternehmen der Gemeinschaft. Schließlich muss sich das Unternehmen gemäß Art. 4 lit. f) der VO zusätzlich unmittelbar oder über Mehrheitsbeteiligungen im Eigentum von Mitgliedstaaten und/oder von Staatsangehörigen der Mitgliedstaaten befinden; die tatsächliche Kontrolle muss jederzeit von diesen Staaten oder deren Staatsangehörigen ausgeübt werden.

1. Bei Anwendbarkeit des MÜ

Ist nun auf den Flug eines Luftfahrtunternehmens der Gemeinschaft auch das MÜ anwendbar, ist fraglich, inwieweit der HaftungsVO neben dem MÜ

Rn. 1703. Nicht entscheidend ist daher, ob die EG-Verordnungen Eingriffsnormen i.S.v. Art. 34 EGBGB sind und ohne Rücksicht auf das auf den Luftbeförderungsvertrag anzuwendende Recht den Sachverhalt regeln, so aber *Schollmeyer*, IPRax 2004, 78, 82 Fn. 41.

[33] Die Diskussion, ob von der HaftungsVO auch außereuropäische Flüge von Luftfahrtunternehmen der Gemeinschaft betroffen sind, dazu *Mutschler*, S. 274 ff., dürfte sich dagegen mit der Änderung der HaftungsVO durch die VO (EG) 889/2002 erledigt haben, vgl. Erwägungsgründe 9 und 13 der VO. Einzige Voraussetzung der HaftungsVO ist daher heute die Beteiligung eines Luftfahrtunternehmens der Gemeinschaft an einem Flug.

überhaupt noch Bedeutung zukommt, denn Art. 3 I HaftungsVO verweist für die Haftung eines Luftfahrtunternehmens der Gemeinschaft ebenfalls auf die einschlägigen Bestimmungen des MÜ.

Insofern ist zunächst festzuhalten, dass das MÜ als völkerrechtlicher Vertrag, der von der EG und den Mitgliedstaaten als sog. gemischtes Abkommen – die Regelungsmaterie fällt nur zum Teil in den Zuständigkeitsbereich der EG – ratifiziert wurde,[34] grds. gemäß Art. 300 VII EGV für die Organe der Gemeinschaft und die Mitgliedstaaten verbindlich ist.[35] Ein gemischtes Abkommen wird mit Inkrafttreten integrierender Bestandteil der Gemeinschaftsrechtsordnung.[36] Im Rang steht es damit zwischen Primärrecht und Sekundärrecht,[37] so dass der EuGH dann auch die Vereinbarkeit des Sekundärrechtes mit dem Abkommen prüfen kann.[38] Ferner sind sekundärrechtliche Bestimmungen nach Möglichkeit so auszulegen, dass sie mit dem Abkommen vereinbar sind.[39] Unmittelbare Wirkung gegenüber Privatpersonen ist damit jedoch nur verbunden, sofern die Norm hinreichend bestimmt ist.[40]

Sollte das MÜ daher bei einer Luftbeförderung anwendbar sein, geht es den Bestimmungen des Sekundärrechts vor. Inhaltsgleichen Bestimmungen der HaftungsVO wie Art. 3 I, der auf die Haftungsvorschriften des MÜ verweist, kann in diesem Fall nur noch deklaratorische Wirkung zukommen. Im Widerspruch zum Abkommen stehendes Sekundärrecht müsste durch den Gerichtshof gemäß Art. 231 EGV für nichtig erklärt werden.

Werden in der HaftungsVO jedoch lediglich ergänzende Regelungen getroffen, wie zu der in Art. 28 MÜ nicht abschließend geregelten Vorschusspflicht und der in Art. 50 MÜ nur allgemein angesprochenen Versicherungspflicht oder der durch Art. 6 II HaftungsVO neu geschaffenen schriftlichen Informationspflicht durch alle Luftfahrtunternehmen, ist es eine Frage des Abkommens, ob solche ergänzenden Regelungen möglich sind. Das MÜ will aber bereits ausweislich seines Titels „Übereinkommen zur Vereinheitlichung bestimmter Vorschriften über die Beförderung im internationalen Luftverkehr" keine abschließende Regelung treffen. Ebenso wie unter Geltung des WA[41] soll es daher grds. dem Landesrecht überlassen bleiben, ergänzende Regelungen zu erlassen. Nur in Bezug auf die Schadensersatzhaftung des Luftfrachtführers ordnet Art. 29 MÜ die abschließende Regelung

---

[34] Vgl. den Ratifikationsbeschlusses des Rates der EG, ABl. L 194 v. 18.7.2001, S. 38.
[35] Zur Verbindlichkeit gemischter Abkommen, *Oppermann*, § 7 Rn. 22.
[36] EuGH Slg. 1974, 449, 460; *Oppermann*, § 30 Rn. 33.
[37] EuGH NJW 2006, 351 Rn. 35; EuGH Slg. 1996, I-3989 Rn. 52 = EuGH EuZW 1997, 122 Rn. 52; *Oppermann*, § 30 Rn. 33.
[38] *Oppermann*, § 30 Rn. 32; *Mögele* in *Streinz*, EUV/EGV, Art. 300 EGV Rn. 82.
[39] EuGH Slg. 1996, I-3989 Rn. 52 = EuGH EuZW 1997, 122 Rn. 52; *Mögele* in *Streinz*, EUV/EGV, Art. 300 EGV Rn. 82.
[40] *Oppermann*, § 30 Rn. 33.
[41] Dazu *Stefula*, TranspR 2000, 399, 404 m.w.N.; *Guldimann*, Einleitung Rn. 25 und 40.

durch das MÜ an. Dies wird jedoch noch genauer zu beleuchten sein.[42] Die HaftungsVO tritt in den oben genannten Fällen daher in die im MÜ bewusst offengelassenen Lücken unmittelbar ein und gilt neben dem MÜ ergänzend.[43]

2. Bei Nichtanwendbarkeit des MÜ

Sofern das MÜ dagegen auf eine internationale Beförderung durch ein Luftfahrtunternehmen der Gemeinschaft nicht anwendbar ist, regelt Art. 3 I HaftungsVO grds. mit konstitutiver Wirkung auch die Anwendbarkeit der Haftungsvorschriften des MÜ.[44] Dies gilt jedenfalls dann, wenn die Beförderung auch dem WA oder dem WA/HP nicht unterliegt. Ist aufgrund mangelnder Ratifikation zwar nicht das MÜ, dafür jedoch das WA anwendbar, soll es nach teilweise vertretener Ansicht bei der Haftung nach dem WA bleiben, die Haftung nach den Vorschriften der HaftungsVO soll sich in diesem Fall nicht durchsetzen.[45] Nach den über die HaftungsVO anwendbaren Haftungsvorschriften des MÜ würden die Fluggesellschaften nämlich viel strenger haften als nach dem WA. So haften, anders als nach dem WA, die Luftfrachtführer bei Unfällen nach dem MÜ gemäß Art. 21 MÜ grds. in der Höhe unbegrenzt, wobei darüber hinaus bis zu der Grenze von 100.000 Sonderziehungsrechten des Internationalen Währungsfonds (SZR) der Entlastungsbeweis gänzlich ausgeschlossen ist. Daher stellt sich die Frage, ob die HaftungsVO in diesen Konstellationen mit dem internationalen Einheitsrecht überhaupt vereinbar ist. Es sind zwei Fallkonstellationen zu unterscheiden.

Sofern internationale Flüge von Luftfahrtunternehmen der Gemeinschaft innerhalb der EG durchgeführt werden, auf denen mangels Ratifikation des MÜ durch neue Beitrittsstaaten nicht das MÜ, sondern lediglich das WA anwendbar ist, werden die Regeln des Völkerrechts durch EG-Recht überlagert, da nur die Rechtsbeziehung zwischen EG-Mitgliedstaaten betroffen sind. Nach Sinn und Zweck von Art. 307 EGV, Drittstaaten in Bezug auf das Völkerrecht zu schützen, können völkerrechtliche Verträge im Verhältnis der Mitgliedstaaten untereinander nur in dem Maße angewendet werden, wie sie mit Gemeinschaftsrecht vereinbar sind,[46] sofern Rechte dritter Länder nicht berührt sind[47]. Mit der inzwischen erfolgten Ratifikation des MÜ durch alle neuen Mitgliedstaaten der EG seit dem 1.5.2004 hat sich diese Frage allerdings vorerst erübrigt.

---

[42] Dazu unter Punkt 3. Teil, 2. Kapitel, § 1 C. Seite 192.
[43] *Ruhwedel*, TranspR 2001, 189, 191 f.
[44] Ähnlich *Ruhwedel*, TranspR 2001, 189, 192.
[45] So die Begründung des Gesetzentwurfs der Bundesregierung zum Gesetz zur Harmonisierung des Haftungsrechts im Luftverkehr, BT-Drs. 15/2359, S. 12 f.
[46] *Oppermann*, § 7 Rn. 19; *Kokott* in *Streinz*, EUV/EGV, Art. 307 EGV Rn. 12; siehe auch *Fröhlich* S. 174 f.
[47] EuGH Slg. 1988, 4907 Rn. 18.

Anders sind dagegen unter Umständen internationale Flüge von Luftfahrtunternehmen der Gemeinschaft in Drittstaaten zu beurteilen, die mangels Ratifikation ebenfalls lediglich dem WA und nicht dem MÜ unterfallen. Da das WA von den Mitgliedstaaten der EG regelmäßig vor Inkrafttreten der römischen Verträge am 1.1.1958 bzw. vor ihrem Beitritt zur EG ratifiziert wurde, bleiben die Rechte und Pflichten der Mitgliedstaaten aus diesem Abkommen gemäß Art. 307 I EGV grds. bestehen. Sie bleiben vom EGV und vom sekundären Gemeinschaftsrecht unberührt. Gemeinschaftsvorschriften haben daher im Einzelfall hinter innerstaatlichen Maßnahmen, die der Erfüllung der völkervertraglichen Pflichten dienen, zurückzutreten.[48] Die Mitgliedstaaten sind allerdings gemäß Art. 307 II 1 EGV gehalten, auf eine Anpassung der völkerrechtlichen Verträge an das Gemeinschaftsrecht hinzuwirken, also, soweit noch nicht geschehen, das MÜ selbst zu ratifizieren und auf eine Ratifikation durch betroffene Drittstaaten zu dringen.

Nach herrschender Ansicht gilt Art. 307 I EGV jedoch nur insoweit, als Rechte betroffen sind, die ein Drittstaat gegenüber einem Mitgliedstaat geltend macht.[49] Fraglich ist daher, welche Rechte ein Drittstaat aus dem WA geltend machen kann und ob diese Rechte durch die HaftungsVO verletzt werden.[50] Insbesondere aber ist fraglich, ob das WA seine Vertragsstaaten verpflichtet, auch eigene Luftfahrtunternehmen nicht anders als im WA vorgesehen haften zu lassen[51] und ob dies dann durch einen anderen Vertragsstaat geltend gemacht werden kann. Mit *Stefula*[52] ist dies eindeutig abzulehnen. Vielmehr ist davon auszugehen, dass das WA seine Vertragsstaaten lediglich dazu verpflichtet, fremde Staatsangehörige nicht strenger als im WA vorgesehen haften zu lassen. Nur daran hatten die Vertragsstaaten ein Interesse, wollten sie die Haftung für die eigenen Staatsangehörigen doch überschaubar gestalten. Dagegen hatten die Vertragsstaaten grds. kein Interesse daran, anderen Staaten vorzuschreiben, dass diese ihre eigenen Staatsangehörigen im Sinne internationaler Rechtsvereinheitlichung nicht strenger haften lassen dürfen. Durch die strengere Haftung anderer Luftfahrtunternehmen wären die eigenen Luftfahrtunternehmen im Wettbewerb sogar begünstigt. Es ist also davon auszugehen, dass das WA lediglich Mindestrechte festlegen wollte, von denen die Vertragsstaaten zum Nachteil der eigenen Staatsanghörigen ohne weiteres im Sinne einer verschärften Haftung abweichen

---

[48] *Kokott* in *Streinz*, EUV/EGV, Art. 307 EGV Rn. 11.
[49] EuGH Slg. 1962, 5, 22 f.; *Schmalenbach* in *Calliess/Ruffert*, Art. 307 EGV Rn. 6; *Stefula*, TranspR 2000, 399, 400 m.w.N.
[50] Zur Ursprungsfassung der VO (EG) 2027/1997 so auch *Stefula*, TranspR 2000, 399, 400.
[51] So eine Entscheidung des englischen High Court, R. v. Secretary of State for the Environment, Transport and the Regions [1999] 2 C.M.L.R. 1385, 1386; Kurzzusammenfassung in ASL 2000, 87.
[52] *Stefula*, TranspR 2000, 399, 403 f.

können. Eine Diskriminierung eigener Staatsangehöriger ist insoweit also trotz Art. 24 WA möglich. Nur zum Nachteil anderer Staatsangehöriger darf gemäß Art. 24 WA nicht von den Beschränkungen und Voraussetzungen des Abkommens abgewichen und eine strengere Haftung eingeführt werden. Nichts anderes macht aber die HaftungsVO, wenn sie lediglich die Haftung für Luftfahrtunternehmen der Gemeinschaft verschärft. Auch in Konstellationen, in denen das WA anwendbar ist, setzt sich damit letztlich die HaftungsVO durch.

Eine weitere Frage der Anwendbarkeit der HaftungsVO stellt sich schließlich, wenn das MÜ mangels Beförderungsvertrag nicht anwendbar ist. Es ist dann fraglich, ob Art. 3 HaftungsVO auch in diesem Fall für die Haftung eines Luftfahrtunternehmens der Gemeinschaft auf die Bestimmungen des MÜ verweisen will oder ob die Eigenschaft als vertraglicher bzw. ausführender Luftfrachtführer i.S.d. Art. 39 MÜ nicht generell Voraussetzung für die Haftung nach den Vorschriften des MÜ ist.[53]

II. FluggastrechteVO

Ob bei internationalen Beförderungen darüber hinaus auch die FluggastrechteVO, VO (EG) 261/2004 zur Anwendung kommt, braucht aufgrund der Fragestellung dieser Arbeit nicht weiter untersucht zu werden. Grds. bestehen jedoch gegen die Anwendbarkeit der Verordnung auch bei Anwendbarkeit des MÜ keine Bedenken. So geht auch der EuGH[54] von der Wirksamkeit und der Vereinbarkeit der Verordnung mit dem MÜ aus, wenngleich mit m.E. zweifelhafter Begründung, da sowohl das MÜ als auch die FluggastrechteVO Schadensersatzansprüche gegen den vertraglichen und den ausführenden Luftfrachtführer im Falle einer Flugverspätung des Fluggastes regeln. Allerdings betrifft, wie noch zu zeigen sein wird, das MÜ lediglich die Situation der Ankunftsverspätung eines Fluggastes, während die FluggastrechteVO mit der Regelung von Überbuchung, Annullierung und Verspätung lediglich Probleme der Abflugverspätung des Fluggastes mit einem bestimmten Flug regelt.[55] Grundsätzlich gilt ferner, wie bereits mehrfach an-

---

[53] Ähnlich die Begründung des Gesetzentwurfs der Bundesregierung zum Gesetz zur Harmonisierung des Haftungsrechts im Luftverkehr, BT-Drs. 15/2359, S. 20.
[54] EuGH NJW 2006, 351 ff. = EuGH RRa 2006, 127 ff. = EuGH EuZW 2006, 112 ff. mit Anm. Reich; siehe auch *Tonner*, NJW 2006, 1854, 1856; *Keiler*, ELR 2006, 266 ff. Zu den Schlussanträgen des Generalanwaltes Geelhoed siehe RRa 2005, 273 ff.
[55] Ähnlich unter Hinweis auf die Regelung von Ansprüchen des Fluggastes, die schon vor Fälligkeit der Beförderungsleistung fällig werden, *Reuschle*, Art. 19 MÜ Rn. 67; zur Fälligkeit siehe auch *Lienhard*, GPR 2004, 259, 263. Unter Ausklammerung von Überbuchungen und Annullierungen ähnlich auch *Tonner*, NJW 2006, 1854, 1856. Allerdings hält *Tonner* die Regelung von Ausgleichsleistungen im Falle von Abflugverspätungen durch die EG ausdrücklich für unmöglich. Dem kann nach dem oben Gesagten jedoch nicht zugestimmt werden.

gedeutet, dass das MÜ keine abschließende Regelung der Luftbeförderung bezweckt und ergänzende Regelungen möglich bleiben.

III. Schwarze-ListeVO

Gleiches gilt für die Schwarze-ListeVO, VO (EG) 2111/2005. Auch ihre Vereinbarkeit mit dem MÜ braucht nach der in dieser Arbeit gewählten Fragestellung nicht weiter analysiert werden. Diesbezügliche Bedenken bestehen aber auch hier grds. nicht.

C. Nationales Recht

Für die gewählte Fragestellung ist allerdings die Anwendbarkeit des nationalen Rechts von erheblicher Bedeutung. Fraglich ist daher, inwiefern bei internationalen Luftbeförderungen neben oder statt des MÜ bzw. der HaftungsVO auch nationales Recht zur Anwendung kommt. Es wird dabei wiederum danach zu differenzieren sein, ob auf den entsprechenden Flug bereits das MÜ und/oder die HaftungsVO Anwendung finden. Zuvor soll durch einen Exkurs in das internationale Privatrecht jedoch geklärt werden, unter welchen Umständen bei einer internationalen Luftbeförderung entsprechend der eingangs aufgeworfenen Fragestellung überhaupt deutsches Recht zur Anwendung kommen kann. Ausgehend von der Sichtweise des Fluggastes, der in Deutschland seine Rechte geltend machen will, sollen in dieser Arbeit aber auch insofern lediglich die international privatrechtlichen Vorschriften des deutschen Rechts näher betrachtet werden. Diese Vorschriften wiederum sind jedoch weitgehend identisch mit den international privatrechtlichen Regeln in anderen Mitgliedstaaten des EWG-Übereinkommens von Rom über das auf vertragliche Schuldverhältnisse anwendbare Recht von 1980 (EVÜ)[56], so dass auch in diesen Staaten das anwendbare Recht grds. nach den gleichen Regeln bestimmt wird.

I. Das nach dem deutschen IPR anwendbare Recht

Das auf eine internationale Beförderung anwendbare nationale Recht ist grds. nach dem Kollisionsrecht des Forumsstaates zu bestimmen. Die im MÜ an einigen Stellen enthaltenen Verweisungen auf das Recht des angerufenen

---

[56] BGBl. 1986 II, S. 809. Siehe dazu auch *Reuschle*, Einl. MÜ, Rn. 57. Das EVÜ wird am 17. Dezember 2009 abgelöst durch die sog. ROM I-VO = VO (EG) 593/2008, ABl. L 177 v. 4.7.2008, S.6, die jedoch im Wesentlichen ähnliche Regelungen enthält. Siehe dazu *Wagner*, TranspR 2008, 221 ff.; *Mankowski*, IHR 2008, 133 ff.; *Mankowski*, TranspR 2008, 177 ff.; *Mankowski*, TranspR 2008, 339, 348 ff.

Gerichts,[57] bei denen es sich nach richtiger Meinung um Verweisungen auf das materielle Recht handelt,[58] führen bei Anwendbarkeit des MÜ gerade nicht zu einer generellen Verweisung auf das materielle Recht des Forumsstaates.[59] Vielmehr ist in den vom MÜ nicht geregelten Bereichen das anwendbare Recht stets nach den Grundsätzen des IPR im Forumsstaat zu ermitteln.[60]

1. Vertragliche Anknüpfung?

Fraglich ist zunächst, welche Regelungen des deutschen EGBGB für die Bestimmung des anzuwenden Rechts maßgeblich sind. Da die durch die Arbeit aufgeworfenen Fragen jedoch überwiegend vertraglicher Natur sind, dürften hier grds. die Vorschriften über das Vertragsstatut, d.h. die Art. 27 bis 37 EGBGB einschlägig sein. So beurteilen sich gemäß Art. 31 I EGBGB nach dem Vertragsstatut grds. bereits das Zustandekommen und die Wirksamkeit des Vertrages. Ferner ist das Vertragsstatut gemäß Art. 32 I EGBGB maßgeblich für die Auslegung, die Erfüllung und die Folgen der vollständigen oder teilweisen Nichterfüllung einschließlich der Schadensbemessung.[61] Aber auch soweit es um ergänzende Bestimmungen zu Fragen geht, die im MÜ geregelt sind, wie z.B. Art und Umfang des Schadensersatzes, sind die Regelungen über das Vertragsstatut einschlägig, denn auch die Ansprüche aus dem MÜ werden nach überwiegender Ansicht als vertragliche Ansprüche qualifiziert; insbesondere bei der in dieser Arbeit wichtigen Verspätungshaftung aus Art. 19 MÜ handelt es sich um einen vertraglichen Anspruch.[62] Zur Bestimmung des anwendbaren nationalen Rechts in den hier interessierenden Bereichen sind damit i.d.R. die Art. 27 ff. EGBGB heranzuziehen.

2. Rechtswahl nach Art. 27 EGBGB

Nach Art. 27 I 1 EGBGB kann das auf den Vertrag anwendbare Recht (in den Grenzen des Art. 49 MÜ, soweit anwendbar) zunächst durch ausdrückliche oder stillschweigende Rechtswahl der Parteien bestimmt werden. Eine

---

[57] Art. 22 VI MÜ (Gerichtskosten); Art. 33 IV MÜ (Verfahrensrecht); Art. 35 II (Berechnung der Klagefrist).
[58] Siehe dazu *Reuschle*, Einl. Rn. 56; *Fröhlich*, S. 179.
[59] *Giemulla* in *Giemulla/Schmid*, MÜ, Einl. Rn. 40; so auch bereits die h.M. zum WA, siehe *Sand*, ZLW 1969, 205, 206 und 209; *Kronke* in MünchKomm HGB, Art. 1 WA 1955 Rn. 13; *Fröhlich*, S. 179 f. m.w.N.; das MÜ vermeidet sogar einige Verweisungen, die im WA noch gegeben waren. A.A. *Riese*, S. 397.
[60] *Reuschle*, Einl. Rn. 56; *Giemulla* in *Giemulla/Schmid*, MÜ, Einl. Rn. 40; so aber auch zum WA bereits *Koller*, vor Art. 1 WA 1955 Rn. 6; *Ruhwedel*, Rn. 63; *Guldimann*, Art. 24 WA Rn. 18; *Dettling-Ott*, S. 64 und 91; ausführlich *Fröhlich*, S. 180.
[61] Zur Reichweite des Vertragsstatuts, siehe auch *Reuschle*, Einl. Rn. 58; *Fröhlich*, S. 195 f.
[62] Ausführlich *Fröhlich*, S. 182 ff.

ausdrückliche individualvertragliche Rechtswahl durch den Fluggast dürfte aufgrund seiner beschränkten Verhandlungsposition jedoch i.d.R. ausgeschlossen sein. In Betracht kommt aber eine Rechtswahl aufgrund der allgemeinen Beförderungsbedingungen der Fluggesellschaften, die nach deutschem Recht seit der Aufhebung des § 10 Nr. 8 AGBG a.F., der ein anerkennenswertes Rechtswahlinteresse voraussetzte, auch grds. zulässig ist[63]. Die Wirksamkeit einer Rechtswahlklausel im Sinne einer Einbeziehungskontrolle beurteilt sich dabei gemäß Art. 27 IV i.V.m. Art. 31 I EGBGB bereits nach den Bestimmungen des gewählten Rechts.[64] Eine Inhaltskontrolle findet nicht statt.[65]

Die Beförderungsbedingungen der meisten Fluggesellschaften enthalten jedoch – historisch bedingt – bisher i.d.R. keine Rechtswahlklauseln.[66] Soweit z.B. für Erstattungen für unbenutzte Flugscheine und für die Berechnung von Klagefristen[67] Regelungen in den ABB zu finden sind, wird ihnen allenfalls die Bedeutung einer sog. materiellrechtlichen Verweisung[68] beigemessen.[69]

Neben der ausdrücklichen ist grds. auch eine stillschweigende (konkludente) Rechtswahl denkbar. So kann sich die Rechtswahl gemäß Art. 27 I 2 EGBGB auch aus den Bestimmungen des Vertrages oder den Umständen des Falles ergeben. Sie müsste in diesem Fall jedoch den Bestimmungen oder den Umständen mit hinreichender Sicherheit entnommen werden können. Dazu bedarf es, im Gegensatz zum hypothetischen Parteiwillen, eines realen rechtsgeschäftlichen Willens zur Bestimmung des anwendbaren Rechts.[70] Bestimmte Indizien deuten dabei typischerweise auf eine konkludente Rechtswahl hin; sie können sich durch Häufung in ihrer Wirkung auch verstärken oder durch Widersprüchlichkeiten gegeneinander aufheben.[71] Insbesondere kann aber die Verwendung der Geschäftsbedingungen eines Partners die stillschweigende Wahl seines Rechts bedeuten,[72] und zwar vor

---

[63] *Meyer-Sparenberg*, RIW/AWD 1989, 347; *Spellenberg* in MünchKomm BGB, Art. 31 EGBGB Rn. 23; ausführlich *Fröhlich*, S. 185 ff. Zu beachten ist allerdings Art. 49 MÜ.

[64] BGH NJW 1997, 1697, 1698; BGH NJW 1994, 262; *Meyer-Sparenberg*, RIW/AWD 1989, 347, 348; *Spellenberg* in MünchKomm BGB, Art. 31 EGBGB Rn. 23.

[65] *Meyer-Sparenberg*, RIW/AWD 1989, 347; *Spellenberg* in MünchKomm BGB, Art. 31 EGBGB Rn. 23.

[66] Ausführlich *Fröhlich*, S. 186 f.; *Rudolf*, ZLW 1971, 153, 163 f.; *Gran*, TranspR 1999, 173, 177.

[67] Vgl. Art. 15.2. ABB Flugpassage der Lufthansa.

[68] Dazu *Kropholler*, § 40 I, S. 293.

[69] Siehe ausführlich *Fröhlich*, S. 186 f.

[70] BGH NJW 1991, 1292, 1293; *Martiny* in MünchKomm BGB, Art. 27 EGBGB Rn. 41 f.

[71] BGH NJW 1988, 1964; *Martiny* in MünchKomm BGB, Art. 27 EGBGB Rn. 45.

[72] BGH JZ 1976, 607, 608; *Martiny* in *Reithmann/Martiny*, Rn. 97; *Martiny* in MünchKomm BGB, Art. 27 EGBGB Rn. 61 m.w.N.

allen Dingen dann, wenn diese Geschäftsordnungen auf einer bestimmten Rechtsordnung aufbauen und damit deren Geltung voraussetzen.[73]

Eine konkludente Wahl des deutschen Rechts könnte sich daher bei den deutschen Fluggesellschaften z.B. aus der Verwendung ihrer ABB ergeben, sofern diese ABB einen Bezug zum deutschen Recht haben. Die Beförderungsbedingungen der meisten Fluggesellschaften (auch der deutschen) bauen jedoch auf der Empfehlung 1724 der IATA und damit maßgeblich nicht auf der Rechtsordnung eines Landes, sondern dem durch das MÜ bzw. durch das WA geschaffenen internationalen Einheitsrecht auf.[74] Eine stillschweigende Rechtswahl lässt sich aus ihrer Verwendung daher grds. nicht ableiten.[75] Jedoch sind insbesondere die ABB der deutschen Fluggesellschaften im Laufe der letzten Jahre mehrmals überarbeitet worden. Ausgangspunkt war die bereits erwähnte Entscheidung des BGH aus dem Jahr 1983, mit der mehrere Klauseln der IATA-Empfehlung für mit dem deutschen AGB-Recht unvereinbar erklärt wurden.[76] Im Laufe der Jahre waren aber auch Anpassungen an die ÜberbuchungsVO der EG von 1991, die HaftungsVO von 1997 und zuletzt an das MÜ, die geänderte HaftungsVO von 2002, die FluggastrechteVO und die Schwarze-ListeVO notwendig. Insbesondere die letztgenannten Änderungen hatten jedoch keinen spezifischen Bezug zum deutschen Recht. Aber auch die Änderungen, die durch das BGH-Urteil erforderlich wurden, haben im Ergebnis keinen erkennbaren Bezug zum deutschen Recht hergestellt.[77]

Nimmt man die ABB der deutschen Fluggesellschaften genauer unter die Lupe, wird insbesondere in den ABB Flugpassage der Lufthansa oder den ABB von Germanwings an keiner Stelle der Bezug zum deutschen Recht deutlich. Es fehlt z.B. gänzlich an der Nennung dispositiver Normen[78] des deutschen Rechts. Einzig die AGB und ABB der Air Berlin beruhen in weiten Teilen nicht auf den Vorgaben der IATA. Aber auch hier ist ein Bezug zum deutschen Recht grds. nicht erkennbar. Lediglich die Stornierungsklauseln in den AGB der Air Berlin[79] haben einen gewissen Bezug zum deutschen Pauschalreiserecht und zur Rechtsprechung der deutschen Gerichte zu den danach zulässigen Stornierungsklauseln.[80] Eine Geltung der deutschen Rechtsordnung setzen diese Klauseln jedoch nicht voraus. Mit hinreichender Sicherheit lassen sich aus den untersuchten ABB der deutschen Fluggesellschaften somit

---

[73] OLG Hamburg RIW/AWD 1986, 462, 463; OLG Hamburg TranspR 1990, 117, 118; OLG München RIW/AWD 1983, 957 f.; OLG Schleswig NJW-RR 1988, 283, 284; *Kropholler*, § 52 II 1, S. 460; *Martiny* in MünchKomm BGB, Art. 27 EGBGB Rn. 61.
[74] *Böckstiegel*, NJW 1974, 1017, 1018, 1020; LG Hamburg RIW/AWD 1977, 652.
[75] LG Hamburg RIW/AWD 1977, 652; *Martiny* in *Reithmann/Martiny*, Rn. 98.
[76] BGH NJW 1983, 1322.
[77] Zu den durch die Lufthansa daraufhin geänderten Klauseln vgl. *Mölls*, ZLW 1987, 141, 142 ff.
[78] OLG Hamburg RIW/AWD 1986, 462, 463.
[79] Vgl. Art. 5 AGB Air Berlin.
[80] Vgl. dazu *Führich*, Rn. 423 ff.

keine Indizien entnehmen, die spezifisch auf eine Rechtswahl des deutschen Rechts hindeuten.[81] Auch eine stillschweigende Rechtswahl wird durch die Parteien des Luftbeförderungsvertrages daher grds. nicht getroffen.

Wenn sich allerdings im Prozess beide Parteien übereinstimmend auf die Anwendbarkeit deutschen Rechts berufen, ist dessen Anwendung kraft stillschweigender Vereinbarung denkbar.[82]

3. Sonderanknüpfung des Art. 29 II EGBGB

Ist durch die Parteien des Luftbeförderungsvertrages eine Rechtswahl nicht getroffen worden, könnte gemäß Art. 29 II EGBGB sodann der gewöhnliche Aufenthaltsort des Fluggastes maßgebend sein für das Vertragsstatut. Voraussetzung wäre allerdings, dass es sich um einen Verbrauchervertrag handelt, der Fluggast den Vertrag somit in seiner Eigenschaft als Verbraucher abgeschlossen hat, was bei nicht geschäftlich veranlassten Reisen regelmäßig der Fall sein dürfte. Art. 29 II EGBGB findet jedoch auf Beförderungsverträge und damit auch auf Luftbeförderungsverträge im Gegensatz zu (Pauschal-)Reiseverträgen gemäß Art. 29 IV 1 EGBGB keine Anwendung.[83]

4. Das Recht der engsten Verbindung, Art. 28 EGBGB

Mangels Rechtswahl und Anwendbarkeit von Art. 29 II EGBGB bestimmt sich das anwendbare Recht bei der Luftbeförderung daher i.d.R. nach Art. 28 EGBGB und hier nach einem der Vermutungstatbestände der Absätze II bis IV, denn ein Rückgriff auf Art. 28 I EGBGB ist grds. dann nicht möglich, wenn einer der Vermutungstatbestände des Art. 28 EGBGB eingreift[84].

a) Art. 28 II EGBGB

Art. 28 IV EGBGB ist nach seinem Wortlaut eindeutig auf Güterbeförderungsverträge beschränkt und kann auch nicht analog herangezogen werden.[85] Für die hier im Vordergrund stehenden Personenbeförderungsverträge kommt daher lediglich die Vermutung des Art. 28 II EGBGB in Betracht.[86] Voraussetzung der Vermutung ist gemäß Art. 28 II 3 EGBGB, dass sich die charakteristische Leistung des Luftbeförderungsvertrages bestimmen lässt. Dabei handelt es sich um die Leistung, die den Vertrag im Wesentlichen prägt. Regelmäßig

---

[81] So auch ausführlich *Fröhlich* für die Entwicklung der ABB bis 2001, *Fröhlich*, S. 188 f.
[82] LG Frankfurt/Main TranspR 1991, 145; OLG Frankfurt/Main ZLW 1981, 312.
[83] Siehe auch *Mankowski* in *Reithmann/Martiny*, Rn. 1379, 1490 und 1713 ff.
[84] *Martiny* in MünchKomm BGB, Art. 28 EGBGB, Rn. 8 f.; *Palandt/Heldrich*, Art. 28 EGBGB Rn. 4.
[85] *Martiny* in MünchKomm BGB, Art. 28 EGBGB Rn. 70, 84, 268; *v. Hoffmann* in *Soergel*, Art. 28 EGBGB, Rn. 86.
[86] So auch *Reuschle*, Einl. Rn. 62; *Martiny* in MünchKomm BGB, Art. 28 EGBGB Rn. 70.

wird dies die gegenständliche Leistung sein, gegenüber der die Geldleistung unspezifisch erscheint.[87] Beim Luftbeförderungsvertrag ist somit die Transportleistung des Luftfrachtführers als die charakteristische Leistung anzusehen.[88]

Betrachtet man die gewerbliche Luftfahrt, ist daher gemäß Art. 28 II 2 i.V.m. Art. 28 II 1 EGBGB grds. das Recht des Staates anzuwenden, in dem sich die Hauptniederlassung des Luftfrachtführers oder diejenige Niederlassung befindet, die vertragsgemäß die Luftbeförderung zu erbringen hat. Hauptniederlassung ist dabei diejenige Niederlassung, der Aufsicht und Leitung übertragen sind[89] und die so den Mittelpunkt der geschäftlichen Tätigkeit bildet.[90] Der nach der Satzung festgelegte Sitz der Gesellschaft ist dagegen ohne Bedeutung. Die andere Niederlassung nach Art. 28 I 2 EGBGB ist gekennzeichnet durch ihre Abhängigkeit von Aufsicht und Leitung des Stammhauses. Sie muss über eine gewisse Selbständigkeit verfügen und Geschäfte abwickeln können.[91] Die Steuerung der vertraglichen Leistung muss in solchen Fällen bei der anderen Niederlassung liegen.[92] Sie muss angesichts des Wortlautes und des Zwecks der Norm Entscheidungen im Hinblick auf die Abwicklung treffen können.[93] Erfasst werden regelmäßig Zweigniederlassungen, nicht jedoch rechtlich selbständige Tochtergesellschaften, denen es an der notwendigen Abhängigkeit fehlt.[94] Im Vertrag muss darüber hinaus gemäß Art. 28 II 2 EGBGB auch vorgesehen sein, dass die sonstige Niederlassung die Leistung zu erbringen hat.

Sofern eigene Geschäftsstellen der Fluggesellschaften daher lediglich dem Abschluss von Beförderungsverträgen dienen, die Beförderungsleistung aber nicht selbst erbringen, können sie nicht zur Anwendbarkeit des am betreffenden Ort geltenden Rechts führen.[95] Regelmäßig bestimmt sich das auf den Luftbeförderungsvertrag anwendbare Recht daher nach dem Recht am Ort der Hauptniederlassung des Luftfrachtführers. Folglich ist die Hauptniederlassung des vertraglichen Luftfrachtführers maßgebend,[96] da nur dieser die Luftbeförderung vertraglich schuldet. Im Fall von Code-Sharing kommt daher nicht das Recht der Hauptniederlassung des Luftfrachtführers zur Anwendung,

---

[87] *Martiny* in MünchKomm BGB, Art. 28 EGBGB, Rn. 33; *Palandt/Heldrich*, Art. 28 EGBGB Rn. 3.
[88] OLG Frankfurt/Main EuZW 1993, 452, 453; *Ruhwedel*, Rn. 65.
[89] *Martiny* in MünchKomm BGB, Art. 28 EGBGB, Rn. 50.
[90] *Hohloch* in *Erman*, Art. 28 EGBGB Rn. 22.
[91] *Martiny* in MünchKomm BGB, Art. 28 EGBGB, Rn. 50 f.; *Hohloch* in *Erman*, Art. 28 EGBGB Rn. 22 f.
[92] *v. Hoffmann* in *Soergel*, Art. 28 EGBGB Rn. 67.
[93] *v. Hoffmann* in *Soergel*, Art. 28 EGBGB Rn. 67; *Fröhlich*, S. 191.
[94] *Martiny* in MünchKomm BGB, Art. 28 EGBGB, Rn. 52 f.
[95] *Martiny* in MünchKomm BGB, Art. 28 EGBGB, Rn. 268; *v. Hoffmann* in *Soergel*, Art. 28 EGBGB Rn. 408.
[96] So auch *Fröhlich*, S. 192.

der die Luftbeförderung tatsächlich ausführt, sondern das Recht der Hauptniederlassung desjenigen Luftfrachtführers, mit dem der Fluggast den Beförderungsvertrag geschlossen hat. Nur so ist auch das anwendbare Recht für den Fluggast vorhersehbar.[97]

Bei Flügen mit deutschen Fluggesellschaften, deren Kreis sich aufgrund der vielen Billigfluggesellschaften (z.B. Germanwings, Air Berlin, TUIfly) in den letzten Jahren erheblich erweitert hat, ist daher regelmäßig deutsches Recht anwendbar.

b) Art. 28 V EGBGB

Die Vermutung des Art. 28 II EGBGB wird gemäß Art. 28 V EGBGB aber dann außer Kraft gesetzt, wenn sich aus der Gesamtheit der Umstände ergibt, dass der Vertrag engere Verbindungen mit einem anderen Staat aufweist. Die Klausel dient als Korrekturmöglichkeit, um im Einzelfall von den allgemein gehaltenen Vermutungen abweichen zu können. Da die Vermutungen ein gewisses Maß an Rechtssicherheit gewährleisten, ist es aber geboten, nur in Ausnahmefällen auf Art. 28 V EGBGB zurückzugreifen.[98] Insbesondere kann ein Abweichen von den Vermutungen dann angezeigt sein, wenn ein atypischer Vertrag vorliegt oder wenn außerhalb des Vertrages liegende Kriterien wie Staatsangehörigkeit und gewöhnlicher Aufenthalt der Parteien deutlich gegen eine Befolgung der Vermutung sprechen.[99] Die engste Verbindung des Vertrages zu dem Recht eines Staates ist dann gemäß Art. 28 V i.V.m. Art. 28 I 1 EGBGB aus der Gesamtheit der Umstände zu ermitteln; einzelne Umstände vermögen dagegen eine Anknüpfung alleine nicht zu begründen. Relevante Umstände für die objektive Bestimmung des Vertragsstatus sind dabei der gewöhnliche Aufenthalt, Niederlassung und Staatsangehörigkeit der Parteien, Erfüllungs- und Abschlussort, Währung und Vertragssprache.[100]

Damit ist insbesondere bei Flügen, bei denen neben der Hauptniederlassung keine weiteren Berührungspunkte mit dem Recht der Hauptniederlassung des Luftfrachtführers bestehen, fraglich, ob nicht möglicherweise über Art. 28 V i.V.m. Art. 28 I 1 EGBGB an das Recht eines anderen Staates anzuknüpfen ist.[101] Solche Flüge sind seit der zunehmenden Liberalisierung des Luftverkehrsmarktes in Europa und anderen Teilen der Welt auch keine Seltenheit

---

[97] *Fröhlich*, S. 192.
[98] *Kropholler*, § 52 III 4, S.472 f; v. Hoffman in *Soergel*, Art. 28 EGBGB Rn. 18, 96; *Hohloch* in *Erman*, Art. 28 EGBGB Rn. 17; nicht ganz so streng *Martiny* in MünchKomm BGB, Art. 28 EGBGB Rn. 110; *Magnus* in *Staudinger* (2002), Art. 28 EGBGB Rn. 126.
[99] *Magnus* in *Staudinger* (2002), Art. 28 EGBGB Rn. 127; *Kropholler*, § 52 III 4, S. 472 f.
[100] *Kropholler*, § 52 III 5, S.473; *Martiny* in MünchKomm BGB, Art. 28 EGBGB Rn. 89 ff., 111 f.
[101] Ähnlich *Fröhlich*, S. 194; *Peterhoff*, TranspR 2007, 103, 110; *Martiny* in MünchKomm BGB, Art. 28 EGBGB Rn. 70, 84, 268; siehe auch OLG Koblenz RRa 2006, 224, 225 f.; a.A. *Staudinger*, RRa 2007, 98, 109.

mehr. So haben Luftfahrtunternehmen der Gemeinschaft gemäß Art. 3 I VO (EWG) 2408/92, jetzt Art. 15 I und II VO (EG) 1008/2008, grds. einen Anspruch auf Erteilung einer Genehmigung zur Ausübung von Verkehrsrechten auf allen Strecken der Gemeinschaft. Dadurch ist es z.B. möglich, dass eine Fluggesellschaft, die ihre Hauptniederlassung in Großbritannien hat und deren Betriebsgenehmigung damit auch gemäß Art. 4 I VO (EWG) 2407/92, jetzt Art. 4 VO (EG) 1008/2008, in Großbritannien erteilt wurde, Flüge zwischen Deutschland und Spanien oder anderen Mitgliedstaaten anbietet. Seit dem 1.4.1997 können darüber hinaus einem Luftfahrtunternehmen der Gemeinschaft gemäß Art. 3 II VO (EWG) 2408/92 auch Kabotageflüge, also Flüge zwischen zwei Punkten innerhalb eines Mitgliedstaates, der dem Luftfahrtunternehmen nicht die Betriebsgenehmigung erteilt hat und in dem sich somit auch nicht die Hauptniederlassung des Luftfahrtunternehmens befindet, nicht mehr verwehrt werden. Ähnliche Konstellationen wird es in Zukunft in zunehmendem Maße auch im Luftverkehr mit Drittstaaten geben. Mit der voranschreitenden Liberalisierung des internationalen Luftverkehrs aus und in die EG nach dem Open-Skies-Urteil[102] des EuGH, z.B. im Zuge der Verhandlungen der EG mit den USA über ein Luftverkehrsabkommen und einen offenen Luftraum,[103] wird es beispielsweise einer britischen Fluggesellschaft in Zukunft möglich sein, Non-Stop-Flüge von Deutschland in die USA, also Flüge ohne die bisher notwendige Zwischenlandung in Großbritannien, anzubieten[104].

---

[102] EuGH ZLW 2003, 249 ff. mit Vorgeschichte *Bentzien*; EuGH EuZW 2003, 82 ff. mit Anm. Pitschas; siehe dazu auch *Bartlik*, TranspR 2004, 61 ff.; *Bentzien*, ZLW 2003, 153 ff.; *Bischoff* EuZW 2006, 295 ff.; *Gassner/Deichstetter*, EWS 2003, 265 ff.; *Oppermann*, § 22 Rn. 48; *Schwenk/Giemulla*, S. 667 ff.; *Schladebach*, Rn. 244 ff.; *Fritzsche*, S. 205 ff.; *Rossbach* in Kölner Kompendium I, Teil II A, Rn. 134 ff. und die Mitteilung der Kommission zur Weiterentwicklung der Luftfahrtaußenpolitik der Gemeinschaft, KOM 2005, 79. Siehe auch VO (EG) 847/2004 über die Aushandlung und Durchführung von Luftverkehrsabkommen zwischen Mitgliedstaaten und Drittstaaten, ABl. L 157 v. 30.4.2004, S. 7.

[103] Bisher gab es kein Luftverkehrsabkommen der EG mit Drittstaaten, sondern alle Luftverkehrsabkommen wurden von den Mitgliedstaaten selbst geschlossen. Seit März 2007 existiert jedoch der Vertragstext eines Abkommens mit den USA, siehe ABl. L 134 v. 25.5.2007, S. 4 (abgedruckt auch in ASL 2007, 236 ff.), das im Oktober 2007 im Europäischen Parlament verabschiedet wurde und Ende März 2008 in Kraft getreten ist. Zu den Verhandlungen mit den USA siehe *Goeteyn*, ASL 2007, 40, 47 ff.; *Goeteyn*, ASL 2007, 195, 196 ff.; *Schladebach*, EuR 2006, 773, 777. Zum Abkommen siehe auch *Bentzien*, ZLW 2008, 587 ff.; *Goeteyn*, ASL 2008, 444, 445 ff.; *Fritzsche*, S. 269 ff.; *Rossbach* in Kölner Kompendium I, Teil II A, Rn. 166 ff.

[104] Bisher wurden solche Verkehrsrechte ausländischen Fluggesellschaften grds. nicht gewährt und diese konnten auch aufgrund EG-Rechts nicht beansprucht werden, siehe *Giemulla* in *Giemulla/Schmid*, LuftVG, vor § 20 Rn. 13; *Schwenk/Giemulla*, S. 711. Als erste Fluggesellschaft hat Air France angekündigt, von den neuen Rechten Gebrauch zu machen und Flüge von London in die USA anzubieten, siehe dazu den Artikel „Air France fliegt von London in die USA" <www.spiegel.de> vom 31.3.2008.

Insbesondere in diesen Situationen ist m.E. zu überlegen, ob sich aus der Gesamtheit der Umstände gemäß Art. 28 V EGBGB nicht eine engere Verbindung mit dem Recht eines anderen Staates ergibt. Zu einem ähnlichen Ergebnis kommt in den angesprochenen Konstellationen im Übrigen auch die Ansicht, die die Einschränkungen des Art. 28 IV 1 EGBGB bzgl. des Rechts der Hauptniederlassung für Güterbeförderungen auch auf Personenbeförderungen übertragen will und auf diesem Wege in den geschilderten Fällen zur Anwendung von Art. 28 I EGBGB kommt.[105] Diese Ansicht ist jedoch de lege lata abzulehnen, da sich Art. 28 IV EGBGB ausdrücklich auf Güterbeförderungen bezieht.[106]

Fraglich bleibt aber, woran anstelle des Rechtes der Hauptniederlassung anzuknüpfen ist. Hier gibt es verschiedene Möglichkeiten. Zu denken ist z.B. an den Flaggenstaat des Luftfahrzeuges und den Abschlussort des Beförderungsvertrages. Sie bilden aber eher ein zufälliges Moment, eine sichere Anknüpfung ist hier nicht möglich.[107] Ihnen kann allenfalls ergänzende Bedeutung zukommen. Anders ist es dagegen mit Abgangs- und Bestimmungsort[108] eines Fluges. Für sich genommen vermögen sie nach überwiegender Ansicht zwar grds. auch nicht die Vermutung nach Art. 28 II EGBGB zugunsten der Hauptniederlassung des Luftfrachtführers außer Kraft zu setzen.[109] Eine andere Beurteilung könnte sich m.E. aber ergeben, wenn z.B. bei sog. Round-Trip-Flügen (Rundflügen)[110] Abgangs- und Bestimmungsort in dem Hoheitsgebiet eines Staates liegen und damit auf das gleiche Recht verweisen[111] oder bei nationalen Flügen sich Abgangs- und Bestimmungsort ohnehin innerhalb des Hoheitsgebietes eines Staates befinden. Jedenfalls in letzterem Fall wirkt das andere Recht der Hauptniederlassung der Fluggesellschaft eher zufällig. Deshalb ist m.E. bei Kabotageflügen im Regelfall eine engere Verbindung zu dem Recht des Staates, in dem die Kabotage stattfindet, anzunehmen.

Nicht ganz so eindeutig ist die Situation bei Round-Trip-Flügen. Hier sind zwei Konstellationen zu unterscheiden, zum einen die eingangs geschilderten Round-Trip-Flüge, bei denen eine Zwischenlandung nicht im Staat der Hauptniederlassung des Luftfahrtunternehmens stattfindet, zum anderen Round-Trip-Flüge, bei denen dies der Fall ist. Zumindest bei Round-Trip-Flügen, bei denen die Zwischenlandung nicht im Staat der

---

[105] *Martiny* in MünchKomm BGB, Art. 28 EGBGB Rn. 70.
[106] *v. Hoffmann* in *Soergel*, Art. 28 EGBGB, Rn. 86; *Fröhlich*, S. 195.
[107] Ausführlich *Fröhlich*, S. 193 f. m.w.N.
[108] Zu dem Begriff vgl. Art. 1 II MÜ.
[109] Siehe *Fröhlich*, S. 194 m.w.N.
[110] Zu dem Begriff genauer unter Punkt 2. Teil, 3. Kapitel, § 3 A. Seite 87.
[111] OLG Frankfurt/Main, TranspR 1984, 297, 298; OLG Frankfurt/Main ZLW 1984, 177, 181; LG Frankfurt/Main TranspR 1991, 145; AG Frankfurt/Main, NJW-RR 1996, 1335, 1336; *Ruhwedel*, Rn. 65; *Magnus* in *Staudinger* (2002), Art. 28 EGBGB Rn. 458; *Kretschmer*, S.73; vorsichtiger *v. Hoffmann* in *Soergel*, Art. 28 EGBGB Rn. 408; *Mankowski* in *Reithmann/Martiny*, Rn. 1722; *Hohloch* in *Erman*, Art. 28 EGBGB, Rn. 44 m.w.N.

Hauptniederlassung erfolgt,[112] gibt es meiner Ansicht nach engere Verbindungen zum Recht des Staates, in dem Abgangs- und auch Bestimmungsort liegen.[113] Schwieriger sind dagegen Round-Trip-Flüge zu beurteilen, bei denen eine Zwischenlandung im Staat der Hauptniederlassung erfolgt, insofern also auch eine „weitere" enge Verbindung zu dem Recht der Hauptniederlassung besteht. Aus meiner Sicht können hier nur im Einzelfall beim Hinzutreten weiterer Umstände wie Abschlussort des Vertrages,[114] Währung und Vertragssprache[115] Anhaltspunkte für eine engere Verbindung mit dem Recht des Staates des Abgangs- und Bestimmungsortes gegeben sein. Grundsätzlich aber spricht die Vermutung des Art. 28 II EGBGB in diesen Fällen für das Recht der Hauptniederlassung des Luftfrachtführers. Nicht gefolgt werden kann daher auch der Ansicht *Ruhwedels*[116], der über Art. 28 V EGBGB auf Round-Trip-Flüge generell das Recht des Abgangs- bzw. Bestimmungsortes anwenden will.

Nicht eindeutig zu beurteilen sind schließlich auch One-Way-Flüge[117], bei denen weder Abgangs- noch Bestimmungsort mit dem Ort der Hauptniederlassung des Luftfrachtführers identisch sind. Auch hier kann sich meiner Ansicht nach nur ausnahmsweise bei Hinzutreten der genannten Umstände eine engere Verbindung z.B. zum Recht des Abgangs- bzw. Bestimmungsortes ergeben. One-Way-Flüge, bei denen entweder der Abgangs- oder der Bestimmungsort identisch ist mit dem Ort der Hauptniederlassung des Luftfrachtführers weisen dagegen i.d.R. die engsten Verbindungen zum Recht des Staates der Hauptniederlassung des Luftfrachtführers auf. Eine Abweichung von der Vermutung des Art. 28 II EGBGB wird hier regelmäßig nicht gerechtfertigt und angezeigt sein.

5. Art. 29 a EGBGB

Für den durch bestimmte EG-Richtlinien eingeführten Verbraucherschutz enthält Art. 29 a EGBGB darüber hinaus eine Sonderanknüpfung. Sie gewährleistet, dass der gemeinschaftsrechtliche Verbraucherschutz immer dann zum Zuge kommt, wenn ein Vertrag einen „engen Zusammenhang" zu dem Recht eines EG- oder EWR-Staates hat, aufgrund einer Rechtswahl aber grds. nicht dem Recht eines solchen Staates unterliegt. Art. 29 a EGBGB ist jedoch unan-

---

[112] Hierunter muss m.E. auch eine Hin- und Rückflug-Kombination aus One-Way-Flügen, wie sie vor allen Dingen die sog. Billigfluggesellschaften anbieten, fallen, wenn Hin- und Rückflug in einem Vertrag zusammen gebucht werden. Siehe dazu auch unter Punkt 2. Teil, 3. Kapitel, § 3 B. Seite 88.
[113] So auch OLG Koblenz RRa 2008, 181, 182 m. Anm. *Staudinger*; AG Lübeck RRa 2008, 85, 86; OLG Koblenz NJW-RR 2006, 1356, 1357 und *Fröhlich*, S. 194 f.
[114] Dieser ist jedoch gerade bei den immer häufiger werdenden Online-Buchungen fraglich.
[115] Daher z.B. auch Sprache der Buchungsseite im Internet.
[116] *Ruhwedel*, Rn. 65.
[117] Zu dem Begriff genauer unter Punkt 2. Teil, 3. Kapitel, § 3 A. Seite 87.

wendbar, falls das Recht eines Drittstaates kraft objektiver Anknüpfung nach Art. 28 oder 29 II EGBGB maßgebend ist.[118] Der „enge Zusammenhang" wird in Art. 29 II EGBGB näher definiert. Da eine Rechtswahl bei der Luftbeförderung im Personenverkehr jedoch so gut wie nicht vorkommt, ist auch der Anwendungsbereich von Art. 29 a EGBGB sehr begrenzt.

6. Ergebnis

Das anwendbare nationale Recht bestimmt sich gemäß Art. 28 II EGBGB regelmäßig nach der Hauptniederlassung des Luftfrachtführers. Nur sofern Kabotageflüge durchgeführt werden, bestehen gemäß Art. 28 V EGBGB i.d.R. engere Verbindungen zu dem Staat, in dem diese Flüge durchgeführt werden. Aber auch auf Rundflügen, bei denen keine Zwischenlandung in dem Staat der Hauptniederlassung des Luftfrachtführers erfolgt, sind regelmäßig engere Verbindungen zu dem Recht des Staates gegeben, in dem Abgangs- und Bestimmungsort der Luftbeförderung liegen. Auf in Deutschland beginnende und endende Luftbeförderungen wird somit häufig deutsches Recht anwendbar sein. Anderes gilt grds. dann, wenn auch eine Landung im Staat der Hauptniederlassung des Luftfrachtführers erfolgt. Zwingende Vorschriften des deutschen Rechts sind gemäß Art. 34 EGBGB allerdings unabhängig vom Vertragsstatut anzuwenden.[119]

II. Montrealer-Übereinkommen-Durchführungsgesetz (MontÜG)

Ist deutsches Recht anwendbar, gilt bei internationalen Beförderungen ergänzend zum MÜ und zur HaftungsVO zunächst das Montrealer-Übereinkommen-Durchführungsgesetz (MontÜG).[120] Beide Regelungswerke lassen einige Fragen offen, die in Durchführungsbestimmungen zum MÜ geregelt werden mussten.[121] So enthalten z.B. weder das MÜ noch die HaftungsVO Vorschriften darüber, wer, insbesondere im Fall der Tötung eines Fluggastes, schadensersatzberechtigt ist und in welchem Umfang Schadensersatzansprüche bestehen. Art. 29 MÜ lässt diese Frage ausdrücklich offen. Die Lücke wird durch § 1 MontÜG geschlossen. Als weiteres Beispiel verpflichtet Art. 50 MÜ die Vertragsstaaten, eine Versicherungspflicht für ihre Luftfrachtführer zur Deckung ihrer Haftung nach dem MÜ einzuführen. Insofern verweist dann die Haftung-

---

[118] *Palandt/Heldrich*, Art. 29 a EGBGB Rn. 4; a.A. *Führich*, Mein Recht auf Reisen, S. 209.
[119] Ausführlicher *Kronke* in MünchKomm HGB, Art. 1 WA 1955 Rn. 24.
[120] Art. 1 des Gesetzes zur Harmonisierung des Haftungsrecht im Luftverkehr, BGBl. I 2004, 550.
[121] Vgl. die Begründung des Gesetzentwurfs der Bundesregierung zum Gesetz zur Harmonisierung des Haftungsrechts im Luftverkehr, BT-Drs. 15/2359, S. 12. Soweit die EG ihre Gesetzgebungskompetenz nach Art. 80 II EGV in Sachen der Zivilluftfahrt nicht ausgeübt hat, bleibt auch die Gesetzgebungskompetenz des Bundes bestehen, vgl. S. 14 f. der Begründung.

sVO in Art. 3 II zwar auf die Versicherungspflicht nach Art. 7 der VO (EWG) 2407/92, jetzt Art. 11 VO (EG) 1008/2008, dieser regelt jedoch die Versicherungspflicht der Luftfrachtführer i.V.m. VO (EG) 785/2004 über Versicherungsanforderungen an Luftfahrtunternehmen und Luftfahrzeugbetreiber[122] nur für unfallbedingte Schäden, während Verspätungsschäden nicht erfasst werden. Insoweit schließt § 4 MontÜG die vorhandene Lücke. Gleiches gilt schließlich auch, sofern die HaftungsVO nicht anwendbar ist, wenn z.B. der Luftfrachtführer als Flugpauschalreiseveranstalter kein Luftfahrtunternehmen der Gemeinschaft ist.

III. Luftverkehrsgesetz (LuftVG)

Bei Anwendbarkeit deutschen Rechts könnten auf internationale Beförderungen ferner und neben MÜ, HaftungsVO und MontÜG auch die Vorschriften des LuftVG Anwendung finden, die die vertragliche Haftung des Luftfrachtführers betreffen, also die Vorschriften des 2. Unterabschnitts des 2. Abschnitts des LuftVG (§§ 45 ff. LuftVG). Diese regeln die Haftung für Personen und Gepäck, die im Luftfahrzeug befördert werden und die Haftung für die verspätete Beförderung. Ihr subsidiärer Anwendungsbereich ist in § 44 LuftVG jedoch klar abgegrenzt. Demnach sind diese Vorschriften des LuftVG nur insofern anwendbar, als die Vorschriften des WA, des WA/HP, des ZAG, des MÜ, der VO (EWG) 2407/92, jetzt VO (EG) 1008/2008, und der VO (EG) 2027/97 geändert durch die VO (EG) 889/2002 (HaftungsVO) in der jeweils geltenden Fassung nicht anwendbar sind oder keine Regelungen enthalten. Es ist also grds. danach zu differenzieren, ob die entsprechenden Vorschriften auf den Flug Anwendung finden. § 44 LuftVG stellt dabei – wie zuvor § 51 LuftVG a.F. – das bestehende Rangverhältnis der Vorschriften jedoch nur klar.[123] Ferner gelten nach § 44 LuftVG die §§ 45 ff. nur für die Haftung auf Schadensersatz wegen der in § 44 LuftVG ausdrücklich aufgelisteten Schäden bei einer Luftbeförderung, die aus Vertrag[124] geschuldet wird.[125]

1. Bei Anwendbarkeit des MÜ

Bei Anwendbarkeit des MÜ stellt § 44 LuftVG klar, dass die §§ 45 ff. LuftVG allenfalls ergänzend Anwendung finden. Es besteht grds. aber auch keine Notwendigkeit für die Anwendbarkeit dieser Vorschriften, da im Zuge der Ratifikation des MÜ die §§ 45 ff. LuftVG durch Art. 2 des Gesetzes zur

---

[122] ABl. L 138 v. 30.4.2004, S. 1.
[123] Vgl. die Begründung des Gesetzentwurfs der Bundesregierung zum Gesetz zur Harmonisierung des Haftungsrechts im Luftverkehr, BT-Drs. 15/2359, S.19; zu § 51 a.F. auch *Rudolf*, ZLW 1960, 11, 28.
[124] *Fischer*, VersR 2004, 1372, 1373.
[125] Vgl. die Begründung des Gesetzentwurfs der Bundesregierung zum Gesetz zur Harmonisierung des Haftungsrechts im Luftverkehr, BT-Drs. 15/2359, S. 20.

Harmonisierung des Haftungsrechts im Luftverkehr[126] an die Vorschriften des MÜ angepasst wurden,[127] um eine einheitliche Haftung im Luftverkehr zu gewährleisten. Ergänzend anwendbar bleiben aber z.B. die §§ 50 und 51 LuftVG, die Regelungen zu der obligatorischen Haftpflichtversicherung enthalten, auf die § 4 I MontÜG, ausdrücklich verweist.

2. Bei Nichtanwendbarkeit des MÜ

Bei Nichtanwendbarkeit des MÜ ist für die Anwendbarkeit des LuftVG danach zu differenzieren, ob auf den betreffenden Flug die HaftungsVO Anwendung findet.

a) Bei Anwendbarkeit der HaftungsVO

Ist die HaftungsVO anwendbar, handelt es sich also um einen Flug eines Luftfahrtunternehmens der Gemeinschaft, erklärt nach dem oben Gesagten Art. 3 HaftungsVO mit konstitutiver Wirkung die Vorschriften des MÜ hinsichtlich der Haftung eines solchen Luftfrachtführers für anwendbar.[128] Die Haftungsvorschriften des LuftVG, §§ 45 ff. LuftVG, können somit wiederum allenfalls ergänzend Anwendung finden, was § 44 LuftVG auch für diesen Fall klarstellt.

b) Bei Nichtanwendbarkeit der HaftungsVO

Ist die HaftungsVO dagegen nicht anwendbar und sind somit auch die Vorschriften des MÜ endgültig nicht anwendbar, ist zu prüfen, ob der Flug möglicherweise den Bestimmungen des WA oder des WA/HP und eventuell zusätzlich den Bestimmungen des ZAG unterfällt. Insofern kann sich nach Art. 55 MÜ nämlich nun kein Vorrang des MÜ mehr vor den Vorschriften der übrigen Abkommen des Warschauer Systems ergeben. Ist dies der Fall, dann regelt § 44 LuftVG wiederum die lediglich subsidiäre Anwendbarkeit der §§ 45 ff. LuftVG. Das LuftVG ist damit im Hinblick auf Art. 24 WA nur anwendbar, sofern im WA keine Regelungen enthalten sind. So wären zum Beispiel die Vorschriften über die obligatorische Haftpflichtversicherung, §§ 50, 51 LuftVG, in diesen Fällen damit anwendbar.[129]

Sind dagegen weder das MÜ noch die HaftungsVO noch das WA oder das WA/HP auf den betreffenden Flug anwendbar, so regeln gemäß § 44 LuftVG in diesem Fall die §§ 45 ff. LuftVG die Haftung des Luftfrachtfüh-

---

[126] BGBl. 2004 I, 550.
[127] Vgl. die Begründung des Gesetzentwurfs der Bundesregierung, BT-Drs. 15/2359, S. 1, 11, 12 f., 19.
[128] Siehe Punkt 2. Teil, 1. Kapitel, § 1 B. I. 2. Seite 28.
[129] Vgl. die Begründung des Gesetzentwurfs der Bundesregierung zum Gesetz zur Harmonisierung des Haftungsrechts im Luftverkehr, BT-Drs. 15/2359, S. 12.

rers, vorausgesetzt allerdings, dass ein Beförderungsvertrag gegeben ist.[130] Die FluggastrechteVO wäre dann ebenso wenig anwendbar wie die HaftungsVO, da kein Luftfahrtunternehmen der Gemeinschaft an dem Flug beteiligt wäre, so dass auch insofern keine Konkurrenzprobleme bestünden. Dieser Fall dürfte jedoch äußerst selten vorkommen. Es müsste sich um einen One-Way-Flug durch ein Luftfahrtunternehmen eines Drittstaates in diesen oder aus diesem Drittstaat, der weder das MÜ noch das WA oder das WA/HP unterzeichnet hat, handeln. Theoretisch denkbar wäre auch ein Rundflug, der in diesem Drittstaat beginnt und endet[131] bzw. ein unentgeltlicher internationaler Flug, der nicht von einem Luftfahrtunternehmen der Gemeinschaft durchgeführt wird. Zusätzlich müsste deutsches Recht anwendbar sein. Fehlt es dagegen bereits an einem Beförderungsvertrag, den §§ 44 ff. LuftVG voraussetzen, können eventuelle Ersatzansprüche nur auf §§ 823 ff. BGB gestützt werden.[132] Für die Anwendbarkeit deutschen Rechts wäre dann allerdings auch auf Art. 40 EGBGB abzustellen.

IV. Deutsches Vertragsrecht

Schließlich kommt bei internationalen Beförderungen auch die Anwendbarkeit deutschen Vertragsrechts in Betracht.[133] Zur genaueren Untersuchung des Umfangs der Anwendbarkeit ist jedoch wiederum danach zu differenzieren, ob das MÜ, die HaftungsVO, das WA bzw. das WA/HP oder das LuftVG und die FluggastrechteVO sowie ggf. die Schwarze-ListeVO auf den entsprechenden Flug Anwendung finden.

1. Bei Anwendbarkeit des MÜ

Bereits ausweislich seines Titels stellt das MÜ keine abschließende Regelung dar, so dass auf internationalen Flügen nationales Recht grds. ergänzend zum MÜ zur Anwendung kommen kann. Diese Frage ist jedoch äußerst umstritten.[134] Die Beantwortung bleibt daher einer späteren genaueren Untersuchung vorbehalten.[135] Im Anwendungsbereich des MÜ wird das nationale Recht, insbesondere das nationale Vertragsrecht, jedoch durch Art. 29 MÜ grds. verdrängt.

---

[130] *Giemulla* in *Giemulla/Schmid*, LuftVG, § 44 Rn. 4 ff.

[131] Siehe auch *Tonner* in *Gebauer*, Kapitel 13 a Rn. 11.

[132] BGH NJW 1980, 587 m.w.N., *Giemulla* in *Giemulla/Schmid*, MÜ, Art. 1 Rn. 36.

[133] *Reuschle*, Einl. Rn. 55; *Giemulla* in *Giemulla/Schmid*, MÜ, Einl. Rn. 37 ff.; *Führich*, Rn. 942; zum WA siehe auch *Ruhwedel*, Rn. 61.

[134] *Giemulla* in *Giemulla/Schmid*, MÜ, Einleitung Rn. 39 f. m.w.N.; zur gleichen Problematik unter Geltung des WA siehe auch *Giemulla* in *Giemulla/Schmid*, WA, Einleitung Rn. 19 f.

[135] Siehe unter Punkt 3. Teil, 2. Kapitel, § 1 C. Seite 192.

2. Bei Anwendbarkeit der HaftungsVO

Bei Anwendbarkeit der HaftungsVO kann nichts anderes gelten, da diese auf die Haftungsvorschriften des MÜ verweist. Insofern ist auch in diesen Fällen nationales Recht ergänzend anwendbar, sofern nicht der Anwendungsbereich des MÜ betroffen ist.

3. Bei Anwendbarkeit des WA

Sind weder MÜ noch HaftungsVO auf den entsprechenden Flug anwendbar, ist zu prüfen, ob der Flug dem WA oder WA/HP unterfällt. Auch in diesem Fall ist jedoch nationales Vertragsrecht grds. ergänzend anwendbar, denn auch das WA stellt bereits ausweislich seines Titels keine abschließende Regelung dar. Durch Art. 24 WA wird das nationale Recht im Anwendungsbereich des WA jedoch wiederum verdrängt.

4. Bei Anwendbarkeit des LuftVG

Auch neben dem LuftVG bleibt deutsches Vertragsrecht grds. anwendbar. Für das Verhältnis der §§ 45 ff. LuftVG zum übrigen nationalen Recht gilt gemäß § 48 LuftVG eine dem Art. 29 MÜ entsprechende Vorschrift, so dass auch hier im Anwendungsbereich der §§ 45 ff. LuftVG das übrige nationale Recht grds. verdrängt wird.

5. Bei Anwendbarkeit der FluggastrechteVO

Als EG-Verordnung genießt die FluggastrechteVO grds. Anwendungsvorrang vor nationalem Recht.[136] Parallele und vor allen Dingen ergänzende und erweiternde Regelungen sind daher ohne weiteres möglich. Die FluggastrechteVO regelt die Rechtsbeziehungen zwischen dem Luftfrachtführer und dem Fluggast auch nur fragmentarisch, lediglich Mindestrechte bei Nichtbeförderung, Annullierung und Verspätung eines Fluges bilden ausweislich ihres Art. 1 I den Gegenstand der Verordnung.[137] Konkretisiert, ergänzt und erweitert werden dabei die Rechte, die dem Fluggast bereits aus dem Beförderungsvertrag und dem nationalen Leistungsstörungsrecht zustehen.[138]

---

[136] EuGH Slg. 1964, 1251, 1269 f. = NJW 1964, 2371, 2372 (Costa/E.N.E.L.).
[137] *Lienhard*, GPR 2004, 259, 260; *Staudinger/Schmidt-Bendun*, NJW 2004, 1897, 1899; *Führich* Rn. 960; *Führich*, MDR 2007, Sonderbeilage, 1, 10.
[138] *Führich*, Rn. 1034; *Führich*, MDR 2007, Sonderbeilage, 1, 11; *Staudinger/Schmidt-Bendun*, NJW 2004, 1897, 1899; *Tonner* in *Gebauer*, Kapitel 13 a Rn. 14. Für die ÜberbuchungsVO so bereits *Giemulla*, EuZW 1991, 367, 369; *Führich*, NJW 1997, 1044, 1046; *Führich*, RRa 1998, 87; *Schmid*, Charterflug, S. 60; inzident auch bereits OLG Köln NJW-RR 1994, 632. Zur Konkurrenz der FluggastrechteVO zum deutschen Pauschalreiserecht, siehe *Weise/Schubert*, TranspR 2006, 340 ff.

Da lediglich Mindestrechte geregelt werden, kann aber andersherum insbesondere auch das nationale Leistungsstörungsrecht die Rechte, die dem Fluggast nach der FluggastrechteVO bereits zustehen, ergänzen und erweitern. Hinsichtlich eines weitergehenden Schadensersatzanspruches nach nationalem Recht trifft Art. 12 I 1 FluggastrechteVO insofern sogar eine explizite Regelung und lässt einen solchen Anspruch ausdrücklich zu. Art. 12 I 2 FluggastrechteVO bestimmt jedoch im Gegenzug die mögliche Anrechnung einer Ausgleichsleistung nach Art. 7 FluggastrechteVO durch den vertraglichen Luftfrachtführer auf einen solchen Schadensersatzanspruch.[139] Schadensersatzleistungen nach nationalem Recht können also grds. nicht mit der Ausgleichsleistung nach der FluggastrechteVO kumuliert werden.

6. Bei Anwendbarkeit der Schwarze-ListeVO

Auch für die Schwarze-ListeVO gilt Anwendungsvorrang gegenüber nationalem Recht. Parallele und ergänzende Regelungen sind dadurch aber wiederum nicht ausgeschlossen. Eine Kollisionsregel, wie in Art. 12 FluggastrechteVO enthalten, besteht nicht.

D. Ergebnis

Bei einer internationalen Beförderung ist zunächst zu prüfen, nach welcher Rechtsquelle sich die vertragliche Haftung des Luftfrachtführers grds. richtet. In Frage kommen das MÜ, die HaftungsVO, das WA oder WA/HP oder in sehr seltenen Ausnahmefällen das LuftVG. Ergänzend anwendbar ist dann, soweit nicht der jeweilige Anwendungsbereich der genannten Vorschriften betroffen ist, das nach dem IPR des Forumsstaates ermittelte nationale Recht. Sofern dies deutsches Recht ist, sind damit das Montrealer-Übereinkommen-Durchführungsgesetz (MontÜG) bzw. bei Anwendbarkeit des WA das bisher nicht erwähnte Durchführungsgesetz zum WA[140] und deutsches Vertragsrecht anwendbar. Handelt es sich um einen Flug eines Luftfahrtunternehmens der Gemeinschaft, sind ergänzend zum MÜ schließlich auch die HaftungsVO und die FluggastrechteVO und, sofern das MÜ nicht anwendbar ist, lediglich ergänzend zur HaftungsVO auch die Fluggast-

---

[139] *Führich*, Rn. 1033; *Führich*, MDR 2007, Sonderbeilage, 1, 10 f. Bei der Ausgleichsleistung handelt es sich nach LG Frankfurt/Main um einen pauschalierten Schadensersatzanspruch, LG Frankfurt/Main RRa 2007, 81, 83. Siehe dazu auch *Staudinger*, NJW 2007, 3392 f. Nicht anrechenbar sind dagegen Betreuungsleistungen nach Art. 9 FluggastrechteVO oder ein diese ersetzender Schadensersatzanspruch, dazu AG Dortmund RRa 2008, 188, 189 und AG Frankfurt/Main RRa 2006, 181, 183; a.A. AG Köln RRa 2007, 44; AG Rüsselsheim RRa 2008, 95, 96.

[140] Gesetz zur Durchführung des Ersten Abkommens zu Vereinheitlichung des Luftprivatrechts, RGBl. I, 1933, 1079.

rechteVO anwendbar. Daneben gilt unter bestimmten Voraussetzungen die Schwarze-ListeVO.

§ 2 Nationale Luftbeförderungen

Für rein nationale Luftbeförderungen, also für Flüge, bei denen Abgangs- und Bestimmungsort in demselben Staat liegen,[141] gelten im Grundsatz dieselben Regeln. Nicht anwendbar ist jedoch das WA bzw. das WA/HP, nach dessen Art. 1 eine internationale Beförderung i.S.d. Abkommens Voraussetzung für die Anwendung ist. Ebenso ist das MÜ gemäß Art. 1 MÜ nicht direkt anwendbar. In Betracht kommt aber die Anwendung der Haftungsbestimmungen des MÜ über die Verweisung in Art. 3 HaftungsVO, sofern es sich um einen Flug eines Luftfahrtunternehmens der Gemeinschaft handelt. Ein Rückgriff auf die §§ 45 ff. LuftVG ist in diesem Fall gemäß § 44 LuftVG wiederum ausgeschlossen. Ergänzend anwendbar ist auch hier nationales Recht, das ebenso nach dem IPR des Forumsstaates zu ermitteln ist. Gerade nach Aufhebung der Kabotagebeschränkungen in der EG im Jahr 1997 sind „internationale" Sachverhalte i.S.v. Art. 3 I 1 EGBGB auch bei reinen Inlandsbeförderungen nicht mehr ausgeschlossen. So können z.B. Flüge innerhalb Deutschlands von einer britischen Fluggesellschaft angeboten werden. Das anzuwendende Recht ist daher wiederum grds. nach den Regeln des IPR zu bestimmen. Ist deutsches Recht anwendbar, so gilt ergänzend zum MÜ das MontÜG und auch nationales Vertragsrecht, soweit nicht der Anwendungsbereich des MÜ betroffen ist. Ergänzend anwendbar ist bei einem Flug eines Luftfahrtunternehmens der Gemeinschaft auch die FluggastrechteVO.

Sofern es sich jedoch nicht um einen nationalen Flug eines Luftfahrtunternehmens der Gemeinschaft handelt, ist nur das nach dem IPR zu bestimmende nationale Recht anwendbar. Auch ist dieses entgegen teilweise geäußerter Ansicht, nach der auf rein nationale Flüge nur das jeweilige nationale Recht bzw. in Deutschland das LuftVG Anwendung findet,[142] wiederum nach dem IPR des Forumsstaates zu ermitteln.[143] Auch hier sind „internationale" Sachverhalte denkbar. Soweit deutsches Recht anwendbar ist, beurteilt sich die Haftung des Luftfrachtführers somit nach dem LuftVG und ergänzend nach nationalem Vertragsrecht, soweit nicht gemäß § 48 LuftVG der Anwendungs-

---

[141] Sofern der Flug jedoch nur Zubringer- oder Anschlussflug eines internationalen Fluges ist, gelten insgesamt die Regeln für internationale Flüge, dazu siehe Punkt 2. Teil, 1. Kapitel, § 1 A. I. 1. Seite 22.
[142] *Giemulla* in *Giemulla/Schmid*, LuftVG, vor § 33 Rn. 8; *Hofmann/Grabherr*, § 51 LuftVG, Rn. 1.
[143] *Giemulla* in *Giemulla/Schmid*, LuftVG, § 44, Rn. 7 f.; *Ruhwedel*, Rn. 67; *Vollmar*, S. 9; *Fröhlich*, S. 196.

bereich der §§ 45 ff. LuftVG betroffen ist. Insgesamt ergänzend anwendbar ist auch bei reinen Inlandsbeförderungen grds. die Schwarze-ListeVO.

§ 3 Gesamtergebnis

In den allermeisten Fällen einer internationalen oder nationalen Luftbeförderung gilt daher für die Haftung des vertraglichen Luftfrachtführers eine Kombination aus den Vorschriften des MÜ ergänzt durch nationales Vertragsrecht und ggf. die FluggastrechteVO. Dieser Fall soll daher auch im Vordergrund der weiteren Betrachtungen stehen.

2. Kapitel Der Luftbeförderungsvertrag

Entscheidend für die Beantwortung der Frage nach den Fluggastrechten bzw. nach den Ansprüchen gegen den vertraglichen Luftfrachtführer ist neben dem anwendbaren Recht ferner die Klärung einiger Vorfragen rund um den Luftbeförderungsvertrag. Dieser ist im Regelfall Grundlage jeglicher im Rahmen dieser Arbeit in Frage stehender Ansprüche des Fluggastes sowohl gegen den vertraglichen als auch gegen den ausführenden Luftfrachtführer.

§ 1 Rechtsnatur und Form

Im Personenverkehr kann der Fluggast aufgrund des Luftbeförderungsvertrages vom vertraglichen Luftfrachtführer in erster Linie eine Beförderung vom Abgangs- zum Bestimmungsort verlangen. Im Vordergrund steht also ein Ortswechsel als Beförderungserfolg.[1] Nach allgemeiner Ansicht in Literatur und Rechtsprechung handelt es sich bei dem Luftbeförderungsvertrag im Personenverkehr daher, soweit die Beförderung entgeltlich ist und deutsches Recht anwendbar ist, um einen Werkvertrag i.S.v. §§ 631 ff. BGB.[2] Nur vereinzelt wird dieses Ergebnis angezweifelt.[3] Die Gepäckbeförderung, die grds. Bestandteil des Beförderungsvertrages ist,[4] wie auch andere Nebenleistungen und miet- und dienstvertragliche Elemente sind für die Einordnung als Werkvertrag ohne Bedeutung, da sie nicht die charakteristische Leistung bilden.[5] Unerheblich ist auch, ob die Beförderung im Fluglinienverkehr oder im sog. gewerblichen Gelegenheitsverkehr erfolgt. Diese Unterscheidung hat lediglich Bedeutung für die vom Luftfrachtführer einzuholenden Erlaubnisse und Genehmigungen.[6] Auch handelt es sich bei einem sog. Nur-Flug aus dem Angebot eines Reiseveranstalters weder um einen Reisevertrag im Sinne von

---

[1] *Ruhwedel*, Rn. 3; *Schwenk*, 2. Aufl., S. 626; *Schwenk/Giemulla*, S. 358; *Führich* Rn. 964.

[2] BGH NJW 1969, 2014, 2015; BGH NJW 1974, 852, 853; BGH NJW 1979, 495; *Koller*, vor Art. 1 WA 1955 Rn. 7; *Ruhwedel*, Rn. 3; *Schwenk*, 2. Aufl., S. 626, *Führich*, Rn. 964; *Tonner*, II. Rn. 1; so auch bereits *Kaiser* (1936), S. 42.

[3] Siehe dazu ausführlich *Fröhlich*, S. 201 ff. und *Ott*, S. 42 ff. m.w.N.

[4] *Schwenk*, 2. Aufl., S. 645.

[5] *Schwenk*, 2. Aufl., S. 626

[6] *Schwenk/Giemulla*, S. 610 f. und 724 f.

§§ 651 a ff. noch sind die reisevertraglichen Vorschriften analog anzuwenden.[7] Insgesamt unterscheidet sich der Luftbeförderungsvertrag daher nicht von anderen Transportverträgen.[8] Auch der Gesetzgeber ging im Rahmen verschiedener Regelungen von der Einordnung als Werkvertrag aus.[9]

Über die werkvertraglichen Vorschriften hinaus möchte *Ruhwedel* allerdings auch Vorschriften aus dem Auftragsrecht, namentlich §§ 666 und 667 BGB zu Auskunfts- und Herausgabepflicht, auf den Luftbeförderungsvertrag anwenden und qualifiziert den Luftbeförderungsvertrag daher als Geschäftsbesorgungsvertrag im Sinne von § 675 BGB.[10] Jedenfalls für die Personenbeförderung ist diese Ansicht jedoch mit *Fröhlich* abzulehnen.[11] Bei der Tätigkeit des Luftfrachtführers handelt es sich gerade nicht um eine selbständige Tätigkeit wirtschaftlicher Art zur Wahrnehmung fremder Vermögensinteressen. Dies ist nach h.M. jedoch gerade erforderlich,[12] damit nicht sämtliche Dienst- und Werkverträge zugleich dem Auftragsrecht unterworfen sind. Vielmehr geht bei der Personenbeförderung die geschuldete Leistung nicht entscheidend über den werkvertraglichen Erfolg hinaus, fremde Vermögensinteressen werden nicht wahrgenommen.

Der Luftbeförderungsvertrag ist bei Anwendbarkeit deutschen Rechts ferner ein formlos[13] gültiger Konsensualvertrag[14] zwischen dem Luftfrachtführer und dem Fluggast. Die Ausstellung eines Flugscheins ist auch bei einer internationalen Beförderung, die dem MÜ unterliegt, nach Art. 3 V MÜ nicht Wirksamkeitserfordernis.

§ 2 Vertrag zugunsten Dritter

Vertragspartner des vertraglichen Luftfrachtführers, auch im Wege der Stellvertretung[15], wird i.d.R. der Fluggast selbst sein. Der Luftbeförderungsvertrag kann aber auch als echter Vertrag zugunsten Dritter gemäß § 328 I BGB geschlossen werden.[16] Auf diese Weise können z.B. Unternehmen zugunsten ihrer Mitarbeiter[17] oder Kunden[18] und Eltern zugunsten ihrer Kinder[19] einen

---

[7] *Führich*, Rn. 964; ausführlich *Stadie*, S. 1 ff.
[8] Vgl. nur OLG Düsseldorf, TranspR 1995, 439 (Straßentransport).
[9] *Ott*, S. 40; *Basedow*, S. 86 ff., 89 f.
[10] *Ruhwedel*, Rn. 7.
[11] *Fröhlich*, S. 199 ff. m.w.N.
[12] BGH NJW 1966, 1452, 1454; BGH NJW-RR 1992, 560.
[13] BGH NJW 1969, 2008, 2013; BGH NJW 1983, 516; *Ruhwedel*, Rn. 14; *Schwenk*, 2. Aufl., S. 627; *Schwenk/Giemulla*, S. 359; *Führich*, Rn. 971.
[14] BGH NJW 1976, 1583, 1584; *Koller*, vor Art. 1 WA 1955 Rn. 7.
[15] Siehe dazu LG Düsseldorf NJW-RR 2008, 1284.
[16] *Ruhwedel*, Rn. 8; *Vollmar*, S. 74; *Giemulla/Schmid*, in Giemulla/Schmid, LuftVG, vor § 44 Rn. 34; *Vogt*, ZLW 1967, 125 ff; BGH ZLW 1974, 202, 205 = NJW 1974, 852, 853.
[17] *Ruhwedel*, Rn. 8; *Führich*, Rn. 969.

Luftbeförderungsvertrag schließen. Dem Dritten stehen in diesem Fall als Fluggast neben dem Erfüllungsanspruch auch die Sekundärrechte wie z.B. Rücktritt und Schadensersatz zu.[20] Umstritten ist jedoch, ob er den Luftbeförderungsvertrag beispielsweise im Wege der Umbuchung auch zu Lasten des Versprechensempfängers ändern kann. So können derartige Änderungen des Luftbeförderungsvertrages teils mit erheblichen Mehrkosten verbunden sein. Einige Stimmen lehnen eine solche Änderungsmöglichkeit daher ab.[21] *Vogt*[22] dagegen sieht in dem Abschluss eines Luftbeförderungsvertrages zugunsten eines Dritten auch die Ermächtigung des Dritten, Änderungen zulasten des Versprechensempfängers zu vereinbaren. Das entspreche dem modernen Massenverkehr. Das wirkt zwar etwas konstruiert, kann m.E. im Wege der ergänzenden Vertragsauslegung aber durchaus in einen solchen Luftbeförderungsvertrag hineingelesen werden, insbesondere wenn man z.B. im Valutaverhältnis auch eine Freistellungsvereinbarung hinsichtlich entstehender Mehrkosten annimmt.

§ 3 Wirksame Einbeziehung von ABB

Häufig problematisch ist die wirksame Einbeziehung der ABB in den Luftbeförderungsvertrag. Es ist nach den Umständen des Vertragsschlusses zu unterscheiden.

A. Grundsatz

Sofern der Fluggast nicht gemäß § 14 BGB Unternehmer ist,[23] – in diesem Fall wären gemäß § 310 I 1 BGB die allgemeinen Regeln, §§ 145 ff. BGB, für die Einbeziehung der ABB in den Beförderungsvertrag heranzuziehen[24] – regelt sich deren Einbeziehung nach § 305 II BGB. § 305 a Nr. 1 BGB ist im Luftverkehr nicht einschlägig und kann als eng begrenzte Ausnahmevorschrift auch nicht analog herangezogen werden.[25] Auch eine Beweislastregel dergestalt,

---

[18] *Vollmar*, S. 74.
[19] *Ruhwedel*, Rn. 8; *Vollmar*, S. 74; *Führich*, Rn. 969; a.A. AG Bad Homburg RRa 1994, 175, wonach Eltern für ihrer minderjährigen Kinder als gesetzliche Vertreter handeln.
[20] *Gottwald* in MünchKomm BGB, § 335 Rn. 18 ff.; *Jauernig/Stadler*, § 328 Rn. 16; a.A. *Palandt/Grüneberg*, § 328 Rn. 5; für eine Pauschalreise auch LG Frankfurt/Main TranspR 1985, 235.
[21] AG Hamburg, ZLW 1976, 273 ff.; *Vollmar* S. 75 f.
[22] *Vogt*, ZLW 1967, 125, 130.
[23] So sind z.B. geschäftlich reisende Vielflieger grds. als Unternehmer zu qualifizieren, vgl. LG Frankfurt/Main RRa 2004, 133. Siehe auch *Führich*, Rn. 983.
[24] Ausreichend ist damit auch eine stillschweigende Einbeziehungsvereinbarung, vgl. nur *Palandt/Grüneberg*, § 310 Rn. 4.
[25] BGH NJW 1983, 1322, 1324; *Führich*, Rn. 981.

dass der ausgestellte Flugschein bis zum Nachweis des Gegenteils den Abschluss und die Bedingungen des Luftbeförderungsvertrages beweist, wie sie noch in Art. 3 II 1 WA/HP enthalten war, kennt das MÜ nicht mehr. Aber auch unter Geltung des WA/HP war nach richtiger Auffassung bereits die Einbeziehung der ABB anhand der AGB-Vorschriften zu prüfen.[26]

Erforderlich ist daher zunächst, dass der Fluggast grds. ausdrücklich auf die Geltung der ABB hingewiesen wird. Der Hinweis kann mündlich oder schriftlich erfolgen,[27] wobei die Schriftform aus Beweisgründen vorzugswürdig erscheint. Fraglich ist, ob der Fluggast darüber hinaus möglicherweise gemäß § 305 II Nr. 1, 2. Alt. auch durch deutlich sichtbaren Aushang am Ort des Vertragsschlusses auf die gewünschte Einbeziehung von ABB hingewiesen werden kann. Eine solche Vorgehensweise böte sich am Flughafenschalter oder im Reisebüro an. Voraussetzung ist allerdings, dass ein ausdrücklicher Hinweis nur unter unverhältnismäßigen Schwierigkeiten möglich wäre, was für die Luftbeförderung grds. ausscheiden muss[28]. Aus den Gesetzesmaterialien ergibt sich ferner, dass die Ausnahme nur bei Massengeschäften des täglichen Lebens zur Anwendung kommen soll, die im Einzelfall keinen besonderen wirtschaftlichen Wert haben und bei denen die Verwendung von AGB allgemein erwartet wird.[29] Hauptanwendungsfall sind konkludent geschlossene Massenverträge ohne persönlichen Kontakt.[30] Auch insofern muss ein solcher Hinweis durch Aushang für die Luftbeförderung daher ausscheiden. Bei der Luftbeförderung handelt es sich weder um ein Massengeschäft des täglichen Lebens (auch wenn für viele Fluggäste die Luftbeförderung mittlerweile etwas Alltägliches sein dürfte) noch hat die Flugbeförderung keinen besonderen wirtschaftlichen Wert. Zwar mögen im Einzelfall die Ticketpreise äußerst gering sein, der wirtschaftliche Wert des Beförderungsanspruchs dürfte jedoch in aller Regel höher liegen, da die Fluggesellschaften eine Mischkalkulation vornehmen und nur wenige Tickets zu extrem niedrigen Preisen anbieten. Schließlich stellt das Erfordernis des ausdrücklichen Hinweises im Flugverkehr auch keine unverhältnismäßige und überflüssige Erschwerung des Massenverkehrs dar. Auch in diesem Fall soll der Hinweis durch Aushang zwar grds. möglich sein,[31] allerdings sind wesentliche Bestimmungen des Beförderungsvertrages in den ABB der Fluggesellschaften geregelt, so dass auch unter diesem Gesichtspunkt nicht auf den ausdrücklichen Hinweis verzichtet werden kann.

---

[26] *Giemulla/Schmid*, NJW 1999, 1057, 1058; im Ergebnis auch *Fischer*, MDR 1999, 140 und *Gansfort*, TranspR 1989, 131, 133 f., die jedoch für das WA von einer widerlegbaren Vermutung der Einbeziehung ausgehen.
[27] BGH NJW 1983, 816, 817.
[28] Ähnlich auch *Giemulla/Schmid*, NJW 1999, 1057, 1059.
[29] BT-Drs. 7/3919, S. 18.
[30] *Palandt/Heinrichs*, § 305 Rn. 31.
[31] BGH NJW 1985, 850.

Neben dem Hinweis muss der Fluggast die Möglichkeit haben, in zumutbarer Weise vom Inhalt der ABB Kenntnis zu nehmen. Die Möglichkeit der Kenntnisnahme begründet jedoch grds. keine Pflicht, dem Kunden die AGB in Textform (§ 126 b) zur Verfügung zu stellen.[32] Der Hinweis auf zur Einsicht ausliegende oder aushängende AGB kann aber unter Zumutbarkeitsgesichtspunkten ggf. dann nicht genügen, wenn es sich um besonders umfangreiche AGB handelt.[33] Nicht ausreichend ist auch die Übergabe eines Auszugs aus den AGB.[34]

In jedem Fall müssen gemäß § 305 II BGB Hinweis und Möglichkeit der Kenntnisnahme aber bereits bei Vertragsschluss gegeben sein.[35] Nicht ausreichend ist daher z.B. der Abdruck der ABB auf dem Flugticket, da dieses dem Fluggast grds. erst nach dem Vertragsschluss ausgehändigt wird.[36] Allerdings ist die Einbeziehung von AGB in einen Vertrag grds. auch durch Änderungsvereinbarung möglich. Die Voraussetzungen von § 305 II BGB müssen dann im Zeitpunkt der Änderungsvereinbarung gegeben sein.[37] Zu fordern ist in diesem Fall jedoch zusätzlich das ausdrückliche Einverständnis des Fluggastes mit der Einbeziehung.[38]

Schließlich muss der Fluggast mit der Geltung der ABB einverstanden sein. Das Einverständnis kann dabei grds. auch schlüssig erklärt werden und ist i.d.R. zu bejahen, wenn es nach Erfüllung der Einbeziehungspflichten zum Vertragsschluss kommt.[39]

B. Buchung im Reisebüro

Die wirksame Einbeziehung der ABB in den Luftbeförderungsvertrag ist bei der Buchung im Reisebüro oder durch Verkaufsstellen des Luftfrachtführers i.d.R. unproblematisch. Probleme bereiten kann im Einzelfall lediglich die Verschaffung der Möglichkeit, in zumutbarer Weise von den ABB Kenntnis zu erlangen, da ein Reisebüro häufig nicht die ABB aller für eine Buchung in Frage kommenden Fluggesellschaften in gedruckter Form vorrätig hat. Jedoch ist es nach der Rechtsprechung grds. ausreichend, dass der Kunde auf einen möglichen, durch das Reisebüro vorzunehmenden Ausdruck der im Internet oder im Reservierungssystem gespeicherten ABB hingewiesen

---

[32] *Palandt/Heinrichs*, § 305 Rn. 38.
[33] OLG Hamburg VersR 1989, 202, 203.
[34] BGH NJW-RR 1991, 727, 728.
[35] *Palandt/Heinrichs*, § 305 Rn. 30.
[36] *Giemulla/Schmid*, NJW 1999, 1057, 1060; *Palandt/Heinrichs*, § 305 Rn. 30.
[37] BGH NJW 1983, 816, 817; BGH NJW 1984, 1112.
[38] Vgl. allgemein KG NJW-RR 1994, 1265, 1266.
[39] *Palandt/Heinrichs*, § 305 Rn. 43.

wird.⁴⁰ Ggf. ist der Ausdruck auf Wunsch des Fluggastes dann vorzunehmen.

C. Online-Buchungen

Die wirksame Einbeziehung von ABB ist grds. auch bei der Buchung im Internet unproblematisch.⁴¹ Die Buchungsseiten der Fluggesellschaften sind i.d.R. so gestaltet, dass der Fluggast einen deutlichen Hinweis auf die Einbeziehung der ABB bekommt, dessen Erhalt er sogar regelmäßig inzident durch Ankreuzen des „Einverständnis-Feldes" bestätigt. Die Möglichkeit der Kenntnisnahme wird dem Fluggast zuvor i.d.R. dadurch verschafft, dass er vor der endgültigen Buchung die ABB durch Anklicken eines Feldes aufrufen und ggf. herunterladen und ausdrucken kann. Er kann jedoch auch auf die Kenntnisnahme verzichten, indem er durch sofortiges Ankreuzen des „Einverständnis-Feldes" sich mit der Geltung der ABB einverstanden erklärt. Jedenfalls, sofern das Buchungsverfahren so ausgestaltet ist, bestehen keine Bedenken hinsichtlich der Einbeziehung der ABB in den Vertrag.⁴² Das Vorhandensein eines „Einverständnis-Feldes", das der Fluggast ankreuzen muss, ist aber grds. nicht Voraussetzung für eine wirksame Einbeziehung der ABB, da der Fluggast weder den Erhalt des Hinweises bestätigen muss, noch sein Einverständnis mit der Geltung ausdrücklich erklären muss, unter Beweisgesichtspunkten bietet sich eine solche Erklärung jedoch an. Auch ist es nicht erforderlich, dass der Fluggast durch Ankreuzen eines weiteren Feldes bestätigt, ob er in die ABB Einsicht nehmen will.⁴³ Die bloße Einblendung der AGB genügt für die Möglichkeit der Kenntnisnahme nur dann, wenn eine kritische Prüfung möglich ist.⁴⁴ Jedenfalls umfangreichere AGB müssen für eine wirksame Einbeziehung dem Fluggast daher zum Herunterladen oder Ausdrucken zur Verfügung stehen.⁴⁵

Nicht maßgeblich für die wirksame Einbeziehung ist dagegen § 312 e I 1 Nr. 4 BGB.⁴⁶ Danach müssen im elektronischen Geschäftsverkehr die Vertragsbedingungen einschließlich der AGB bei Vertragsschluss abrufbar und in wiedergabefähiger Form speicherbar sein. Der Text muss darüber hinaus auch ausgedruckt werden können.⁴⁷ Eine Verletzung der Pflichten aus

---

⁴⁰ So auch *Giemulla/Schmid*, NJW 1999, 1057, 1060; vgl. auch LG Ansbach NJW-RR 1990, 563, 564, der Verwender muss die AGB vorlegen oder die Vorlage anbieten.
⁴¹ So auch *Führich*, Rn. 982.
⁴² So auch *Giemulla/Schmid*, NJW 1999, 1057, 1061 m.w.N.
⁴³ A.A. *Schmid/Tonner*, S. 141.
⁴⁴ OLG Köln NJW-RR 1998, 1277, 1278; LG Freiburg NJW-RR 1992, 1018.
⁴⁵ Vgl. allgemein *Mehrings*, BB 1998, 2373, 2379; *Löhnig*, NJW 1997, 1688, 1689.
⁴⁶ *Palandt/Grüneberg*, § 312 e Rn. 8.
⁴⁷ Micklitz in *Micklitz/Tonner*, § 312 e BGB Rn. 105.

§ 312 e BGB führt jedoch u.U. zu Ansprüchen aus c.i.c.[48] Die Wirksamkeit des Vertragsschlusses ist nicht berührt.[49]

D. Ticketautomat

Sofern die Buchung am Ticketautomaten ähnlich der Online-Buchung im Internet ausgestaltet ist, bestehen auch insoweit grds. keine Bedenken gegen die wirksame Einbeziehung der ABB. Lediglich die Tatsache, dass aufgrund des Umfangs der ABB am Automaten i.d.R. nur die Einsichtnahme in die ABB und nicht deren Ausdruck möglich sind und somit i.d.R. eine kritische Prüfung unterbleiben muss, könnte gegen eine wirksame Einbeziehung sprechen. Der Fluggast, der ein Ticket am Automaten bucht, ist jedoch häufig entweder in Eile, so dass eine kritische Prüfung der ABB ohnehin nicht stattfinden kann oder er war im Vorhinein über das Angebot der Fuggesellschaft informiert, sei es aufgrund längerer Geschäftsbeziehung oder gründlicher Information im Vorfeld der Buchung, und hatte somit Gelegenheit, sich im Internet oder in einer Verkaufsstelle über die Beförderungsbedingungen zu informieren und Einsicht in die ABB zu nehmen. Das Erfordernis zumutbarer Kenntnisnahmemöglichkeit sollte daher nicht zu streng ausgelegt werden, denn der Fluggast erhält auf der anderen Seite eine schnelle und komfortable Buchungsmöglichkeit für Flugtickets.

E. Telefonische Buchung

Unter dem Gesichtspunkt der wirksamen Einbeziehung der ABB problematisch ist jedoch die telefonische Buchung. Dem Erfordernis, die Kenntnisnahme in zumutbarer Weise zu ermöglichen, kann bei einem Vertragschluss unter Abwesenden der Verwender grds. nur durch Übersendung der AGB genügen.[50] Allein das Angebot, die AGB kostenlos zu übersenden ist grds. nicht ausreichend.[51] Die telefonische Buchung eines Flugtickets, ohne dass dem Fluggast zu diesem Zeitpunkt die ABB des Luftfrachtführers bereits vorliegen, sei es durch Übersendung oder Abruf oder Ausdruck aus dem Internet, scheint daher ausgeschlossen. Auch eine nachträgliche Einbeziehung der ABB in den Vertrag durch nachträgliche Vertragsänderung in der Form, dass dem Fluggast nach Vertragsschluss die ABB mit oder ohne Flugticket zugesandt werden und ihm damit ein Vertragsänderungsangebot unterbreitet wird, ist mit erhöhten Schwierigkeiten verbunden. Zum einen müsste der

---

[48] *Palandt/Grüneberg*, § 312 e Rn. 11.
[49] *Grigoleit*, WM 2001, 597, 598.
[50] *Palandt/Heinrichs*, § 305 Rn. 35 m.w.N.
[51] BGH NJW-RR 1999, 1246.

Fluggast zu diesem Zeitpunkt mit der Einbeziehung der ABB in den Vertrag einverstanden sein, zum anderen müsste er nach h.M. seine Zustimmung aber gerade auch ausdrücklich[52] erklären.[53] Insbesondere eine konkludente Zustimmung durch Besteigen des Flugzeuges ist daher ausgeschlossen.

Der telefonische Buchungsweg sollte dem Fluggast jedoch nicht verschlossen sein. Auch im Internetzeitalter kann es immer wieder Situationen geben, in denen der Fluggast auf eine schnelle telefonische Buchung angewiesen ist. Wäre die Einbeziehung von ABB jedoch nicht möglich, so wäre früher oder später dieser Buchungsweg abgeschnitten. § 305 II Nr. 2 BGB wird daher nach wohl überwiegender Meinung bei telefonischen Buchungen als dispositives Recht angesehen. Der Kunde könne durch Individualvereinbarung auf die Einhaltung von § 305 II Nr. 2 BGB verzichten.[54] Es muss dies meiner Ansicht nach dann aber ausdrücklich tun. Er sollte also vor der Buchung ausdrücklich dazu befragt werden, ob er mit der Geltung der ABB einverstanden ist, deren Zusendung erst nach der Buchung erfolgen kann. Verbleiben werden jedoch Beweisschwierigkeiten.[55]

F. Fremdsprachliche Beförderungsbedingungen

Fraglich ist schließlich, ob auch die Überlassung fremdsprachlicher Beförderungsbedingungen dem Erfordernis der Verschaffung einer zumutbaren Kenntnisnahmemöglichkeit entspricht. So wird der deutsche Fluggast mehr oder weniger häufig mit ABB in englischer Sprache konfrontiert sein. Grundsätzlich erforderlich ist dabei, dass die AGB in einer dem Kunden verständlichen Sprache abgefasst sind.[56] Teilweise wird daher verlangt, dass bei Distanzgeschäften ohne vorherige Verhandlungen auf die Sprache des gewöhnlichen Aufenthaltsortes des Kunden abzustellen sei.[57] In diesem Sinne haben auch verschiedene Gerichte die Einbeziehung fremdsprachlicher Beförderungsbedingungen in den Luftbeförderungsvertrag abgelehnt.[58] Richtigerweise muss aber wohl differenzierter auf die Vertragssprache, also die

---

[52] KG NJW-RR 1994, 1265, 1266.
[53] Im Ergebnis ebenso *Giemulla/Schmid*, NJW 1999, 1057, 1060 f., die sich darauf stützen, dass Schweigen keine Willenserklärung sei.
[54] *Basedow* in MünchKomm BGB, § 305 Rn. 63; *Palandt/Heinrichs*, § 305 Rn. 37; *Führich*, Rn. 982; a.A. *Giemulla/Schmid*, NJW 1999, 1057, 1060; AG Krefeld NJW-RR 1997, 245.
[55] *Giemulla/Schmid*, NJW 1999, 1057, 1060.
[56] *Basedow* in MünchKomm BGB, § 305 Rn. 66; *Führich*, Rn. 981.
[57] *Schlosser* in *Staudinger* (2006), § 305 Rn. 141.
[58] OLG Frankfurt/Main TranspR 1984, 297, 298; LG Berlin NJW 1982, 343, 344; zustimmend *Führich*, Rn. 981; *Ruhwedel*, Rn. 138; a.A., Englisch ausreichend, AG Frankfurt/ Main TranspR 1989, 368, 369; AG Offenbach RRa 2005, 185 f.

Sprache, in der das übrige Angebot abgefasst ist, abgestellt werden.[59] Schließt ein Kunde einen Vertrag in einer fremden Sprache muss grds. davon ausgegangen werden, dass er auch der Sprache mächtig ist und AGB in dieser Sprache hinreichend versteht. Mit anderen Worten wer in einer fremden Sprache verhandelt, muss grds. auch bereit sein, diese Sprache als Vertragssprache zu akzeptieren.[60]

§ 4 Beförderungsdokumente

A. Flugschein

Im Geltungsbereich des deutschen Rechts ist der Flugschein ein qualifiziertes Legitimationspapier oder hinkendes Inhaberpapier i.S.v. § 808 BGB und verschafft somit alleine noch keinen Anspruch auf Beförderung.[61] Er verbrieft lediglich den Beförderungsanspruch des Fluggastes aus § 631 BGB und kann entweder als herkömmlicher Papierflugschein[62] oder als elektronischer Flugschein ausgestellt werden.[63] Elektronische Flugscheine werden dem Fluggast dabei anders als Papierflugscheine jedoch nicht ausgehändigt, sondern sind lediglich im Reservierungssystem der Fluggesellschaft gespeichert.[64] Übersandt bekommt der Fluggast in diesen Fällen nur eine Buchungsbestätigung[65] (auch Itinerary Receipt[66] genannt), die alle wesentlichen Fluginformationen und eine Buchungsnummer enthält. Beide Flugscheinarten bestehen i.d.R. aus mehreren Flugcoupons und dem Fluggastcoupon.[67] Für jede Teilstrecke der Beförderung werden separate Flugcoupons ausgestellt,[68] die dem Luftfrachtführer je-

---

[59] So auch *Basedow* in MünchKomm BGB, § 305 Rn. 66; a.A. allerdings *Basedow* in MünchKomm BGB, 4. Aufl. Band 2a, § 307 Rn. 166 für die ABB im Luftverkehr.
[60] Ausführlich zu den ABB im Luftverkehr *Eisenbarth*, S. 110 ff., 112 f.; *Fischer*, MDR 1999, 140, 141. Nach LG Hamburg ZLR 1955, 226, 230 sollen ABB in Englisch oder Französisch generell ausreichend sein.
[61] BGH NJW 1974, 852, 853; ausführlich *Schmid*, FS Piper, S. 999, 1005 ff.; *Schmid*, RRa 1994, 7; *Schmid*, NJW 2002, 3510; *Führich*, Rn. 974; *Reuschle*, Art. 3 MÜ Rn. 4 f.
[62] Herkömmliche Papierflugscheine werden jedoch nach einem Beschluss der IATA seit dem 1.6.2008 nur noch ausnahmsweise ausgegeben, siehe den Artikel „Mehr Automaten, weniger Service" <www.spiegel.de> vom 17.4.2008.
[63] Zur Übertragung des Beförderungsanspruchs durch Abtretung und den Abtretungsverboten in den ABB der Fluggesellschaften vgl. *Ruhwedel*, Rn. 266 und insbesondere *Zenker* NJW 2003, 1915 ff. Nach Art. 5.2 ABB Germanwings ist eine Übertragung des Beförderungsanspruchs neuerdings unter bestimmten Bedingungen möglich. Eine ähnliche Problematik beinhaltete die Personalisierung der WM-Karten zur Fußball-WM 2006. Dazu *Weller* NJW 2005, 934 ff.
[64] Vgl. Art. 1 ABB Flugpassage der Lufthansa.
[65] Vgl. Art. 3.1.1 ABB Germanwings.
[66] Vgl. Art. 1 ABB Flugpassage der Lufthansa.
[67] Vgl. Art. 1 ABB Flugpassage der Lufthansa.
[68] Vgl. *Sabathil*, S. 115 f.

weils zur Beförderung überlassen werden. Der Fluggastcoupon, auch Passenger Receipt genannt, dagegen verbleibt als Beleg beim Fluggast.[69]

Das Vorweisen eines gültigen Flugscheins ist entsprechend § 808 II 1 BGB nach den ABB der meisten Fluggesellschaften Voraussetzung für die Beförderung.[70] Bei Nichtvorlage eines Flugscheins besteht demnach ein Leistungsverweigerungsrecht.[71] Erforderlich sind ein Flugschein bzw. ein Flugcoupon in der entsprechenden Beförderungsklasse und eine Platzbuchung für den gewünschten Tag und Flug.[72] Ausreichend ist jedes Dokument, aus dem der Wille, sich zu einer Luftbeförderung rechtsverbindlich zu verpflichten unzweideutig hervorgeht.[73]

Korrespondierend mit der Pflicht zur Vorlage eines Flugscheins hat der Fluggast aber grds. auch einen Anspruch auf Ausstellung und Aushändigung eines solchen Dokumentes.[74] Bei internationalen Beförderungen i.S.d. MÜ ist darüber hinaus die Ausstellung und Aushändigung eines Flugscheins sogar in Art. 3 I MÜ vorgeschrieben, wobei der Reisende zusätzlich nach Art. 3 IV MÜ schriftlich darauf hinzuweisen ist, dass das Abkommen die Haftung des Luftfrachtführers beschränken kann. Die nach Art. 3 I MÜ erforderlichen Angaben können aber nach Art. 3 II S.1 MÜ auch auf andere Weise aufgezeichnet werden, so dass jetzt, anders als noch unter Geltung des WA,[75] eindeutig auch elektronische Tickets den Anforderungen an die Aushändigung eines Flugscheins genügen. Der Luftfrachtführer muss in diesem Fall dem Reisenden gemäß Art. 3 II S. 2 MÜ aber eine schriftliche Erklärung über die gespeicherten Angaben anbieten. Die ausgestellten Beförderungsunterlagen müssen dem Fluggast ferner so rechtzeitig zugestellt werden, dass er seinen Flug ohne Schwierigkeiten erreichen kann.[76]

Über die Wirkungen des § 808 BGB hinaus hat der Flugschein ferner Beweisfunktion.[77] Er soll die Abfertigung des Fluggastes erleichtern.[78] Hinsichtlich seines Inhaltes begründet er eine widerlegbare Vermutung, maßgeblich bleibt jedoch der mündlich geschlossene Vertrag.[79] So bestimmen die ABB der

---

[69] Vgl. Art. 1 ABB Flugpassage der Lufthansa.
[70] Vgl. Art. 3.1.6. ABB Flugpassage der Lufthansa, Art. 3.1.2 ABB Germanwings.
[71] *Ruhwedel*, Rn. 18 und 257; unschädlich ist u.U. die Nichtvorlage einzelner Flugcoupons, sofern das Ticket im Übrigen vorgelegt werden kann, siehe AG Frankfurt/Main NJW-RR 2004, 1699.
[72] Vgl. Art. 3.3.5. ABB Flugpassage der Lufthansa.
[73] BGH NJW 1969, 2008, 2013.
[74] *Ruhwedel*, Rn. 173 und 256 f.
[75] Dazu *Fröhlich*, S. 99 f.
[76] OLG Düsseldorf RRa 1993, 15, 16.
[77] BGH NJW 1969, 2008, 2013; OLG Köln, ZLW 1995, 248, 249; *Reuschle*, Art. 3 MÜ Rn. 8.
[78] *Ruhwedel*, Rn. 261.
[79] Bezirksgericht Zürich TranspR 1992, 109, 113.

Luftfrachtführer auch in aller Regel, dass der Flugschein lediglich bis zum Beweis des Gegenteils den Inhalt des Beförderungsvertrages beweist.[80]

B. Gepäckschein

Zur Beförderung von aufgegebenem Gepäck, im Gegensatz zu nicht aufgegebenem Gepäck, wird regelmäßig ein Gepäckschein ausgestellt.[81] Das MÜ verlangt die Ausstellung eines Gepäckscheins anders als noch Art. 4 WA/HP jedoch nicht mehr. Beim Gepäckschein kann es sich um ein separates Dokument handeln, er wird jedoch heute i.d.R. zusammen mit dem Flugschein in einem Dokument ausgestellt.[82] Dazu werden beim Check-in in den Flugschein, in dem bereits die Freigepäckmenge eingetragen ist, Angaben über das aufgegebene Gepäck eingetragen.[83] Der Gepäckschein stellt ebenso wie der Flugschein ein qualifiziertes Legitimationspapier dar.[84] Der Luftfrachtführer ist daher grds. auch nur gegen Vorlage des Gepäckscheins zur Herausgabe des Gepäcks verpflichtet; ist die Vorlage des Gepäckscheins nicht möglich kann der Reisende seine Berechtigung aber i.d.R. auch durch die Gepäckidentifizierungsmarke oder auf andere geeignete Art nachweisen.[85]

C. Gepäckidentifizierungsmarke

Für aufgegebenes Reisegepäck werden zusätzlich zum Gepäckschein von den Fluggesellschaften i.d.R. sog. Gepäckidentifizierungsmarken ausgegeben.[86] Handelt es sich um eine internationale Beförderung i.S.d. MÜ, so ist die Ausstellung einer solchen Marke für jedes einzelne Gepäckstück in Art. 3 III MÜ vorgeschrieben. Die Marke dient dabei ausschließlich der Identifizierung des aufgegebenen Gepäcks, sie gliedert sich in den Gepäckanhängerteil, der am Gepäckstück befestigt wird, und dem Gepäckidentifizierungsteil, der dem Fluggast ausgehändigt wird.[87] Rechtlich dürfte es sich um ein einfaches Beweispapier handeln.[88]

---

[80] Vgl. Art. 3.1.5. ABB Flugpassage der Lufthansa.
[81] Vgl. Art 1 ABB Flugpassage der Lufthansa.
[82] *Ruhwedel*, Rn. 273; vgl. auch die Definition in Art. 1 ABB Flugpassage der Lufthansa.
[83] Vgl. *Sabathil*, S. 124.
[84] *Ruhwedel*, Rn. 277; *Reuschle*, Art. 3 MÜ Rn. 28.
[85] Vgl. Art. 8.8.3. ABB Flugpassage der Lufthansa.
[86] Vgl. Art 1 ABB Flugpassage der Lufthansa.
[87] Vgl. Art 1 ABB Flugpassage der Lufthansa.
[88] Allgemein zu den einfachen Beweispapieren siehe *Palandt/Sprau*, § 807 Rn. 1.

§ 5 Die Vertragsbeteiligten

An einer Luftbeförderung beteiligt sind i.d.R. verschiedene Personen, die es im Hinblick auf ihre Haftung zu unterscheiden gilt.

A. Vertraglicher und ausführender Luftfrachtführer

Zu unterscheiden ist dabei zunächst zwischen dem vertraglichen und dem ausführenden Luftfrachtführer. Vertraglicher Luftfrachtführer ist diejenige natürliche oder juristische Person, die eine Luftbeförderung als eigene Leistung, also im eigenen Namen nicht notwendig höchstpersönlich,[89] vertraglich übernommen hat.[90] Sie wird, sofern es keinen ausführenden Luftfrachtführer gibt, lediglich als „Luftfrachtführer" bezeichnet.[91] Allein durch das vertragliche Versprechen einer Beförderung auf dem Luftweg kann eine Person daher bereits den Haftungsvorschriften des MÜ, des WA bzw. des WA/HP oder des LuftVG unterliegen.[92] Kaufmannseigenschaft ist nicht erforderlich.[93] Bestehen Zweifel über die Person des Luftfrachtführers, begründet die Eintragung in der Carrier-Spalte im Flugschein grds. die widerlegbare Vermutung dafür, dass es sich hierbei um den vertraglichen Luftfrachtführer handelt.[94]

Der vertragliche Luftfrachtführer ist jedoch grds. nicht verpflichtet, die vertraglich übernommene Beförderung auch tatsächlich selbst bzw. mit eigenen Leuten[95] auszuführen.[96] Ohne Belang ist es daher, ob er auch Luftfahrzeughalter, Luftfahrzeugeigentümer oder Luftverkehrsunternehmer ist.[97] Teilweise wird er zur Ausführung der Luftbeförderung, z.B. als Reiseveranstalter, auch gar nicht selber in der Lage sein. Er kann sich zur Ausführung der Luftbeförde-

---

[89] *Reuschle*, Art. 39 MÜ Rn. 3 f.
[90] BGH NJW 1979, 2474, 2475; BGH NJW 1981, 1664, 1665; BGH NJW-RR 1989, 723, 724; *Ruhwedel*, Rn. 83; *Führich*, Rn. 965; *Giemulla* in Giemulla/Schmid, MÜ, Art. 1 Rn. 38; *Dettling-Ott* in Giemulla/Schmid, MÜ, Art. 39 Rn. 2 ff.; *Reuschle*, Art. 1 MÜ Rn. 20, Art. 39 MÜ Rn. 3.
[91] Vgl. Art. 39 MÜ und § 48 b I 1 LuftVG; *Ruhwedel*, Rn. 83; *Dettling-Ott* in Giemulla/Schmid, MÜ, Art. 39 Rn. 4.
[92] *Ruhwedel*, Rn. 85.
[93] BGH ZLW 1968, 145, 148 (Aero-Club); BGH NJW 1983, 2445 (Luftsportverein).
[94] Zur Rechtslage unter dem WA OLG Frankfurt/Main, NJW 1978, 2457; BGH ZLW 1980, 45, 46; *Ruhwedel*, Rn. 91 m.w.N. Zum MÜ *Giemulla* in Giemulla/Schmid, MÜ, Art. 1 Rn. 42; *Reuschle*, Art. 1 MÜ Rn. 22. Vgl. auch Art. 1 ABB Flugpassage der Lufthansa, gemäß dem sich der Luftfrachtführer anhand des Airline Designator Codes im Flugschein bestimmt und Art. 14.1.5. ABB Flugpassage der Lufthansa, der dies ausdrücklich regelt. Siehe auch den Anhang zur HaftungsVO und § 416 ZPO.
[95] Vgl. nur Art. 19 S. 2, 30, 43 MÜ; zum Begriff der Leute genauer unter Punkt 3. Teil, 2. Kapitel, § 2 C. II. 6. b) Seite 297.
[96] Vgl. dazu unter Punkt 2. Teil, 3. Kapitel, § 2 D. I. Seite 76.
[97] *Ruhwedel*, Rn. 84. Auch ein Reiseveranstalter kann daher vertraglicher Luftfrachtführer sein.

rung gemäß § 278 BGB vielmehr auch eines selbständigen[98] Erfüllungsgehilfen bedienen, der im internationalen Einheitsrecht und im LuftVG als ausführenden Luftfrachtführer bezeichnet wird,[99] wenn er die Fluggäste tatsächlich befördert.[100] So ist gemäß Art. 39 MÜ bzw. § 48 b I 1 LuftVG ausführender Luftfrachtführer diejenige natürliche oder juristische Person, die die Luftbeförderung aufgrund einer Vereinbarung mit dem vertraglichen Luftfrachtführer tatsächlich durchführt, ohne dass es sich allerdings hinsichtlich des übernommenen Teils um eine aufeinanderfolgende Beförderung handelt.[101] Als Vereinbarung des vertraglichen und des ausführenden Luftfrachtführers kommt z.B. ein Unterbeförderungsvertrag in Betracht.[102] Nach h.M. ist entgegen des Wortlautes von Art. 39 MÜ aber auch bereits das bloße Einverständnis des vertraglichen Luftfrachtführers ausreichend.[103] Dieses wird gemäß Art. 39 S. 2 MÜ bzw. § 48 b I S. 2 LuftVG bis zum Beweis des Gegenteils vermutet. Ausführen bedeutet, dass der Luftfrachtführer das Flugzeug als Operator bzw. Halter betreibt.[104] Nicht entscheidend ist, wer Eigentümer des Luftfahrzeugs ist.[105]

Gibt es einen ausführenden Luftfrachtführer richten sich die Ansprüche des Fluggastes aufgrund des Beförderungsvertrages zwar in erster Linie immer noch gegen den vertraglichen Luftfrachtführer, es können aber auf der Grundlage von Art. 40 ff. MÜ bzw. § 48 b LuftVG im Haftungsfall auch Ansprüche gegen den ausführenden Luftfrachtführer selber bestehen. Der ausführende Luftfrachtführer ist damit insofern mehr als nur Erfüllungsgehilfe i.S.v. § 278 BGB.[106] Sofern ein Anspruch gegen beide Luftfrachtführer gegeben ist, haften sie als Gesamtschuldner. Davon geht Art. 44 MÜ aus, der insofern Einschränkungen formuliert.[107] Nach § 48 b I S. 3 und VI LuftVG sind sie Gesamtschuldner mit den Einschränkungen des § 48 b VI LuftVG.

---

[98] Vgl. allgemein nur *Palandt/Heinrichs*, § 278 Rn. 7.
[99] Vgl. Art. 39 MÜ und § 48 b I 1 LuftVG; vgl. auch Art. 9.2.1. ABB Flugpassage der Lufthansa.
[100] Umstritten ist, ob der ausführende Luftfrachtführer auch zu den Leuten des vertraglichen Luftfrachtführers zu zählen ist, siehe *Reuschle*, Art. 39 MÜ Rn. 22; *Dettling-Ott* in *Giemulla/Schmid*, MÜ, Art. 39 Rn. 29 ff.
[101] Zur aufeinanderfolgenden Beförderung siehe Punkt 2. Teil, 2. Kapitel, § 5 A. I. Seite 62.
[102] *Schwenk*, 2. Aufl., S. 634. Zu weiteren möglichen Vertragsgestaltungen, siehe *Dettling-Ott* in *Giemulla/Schmid*, MÜ, Art. 39 Rn. 23.
[103] Siehe nur *Reuschle*, Art. 39 MÜ Rn. 16 m.w.N. Diese erweiternde Auslegung ist m.E. jedoch gar nicht erforderlich. Führt ein ausführender Luftfrachtführer nämlich eine Beförderung mit Einverständnis des vertraglichen Luftfrachtführers durch, so damit konkludent immer auch eine Vereinbarung gegeben.
[104] *Dettling-Ott* in *Giemulla/Schmid*, MÜ, Art. 39 Rn. 9; *Reuschle*, Art. 39 MÜ Rn. 13.
[105] *Reuschle*, Art. 39 MÜ Rn. 13, *Dettling-Ott* in *Giemulla/Schmid*, MÜ, Art. 39 Rn. 13.
[106] *Ruhwedel*, Rn. 96.
[107] *Reuschle*, Art. 44 MÜ Rn. 1.

I. Code-Sharing

Die Unterscheidung zwischen dem vertraglichem und dem ausführendem Luftfrachtführer erlangt unter anderem Bedeutung[108] beim sog. Code-Sharing[109], bei dem ein sog. Marketing-Carrier Flugdienste im eigenen Namen anbietet, diese aber von dem sog. Code-Sharing-Partner durchführen lässt. Nicht richtig erscheint dagegen die Ansicht *Ruhwedels*, dass beim Code-Sharing die Beförderungsleistung von zwei oder mehr Luftfahrtunternehmen gemeinschaftlich versprochen wird, die dann eine OHG gemäß § 105 I HGB bilden.[110] Beim Code-Sharing kooperieren zwei Fluggesellschaften vielmehr dergestalt, dass es ihnen ermöglicht wird, auf tatsächlich durchgeführten Flugdiensten des anderen Partners eigene Fluggäste unter einer eigenen Flugnummer einzubuchen.[111] Typischerweise ergibt sich also ein Auseinanderfallen zwischen vertraglichem und ausführendem Luftfrachtführer.[112] Code-Sharing setzt voraus, dass die beiden beteiligten Luftfahrtunternehmen Verkehrsrechte auf derselben beflogenen Strecke besitzen und dass beiden Luftfahrtunternehmen das Code-Sharing erlaubt wurde.[113] Luftfahrtunternehmen der Gemeinschaft haben einen Anspruch auf diese Genehmigung.[114] Im internationalen Luftverkehr mit Staaten außerhalb der Gemeinschaft ist Code-Sharing darüber hinaus nur dann möglich, wenn es in dem jeweiligen bilateralen Abkommen geregelt wurde, wie es z.B. in den Abkommen einiger EG-Mitgliedstaaten mit den USA der Fall ist.[115] Code-Sharing ist häufig auch die wichtigste Form der Zusammenarbeit im Rahmen von strategischen Allianzen.[116]

---

[108] *Reuschle*, Art. 39 MÜ Rn. 8, 14; *Dettling-Ott* in *Giemulla/Schmid*, MÜ, Art. 39 Rn. 6, 10 ff.; *Geigel/Mühlbauer*, Kap. 29 Rn. 111; *Giemulla/van Schyndel*, TranspR 1997, 253, 258; *Götting*, S. 48 f. und 220 f.; *Bachem*, S. 136 f. und 193 ff.; *Weber/Jakob*, AASL 1999, 333, 345; Denkschrift zum MÜ, S. 35.

[109] Dazu ausführlich *Müller-Rostin*, NZV 2002, 68 ff.; *Giemulla/van Schyndel*, TranspR 1997, 253 ff.; *Giemulla* in *Giemulla/Schmid*, LuftVG, vor § 20 Rn. 31; *Schwenk/Giemulla*, S. 680 ff.; *Gansfort*, FS *Guldimann*, S. 77 ff.; *Schladebach*, Rn. 296 ff.; *Götting*, S. 33 ff.; *Bachem*, S. 62 ff.; *Steppler*, S. 46.

[110] *Ruhwedel*, Rn. 85.

[111] *Schwenk*, 2. Aufl., S. 497 f.; *Schwenk/Giemulla*, S. 682.

[112] Vgl. auch Art. 2.3. und Art. 14.1.5. ABB Flugpassage der Lufthansa.

[113] Vgl. VG Köln, ZLW 1994, 363, 367 f.; *Schwenk/Giemulla*, S. 680 ff.

[114] Vgl. Art. 7 VO (EG) 2408/92, jetzt Art. 15 IV und V VO (EG) 1008/2008; *Schwenk/Giemulla*, S. 680 f.

[115] *Schwenk*, 2. Aufl., S. 524; *Schwenk/Giemulla*, S. 681 f; vgl. auch Art. 9 VI des Luftverkehrsabkommen zwischen der Bundesrepublik Deutschland und den USA vom 7.7.1955 zuletzt geändert durch das Protokoll vom 10.10.2000, einzusehen in nicht amtlicher Fassung auf der Website <www.luftrecht-online.de>.

[116] *Hagleitner*, TranspR 1998, 444, 446.

II. Wet-Lease

Fraglich ist, ob auch in Fällen des sog. Wet-Lease ein Verhältnis zwischen vertraglichem und ausführendem Luftfrachtführer entsteht. Darunter versteht man die Miete eines Flugzeugs einschließlich Cockpit-Crew, Kabinenpersonal, Wartung und Versicherung.[117] Rechtlich handelt es sich um einen gemischten Vertrag aus Mietvertrag und Dienstverschaffungsvertrag.[118]

Das vermietende Luftfahrtunternehmen wird dadurch jedoch regelmäßig nicht zum ausführenden Luftfrachtführer.[119] Bei einem Wet-Lease fliegt die Maschine in aller Regel unter der Flugnummer des Mieters. Er trägt das operationelle Risiko,[120] und die Maschine wird in seinen Flugbetrieb eingebunden. Er ist daher neuer Betreiber des Flugzeugs.[121] Der Vermieter verspricht weder einen Beförderungserfolg, noch übernimmt er die Reisenden in seine Obhut.[122] Das Personal unterliegt im Hinblick auf den Flugbetrieb nicht mehr seinen Weisungen, nur die Dienstherreneigenschaft bleibt bestehen.[123]

Anders könnten derartige Verträge nur zu beurteilen sein, wenn dem Vermieter gewisse Kontroll- und Weisungsbefugnisse in Bezug auf die Besatzung verbleiben. Entscheidend muss jedoch wiederum das Kriterium des Betreibens sein. Hat der Vermieter für das Fehlverhalten seines Personals einzustehen und ist er im Besitz des Flugzeugs, wird er als ausführender Luftfrachtführer zu qualifizieren sein können.[124] Auf das äußere Erscheinungsbild kann es dagegen nicht ankommen.[125]

B. Aufeinanderfolgende Luftfrachtführer

Von den Situationen, in denen es einen vertraglichen und einen ausführenden Luftfrachtführer gibt, ist die Situation der aufeinanderfolgenden Luftfrachtführer i.S.v. Art. 1 III MÜ und 36 MÜ bzw. 48 a LuftVG[126] zu unterscheiden. Aufeinanderfolgende Luftfrachtführer befördern den Fluggast

---

[117] *Schleicher/Reymann/Abraham*, Art. 1 WA, Anm. 21; *Schmid*, BB 1986, 1453, 1455; *Thomas*, TranspR 1997, 313, 317; *Schwenk/Giemulla*, S. 313; *Götting*, S. 39; *Pompl*, S. 128. Vgl. auch Art. 2 Nr. 25 VO (EG) 1008/2008.
[118] *Reuschle*, Art. 1 MÜ Rn. 15; *Schwenk*, BB 1970, 282, 283; *Kretschmer*, S. 79 m.w.N.
[119] *Reuschle*, Art. 39 MÜ Rn. 14 f; *Dettling-Ott* in *Giemulla/Schmid*, MÜ, Art. 39 Rn. 15; *Schmidt-Räntsch*, FS Riese, S. 479, 493.
[120] *Schmidt-Räntsch*, FS Riese, S. 479, 493; *Schweickhardt*, ZLW 1964, 9, 10; *Kretschmer*, S. 81 m.w.N.
[121] *Schwenk/Giemulla*, S. 313 sprechen vom zivilrechtlichen Halter des Luftfahrzeuges.
[122] *Reuschle*, Art. 39 MÜ, Rn. 14.
[123] *Reuschle*, Art. 1 MÜ Rn. 15; *Schmidt-Räntsch*, FS Riese, S. 479, 493.
[124] *Reuschle*, Art. 39 MÜ Rn. 15.
[125] *Reuschle*, Art. 39 MÜ Rn. 15; a.A. *Dettling-Ott* in *Giemulla/Schmid*, MÜ, Art. 39 Rn. 15.
[126] Hier werden aufeinanderfolgende Luftfrachtführer als mehrere Luftfrachtführer bezeichnet.

nacheinander jeweils nur auf einer Teilstrecke.[127] Sie werden jeweils aufgrund eines eigenen Beförderungsvertrages mit dem Fluggast tätig, während ein Beförderungsvertrag im Verhältnis zum ausführenden Luftfrachtführer gerade nicht besteht.[128] Sie sind selbst vertragliche Luftfrachtführer auf ihrer jeweiligen Teilstrecke. Nur wenn ein einziger Luftfrachtführer die Beförderung über mehrere Teilstrecken als einheitliche Leistung versprochen hat, sie dann aber nicht selber ausführt, ist er als vertraglicher Luftfrachtführer und die von ihm eingeschalteten Luftfrachtführer sind als ausführende Luftfrachtführer i.S.v. Art. 39 MÜ bzw. § 48 b LuftVG zu qualifizieren.[129]

Aufeinanderfolgende Beförderungen können entweder in Form eines Beförderungsvertrages oder in Form mehrerer Beförderungsverträge vereinbart werden. Jedenfalls im Personenverkehr werden aufeinanderfolgende Beförderungen dabei heute im Regelfall aber auf mehreren Beförderungsverträgen basieren. Das hängt damit zusammen, dass viele Luftfahrtunternehmen in Anlehnung an die IATA-Bedingungen sog. Vertretungsklauseln in ihre ABB aufgenommen haben, wonach sie lediglich als Agent handeln, wenn sie Flugscheine für die Beförderung auf Flugdiensten anderer Luftfrachtführer ausgeben.[130] Für den Fluggast muss dann jedoch auch im Einzelfall offenkundig sein, dass die Beförderung auf Linien anderer Luftfrachtführer erfolgt.[131] Dies wird man aber annehmen können, wenn in der Carrier-Spalte des Flugtickets für eine bestimmte Strecke ein anderer Luftfrachtführer eingetragen ist.[132] Der gesetzlichen Fiktion des Art. 36 I MÜ, also einem Vertragsbeitritt kraft Gesetzes,[133] bedarf es daher bei der Personenbeförderung i.d.R. nicht.

Aufeinanderfolgende Luftfrachtführer bzw. aufeinanderfolgende Luftbeförderungen sind im internationalen Luftverkehr keine Seltenheit. Sie ergeben sich i.d.R. insbesondere aus der vorgesehenen Flugroute, auf der auf einzelnen Teilstrecken nur bestimmte Luftfrachtführer Verkehrsrechte besitzen oder überhaupt Flüge anbieten.[134] Daher haben sie im MÜ in Art. 1 III MÜ und 36 MÜ eine eigenständige Regelung erfahren.

---

[127] *Führich*, Rn. 968; zum WA, LG Frankfurt/Main TranspR 1985, 432, 433.
[128] *Reuschle*, Art. 39 MÜ, Rn. 21; *Dettling-Ott* in *Giemulla/Schmid*, MÜ, Art. 39 Rn. 26.
[129] *Dettling-Ott* in *Giemulla/Schmid*, MÜ, Art. 39 Rn. 26.
[130] Vgl. nur Art. 14.1.4. ABB Flugpassage der Lufthansa und IATA-Resolution 850; dazu auch *Giemulla* in *Giemulla/Schmid*, MÜ, Art. 1 Rn. 24; *Ahrweiler* in GK-HGB, Anhang VIII nach § 450 Rn. 27.
[131] *Giemulla* in *Giemulla/Schmid*, MÜ, Art. 1 Rn. 24.
[132] Vgl. Art. 14.1.5. ABB Flugpassage der Lufthansa zur Bestimmung des vertraglichen Luftfrachtführers über die Carrier-Spalte im Flugschein.
[133] Siehe dazu *Ruhwedel*, Rn. 113 f; *Ehlers* in *Giemulla/Schmid*, WA, Art. 30, Rn. 22 ff.; *Reuschle*, Art. 36 MÜ Rn. 10, sieht in Art. 36 I MÜ dagegen eine Rechtsscheinshaftung.
[134] *Ruhwedel*, Rn. 109; *Giemulla* in *Giemulla/Schmid*, MÜ, Art. 1 Rn. 11. Aus diesem Grund dürfte 1947 auch das sog. Interline-System der IATA-Fluggesellschaften entstanden sein, dem sich seit 1973 auch andere Fluggesellschaften angeschlossen haben. Es handelt sich um eine Kooperation von ca. 300 Fluggesellschaften, die die gegenseitige Anerkennung von Verkehrsdokumenten, Beförderungsbedingungen und Verfahrens- und Abrechnungs-

Art. 1 III MÜ regelt dabei zunächst die Internationalität derartiger Sukzessivbeförderungen und erweitert damit den Anwendungsbereich des MÜ auf Luftbeförderungen, die für sich genommen u.U. nicht dem MÜ unterliegen würden.[135] So ist eine aufeinanderfolgende Beförderung bei der Anwendung des MÜ gemäß Art. 1 III MÜ als eine einzige Beförderung anzusehen, wenn sie von den Parteien als eine einheitliche Leistung vereinbart worden ist. In diesem Fall verliert sie gemäß Art. 1 III MÜ ihre Eigenschaft als internationale Beförderung i.S.d. MÜ auch dann nicht, wenn einzelne Beförderungen ausschließlich auf das Hoheitsgebiet eines Vertragsstaates beschränkt sind. Ohne Unterschied ist es nach Art. 1 III MÜ ferner, ob die Beförderung aufgrund eines einzigen oder mehrerer Beförderungsverträge erfolgt. Entscheidend ist lediglich die Vereinbarung einer einheitlichen Leistung.

Fraglich ist allerdings, insbesondere wenn die Gesamtbeförderung aufgrund einer Reihe von Beförderungsverträgen erfolgt, wann eine einheitliche Leistung i.S.v. Art. 1 III MÜ anzunehmen ist. Erforderlich ist grds., dass in den verschiedenen Verträgen eine Verbindung zum Gesamttransport hergestellt wird, eine Art Verknüpfungsvereinbarung getroffen wird.[136] Als Indiz kann das Flugticket herangezogen werden, sofern sich hieraus die Beförderung mit verschiedenen Luftfrachtführern ergibt.[137] Eine mündliche Absprache wäre aber ausreichend, da der Abschluss des Luftbeförderungsvertrages auch formlos möglich ist.[138] Im Ergebnis liegt damit zumindest immer dann eine aufeinanderfolgende Luftbeförderung i.S.v. Art. 1 III MÜ vor, wenn eine Luftbeförderung über mehrere Teilstrecken durch verschiedene in einem Ticket jeweils in der Carrier-Spalte aufgeführte Luftfrachtführer erfolgt.

---

modalitäten zum Gegenstand hat, siehe dazu *Sabathil*, S. 11. Dieses System hat die internationale Beförderung von Personen mit verschiedenen Fluggesellschaften und mit einem einzigen Ticket in einer einzigen Währung und auch die unkomplizierte Gepäckbeförderung ohne erneutes Einchecken bis zum Endziel eigentlich erst möglich gemacht und damit internationale Flugreisen für den Passagier wesentlich vereinfacht (*Schwenk*, 2. Aufl., S. 118; *Sabathil*, S. 11). In der heutigen Zeit hat das Interline-System jedoch an Bedeutung verloren, da immer mehr Fluggesellschaften versuchen, über Allianzen und vor allem Code-Share-Verbindungen eine Beförderung „aus einer Hand" selbst anzubieten (*Schwenk*, 2. Aufl., S. 118; zu den neuen Formen der Zusammenarbeit siehe auch *Schwenk/Giemulla*, S. 335 ff.). Zum möglichen Ende des Systems aus wettbewerbsrechtlicher Sicht siehe *Steppler*, ZLW 2007, 367 ff. Siehe zum Ganzen ausführlich auch *Steppler*, S. 41 ff.
[135] *Giemulla* in *Giemulla/Schmid*, MÜ, Art. 1 Rn. 11.
[136] *Reuschle*, Art. 1 MÜ, Rn. 1; *Giemulla* in *Giemulla/Schmid*, MÜ, Art. 1 Rn. 20 m.N. zur Rechtsprechung.
[137] OLG Hamburg, VersR 1983, 484.
[138] *Ruhwedel*, Rn. 112. Zur Unwirksamkeit von Bestimmungen in ABB, die die Annahme einer einheitlichen Leistung von der Ausstellung eines einzigen Flugscheins bzw. eines Flugscheins mit Anschlussflugschein abhängig machen, siehe *Giemulla* in *Giemulla/Schmid*, MÜ, Art. 1 Rn. 22.

Art. 36 II MÜ bzw. § 48 a I LuftVG regeln sodann die Haftung aufeinanderfolgender Luftfrachtführer.[139] Danach haftet jeder Luftfrachtführer bei einer Beförderung i.S.v. Art. 1 III MÜ bzw. § 48 a LuftVG trotz der Vereinbarung einer einheitlichen Leistung nur für die von ihm bediente Teilstrecke, in deren Verlauf der Unfall oder die Verspätung eingetreten ist. Allerdings kann der erste Luftfrachtführer durch ausdrückliche Vereinbarung die Haftung für die ganze Reise übernehmen. Geht die Schadensentstehung im Einzelfall auf mehrere Beförderungsabschnitte zurück, entscheidet sich nach den anwendbaren Kausalitätsregeln, welcher der beteiligten Luftfrachtführer in Anspruch genommen werden kann.[140] So führt eine Ankunftsverspätung auf der ersten Teilstrecke, die sich über weitere Teilstrecken fortsetzt, lediglich zur Haftung des ersten Luftfrachtführers und nicht etwa zur Haftung des letzten Luftfrachtführers.[141] Bei Reisegepäck haften gemäß Art. 36 III MÜ oder § 48 a II LuftVG schließlich zusätzlich zu dem Luftfrachtführer der Teilstrecke auch der erste und der letzte Luftfrachtführer, und zwar alle als Gesamtschuldner.

C. Ausführendes Luftfahrtunternehmen i.S.d. FluggastrechteVO

Das europäische Recht hat in der FluggastrechteVO und der Schwarze-ListeVO die bereits gängigen Bezeichnungen der Vertragsbeteiligten im internationalen Einheitsrecht des Warschauer Systems, vertraglicher und ausführender Luftfrachtführer, nicht übernommen, sondern neue Begriffe geschaffen, die sich nur zum Teil mit den Bezeichnungen des Einheitsrechts decken. Daher muss auch auf diese Begriffe kurz eingegangen werden. Der in der HaftungsVO, zum Teil auch in der FluggastrechteVO verwendete Begriff des Luftfahrtunternehmens der Gemeinschaft wurde dagegen bereits im Zusammenhang mit der HaftungsVO näher erläutert.[142]

Zentraler Begriff der FluggastrechteVO und der Schwarze-ListeVO ist das ausführende Luftfahrtunternehmen. Dieses ist in Art. 2 b) FluggastrechteVO und Art. 2 e) Schwarze-ListeVO definiert als ein Luftfahrtunternehmen, das im Rahmen eines Vertrages mit einem Fluggast oder im Namen einer anderen – juristischen oder natürlichen – Person, die mit dem betreffenden Fluggast in einer Vertragsbeziehung steht, einen Flug durchführt oder durchzuführen beabsichtigt. Ausführendes Luftfahrtunternehmen können daher auf der einen Seite zwar nur Luftfahrtunternehmen sein. Darunter sind nach Art. 2 a) FluggastrechteVO und Art. 2 a) Schwarze-ListeVO Lufttransportunternehmen mit einer gültigen Betriebsgenehmigung zu verstehen. Auf der anderen Seite ist

---
[139] Siehe zur inhaltsgleichen Regelung in Art. 30 II WA *Ehlers* in *Giemulla/Schmid*, WA, Art. 30, Rn. 25 f.
[140] *Reuschle*, Art. 36 MÜ Rn. 10; *Ehlers* in *Giemulla/Schmid*, WA, Art. 30, Rn. 27.
[141] OLG Frankfurt/Main, TranspR 1990, 21, 22 = NJW-RR 1989, 1529, 1530.
[142] Siehe dazu unter Punkt 2. Teil, 1. Kapitel, § 1 B. I. Seite 26.

die Bezeichnung aber nicht auf ausführende Luftfrachtführer i.S.d. internationalen Einheitsrechts beschränkt, sondern auch der vertragliche Luftfrachtführer, der ein Luftfahrtunternehmen ist und einen Flug selbst durchführt oder durchzuführen beabsichtigt, fällt unter diese Definition. Ist der vertragliche Luftfrachtführer aber Reiseveranstalter und nicht zugleich ein Luftfahrtunternehmen, muss er als ausführendes Luftfahrtunternehmen selbstverständlich ausscheiden.

D. Vertragspartner für die Beförderung im Luftverkehr

Die Schwarze-ListeVO kennt ferner den Begriff des Vertragspartners für die Beförderung im Luftverkehr. Dieser ist in Art. 2 c) S. 1 Schwarze-ListeVO definiert als das Luftfahrtunternehmen, das einen Beförderungsvertrag mit einem Fluggast schließt oder im Fall einer Pauschalreise der Reiseveranstalter. Bis hierher deckt sich damit die Definition des Vertragspartners für die Beförderung im Luftverkehr mit dem vertraglichen Luftfrachtführer, sieht man davon ab, dass vertraglicher Luftfrachtführer auch diejenige Person ist, die mit einer anderen Person als dem Fluggast einen Vertrag zugunsten des Fluggastes schließt. Auch diese Person soll aber mit der Definition des Art. 2 c) S. 1 Schwarze-ListeVO vermutlich erfasst sein. Gemäß Art. 2 c) S. 2 Schwarze-ListeVO gilt jedoch auch jeder Verkäufer von Flugscheinen als Vertragspartner für die Beförderung im Luftverkehr. Dies wiederum ist mit Begriff des vertraglichen Luftfrachtführers nicht zu vereinbaren, da der Verkäufer von Flugscheinen bloß Vermittler des Beförderungsvertrages ist. Das wiederum ergibt sich aus der Definition des Verkäufers von Flugscheinen in Art. 2 d) Schwarze-ListeVO.

E. Fluggast/Reisender

Reisender i.S.d. internationalen Einheitsrechts des Warschauer Systems ist schließlich derjenige, der aufgrund eines Luftbeförderungsvertrages einen Beförderungsanspruch gegen den vertraglichen Luftfrachtführer hat.[143] Unerheblich ist, ob er selbst Vertragspartner des Beförderungsvertrages geworden ist oder ein Dritter den Vertrag zu seinen Gunsten geschlossen hat.[144] Ebenfalls unerheblich ist, ob es sich um einen entgeltlichen Beförderungsvertrag handelt.[145] Der blinde Passagier, Personen, die aufgrund eines Gefälligkeitsverhältnisses reisen und das Bordpersonal des Luftfrachtführers zäh-

---

[143] So auch *Reuschle*, Art. 1 MÜ Rn. 26.
[144] *Reuschle*, Art. 1 MÜ Rn. 26; *Giemulla* in *Giemulla/Schmid*, MÜ, Art. 1 Rn. 47; *Ruhwedel*, Rn. 118; *Führich*, Rn. 969.
[145] *Giemulla* in *Giemulla/Schmid*, MÜ, Art. 1 Rn. 47; *Ruhwedel*, Rn. 118.

len demnach nicht zu den Reisenden.[146] Nicht anders ist auch der Begriff des Fluggastes zu definieren.[147] Dieser wird vorwiegend im LuftVG und im europäischen Recht verwand, meint aber dieselben Personen. Die FluggastrechteVO grenzt den Kreis der Anspruchsberechtigten nach der VO jedoch weiter ein. Gemäß Art. 3 III FluggastrechteVO gilt die VO nicht für Fluggäste, die kostenlos oder zu einem reduzierten Tarif reisen, der für die Öffentlichkeit nicht zugänglich ist. Nach Art. 1 ABB Flugpassage der Lufthansa ist Fluggast schließlich jede Person, die aufgrund eines Flugscheins mit Zustimmung der Lufthansa in einem Flugzeug befördert wird oder werden soll.

---

[146] *Reuschle*, Art. 1 MÜ Rn. 26; *Giemulla* in *Giemulla/Schmid*, MÜ, Art. 1 Rn. 48.
[147] BGH VersR 1971, 863; BGH NJW 1974, 1617; BGH NJW 1980, 587; BGH NJW 1983, 2445; *Ruhwedel*, Rn. 117; *Giemulla* in *Giemulla/Schmid*, MÜ, Art. 1 Rn. 47; *Giemulla/Schmid* in *Giemulla/Schmid*, LuftVG, vor § 44 Rn. 53; *Führich*, Rn. 969.

3. Kapitel Der Beförderungsanspruch des Fluggastes

Der Fluggast hat im Personenverkehr nach allgemeiner Meinung aus dem Beförderungsvertrag einen Anspruch gegen den vertraglichen Luftfrachtführer darauf, zum vereinbarten Zeitpunkt zum vertraglich vorgesehenen Bestimmungsort bei sicherem und pünktlichem Flug befördert zu werden.[1] Die genaue Inhaltsbestimmung des Anspruchs bereitet jedoch Schwierigkeiten. Rechtlich können auf dem Weg zum Beförderungsvertrag dabei m.E. zwei Vereinbarungsteile (eine Art „Rumpf"-Beförderungsvertrag und die Platzbuchung) unterschieden werden, die grds. zusammen den Beförderungsvertrag bilden und auch zeitlich heute i.d.R. zusammenfallen, aber nicht zusammenfallen müssen.[2] Die Platzbuchung kann grds. auch getrennt von dem „Rumpf"-Beförderungsvertrag geändert werden. Fraglich ist ferner, inwieweit es für die Rechte des Fluggastes entscheidend ist, ob sich bei einer Beförderung über mehrere Teilstrecken der Beförderungsanspruch aus einem oder aus mehreren Beförderungsverträgen ergibt.

§ 1 Abschluss des „Rumpf"-Beförderungsvertrages

In einem ersten Schritt wird von den Parteien des Luftbeförderungsvertrages grds. lediglich eine Art „Rumpf"-Beförderungsvertrag geschlossen. In dieser Vereinbarung einigen sich der Luftfrachtführer und der Fluggast grds. zunächst lediglich über den Abflug- und den Bestimmungsort der Flugbeförderung, die Beförderungsklasse (First, Business, Economy), den Preis des Flugtickets und die Ticketbedingungen. Die wesentlichen Vertragsbestimmungen, die essentialia negotii – Vertragspartner, Hauptleistung und Gegenleistung – sind damit bestimmt, offen bleibt zum Teil eine Vereinbarung über die genaue Flugstrecke (Abflug- und Ankunftsflughäfen) und vor allem die Leistungszeit (Flugdatum und Flugzeiten). Die Einigung darüber ist der sog. Platzbuchung vorbehalten.[3] Diese kann, wie bereits angedeutet, zeitlich mit der Vereinbarung des „Rumpf"-Beförderungsvertrages zusammenfallen, sie

---

[1] *Ruhwedel*, Rn. 145; *Schwenk*, 2. Aufl., S. 634, *Führich*, Rn. 985.
[2] Siehe dazu auch, jedoch teilweise ungenau, *Fröhlich*, S. 221 f.
[3] Dazu sogleich unter Punkt 2. Teil, 3. Kapitel, § 2 S. 71.

kann der Vereinbarung des „Rumpf"-Beförderungsvertrages aber auch vorgehen[4] oder nachfolgen.

Erfolgt der Abschluss des „Rumpf"-Beförderungsvertrages ohne vorherige oder zeitgleiche Platzbuchung, wird bei den IATA-Fluggesellschaften[5] ein sog. „offenes Ticket" ausgestellt.[6] In die Felder „Flight, Class, Date, Time, Status" auf dem Flugschein wird der Vermerk „Open" eingetragen.[7] Innerhalb der Gültigkeitsdauer des Tickets kann dann eine Platzbuchung vorgenommen werden.[8] Als „offene Tickets" können dabei grds. Tickets zu Normaltarifen, aber auch Tickets zu Sondertarifen ausgestellt werden. Die Tarifbedingungen für manche Sondertarife (insbesondere APEX, SUPER APEX, PEX und SUPER PEX) sehen jedoch vor, dass für die Platzbuchung bestimmte Fristen eingehalten werden müssen oder dass die Platzbuchung zusammen mit der Ticketausstellung zu erfolgen hat und dass die Tickets bereits alle Platzbuchungen enthalten müssen.[9]

„Offene Tickets" bieten sich für Geschäftsreisen an, aber auch für Privatreisen kann es sich als nützlich erweisen, dass z.B. das Rückflugdatum noch nicht bestimmt werden muss. Um „offene Tickets" handelt es sich auch bei sog. Stand-by Tickets.[10] Bei diesen Tickets wird die Platzbuchung immer erst kurz vor dem Abflug eines Fluges vorgenommen, wenn absehbar ist, dass noch ein Platz zur Beförderung des Passagiers frei ist. Schließlich werden häufig auch bei dem Verkauf von sog. Airpässen[11] (Rundreisepässe für bestimmte Regionen oder die ganze Welt) im Voraus noch nicht alle Platzbuchungen vorgenommen.

---

[4] *Sabathil*, S. 84, über ein CRS (Computer-Reservierungssystem) ist eine Platzbuchung ohne Ausstellung eines Flugtickets ohne weiteres ebenso möglich, wie auch eine spätere kostenlose Änderung oder Streichung dieser Platzbuchung; im Internet oder am Ticketautomaten ist diese Möglichkeit jedoch teilweise nicht gegeben, vgl. Punkt 6. S. 2 des Customer Service Plans der Lufthansa bzw. Art. 5.1.1 ABB Germanwings.

[5] Die IATA ist ein Zusammenschluss verschiedener etablierter Fluggesellschaften, vgl. *Sabathil* S. 10 ff. und unter <www.iata.org>.

[6] Vgl. Art. 3.3.5. ABB Flugpassage der Lufthansa; *Sabathil*, S. 115 f., 121.

[7] *Sabathil*, S. 121; siehe dort auch das Beispiel eines solchen Flugscheins.

[8] Vgl. Art. 3.2.2. ABB Flugpassage der Lufthansa.

[9] S. die Standart Fare Note S999 des CRS AMADEUS unter Punkt AP. Reservations and Ticketing, abgedruckt bei *Sabathil*, S. 246, 247.

[10] Vgl. *Sabathil*, S. 113; Stand-by Tarife werden gegenwärtig ab Deutschland jedoch nicht angeboten, *Pompl*, S. 262.

[11] Vgl. *Sabathil*, S. 268.

§ 2 Platzbuchung

A. Begriff

Mit der sog. Platzbuchung – auch Buchung oder Reservierung genannt – auf einzelnen Flügen wird in einem zweiten Schritt schließlich ein Sitzplatz an Bord eines durch die Flugzeiten und die Flugnummer bestimmten Fluges von einem bestimmten Abgangsflughafen zu einem bestimmten Zielflughafen für den Fluggast reserviert. Die Flughäfen werden dabei mit ihrem spezifischen Code[12] benannt. Dies wird insbesondere relevant, wenn es in einer Stadt wie zum Beispiel in New York, London oder Berlin ein Flughafensystem bestehend aus mehreren Flughäfen gibt.

Die Platzbuchung beinhaltet m.E. daher in erster Linie vier Punkte. Zum einen wird ab diesem Zeitpunkt grds. intern ein Sitzplatz an Bord eines ganz bestimmten Fluges für den Fluggast freigehalten,[13] nicht jedoch ein bestimmter Sitzplatz in der gebuchten Beförderungsklasse,[14] zum anderen wird über die Flugnummer der zur Beförderung vorgesehene Flug bestimmt, zu dessen Abfertigung sich der Fluggast rechtzeitig einfinden muss[15]. Insbesondere handelt es sich aber um eine Vereinbarung des genauen Abgangs- und Zielflughafens und schließlich vor allem der Leistungszeit i.S.v. § 271 I BGB, denn der Luftfrachtführer und der Fluggast einigen sich mit der Platzbuchung über den Tag der Beförderung und legen die Abflug- und Ankunftszeit an den jeweiligen Flughäfen verbindlich fest.[16] Mit der Platzbuchung verpflichtet sich der Luftfrachtführer daher insbesondere, den Fluggast zwischen bestimmten Flughäfen zu den bestimmten Zeiten zu befördern. Fraglich ist, ob darüber hinaus weitere Leistungsmerkmale verbindlich vereinbart werden. So könnte mit der Platzbuchung auch eine Vereinbarung über die Flugnummer idS getroffen werden, dass eine Beförderung mit einem Flug mit anderer Flugnummer nicht als Erfüllung der geschuldeten Leistung angesehen wer-

---

[12] IATA 3-letter code, siehe dazu auch die Website <www.world-airport-codes.com>.
[13] *Stadie*, S. 92.
[14] Siehe Art. 5.4. ABB Flugpassage der Lufthansa. Bestimmte Sitzplätze werden grds. erst beim Check-in vergeben. Darunter versteht man die Abfertigung des Fluggastes und seines Gepäcks für den bevorstehenden Flug am Abfertigungsschalter des ausführenden Luftfrachtführers im Flughafengebäude, am Automaten, am Telefon oder im Internet, siehe *Sabathil*, S. 111 f. Sofern bei einem Check-in am Telefon oder im Internet noch keine Bordkarte ausgegeben wurde, ist es jedoch erforderlich, dass der Fluggast sich eine solche rechtzeitig am Flughafenschalter abholt oder am Automaten im Flughafengebäude ausdruckt. Ein Anspruch auf einen bestimmten Sitzplatz besteht im Übrigen nach den ABB der Fluggesellschaften i.d.R. nicht, auch nach dem Einsteigen kann z.B. aus Gründen der Sicherheit noch ein anderer Sitzplatz zugewiesen werden, vgl. Art. 5.4. ABB Flugpassage der Lufthansa.
[15] Dazu im Einzelnen unter Punkt 2. Teil, 4. Kapitel, § 1 Seite 92.
[16] Vgl. Art. 5. ABB Flugpassage der Lufthansa; auch *Sabathil*, S. 84.

den kann.[17] Ferner könnten der ausführende Luftfrachtführer[18], das Fluggerät[19] und die genaue Flugroute[20] abschließend bestimmt werden.

B. Rechtliche Qualifizierung

Fraglich ist zunächst aber auch, wie die Platzbuchung rechtlich zu qualifizieren ist. Unproblematisch sind dabei die Fälle, in denen der Abschluss des „Rumpf"-Beförderungsvertrages und die Platzbuchung zeitgleich vorgenommen werden, bzw. die Platzbuchung vor Abschluss des „Rumpf"-Beförderungsvertrages vorgenommen wurde. In diesen Fällen ist die Platzbuchung m.E. unstreitig Teil der vertraglichen Einigung. Anders könnte die Situation bei den sog. „offenen Tickets" sein, bei denen die Platzbuchung erst später erfolgt.

Zum Teil wird angenommen, dass es sich bei einem Luftbeförderungsvertrag mit fehlender Platzbuchung um eine Wahlschuld i.S.v. § 262 ff. BGB handele, bei dem die Wahl der geschuldeten Leistung aber abweichend dem Gläubiger vorbehalten sei.[21] Wählen könne der Gläubiger dann zwischen den einzelnen Flügen aus dem veröffentlichtem Flugplan[22] des Luftfrachtführers auf der gebuchten Strecke im Zeitraum der Gültigkeit des Flugscheins.[23] Das Wahlrecht kann sich grds. nämlich auch auf verschiedene Modalitäten der Erfüllung (Zeit, Ort) statt auf verschiedene Leistungsgegenstände beziehen.[24] Das Gestaltungsrecht[25] des Fluggastes gemäß § 263 BGB, das das Schuldverhältnis rückwirkend auf die gewählte Leistung beschränke (§ 263 II BGB), sei aber beschränkt auf die zur Verfügung stehende Kapazität des Luftfrachtführers.[26] Genauer muss man aber wohl formulieren, dass eine Beschränkung auf die zur Verfügung stehenden Plätze nicht nur in der entsprechenden Beförderungsklasse, sondern auch in der gebuchten Reservierungsklasse besteht. Die Luftfrachtführer unterteilen die Plätze in den einzelnen Beförderungsklassen i.d.R. nochmals in verschiedene Reservierungsklassen, die den unterschiedlichen Tarifen zugeordnet sind.[27]

---

[17] Zur Bedeutung der Flugnummer im Einzelnen, siehe sogleich unter Punkt 2. Teil, 3. Kapitel, § 2 D. III. Seite 79.
[18] Dazu ausführlich unter Punkt 2. Teil, 3. Kapitel, § 2 B. Seite 72.
[19] Dazu unter Punkt 2. Teil, 3. Kapitel, § 2 D. II. Seite 78.
[20] Dazu unter Punkt 2. Teil, 3. Kapitel, § 2 D. III. Seite 79.
[21] *Fröhlich*, S. 226 ff; so auch *Dörner*, S. 28 für die Eisenbahnbeförderung.
[22] Zum Flugplan, siehe Punkt 3. Teil, 1. Kapitel, § 1 A. III. Seite 119.
[23] *Fröhlich*, S. 227.
[24] RGZ 57, 138, 141; *Palandt/Heinrichs*, § 262 Rn. 1 m.w.N.
[25] Palandt/Heinrichs, § 263 Rn. 1
[26] *Fröhlich*, S. 227.
[27] Siehe dazu *Sabathil* S. 121.

3. Kapitel Der Beförderungsanspruch des Fluggastes

Für den Beförderungsvertrag im Eisenbahnverkehr wird für Fälle, in denen vom Fahrgast noch keine Reservierung („Platzbuchung") eines bestimmten Zuges vorgenommen wurde, ebenfalls die Ansicht vertreten, dass es sich um eine Wahlschuld handele.[28]

Für den Luftbeförderungsvertrag ist diese Ansicht jedoch abzulehnen. Zunächst müssten die verschiedenen Flüge aus dem veröffentlichten Flugplan des Luftfrachtführers auf der entsprechenden Strecke auch tatsächlich als geschuldete Leistungen nebeneinander stehen, zwischen denen der Fluggast dann wählen kann und muss.[29] Das ist jedoch nicht der Fall.

Zum einen sind die Flugmöglichkeiten des Fluggastes nach der getroffenen Vereinbarung auf Flüge mit freien Plätzen in der entsprechenden Reservierungsklasse beschränkt. Der Fluggast weiß also gar nicht, zwischen welchen Flügen er wählen kann. Das ist jedoch nicht weiter tragisch, beschränkt sich doch das Schuldverhältnis nach § 265 S. 1 BGB auf die noch möglichen Verbindungen. Entscheidend ist aber, dass der vertragliche Luftfrachtführer allen seinen Fluggästen mit „offenen Tickets" gerade nicht alle Flugmöglichkeiten auf einer bestimmten Strecke anbieten will, weil er zur Einhaltung einer solchen Verpflichtung nicht in der Lage wäre.[30] Könnte ein Fluggast aus Kapazitätsgründen im Nachhinein eine bestimmte Verbindung nicht mehr wählen, so würde sich das Schuldverhältnis auf die übrigen Flüge gemäß § 265 S. 2 BGB nicht beschränken, falls der Luftfrachtführer die Unmöglichkeit zu vertreten hätte. Gibt der Luftfrachtführer aber zu viele „offene Tickets" aus, die auf einem bestimmten Flug eingelöst werden können, so ist dies zu bejahen. Der Luftfrachtführer wäre dann nach §§ 280 II, 283 BGB schadensersatzpflichtig, woran er jedoch kein Interesse haben kann. Er möchte also gerade nicht alle Flugmöglichkeiten des Flugplans als Wahlmöglichkeiten vereinbaren.

Zum anderen behält sich der Luftfrachtführer aber bis zur Bestätigung der Platzbuchung auch die Möglichkeit vor, die Flugzeiten im Einzelfall zu ändern bzw. Flüge ganz zu streichen.[31] Der Flugplan mit seinen Verbindungsmöglichkeiten soll auch aus diesem Grund nicht bereits mit dem Abschluss des Beförderungsvertrages zum Vertragsinhalt werden, aus dem der Fluggast nur noch einen Flug zu wählen hat. Eine Änderung der Flugzeiten bis zur Platzbuchung ist daher grds. unproblematisch. Daran kann m.E. auch die gemäß § 21 II 3 LuftVG bestehende Pflicht des Luftfrachtführers zur Einhaltung des veröffentlichten Flugplans im Linienverkehr nichts ändern, auch wenn diese nun als zivilrechtliche Pflicht ausgestaltet ist[32].

---

[28] *Dörner*, S. 28 f.
[29] Allg. zur Wahlschuld, *Palandt/Heinrichs*, § 262 Rn. 1.
[30] Ähnlich auch *Fröhlich*, S. 229, aber inkonsequent, da trotzdem das Vorliegen einer Wahlschuld nicht verneint wird.
[31] Vgl. Art. 9.1.2. S. 1 ABB Flugpassage der Lufthansa.
[32] *Giemulla* in *Giemulla/Schmid*, LuftVG, § 21 Rn. 24. Zur vorherigen öffentlich-rechtlichen Pflicht ohne Rechtsanspruch des Fluggastes siehe *Schwenk*, 2. Aufl., S. 461.

Die Situation im Eisenbahnverkehr stellt sich dagegen gerade anders dar. Hier kann der Fahrgast in der Tat regelmäßig zwischen allen im Fahrplan aufgeführten Zügen wählen, um sein Ziel zu erreichen. Seine Wahl ist grds. nicht abhängig von einer freien Kapazität im gewählten Zug.[33] Die Bahn behält sich grds. auch zwischen Vertragsschluss und „Platzbuchung" keine Änderung der Fahrzeiten bzw. des Fahrplans vor, sondern der Fahrplan mit den angegebenen Verbindungen wird bereits mit Vertragsschluss zum Vertraginhalt.[34] Der Fahrgast hat somit in der Tat nach Abschluss des Beförderungsvertrages die Wahl zwischen den Verbindungen des veröffentlichten Fahrplans, so dass *Dörner* für die Eisenbahn für den Fall, dass bei Vertragsschluss noch keine Reservierung vorgenommen wurde,[35] m.E. zu Recht von einer Wahlschuld ausgeht.[36] Der Fahrplan wird dabei mit Vertragschluss zum Vertragsinhalt.[37] Käme man dagegen zu dem Ergebnis, dass bei der Bahn der Fahrplan auch erst mit der Platzbuchung zum Vertragsinhalt wird, könnte man überlegen, ob nicht eine Wahlschuld hinsichtlich der Verbindungen des Fahrplans in der jeweiligen Fassung der Fahrplans im Wahlzeitpunktes vorliegt. Die Bahn ist nämlich gehalten ihre Fahrpläne ständig zu aktualisieren.[38] Für die Luftbeförderung scheidet diese Möglichkeit dagegen aus, da i.d.R. nicht der Flugplan aktualisiert wird, sondern eine Verbindung im Einzelfall geändert wird.[39] Diese Änderung soll aber auch den Anspruch des Fluggastes beschränken.

Die Kapazitätsbeschränkung bei der Luftbeförderung könnte man aber u.U. mit der Wahlschuld in Einklang bringen, sollte man diese so verstehen, dass das Wahlrecht des Fluggastes nur unter der Bedingung ausgeübt werden kann, dass ein Platz in der entsprechenden Reservierungsklasse auf dem Flug noch zur Verfügung steht[40]. Auch diese Möglichkeit muss jedoch grds. ausscheiden, denn Gestaltungsrechte, wie auch das Wahlrecht nach § 263 BGB, sind nach allgemeiner Meinung grds. bedingungsfeindlich.[41] Nur Bedingungen, die den Erklärungsempfänger nicht in eine ungewisse Lage versetzen, können nach h.M. zulässig sein.[42] Anders könnte man die Situation daher nur dann beurteilen, wenn man annimmt, dass der Luftfrachtführer durch diese Bedingung nicht in eine ungewisse Lage versetzt wird und somit

---

[33] Notfalls muss der Fahrgast eben stehen, ein Anspruch auf einen Sitzplatz besteht jedenfalls nach 13 II EVO nicht, siehe auch *Dörner*, S. 25 f.
[34] *Dörner*, S. 32; *Kunz*, TranspR 1988, 263, 264, 266.
[35] Wurde bei Vertragsschluss eine Reservierung vorgenommen hat der Fahrgast lediglich eine Ersetzungsbefugnis, *Dörner*, S. 28, es sei denn es besteht Zugbindung.
[36] *Dörner*, S. 28 f.
[37] *Dörner*, S. 32.
[38] *Dörner*, S. 32 f.; *Kunz*, TranspR 1988, 263, 266.
[39] Vgl. Art. 9.1.2. S. 1 ABB Flugpassage der Lufthansa.
[40] So *Fröhlich*, S. 227.
[41] *Palandt/Heinrichs*, § 263 Rn. 1 und Einf v. § 158 Rn. 13.
[42] BGH NJW 1986, 2245, 2246; a.A. *Bittner* in *Staudinger* (2004), § 263 Rn. 6.

nicht in seinen Interessen beeinträchtigt wird, da er über eine genaue Kenntnis der Reservierungssituation verfügt.

Insgesamt wirkt aber die Annahme einer Wahlschuld i.S.v. § 262 ff. BGB bei der Luftbeförderung neben den aufgezeigten Bedenken auch sehr konstruiert. Dem Willen der Parteien besser entsprechen dürfte die folgende Lösung. Meiner Ansicht nach handelt es sich bei einem Luftbeförderungsvertrag mit offener Platzbuchung um einen Vertrag mit offenem Dissens gemäß § 154 BGB. Die Parteien sind sich bewusst, dass sie noch nicht über alle Punkte der Luftbeförderung Einigkeit erzielt haben. Sie behalten sich aber abweichend von der Auslegungsregel des § 154 I S. 1 BGB die spätere Einigung über die noch offenen Punkte, also insbesondere die Flugzeiten, vor. Auch die Terminologie in den ABB, die von der „Bestätigung der Reservierung" sprechen, deutet auf diese Auslegung hin.[43] Für die Einigung treffen die Parteien auch genaue Regeln. So muss die Platzbuchung grds. innerhalb der Gültigkeitsdauer des Tickets erfolgen.[44] Dieser Vorbehalt der späteren Einigung kann auch unproblematisch vereinbart werden, da es sich bei § 154 BGB eben nur um eine Auslegungsregel handelt. Der bereits vorliegende Vertragsteil ist dann bindend.[45] Grundsätzlich sind bei einer Luftbeförderung die noch offenen Punkte auch tatsächlich einer späteren Einigung vorbehalten. Ein einseitiges Bestimmungsrecht nach §§ 315, 316 BGB ist dagegen gerade nicht gewollt.

Die Platzbuchung ist daher als vertragliche Bestimmung der Leistungszeit zwischen dem Luftfrachtführer und dem Fluggast zu qualifizieren. Die Veröffentlichung der Flugpläne stellt dabei meiner Ansicht nach eine invitatio ad offerendum bzgl. der verschiedenen Flugmöglichkeiten dar.[46] Aufgrund des Flugplans macht der Fluggast bei der Buchung dann zunächst das Angebot, einen bestimmten Flug mit bestimmten Flugzeiten buchen zu wollen. Der Luftfrachtführer wiederum nimmt, nach der Prüfung, ob auf dem bestimmten Flug noch Plätze in der entsprechenden Beförderungs- und Reservierungsklasse frei sind, und nach nochmaliger Überprüfung der Flugzeiten[47] mit der Bestätigung der Buchung das Angebot des Fluggastes an. Mit Bestätigung der Buchung erhält der Fluggast dann auch einen Flugschein bzw. bei elektronischen Tickets einen Reiseplan (Itinerary Receipt) mit „OK-Vermerk" als Zeichen für die bestätigte Buchung.[48] Bei „offenen Tickets" erhält der Fluggast mit der Platzbuchung eine Buchungsbestätigung.[49]

---

[43] Vgl. Art. 3.2.2. ABB Flugpassage der Lufthansa.
[44] Vgl. Art. 3.2.2. ABB Flugpassage der Lufthansa.
[45] Palandt/Heinrichs, § 154 Rn. 2; Stadler in Rüthers/Stadler, § 19 Rn. 40.
[46] Ähnlich auch *Dörner* hinsichtlich des Fahrplanes der Bahn, S. 31 f.
[47] Vgl. Art. 9.1.2. ABB Flugpassage der Lufthansa.
[48] Zum Buchungsstatus, *Sabathil*, S. 122.
[49] Vgl. *Sabathil*, S. 276 zur Umbuchung.

C. Anspruch

Einen Anspruch auf einen bestimmten Flug aus dem Flugplan hat der Fluggast nach diesem Verständnis der Platzbuchung nicht. Er hat aber nach dem Luftbeförderungsvertrag grds. einen Anspruch dahingehend, dass der Luftfrachtführer sich mit ihm über die noch offenen Punkte, also über die Platzbuchung auf einem bestimmten Flug innerhalb der Gültigkeitsdauer des Flugtickets einigt.[50] Ähnlich dem Verhältnis Vorvertrag/Hauptvertrag[51] verpflichten sich die Parteien zur späteren Einigung über die Platzbuchung. Dieser Anspruch besteht dabei grds. jederzeit. Eine Ausnahme bilden lediglich die sog. Stand-by Tickets.[52] Bei diesen besonders günstigen Tickets muss der Fluggast am Flughafen zum gewünschten Flug am Check-in erscheinen, sog. Go-Show,[53] eine Platzbuchung wird dann regelmäßig erst kurz vor Abflug des gewünschten Fluges vorgenommen, soweit auf diesem Flug noch ein Platz verfügbar ist. Wenn dies nicht der Fall ist, muss der Fluggast auf einem anderen Flug erneut „sein Glück versuchen". Innerhalb der Gültigkeitsdauer des Stand-by Tickets ist dem Fluggast aber auch hier grds. ein Platz auf einem Flug zum vereinbarten Bestimmungsort anzubieten.

Für alle Tickets gilt: Ist eine Einigung über eine Platzbuchung innerhalb der Gültigkeitsdauer des Flugtickets nicht möglich, verlängert sich nach den ABB der Fluggesellschaften i.d.R. entweder die Gültigkeitsdauer des Flugtickets oder der Fluggast hat einen Anspruch auf Erstattung des Flugpreises abzgl. eventueller Erstattungsgebühren.[54]

D. Einzelheiten

I. Ausführender Luftfrachtführer

Fraglich ist zunächst, ob mit der Platzbuchung auch der ausführende Luftfrachtführer[55] verbindlich vereinbart wird. So könnte die Luftbeförderung entweder durch den bei der Platzbuchung genannten ausführenden Luftfrachtführer oder durch den vertraglichen Luftfrachtführer selbst auszuführen sein. Dies ist, insbesondere im Hinblick auf Art. 11 III 1 Schwarze-ListeVO,[56] der dem vertraglichen Luftfrachtführer bzw. dem Vertragspartner für die Beförde-

---

[50] Vgl. auch Rechtbank van Koophandel te Brussel, ETR 1992, 131 ff. zitiert nach *Ruhwedel* Rn. 173, Fn. 41.
[51] Siehe dazu BGH NJW 2006, 2843; BGH NJW-RR 1992, 977; *Stadler* in *Rüthers/Stadler*, § 19 Rn. 45.
[52] Ähnlich *Sabathil*, S. 113.
[53] *Sabathil*, S. 112.
[54] Vgl. Art. 3.2.2. ABB Flugpassage der Lufthansa.
[55] Zu dem Begriff siehe unter Punkt 2. Teil, 2. Kapitel, § 5 A. Seite 60.
[56] Zur Verordnung siehe *Kohlhase*, ZLW 2006, 22 ff.; *Lindner*, RRa 2006, 58 ff.; *Tonner*, II. Rn. 69 ff.

rung im Luftverkehr bei einem Wechsel des ausführenden Luftfahrtunternehmens nach der Platzbuchung lediglich eine Informationspflicht auferlegt,[57] jedoch zu verneinen[58]. Die Annahme einer gegenteiligen Vereinbarung im oben genannten Sinne würde den vertraglichen Luftfrachtführer, der bei der Auswahl seiner Erfüllungsgehilfen gemäß § 278 BGB grds. frei ist, bei der Erfüllung seiner Beförderungsverpflichtung m.E. auch zu stark einschränken. Zwar ist anzuerkennen, dass der Fluggast, insbesondere unter Sicherheitsgesichtspunkten[59], ein erhebliches Interesse an der Ausführung der Luftbeförderung durch einen bestimmten Luftfrachtführer haben kann, die Interessen des vertraglichen Luftfrachtführers an einer effizienten Organisation der Luftbeförderung sind hier m.E. jedoch höher zu bewerten, so dass nur bei ausdrücklicher Vereinbarung über den ausführenden Luftfrachtführer eine Bindung an einen bestimmten Luftfrachtführer anzunehmen ist. Grds. ist ein diesbezüglicher Bindungswille des vertraglichen Luftfrachtführers aber abzulehnen.[60] Auch eine spätere einseitige Bestimmung des ausführenden Luftfrachtführers durch den vertraglichen Luftfrachtführer i.S.v. § 315 BGB muss m.E. als von den Parteien nicht gewollt ausscheiden. Der vertragliche Luftfrachtführer bleibt in der Wahl des ausführenden Luftfrachtführers daher grds. bis zum Beginn der Beförderung frei und kann diesen grds. auch noch später austauschen.

Er ist dem Fluggast aus den genannten Gründen nach Treu und Glauben, § 242 BGB, jedoch verpflichtet, den ausführenden Luftfrachtführer sorgfältig auszuwählen. Dabei ist darauf zu achten, dass insbesondere der vom Fluggast im Hinblick auf die Wahl eines bestimmten vertraglichen Luftfrachtführers berechtigterweise erwartete Sicherheitsstandard eingehalten wird. Es kommen daher grds. als ausführender Luftfrachtführer nur solche Luftfahrtunternehmen in Betracht, die einen nachweisbar ähnlich hohen Sicherheitsstandard haben wie der vertragliche Luftfrachtführer selbst.[61] Keinesfalls darf ein Luftfahrtunternehmen mit der Beförderung des Fluggastes beauftragt werden,

---

[57] Siehe so auch *Tonner*, II. Rn. 73.
[58] Für die Möglichkeit die Luftbeförderung durch einen anderen Luftfrachtführer ausführen zu lassen auch *Schwenk*, 2. Aufl., S. 654 und AG Frankfurt/Main, Urt. v. 5.12.1988, Az.: 32 C 212/87-12 (unveröffentlicht, zit. nach *Schmid* in *Giemulla/Schmid*, MÜ, Art. 19 Rn. 100); siehe auch Art. 9.2.1. Satz 2 ABB Flugpassage der Lufthansa; a.A. offenbar *Tonner*, II. Rn. 71, 73 wenn er einen Leistungsänderungsvorbehalt in AGB für erforderlich hält; a.A. auch *Schmid* in *Giemulla/Schmid*, MÜ, Art. 19 Rn. 100, der allerdings für das sog. Code-Sharing eine Ausnahme macht, wenn der Fluggast bei Vertragsschluss darüber aufgeklärt wurde, ähnlich jetzt auch OLG Frankfurt/Main RRa 2008, 88.
[59] Vgl. z.B. die Unfallstatistik der 50 größten Fluggesellschaften weltweit und der wichtigsten Fluggesellschaften aus dem deutschsprachigen Raum auf der Website <www.aerointernational.de>.
[60] Zum Wechsel des ausführenden Luftfrachtführers im Pauschalreiserecht, siehe *Schmid*, NJW 1996, 1636 ff.; *Schmid*, NJW 2005, 1168, 1179; *Führich* Rn. 332; *Führich*, RRa 1996, 76, 77; *Tonner/Lindner*, VuR 1996, 249 ff.
[61] Vgl. auch *Führich*, RRa 1996, 76, 77.

das sich auf der Schwarzen Liste[62] der EG nach der Schwarze-ListeVO befindet.

Ist im Einzelfall ein unzumutbarer[63] Luftfrachtführer oder ein sich auf der Liste befindlicher Luftfrachtführer für die Beförderung des Fluggastes vorgesehen, kann der Fluggast grds. die Beförderung verweigern, ohne seinen Beförderungsanspruch zu verlieren[64]. Dieser Anspruch wäre jedoch wertlos, würde der Fluggast nicht rechtzeitig über den ausführenden Luftfrachtführer in Kenntnis gesetzt werden. Der vertragliche Luftfrachtführer ist daher m.E. aus einer Nebenpflicht zum Beförderungsvertrag verpflichtet, den Fluggast so früh wie möglich, jedenfalls jedoch noch vor Betreten des Flugzeuges, über die Identität des ausführenden Luftfrachtführers zu informieren.[65] Für Flüge, die in den Anwendungsbereich der Schwarze-ListeVO der EG fallen,[66] ist dieser Anspruch in Art. 11 der VO jetzt sogar ausdrücklich gesetzlich geregelt. So ist der Fluggast nach Art. 11 I Schwarze-ListeVO grds. bereits bei der Buchung – also der Platzbuchung – über die Identität des ausführenden Luftfahrtunternehmens zu unterrichten. Nur ausnahmsweise, wenn die Identität zu diesem Zeitpunkt noch nicht feststeht, kann der Fluggast nach Art. 11 II Schwarze-ListeVO auch später unterrichtet werden. Er muss dann aber sofort nach Bekanntwerden der Identität informiert werden. Gleiches gilt, wie bereits angedeutet, nach Art. 11 III 1 Schwarze-ListeVO auch für einen Wechsel des ausführenden Luftfahrtunternehmens nach der Buchung (Platzbuchung). Jedenfalls muss der Fluggast nach Art. 11 III 2 Schwarze-ListeVO spätestens bei der Abfertigung, also beim Check-in, oder sofern bei einem Anschlussflug keine Abfertigung erforderlich ist, beim Einstieg (Boarding) unterrichtet werden.

II. Fluggerät

Ähnliche Überlegungen wie für den ausführenden Luftfrachtführer gelten grds. auch für das vorgesehene Fluggerät, z.B. im Hinblick auf Flugzeugtyp, Alter, Wartung usw. oder auch im Hinblick auf ein ganz bestimmtes Flugzeug. Zwar mag der Fluggast auch insofern ein erhebliches Interesse an einem bestimmten Fluggerät haben, aus Gründen der effizienten Organisation der

---

[62] Die Liste kann unter anderem eingesehen werden auf der Website der Deutschen Gesellschaft für Reiserecht <www.dgfr.de>, bzw. unter <http://ec.europa.eu/transport/airban/>.
[63] Die Beweislast hierfür trifft allerdings den Fluggast, siehe auch *Tonner*, II. Rn. 71.
[64] Zum grds. möglichen Verlust des Beförderungsanspruchs bei Nichterscheinen zur Abfertigung, siehe unter Punkt 2. Teil, 4. Kapitel, § 2 B. II. Seite 110. Die hier gegebene Beförderungsverweigerung müsste man wohl als Nichterscheinen des Fluggastes werten. A.A. *Tonner*, II. Rn. 74 (Haftung nach § 283 BGB wegen Unmöglichkeit).
[65] Vgl. zur unverzüglichen Erklärungspflicht des Reiseveranstalters bei zulässiger Änderung einer wesentlichen Reiseleistung, § 651a V BGB.
[66] Vgl. Art. 10 Schwarze-ListeVO.

Luftbeförderung durch den vertraglichen Luftfrachtführer, derentwegen dieser sich diesbezüglich grds. nicht binden will, muss aber auch ein Anspruch auf ein bestimmtes Fluggerät grds. ausscheiden, es sei denn es liegt insoweit eine ausdrückliche Vereinbarung vor.[67] Auch eine spätere einseitige Bestimmung des Fluggeräts durch den vertraglichen Luftfrachtführer i.S.v. § 315 BGB muss m.E. wiederum als von den Parteien nicht gewollt ausscheiden.

Wiederum hat der vertragliche Luftfrachtführer aus Treu und Glauben, § 242 BGB, jedoch darauf hinzuwirken, dass das verwendete Fluggerät dem aufgrund der Wahl des vertraglichen Luftfrachtführers vom Fluggast berechtigterweise erwarteten Sicherheitsstandard entspricht. Mit anderen Worten der vertragliche Luftfrachtführer schuldet die Beförderung mit einem dem vereinbarten Sicherheitsstandard angemessenen Fluggerät,[68] so dass der Fluggast wiederum die Beförderung ohne Verlust seines Beförderungsanspruchs verweigern kann, wenn der zu erwartende Standard nicht eingehalten wird, die vorgesehene Beförderung also mangelhaft i.S.v. § 633 BGB ist.[69] Aus diesem Grund ist der Fluggast auch rechtzeitig über das für den Flug vorgesehene Fluggerät zu informieren. Außer Frage steht dagegen, dass ein Luftbeförderungsvertrag grds. nur durch Beförderung in der Luft mit einem Flugzeug erfüllt werden kann.[70] Eine solche Beförderung ist auf jeden Fall Teil der vertraglichen Vereinbarung.

III. Flugroute

Auch an der genauen Flugroute zwischen zwei Landepunkten besteht regelmäßig auf beiden Seiten kein besonderes Interesse, so dass auch die genaue Flugroute mit der Platzbuchung nicht verbindlich vereinbart wird.[71] Das kann sogar zur Auslassung von Zwischenlandepunkten führen, wenn die

---

[67] Vgl. OLG Düsseldorf NJW-RR 1997, 930 = RRa 1997, 84, 85 m. Anm. *Schmid*; *Ruhwedel* Rn. 190 a.E.; *Führich* Rn. 985; *Dettling-Ott*, S. 155; siehe auch Art. 9.2.1. Satz 2 ABB Flugpassage der Lufthansa. Zum Wechsel des vorgesehenen Fluggeräts im Rahmen einer Pauschalreise siehe auch *Schmid*, NJW 1996, 1636 ff.

[68] Zur Sicherheit verschiedener Flugzeugtypen vgl. *Vitt/Specht*, NJW 1996, 2916 ff.

[69] Obwohl grds. ein Minderungsanspruch des Fluggastes insofern ausscheidet, vgl. LG Berlin RRa 1994, 101; *Führich*, Rn. 985 kann unter diesen Umständen dann vom Fluggast auch eine Minderung des Flugpreises verlangt werden. Für eine Minderung bei Einbußen in der Bequemlichkeit siehe BG HS Wien, RRa, 2005, 44.

[70] Siehe zum grds. unzulässigen sog. Trucking im Frachtverkehr *Schwenk*, 2. Aufl., S. 656; *Schwenk/Giemulla*, S. 370. Nur ausnahmsweise ist auch eine anderweitige Beförderung denkbar. Das AG Bonn hat z.B. die Beförderung mit einem klimatisierten Reisebus an Stelle eines Inlandstransferfluges unter bestimmten Bedingungen für zulässig erachtet, AG Bonn, RRa 1996, 222. Der Fluggast könnte also unter bestimmten Bedingungen insofern zur Vertragsänderung verpflichtet sein. Siehe auch *Basedow*, S. 40.

[71] So auch *Fröhlich*, S. 237, a.A. *Basedow*, S. 40. Siehe auch *Führich*, 4. Aufl. Rn. 762 b; *Dettling-Ott*, S. 154.

Landung an diesem Ort für den Fluggast keinen besonderen Zweck hat.[72] Werden Zwischenlandepunkte in die Flugroute eingefügt, ist dies grds. ebenfalls unproblematisch. In der Regel wird damit jedoch auch eine verspätete Ankunft am Zielort verbunden sein, für die der Luftfrachtführer dann nach den allgemeinen Regeln haftet.[73]

IV. Flugnummer

Wie bereits angedeutet wird mit der Platzbuchung auch ein durch die Flugnummer bestimmter Flug für die Beförderung des Fluggastes vorgesehen, zu dessen Abfertigung sich der Fluggast rechtzeitig einfinden muss. Umstritten ist jedoch, welche Bedeutung der Flugnummer bei der Luftbeförderung darüber hinaus zukommt. *Schmid*[74] ist der Ansicht, dass die Beförderungsverpflichtung durch den vertraglichen Luftfrachtführer nur mit dem vereinbarten Flug, der durch seine Flugnummer ganz genau bestimmt sei, erfüllt werden könne. Eine spätere Ersatzbeförderung mit einem Flug mit anderer Flugnummer, beispielsweise bei einer Überbuchung oder Annullierung eines Fluges, sei ein aliud gegenüber der vereinbarten Leistung und mithin nicht erfüllungstauglich. Schließlich müsse sich der Fluggast gerade zu einem durch die Flugnummer bestimmten Flug rechtzeitig zur Abfertigung einfinden. Von einer Verspätung i.S.v. Art. 19 WA (bzw. jetzt Art. 19 MÜ) könne nur dann gesprochen werden, wenn der Luftfrachtführer den aus technischen Gründen zunächst gestrichenen oder verschobenen Flug unter derselben Flugnummer mit einem eigens dafür bereitgestellten Ersatzflugzeug später durchführe, wenn also lediglich das Flugzeug ausgetauscht werde.

Träfe diese Ansicht zu, dann müsste die Flugnummer aber entweder bereits bei der Platzbuchung idS vereinbart worden sein oder die Beförderungsverpflichtung des Luftfrachtführers müsste sich später, also durch spätere Bestimmung durch den Luftfrachtführer oder z.B. beim Einchecken oder Boarding des Fluggastes, auf einen Flug mit einer bestimmten Flugnummer konkretisieren. Beides ist m.E. jedoch abzulehnen.

---

[72] Aus einem One-Stop-Direktflug kann somit i.d.R. ohne Probleme ein Non-Stop-Flug werden.

[73] Zur Änderung von Flugrouten im Pauschalreiserecht, siehe *Schmid*, RRa 2005, 151 ff.; *Schmid*, NJW 2005, 1168, 1170.

[74] *Schmid*, TranspR 1985, 369, 374; *Schmid* in *Giemulla/Schmid*, WA, Art. 19 Rn. 44; *Schmid* in *Giemulla/Schmid*, MÜ, Art. 19 Rn. 98 f.; *Schmid*, DGfR Jahrbuch 2001, S. 87, 88 f.; *Schmid*, RRa 2004, 198, 202; zustimmend AG Frankfurt/Main TranspR 1998, 197, 198; OLG Frankfurt/Main ZLW 1989, 178, 181 (für die Frachtbeförderung); *Reuschle*, Art. 19 Rn. 9; in diese Richtung gehend auch *Kronke* in MünchKomm HGB, Art. 19 WA 1955 Rn. 40; a.A. *Fröhlich*, S. 144; *Stadie*, S. 90 und wohl auch *Koller* Art. 19 WA 1955 Rn. 3 (für die Frachtbeförderung); inzident auch *Staudinger*, RRa 2005, 249, 253; wohl auch *Videla Escalada*, ZLW 1991, 339, 352; unklar *Schwenk*, 2. Aufl., S. 649. Siehe auch OLG Düsseldorf NJW-RR 1997, 930 a.E., wonach die Beförderungsleistung auch mit anderen Flügen erfüllt werden kann.

Die Flugnummer wird zum einen nicht mit der Platzbuchung im oben genannten Sinne vereinbart. Der Luftfrachtführer verpflichtet sich nicht, den Fluggast mit einem bestimmten Flug zu befördern. Für den Fluggast spielt es regelmäßig keine Rolle, mit welchem Flug und welcher Flugnummer er genau an sein Beförderungsziel befördert wird. Für ihn ist lediglich wichtig, dass er dort pünktlich ankommt und ggf. dass er auch pünktlich abfliegt.[75] Ausnahmsweise hat er darüber hinaus ein Interesse daran, dass er durch einen bestimmten Luftfrachtführer oder mit einem bestimmten Flugzeugtyp befördert wird, die Flugnummer ist ihm jedoch regelmäßig egal. Ebenso liegt es im Interesse des Luftfrachtführers, dass die Flugnummer mit der Platzbuchung nicht im oben genannten Sinne vereinbart wird. Er kann nämlich u.U. ein Interesse daran haben, die Flugnummer eines Fluges nachträglich zu ändern oder den Fluggast auf einen (nahezu) zeitgleich startenden und ankommenden Flug umzubuchen, um ihn auf diese Weise und ohne Nachteil an das gebuchte Beförderungsziel zu befördern. Oftmals, z.B. falls mehrstündige Reparaturen an der für einen bestimmten Flug vorgesehenen Maschine notwendig werden, ist die Umbuchung des Fluggastes auf einen anderen Flug sogar die einzige Möglichkeit, den Fluggast noch rechtzeitig an sein Beförderungsziels zu befördern.[76] Derartige Änderungen wären aber nicht ohne weiteres möglich, würde man der Ansicht *Schmids* folgen. Nach *Schmid* würde sich der Luftfrachtführer nämlich auch in den genannten Fällen – wie auch in den Fällen der Überbuchung oder Annullierung eines Fluges – grds. nach §§ 280, 281 BGB schadensersatzpflichtig machen, ein merkwürdiges Ergebnis, will der Luftfrachtführer den Fluggast doch gerade selbst befördern und nicht u.U. für den teureren Ersatzflug mit einem anderen Luftfrachtführer haften. Noch merkwürdiger wird es aber, wenn man bedenkt, dass der Fluggast nach *Schmid* auch in den genannten Fällen seinen Beförderungsanspruch auf dem ursprünglichen Flug zumindest faktisch verlieren würde[77] und gleichzeitig auch keinen Anspruch auf Beförderung mit dem „neuen" Flug oder einem anderen Flug auf derselben Flugstrecke geltend machen könnte. Eine Beförderungsverpflichtung wäre allenfalls als Schadensersatzanspruch i.V.m. Naturalrestitution gemäß § 249 I BGB denkbar.

Hinzu kommt, dass die Ansicht *Schmids* m.E. wohl motiviert ist aus dem Bestreben, die sog. Fälle der Nichtbeförderung, die nach einhelliger Mei-

---

[75] So auch *Fröhlich*, S. 144; *Stadie*, S. 90. Ähnlich *Staudinger*, RRa 2005, 249, 253.
[76] Vgl. den Fall des OLG Frankfurt/Main RRa 2005, 78, 79 = NJW-RR 2005, 65, 66.
[77] Rechtlich würde der Beförderungsanspruch gemäß § 281 IV BGB erst mit einem Schadensersatzverlangen des Fluggastes untergehen. Die ernsthafte und endgültige Erfüllungsverweigerung, hier der Beförderung mit einem bestimmten Flug, führt nämlich, wie § 281 II BGB zeigt, nicht zur Unmöglichkeit der Leistung. Nur nach Abflug eines überbuchten Fluges könnte man tatsächlich einmal von Unmöglichkeit i.S.v. § 275 I BGB sprechen, nachdem auch hier zuvor lediglich eine ernsthafte und endgültige Erfüllungsverweigerung gegeben war.

nung nicht in den Bereich der ausschließlichen Haftung nach Art. 19 MÜ bzw. Art. 19 WA fallen[78], abzugrenzen von den Fällen der Verspätung i.S.v. Art. 19 MÜ bzw. Art. 19 WA, um so in erstgenannten Fällen Schadensersatz statt der Leistung nach nationalem Recht zusprechen zu können. Folgt man aber der hier später vertretenen Abgrenzung von Ankunftsverspätungen des Fluggastes, die unter Art. 19 MÜ fallen und Abflugverspätungen des Fluggastes, die nach nationalem Recht zu behandeln sind,[79] steht die Anwendbarkeit des nationalen Rechts in den fraglichen Fällen (insbesondere in Fällen der Flugüberbuchung und -annullierung, in denen der Fluggast von der Beförderung durch den vertraglichen Luftfrachtführer Abstand nehmen will)[80] außer Frage, und es wird auch oftmals ein Schadensersatzanspruch statt der Leistung zu bejahen sein.[81] Der Abgrenzung des Anwendungsbereichs von Art. 19 MÜ bzw. Art. 19 WA mit Hilfe der Beschränkung der Beförderungsverpflichtung auf bestimmte Flüge bedarf es daher dann nicht mehr.

Zum anderen beschränkt sich die Beförderungsverpflichtung des Luftfrachtführers aber auch durch spätere „Konkretisierung" nicht auf einen bestimmten Flug. Zunächst muss eine Beschränkung gemäß § 315 BGB durch spätere auch konkludente Bestimmung eines Fluges durch den Luftfrachtführer, z.B. beim Einchecken, ausscheiden. Zwar konkretisiert eine Erklärung gegenüber dem anderen Teil gemäß § 315 II BGB den Leistungsgegenstand,[82] eine solche Konkretisierung setzt jedoch gemäß § 315 I BGB voraus, dass die spätere einseitige, unwiderrufliche[83] Bestimmung der Leistung durch eine Partei von den Parteien gewollt war und vereinbart worden ist. Dies ist jedoch vorliegend abzulehnen. Die Parteien des Luftbeförderungsvertrages wollen sich weder mit der Platzbuchung noch zu einem späteren Zeitpunkt auf einen bestimmten Flug, sei es auch durch einseitige Erklärung, festlegen. Insbesondere dem Fluggast ist es auch nach der Platzbuchung weiterhin egal, mit welchem Flug mit welcher Flugnummer er konkret befördert wird.

Ferner findet eine Konkretisierung auch durch das Einchecken oder das Boarding selbst auf den Flug mit bestimmter Flugnummer, für den der Fluggast eingecheckt wurde oder in den er eingestiegen ist, nicht statt. Die Luftbeförderung ist keine Gattungsschuld, die durch Konkretisierung gemäß

---

[78] Siehe nur *Reuschle*, Art. 19 Rn. 9; *Schmid* in *Giemulla/Schmid*, MÜ, Art. 19 Rn. 94 ff. m.w.N.; genauer dazu unter Punkt 3. Teil, 2. Kapitel, § 1 B. Seite 161.

[79] Dazu ausführlich unter Punkt 3. Teil, 2. Kapitel, § 1 B. Seite 161.

[80] Überbuchungen und Annullierungen sind, geht man davon aus, dass der Luftfrachtführer aufgrund des Beförderungsvertrages nicht zur Beförderung mit einem bestimmten Flug verpflichtet ist, nämlich grds. nichts anderes als Fälle der Abflugverspätung oder -verzögerung in der Beförderung des Fluggastes, in denen der Luftfrachtführer sich entweder ernsthaft und endgültig weigert, den Fluggast zu befördern, oder in denen er die Beförderung mit einem späteren Flug anbietet.

[81] Dazu ausführlich unter Punkt 3. Teil, 2. Kapitel, § 2 E. Seite 338.

[82] Vgl. nur *Palandt/Grüneberg*, § 315 Rn. 11.

[83] BGH NJW 2002, 1421, 1424; BAG VersR 1981, 941, 942.

§ 243 II BGB zu einer Stückschuld werden kann.[84] Die Vorschrift kann hier auch nicht analog angewendet werden.[85] Man kann wohl kaum davon sprechen, dass der Luftfrachtführer mit dem Check-in oder Boarding „das zur Leistung ... seinerseits Erforderliche" i.S.v. § 243 II BGB getan hat, denn schließlich schuldet der Luftfrachtführer nicht nur die Zurverfügungstellung eines Sitzplatzes an Bord eines bestimmten Fluges oder Flugzeugs, sondern er schuldet gerade die Beförderung des Fluggastes.[86]

Auch nach dem Einchecken oder Boarding kann und muss der Luftfrachtführer damit seine Beförderungsverpflichtung gegenüber dem Fluggast ggf. auch noch mit einem anderen Flug mit anderer Flugnummer erfüllen. Er bleibt trotz der Umbuchung auf einen anderen Flug dabei aber grds. an die ursprünglich vereinbarten Flugzeiten gebunden.[87]

Dieses Ergebnis wird schließlich untermauert durch den Verspätungsbegriff des Art. 19 MÜ.[88] Dieser ist gerade nicht transportbezogen, sondern personenbezogen.[89] Bereits nach dem Wortlaut geht es um die „Verspätung bei der Luftbeförderung von Reisenden" und gerade nicht – und anders als in Anlehnung an Art. 6 i.V.m. Art. 3 II FluggastrechteVO – um die Ankunftsverspätung eines Fluges, für den der Fluggast eine bestätigte Buchung besaß und auf dem er auch befördert wurde. Dem Fluggast steht also nicht nur dann ein Schadensersatzanspruch nach Art. 19 MÜ zu, wenn er mit einem bestimmten Flug nicht rechtzeitig am Zielort eintrifft, sondern ihm steht darüber hinaus immer dann ein Schadensersatzanspruch zu, wenn er den Zielort nicht rechtzeitig erreicht, sei es auch mit einem anderen als dem ursprünglich gebuchten Flug. Es kommt also nach Art. 19 MÜ darauf an, ob gerade der Fluggast am Zielort nicht rechtzeitig ankommt. Damit ist es auch denkbar, dass ein Fluggast mit einem an sich pünktlichen Flug, seinen Zielort nicht rechtzeitig i.S.v. Art. 19 MÜ erreicht. Flugverspätung eines Fluges und Verspätung des Fluggastes müssen also nicht einhergehen, obwohl dies oft der Fall sein wird. Sie würden aber stets einhergehen, würde sich die Be-

---

[84] A.A. *Allgaier*, VersR 1989, 128, 129 f.; *Schönwerth*, TranspR 1997, 414, 415.
[85] So auch *Fröhlich*, S. 233 f. Siehe insgesamt zum Schuldcharakter des Luftbeförderungsvertrages sehr ausführlich auch *Fröhlich*, S. 223 ff.
[86] Eine derartige Konkretisierung wäre aber auch nicht mit Vorteilen verbunden. Sie hätte allenfalls dann Bedeutung für den vertraglichen Luftfrachtführer, wenn die Durchführung eines bestimmten Fluges nach Übergabe der Bordkarte an den Fluggast ohne Verschulden des Luftfrachtführers nicht nur vorübergehend unmöglich würde. Nur in diesem seltenen Fall wäre der Luftfrachtführer gemäß § 275 BGB nicht mehr zur Leistung verpflichtet.
[87] Vgl. genauer unter Punkt 2. Teil, 4. Kapitel, § 1 Seite 92.
[88] Grundsätzlich wird unter Verspätung i.S.v. Art. 19 MÜ das nicht rechtzeitige Eintreffen am Bestimmungsort verstanden, vgl. nur *Reuschle*, Art. 19 Rn. 6 m.w.N.
[89] So auch *Fröhlich*, S. 141 zum Verspätungsbegriff des Art. 19 WA. Inzident auch OLG Frankfurt/Main RRa 2005, 78, 79 = NJW-RR 2005, 65, 66 zu Art. 19 WA, wenn vom Luftfrachtführer verlangt wird, Fluggäste notfalls (im Rahmen ihres Beförderungsanspruchs) auf nachfolgende Flüge umzubuchen, um den Eintritt eines besonders hohen Schadens zu verhindern.

förderungsverpflichtung des Luftfrachtführers auf einen bestimmten Flug mit bestimmter Flugnummer beschränken.

Im Ergebnis ist der vertragliche Luftfrachtführer nach der Platzbuchung daher gegenüber dem Fluggast weder verpflichtet, einen bestimmten Flug mit bestimmter Flugnummer überhaupt (planmäßig) durchzuführen[90] noch den Fluggast mit einem durch die Flugnummer bestimmten Flug zu befördern.

Die Flugnummer spielt allerdings eine Rolle für die Rechte des Fluggastes nach der FluggastrechteVO gegen das ausführende Luftfahrtunternehmen i.S.v. Art. 2 lit. b) FluggastrechteVO.[91] Das liegt zum einen daran, dass Rechte gegen das ausführende Luftfahrtunternehmen logischerweise immer nur den einen Flug betreffen können, den es ausführen soll; es liegt zum anderen aber auch daran, dass Überbuchung und Annullierung notwendigerweise immer einen bestimmten Flug betreffen.[92] An diesen Vorgaben hat sich der europäische Gesetzgeber dann zwangsläufig auch bei der Regelung der Abflugverspätung in Art. 6 i.V.m. Art. 3 II lit. a) und b) FluggastrechteVO orientiert und hat auch hier die Beziehung zu einem bestimmten Flug hergestellt. Der Fluggast kann Rechte nach der FluggastrechteVO nämlich insgesamt nur geltend machen, wenn ein bestimmter Flug (individualisierbar nur über die diesen Flug kennzeichnende Flugnummer, sowie Flugzeit und -datum[93]), für den der Fluggast gemäß Art. 3 II lit. a) und b) FluggastrechteVO entweder eine bestätigte Buchung besaß oder auf den der Fluggast von einem Luftfahrt- oder Reiseunternehmen umgebucht wurde[94], betroffen ist, d.h. überbucht wurde, annulliert wurde oder sich der Abflug dieses Fluges verspätet[95].

Aus dieser Anknüpfung der FluggastrechteVO an ein einen bestimmten Flug folgt aber nicht, dass auch der Beförderungsvertrag der Vertragsparteien grds. so ausgelegt werden muss, dass auch der *vertragliche* Luftfrachtführer zur Beförderung mit einem bestimmten Flug verpflichtet ist. Die Rechte und Pflichten der Vertragsparteien des Luftbeförderungsvertrages sind grds. unabhängig von den Regelungen der FluggastrechteVO allein nach den Vereinba-

---

[90] Siehe auch *Fröhlich*, S. 141.
[91] So auch *Lienhard* GPR 2004, 259, 262; *Freitag*, TranspR 2006, 444, 447 und jüngst AG Frankfurt/Main RRa 2007, 42 f. Siehe auch den Vorlagebeschluss des BGH an den EuGH (dort Az.: C-402/07) in der Frage der Abgrenzung zwischen großen Verspätungen und Annullierungen nach der FluggastrechteVO, BGH NJW 2007, 3437, 3439 = RRa 2007, 233, 236; dazu *Staudinger*, NJW 2007, 3392; *Staudinger/Schmidt-Bendun*, NJW 2007, 2301, 2304; *Kummer*, RRa 2008, 14 ff. Siehe auch BGH NJW 2009, 358, 359 ebenfalls zur Frage der Abgrenzung zwischen Flugverspätung und Flugannullierung.
[92] Siehe auch LG Köln RRa 2008, 141.
[93] IdR wird im Linienverkehr für Flüge an unterschiedlichen Tagen aber zu derselben Uhrzeit und demselben Flugziel nur eine Flugnummer vergeben.
[94] Vgl. Art. 3 II lit. b) FluggastrechteVO.
[95] Nach einer Umbuchung auf einen anderen Flug sind für die Rechte des Fluggastes nach der FluggastrechteVO folglich auch die neuen Flugzeiten maßgebend.

rungen der Parteien im Beförderungsvertrag zu beurteilen. Hinzu kommt, dass die FluggastrechteVO selbst im Fall der Überbuchung oder Annullierung eines Fluges grds. von dem Fortbestehen der Beförderungsverpflichtung und der Möglichkeit und Pflicht der Erfüllung der Beförderungsverpflichtung mit anderen Flügen ausgeht, wenn in Art. 4 III bzw. Art. 5 I lit. a) i.V.m. Art. 8 I lit. b) und c) FluggastrechteVO sogar ein Anspruch des Fluggastes gegen das ausführende Luftfahrtunternehmen auf anderweitige Beförderung zum Endziel zum frühestmöglichen oder einem späteren Zeitpunkt geregelt ist.[96] Dann muss aber erst recht der *vertragliche* Luftfrachtführer seine Beförderungsverpflichtung auch mit anderen Flügen mit anderer Flugnummer erfüllen können und ist hierzu eben auch verpflichtet. Der Anspruch gegen das ausführende Luftfahrtunternehmen nach der FluggastrechteVO tritt dann neben den Anspruch gegen den vertraglichen Luftfrachtführer.

Ferner ist die vereinbarte Flugnummer von Bedeutung für die Pflicht des Fluggastes zur Einhaltung der sog. Meldeschlusszeit.[97] Auch diese kann sich immer nur auf einen bestimmten Flug mit bestimmter Flugnummer beziehen. Der Luftfrachtführer ist daher aus einer Nebenpflicht zum Beförderungsvertrag verpflichtet, den Fluggast, insbesondere nach einer Umbuchung auf einen anderen Flug mit anderer Flugnummer, rechtzeitig und ausführlich darüber zu informieren, mit welchem Flug unter welcher Flugnummer die Beförderung erfolgen und an welchem Schalter durch welche Fluggesellschaft die Abfertigung vorgenommen wird.[98] Informationsdefizite müssen dabei grds. zu Lasten des Luftfrachtführers gehen.

V. Information über Abwicklungsfragen

Auch wenn bestimmte Modalitäten der Ausführung der Luftbeförderung nach dem oben Gesagten nicht Bestandteil des Beförderungsvertrages werden, haben sich die Fluggesellschaften, die das Airline Passenger Service Commitment unterzeichnet haben, gegenüber dem Fluggast selbst verpflichtet, ihm bereits im Zeitpunkt der Platzbuchung über bestimmte Abwicklungsfragen der Luftbeförderung wie z.B. Fluggerät, Zwischenstopps und Ankunftsterminal

---

[96] Ähnlich aber unklar im Hinblick auf die notwendige Unterscheidung zwischen dem Anspruch gegen den vertraglichen Luftfrachtführer auf Beförderung mit einem anderen Flug auf der einen Seite und dem Anspruch auf Weiterbeförderung gegen das ausführende Luftfahrtunternehmen auf der anderen Seite, *Staudinger*, RRa 2005, 249, 253. Ähnlich zur ÜberbuchungsVO bereits *Stadie*, Fn. 180, S. 90.
[97] Zur Einhaltung der Meldeschlusszeit, siehe unter Punkt 2. Teil, 4. Kapitel, § 1 Seite 92.
[98] Vgl. zur unverzüglichen Erklärungspflicht des Reiseveranstalters bei zulässiger Änderung einer wesentlichen Reiseleistung, § 651a V BGB. Siehe auch LG Frankfurt/Main TranspR 1989, 366, 367; *Schwenk*, 2. Aufl., S. 656.

Auskunft zu geben.[99] Die Lufthansa verpflichtet sich darüber hinaus auch in ihren ABB Flugpassage zur Bekanntgabe des ausführenden Luftfrachtführers mit der Platzbuchung, sofern bzgl. eines Fluges Code-Share Vereinbarungen getroffen worden sind.[100]

VI. Ergebnis und Umbuchung

Im Ergebnis beinhaltet die Platzbuchung damit vor allen Dingen eine verbindliche Vereinbarung der Flugzeiten, also der Abflug- und Ankunftszeit. Nicht vertraglich festgelegt wird hingegen die Flugnummer. Das hat zur Folge, dass die Beförderungsverpflichtung des vertraglichen Luftfrachtführers auf der gebuchten Flugstrecke auch mit anderen Flügen mit anderer Flugnummer als ursprünglich vereinbart erfüllt werden kann und die Verspätung eines Fluggastes grds. nicht an die Verspätung eines Fluges gebunden ist. Einseitige Umbuchungen durch den vertraglichen Luftfrachtführer, also die Verlegung des Fluggastes auf einen anderen Flug mit anderer Flugnummer (und damit die ausschließliche Reservierung irgendeines Sitzplatzes an Bord des anderen Fluges), auch z.B. im Zusammenhang mit einer Überbuchung oder Annullierung eines Fluges, sind daher grds. ohne weiteres möglich. Es handelt sich sozusagen lediglich um die Ankündigung der Erfüllung des ursprünglichen Beförderungsanspruchs mit einem anderen Flug.[101]

Mit einer einseitigen Umbuchung geht dabei aber grds. nicht eine Änderung der verbindlich vereinbarten Flugzeiten einher. Soll dies der Fall sein, müssen insofern grds. auch die Voraussetzungen einer einseitigen Leistungsänderung gegeben sein.[102] Bei der reinen Akzeptanz eines neuen Fluges mit neuer Flugnummer durch den Fluggast und dessen Inanspruchnahme kann grds. aber nicht von einer konkludenten Annahme der Leistungsänderung hinsichtlich der Flugzeiten ausgegangen werden. Eine solche Erklärung will der Fluggast nach dem objektiven Empfängerhorizont nicht abgeben. Vielmehr geht es immer noch um die Erfüllung des ursprünglichen Beförderungsanspruchs. Der Fluggast will auf seine Rechte aus einer eventuellen Abflugverspätung gegenüber der ursprünglich vereinbarten Abflugzeit grds. nicht verzichten. Anders ist die Situation lediglich, wenn der Fluggast z.B. im Rahmen einer Überbuchung als Freiwilliger i.S.v. Art. 4 I FluggastrechteVO mit der Beförderung mit einem anderen Flug einverstanden ist (und i.d.R. für den Verzicht auf den ursprünglichen Flug auch eine entsprechende Kompensation erhält).[103]

---

[99] Vgl. Punkt 12. des Airline Passenger Service Commitments (APSC), zu finden auf der Website des Air Transport Users Council (AUC) <www.caa.co.uk/auc> und unter der Leitseite Verkehr der EG-Kommission <http://ec.europa.eu/transport/index_de.html>.

[100] Vgl. Art. 2.3. S. 2 ABB Flugpassage der Lufthansa.

[101] Nach AG Hamburg RRa 2006, 135, 136 ist in einer Umbuchung ein erneuter Beförderungsversuch zu sehen.

[102] Dazu sogleich; a.A. wohl *Schwenk/Giemulla*, S. 409.

[103] Siehe dazu auch unter Punkt 4. Teil, 1. Kapitel, § 1 Seite 342.

Bedeutung hat eine Umbuchung auf einen anderen Flug mit anderer Flugnummer allerdings für die Einhaltung der Meldeschlusszeit und die Rechte der Fluggäste nach der FluggastrechteVO gegen das ausführende Luftfahrtunternehmen[104], diese bestehen, wie bereits angedeutet, grds. im Hinblick auf einen bestimmten Flug, für den der Fluggast eine bestätigte Buchung besitzt, sei diese auch durch eine Umbuchung zustande gekommen. Damit sind z.B. nach einer Umbuchung im Hinblick auf die Rechte des Fluggastes gegen das ausführende Luftfahrtunternehmen bei Abflugverspätungen die neuen Flugzeiten von Relevanz.

Im Rahmen der Platzbuchung werden ferner nicht verbindlich vereinbart der ausführende Luftfrachtführer, das Fluggerät und die genaue Flugroute. Es handelt sich hierbei, wie auch bei der Flugnummer, nicht um Teile der geschuldeten Leistung, sondern es geht letztlich um Modalitäten der Ausführung der Luftbeförderung, deren Bestimmung und jederzeitige Änderung in gewissen Grenzen grds. dem vertraglichen Luftfrachtführer vorbehalten ist.

Nach dem Airline Passenger Service Commitment kann der vertragliche Luftfrachtführer jedoch verpflichtet sein, dem Fluggast bereits zum Zeitpunkt der Platzbuchung über bestimmte Modalitäten der Ausführung der Luftbeförderung Auskunft zu geben. Auch hat die Bestimmung und Änderung der genannten Modalitäten der Ausführung der Luftbeförderung verschiedene Konsequenzen für den Fluggast. Er ist daher aus einer Nebenpflicht zum Beförderungsvertrag rechtzeitig und umfassend über die vorgenommene Bestimmung oder Änderung zu informieren. Dies gilt im Hinblick auf die Einhaltung der Meldeschlusszeit für einen bestimmten Flug durch den Fluggast in besonderem Maße für eine Änderung der Flugnummer bzw. die Umbuchung des Fluggastes auf einen anderen Flug mit anderer Flugnummer.[105]

§ 3 Beförderungen über mehrere Teilstrecken

A. Begriff

Beförderungen über mehrere Teilstrecken (Flugabschnitte oder -segmente) sind im Luftverkehr sehr häufig anzutreffen. Ein typisches Beispiel ist der sog. Round-Trip-Flug (Rundflug)[106], bestehend aus Hin- und Rückflug, bei dem es zumindest zu einer planmäßigen Zwischenlandung am Zielort des Hinfluges, z.B. am Urlaubsort oder am Ort der Geschäftsreise, kommt.[107]

---

[104] Siehe auch AG Hamburg, RRa 2006, 135, 136.
[105] Vgl. auch *Schwenk/Giemulla*, S. 409; LG Frankfurt/Main TranspR 1989, 366, 367.
[106] Siehe zur Frage der Internationalität eines Round-Trip-Fluges auch bereits unter Punkt 2. Teil, 1. Kapitel, § 1 A. I. 1. Seite 22.
[107] Für derartige Flüge gilt häufig auch ein spezieller Round-Trip-Flugpreis, der i.d.R. um einiges günstiger ist als der addierte One-Way-Flugpreis für jeweils einen separaten Hin-

Aber auch weitere planmäßige Zwischenlandungen an sog. Zwischenlandeorten können vereinbart sein. Bei Round-Trip-Flügen sind der sog. Abgangs- und Bestimmungsort[108] i.d.R. identisch. Aber auch bei sog. One-Way-Flügen, bei denen Abgangs- und Bestimmungsort nicht zusammenfallen, kann es eine oder mehrere planmäßige Zwischenlandungen an Zwischenlandeorten mit oder ohne längeren Aufenthalt geben.

B. Ein Beförderungsvertrag oder mehrere Beförderungsverträge?

Beförderungen über mehrere Teilstrecken können grds. auf der Grundlage eines Beförderungsvertrages oder auf Grundlage mehrerer Beförderungsverträge abgewickelt werden.[109] Ein Beförderungsvertrag wird dabei grds. immer dann gegeben sein, wenn ein vertraglicher Luftfrachtführer sich zu einer Beförderungsleistung über mehrere Teilstrecken im Rahmen einer Vereinbarung verpflichtet,[110] auch wenn er sich insgesamt oder lediglich auf Teilstrecken zur Ausführung der Luftbeförderung z.B. im Rahmen eines Code-Share-Abkommens eines ausführenden Luftfrachtführers bedienen will. Sofern aber z.B. aufeinanderfolgende Luftfrachtführer die Beförderung durchführen, werden, wie gezeigt, regelmäßig mehrere Beförderungsverträge vorliegen, obwohl der Beförderungsanspruch insgesamt z.B. aufgrund der Interline-Vereinbarung der IATA in einem Flugticket verbrieft ist.

Round-Trip-Flüge werden häufig auf nur einem Beförderungsvertrag beruhen. Auch One-Way-Flüge mit Zwischenlandungen werden i.d.R. auf einem Beförderungsvertrag basieren. Insbesondere hier wird es aber immer wieder auch Konstellationen geben, bei denen rechtlich mehrere Beförderungsverträge gegeben sein werden. So schließen einige Billigfluggesell-

---

und Rückflug, vgl. *Sabathil*, S. 159. Vgl. auch Art. 3.3.4.1. ABB Flugpassage der Lufthansa. Diese Klausel erlaubt die nachträgliche Berechnung des One-Way-Flugpreises, wenn der Rückflug eines Round-Trip-Fluges nicht in Anspruch genommen wird. Sie dürfte als überraschende Klausel i.S.v. § 305 c BGB jedoch wohl nicht Vertragsbestandteil werden, jedenfalls aber nach § 307 BGB unwirksam sein.

[108] Vgl. Art. 1 II MÜ.

[109] So kann es z.B. sein, dass der Fluggast einen Zubringer- oder Anschlussflug zu einem Hauptflug bei dem vertraglichen Luftfrachtführer des Hauptfluges oder auch bei einem anderen vertraglichen Luftfrachtführer (später) hinzubucht.

[110] AG Hamburg RRa 2007, 88; AG Frankfurt/Main RRa 2007, 133; AG Frankfurt/Main RRa 2007, 135, 136. Vgl. dazu auch 21 ABB Germanwings und die Rundflug-Problematik der FluggastrechteVO; dazu der Vorlagebeschluss des OLG Frankfurt/Main an den EuGH, OLG Frankfurt/Main RRa 2007, 180 f. mit Anm. *Schmid*; *Staudinger/Schmidt-Bendun*, NJW 2007, 2301, 2304; *Schmid*, NJW 2007, 261 f.; *Schmid*, NJW 2006, 1841 f.; *Mankowski*, TranspR 2008, 177, 182 f. und die die Rundflugbetrachtung für die FluggastrechteVO ablehnende Entscheidung des EuGH NJW 2008, 2697 ff. = EuGH EuZW 2008, 569 ff. m. Anm. *Tonner* = ZLW 2008, 669 ff. m Anm. Giesecke. Siehe auch die Anm. von *Schmid* zu AG Frankfurt/Main RRa 2008, 146.

schaften sog. Umsteigeverbindungen in ihren ABB kategorisch aus,[111] was m.E. dazu führen muss, dass rechtlich mehrere Beförderungsverträge, also ein Vertag je „Teil"-Strecke, geschlossen werden, sofern der Passagier trotzdem „eigenständig" einen Anschluss- bzw. Weiterflug bei demselben vertraglichen Luftfrachtführer bucht.[112]

Andererseits kann m.E. die Tatsache, dass durch ein Luftfahrtunternehmen grds. nur One-Way-Flüge und One-Way-Flugpreise für einzelne Strecken angeboten werden, so auch häufig bei den sog. Billigfluggesellschaften anzutreffen, nicht grds. dazu führen, dass bei einer Kombination derartiger Flüge durch den Fluggast bei der Buchung nicht ein, sondern mehrere Beförderungsverträge geschlossen werden. Vielmehr ist hier in Einzelfall genau zu prüfen, wie viele Beförderungsverträge bestehen, wobei m.e. jedoch davon ausgegangen werden kann, dass nur ein Beförderungsvertrag geschlossen wird, wenn verschiedene Flüge zusammen als Vertragsgegenstand vereinbart werden, insbesondere wenn auch nur ein Flugschein ausgestellt wird.

Bei der Frage, ob ein Beförderungsvertrag oder mehrere Beförderungsverträge geschlossen werden, kann schließlich aber auch nicht entscheidend sein, ob der Beförderungsanspruch des Fluggastes in nur einem Flugschein verbrieft ist. Ein Flugschein wird zwar i.d.R. ein wichtiges Indiz für die Vereinbarung eines Beförderungsvertrages sein. Wie gezeigt, gibt es jedoch gerade bei aufeinanderfolgenden Luftfrachtführern häufig nur einen Flugschein, obwohl durch den Fluggast in diesem Fall grds. mehrere Beförderungsverträge geschlossen werden. Genauso ist es auch denkbar, dass mehrere Flugscheine ausgestellt werden, obwohl die Beförderung insgesamt zusammenhängend gebucht wurde und somit kein Grund besteht, von dem Vorliegen mehrerer Beförderungsverträge auszugehen.

---

[111] Vgl. Art. 9.1.3 ABB Germanwings. Danach sieht sich die Fluggesellschaft als Spezialanbieter für Direktverbindungen, der grds. keine Anschlussflüge und den damit verbundenen Service anbietet. Zudem wird darauf hingewiesen, dass zwar die Kombination einzelner Flüge der Fluggesellschaft möglich sei, dies aber auf eigenes Risiko geschehe. Ein ähnlicher Hinweis findet sich in den AGB der Fluggesellschaft Ryanair (<www.ryanair.de>). In den ABB Ryanair selbst ist eine solche Bestimmung aber nicht enthalten. Zu der Frage, ob eine Fluggesellschaft tatsächlich ihre Haftung für Ankunftsverspätungen in ihren ABB ausschließen kann siehe unter Punkt 3. Teil, 2. Kapitel, § 2 C. II. 5. Seite 291. Einige Versicherungen jedenfalls bieten dem Fluggast bereits sog. Umsteigeversicherungen an. Nicht alle sog. Billigfluggesellschaften schließen jedoch sog. Umsteigeverbindungen aus, angeboten werden derartige Verbindungen z.B. von Air Berlin und neuerdings auch von Germanwings, allerdings nur im sog. Umsteigeverbindungs-Tarif, vgl. Art. 9.1.3 und 21 ABB Germanwings.

[112] Konsequenz ist hier auch, dass der Fluggast am Umsteigeflughafen auf dem Anschlussflug erneut einchecken muss.

C. Anspruch auf durchgehende Beförderung?

Der Umstand, ob bei Beförderungen über mehrere Teilstrecken die Beförderung auf einem oder mehreren Beförderungsverträgen beruht, ist dabei m.E. entscheidend für die Frage, ob der Fluggast insgesamt einen Anspruch auf durchgehende Beförderung zum Bestimmungsort bzw. zu einem bestimmten Zwischenlandeort, wie z.B. dem Zielort des Hinfluges, hat.[113] Das wiederum ist insbesondere von Bedeutung für eventuelle Rücktritts- und Schadensersatzansprüche.[114] Nach den Regeln des Vertragsrechts kann nämlich grds. nur derjenige vertragliche Luftfrachtführer eine durchgehende Beförderung schulden, dessen Beförderungsverpflichtung sich aus einem Beförderungsvertrag ergibt.[115] Nur in diesem Fall hat der Fluggast daher tatsächlich einen Anspruch auf durchgehende Beförderung. Bestehen dagegen mehrere Beförderungsverträge, kann er jeweils nur Erfüllung jedes einzelnen Beförderungsvertrages vom jeweiligen vertraglichen Luftfrachtführer verlangen, selbst wenn es sich um dieselbe natürliche oder juristische Person handeln würde. In diesem Fall wäre er auch selbst dafür verantwortlich, eventuelle Mitwirkungshandlungen rechtzeitig vorzunehmen.[116] Rechtlich gäbe es in diesem Fall auch nicht lediglich einen Beförderungsanspruch, sondern es lägen mehrere verschiedene Beförderungsansprüche gegen einen oder mehrere vertragliche Luftfrachtführer vor. Allerdings ist es grds. jederzeit, auch im Nachhinein, möglich, mehrere Beförderungsverträge durch vertragliche Vereinbarung zu einem Beförderungsvertrag und damit zu einem Anspruch auf durchgehende Beförderung zu verbinden. Dies kann m.E. auch noch beim Check-in passieren, z.B. dadurch, dass ein Passagier „durchabgefertigt" wird, das heißt sein aufgegebenes Gepäck gleich zum Zielort „durchgecheckt" wird.[117] Der Fluggast muss es in diesem Fall an dem planmäßigen Zwischenlandeort nicht erneut einchecken. U.U. erhält er auch bereits eine Bordkarte für seinen Anschlussflug.

---

[113] Unter einer durchgehenden Beförderung ist dabei eine Beförderung zu verstehen, bei der primär nicht die Beförderung zum und die rechtzeitige Ankunft am Zwischenlandeort, sondern die Beförderung zum Bestimmungsort oder zum Zielort des Hinfluges geschuldet wird. Zur Problematik im Rahmen der FluggastrechteVO siehe BGH, Urt. v. 30.4.2009, Az.: Xa ZR 78/08 = BeckRS 2009, 20181.

[114] Dazu unter Punkt 3. Teil, 2. Kapitel, § 2 A. III. 9. Seite 232 und Punkt 3. Teil, 2. Kapitel, § 2 A. IV. 3. g) Seite 269 und Punkt 3. Teil, 2. Kapitel, § 2 C. II. 8. Seite 306.

[115] Zur Erforderlichkeit der Einhaltung der Meldeschlusszeit eines Anschlussfluges bei Beförderungen über mehrere Teilstrecken aufgrund getrennter Beförderungsverträge siehe auch AG Frankfurt/Main RRa 2003, 87 f.

[116] Zum rechtzeitigen Erscheinen zum Check-in siehe unter Punkt 2. Teil, 4. Kapitel, § 2 A. Seite 99.

[117] Siehe beispielsweise den Fall des AG Frankfurt/Main RRa 2003, 87 f. Das AG Frankfurt/Main nimmt hier zwar wohl zu Unrecht getrennte Beförderungsverträge an. Die Frage, ob die Platzbuchung des Kläger und seiner Familie auf dem Anschlussflug gestrichen werden durfte, ist jedoch davon unabhängig und konnte m.E. somit im Ergebnis richtig beantwortet werden.

4. Kapitel Leistungsänderungen und Stornierungen

Leistungsänderungen und Stornierungen sind im Luftverkehr von besonderer Bedeutung. Aufgrund verschiedenster Umstände kann es vorkommen, dass die vereinbarte Leistung nicht mehr oder nicht so erbracht werden kann wie vereinbart oder dass der Fluggast kein Interesse mehr an der Leistung überhaupt oder wie vereinbart hat. So kann z.b. sowohl auf Seiten des Luftfrachtführers als auch auf Seiten des Fluggastes ein Interesse daran bestehen, die Flugzeiten, also die vereinbarten Leistungszeit, im Vorfeld der Beförderung zu ändern. Fraglich ist daher, inwiefern beide Seiten ggf. auch einseitig Leistungsänderungen oder Stornierungen der vereinbarten Leistung vornehmen können. Zweiseitige Leistungsänderungen und Stornierungen sind dagegen i.d.R. ohne Weiteres möglich.[1]

Leistungsänderungen und Stornierungen können dabei lediglich die mit der Platzbuchung vereinbarten Leistungsmerkmale betreffen, in diesem Fall geht es häufig um Leitungsänderungen im Zusammenhang mit der Umbuchung eines bestimmten Fluges, es können aber grds. auch die übrigen im sog. „Rumpf"-Beförderungsvertrag vereinbarten Leistungsmerkmale geändert werden, u.U. kann sogar der Beförderungsvertrag insgesamt storniert werden.[2]

---

[1] Nach den Tarifbestimmungen der Luftfahrtunternehmen hat der Fluggast bei bestimmten Tarifen sogar einen Anspruch auf Zustimmung zur Änderung bestimmter Leistungsmerkmale. IdR geht es um die Zustimmung zur Umbuchung auf einen anderen Flug und eine damit vor allen Dingen einhergehende Änderung der Flugzeiten. Aber auch ein Anspruch auf Zustimmung zur Änderung des Reiseweges kann bestehen. Teilweise ist der Anspruch auf Zustimmung aber abhängig von der Zahlung einer Umbuchungsgebühr oder ganz ausgeschlossen. Vgl. z.B. die Bestimmungen der Lufthansa zu Einschränkungen bei Sondertariftickets, zu finden unter <www.lufthansa.de>. Bei den sog. Billigfluggesellschaften finden sich derartige Bestimmungen i.d.R. in den ABB selbst, vgl. z.B. Art. 5.2 und 19.2 ABB Germanwings und Art. 4 AGB Air Berlin.

[2] Die Kündigung des Beförderungsvertrages nach § 649 BGB durch den Fluggast wird jedoch häufig, sofern nicht ein Ticket zum Normalflugpreis erworben wurde, erschwert durch die Tarifbestimmungen der Luftfrachtführer bzw. durch ABB-Vorschriften der sog. Billigfluggesellschaften. So kann die Stornierung z.B. abhängig sein von der Zahlung einer Stornierungsgebühr oder auch ganz ausgeschlossen sein. Vgl. z.B. die Bestimmungen der Lufthansa zu Einschränkungen bei Sondertariftickets, zu finden unter <www.lufthansa.de>, Art. 19.3 ABB Germanwings und Art. 5 AGB Air Berlin. Zur Abdingbarkeit von § 649 BGB vgl. *Ultsch*, ZGS 2005, 261, 265 f. Zur Kündigung des Beförderungsvertrages siehe auch *Ruhwedel*, Rn. 77, 154, *Führich* Rn. 997 ff.; *Tonner*, II. Rn. 15 f. Personenbezogene Steuern und Gebühren sind jedoch in jedem Fall zu erstatten, da sie auch dem Luftfrachtführer nur anfallen, wenn der Fluggast tatsächlich befördert wird, vgl. da-

Die Untersuchung der Zulässigkeit und der Rechtsfolgen einer möglichen Unzulässigkeit aller bei der Luftbeförderung denkbaren Leistungsänderungen und Stornierungsmöglichkeiten kann jedoch im Rahmen dieser Arbeit nicht geleistet werden. Es sollen daher hier nur die im Kontext dieser Arbeit wichtige Möglichkeit des vertraglichen Luftfrachtführers zur einseitigen Änderung der vereinbarten Flugzeiten und die Möglichkeit zur einseitigen Stornierung der mit der Platzbuchung getroffenen Vereinbarungen bei nicht rechtzeitigem Erscheinen des Fluggastes zur Abfertigung (sog. Check-in) bzw. zum Einsteigen (Boarding) am Gate genauer untersucht werden.

§ 1 Einseitige Änderung der Flugzeiten

Die Abwicklung eines geordneten Flugbetriebs kann es u.U. erforderlich machen, die Flugzeiten bestimmter Flüge zu ändern. Es wäre daher von Vorteil, wenn sich eine derartige Änderungen auch auf die getroffenen vertraglichen Vereinbarungen auswirken würden. Fraglich ist somit, unter welchen Umständen dem vertraglichen Luftfrachtführer auch eine einseitige Änderung der vertraglich vereinbarten Flugzeiten möglich ist.

A. Voraussetzungen einseitiger Leistungsänderungen

Einseitige Leistungsänderungen sind gegeben, wenn von den im Beförderungsvertrag verbindlich vereinbarten Leistungsmerkmalen im Vorfeld der Beförderung durch den vertraglichen Luftfrachtführer einseitig abgewichen werden soll.[3] Sie erfordern grds. einen wirksamen Änderungsvorbehalt (Pacta sunt servanda), der entweder individualvertraglich, was aber im modernen Luftverkehr äußerst selten vorkommen dürfte, oder in allgemeinen Geschäftsbedingungen vereinbart werden kann.[4]

Änderungsvorbehalte in AGB unterliegen dabei der Klauselkontrolle nach den AGB-Vorschriften des BGB. So ist insbesondere § 308 Nr. 4 BGB

---

zu *Wagner*, RRa 2004, 102, 104 und *Sabathil*, S. 151. Gleiches gilt für eventuelle Kerosinzuschläge. Die sog. Ticket-Service-Charge wiederum wird als Dienstleistungsentgelt nicht erstattet. So z.B. auch der Hinweis auf der Buchungswebsite der Lufthansa bei einer Internet-Buchung. Abschließend ist darauf hinzuweisen, dass die Regeln über Fernabsatzgeschäfte gemäß § 312 b III Nr. 6 BGB nicht für Beförderungsverträge gelten, siehe auch LG Berlin, RRa 2005, 220, 221; ausführlich *Schmidt-Bendun*, S. 56 ff.

[3] Streng genommen müssen dabei auch die Toleranzmargen des § 242 BGB überschritten werden. Vgl. *Kieninger* in MünchKomm BGB, § 308 Nr. 4 Rn. 4.

[4] Zur Zulässigkeit von Leistungsänderungen im Rahmen einer Pauschalflugreise siehe *Staudinger* in RRa 2004, 252 ff.

zu beachten,⁵ der gemäß §§ 307 II Nr. 1, 310 I BGB grds. auch im Verkehr zwischen Unternehmern anzuwenden ist⁶. Die Vorschrift gilt für Verträge jeder Art⁷, bezieht sich auch auf die Änderung von Leistungsmodalitäten wie Ort und Zeit der Leistung⁸ und ist ferner auch auf verdeckte Änderungsklauseln anwendbar⁹. Danach ist die Vereinbarung eines Änderungsvorbehaltes grds. unwirksam, es sei denn dessen Vereinbarung ist unter Berücksichtigung der Interessen des Verwenders für den anderen Vertragsteil zumutbar. Das wiederum kann jedoch nur dann der Fall sein, wenn die mit dem Änderungsvorbehalt möglicherweise verbundenen Leistungsänderungen selbst für den anderen Vertragsteil zumutbar sind. Mit einem in AGB vereinbarten Änderungsvorbehalt dürfen daher schon aufgrund seiner Formulierung nur zumutbare Änderungen möglich sein.¹⁰

Teilweise wird insofern vertreten, dass die Verwendung des Zumutbarkeitskriteriums, also das bloße Abstellen auf die Zumutbarkeit, in der Änderungsklausel unbedenklich ist.¹¹ Damit würde der Streit um die Zumutbarkeit einer Änderung aber grds. auf eine andere Ebene verlagert, eine Klausel könnte wegen fehlender Zumutbarkeit nicht mehr unwirksam sein. Der Vertragspartner des Verwenders könnte eine Klausel im Vorhinein auch nicht auf ihre Wirksamkeit prüfen und für ihn wäre zudem nicht ersichtlich, welche Änderungen ggf. auf ihn zukommen. Dies ist für den Vertragspartner des Verwenders jedoch von großer Bedeutung, will er den Umfang und Voraussetzungen der Leistungspflicht des Verwenders bei der Entscheidung über den Vertragsabschluss richtig einschätzen. Durch einen Änderungsvorbehalt kann die Äquivalenz von Leistung und Gegenleistung nämlich u.U. erheblich gestört werden.¹²

ME muss für die Wirksamkeit einer Änderungsklausel daher, soweit dies möglich ist, grds. bereits in der Klausel bzgl. der einzelnen Leistungsmerkmale aufgeschlüsselt sein, welche Änderungen in welcher Größenordnung unter welchen Voraussetzungen im Einzelnen vorgenommen werden dürfen.¹³ Nur

---

⁵ So auch *Führich* gerade im Hinblick auf Klauseln, die die einseitige Änderung der Flugzeiten ermöglichen sollen, *Führich*, Rn. 1050.
⁶ *Kieninger* in MünchKomm BGB, § 308 Nr. 4 Rn. 13.
⁷ Vgl. nur *Palandt/Grüneberg*, § 308 Rn. 22.
⁸ Vgl. OLG Frankfurt/Main NJW-RR 2001, 914, 915; LG Frankfurt/Main VuR 1998, 205, 207; LG München I VuR 1998, 202, 203 = NJW-RR 1999, 60, 61; *Palandt/ Grüneberg*, § 308 Rn. 22; *Kieninger* in MünchKomm BGB, § 308 Nr. 4 Rn. 5.
⁹ *Palandt/Grüneberg*, § 308 Rn. 22.
¹⁰ *Palandt/Grüneberg*, § 308 Rn. 23.
¹¹ A.A. *Palandt/Grüneberg*, § 308 Rn. 23; OLG Hamburg, NJW-RR 1986, 1440, es darf nicht lediglich der Gesetzeswortlaut übernommen werden; siehe auch BGH NJW 1983, 1322, 1324 f. m.N. zur Gegenansicht.
¹² *Kieninger* in MünchKomm BGB, § 308 Nr. 4 Rn. 1.
¹³ Ähnlich auch *Palandt/Grüneberg*, § 308 Rn. 23 und *Basedow* in MünchKomm BGB, 4 A. Band 2a, § 308 Nr. 4 Rn. 7 f., beide mit zahlreichen Beispielen für nicht hinreichend

so kann anhand der Formulierung der Klausel über ihre Wirksamkeit oder Unwirksamkeit entschieden werden. Das bedeutet für die Luftbeförderung, dass z.B. verschiedene Gründe und eine Zeit in Minuten angegeben sein müssen, aus denen und innerhalb derer eine Vorverlegung oder eine Verschiebung des Abfluges möglich sein soll.

Ob eine Klausel dann im Einzelnen wirksam ist, ist wie bereits angedeutet anhand der Zumutbarkeit der nach der Klausel möglichen Änderung im schlimmstmöglichen Fall zu beurteilen. Dabei sind die Interessen des Verwenders gemäß § 308 Nr. 4 BGB in angemessener Weise zu berücksichtigen. Erforderlich ist also eine Abwägung der Interessen der Parteien, wobei eine Änderung dann zumutbar ist, wenn das Interesse des Verwenders an der Änderung das Interesse des Vertragspartners daran, die Leistung wie ursprünglich vereinbart zu erhalten, überwiegt.[14] Auf diese Abwägung der Interessen der Parteien deutet auch Anhang 1 k der sog. Klauselrichtlinie[15] hin, wenn dort für eine Leistungsänderung ein „triftiger Grund" verlangt wird.[16] Jedenfalls sind aber Änderungen, die auf eine erhebliche Störung des Gleichgewichts von Leistung und Gegenleistung hinauslaufen würden, unzumutbar.[17] Die Beweislast für die Zumutbarkeit der möglichen Änderungen liegt dabei nach § 308 Nr. 4 BGB beim Verwender.[18] Nach allgemeinen Regeln trifft den Verwender ferner die Beweislast dafür, dass bei einer vorgenommenen Änderung die Voraussetzungen eines wirksamen Änderungsvorbehaltes erfüllt waren.

Zulässige einseitige Leistungsänderungen bedürfen schließlich einer einseitigen empfangsbedürftigen Willenserklärung,[19] die auch von dem ausführenden Luftfrachtführer abgegeben werden kann, sofern eine wirksame Stellvertretung des vertraglichen Luftfrachtführers gegeben ist.[20] Dabei ist zu bedenken, dass Leistungsänderungen bei der Luftbeförderung mit verschiedenen Konsequenzen für den Fluggast verbunden sind. Aus einer Nebenpflicht zum Beförderungsvertrag sind einseitige Leistungsänderungen daher so rechtzeitig zu erklären, dass der Fluggast sich auf die Leistungsän-

---

konkret gefasste Änderungsvorbehaltsklauseln. Nicht so deutlich *Kieninger* in MünchKomm BGB, § 308 Nr. 4 Rn. 7 f.

[14] *Kieninger* in MünchKomm BGB, § 308 Nr. 4 Rn. 7.
[15] RL (EWG) 1993/13; ABl. L 95 v. 21.4.1993, S. 29 ff.
[16] *Kieninger* in MünchKomm BGB, § 308 Nr. 4 Rn. 3 m.w.N.
[17] OLG Köln, NJW-RR 1990, 1232, 1233; siehe auch BGH NJW 1983, 1322, 1325.
[18] *Palandt/Grüneberg*, § 308 Rn. 23; *Kieninger* in MünchKomm BGB, § 308 Nr. 4 Rn. 12.
[19] Im weitesten Sinn für die Flugzeitenänderung so auch *Ruhwedel*, Rn. 546.
[20] Als Erklärungsbote können ferner z.B. auch Reisebüros dienen. Vgl. dazu LG Frankfurt/Main TranspR 1989, 366, 367. Ein „Verschulden" bei der Überbringung würde dann auf den Luftfrachtführer zurückfallen.

derung in ausreichendem Maße einstellen kann.[21] So muss z.B. eine Vorverlegung wie auch eine Verschiebung der Flugzeiten im Hinblick auf eine damit verbundene Änderung der für den Fluggast maßgebenden Meldeschlusszeit[22] aus einer Nebenpflicht zum Beförderungsvertrag so rechtzeitig und in ausreichender Form (Zugang[23]) bekannt gegeben werden, dass der Fluggast sich noch auf die Änderung einstellen kann.[24]

B. Änderung der Flugzeiten

Damit ist jedoch noch nicht gesagt, inwiefern bei der Luftbeförderung eine einseitige Änderung der Flugzeiten durch den vertraglichen Luftfrachtführer konkret möglich ist. Dazu soll in einem ersten Schritt die Zumutbarkeit einer einseitigen Flugzeitenänderung näher geprüft werden.[25] In einem zweiten Schritt ist dann zu untersuchen, ob die in den ABB ausgewählter Luftfahrtunternehmen in dieser Hinsicht enthaltenen Änderungsvorbehaltsklauseln generell und im Hinblick auf die Zumutbarkeit der nach der Klausel möglichen Leistungsänderung einer Wirksamkeitsprüfung standhalten. Sie sind jedenfalls nicht bereits nach Art. 26 MÜ unwirksam, da sie keinen Haftungsausschluss regeln.

I. Zumutbarkeit

Eine Änderung der Flugzeiten wird den Fluggast i.d.R. in Form einer Vorverlegung oder Verschiebung des Abflugs mit einer entsprechend früheren oder späteren Ankunft am Zielort betreffen. Denkbar sind aber auch Verkürzungen oder Verlängerungen der Flugdauer mit einem entsprechend früherem oder späterem Abflug oder einer entsprechend früheren oder späteren Ankunft oder eine Änderung sowohl von Abflug- als auch Ankunftszeit. Aber auch durch die Umbuchung auf einen anderen Flug kommt eine Änderung der Flugzeiten in Betracht. Hinsichtlich der Zumutbarkeit von Flugzeitänderungen ist entsprechend zu differenzieren.

Eine Verkürzung der Flugdauer wird für den Fluggast i.d.R. nicht weiter problematisch sein und ist damit ohne weiteres zumutbar. Problematisch sind dagegen Verlängerungen der Flugdauer und Vorverlegungen und Ver-

---

[21] Vgl. zur unverzüglichen Erklärungspflicht des Reiseveranstalters bei zulässiger Änderung einer wesentlichen Reiseleistung, § 651a V BGB.
[22] Dazu genauer unter Punkt 2. Teil, 4. Kapitel, § 2 A. I. 1. Seite 99.
[23] Ein Hinweis lediglich auf der Bordkarte oder der Anzeigetafel ist jedenfalls nicht ausreichend, vgl. LG Frankfurt/Main TranspR 1989, 366, 367 f.
[24] *Ruhwedel*, Rn. 546; vgl. zur unverzüglichen Erklärungspflicht des Reiseveranstalters bei zulässiger Änderung einer wesentlichen Reiseleistung auch § 651a V BGB.
[25] Daraus ergibt sich dann auch, in welchem Umfang und in welchen Grenzen die Fluggesellschaften Leistungsänderungsvorbehaltsklauseln im Hinblick auf eine Änderung der Flugzeiten in ihre ABB aufnehmen können.

schiebungen der Abflugzeit, sei es auch durch Umbuchung auf einen anderen Flug. Diese dürften, auch wenn die Organisation eines Flugbetriebs teilweise Anpassungen erfordert, nur in gewissen *sehr engen* Grenzen – abhängig wohl von der Dauer des vorgesehenen Fluges – für den Fluggast zumutbar sein,[26] insbesondere wenn man bedenkt, dass durch eine Verschiebung des Abflugs- und Ankunftstermins durch den vertraglichen Luftfrachtführer die Haftungsregelungen für Verspätungen umgangen werden können und der Fluggast i.d.R. das Flugzeug wählt, um gerade im Linienverkehr schnell und pünktlich befördert zu werden und auch seine Termine nach den Flugzeiten ausrichtet[27]. Meiner Ansicht nach sind daher einseitige Verschiebungen um bis zu 30 Minuten auf Langstreckenflügen gerade noch zulässig, auf Europa- und Inlandsflügen müsste die Höchstgrenze sogar entsprechend noch geringer ausfallen.[28] Auch eine möglichst frühe Bekanntgabe der Änderung oder besondere vom Luftfrachtführer nicht zu vertretende Gründe, wie schlechtes Wetter,[29] können daran grds. nichts ändern, da der Fluggast trotz dessen auch weiterhin ein Interesse an der pünktlichen Beförderung hat. Allerdings finden solche Umstände selbstverständlich bei der Verspätungshaftung des Luftfrachtführers Berücksichtigung. Schlechtes Wetter führt u.U. zu einer Nichthaftung des Luftfrachtführers mangels Verschuldens und eine frühe Bekanntgabe einer Flugverschiebung kann dazu führen, dass dem Fluggast ein Mitverschulden zur Last zu legen ist, weil er sich nicht rechtzeitig auf die zu erwartende Verspätung eines Fluges gegenüber den mit ihm vereinbarten Flugzeiten eingestellt hat und sich z.B. nicht um eine Verlegung von Terminen gekümmert hat.

Für Vorverlegungen der Abflugzeit kann diese Argumentation zwar nicht herangezogen werden, aber auch Vorverlegungen des Abflugs betreffen die Terminplanung des Fluggastes u.U. in erheblichem Maße,[30] insbesondere dann wenn mit der Vorverlegung der Abflugzeit auch eine Vorverlegung der sog. Meldeschlusszeit verbunden sein soll, und zwar auch hier unabhängig davon, ob die Änderung dem Fluggast sehr frühzeitig bekannt gegeben wur-

---

[26] Anderes muss jedoch z.B. für Vorverlegungen von Flügen zur Evakuierung der Fluggäste aus witterungsbedingten oder politischen Gründen gelten, siehe LG Frankfurt/Main NJW-RR 1989, 48, 49.
[27] Zum Terminhintergrund der Beförderung siehe BGH NJW 1983, 1322, 1324 (Lufthansa).
[28] Nach *Führich*, 4. Aufl., Rn. 764 c, S. 683 sind 30 Minuten bei einem Inlandsflug zumutbar. In der 5. Aufl., Rn. 1050, S. 717 orientiert sich *Führich* jetzt allerdings an den Zeiten, die die FluggastrechteVO für Abflugverspätungen vorgibt, also ca. 2 bis 4 Stunden. Diese Zeiten sind jedoch nach dem oben Gesagten eindeutig zu lang.
[29] Nach Landgericht Frankfurt/Main, TranspR 1989, 18, 19 sind Änderungen aus Sicherheitsgründen (z.B. schlechtes Wetter, Technik, Streik, Nachtstart und -landeverbot), i.d.R. jedoch nur Verschiebungen, dagegen in zeitlich zumutbarem Rahmen ausnahmsweise zulässig.
[30] Siehe dazu mit Beispielen LG Frankfurt/Main NJW-RR 1989, 48, 49; LG Düsseldorf NJW-RR 1994, 740, 741; AG Düsseldorf RRa 2005, 135, 136.

de oder auf Umständen beruht, die der Luftfrachtführer nicht zu vertreten hat. Auch insofern hat der Luftfrachtführer die Beförderung zu einer bestimmten Zeit versprochen und muss sich nun an dieser Zeit messen lassen. Auch eine Vorverlegung der Abflugzeit kann daher nur in *sehr engen* Grenzen zumutbar sein, so dass m.E. auch hier über die obige Grenze von bis zu 30 Minuten auf Langstreckenflügen nicht hinausgegangen werden kann. Etwas anderes kann nur dann gelten, wenn mit der Vorverlegung keine Änderung der Meldeschlusszeit verbunden sein soll. Bleibt es bei der „alten" Meldeschlusszeit, sind grds. auch kurzfristige, sich in diesem Zeitrahmen bewegende, Vorverlegungen des Abflugs zumutbar. Allerdings ist der Fluggast durch den Luftfrachtführer in diesem Fall deutlich auf die geänderte Abflugzeit hinzuweisen.[31]

Bei der Formulierung eines entsprechenden Änderungsvorbehaltes in ABB muss daher nach dem oben Gesagten deutlich werden, dass eine Vorverlegung oder Verschiebung der Flugzeiten, abgesehen von bestimmten, eng umgrenzten Ausnahmefällen, bei Langstreckenflügen nur bis zu jeweils 30 Minuten bezogen auf die ursprüngliche Abflug- oder Ankunftszeit möglich ist. Für kürzere Flüge ist eine entsprechend kürzere Zeit anzugeben. Lediglich darüberhinausgehende Änderungen wären dann unwirksam. Ferner ist m.E. die Änderung der Flugzeiten grds. auch nur aus Gründen möglich, die die Organisation eines Flugbetriebs mit sich bringt, wirtschaftliche Gründe müssen ausscheiden. Diese Gründe müssen nach dem oben Gesagten in die Formulierung des Änderungsvorbehaltes einfließen.

II. Wirksamkeit bestehender Klauseln in ABB

In den ABB fast aller Fluggesellschaften finden sich Klauseln, die dem vertraglichen Luftfrachtführer die Änderung der Flugzeiten ermöglichen sollen.[32] Nach Art. 6 AGB Air Berlin sind z.B. Änderungen der Flugzeiten aus „flugbetrieblichen Gründen" in angemessenem Umfang möglich, wobei sich die Fluggesellschaft bemühen wird, Änderungen auf das notwendige Maß zu beschränken und die Reiseteilnehmer möglichst frühzeitig zu informieren. Ähnlich sind die ABB Flugpassage der Lufthansa in Art. 9.1.2. und die ABB Germanwings in Art. 9.1.2 formuliert. Dort heißt es, dass es vorkommen könne, dass die planmäßige Abflugzeit nach der Ausstellung des Flugscheins geändert werden müsse, dass man sich in diesem Fall bemühen werde, den Fluggast zu informieren und dass dieser eine annehmbare Umbuchung oder die Erstattung des Flugpreises verlangen könne, sofern es zu einer nennenswerten (bzw. gravierenden), nicht annehmbaren Änderung der Abflugzeit komme.

---

[31] LG Frankfurt/Main TranspR 1989, 366, 367.
[32] Vgl. nur Art. 9.1.2. ABB Flugpassage der Lufthansa; Art. 9.1.2 ABB Germanwings und Art. 6 AGB Air Berlin.

Legt man die soeben aufgestellten Kriterien an, muss jedoch festgestellt werden, dass die momentan verwendeten Klauseln, soweit ersichtlich, allesamt gemäß § 308 Nr. 4 BGB unwirksam sind,[33] da sie dem vertraglichen Luftfrachtführer die Änderung der Flugzeiten entweder unbegrenzt, und nicht etwa in sehr engen angegebenen Grenzen, oder unter Verwendung des Zumutbarkeitskriteriums ermöglichen. Beides ist jedoch wie gezeigt abzulehnen. Auch der Verweis auf eine Erstattung der Flugscheinkosten, die bei einer nennenswerten und damit nicht mehr zumutbaren Änderung der Flugzeiten ohnehin nach allgemeinen Regeln nach einem möglichen Rücktritt des Fluggastes gesetzlich geschuldet wäre, sofern die Änderung vom Fluggast nicht akzeptiert wird, kann m.E. nicht zur Zulässigkeit einer derartigen Klausel führen. Dieser Zusatz „verschlimmert" die Klausel vielmehr gerade noch, indem darüberhinausgehende Ansprüche des Fluggastes damit im Umkehrschluss sogar ausgeschlossen werden.

So haben auch der BGH bereits im Jahr 1983 und jüngst auch das OLG Köln entschieden, dass jedenfalls eine Klausel, die Änderungen der Flugzeiten pauschal ermöglicht, wenn sie z.B. Änderungen der Flugzeiten „nach pflichtgemäßem Ermessen unter Berücksichtigung der Interessen des Fluggastes" zulasse, gegen § 10 Nr. 4 AGBG bzw. jetzt gegen § 308 Nr. 4 BGB verstoße.[34] Die für einen wirksamen Änderungsvorbehalt entscheidende Frage, so der BGH,[35] ob eine Änderung für den Fluggast zumutbar sei, könne anhand der Formulierung nämlich nicht entschieden werden. Das OLG Köln führt sinngemäß aus, ein Änderungsvorbehalt dürfe aufgrund seiner Formulierung nur solche Änderungen zulassen, die für den Fluggast zumutbar seien.[36] Eine einseitige Einräumung eines Leistungsänderungsrechts sei nicht möglich. Auch ein allgemeiner Vorbehalt der „Erforderlichkeit" nehme auf die Interessen der Flugpassagiere keine Rücksicht. Jedenfalls nach dem Grundsatz der kundenfeindlichsten Auslegung könne der Luftfrachtführer nach Gutdünken Leistungsänderungen vornehmen.

Änderungen der mit der Platzbuchung vertraglich vereinbarten Flugzeiten sind daher nach den momentan verwendeten ABB der Fluggesellschaften nur mit Zustimmung des Fluggastes möglich. Liegt diese nicht vor, bleibt es

---

[33] Vgl. auch LG Frankfurt/Main NJW-RR 1989, 48 f.; LG Berlin RRa 1995, 111; LG Düsseldorf NJW-RR 1994, 740, 741. Zu den Fluggastrechten bei einer unwirksamen Änderung der vereinbarten Flugzeiten durch den vertraglichen Luftfrachtführer siehe genauer unter Punkt 4. Teil, 1. Kapitel, § 1 Seite 342.

[34] BGH NJW 1983, 1322, 1325 (Lufthansa), ebenso OLG Köln RRa 2003, 275, 278 (Ryanair) unter Bestätigung von LG Köln RRa 2003, 83; siehe dazu auch *Führich*, Rn. 1050; *Giemulla* in *Giemulla/Schmid*, MÜ, Art. 26 Rn. 14; *Schmid* in *Giemulla/ Schmid*, MÜ Art. 19 Rn. 113. Nach LG Frankfurt/Main, TranspR 1989, 18, 19 ist eine nachträgliche Änderung der Rückflugzeit durch den Reiseveranstalter als Luftfrachtführer grundsätzlich unzulässig.

[35] BGH NJW 1983, 1322, 1325 (Lufthansa).

[36] OLG Köln RRa 2003, 275, 278 (Ryanair).

bei den ursprünglich vereinbarten Flugzeiten mit entsprechenden Rechten des Fluggastes.[37] Unproblematisch ist dagegen die Änderung der Flugzeiten bestimmter Flüge vor der Platzbuchung. Zu diesem Zeitpunkt kann der Luftfrachtführer die Flugzeiten seiner Flüge grds. nach Belieben ändern,[38] und zwar auch dann wenn der Fluggast bereits über ein sog. offenes Ticket verfügt und sich auf die im Flugplan angegebenen Zeiten verlässt. Der Fluggast hat insofern keinen Anspruch auf Beförderung mit einem bestimmten Flug oder zu einer bestimmten Zeit.

§ 2 Stornierung der Platzbuchung bei verspätetem Erscheinen

Ein geordneter Flugbetrieb erfordert ferner das rechtzeitige Erscheinen des Fluggastes zur Abfertigung (Check-in) und zum Einsteigen am Gate (Boarding) für den gebuchten Flug.[39] Fraglich ist daher, inwiefern ein verspätetes Erscheinen des Fluggastes durch den vertraglichen Luftfrachtführer sanktioniert werden kann bzw. welche Rechtsfolgen ein verspätetes Erscheinen des Fluggastes nach sich zieht. Zunächst ist jedoch zu fragen, unter welchen Umständen überhaupt ein verspätetes Erscheinen des Fluggastes gegeben ist bzw. welche Mitwirkungspflicht den Fluggast trifft.

A. Verspätetes Erscheinen

I. Zum Check-in (Abfertigung)

1. Grundsatz

Zum einen besteht für den Fluggast nach den ABB der Fluggesellschaften regelmäßig die Pflicht, rechtzeitig zum Check-in zu erscheinen.[40] Darunter versteht man die Abfertigung des Fluggastes für den bevorstehenden Flug, insbesondere die Annahme des aufzugebenden Gepäcks und die Ausgabe der sog. Bordkarte (Boarding Pass), die dem Einsteigen dient und auf der insbesondere die Sitzplatznummer des Fluggastes vermerkt ist.[41] Das bedeutet, dass er auf eine der zur Verfügung stehenden Arten, also möglicherweise auch über das Internet von zu Hause aus,[42] rechtzeitig die Abfertigung für den ge-

---

[37] Siehe dazu genauer unter Punkt 4. Teil, 1. Kapitel, § 1 Seite 342.
[38] In diesem Sinne auch Art. 9.1.1. und 9.1.2. der ABB Flugpassage der Lufthansa.
[39] Siehe auch LG Frankfurt/Main NJW 1991, 2572; *Schmid*, RRa 1994, 74.
[40] Vgl. Art. 6.1. ABB Flugpassage der Lufthansa und Art. 6.1.1 ABB Germanwings; Art. 4 ABB Air Berlin.
[41] Vgl. *Sabathil*, S. 111.
[42] Ein Check-in über das Internet kann jedoch ggf. dazu führen, dass am Flughafen innerhalb der Meldeschlusszeit für das Einchecken noch die für den Flug notwendige

buchten Flug beenden muss, regelmäßig aber rechtzeitig[43] am Abfertigungsschalter des ausführenden Luftfahrtunternehmens im Flughafengebäude erscheinen muss. Dabei reicht es grds. nicht aus, sich einfach in die vorhandene Warteschlange am richtigen Abfertigungsschalter einzureihen. Wird die Zeit für die Abfertigung knapp, ist es erforderlich, einen Mitarbeiter der Fluggesellschaft rechtzeitig darauf hinzuweisen, dass man noch für einen bestimmten Flug abgefertigt werden muss, dies ist dann jedoch ausreichend.[44] Häufig werden die Mitarbeiter der Fluggesellschaft die Wartenden auch selbständig danach fragen. Den Luftfrachtführer trifft aber grds. keine Pflicht, nach dem Verbleiben des Fluggastes zu forschen.[45] Der Fluggast muss auch nicht ausgerufen werden,[46] bzw. er muss auch nicht durch Ausruf auf die Schließung des Abfertigungsschalters hingewiesen werden[47]. Eine andere Sichtweise würde die nachlässigen Passagiere bevorzugen, die Abwicklung verkomplizieren und mittelbar zu einer Benachteiligung der pünktlichen Fluggäste führen.[48] Selbstverständlich reicht es nicht aus, sich nur rechtzeitig am Flughafen einzufinden und im Cafe in Sichtweite des Schalters auf das Einchecken zu warten.[49] Beachtet werden sollte auch, dass an manchen Flughäfen das aufzugebende Gepäck vor dem Check-in durchleuchtet wird und sich auch hier Warteschlangen bilden können. Grundsätzlich liegt es schließlich im Risikobereich des Fluggastes, wenn er den Abfertigungsschalter der Fluggesellschaft nicht findet, z.B. weil auf den Anzeigetafeln nur der Airline Designator Code[50] der Fluggesellschaft und die Flugnummer angegeben sind; Voraussetzung ist allerdings, dass sich diese Angaben dem Flugticket entnehmen lassen.[51] Wird der Fluggast bei einem sog. Code-Share-Flug daher nicht ausdrücklich auf die Durchführung des gebuchten Fluges durch einen anderen als den vertragli-

---

Bordkarte an einem Check-in-Automaten rechtzeitig ausgedruckt bzw. am Schalter abgeholt werden muss.
[43] Es müssen die sog. Meldeschlusszeiten eingehalten werden. Dazu sogleich unter Punkt 2. Teil, 4. Kapitel, § 2 A. I. 2. Seite 101.
[44] Vgl. dazu AG München RRa 2001, 253; AG Bad Homburg RRa 2003, 270, 271. Nach *Tonner* in *Gebauer*, Kapitel 13 a Rn. 29 f. obliegt es dagegen allein dem Luftfrachtführer, seinen Abfertigungsbetrieb so einzurichten, dass vor Ablauf der Meldefrist eintreffende Fluggäste noch rechtzeitig abgefertigt werden können. Ein Einreihen in der Warteschlange sei daher ausreichend. So auch AG Erding RRa 2007, 41 f.; BGHS Wien RRa 2008, 99, 100 f. und *Schmid*, NJW 2007, 261, 265.
[45] OLG Frankfurt/Main NJW-RR 1989, 1529; *Schwenk*, 2. Aufl., S. 655.
[46] *Schwenk*, 2. Aufl., S. 655.
[47] AG Bad Homburg RRa 2003, 270, 271.
[48] Ähnlich *Schmid*, RRa 1996, 44, Anmerkung zu AG Düsseldorf RRa 1996, 43.
[49] AG Bad Homburg RRa 2003, 270, 271.
[50] Siehe hierzu genauer *Steppler*, S. 46, Fn. 87.
[51] AG Bad Homburg, RRa 2001, 229; zugegebenermaßen ist das Auffinden des Schalters aber nicht immer ganz einfach. So führt die Fluggesellschaft Germanwings z.B. das Kürzel „4U", vgl. Art. 1.2.3 ABB Germanwings.

chen Luftfrachtführer hingewiesen,[52] kann ihm grds. nicht zur Last gelegt werden, dass er sich ohne weiteres am Abfertigungsschalter des vertraglichen Luftfrachtführers zur Abfertigung einfindet; allerdings ist ein Mitverschulden gemäß § 254 BGB anzurechnen, wenn er den Anzeigetafeln am Flughafen den richtigen Abfertigungsschalter hätte entnehmen können.[53]

2. Einhaltung der Meldeschlusszeiten

a) Grundsatz

Um rechtzeitig zum Check-in zu erscheinen, muss der Fluggast die sog. Meldeschlusszeiten oder auch Annahmeschlusszeiten einhalten.[54] Diese sind immer auf einen konkreten Flug bezogen und können von Flughafen zu Flughafen und von Flug zu Flug unterschiedlich sein, da die Abfertigung der Passagiere teilweise, z.B. aufgrund erhöhter Sicherheitsmaßnahmen, mehr Zeit als üblich in Anspruch nehmen kann. Die Zeiten werden von den Fluggesellschaften regelmäßig insbesondere im Internet bekannt gegeben.[55] Sie werden dem Fluggast i.d.R. aber auch vor dem ersten Flug mitgeteilt,[56] andernfalls lassen sie sich den Flugplänen entnehmen oder können im Reisebüro erfragt werden.[57] Sofern keine anderen Angaben gemacht werden, endet die Meldezeit nach den ABB der meisten Luftfrachtführer 30 Minuten vor dem geplanten Abflug.[58] Häufig werden jedoch davon abweichende Meldeschlusszeiten bestimmt. So endet die Meldezeit für Economy-Class-Passagiere mit einem herkömmlichen Flugticket nach den Bestimmungen der KLM und der Lufthansa bereits 30 oder 40 Minuten vor dem geplanten Abflug auf inner-

---

[52] Im Ticket ist hier regelmäßig der Airline Designator Code des vertraglichen Luftfrachtführers angegeben, vgl. Art. 2.3. ABB Flugpassage der Lufthansa.

[53] LG Frankfurt/Main, RRa 2005, 133, bestätigt durch die Berufungsinstanz OLG Frankfurt/Main, RRa 2006, 34 m. Anm. *Bollert*, RRa 2006, 35 f. Eine Haftung des vertraglichen Luftfrachtführers nach § 280 I BGB hätte in diesem Fall m.E. allerdings lediglich aufgrund einer Verletzung einer Informationspflicht i.S.v. § 241 II BGB bejaht werden dürfen. Eine Beförderungspflicht bestand nach dem verspäteten Erscheinen nicht mehr. Ähnlich liegt der Fall m.E., wenn der Fluggast auf einen anderen Flug abgefertigt wurde als im Flugschein angegeben und deswegen das rechtzeitige Boarding des „neuen" Fluges verpasst. Auch hier muss der Luftfrachtführer besonders über die Abfertigung auf einem anderen Flug aufklären und haftet ggf. wegen einer Informationspflichtverletzung, vgl. dazu LG Frankfurt/Main TranspR 1989, 366, 367.

[54] Vgl. Art. 6.1. ABB Flugpassage der Lufthansa.

[55] Vgl. die Websites der KLM und Lufthansa <www.klm.de> und <www.lufthansa.de>.

[56] Bei Air Berlin werden die Zeiten z.B. in Fettschrift auf der Buchungsbestätigung abgedruckt.

[57] Vgl. Art. 6.1. ABB Flugpassage der Lufthansa.

[58] Vgl. Art. 6.1. ABB Flugpassage der Lufthansa; Art. 6.1.1 ABB Germanwings; Art. 4 ABB Air Berlin.

europäischen Flügen, auf anderen Flügen häufig bereits 60 Minuten vor dem geplanten Abflug oder noch früher.[59]

Darüber hinaus endet nach Art. 3 II lit. a) der FluggastrechteVO der EG die für die Rechte aus der Verordnung maßgebliche Meldezeit zur Abfertigung, sofern keine anderen Angaben von den Luftfahrtunternehmen gemacht werden, bereits 45 Minuten vor der im Flugplan veröffentlichten Abflugzeit. Dabei handelt es sich um einen im Vermittlungsverfahren gefundenen Kompromiss zwischen dem Europäischen Parlament (60 Minuten) und dem Rat (30 Minuten).[60]

b) Rechtliche Verbindlichkeit

Abgesehen von den Meldeschlusszeiten der FluggastrechteVO, die kraft Gesetzes bindend sind, ist jedoch fraglich, ob die Meldeschlusszeiten der Luftfrachtführer Vertragsbestandteil des Luftbeförderungsvertrages werden, denn nur dann können sie rechtliche Wirkung entfalten. Unproblematisch wäre dabei die Verbindlichkeit, wenn die Meldeschlusszeiten in den ABB der Luftfrachtführer enthalten wären, dies ist regelmäßig jedoch nur für die Meldeschlusszeit der Fall, die mindestens eingehalten werden muss, soweit keine andere Zeit angegeben ist. Diese Zeit ist damit für den Fluggast auch dann maßgebend, wenn eine anderweitige Bestimmung nicht wirksam sein sollte.

Über die Mindestmeldeschlusszeit hinaus ist häufig in den ABB jedoch lediglich bestimmt, dass der Fluggast sich über eine abweichende Meldeschlusszeit im Voraus zu informieren hat und das die Meldeschlusszeiten von Flug zu Flug unterschiedlich sein können.[61] Darin könnte jedoch die Vereinbarung eines einseitigen Leistungsbestimmungsrechts i.S.v. § 315 BGB zu sehen sein, mit der Folge, dass auch eine einseitig bestimmte abweichende Meldeschlusszeit auf diese Weise zum Vertragsbestandteil werden kann. Voraussetzung ist eine ausdrückliche oder stillschweigende Vereinbarung dergestalt, dass einer Partei ein Leistungsbestimmungsrecht zustehen soll, wobei dieses grds. auch in AGB begründet werden kann.[62] Das Leistungsbestimmungsrecht muss sich dabei nicht unbedingt auf die Leistung als solche beziehen, sondern ist auch im Hinblick auf die Bestimmung von Leistungsmodalitäten möglich, der Anwendungsbereich reicht grds. weit über den Wortlaut der Vorschrift hinaus.[63]

Meiner Ansicht nach sind diese Voraussetzungen vorliegend in Bezug auf eine einseitige Bestimmung der Meldeschlusszeit durch den vertraglichen

---

[59] Vgl. die Websites der KLM <www.klm.de> und der Lufthansa <www.lufthansa.de>.
[60] Vgl. den Bericht des Parlamentsberichterstatters Giorgio Lisi, A5-0464/2003, S. 8/9. Siehe auch Faross in DAR 2007, 481.
[61] Vgl. Art. 6.1. ABB Flugpassage der Lufthansa.
[62] *Palandt/Grüneberg*, § 315 Rn. 4.
[63] *Palandt/Grüneberg*, § 315 Rn. 2.

Luftfrachtführer erfüllt. Mit der Einbeziehung der genannten ABB in den Vertrag vereinbaren die Parteien des Luftbeförderungsvertrages damit regelmäßig zumindest konkludent ein solches einseitiges Leistungsbestimmungsrecht. Man könnte aber wohl sogar annehmen, dass sich ein solches einseitiges Leistungsbestimmungsrecht hinsichtlich der Meldeschlusszeiten auch unmittelbar aus dem Luftbeförderungsvertrag in Verbindung mit Treu und Glauben, § 242 BGB, entnehmen lässt,[64] da eine angemessene Meldeschlusszeit im Luftverkehr zwingend erforderlich ist.

Eine einseitig durch den Luftfrachtführer bestimmte Meldeschlusszeit ist letztlich aber nur dann wirksam, wenn sie auch den Voraussetzungen des § 315 BGB entsprechend bestimmt worden ist. Die Bestimmung muss daher zum einen gemäß § 315 I BGB nach billigem Ermessen getroffen worden sein. Eine unbillige Bestimmung ist gemäß § 315 III 1 BGB grds. unverbindlich und damit unwirksam.[65] Was billigem Ermessen entspricht, ist unter Berücksichtigung der Interessen beider Parteien und des in vergleichbaren Fällen Üblichen festzustellen.[66] Die konkrete Meldeschlusszeit muss sich daher z.B. an der Zeit orientieren, die notwendig ist, um alle Passagiere ordnungsgemäß abfertigen zu können, ohne den geplanten Abflug verschieben zu müssen.[67] Eine übermäßig lange Meldeschlusszeit muss nicht beachtet werden.[68] Fraglich ist aber, was angemessen ist. Eine Obergrenze für die Meldeschlusszeit bei bestimmten Flügen findet sich dabei auch in der FluggastrechteVO nicht. Wirksam ist aber wohl regelmäßig eine Bestimmung, nach der sich der Fluggast 90 Minuten vor dem planmäßigen Abflug am Abfertigungsschalter einzufinden hat.[69] Für innereuropäische Flüge, bei denen eine Meldeschlusszeit von 30 Minuten allgemein üblich ist, würde dies eine „Pufferzone" von 60 Minuten bedeuten. Überträgt man dieses Ergebnis auf außereuropäische Flüge, addiert man hier zu der allgemein üblichen Meldeschlusszeit von 60 Minuten also eine „Pufferzone" von weiteren 60 Minuten, so würde sich für außereuropäische Flüge eine maximal mögliche Meldeschlusszeit von 120 Minuten ergeben.[70] Das ist m.E. sachgerecht. Beachtet

---

[64] Ähnlich AG Düsseldorf, RRa 1996, 43; *Fischer*, MDR 1999, 140, 142, auch die konkreten Meldeschlusszeiten sollen sich nach *Fischer* dabei wohl schon aus § 242 BGB ergeben, was aber aus Bestimmtheitsgründen abzulehnen ist.

[65] *Palandt/Grüneberg*, § 315 Rn. 16; zu den Rechtsfolgen im Luftverkehr siehe unter Punkt 2. Teil, 4. Kapitel, § 2 B. Seite 107 am Ende.

[66] BGH NJW 1964, 1617, 1620.

[67] Ähnlich LG Frankfurt/Main NJW 1991, 2572.

[68] A.A. offenbar *Schmid*, RRa 1994, 74, der die Frist ins Ermessen des Luftfrachtführers stellt.

[69] AG Düsseldorf VersR 1986, 453; AG Hamburg TranspR 1991, 350, 352; OLG Düsseldorf NJW-RR 1993, 823, 824 = TranspR 1993, 441, 442; AG Bad Homburg RRa 2003, 270, 271; AG Stuttgart RRa 1994, 191.

[70] So beträgt z.B. die längste von KLM derzeit bestimmte Meldeschlusszeit für einen Flug nach Paramaribo in Südamerika 120 Minuten, siehe unter <www.klm.de>.

werden muss aber auch, dass die Bestimmung selber hinreichend bestimmt sein muss[71]. Keinesfalls ausreichend wäre es daher, wenn der Luftfrachtführer lediglich bestimmen würde, dass der Fluggast sich „rechtzeitig frühzeitig genug" zur Abfertigung einzufinden habe.[72] Anzugeben ist vielmehr eine konkrete Meldeschlusszeit. Auch ist nach h.M. auf die Folgen einer Versäumung der Frist hinzuweisen.[73]

Zum anderen hat die Bestimmung gemäß § 315 II BGB durch Erklärung gegenüber dem anderen Teil zu erfolgen. Erforderlich ist somit eine einseitige empfangsbedürftige Willenserklärung.[74] Eine mündliche Erklärung wäre aber grds. ausreichend. Darüber hinausgehend fordert Art. 3 II lit. a) FluggastrechteVO für die Festsetzung einer anderen als in der Verordnung angegeben Meldeschlusszeit sogar, dass der Fluggast schriftlich, einschließlich auf elektronischem Wege, über die Meldeschlusszeit informiert werden muss, wobei Zugang wohl auch hier vorausgesetzt wird. Dabei sind an diese andere Bestimmung der Meldeschlusszeit nach der FluggastrechteVO m.E. jedenfalls dann strenge Kriterien anzulegen, wenn sie zu Lasten des Passagiers erfolgt, da die VO gemäß Art. 3 II lit. a) i.V.m. Art. 3 I nur dann anwendbar ist und dem Fluggast die Rechte aus der FluggastrechteVO somit nur dann zustehen, wenn er die angegebenen Meldeschlusszeiten einhält. Eine Information auf dem Flugticket oder der Reisebestätigung[75] würde insofern aber wohl genügen. Nicht ausreichend dürfte der Hinweis auf im Internet veröffentlichte Zeiten sein, dies auch vor dem Hintergrund, dass es dem Luftfrachtführer im Computerzeitalter kaum Schwierigkeiten bereiten dürfte,[76] den Fluggast zumindest auf elektronischem Wege schriftlich und hinreichend zu informieren. Zugunsten des Fluggastes dürfte aber abweichend von der VO eine z.B. lediglich im Internet veröffentlichte kürzere Meldeschlusszeit als in der VO angegeben gelten. Der Luftfrachtführer wäre insofern nicht schutzwürdig.

Fraglich ist daher, ob auch, sofern es nicht um den Ausschluss der Rechte aus der FluggastrechteVO geht, an die Bestimmung der Meldeschlusszeit derart strenge Anforderungen anzulegen sind. Zum Teil wird argumentiert, der Luftfrachtführer schulde dem Fluggast aufgrund einer vertraglichen Nebenpflicht grds. die schriftliche Information über die Meldeschlusszeit im

---

[71] Vgl. nur *Palandt/Grüneberg*, § 315 Rn. 11.

[72] So für eine derartige Bestimmung in AGB, LG Frankfurt/Main NJW 1991, 2572; *Führich*, Rn. 986; a.A. aber OLG Düsseldorf TranspR 1993, 441; *Schmid*, RRa 1994, 74; *Fischer*, MDR 1999, 140, 142.

[73] LG Frankfurt/Main NJW 1991, 2572; LG Mönchengladbach NJW-RR 1986, 56, 57; zust. *Schmid/Tonner*, S. 60; *Führich*, Rn. 986.

[74] *Palandt/Grüneberg*, § 315 Rn. 11; das LG Frankfurt/Main fordert einen ausdrücklichen Hinweis im Flugscheinheft, LG Frankfurt/Main NJW 1991, 2572.

[75] Bei Air Berlin werden die Zeiten z.B. in Fettschrift auf der Buchungsbestätigung abgedruckt, bei Swiss findet sich ein entsprechender Hinweis direkt auf dem elektronischen Ticket.

[76] Ähnlich LG Frankfurt/Main NJW 1991, 2572.

Flugschein.[77] Dem Fluggast sei auf dem Flugschein mitzuteilen, wann er sich spätestens am Abfertigungsschalter einzufinden habe.[78] Für ausreichend wird zum Teil auch die Information in den Buchungsunterlagen gehalten.[79] Eine Information des Fluggastes auf dem Flugticket oder in den Buchungsunterlagen ist m.E. jedoch nicht zwingend geboten, obwohl sie sich anbieten würde. Die Annahme einer dahingehenden vertraglichen Nebenpflicht geht zu weit. Vielmehr sollte man sich an den gesetzlichen Vorgaben des § 315 BGB orientieren. Eine mündliche Erklärung ist daher, sofern nicht die Rechte aus der FluggastrechteVO ausgeschlossen werden sollen, ausreichend. Auch dann ist der Fluggast aber über die konkrete Meldeschlusszeit zu informieren, ein Hinweis auf im Internet veröffentlichte Zeiten reicht auch hier zu Lasten des Passagiers m.E. grds. nicht aus. Bei Umbuchungen trifft den Luftfrachtführer schließlich eine besondere Aufklärungspflicht über neue Meldeschlusszeiten.[80] Ferner muss die Meldeschlusszeit nach Treu und Glauben, § 242 BGB, insgesamt grds. rechtzeitig bestimmt werden,[81] also eine angemessene Zeit im Voraus, so dass der Fluggast sich in seiner Reiseplanung darauf einrichten kann.

c) Ausnahmen der Einhaltung

Ist die Meldeschlusszeit wirksam bestimmt worden, darf der Luftfrachtführer trotzdem die Abfertigung eines Fluggastes nicht allein deshalb verweigern, weil dieser zu spät erschienen ist, insbesondere wenn die Abfertigung noch läuft.[82] Die Behandlung verspätet eintreffender Fluggäste hat sich an dem Grundsatz von Treu und Glauben, § 242 BGB, zu orientieren.[83] Sofern daher die Abfertigung des verspäteten Passagiers die Abfertigung eines Fluges nicht verzögert, ist kein Grund ersichtlich, den Fluggast nicht zu befördern.[84] Die Abfertigung von auf der Warteliste stehenden Interessenten darf zudem erst kurz vor Abflug erfolgen.[85] Die Pflicht zum rechtzeitigen Erscheinen hat lediglich den Zweck, den flugplanmäßigen Start nicht zu gefährden.[86] Dagegen argumentiert zwar das OLG Düsseldorf, dass die Melde-

---

[77] LG Frankfurt/Main NJW 1991, 2572.
[78] LG Frankfurt/Main NJW 1991, 2572.
[79] *Schmid*, RRa 1994, 74.
[80] LG Frankfurt/Main TranspR 1989, 366, 367; *Schwenk*, 2. Aufl., S. 656.
[81] *Fischer*, MDR 1999, 140, 142.
[82] LG Frankfurt/Main NJW 1991, 2572; *Schwenk*, 2. Aufl., S. 655.
[83] OLG Düsseldorf NJW-RR 1993, 823, 824.
[84] So auch *Schwenk*, 2. Aufl., S. 655.
[85] LG Frankfurt/Main NJW 1991, 2572; siehe auch AG Bad Homburg RRa 1999, 114. Ähnlich *Tonner* in *Gebauer*, Kapitel 13 a Rn. 29 f., der dem Luftfrachtführer die Pflicht auferlegt, sich vor Abfertigung von Passagieren auf der Warteliste zu vergewissern, ob noch andere „reguläre" Passagiere auf die Abfertigung warten.
[86] LG Frankfurt/Main NJW 1991, 2572; *Schwenk*, 2. Aufl., S. 655; *Fischer*, MDR 1999, 140, 142.

schlusszeit auch dem Zweck diene, eine volle Auslastung des Flugzeugs sicherzustellen, wozu die rechtzeitige Aufnahme von sog. Wartelistepassagieren notwendig sei; eine Pflicht auf der Warteliste stehende Passagiere erst kurz vor Schluss aufzunehmen bestehe nicht, die Plätze dürften nur nicht unangemessen frühzeitig vergeben werden.[87] Diese Ansicht ist jedoch abzulehnen, da es dem Luftfrachtführer grds. zumutbar ist, der Beförderung des ursprünglich gebuchten Passagiers Vorrang einzuräumen und während der Abfertigung längstmöglich zu warten, bevor Wartelistenpassagiere auf einem Flug zugelassen werden, solange jedoch der pünktliche Abflug insgesamt nicht gefährdet ist. Auf jeden Fall kann der Check-in Schalter aber 15 Minuten vor dem geplanten Abflug schließen, und zwar auch dann, wenn geringfügige Abflugverzögerungen zu erwarten sind.[88]

Auf eine bestimmte Meldeschlusszeit kann sich der Luftfrachtführer schließlich auch dann nicht berufen, wenn unklar ist, ob und wann der Flug starten kann,[89] oder wenn er fehlerhafte und undeutliche Abflugzeiten angibt[90]. Im Übrigen muss im Streitfall grds. der Luftfrachtführer nachweisen, warum keine Möglichkeit mehr bestand, einen verspätet eingetroffenen Passagier und sein Gepäck noch zu befördern.[91] Der Fluggast kann sich allerdings auch nicht darauf beschränken zu behaupten, dass das Einsteigen noch möglich gewesen wäre.[92]

II. Zum Boarding (Einsteigen)

Neben der Pflicht des rechtzeitigen Check-ins besteht für den Fluggast zum anderen auch die Pflicht, rechzeitig zum Boarding am Gate zu erscheinen.[93] Dies gilt selbstverständlich und insbesondere auch für die Fluggäste, die bereits im Besitz einer sog. Bordkarte sind und deren Check-in nicht am Flughafen selbst stattgefunden hat, sei es weil sie z.B. über das Internet eingecheckt haben oder weil sie als durchabgefertigte Transitpassagiere den Flughafen lediglich zum Umsteigen nutzen. Unter Boarding versteht man dabei den Einsteigevorgang am richtigen Ausgang des Flughafengebäudes. Der Fluggast muss sich dazu im Abflugbereich in der Nähe des Gates einfinden, um ein sofortiges Einsteigen nach Aufforderung durch den Luftfrachtführer gewährleisten zu können. Die Boarding-Zeit (Einsteigezeit) wird dem Fluggast regelmäßig beim Check-in mitgeteilt und auf der Bordkarte vermerkt,

---

[87] OLG Düsseldorf NJW-RR 1993, 823, 824.
[88] OLG Frankfurt/Main NJW-RR 1989, 1529 = TranspR 1990, 21.
[89] AG Hamburg TranspR 1991, 350, 352.
[90] *Schwenk*, 2. Aufl., S. 656, hier könnte man jedoch auch schon an einer wirksamen Bestimmung zweifeln.
[91] AG Düsseldorf RRa 1996, 43 m. Anm. Schmid.
[92] AG Stuttgart RRa 1994, 137.
[93] Vgl. Art. 6.2. ABB Flugpassage der Lufthansa; Art. 6.2 ABB Germanwings.

i.d.R. ist damit auch der Hinweis auf die Rechtsfolgen verspäteten Erscheinens verbunden.[94]

Häufig wird sich der Fluggast danach mindestens 30 Minuten vor dem geplanten Abflug am Gate einzufinden haben. Es kommen aber auch längere Zeiten in Betracht. Die Einsteigezeit ist in ihrer Länge dabei grds. abhängig von der Zeit, die angesichts der Größe des Flugzeugs und der Anzahl der Passagiere benötigt wird, um das Flugzeug zu „boarden". Nicht zulässig wird es jedoch sein, die Zeit, zu der sich der Fluggast spätestens am Gate einzufinden hat, gleichzusetzen mit der Meldeschlusszeit beim Check-in. Es muss dem Fluggast insofern ausreichend Zeit gegeben werden, um nach dem Check-in das Gate zu erreichen. Hierbei ist auch zu berücksichtigen, dass auf dem Weg zum Gate vom Fluggast i.d.R. noch die Passkontrolle und die Handgepäckkontrolle zu durchlaufen sind, die regelmäßig einige Zeit in Anspruch nehmen.[95]

Eine Ausnahme von der Pflicht zur Beachtung der Einsteigezeit ist schließlich schon im Eigeninteresse des Luftfrachtführers angezeigt bei Beförderungen über mehrere Teilstrecken aufgrund eines Beförderungsvertrages, wenn ein Zubringerflug mit einer Ankunftsverspätung am Umsteigeflughafen ankommt, der Fluggast den Anschlussflug aber noch erreichen kann.[96] Der vertragliche Luftfrachtführer haftet hier nämlich grds. weiterhin für die rechtzeitige Ankunft des Fluggastes am endgültigen Zielflughafen zum ursprünglich vereinbarten Zeitpunkt und zwar unabhängig davon mit welchem Flug der Fluggast letztlich befördert wird.

B. Rechtsfolge: Stornierung der Platzbuchung

Wird die Meldeschlusszeit oder die Einsteigezeit durch den Fluggast nicht eingehalten und ist das verspätete Erscheinen auch nicht ausnahmsweise zu akzeptieren, sind die vertraglichen Luftfrachtführer, wohl in Anlehnung an §§ 642, 643 BGB, nach den ABB der meisten Fluggesellschaften berechtigt, ein verspätetes Erscheinen des Fluggastes bzw. die Nichteinhaltung der Meldeschlusszeit oder Einsteigezeit durch die Streichung der Platzbuchung des Fluggastes zu sanktionieren.[97] Ohne Bedeutung bleibt daher regelmäßig,

---

[94] Vgl. Art. 6.2. ABB Flugpassage der Lufthansa; Art. 6.2 ABB Germanwings.
[95] Vgl. Art. 6.2 ABB Germanwings.
[96] Vgl. den Fall des AG Frankfurt/Main RRa 2003, 87 f. Das Gericht beruft sich hier allerdings trotz der Durchabfertigung der Passagiere auf die Buchung der Anschlussflüge aufgrund getrennter Beförderungsverträge. Zu dem Problemkreis siehe auch *Schwenk*, 2. Aufl., S. 655; OLG Frankfurt/Main NJW-RR 1989, 1529; LG Frankfurt/Main NJW 1991, 2572 (Beiden Entscheidungen lagen allerdings getrennte Beförderungsverträge zugrunde.).
[97] Vgl. nur Art. 6.1. und 6.3. ABB Flugpassage der Lufthansa und Art. 6.3 ABB Germanwings. Siehe auch OLG Frankfurt/Main NJW-RR 1989, 1529; OLG Düsseldorf NJW-RR 1993, 823.

ob der Fluggast gemäß §§ 293, 296 BGB in Gläubigerverzug gerät,[98] wenn er die angegebene Meldeschlusszeit nicht einhält. Fraglich ist jedoch, wie eine derartige Möglichkeit zur Streichung der Platzbuchung rechtlich zu qualifizieren ist, ob sie in ABB vereinbart werden kann und welche Rechtsfolgen sie hat.

I. Einseitiges Stornierungsrecht

Meiner Ansicht nach geht es bei der Berechtigung zur Streichung der Platzbuchung infolge verspäteten Erscheinens des Fluggastes um die Möglichkeit zur einseitigen Stornierung der mit der Platzbuchung getroffenen Vereinbarungen des Beförderungsvertrages durch den vertraglichen Luftfrachtführer. Es handelt sich also um ein vertragliches in den ABB vorbehaltenes Rücktrittsrecht, einen Rücktrittsvorbehalt bzgl. des mit der Platzbuchung vereinbarten Teils des Beförderungsvertrages. Die Wirksamkeit der genannten ABB-Bestimmungen ist damit nach § 308 Nr. 3 BGB zu beurteilen, der auch Lösungsrechte[99], die sich nur auf einen Teil des Vertrages beschränken (hier die Platzbuchung) erfasst[100].

Voraussetzung für ein derartiges Lösungsrecht ist daher zum einen ein sachlich gerechtfertigter Grund. Das Lösungsrecht muss durch ein überwiegendes, zumindest aber durch ein anerkennenswertes Interesse des Verwenders gerechtfertigt sein,[101] wobei auch ein vertragswidriges Verhalten des Kunden Rücktrittsgrund sein kann ohne dass die Voraussetzungen der §§ 323 ff. BGB vorliegen[102]. Allerdings muss das Verhalten des Kunden gravierend sein, es muss grds. die Erreichung des Vertragszwecks derart gefährden, dass dem Verwender nach Treu und Glauben das Festhalten am Vertrag nicht mehr zugemutet werden kann.[103] Dass mit dem verspäteten Erscheinen eines Fluggastes zur Abfertigung grds. ein sachlich gerechtfertigter Grund für den Rücktritt des Luftfrachtführers von den mit der Platzbuchung getroffenen Vereinbarungen gegeben ist, steht dabei außer Frage. Es ist unmittelbar verständlich, dass die Abfertigung der Passagiere eines Fluges, insbesondere die Kontrolle des Flugscheins, die Ausgabe der Bordkarte, die Gepäckaufgabe, Sicherheits- und Passkontrollen und das Einsteigen, eine

---

[98] Gläubigerverzug bejahend *Lienhard*, GPR 2004, 259, 261 und *Schwenk*, 2. Aufl., S. 654.
[99] Wie das Recht letztlich genau bezeichnet wird ist nicht entscheidend, *Kieninger* in MünchKomm BGB, § 308 Nr. 3 Rn. 4.
[100] *Palandt/Grüneberg*, § 308 Rn. 14.
[101] BGH NJW 1987, 831, 833; *Kieninger* in MünchKomm BGB, § 308 Nr. 3 Rn. 6.
[102] *Palandt/Grüneberg*, § 308 Rn. 16; *Kieninger* in MünchKomm BGB, § 308 Nr. 3 Rn. 10.
[103] Ständige Rechtsprechung, vgl. BGH NJW 1954, 229; *Kieninger* in MünchKomm BGB, § 308 Nr. 3 Rn. 11.

gewisse Zeit in Anspruch nimmt.[104] Die Dauer einiger Kontrollen ist von der Fluggesellschaft zudem nicht zu beeinflussen.[105] Ein verspätetes Erscheinen einzelner Passagiere könnte daher u.U. erhebliche Verspätungen zur Folge haben, die andere Passagiere in Mitleidenschaft ziehen würden. Auch ist es den Fluggesellschaften auf sog. koordinierten Flughäfen, bei denen sich die Start- und Landesrechte der Fluggesellschaften nach sog. Slots richten, grds. nur möglich, innerhalb eines bestimmten Zeitfensters abzufliegen.[106]

Fraglich ist jedoch, ob die ABB der Luftfahrtunternehmen in diesem Punkt auch dem Bestimmtheitsgebot genügen. Grds. muss der Rücktrittsgrund gemäß § 308 Nr. 3 BGB in den AGB nämlich so konkret angegeben werden, dass ein Durchschnittskunde beurteilen kann, wann sich der Verwender vom Vertrag lösen darf.[107] Regelmäßig ist in den ABB der Luftfrachtführer jedoch nur bestimmt, dass sie zur Stornierung der Platzbuchung berechtigt sind, wenn die Meldeschlusszeiten nicht eingehalten werden,[108] während die Meldeschlusszeiten selber in den ABB grds. nicht angegeben werden, sie werden durch den Luftfrachtführer vielmehr wie gezeigt,[109] i.d.R. gemäß § 315 BGB einseitig bestimmt. Damit ist aber gerade die Pflicht, deren Verletzung durch den Fluggast den Luftfrachtführer erst zum Rücktritt berechtigt, in den ABB selber nicht weiter konkretisiert. Allerdings darf das Bestimmtheitsgebot auch nicht überspannt werden.[110] Zu Bedenken ist, dass der Luftfrachtführer nur so durch verlängerte Meldeschlusszeiten auf unvorhergesehene Ereignisse, wie z.B. Terrorwarnungen, die weitere Sicherheitskontrollen erfordern, flexibel reagieren kann. Auch sind in den ABB der Luftfrachtführer regelmäßig zumindest die Meldeschlusszeiten angegeben, die mindestens eingehalten werden müssen, so dass insofern bereits ein gewisser Anhaltspunkt für den Fluggast dahingehend besteht, wann der Luftfrachtführer zur Stornierung der Platzbuchung berechtigt ist. Zwar können im Einzelfall die Meldeschlusszeiten erheblich länger sein, doch ist auch bei einer Bestimmung der Meldeschlusszeit gemäß § 315 BGB durch den Luftfrachtführer grds. gewährleistet, dass der Fluggast sich darüber im Klaren ist, wann ein Rücktritt des Luftfrachtführers möglich ist. Sinn und Zweck des Bestimmtheitsgebotes können daher m.E. auch auf diese Weise erfüllt werden. Willkür bei der Festsetzung der Meldeschlusszeit ist zudem über die Billigkeitskontrolle in § 315 I BGB vorgebeugt. Und da gemäß § 315

---

[104] LG Frankfurt/Main NJW 1991, 2572; *Fischer*, MDR, 1999, 140, 141; ähnlich auch *Ruhwedel*, Rn. 156 für die auflösende Bedingung.
[105] *Fischer*, MDR, 1999, 140, 141.
[106] *Fischer*, MDR 1999, 140, 141; ähnlich auch *Ruhwedel*, Rn. 156 für die auflösende Bedingung.
[107] BGH NJW 1983, 1320, 1321; *Palandt/Grüneberg*, § 308 Rn. 15; *Kieninger* in MünchKomm BGB, § 308 Nr. 3 Rn. 5.
[108] Siehe Art. 6.1. ABB Flugpassage der Lufthansa.
[109] Vgl. Punkt 2. Teil, 4. Kapitel, § 2 A. I. 1. Seite 99.
[110] *Palandt/Grüneberg*, § 308 Rn. 15.

II BGB dem Fluggast die Meldeschlusszeit sogar zwingend mitgeteilt werden muss, ist vielleicht sogar eher gewährleistet, dass er von der Meldeschlusszeit erfährt, werden doch AGB häufig nicht genauer gelesen. Trotzdem wäre es wünschenswert, wenn auch in den ABB der Luftfrachtführer bereits genauere Angaben über Meldeschlusszeiten enthalten wären. Schließlich könnte aber die über § 315 BGB gegebene Flexibilität durchaus auch von Vorteil für den Fluggast sein, da der Luftfrachtführer so auch in der Lage wäre, kürzere Meldeschlusszeiten flexibel festzulegen. Ein Rücktrittsvorbehalt hinsichtlich der mit der Platzbuchung getroffenen Vereinbarungen bei verspätetem Erscheinen des Fluggastes kann in ABB somit grds. wirksam vereinbart werden.

Nicht mit dem Bestimmtheitsgebot vereinbar ist es dagegen, wenn in den ABB die Meldepflicht des Fluggastes lediglich vage umschrieben wird. Zwar dürfen Rechtsbegriffe wie Unmöglichkeit, Verzug und Pflichtverletzung grds. verwendet werden, ebenso wie unbestimmte Rechtsbegriffe wie höhere Gewalt,[111] soweit wie hier eine weitere Konkretisierung jedoch möglich ist, muss diese m.E. auch genutzt werden. Keinesfalls ausreichend ist es daher, wenn der Fluggast sich nach den ABB des Luftfrachtführers „rechtzeitig frühzeitig genug" zur Abfertigung einzufinden hat.[112]

II. Verlust des Beförderungsanspruchs

Fraglich ist jedoch, ob der Fluggast mit der Stornierung der mit der Platzbuchung getroffenen Vereinbarungen auch seinen Beförderungsanspruch aus dem Beförderungsvertrag insgesamt verliert,[113] oder ob sich die Wirkungen der Stornierung lediglich auf die Beförderung mit dem bestimmten Flug bzw. genauer zu den mit diesem Flug verbundenen Flugzeiten beschränkt.

Meiner Ansicht nach verliert der Fluggast zunächst lediglich seinen Erfüllungsanspruch zu den in der Platzbuchung angegebenen Zeiten. Eine gestrichene Platzbuchung kann darüber hinaus aber mittelbar auch den erstattungslosen Verlust des Beförderungsanspruches auf der gebuchten Strecke insgesamt zur Folge haben. Ob dies der Fall ist, hängt davon ab, welche Änderungsmöglichkeiten dem Fluggast selber im Zeitpunkt der möglichen Stornierung durch den Luftfrachtführer nach den jeweiligen Tarifbestim-

---

[111] OLG Koblenz NJW-RR 1989, 1459, 1460.
[112] So auch LG Frankfurt/Main NJW 1991, 2572; *Führich*, Rn. 986; a.A. *Schmid*, RRa 1994, 74; *Fischer*, MDR 1999, 140, 142.
[113] So aber i.d.R. ohne nähere Begründung die h.M., AG Düsseldorf TranspR 1985, 239, 240 = VersR 1986, 453; OLG Frankfurt/Main NJW-RR 1989, 1529; LG Frankfurt/Main NJW 1991, 2572; AG Hamburg TranspR 1991, 350, 352; OLG Düsseldorf NJW-RR 1993, 823, 824; AG Stuttgart RRa 1994, 191; AG Hamburg RRa 1996, 232; AG Rüsselsheim RRa 1997, 86; AG Düsseldorf TranspR 2000, 263; *Führich*, NJW 1997, 1044; *Führich*, Rn. 986 m.w.N.

mungen noch offen stehen, inwiefern also eine Flugbindung besteht.[114] Sofern der Fluggast in diesem Zeitpunkt oder später noch eine Umbuchung oder Stornierung seiner Platzbuchung vornehmen kann, beschränken sich die Rechtsfolgen des verspäteten Erscheinens auf den Verlust des Beförderungsanspruchs auf dem gebuchten Flug bzw. zu den vereinbarten Flugzeiten. Andernfalls entfällt der Beförderungsanspruch gegen den Luftfrachtführer insgesamt.

Das verspätete Erscheinen kann daher für den Fluggast letztlich, je nachdem welche Tarifbestimmungen gelten, unterschiedliche Rechtsfolgen haben. In Praxi verliert der Fluggast seinen Beförderungsanspruch jedoch insbesondere bei den sog. Billigfluggesellschaften i.d.R. insgesamt, da hier die Flüge oft am Tag des Reiseantritts bzw. ab einer bestimmten Zeit vor dem geplanten Abflug grds. nicht mehr umgebucht werden können.[115] Bei den etablierten Fluggesellschaften hingegen ist zu unterscheiden. Flexible Tickets bzw. sog. Normalpreisflugtickets sind auch am Tag des Reiseantritts und kurz vor Abflug noch umbuchbar, jedoch ist u.U. eine Bearbeitungsgebühr fällig, wenn der Fluggast nicht rechtzeitig oder mit ungenügenden Papieren und deswegen nicht reisefertig zum Abflug erschienen ist.[116] Viele Sondertarife sind dagegen nicht umbuchbar, so dass der Passagier in diesen Fällen grds. auch seinen Beförderungsanspruch auf der entsprechenden Strecke insgesamt verliert.

Ob der Fluggast seinen Beförderungsanspruch darüber hinaus sogar erstattungslos verliert, hängt m.E. davon ab, ob er zum genannten Zeitpunkt den Beförderungsvertrag insgesamt noch nach § 649 S. 1 BGB hätte kündigen bzw. ggf. teilkündigen können. Der vertragliche Luftfrachtführer hätte zwar gemäß § 649 S. 2 BGB auch im Fall einer Kündigung grds. weiterhin den Anspruch auf die vereinbarte Vergütung, er wäre gemäß § 649 S. 2 BGB jedoch zur Anrechnung ersparter Aufwendungen und desjenigen verpflichtet, was er durch andere Verwendung seiner Arbeitskraft hätte erwerben können.[117] Für eine Erstattung entscheidend wäre damit, ob der Luftfrachtführer in der Lage war, den frei gewordenen Platz an Bord durch andere Passagiere z.B. von einer Warteliste zu besetzen.[118] Allerdings schließen die ABB bzw. die Tarifbestimmungen der Luftfahrtunternehmen eine so kurzfristige Kündigung des Beförderungsvertrages i.d.R. aus,[119] es verbliebe dann nur der An-

---

[114] Siehe z.B. Art. 5.5 ABB Germanwings.
[115] Vgl. Art. 4 i.V.m. Art. 5 AGB Air Berlin; Art. 5.2.2 und 19.2.2 ABB Germanwings.
[116] Siehe Art. 5.7.1. und 5.7.2. ABB Flugpassage der Lufthansa.
[117] Siehe auch *Tonner*, II. Rn. 15; *Führich*, Rn. 997 f.; beide auch zur grds. Abdingbarkeit von § 649 BGB durch die Vereinbarung sog. Stornokosten.
[118] *Ruhwedel*, Rn. 155. Dies ließe sich zumindest für einen voll besetzten Flug nachweisen. Ähnlich für die Anrechnung nach § 326 II BGB bzw. § 324 I BGB a.F. *Führich* Rn. 1006; *Schmid* in *Giemulla/Schmid*, MÜ, Art. 19 Rn. 116.
[119] Vgl. Art. 5.2.2 und 19.3.2 ABB Germanwings.

spruch auf Erstattung von Steuern und Gebühren.[120] Teilweise sehen die ABB der Fluggesellschaften den erstattungslosen Verlust des Beförderungsanspruchs bei verspätetem Erscheinen zum Check-in oder Boarding sogar ausdrücklich vor.[121]

Einen Anspruch auf Anrechnung entstandener Vorteile gibt jedoch nicht nur § 649 S. 2 BGB. Auch bei Anwendbarkeit von § 326 II BGB in der Situation des verspäteten Erscheinens hätte der Fluggast einen solchen Anspruch und könnte insofern u.U. eine teilweise oder ggf. auch vollständige Erstattung des gezahlten Flugpreises verlangen.[122] Voraussetzung wäre allerdings, dass das verspätete Erscheinen des Fluggastes zu einer vom Fluggast zu vertretenden dauernden Unmöglichkeit führt. Eine bloß vorübergehende Unmöglichkeit ist nicht ausreichend.[123] Das ist jedoch abzulehnen, da der Beförderung des Fluggastes nach seinem wenn auch verspäteten Erscheinen grds. nichts mehr im Wege steht. Er muss weder mit einem Flug mit bestimmter Flugnummer befördert werden, noch ist der Luftbeförderungsvertrag, wie noch zu zeigen sein wird,[124] ein absolutes Fixgeschäft. Nur unter diesen Voraussetzungen würde durch das nicht rechtzeitige Erscheinen tatsächlich eine dauernde Unmöglichkeit begründet werden.[125]

III. Andere Lösungsansätze

Da der Fluggast seinen Beförderungsanspruch auf der gebuchten Flugstrecke bei einem verspäteten Erscheinen, wie gezeigt, nicht zwangsläufig verliert, müssen verschiedene andere in der Literatur und Rechtsprechung vertretene Lösungsansätze zum verspäteten Erscheinen des Fluggastes ausscheiden. Insbesondere die Ansicht *Ruhwedels*[126], der in der Einhaltung der Meldeschlusszeit eine auflösende Bedingung des Beförderungsvertrages im Sinne von § 158 II BGB sieht, dürfte daher nicht richtig sein.

Aber auch die Ansicht, nach der es im Fall des verspäteten Erscheinens des Fluggastes zu einer unverschuldeten Nichtbeförderung durch den Luftfrachtführer kommen soll,[127] muss im Endeffekt ausscheiden. Mit ihr ist grds. auch kein Erkenntnisgewinn verbunden. Weder ist damit gesagt, ob der Fluggast seinen Beförderungsanspruch auf der gebuchte Strecke verliert, noch

---

[120] Siehe zur Kündigung des Beförderungsvertrages und zur Erstattung des Beförderungsentgeltes samt Steuern und Gebühren auch bereits in Fn. 2.
[121] Vgl. Art. 6.3. i.V.m. Art. 5.5 ABB Germanwings.
[122] Bejahend *Führich*, 4. Aufl. Rn. 762 a.
[123] *Palandt/Heinrichs*, § 275 Rn. 10.
[124] Siehe dazu unter Punkt 3. Teil, 2. Kapitel, § 1 A. I. 1. Seite 134.
[125] Vorübergehende und dauernde Unmöglichkeit sind beim absoluten Fixgeschäft gleichzusetzen, dazu *Palandt/Heinrichs*, § 275 Rn. 11.
[126] *Ruhwedel*, Rn. 156, zustimmend *Fischer*, MDR 1999, 140, 141.
[127] *Schmid* in *Giemulla/Schmid*, MÜ, Art. 19 Rn. 115; *Vollmar*, S. 200, *Müller-Rostin*, TranspR 1980, 12, 13 f.

ob er im Falle des Verlustes seines Beförderungsanspruchs ggf. eine Erstattung des Flugpreises verlangen kann. Auch ein Fall der vom Luftfrachtführer unverschuldeten Unmöglichkeit der Beförderung liegt, wie soeben gezeigt,[128] nicht vor, sollte dies eigentlich gemeint sein.

Stadie will dem Luftfrachtführer aufgrund der besonderen Bedeutung der Mitwirkungspflicht des Fluggastes bei der Luftbeförderung schließlich die Möglichkeit geben, den Luftbeförderungsvertrag mit Eintritt des Annahmeverzugs ausnahmsweise ohne Fristsetzung gemäß § 643 BGB zu kündigen.[129] Meiner Ansicht nach geht ein solches Kündigungsrecht ohne Fristsetzung jedoch zu weit. Es ist grds. nicht ersichtlich, warum der Fluggast bei einem verspäteten Erscheinen durch Kündigung des Beförderungsvertrages durch den Luftfrachtführer seinen Beförderungsanspruch insgesamt verlieren soll, ohne die Chance zu bekommen, durch rechtzeitiges Erscheinen zu einem späteren Flug noch in den Genuss der Beförderung zu kommen. Im Endeffekt bedarf es einer solchen Kündigungsmöglichkeit auch gar nicht, vielmehr ist über die aufgezeigten Regelungen in den Tarifbestimmungen und ABB der Luftfahrtunternehmen eine ausgewogene Lösung des Problems des verspäteten Erscheinens des Fluggastes gefunden worden.

Teilweise ist auch lediglich die Rede von einem Recht des Luftfrachtführers, die Leistung zu verweigern bzw. die Beförderung abzulehnen.[130] Unklar bleiben hier jedoch die Rechtsfolgen.

C. Nichterscheinen des Fluggastes

Von der Situation des verspäteten Erscheinens ist die Situation zu unterscheiden, in der Fluggast gar nicht erst zum Abflug erscheint, allerdings ergeben sich im Prinzip keine unterschiedlichen Rechtsfolgen. Auch hier ist es dem Luftfrachtführer grds. möglich, die Platzbuchung des Passagiers bzw. die mit der Platzbuchung getroffenen Vereinbarungen wegen Nichteinhaltung der Meldeschlusszeit zu stornieren. Streicht der Luftfrachtführer die Platzbuchung nicht, storniert aber zumindest der Fluggast konkludent durch sein endgültiges Nichterscheinen, sog. No-Show,[131] seine Platzbuchung auf dem entsprechenden Flug. Ob der Fluggast dadurch seinen Beförderungsanspruch auf der gebuchten Strecke erstattungslos verliert, hängt dann wiederum davon ab, ob ihm zu diesem Zeitpunkt noch Änderungen seines Beförderungsvertrages, insbesondere die Stornierung seiner Platzbuchung möglich waren. Dies ist insbesondere bei sog. flexiblen Flugtickets zum Normalflugpreis der Fall.

---

[128] Siehe dazu unter Punkt 2. Teil, 4. Kapitel, § 2 B. II. Seite 110.
[129] *Stadie*, S. 91.
[130] OLG Düsseldorf NJW-RR 1993, 823, 824 = TranspR 1993, 441, 442; *Schwenk*, 2. Aufl., S. 655.
[131] Siehe *Sabathil*, S. 113.

Noch im Nachhinein kann hier eine neue Platzbuchung vorgenommen werden, so dass der spätere Transport dann aufgrund des Beförderungsvertrages in Verbindung mit der neuen Platzbuchung stattfindet.[132]

Der Fluggast ist jedoch nach den ABB Flugpassage gehalten, möglichst seine Platzbuchung nicht durch sein Nichterscheinen zu stornieren. So sind die Luftfrachtführer nach ihren ABB zum einen i.d.R. berechtigt, weitere Platzbuchungen auf Weiter- und Rückflügen zu streichen, sofern der Luftfrachtführer nicht vorab über die Nichtinanspruchnahme des gebuchten Beförderungsplatzes unterrichtet wurde.[133] Das wiederum kann u.U. mit dem Nachteil verbunden sein, keine Platzbuchung mehr auf anderen gewünschten Flügen zu erhalten. Zum anderen kann nach den ABB i.d.R. aber auch eine Gebühr erhoben werden, falls eine Platzbuchung später als zum vorgeschriebenen Zeitpunkt abbestellt wird.[134] Die Bearbeitungsgebühr wird jedoch dann nicht erhoben, wenn der Fluggast seine Platzbuchung wegen Flugverzögerung (Verspätung), Flugausfall (Annullierung), Auslassung von Zwischenlandungen oder Fehlens einer Beförderungsmöglichkeit auf einem Zubringerflug (z.B. wegen Überbuchung) nicht rechtzeitig abbestellt hat oder aus einem dieser Gründe nicht rechtzeitig zum Abflug erschienen ist.[135]

D. Rückbestätigung und Abfliegen der Flugcoupons

Neben der Pflicht zum rechtzeitigen Erscheinen zur Abfertigung enthalten die ABB der Luftfahrtunternehmen für den Fluggast häufig auch eine Pflicht zur Rückbestätigung von Flügen, insbesondere Rückflügen im Rahmen eines Round-Trip-Fluges,[136] (sog. Rückbestätigungsklausel)[137] und eine Pflicht zum Abfliegen der im Flugscheinheft enthaltenen Flugcoupons in der vorgegebe-

---

[132] Anders müsste nach *Stadie* angeblich die h.M., nach der der Luftbeförderungsvertrag ein absolutes Fixgeschäft ist, entscheiden; nach der h.M. könne der spätere Transport nach einem No-Show nur aus Kulanzgründen stattfinden, so *Stadie*, S. 91, Fn. 188. Erfolgt die Beförderung jedoch letztlich aufgrund einer neuen Platzbuchung, ist es egal, ob der Luftbeförderungsvertrag als absolutes Fixgeschäft anzusehen ist oder nicht. Es wir in jedem Fall der Beförderungsanspruch erfüllt.

[133] Vgl. Art. 5.6. ABB Flugpassage der Lufthansa.

[134] Vgl. Art. 5.7.3. S. 1 ABB Flugpassage der Lufthansa.

[135] Vgl. Art. 5.7.3. S. 2 ABB Flugpassage der Lufthansa.

[136] Nach bisheriger Rechtsprechung war eine Rückbestätigungspflicht nur für Rückflüge im Rahmen eines Hin- und Rückfluges anerkannt, vgl. *Führich*, 4. Aufl. Rn. 756; *Führich*, Rn. 976.

[137] Siehe z.B. Art. 5.4.1 ABB Germanwings; Art. 5.5. ABB Flugpassage der Lufthansa, hier wird jedoch lediglich auf die mögliche Rückbestätigungspflicht bei anderen Luftfrachtführern hingewiesen, eine solche Pflicht besteht bei der Lufthansa nicht. Die Rückbestätigungspflicht in Art. 6 AGB Air Berlin dient schließlich lediglich der rechtzeitigen Mitteilung von Flugzeitenänderungen.

nen Reihenfolge[138]. Bei Nichteinhaltung sind die vertraglichen Luftfrachtführer wiederum berechtigt, die Platzbuchung des Fluggastes auf dem betroffenen Flug, aber auch auf Rück- und Weiterflügen zu stornieren bzw. bei einem Nichtabfliegen der Flugcoupons in der vorgegebenen Reihenfolge verliert der Flugschein danach sogar seine Gültigkeit. Geregelt ist damit m.E. auch hier ein vertraglicher Rücktrittsvorbehalt bzgl. der mit der Platzbuchung getroffenen Vereinbarungen bzw. im Fall des Nichtabfliegens sogar bzgl. des Beförderungsvertrages insgesamt, der sich an § 308 Nr. 3 BGB messen lassen muss. Ein sachlich gerechtfertigter Grund ist jedoch weder im Falle einer vorgeschriebenen Rückbestätigung noch im Fall des vorgeschriebenen Abfliegens von Flugcoupons in der vorgesehenen Reihenfolge gegeben. Es ist nicht ersichtlich, inwiefern die Interessen der vertraglichen Luftfrachtführer an einem Rücktritt in diesen Fällen die Interessen des Fluggastes an einer Beförderung mit den gebuchten Flügen bzw. zu den vereinbarten Flugzeiten überwiegen. Sowohl die soggenannte Rückbestätigungsklausel[139] als auch die Klausel, die das Abfliegen der Flugcoupons vorschreibt,[140] werden daher in Rechtsprechung und Literatur zu Recht als mit dem AGB-Recht des BGB unvereinbar angesehen, auch wenn sie aufgrund einer anderen rechtlichen Qualifizierung zum Teil nicht an § 308 Nr. 3 BGB gemessen werden.

---

[138] Vgl. Art. 3.3.1. und 5.6. ABB Flugpassage der Lufthansa. Derartige Klauseln werden vor allen Dingen von den sog. etablierten Fluggesellschaften verwand.

[139] Siehe dazu ausführlich *Fischer*, MDR 1999, 140, 143; *Staudinger* RRa 2004, 252, 253; *Führich*, Rn. 975 ff.; *Schmid*, NJW 2005, 1168, 1171; *Schmid/Tonner*, S. 151; *Ruhwedel*, Rn. 160; *Fröhlich*, Fn. 1232; LG Düsseldorf NJW-RR 1994, 740, 741; LG Berlin RRa 1995, 111; AG Frankfurt/Main RRa 2005, 231 ff. (3 Urteile). Nicht so deutlich LG Frankfurt/Main NJW-RR 1989, 48; 49; LG Düsseldorf NJW-RR 1994, 740, 741; AG Düsseldorf RRa 2005, 135, 136; a.A. LG Hannover, Urt. v. 25.8.2008, Az.: 1 S 19/08 und AG Bad Homburg RRa 2001, 101, 103 für eine Rückbestätigungsklausel i.V.m. einem wirksamen einseitigen Leistungsänderungsvorbehalt bzgl. der Flugzeiten.

[140] Siehe dazu *Tonner*, II. Rn. 17 ff.; *Freitag*, TranspR 2006, 444 ff., 447; *Purnhagen/Hauzenberger*, VuR 2009, 131 ff.; *Greiner*, RRa 2009, 121 ff. (im Hinblick auf sog. Überkreuzbuchungen); AG Köln, NJW 2005, 2716; AG Frankfurt/Main NJW 2006, 3010 mit Anm. Kappus = RRa 2006, 179; AG Köln RRa 2007, 90; AG Erding RRa 2007, 184 ff.; AG Köln NJW-RR 2008, 214 ff.; LG Frankfurt/Main RRa 2008, 53, 55; LG Frankfurt/Main RRa 2008, 278 ff.; LG Frankfurt/Main RRa 2009, 46 ff.; OLG Frankfurt/Main RRa 2009, 51 ff. m. Anm. Teichmann, RRa 2009, 103 f.; LG Köln RRa 2009, 107 ff. A.A. *Makiol/von Ruckteschell*, ZLW 2008, 1 ff. und jüngst OLG Köln, Urt. v. 31.07.2009, Az.: 6 U 224/08 = BeckRS 2009, 21934.

3. Teil

Flugverspätung

Verspätungen bei der Luftbeförderung, insbesondere dann wenn Anschlussflüge, Anschlussbeförderungen mit der Bahn oder Geschäftstermine verpasst werden, stellen ein sehr großes Ärgernis für viele Fluggäste dar.[1] In der Regel wird das Flugzeug gerade deshalb genutzt, weil bei knappen Zeitressourcen Termine schnell[2] und pünktlich erreicht werden müssen. Fraglich ist daher, welche Ansprüche der Fluggast aus dem Beförderungsvertrag insbesondere gegen den vertraglichen Luftfrachtführer hat, sollte die Pünktlichkeit der Luftbeförderung im Einzelfall nicht gewährleistet werden können. Dabei wird auch zu klären sein, wann die Grenze der bloßen Unannehmlichkeit zur rechtlich relevanten Flugverspätung überschritten ist. Die aus § 21 II 3 LuftVG im Fluglinienverkehr folgende, nach der Neufassung von § 21 LuftVG nun zivilrechtliche,[3] Beförderungspflicht, nach der der Fluggast grds., außer im Falle der Unzumutbarkeit, im Rahmen der veröffentlichten Flugpläne zu befördern ist, dürfte dagegen nur von untergeordneter Bedeutung sein.[4]

1. Kapitel Definition

Von Literatur und Rechtsprechung wird die Flugverspätung im Zusammenhang mit der Haftung des Luftfrachtführers aus Art. 19 MÜ bzw. Art. 19 WA allgemein als das nicht rechtzeitige Eintreffen am Bestimmungsort definiert.[5]

---

[1] Vgl. auch *Rogalla/Schweren*, S. 136 f.
[2] So schon die Denkschrift zum WA, S. 26 und 40.
[3] Vgl. *Giemulla* in *Giemulla/Schmid*, LuftVG, § 21 Rn. 24. Zuvor war in § 21 LuftVG nach allgemeiner Meinung eine öffentlich-rechtliche Beförderungspflicht geregelt, aus der ein individueller Anspruch auf Einhaltung der veröffentlichten Flugpläne nicht hergeleitet werden konnte, vgl. nur *Schwenk* 2. Aufl., S. 461; *Hofmann/Grabherr*, § 21 LuftVG, Rn. 18.
[4] Mehr Bedeutung dürfte dagegen dem in § 21 II 3 LuftVG ebenfalls geregelten grds. Kontrahierungszwang zukommen.
[5] *Guldimann*, Art. 19 WA Rn. 3; *Schmid* in *Giemulla/Schmid*, MÜ, Art. 19 Rn. 6; *Schmid*, TranspR 1985, 369; *Ruhwedel*, Rn. 553; *Führich*, Rn. 1042; *Fröhlich*, S. 117; *Reuschle*, Art. 19 MÜ Rn. 6; *Koller*, Art 19 WA Rn. 4; *Kronke* in MünchKomm HGB,

Unter einer Verspätung kann somit zum einen eine Ankunftsverspätung am Zielort verstanden werden. Zum anderen könnte aber auch dem nicht rechtzeitigen Abflug, also einer Abflugverspätung, Bedeutung hinsichtlich der Rechte des Flugreisenden zukommen.[6] Jedenfalls geht es jedoch im Rahmen der Haftung des vertraglichen Luftfrachtführers aus dem Luftbeförderungsvertrag, nach deutschem Recht und nach dem MÜ, nicht um die Verspätung eines bestimmten Fluges, sondern um die davon unabhängige Verspätung des Fluggastes. Die Beförderung mit einem bestimmten Flug mit bestimmter Flugnummer wird regelmäßig wie gezeigt gerade nicht Vertragsgegenstand, der Luftbeförderungsvertrag wie auch der Verspätungsbegriff des MÜ sind nicht transport-, sondern personenbezogen.[7] Nur im Rahmen der Haftung nach der FluggastrechteVO kommt es auf die Pünktlichkeit des Abflugs eines bestimmten Fluges an. Fraglich ist jedoch zunächst, wonach die Rechtzeitigkeit einer Flugbeförderung im Personenverkehr überhaupt zu beurteilen ist.

§ 1 Maßstab der Rechtzeitigkeit – die Flugzeiten

Maßstab der Rechtzeitigkeit einer Flugbeförderung ist grds., wie bei jedem anderen Vertragsverhältnis auch, die vereinbarte Leistungszeit.[8] Noch genauer ist auf die Fälligkeit der Beförderungsleistung abzustellen im Gegensatz zu deren Erfüllbarkeit, denn Fälligkeit bezeichnet den Zeitpunkt, von dem ab der Gläubiger die Leistung verlangen kann[9]. Fälligkeit wie auch Erfüllbarkeit wiederum beurteilen sich gemäß § 271 I BGB grds. nach der Parteivereinbarung, die ggf. ausgelegt werden muss. Maßgebend sind somit die im Luftbeförderungsvertrag bei der Personenbeförderung regelmäßig vereinbarten Flugzeiten, die mit der sog. Platzbuchung[10] verbindlich festgelegt werden.[11]

Art. 19 WA 1955 Rn. 12; *Goldhirsch*, S. 76; *Drion*, Rn. 75; OLG Frankfurt/Main ZLW 1984, 177, 179; OLG Frankfurt/Main NJW-RR 1993, 809, 810; LG Düsseldorf ZLW 1971, 290, 293. Vgl. auch Denkschrift zum WA, S. 41 und Denkschrift zum MÜ, S. 43.
  [6] Siehe dazu unter Punkt 3. Teil, 1. Kapitel, § 2 Seite 126.
  [7] Siehe dazu ausführlich unter Punkt 2. Teil, 3. Kapitel, § 2 D. IV. Seite 80.
  [8] *Guldimann*, Art. 19 WA Rn. 3; *Ruhwedel*, Rn. 554; *Schoner*, ZLW 1978, 151, 159; *Reuschle*, Art. 19 Rn. 7; *Schmid* in *Giemulla/Schmid*, MÜ, Art. 19 Rn. 6; *Schmid*, TranspR 1985, 369; OLG Frankfurt/Main EuZW 1993, 452, 454 = NJW-RR 1993, 809, 810.
  [9] Vgl. nur *Palandt/Heinrichs*, § 271 BGB Rn. 1; *Krüger* in MünchKomm BGB, § 271 Rn. 2.
  [10] Zur Bestimmung der Flugzeiten durch die Platzbuchung siehe Punkt 2. Teil, 3. Kapitel, § 2 Seite 71.
  [11] Zur Fälligkeit genauer unter Punkt 3. Teil, 1. Kapitel, § 2 Seite 126.

A. Auslegung der Parteivereinbarung

Zur Auslegung der Willenserklärungen der Parteien gemäß §§ 133, 157 BGB und zum Beweis der Vereinbarung bestimmter Flugzeiten kann bei der Luftbeförderung dabei regelmäßig auf verschiedene Dokumente zurückgegriffen werden.

I. Flugticket

Zur Bestimmung der Flugzeiten kann zunächst das Flugticket herangezogen werden. Im Flugschein ist allerdings i.d.R., bzw. jedenfalls immer dann wenn die Vordrucke der IATA benutzt werden,[12] nur die Abflugzeit angegeben.[13] Ebenso enthält ein elektronischer Flugschein, sofern dem Fluggast davon neben seiner Buchungsbestätigung zusätzlich eine Kopie übersandt wird, regelmäßig nur die Abflugzeit. Hinsichtlich der vorgesehenen Ankunftszeit muss der Fluggast somit in aller Regel auf weitere Dokumente zurückgreifen.

II. Reiseplan, Reisebestätigung

Jedenfalls der sog. Reiseplan (Reisebestätigung) gibt jedoch im Regelfall Auskunft über die vereinbarten Flugzeiten.[14] Es handelt sich um ein Dokument, in dem der Reiseverlauf im Einzelnen genau beschrieben wird und in dem die Flugzeiten dokumentiert werden. Einen Reiseplan erhält der Fluggast bei Papierflugscheinen auf Wunsch und bei den sog. elektronischen Tickets, hier Itinerary Receipt[15] oder Buchungsbestätigung[16] genannt, regelmäßig ausgehändigt. Er wird dem Fluggast entweder im Reisebüro überreicht oder mit den Tickets oder per Email zugesandt. Bei einer Buchung im Internet können der Reiseplan bzw. die Reisebestätigung nach der Buchung ausgedruckt werden. Bucht der Fluggast ein elektronisches Ticket, ist die Buchungsbestätigung häufig sogar das einzige Dokument, das der Fluggast erhält.

III. Flugplan

Sofern sich einzelne Flugzeiten weder aus dem Reiseplan noch aus dem Flugticket entnehmen lassen, ist zumindest bei einer Beförderung im Fluglinienverkehr ein Rückgriff auf den zum Zeitpunkt der Buchung gültigen veröffentlichten Flugplan zur Auslegung der Willenserklärungen der Parteien denkbar, wenn dieser Vertragsinhalt geworden ist. Wegen einer zumindest

---

[12] Zum Teil verwenden die Fluggesellschaften auch eigene Dokumente, diese gleichen dann jedoch regelmäßig den IATA-Vordrucken, *Sabathil*, S. 114.
[13] *Sabathil*, S. 122.
[14] *Sabathil*, S. 122.
[15] Vgl. die Definition des Itinerary Receipts in Art. 1 ABB Flugpassage der Lufthansa.
[16] Vgl. Art. 1.2.8 ABB Germanwings.

konkludenten Bezugnahme bei der Buchung eines bestimmten Fluges ist dies nach allgemeiner Meinung jedoch regelmäßig der Fall.[17] Und zwar wird der Flugplan dann i.d.R. in seiner zum Zeitpunkt der Buchung aktuellen veröffentlichten Fassung zum Vertragsinhalt, denn nur auf diese werden sich die Parteien in aller Regel beziehen.

Für einen Rückgriff auf den Flugplan zur Ermittlung der Abflugs- und Ankunftszeiten kommt dabei im Fluglinienverkehr nur der von den Luftfahrtunternehmen gemäß § 21 II 1, 1. HS LuftVG selbst veröffentlichte Flugplan in Betracht.[18] Dieser ist gemäß § 21 II 3 LuftVG einzuhalten und dem zuständigen[19] Luftfahrtbundesamt (LBA) gemäß § 21 II 1, 2. HS LuftVG auf Verlangen vorzulegen.[20] Die Behörde ist gemäß § 63 b LuftVZO berechtigt, den Flugplan im Einzelfall oder zu bestimmten Stichtagen (bis zum 28. Februar für die Sommerflugplanperiode und bis zum 30. September für die Winterflugplanperiode eines jeden Jahres) anzufordern. Aber auch im sog. Gelegenheitsverkehr[21] kann auf den selbst veröffentlichten Flugplan zurückgegriffen werden, sofern ein solcher hier überhaupt existiert.

IV. Angemessene Zeit

Sind im Luftbeförderungsvertrag von den Parteien konkrete Flugzeiten nicht, auch nicht konkludent, vereinbart worden, ist gemäß § 271 I BGB zur Bestimmung der Leistungszeit schließlich auf die Umstände zurückzugreifen. Dazu gehören die Natur des Schuldverhältnisses, der mutmaßliche Wille der Beteiligten und die Beschaffenheit der Leistung; die Grenze zur konkludenten Vereinbarung ist fließend.[22] Zu berücksichtigen wird somit sein, dass es sich vorliegend gerade um einen Vertrag handelt, der eine Luftbeförderung zum Gegenstand hat und dass das Flugzeug regelmäßig gerade aufgrund seiner

---

[17] *Ruhwedel*, Rn. 554; *Kronke* in MünchKomm HGB, Art. 19 WA 1955 Rn. 14; *Koller*, Art. 19 WA 1955 Rn. 5; *Gass* in Ebenroth/Boujong/Joost, Art. 19 WA 1955 Rn. 6; so auch *Grönfors*, ETR 1974, 400, 406; siehe auch *Schmid* in *Giemulla/Schmid*, MÜ, Art. 19 Rn. 7; *Reuschle*, Art. 19 Rn. 7 und 12; BGH NJW 1983, 1322, 1324; OLG Frankfurt/Main EuZW 1993, 452, 454 = TranspR 1993, 103, 105; OLG Düsseldorf TranspR 1991, 106, 107.

[18] Bei dem Flugplan nach § 25 LuftVO handelt es sich lediglich um einen für die Flugverkehrskontrolle bestimmten Flugplan, der von dem Luftfahrzeugführer der Flugverkehrskontrolle vor bestimmten Flügen übermittelt werden muss.

[19] Vgl. Erlass zur Übertragung von Genehmigungs- und Erlaubnisaufgaben im Luftverkehr vom Bundesministerium für Verkehr (BMV) auf das Luftfahrt-Bundesamt (LBA) vom 31.5.1996, NfL I-142/96.

[20] Nach der Neufassung von § 21 LuftVG ist nur noch die Fluglinie als solche Gegenstand der Fluglinengenehmigung, u.a. der Flugplan ist dagegen nicht mehr genehmigungspflichtig, vgl. *Giemulla* in *Giemulla/Schmid*, LuftVG, § 21 Rn. 8; *Schwenk/Giemulla*, S. 695 und 707 f.

[21] Vgl. Art. 22 LuftVG.

[22] Vgl. nur *Jauernig/Stadler*, § 271 Rn. 13.

Schnelligkeit als Verkehrsmittel gewählt wird[23]. Der Luftfrachtführer wird die Beförderung daher zumindest in angemessener Zeit schulden.[24] Diese wiederum ist grds. objektiv zu bestimmen,[25] so dass auf die durchschnittliche Beförderungsdauer anderer Luftfrachtführer auf der fraglichen Strecke zurückgegriffen werden kann,[26] die aufgrund der Dichte des Luftverkehrs auf vielen Strecken auch i.d.R. einfach festgestellt werden kann. Der Beförderungsbeginn, also z.B. ein sofortiger Abflug, dürfte sich dabei zumindest aus dem mutmaßlichen Willen der Parteien ergeben. Ist ein bestimmter Tag als Beförderungsbeginn vereinbart worden, ist jedenfalls ein Beförderungsbeginn vor 24.00 Uhr erforderlich.[27]

Nach anderer Meinung kann dagegen eine Verspätung immer dann nicht eintreten, wenn ein konkreter Termin nicht vereinbart wurde.[28] Diese Ansicht ist jedoch abzulehnen, da auch der Passagier, der zwar ausdrücklich keine Flugzeiten vereinbart hat, regelmäßig darauf vertraut, dass er nicht in irgendeiner Zeit, sondern in angemessener Zeit befördert wird. Der Luftfrachtführer kann redlicherweise das Angebot des Fluggastes auch nur so verstehen, dass eine Beförderung zumindest in angemessener Zeit gewünscht ist. Aufgrund konkludenter Vereinbarung oder aufgrund der Umstände ergibt sich daher regelmäßig eine Beförderungszeit, die sich an der durchschnittlichen Beförderungsdauer auf der fraglichen Strecke orientiert.

Bei Verzögerungen nach der Ankunft[29], z.B. im Zusammenhang mit der Auslieferung des aufgegebenen Gepäcks, ist im Übrigen ein derartiger Rückgriff auf die Umstände regelmäßig zur Bestimmung der Leistungszeit erforderlich, da insofern konkrete Zeiten in aller Regel nicht vereinbart werden[30].

---

[23] Siehe bereits die Denkschrift zum WA S. 26 und 40; *Goedhuis*, NA, S. 208; *Guldimann*, Art. 19 WA, Rn. 5; *Schmid* in *Giemulla/Schmid*, WA, Art. 19 Rn. 6; *Schmid* in *Giemulla/Schmid*, MÜ, Art. 19 Rn. 8; so auch der französische Delegierte Ripert auf der Warschauer Konferenz, II Conférence, S. 39.
[24] *Reuschle*, Art. 19 Rn. 7 und 16 ff.; *Schmid* in *Giemulla/Schmid*, MÜ, Art. 19 Rn. 6; *Guldimann*, Art. 19 WA, Rn. 5; *Schmid* in *Giemulla/Schmid*, WA, Art. 19 Rn. 4; OLG Frankfurt/Main TranspR 1984, 21; OLG Frankfurt/Main TranspR 1993, 103, 105 f.
[25] *Guldimann*, Art. 19 WA, Rn. 5; *Koller*, Art. 19 WA 1955 Rn. 6; *Kronke* in Münch-Komm HGB, Art. 19 WA 1955 Rn. 16; *Ruhwedel* Rn. 555; *Schoner* ZLW 1978, 151, 161; *Schmid* in *Giemulla/Schmid*, MÜ, Art. 19 Rn. 9; *Reuschle*, Art. 19 Rn. 19 ff.; *Grönfors*, ETR 1974, 400, 406; a.A. (subjektive Bestimmung) *Trappe*, VersR 1975, 596, 597; *Sundberg* RFDA 1966, 139, 145 f.; OLG Düsseldorf TranspR 1991, 106, 107.
[26] *Schmid* in *Giemulla/Schmid*, MÜ, Art. 19 Rn. 10; *Reuschle*, Art. 19 Rn. 20; ähnlich auch *Schoner* ZLW 1978, 151, 161.
[27] So für eine Pauschalflugreise, AG Hannover RRa 2004, 79.
[28] *Alff*, 2. Aufl., § 428 HGB Rn. 9.
[29] Siehe dazu unter Punkt 3. Teil, 2. Kapitel, § 2 D. Seite 337.
[30] Dazu sogleich unter Punkt 3. Teil, 1. Kapitel, § 1 B. Seite 122.

B. Off-Block und In-Block Zeit

Maßstab der Rechtzeitigkeit einer Flugbeförderung sind grds., wie festgestellt, die vereinbarten Flugzeiten. Noch nicht beantwortet ist jedoch die Frage, auf welchen Zeitpunkt sich die Angabe der Flugzeiten in den Flugplänen und den Reiseplänen des Fluggastes genau bezieht. Handelt es sich bei der angegebenen Ankunftszeit z.B. um den Zeitpunkt der Landung, den Zeitpunkt, in dem der Passagier das Flugzeug verlassen kann oder verlässt, den Zeitpunkt, in dem er sein aufgegebenes Gepäck in Empfang nehmen kann oder den Zeitpunkt, in dem er ggf. die Zollkontrolle am Flughafen passiert hat? Eine Definition findet sich in den veröffentlichten Flugplänen der Luftfahrtunternehmen i.d.R. nicht.

Einer Studie zu Passagierverspätungen von *Eurocontrol*[31] lässt sich jedoch entnehmen, dass in den veröffentlichten Flugplänen regelmäßig die so genannten Off-Block und In-Block-Zeiten angegeben werden.[32] Dabei wird unter der sog. Off-Block-Zeit der Zeitpunkt verstanden, in dem das Flugzeug seinen Platz an der Gangway oder seinen Platz im Vorfeld verlässt und sich zur Startbahn in Bewegung setzt, unter der sog. In-Block-Zeit wird entsprechend der Zeitpunkt verstanden, in dem das Flugzeug seine endgültige Parkposition im Vorfeld oder in der Nähe des Flughafengebäudes erreicht hat, die Motoren abgestellt sind, die Gangway herangefahren ist und die Türen geöffnet werden können.[33]

Das gefundene Ergebnis ergibt sich ferner auch aus den Bestimmungen des Bundesministeriums für Verkehr Bau- und Wohnungswesen (BMVBW) über den Ein- und Ausflug aus der Bundesrepublik Deutschland. Nach diesen Bestimmungen sind dem Flughafenkoordinator bei der Anmeldung der An- und Abflugzeiten auf koordinierten Flughäfen bzw. bei der Beantragung der Zuweisung von sog. Slots (Zeitnischen für Start und Landung)[34] auf

---

[31] Analysis of Passenger Delay: An exploratory Case Study, EEC Note No. 10/02, August 2002, S. 6 f., zu finden auf der Website von Eurocontrol <www.eurocontrol.fr>.

[32] Für die Untersuchung von Passagier-Verspätungen hat man in der Studie definiert was unter „outbound overall ground delay" und unter „inbound arrival delay" zu verstehen sein soll. So wurde „outbound overall ground delay" definiert als die Differenz zwischen „Actual Off-Block-Time" (AOBT) and „Scheduled Time of Departure" (SOBT). „inbound arrival delay" wiederum wurde definiert als die Differenz zwischen „Actual In-Block-Time" (AIBT) and „Scheduled Time of Arrival" (SIBT). Siehe auch den Luftverkehrsbericht 2006 des Deutschen Zentrums für Luft- und Raumfahrt (DLR), S. 41, zu finden unter <www.dlr.de>.

[33] Siehe die Studie zu Passagierverspätungen von Eurocontrol, Analysis of Passenger Delay: An exploratory Case Study, EEC Note No. 10/02, August 2002, S. 6 f., zu finden auf der Website von Eurocontrol <www.eurocontrol.fr>.

[34] Zum Verfahren der Slotallokation (Slotvergabe) nach der VO (EWG) 95/1993 (Verordnung über gemeinsame Regeln für die Zuweisung von Zeitnischen auf Flughäfen der Gemeinschaft) in der Fassung der VO (EG) 793/2004, ABl. L 138 v. 30.4.2004, S. 50, siehe *Roßmann/Schimm*, TranspR 2001, 381 ff.; *Schladebach*, Rn. 271 ff.; *Fritzsche*,

vollständig koordinierten Flughäfen[35] nämlich die soeben definierten Zeitpunkte anzugeben, die den veröffentlichten Flugplänen entsprechen müssen.[36] Die anzugebenden Zeiten werden dabei bezeichnet mit STD (scheduled time of departure) und STA (scheduled time of arrival) und definiert als „planmäßige Abflugzeit, Flugzeug rollt von der Parkposition" und „planmäßige Ankunftszeit, Flugzeug auf Parkposition".

Schließlich stimmen auch verschiedentlich in der Literatur geäußerte Ansichten mit dieser Definition der in Flugplänen angegebenen Flugzeiten überein. So stellt *Schmid* im Rahmen der Haftung nach Art. 19 MÜ hinsichtlich des rechtzeitigen Beförderungsendes bei der Personenbeförderung auf den Aussteigezeitpunkt im Gegensatz zum touch down ab.[37] *Fröhlich* bezeichnet die im Flugplan angegebene Ankunftszeit als „On-Block-Zeit", meint damit aber ebenfalls den Zeitpunkt, in dem das Flugzeug auf seiner endgültigen Parkposition feststeht und die Treppe herangefahren ist.[38] Zur Einhaltung der im Flugplan angegebenen Zeiten sind daher nicht nur ein rechtzeitiger Start und eine rechtzeitige Landung erforderlich, sondern die auf den jeweiligen Flughäfen notwendigen sog. „Taxizeiten" sind in die Beförderungszeit einzukalkulieren.

C. Verbindlichkeit der Flugzeiten

Die mit der Platzbuchung vereinbarten Flugzeiten, die sich aus dem Ticket, aus der Reisebestätigung oder subsidiär aus dem zum Zeitpunkt der Platzbuchung gültigen veröffentlichten Flugplan ergeben, sind auch verbindlich. Zwar haben die Fluggesellschaften in ihren ABB, i.d.R. basierend auf einer älteren IATA-Empfehlung, immer wieder versucht, die Unverbindlichkeit der vereinbarten Flugzeiten festzuschreiben, teilweise finden sich derartige Klauseln auch heute noch in den ABB einiger Luftfahrtunternehmen, solche Klauseln verstoßen jedoch im nationalem Recht gegen § 309 Nr. 7 b) BGB und sind deshalb unwirksam.[39] Die Unvereinbarkeit mit der ähnlichen Vorgängerregelung in § 11 Nr. 8 b) AGBG hat der BGH dabei bereits 1983 im Hinblick auf die damals verwendeten Beförderungsbedingungen

---

S. 126 ff.; *Geisler/Boewe*, ZLW 2008, 501 ff. Siehe auch den Änderungsvorschlag der Kommission der Europäischen Gemeinschaften KOM 2009, 121.
[35] Zur Flughafenkoordinierung siehe *Schwenk/Giemulla*, S. 78 f.
[36] Vgl. die Ausführungen unter Punkt 5 der Zusammenfassung der Bestimmungen des BMVBW über den Einflug und Ausflug von Luftfahrzeugen im Bereich der Bundesrepublik Deutschland vom 24. August 1999, NfL I-286/99, zu finden unter <www.luftrecht-online.de>.
[37] *Schmid* in Giemulla/Schmid, MÜ, Art. 19 Rn. 6; ebenso *Reuschle*, Art. 19 MÜ Rn. 6. Zur Frachtbeförderung siehe *Koller*, Art 19 WA Rn. 4; *Kronke* in MünchKomm HGB, Art. 19 WA 1955 Rn. 9.
[38] *Fröhlich*, S. 119.
[39] OLG Köln, RRa, 2003, 275, 278 (Ryanair Geschäftsbedingungen).

der Lufthansa festgestellt.[40] Mit einer Klausel dergestalt, so der BGH, dass die im Flugschein, Flugplan oder andernorts angegebenen Zeiten nicht garantiert werden und nicht Bestandteil des Beförderungsvertrages werden, werde zum Ausdruck gebracht, dass jegliche Haftung für Verspätungsschäden ausgeschlossen sein solle, obwohl zuvor die Beförderung zu einer bestimmten Zeit übernommen worden sei.[41] Das sei mit § 11 Nr. 8 b) AGBG (bzw. heute § 309 Nr. 7 b) BGB) nicht vereinbar; der Fluggast buche einen Flug gerade auch im Hinblick auf die im Flugplan aufgeführten Flugzeiten und richte sich im Hinblick auf Anschlussflüge und andere Termine danach.[42]

Sofern es sich um einen internationalen Flug i.S.d. WA bzw. MÜ handelt oder sofern die HaftungsVO anwendbar ist, verstoßen Klauseln, die die Unverbindlichkeit der vereinbarten Flugzeiten festschreiben, aufgrund der enthaltenen völligen Freizeichnung von der Haftung für Verspätungsschäden nach einhelliger Auffassung ferner auch gegen Art. 23 WA i.V.m. Art. 19 WA bzw. jetzt Art. 26 MÜ i.V.m. Art. 19 MÜ.[43] Nur die ältere Literatur ermöglichte dem Luftfrachtführer die Berufung auf die Unverbindlichkeit der Flugzeiten, sofern der Fluggast nur innerhalb eines angemessenen Zeitraumes befördert wurde.[44]

Die ABB-Empfehlung der IATA, RP (Recommended Practice) 1724,[45] enthält daher heute unter Punkt 10.1. auch nur noch eine Klausel dergestalt, dass der Luftfrachtführer nach Kräften versucht, die veröffentlichten Flugpläne einzuhalten. Ähnlich vorsichtig sind die ABB der Fluggesellschaften Lufthansa und Germanwings formuliert. Danach können sich die in den Flugplänen veröffentlichten Flugzeiten zwischen dem Zeitpunkt der Veröffentlichung und dem Reisedatum ändern, sie sind nicht garantiert.[46] Eine solche Regelung ist nicht weiter bedenklich, sind doch die vertraglich vereinbarten Flugzeiten insoweit nicht erfasst. Änderungen der vertraglich vereinbarten Flugzeiten aufgrund eines in ABB enthaltenen einseitigen Änderungsvorbehaltes sind wie gezeigt nur in sehr engen Grenzen möglich.[47]

---

[40] BGH NJW 1983, 1322, 1324 (ABB Lufthansa); siehe dazu auch *Schmid*, TranspR 1985, 369, 370; *Fröhlich*, S. 118 f.; *Führich*, Rn. 1050.
[41] BGH NJW 1983, 1322, 1324 (ABB Lufthansa).
[42] BGH NJW 1983, 1322, 1324 (ABB Lufthansa).
[43] BGH NJW 1983, 1322, 1324 (ABB Lufthansa); LG München I NJW 1978, 2454; *Ruhwedel*, Rn. 556; *Giemulla* in *Giemulla/Schmid*, MÜ, Art. 26 Rn. 10; *Schmid* in *Giemulla/Schmid*, MÜ, Art. 19 Rn. 7 m.w.N.
[44] Stellvertretend *Guldimann*, Art. 19 WA, Rn. 6; weitere Nachweise bei *Schoner*, ZLW 1978, 151, 159, Fn. 184.
[45] Abgedruckt als Anhang II-1 in *Giemulla/Schmid*, MÜ.
[46] Vgl. Art. 9.1.1. ABB Flugpassage Lufthansa, Art. 9.1.1 ABB Germanwings.
[47] Siehe dazu bereits unter Punkt 2. Teil, 4. Kapitel, § 1 Seite 92.

D. Ergebnis

Maßgeblich für die Beurteilung der Rechtzeitigkeit einer Flugbeförderung sind damit die vereinbarten und sich i.d.R. aus dem Reiseplan des Fluggastes bzw. aus dem veröffentlichten Flugplan ergebenden verbindlichen Abflug- und Ankunftszeiten, die als sog. Off-Block bzw. In-Block-Zeit den Zeitpunkt angeben, in dem das Flugzeug seine Parkposition verlässt bzw. erreicht. Diese Zeiten werden laut *Eurocontrol* inzwischen von den meisten Luftfahrtunternehmen auch als maßgebend akzeptiert; sie würden in der Regel herangezogen, wenn über Beschwerden der Fluggäste entschieden werde.[48]

Über die Festlegung der Flugzeiten haben es die Luftfahrtunternehmen somit aber auch selbst in der Hand, Flugverspätungen durch die Einplanung gewisser Pufferzeiten vorzubeugen.[49] Aus diesem Grund wurden auch bereits in der Denkschrift zum WA keine Bedenken gegen die Einführung der Verspätungshaftung des Luftfrachtführers in Art. 19 WA vorgebracht, denn, so die Denkschrift, der Luftfrachtführer könne sich über die Vereinbarung großzügiger Flugzeiten, die er auf jeden Fall einhalten könne, vor der Verspätungshaftung schützen.[50] Zu bedenken ist dabei jedoch ebenfalls, dass die Flugdauer u.a. maßgeblich über die Position entscheidet, in der der Flug auf den Bildschirmen der Computerreservierungssysteme (CRS) erscheint.[51] Diese Position wiederum ist ganz entscheidend für den Umsatz auf einer Flugstrecke, da Flüge in den Reisebüros – und dies ist immer noch der mit Abstand größte Vertriebsweg für die Fluggesellschaften – i.d.R. nach der Position in den CRS gebucht werden.[52] Von großer Bedeutung ist jedenfalls, dass der Flug auf der ersten Seite des Computerbildschirms erscheint, da Untersuchungen gezeigt haben, dass über 80 Prozent der Flüge von der ersten Bildschirmseite gebucht werden.[53]

---

[48] Siehe die Studie zu Passagierverspätungen von Eurocontrol, Analysis of Passenger Delay: An exploratory Case Study, EEC Note No. 10/02, August 2002, S. 7, zu finden auf der Website von Eurocontrol <www.eurocontrol.fr>.

[49] So auch *Goedhuis*, NA, S. 208; *Schmid*, TranspR 1985, 369, 370; *Schmid* in Giemulla/Schmid, MÜ, Art. 19 Rn. 9; *Fröhlich* S. 120; ähnlich auch bereits *Kaiser* (1936), S. 72; und der französische Delegierte Ripert auf der Warschauer Konferenz, II Conférence, S. 39. Ähnlich auch *Stadie*, S. 99. Siehe dazu ausführlich auch der Luftverkehrsbericht 2006 des Deutschen Zentrums für Luft- und Raumfahrt (DLR), S. 41 f., zu finden unter <www.dlr.de>.

[50] Siehe Denkschrift zum WA, S. 40.

[51] Vgl. Anhang I der VO (EWG) 2299/89 (Verhaltenscodex für Computerreservierungssysteme (CRS)) in der Fassung der VO (EWG) 3089/93 und VO (EG) 323/1999. Die Verordnung wurde nunmehr abgelöst durch VO (EG) 80/2009, ABl. L 35 v. 4.2.2009, S. 47.

[52] *Pompl*, S. 141 f.

[53] *Sabathil*, S. 38; *Pompl* S. 301.

§ 2 Abflug- und Ankunftsverspätung

Da der Fluggast und der vertragliche Luftfrachtführer im Luftbeförderungsvertrag i.d.R. eine feste Abflug- wie auch eine fest Ankunftszeit für die Luftbeförderung des Fluggastes vereinbaren, kann im Hinblick auf die Einhaltung dieser Zeiten grds. auch zwischen Abflug- und Ankunftsverspätungen des Fluggastes unterschieden werden.[54] So ist eine Ankunftsverspätung gegeben, wenn der Fluggast seinen Zielort erst nach der im Beförderungsvertrag vereinbarten Zeit erreicht. Das tatsächliche Eintreffen ist mit dem vereinbarten in Beziehung zu setzen.[55] Eine Abflugverspätung liegt hingegen vor, wenn der Fluggast seinen Abgangsort erst nach der im Flugplan vorgesehenen Zeit verlässt. Das tatsächliche Verlassen ist entsprechend mit dem vereinbarten in Beziehung zu setzen.

Rechtsprechung und Literatur dagegen differenzieren hinsichtlich der Rechtsfolgen einer Flugverspätung nicht eindeutig und systematisch zwischen beiden Verspätungsarten. So wird beispielsweise zwar allgemein angenommen, dass es sich bei dem Luftbeförderungsvertrag um ein absolutes Fixgeschäft handelt, die Frage, ob es sich um ein absolutes Fixgeschäft hinsichtlich des Abflugs- oder des Ankunftszeitpunktes oder beider Zeitpunkte handelt, wird jedoch regelmäßig nicht beantwortet.[56] Auch soweit bis zur Harmonisierung des Haftungsrechts im Luftverkehr trotz des angenommenen Fixgeschäftscharakters der Luftbeförderung vereinzelt zur Verzugshaftung des Luftfrachtführers nach nationalem Recht Stellung genommen wurde, wurde die Frage, welcher Zeitpunkt für den Verzugseintritt maßgeblich ist, regelmäßig nicht eindeutig beantwortet; zum Teil wurde auf die Abflugzeit abgestellt, zum Teil aber auch auf die Ankunftszeit oder beide Zeitpunkte.[57]

Fraglich ist aber, ob der Differenzierung zwischen Abflug- und Ankunftsverspätungen nicht auch rechtliche Bedeutung zukommt, ob nicht die Nichteinhaltung beider Zeitpunkte mit ggf. unterschiedlichen Rechtsfolgen verbunden ist. Das wiederum ist m.E. eine Frage der Fälligkeit der Beförde-

---

[54] So jüngst auch *Pohar*, S. 139 für die Eisenbahnbeförderung. Auch tatsächlich, z.B. bei der Dokumentation von Verspätungen, wird regelmäßig zwischen Abflug- und Ankunftsverspätungen unterschieden, hier allerdings im Hinblick auf die Verspätung bestimmter Flüge. Vgl. nur die Studie zu Passagierverspätungen von Eurocontrol, Analysis of Passenger Delay: An exploratory Case Study, EEC Note No. 10/02, August 2002, S. 6 f, zu finden auf der Website von Eurocontrol <www.eurocontrol.fr>, die vierteljährlichen Berichte der Association of European Airlines (AEA) über die Verspätungen europäischer Fluglinien, zu finden unter <www.aea.be> und den Luftverkehrsbericht 2006 des Deutschen Zentrums für Luft- und Raumfahrt (DLR), S. 41 ff., zu finden unter <www.dlr.de>.
[55] So auch *Fröhlich*, S. 149.
[56] Siehe dazu unter Punkt 3. Teil, 2. Kapitel, § 1 A. I. 1. a) Seite 134 und unter Punkt 3. Teil, 2. Kapitel, § 1 A. I. 1. b) Seite 135. Einzig *Fröhlich* differenziert zwar nicht umfassend aber doch hinsichtlich einiger Fragen zwischen Abflug- und Ankunftsverspätungen, S. 219, 246 ff., 253 ff.
[57] Siehe *Fröhlich*, S. 245 f. m.N.

rungsleistung.⁵⁸ Fraglich ist letztlich also, ob bei der Luftbeförderung sowohl die Abflug- als auch die Ankunftszeit gemäß § 271 I BGB als Fälligkeitszeitpunkte vereinbart werden, ob also sowohl der rechtzeitige Abflug als auch die rechtzeitige Ankunft selbständig geschuldet werden und vom Fluggast verlangt werden können. Allgemein und auch im Werkvertragsrecht ist es dabei grds. möglich, sowohl den Beginn als auch das Ende einer Leistungshandlung als auch beide Zeitpunkte als Fälligkeitszeitpunkte zu vereinbaren.⁵⁹

Fragt man nun danach, was der Fluggast nach der Parteivereinbarung bei der Luftbeförderung vom vertraglichen Luftfrachtführer regelmäßig verlangen kann, ist sicherlich zunächst die vereinbarte Ankunftszeit als Fälligkeitszeitpunkt anzusehen.⁶⁰ Durch die Angabe der Ankunftszeit in Flugplänen und in der Reisebestätigung der Buchung bringt der Luftfrachtführer eindeutig zum Ausdruck, dass ein Flug und damit der Fluggast den Zielort zu einem bestimmten Zeitpunkt erreichen wird, die Einhaltung der Ankunftszeit wird zu einem wesentlichen Vertragsinhalt.⁶¹ Auf die rechtzeitige Ankunft richtet sich der Fluggast in seiner Terminplanung auch ein, diese wird sein primäres Ziel sein.⁶² Er bucht einen bestimmten Flug i.d.R., um nach der Ankunft am Zielort einen Termin wahrzunehmen oder um einen Anschlussflug zu erreichen.⁶³

Aber auch die Abflugzeit ist, wie oben gezeigt, aufgrund der Bezugnahme auf die Flugpläne oder aufgrund der Reisebestätigung genau bestimmt. Sie ist zudem als einziger Zeitpunkt im Flugticket angegeben.⁶⁴ Auch auf diese Zeit richtet sich der Fluggast ein. Zum Beispiel richtet er sich in seiner Ankunft am Flughafen, in der Planung von Übernachtungen vor dem Abflug und auch in der Einnahme von Mahlzeiten nach der vereinbarten Abflugzeit und hat allein schon darum ein Interesse an einem pünktlichen Abflug, damit

---

⁵⁸ Vgl. nur §§ 280 i.V.m. 286 oder 281 und 323 BGB.
⁵⁹ Siehe dazu ausführlich bereits *Fröhlich*, S. 246 f. m.w.N. Inzident jüngst auch *Pohar*, S. 139. So wird z.B. auch im Straßengüterverkehr zusätzlich zur Haftung für eine verspätete Ankunft auch eine Verzugshaftung des Frachtführers bejaht, der das zu befördernde Gut verspätet abholt bzw. übernimmt, siehe nur OLG Frankfurt/Main, TranspR 1991, 249, 250; *Basedow* in MünchKomm HGB, Art. 19 CMR Rn. 4. Siehe auch *Kaiser* in Staudinger (2001), § 361 Rn. 10 m.w.N., die sich für eine Anwendung von § 361 BGB a.F. analog ausspricht, wenn die Parteien einen genauen Abgangszeitpunkt vereinbaren. Zur Haftung des Herstellers nach VOB/B bei verzögerter Aufnahme und bei Verzug der Fertigstellung von Arbeiten siehe *Peters* in Staudinger (2003), § 633 Rn. 136 ff. Siehe schließlich auch Motive II, S. 483 f., in denen berichtet wird, dass das damalige Schweizer Recht ein Rücktrittsrecht des Bestellers für den Fall vorsah, dass der Unternehmer mit der Herstellung eines Werkes nicht rechtzeitig beginnt, und zwar ohne das ein Abwarten des Lieferungstermins erforderlich ist.
⁶⁰ So auch *Fröhlich*, S. 247.
⁶¹ Vgl. BGH NJW 1983, 1322, 1324 (Lufthansa).
⁶² *Fröhlich*, S. 219.
⁶³ BGH NJW 1983, 1322, 1324 (Lufthansa).
⁶⁴ Siehe die Studie zu Passagierverspätungen von Eurocontrol, Analysis of Passenger Delay: An exploratory Case Study, EEC Note No. 10/02, August 2002, S. 7, zu finden auf der Website von Eurocontrol <www.eurocontrol.fr>; *Sabathil*, S. 122.

nicht durch einen längeren Aufenthalt am Flughafen insofern, also für Mahlzeiten und Übernachtungen, zusätzlichen Kosten entstehen.[65]

Von Vorteil ist die Vereinbarung der Abflugzeit als Fälligkeitszeitpunkt für den Fluggast aber vor allen Dingen auch deshalb, weil er sich in diesem Fall bei einer vor Abflug bereits feststehenden bzw. vermuteten Verspätung an der Verspätung bzw. voraussichtlichen Verspätung des Fluges im Verhältnis zur planmäßigen Abflugzeit orientieren könnte, um zu entscheiden, ob eine Umdisponierung seiner Reisepläne erforderlich und sinnvoll ist. Nur in diesem Fall könnte der Fluggast nämlich vor dem Abflug Rücktritts- oder Schadensersatzansprüche, bei Anwendbarkeit nationalen Rechts nach § 323 und §§280 i.V.m. 281 BGB, (auch) im Hinblick auf die versäumte bzw. mit hinreichender Sicherheit nicht einhaltbare Abflugzeit geltend machen, die es ihm z.B. ermöglichen würden, gegen Erstattung des Beförderungsentgeltes auf einen Flug ganz zu verzichten oder ohne Mehrkosten auf einen anderen Luftfrachtführer umzubuchen. Diese Möglichkeit ist dabei für den Fluggast aus zwei Gründen von großer Bedeutung.

Zum einen wird eine Verspätung vor Abflug regelmäßig in der Form bekannt gegeben, dass sich der Abflug um eine bestimmte Zeit verzögert. Erfolgt keine Angabe ist die Abflugverspätung nach der Versäumung des vereinbarten Abflugtermins zumindest eine feststehende Tatsache. Allein aufgrund der angegebenen voraussichtlichen oder feststehenden Abflugverspätung könnte der Fluggast daher überlegen, ob er auf einen anderen Flug umbucht oder ein anderes Verkehrsmittel wählt, um seinen Zielort noch rechtzeitig zu erreichen oder die Reise abbricht, um die „gewonnene Zeit" anders zu nutzen.

Zum anderen wäre bei einer feststehenden oder angegebenen Abflugverspätung zwar hinsichtlich der Fluggastrechte vor dem Abflug auch die Orientierung des Fluggastes an einer sich daraus ergebenden voraussichtlichen Ankunftsverspätung denkbar. Das primäre Ziel des Fluggastes wird nämlich auch weiterhin nicht der rechtzeitige Abflug, sondern die rechtzeitige Ankunft am Zielort sein,[66] da regelmäßig nur diese einen Terminhintergrund[67] hat, insbesondere im Geschäftsreiseverkehr (Geschäftstreffen, Kongresse, Hin- und Rückflug am selben Tag)[68]. Daher wird sich der Fluggast i.d.R. auch ausrechnen, inwiefern sich eine bestimmte Abflugverspätung auf seine rechtzeitige Ankunft am Zielort auswirken wird. Folglich könnte die Abflugzeit als Fälligkeitszeitpunkt deshalb überflüssig sein, weil eine Abflugverspätung immer auch als eine voraussichtliche Ankunftsverspätung ausgedrückt werden könnte und dem Fluggast dann im Hinblick darauf u.U. bereits vor dem Abflug eine Umdisponierung der Reise möglich wäre. Entsprechende Rücktritts- und

---

[65] Ähnlich *Fröhlich*, S. 247.
[66] So auch *Fröhlich*, S. 219.
[67] Zum Terminhintergrund der Flugbeförderung BGH NJW 1983, 1322, 1324 (Lufthansa).
[68] *Ruhwedel*, Rn. 19.

Schadensersatzrechte können nämlich gemäß § 323 IV BGB bzw. gemäß §§ 280, 281 i.V.m. § 323 IV BGB analog[69] unter bestimmten Voraussetzungen bereits vor Fälligkeit geltend gemacht werden. Die Geltendmachung von Ansprüchen im Hinblick auf eine voraussichtliche Ankunftsverspätung wäre für den Fluggast vor dem Abflug jedoch mit erheblichen Beweisschwierigkeiten und damit mit erheblichen Nachteilen verbunden, setzt sie doch voraus, dass offensichtlich ist, dass die Rücktritts- bzw. Schadensersatzvoraussetzungen eintreten werden. Und zwar müsste jeweils mit an Sicherheit grenzender Wahrscheinlichkeit feststehen, dass die Voraussetzungen des Rücktritts bzw. des Schadensersatzanspruches eintreten werden, bloße Zweifel an der Leistungsfähigkeit des Schuldners genügen nicht.[70] Während aber die Abflugverspätung zum Zeitpunkt der Entscheidung des Fluggastes über eine Umdisponierung seiner Reisepläne i.d.R. eine feststehende Tatsache ist, kann eine Ankunftsverspätung vor dem Abflug dagegen nur vermutet werden. Zwar wird sich regelmäßig eine Abflugverspätung auch in einer Ankunftsverspätung fortsetzen,[71] es gibt jedoch auch Umstände, unter denen dies nicht der Fall sein muss. So könnte auf dem Flug aufgrund günstiger Wetter- und Luftströmungsbedingungen (Rückenwind)[72] oder durch eine erhöhte Geschwindigkeit unter Inkaufnahme eines höheren Kerosinverbrauchs u.U. Zeit wieder „gutgemacht" werden. Auch ist es denkbar, dass der Fluggast statt auf der ursprünglich geplanten Umsteigeverbindung nun auf einem Direktflug befördert wird und deswegen trotz der Abflugverspätung seinen Zielort noch rechtzeitig erreicht.[73] Offensichtlich i.S.v. § 323 IV BGB ist daher eine Ankunftsverspätung vor dem Abflug häufig nicht. Jedenfalls wäre der Fluggast zur Geltendmachung seiner Rechte vor dem Abflug zu weiteren Nachforschungen gezwungen bzw. er wäre abhängig von den Informationen des Luftfrachtführers über die voraussichtliche Ankunftszeit, denn den Fluggast träfe in einem Rückzahlungs- oder Schadensersatzprozess die Darlegungs- und Beweislast für die Voraussetzungen des § 323 IV BGB.

Die Unsicherheit über die Offensichtlichkeit der Ankunftsverspätung darf aber m.E. nicht zu Lasten des Fluggastes gehen, sondern er muss sich bereits

---

[69] *Jaensch*, NJW 2003, 3613, 3614; *Göller*, JuS 2002, 1177 f; *Ramming* ZGS 2002, 412, 416; a.A. *Jauernig/Stadler*, § 281 Rn. 6; *Dauner-Lieb* in AnwK-BGB, § 281, Rn. 21 m.w.N.

[70] *Mossler*, ZIP 2002, 1831, 1832; *Palandt/Grüneberg*, § 323 Rn. 23.

[71] Es ist sogar zu befürchten, dass es zu einer noch größeren Ankunftsverspätung kommt, da der Zielflughafen nicht mehr zu beantragten planmäßigen Zeit angeflogen werden kann und deswegen vielleicht überlastet ist.

[72] *Schmid* in *Giemulla/Schmid*, MÜ, Art. 19 Rn. 29, *Schmid*, TranspR 1985, 369, 371; *Goedhuis*, NA, S. 208.

[73] Das wiederum setzt allerdings voraus, dass, wie hier vertreten, ein bestimmter Flug mit einer bestimmten Flugnummer von den Parteien grds. nicht als Vertragsgegenstand vereinbart wird, da sonst eine ernsthafte und endgültige Erfüllungsverweigerung bzgl. der zunächst geplanten Flüge vorliegen würde.

allein aufgrund der feststehenden oder offensichtlichen (§ 323 IV BGB) Abflugverspätung entscheiden können, ob er den gebuchten Flug wahrnimmt und darauf vertraut, rechtzeitig anzukommen, oder nicht. Die Unsicherheit über die vielleicht noch rechtzeitige Ankunft darf nicht in seinen Risikobereich fallen. Letztlich ließe sich vermutlich häufig erst im Nachhinein klären, ob ein Rücktritt oder Schadensersatzanspruch bereits aufgrund der voraussichtlichen Ankunftsverspätung möglich war, eine für den Fluggast sehr unbefriedigende Situation, da er sich natürlich im Vorhinein über die Konsequenzen seines Handelns im Klaren sein möchte. Zudem wäre aufgrund der Abhängigkeit von den Informationen durch den Luftfrachtführer auch dem Missbrauch Tür und Tor geöffnet. Jedenfalls mit zu optimistischen Einschätzungen bzgl. der Ankunftszeit könnte der Luftfrachtführer so die Rechte des Fluggastes unterminieren. Dieser könnte sich damit im Vorhinein nur in ganz eindeutigen Fällen seiner Rechte sicher sein, wenn z.B. aufgrund der Abflugverspätung auch bereits die Ankunftszeit des vereinbarten Fluges überschritten ist oder wenn der Luftfrachtführer die voraussichtliche Ankunftsverspätung bestätigt oder wenn dem Luftfrachtführer eine eindeutige Informationspflichtverletzung zur Last zu legen ist. Der Fluggast möchte m.E. deshalb für den Luftfrachtführer erkennbar regelmäßig zusätzlich auch den Abflugzeitpunkt als Fälligkeitszeitpunkt für den Beginn der Leistungshandlung vereinbaren.[74] Er möchte vor dem Abflug auch in rechtlicher Hinsicht aufgrund feststehender Tatsachen über die mögliche Umdisponierung seiner Reisepläne entscheiden können.

Darüber hinaus sprechen aber auch andere Überlegungen für die zusätzliche Fälligkeit der Luftbeförderung zum Abflugzeitpunkt. So hat die Rechtsprechung zum Luftbeförderungsvertrag zwar bisher bei der Annahme eines absoluten Fixgeschäftes nicht eindeutig Stellung zu der Frage genommen, auf welchen Zeitpunkt bezogen es sich um ein absolutes Fixgeschäft handelt, die allermeisten Entscheidungen betrafen jedoch den Abflugzeitpunkt.[75]

Wäre der rechtzeitige Abflug nicht geschuldet, wäre z.B. auch fraglich, ob ein Verzögerungsschaden, der dem Fluggast aufgrund eines nicht rechtzeitigen Abflugs entstanden ist, wie z.B. die Mehrkosten für Verpflegung, Telefongespräche und ggf. Übernachtung, aufgrund einer späteren Ankunftsverspätung überhaupt ersetzt werden müsste, denn adäquat kausal beruht dieser Schaden keineswegs auf der späteren Ankunftsverspätung. Deutlicher wird diese Überlegung noch, wenn man bedenkt, dass es, zugegebenermaßen selten, Konstellationen geben kann, in denen sich der Abflug des Fluggastes verzögert, dem Fluggast insofern auch ein Verzögerungsschaden entsteht, in denen dem Fluggast aufgrund einer doch noch rechtzeitigen Ankunft dann aber kein Schadensersatzanspruch zusteht, der diese Schäden auch nur potenziell mit-

---

[74] So auch *Fröhlich*, S. 247. Keine Bedeutung in diesem Sinne kommt dagegen der Meldeschlusszeit zu, so richtig *Fröhlich*, S. 248.
[75] Siehe dazu ausführlich unter Punkt 3. Teil, 2. Kapitel, § 1 A. I. 1. a) Seite 134.

umfassen könnte.⁷⁶ Wäre in diesen Konstellationen der rechtzeitige Abflug nicht geschuldet, würde der Fluggast m.E. grds. keinen Ersatz für derartige Schäden verlangen können.

Für die zusätzliche Fälligkeit der Luftbeförderung zum Abflugzeitpunkt spricht aber vor allem die Regelung der Flugverspätung in Art. 6 der neuen FluggastrechteVO, die die Rechte des Fluggastes bei einer Flugverspätung daran knüpft, ob „nach vernünftigem Ermessen" absehbar ist, dass sich „der Abflug gegenüber der planmäßigen Abflugzeit verzögert".⁷⁷ Nicht erfasst von der VO ist dagegen die Ankunftsverspätung.⁷⁸

Auch die FahrgastrechteVO (Eisenbahn), VO (EG) 1371/2007 über die Rechte und Pflichten der Fahrgäste im Eisenbahnverkehr,⁷⁹ knüpft im Übrigen Rechtsfolgen sowohl an die Abfahrts- als auch an die Ankunftsverspätung. Nach Art. 18 der Verordnung haftet das Eisenbahnunternehmen nämlich sowohl für Abfahrts- als auch für Ankunftsverspätungen im Eisenbahnverkehr. Gleiches gilt auch für den Vorschlag der Europäischen Kommission für eine Verordnung über die Passagierrechte im See- und Binnenschiffsverkehr.⁸⁰

Gegen die Fälligkeit der Luftbeförderung zum Abflugzeitpunkt könnte allerdings sprechen, dass es damit durchaus Konstellationen geben kann, in denen der Fluggast aufgrund einer Abflugverspätung möglicherweise berechtigt ist, vom Beförderungsvertrag zurückzutreten oder Schadensersatz statt der Leistung zu verlangen, obwohl die rechtzeitige Ankunft aus den oben genannten Gründen (Rückenwind, erhöhte Geschwindigkeit, Direktflug) noch möglich ist.⁸¹ Derartige Konstellationen dürften jedoch zum einen relativ selten sein, zum anderen kann man wohl davon ausgehen, dass ein Fluggast i.d.R. auf die Angaben des Luftfrachtführers vertraut, sollte dieser trotz der Abflugverspätung die rechtzeitige Ankunft glaubhaft versichern. Es besteht für einen Fluggast regelmäßig kein Grund, einen gebuchten Flug nicht wahrzunehmen, wenn er seinen Zielort auf diese Weise mit hinreichender Sicherheit noch rechtzeitig erreichen kann. Die Berufung auf ein Rücktrittsrecht

---

⁷⁶ Beispiel: Der Fluggast sollte ursprünglich auf einem Flug mit Zwischenlandung befördert werden, wird aber letztendlich auf einem späteren Direktflug befördert, der zur selben Zeit am Zielort ankommt, wie der ursprünglich geplante Flug. Die h.M. würde jedoch hier bereits Schadensersatz wegen Nichterfüllung zusprechen, da der Fluggast letztlich nicht auf dem durch die Flugnummer bestimmten Flug befördert wird, dazu unter Punkt 2. Teil, 3. Kapitel, § 2 D. IV. Seite 80.
⁷⁷ Vgl. Art. 6 VO (EG) 261/2004; eine Begründung für die Anknüpfung an die Abflugzeit lässt sich dem Kommissionsentwurf, der der Regelung zugrunde lag, KOM 2001, 784, jedoch nicht entnehmen.
⁷⁸ So auch *Schmid*, RRa 2004, 198, 202; *Lienhard*, GPR 2004, 259, 263; *Staudinger*, DAR 2007, 477.
⁷⁹ ABl. L 315 v. 3.12.2007, S. 14. Vgl. dazu auch *Kunz*, TranspR 2007, 226 ff.; *Schmidt*, RRa 2008, 154 ff.; *Staudinger*, EuZW 2008, 751 ff.
⁸⁰ Vgl. Artt. 17–20 des Vorschlages, KOM 2008, 816.
⁸¹ Siehe dazu auch unter Punkt 3. Teil, 2. Kapitel, § 2 A. IV. 2. c) Seite 250.

wäre unter solchen Umständen aber auch rechtsmissbräuchlich.[82] Ebenso muss die Geltendmachung eines Schadensersatzanspruches gemäß § 254 I BGB am überwiegenden Mitverschulden des Fluggastes an der Schadensentstehung scheitern, wenn dieser z.B. bei einer entsprechenden Abflugverspätung einen Ersatzflug zum Beförderungsziel oder einen Rückflug zum Ausgangspunkt bucht und dadurch zusätzliche Kosten verursacht, obwohl der Luftfrachtführer die noch rechtzeitige Ankunft zuvor glaubhaft versichert hatte. Die Schadensabwendungs- bzw. -minderungspflicht nach § 254 II 1 BGB gebietet es m.E. in diesem Fall, den gebuchten Flug bzw. den durch den Luftfrachtführer zugewiesenen Ersatzflug wahrzunehmen.[83]

Insgesamt lässt sich damit festhalten, dass bei der Luftbeförderung grds. sowohl der rechtzeitige Abflug als auch die rechtzeitige Ankunft geschuldet werden und die Luftbeförderungsleistung damit zu beiden Zeitpunkten fällig ist.[84]

---

[82] Genauer unter Punkt 3. Teil, 2. Kapitel, § 2 A. III. 4. d) Seite 228.
[83] Dazu unter Punkt 3. Teil, 2. Kapitel, § 2 A. IV. 4. Seite 271.
[84] Für die Fälligkeit der Luftbeförderung zum Abflugzeitpunkt ohne Begründung auch *Lienhard*, GPR 2004, 259, 263.

2. Kapitel Rechtsfolgen der Flugverspätung

§ 1 Vorfragen

Die Rechte des Fluggastes bei Flugverspätungen sind abhängig von drei größeren Vorfragen, die an dieser Stelle zunächst vorab genauer untersucht werden sollen, bevor dann im Einzelnen auf die Ansprüche des Fluggastes gegen den vertraglichen Luftfrachtführer eingegangen werden kann.

A. Fixgeschäft

An erster Stelle drängt sich die Frage auf, ob der Luftbeförderungsvertrag ein Fixgeschäft ist und wenn ja um welche Art von Fixgeschäft es sich ggf. handelt. Während beim absoluten Fixgeschäft die Leistungszeit so wesentlich ist, dass eine Überschreitung der Leistungszeit zur Unmöglichkeit der Leistung führt, die Leistung also nicht mehr nachholbar ist, wird die Leistung beim relativen Fixgeschäft grundsätzlich nicht unmöglich, der Gläubiger ist jedoch gemäß § 323 II Nr. 2 BGB in diesem Fall zum sofortigen Rücktritt vom Vertrag ohne Nachfristsetzung berechtigt.[1]

Zu fragen ist daher nach der Bedeutung, die der Leistungszeit bei der Luftbeförderung von den Parteien des Luftbeförderungsvertrages regelmäßig zugemessen wird, wobei auch hier eindeutig zwischen dem Überschreiten der Abflugzeit und dem Überschreiten der Ankunftszeit zu unterscheiden ist, da der Fixgeschäftscharakter eines Geschäftes naturgemäß immer nur bezogen auf eine bestimmte Leistungszeit vereinbart werden kann. Fraglich ist also konkret, ob der Abflugzeit und/oder der Ankunftszeit bei der Luftbeförderung nach der Parteivereinbarung über die bereits dargelegte Bedeutung als Fälligkeitszeitpunkt und über die Bedeutung als kalendermäßige Bestimmung i.S.v. § 286 II Nr. 1 BGB hinaus Bedeutung im Sinne eines absoluten oder relativen Fixgeschäftes zukommt.[2]

---

[1] Vgl. nur *Palandt/Grüneberg*, § 323 Rn. 19.
[2] Vgl. allgemein *Kaiser* in *Staudinger* (2001), § 361 Rn. 12.

I. Bedeutung der Abflugzeit

1. Absolutes Fixgeschäft

Die Abflugzeit könnte zunächst derart große Bedeutung für die Vertragsparteien des Luftbeförderungsvertrages haben, dass regelmäßig die Vereinbarung eines absoluten Fixgeschäfts bezogen auf die Abflugzeit anzunehmen ist.

a) Rechtsprechung

Nach ständiger Rechtsprechung der deutschen Gerichte handelt es sich bei einem Luftbeförderungsvertrag, insbesondere dann wenn Gegenstand des Vertrages die Beförderung von Personen ist, um ein absolutes Fixgeschäft.[3] IdR wird dabei die Fixgeschäftseigenschaft aber nur festgestellt[4] oder allenfalls eine floskelhafte Begründung dergestalt geliefert, dass es sich um einen bestimmten Flug mit „OK-Status"[5] oder um einen Flug an einem bestimmten Tag zu einer bestimmten Uhrzeit[6] handele und damit der Fixgeschäftscharakter gegeben sei. Zum Teil findet sich auch die Begründung, dass die Einhaltung der Leistungszeit wesentlicher Inhalt der Leistungspflicht des Luftfrachtführers sei.[7] Die Rechtsprechung geht, soweit ersichtlich, auf drei Urteile des BGH zurück, in denen dieser zunächst für einen Reisevertrag über eine pauschale Sonderflugreise,[8] dann für einen Luftbeförderungsvertrag über die Beförderung

---

[3] BGH NJW 1979, 495; OLG Koblenz RRa 2008, 181, 182 m. Anm. *Staudinger*; OLG Düsseldorf NJW-RR 1993, 823 f; OLG Düsseldorf TranspR 1991, 106, 107 (Frachtbeförderung); OLG Frankfurt/Main ZLW 1997, 540; OLG Frankfurt/Main TranspR 1992, 366; OLG Frankfurt/Main TranspR 1984, 297, 298; OLG Köln TranspR 2002, 29, 30; OLG Köln, NJW-RR 1994, 632 (inzident); OLG Düsseldorf TranspR 1997, 150, 151 (das Urteil ist jedoch bereits in sich widersprüchlich wenn es die Beförderungsleistung zunächst für unmöglich erachtet und sie sodann für möglich hält). Bemerkenswert ist auch OLG Frankfurt/Main ZLW 1984, 177, 179 und 181; für die erste Teilstrecke wird der Fixgeschäftscharakter der Luftbeförderung hier inzident verneint, während er für die zweite Teilstrecke bejaht wird, m.E. je nach gewünschter Rechtsfolge; trotzdem wird die Beförderung auf der zweiten Teilstrecke zunächst weiterhin für möglich gehalten. Vgl. auch *Ruhwedel*, Rn. 153 und *Fröhlich*, S. 209 m.w.N. Anders jetzt allerdings BGH, Urt. v. 28.5.2009, Az.: Xa ZR 113/08 = BeckRS 2009, 19293.

[4] BGH NJW 1979, 495; OLG Düsseldorf TranspR 1997, 150, 151; OLG Düsseldorf NJW-RR 1993, 823 f.; OLG Frankfurt/Main ZLW 1984, 177, 181; OLG Köln TranspR 2002, 29, 30.

[5] LG Frankfurt/Main TranspR 1991, 145; LG Berlin ZLW 1982, 84, 87; der „OK-Status" (Vermerk im Ticket) bedeutet dabei, dass die Platzbuchung für diesen bestimmten Flug vorgenommen wurde.

[6] OLG Frankfurt/Main TranspR 1992, 366; LG Berlin ZLW 1982, 84, 87; das OLG Düsseldorf verneinte in einem Fall mangels Vorliegens einer solchen Bestimmung den Fixgeschäftscharakter eines Luftbeförderungsvertrages, OLG Düsseldorf TranspR 1991, 106, 107.

[7] AG Bad Homburg ZLW 2001, 125, 126.

[8] BGHZ 60, 14, 16 = NJW 1973, 318. (Es handelt sich hier wohl um einen Vertrag über eine Pauschalreise, der vor Einfügung der Vorschriften über den Reisevertrag ins BGB als Werkvertrag angesehen wurde.)

auf einem Charterflug⁹ und schließlich für einen Luftbeförderungsvertrag über die Beförderung auf einem Linienflug¹⁰ festgestellt hat, dass es sich bei den jeweiligen Verträgen um absolute Fixgeschäfte handele.¹¹ Im letzten Fall spricht der BGH dabei zwar nicht ausdrücklich von einem absoluten Fixgeschäft, aus dem Kontext lässt sich jedoch auf die Annahme eine absoluten Fixgeschäftes schließen, obwohl der BGH sich auch auf *Rudolf*¹² beruft, der den Luftbeförderungsvertrag nach der Platzbuchung wohlgemerkt als Fixgeschäft i.S.v. § 361 a.F. BGB bezeichnet. Insgesamt geht aber auch der BGH in allen drei Fällen mehr oder weniger ohne Begründung von dem Vorliegen eines absoluten Fixgeschäftes aus.

Die Rechtsprechung hat sich inzwischen so verfestigt, dass sie heute nicht mehr ernsthaft in Frage gestellt wird, was angesichts der nicht vorhandenen Begründung verwundert.¹³ Nur vereinzelt finden sich Entscheidungen, die von der Linie der Rechtsprechung abweichen und von dem Vorliegen eines relativen Fixgeschäftes ausgehen.¹⁴ Nicht eindeutig wird von den Gerichten allerdings die Frage beantwortet, hinsichtlich welchen Zeitpunktes ein absolutes Fixgeschäft gegeben ist. Häufig wird insofern nicht deutlich Stellung bezogen,¹⁵ wobei eine Stellungnahme wegen gänzlich unterbliebener Beförderung oder angesichts großer Verschiebungen des Abflugzeitpunktes teilweise auch nicht notwendig war.¹⁶ Die meisten Entscheidungen beziehen sich jedoch auf eine Versäumung des Abflugzeitpunktes.¹⁷

b) Literatur

Auch die bisher herrschende Meinung in der Literatur geht in Anlehnung an die Rechtsprechung des BGH und teilweise ohne weitere Begründung davon aus, dass der Luftbeförderungsvertrag regelmäßig als absolutes Fixgeschäft zu qualifizieren ist.¹⁸ Dies wird zumindest für die Personenbeförderung ange-

---

⁹ BGH NJW 1974, 1046, 1047.
¹⁰ BGH NJW 1979, 495.
¹¹ So auch *Fröhlich*, S. 210.
¹² *Rudolf*, ZLW 1971, 153, 162.
¹³ So auch *Fröhlich*, S. 210.
¹⁴ AG Düsseldorf, TranspR 2000, 263, 264.
¹⁵ BGH NJW 1979, 495; OLG Düsseldorf TranspR 1991, 106, 107; OLG Frankfurt/Main ZLW 1984, 177, 181; OLG Köln NJW-RR 1994, 632, LG Frankfurt/Main ZLW 1985, 376, 377; AG Köln ZLW 1986, 82, 84.
¹⁶ So auch *Fröhlich*, S. 210.
¹⁷ OLG Düsseldorf TranspR 1997, 150, 151; OLG Düsseldorf NJW-RR 1993, 823 f.; OLG Frankfurt/Main ZLW 1997, 540; OLG Frankfurt/Main TranspR 1992, 366; LG Berlin ZLW 1982, 84, 87; LG Frankfurt/Main NJW-RR 1989, 48; LG Frankfurt/Main TranspR 1991, 145; AG Frankfurt/Main TranspR 1998, 197, 198; AG Frankfurt/Main NJW-RR 1996, 1335, 1336; AG Bad Homburg NJW-RR 2001, 989.
¹⁸ Vgl. nur *Schwenk*, 2. Aufl., S. 648; *Schmid* in *Giemulla/Schmid*, MÜ, Art. 19 Rn. 98; *Schmid*, TranspR 1985, 369, 373 f.; *Reuschle*, Art. 19 MÜ Rn. 9.

nommen,[19] aber auch die Frachtbeförderung wird grundsätzlich als absolutes Fixgeschäft bezeichnet.[20] Zum Teil wird argumentiert, dass der Fluggast einen bestimmten Flug zu einer bestimmten Zeit buche, der zudem durch die Flugnummer konkretisiert werde.[21] *Vollmar* stellt darauf ab, dass es dem Fluggast grundsätzlich auf die Einhaltung der angegebenen Flugzeiten ankomme und u.U. auch darauf, dass Anschlussflüge erreicht werden, so dass im Normalfall ein absolutes Fixgeschäft vorliege, wobei abweichende Vereinbarungen aber möglich seien.[22] In der allgemeinen Kommentarliteratur wird der Luftbeförderungsvertrag sogar häufig als Beispiel für das absolute Fixgeschäft genannt.[23]

Zum Teil wird der Luftbeförderungsvertrag aber auch als absolutes Fixgeschäft im Sinne von § 361 a.F. BGB bzw. heute i.S.v. § 323 II Nr. 2 BGB bezeichnet, bei dem die Überschreitung der Leistungszeit zur Unmöglichkeit führe.[24] Andere halten § 361 a.f. BGB für anwendbar, obwohl sie den Luftbeförderungsvertrag zuvor als absolutes Fixgeschäft qualifiziert haben.[25] Diese Stimmen verkennen jedoch, dass § 361 a.f. BGB lediglich das relative Fixgeschäft regelte und in diesem Fall dem Gläubiger im Zweifel nur den Rücktritt vom Vertrag ohne Fristsetzung ermöglichte, während sich die Rechtsfolgen eines absoluten Fixgeschäfts allein nach Unmöglichkeitsregeln richteten[26]. Auch durch die Schuldrechtsreform haben absolute Fixgeschäfte keine Regelung im BGB erfahren. Ihre Rechtsfolgen richten sich auch weiterhin nach Unmöglichkeitsregeln,[27] während das relative Fixgeschäft heute in § 323 II Nr. 2 BGB geregelt ist, der in Anlehnung an § 361 a.F. BGB weiterhin ein Rücktrittsrecht ohne Fristsetzung vorsieht. An die Stelle der Auslegungsregel des § 361 a.F. BGB ist jedoch in der Regelung des § 323 II Nr. 2 BGB ein gesetzliches Rücktrittsrecht getreten.[28] *Tonner* schließlich bezeichnet den Luftbeförderungsvertrag als relatives Fixgeschäft, bei dem eine Verspä-

---

[19] *Giemulla/Schmid*, ZLW 1996, 380, 384; *Rabe* EWiR 1989, 203, 204.
[20] *Kronke* in MünchKomm HGB, Art. 19 WA 1955 Rn. 40; *Koller*, vor Art. 1 WA 1955 Rn. 18, Art. 19 WA 1955 Rn. 2.
[21] *Schmid*, TranspR 1985, 369, 373f.; *Giemulla*, EuZW 1991, 367, 368.
[22] *Vollmar*, S. 197. Die Möglichkeit einer abweichenden Vereinbarung befürwortet auch *Schmid* in *Giemulla/Schmid*, MÜ, Art. 19 Rn. 98.
[23] *Palandt/Heinrichs*, § 271 Rn. 17; *Wolf* in *Soergel* § 271 Rn. 26; *Gsell* in *Soergel*, § 323 Rn. 103; *Löwisch* in *Staudinger* (2004), § 275 Rn. 10; *Ernst* in *MünchKomm BGB*, § 323 Rn. 117 und § 275 Rn. 47 a.E., dort allerdings mit Zweifeln.
[24] *Führich*, Rn. 1001; *Führich*, NJW 1997, 1044, 1045; *Ruhwedel* Rn. 153, 190, 218, 551, 562. So auch OLG Köln TranspR 2002, 29, 30; AG Bad Homburg ZLW 2001, 125, 126. Nur insoweit wie diese Auslegung mit der FluggastrechteVO in Konflikt gerät, rückt *Führich* jüngst inkonsequenterweise von der Rechtsfolge Unmöglichkeit ab, *Führich*, MDR 2007, Sonderbeilage, 1, 8.
[25] *Schmid*, TranspR 1985, 369, 374.
[26] Vgl. nur *Kaiser* in *Staudinger* (2001), § 361 Rn. 15.
[27] Vgl. nur *Palandt/Heinrichs*, § 271 Rn. 17.
[28] *Palandt/Grüneberg*, § 323 Rn. 19.

tung zur Unmöglichkeit und nicht etwa zum Verzug führe,[29] und verkennt damit ebenso den Charakter des relativen Fixgeschäftes.

Während die Literatur somit bisher wie die Rechtsprechung überwiegend von dem Vorliegen eines absoluten Fixgeschäftes ausgeht, sucht man aber auch hier eine genaue Aussage zu der Frage, zu welchem Zeitpunkt ein absolutes Fixgeschäft gegeben ist, i.d.R. vergebens. Einige Ansichten stellen wohl auf den Abflugzeitpunkt ab,[30] zum Teil ist nur andeutungsweise erkennbar, dass man den Abflugzeitpunkt heranzieht,[31] während sich überwiegend überhaupt keine konkrete Aussage findet, und der Leser geneigt ist anzunehmen, dass wohl hinsichtlich beider Zeitpunkte ein absolutes Fixgeschäft vorliegt.[32]

In letzter Zeit mehren sich jedoch die Stimmen in der Literatur, die die dargestellte bereits Züge eines Dogmas[33] aufweisende Ansicht in Frage stellen.[34] So ist nach *Neumann* die undifferenzierte Einordnung des Luftbeförderungsvertrages als absolutes Fixgeschäft regelmäßig nicht sachgerecht, da sie dazu führe, dass der Fluggast bei jeder Verspätung seinen Beförderungsanspruch verliere und auf Sekundäransprüche beschränkt sei.[35] Vielmehr sei im Einzelfall zu prüfen, ob ein absolutes oder ein relatives Fixgeschäft vorliege, wobei auf die Interessen der Beteiligten, Dauer, Uhrzeit und Charakter der Beförderung abzustellen sei.[36] Auch bei *Neumann* wird allerdings nicht deutlich, hinsichtlich welchen Zeitpunktes ein Fixgeschäft ggf. vorliegt, aus dem Kontext lässt aber auf den Abflugzeitpunkt schließen.[37] Dem zustimmend sprechen sich *Stefula/Thoß* ebenfalls für eine Einzelfallwertung aus, die auf den Charakter der Beförderung und alle weiteren Umstände abstellt, sie sind darüber hinaus jedoch der Ansicht, dass der Luftbeförderungsvertrag wohl regelmäßig allenfalls als ein relatives Fixgeschäft anzusehen sei.[38] Auch *Stadie* geht davon aus, dass es sich bei dem Luftbeförderungsvertrag

---

[29] *Tonner*, RRa 2006, 278 in Anmerkung zu BG HS Wien RRa 2006, 276; so auch AG Frankfurt/Main RRa 2006, 181, 183; allerdings spricht *Tonner* sich inzwischen eindeutig für das Vorliegen eines relativen Fixgeschäftes aus, vgl. *Tonner*, II. Rn. 56.
[30] *Ruhwedel*, Rn. 153, 218 f., 562; *Vollmar*, S. 194 ff.; *Kronke* in MünchKomm HGB, Art. 19 WA 1955 Rn. 40; *Reuschle*, Art. 19 MÜ Rn. 9.
[31] *Schmid* in *Giemulla/Schmid*, MÜ, Art. 19, Rn. 98; *Schmid*, TranspR 1985, 369, 373 f.; *Giemulla*, EuZW 1991, 367, 368.
[32] *Schwenk*, 2.A, S. 648; *Rabe*, EWiR 1989, 203, 204; *Führich*, Rn. 1001; *Giemulla* in *Giemulla/Schmid*, LuftVG, § 48 Rn. 21; *Giemulla/Schmid*, ZLW 1996, 380, 384.
[33] *Fröhlich*, S. 212
[34] Unklar *Koller*, Art. 19 WA 1955 Rn. 3.
[35] *Neumann*, ZLW 1997, 217, 218 f.
[36] *Neumann*, ZLW 1997, 217, 219.
[37] Vgl. *Neumann*, ZLW 1997, 217, 218 f.
[38] *Stefula/Thoß*, TranspR 2001, 248, 251. Für das Vorliegen eines relativen Fixgeschäftes wohl auch *Basedow* in Buchbesprechung *Schwenk*, RabelsZ 46 (1982), 838, 845; *Kaiser* in *Staudinger* (2001), § 361 Rn. 9; *Ernst* in MünchKomm BGB, § 275, Rn. 47 a.E.; unklar *Rudolf*, ZLW 1971, 153, 162; *Hofmann/Grabherr*, § 44 LuftVG, Rn. 10.

jedenfalls nicht um ein absolutes, sondern allenfalls um ein relatives Fixgeschäft handele.[39] Wiederum äußern sich aber weder *Stefula/ Thoß* noch *Stadie* zu der Frage, bezogen auf welchen Zeitpunkt ggf. ein relatives Fixgeschäft anzunehmen ist, bei *Stadie* lässt sich aus dem Kontext allerdings auf den Abflugzeitpunkt schließen.[40] Ebenso betrachtet *Krüger* den Luftbeförderungsvertrag grds. nicht als absolutes, sondern als relatives Fixgeschäft i.S.v. § 361 a.F. BGB, er bezieht sich dabei jedoch wohl auf den Ankunftszeitpunkt.[41]

Schließlich ist auch *Fröhlich* der Ansicht, dass die Frage nach dem Fixgeschäftscharakter des Luftbeförderungsvertrages allein durch Auslegung der getroffenen Vereinbarungen ermittelt werden könne, dass im Normalfall aber nicht von dem Vorliegen eines absoluten Fixgeschäftes ausgegangen werden könne, sondern regelmäßig ein relatives Fixgeschäft vorliege.[42] Ein relatives Fixgeschäft komme aber lediglich hinsichtlich der Ankunftszeit in Betracht, da die Parteinen des Luftbeförderungsvertrages i.d.R. nur der Ankunftszeit, also dem rechtzeitigen Eintritt des Beförderungserfolges, besondere Bedeutung beimessen würden, nur die Einhaltung der Ankunftszeit werde zum wesentlichen Vertragsinhalt.[43]

Erst jüngst haben sich *Staudinger* und *Lienhard* gegen die Qualifizierung des Luftbeförderungsvertrages als absolutes Fixgeschäft ausgesprochen. *Staudinger* ist der Ansicht, dass regelmäßig lediglich ein relatives Fixgeschäft vorliege, weil der Fluggast sein Interesse an der Beförderung mit dem Verstreichen des Abflugtermins i.d.R. nicht verliere.[44] Er geht daher offenbar auch von einem relativen Fixgeschäft bezogen auf den Abflugzeitpunkt aus. Auch dürfe ein nur vorübergehendes Leistungshindernis über die Annahme eines absoluten Fixgeschäftes nicht zu einer dauernden Unmöglichkeit i.S.v. § 275 BGB führen, da in einem solchen Fall eigentlich nur eine vorübergehende Unmöglichkeit gegeben sei, die die Geltendmachung des Beförderungsanspruchs eben nur zeitweilig ausschließe.[45] *Lienhard* dagegen begründet die Ablehnung eines absoluten Fixgeschäftes mit Art. 6 FluggastrechteVO.[46] Da Art. 6 FluggastrechteVO Rechtsfolgen wie die Pflicht zur Gewährung von Unterstützungsleistungen im Fall einer Abflugverspätung eines Fluges von gewisser Dauer regele, setze er die Möglichkeit des Eintritts des Beförderungserfolges

---

[39] *Stadie*, S. 88 ff.
[40] *Stefula/Thoß*, TranspR 2001, 248, 251; *Stadie*, S. 88 ff.
[41] *Krüger*, S. 189 f.
[42] *Fröhlich*, S. 217 ff., 238.
[43] *Fröhlich*, S. 219.
[44] *Staudinger*, RRa 2005, 249, 251 f.; *Staudinger*, DAR 2007, 477, 478.
[45] *Staudinger*, RRa 2005, 249, 251 f. Diese Begründung ist m.E. jedoch nichtssagend, da über die Annahme eines absoluten Fixgeschäftes sogar in Fällen einer theoretisch weiter möglichen Beförderung mit Zeitüberschreitung eben dauernde Unmöglichkeit eintritt.
[46] *Lienhard*, GPR 2004, 259, 263.

weiter voraus, so dass das Vorliegen eines absoluten Fixgeschäftes ausscheide.[47]

Einen gänzlich neuen Vorschlag unterbreitet *Freitag*, der zwischen umbuchbaren und nicht umbuchbaren Luftbeförderungsverträgen unterscheiden will und nur letztere als absolutes Fixgeschäft qualifizieren will.[48]

c) *Eigene Stellungnahme*

Bezogen auf den Abflugzeitpunkt sprechen aus meiner Sicht mehrere gewichtige Gründe gegen die Qualifizierung des Luftbeförderungsvertrages als absolutes Fixgeschäft.

aa) *Bedeutung der Abflugzeit nach der Parteivereinbarung*

Charakteristisch für das absolute Fixgeschäft ist, dass die Einhaltung der genau bestimmten Leistungszeit so wesentlich ist, dass eine verspätete Leistung keine Erfüllung mehr darstellt.[49] Der erstrebte Leistungszweck kann keinesfalls mehr erreicht werden, wenn die Leistungszeit überschritten ist.[50] Die Leistung verliert ihren Sinn.[51] Der zeitgebundene Vertragzweck bestimmt den Gegenstand der Leistung derart, dass mit Zeitablauf der geschuldete Gegenstand nicht mehr erbracht werden kann.[52] Bei Überschreitung der Leistungszeit tritt daher Unmöglichkeit ein.[53]

Ob die Leistungszeit dabei derart wesentlich ist, ist dem vereinbarten Zweck des Vertrages und der gegebenen Interessenlage für den Gläubiger zu entnehmen.[54] Ähnlich formuliert *Nastelski*, dass der besondere Vertragszweck in den Inhalt des Schuldverhältnisses einbezogen worden sein muss.[55] Es stellt sich daher die Frage, ob die Bedeutung der Abflugzeit bei der Flugbeförderung nach dem Inhalt des Schuldverhältnisses i.d.R. derart hoch ist, dass der erstrebte Leistungszweck bei einer Überschreitung der Abflugzeit nicht mehr erreicht werden kann, Erfüllung also nicht mehr möglich ist.

---

[47] *Lienhard*, GPR 2004, 259, 263.
[48] *Freitag*, TranspR 2006, 444 ff., 446.
[49] RGZ 108, 158; 51, 347, 348; *Kaiser* in Staudinger (2001), § 361 Rn. 15; Palandt/Heinrichs, § 271 Rn. 17.
[50] *Ernst* in MünchKomm BGB, § 275 Rn. 46 und § 286 Rn. 39; *Larenz*, § 21 I a.
[51] *Nastelski*, JuS 1962, 289, 295
[52] *Nastelski*, JuS 1962, 289, 294 f.; *Gsell* in Soergel, § 323 Rn. 103; *Westermann* in Erman, § 323, Rn. 19; ähnlich *Medicus*, BürgR, Rn. 160.
[53] BGHZ 60, 14, 16 = NJW 1973, 318; *Löwisch* in Staudinger (2004), § 275 Rn. 9; *Gsell* in Soergel, § 323 Rn. 103; *Kaiser* in Staudinger (2001), § 361 Rn. 15; Palandt/Heinrichs, § 271 Rn. 17.
[54] *Palandt/Heinrichs*, § 271 Rn. 17.
[55] *Nastelski*, JuS 1962, 289, 295.

Dabei kann es entgegen *Vollmar*[56] für das Vorliegen eines absoluten Fixgeschäftes m.E. nicht ausreichen, dass es dem Fluggast für den Luftfrachtführer erkennbar auf die Einhaltung der angegebenen Flugzeiten ankommt, da grds. jeder Gläubiger an der Einhaltung der Leistungszeit interessiert ist, die Leistung daher regelmäßig durch Überschreitung der Leistungszeit nicht ihren Sinn verliert.[57] Vielmehr ist grds. im Einzelfall durch Auslegung der getroffenen Vereinbarungen zu ermitteln, ob ein absolutes Fixgeschäft bzgl. der Abflugzeit gegeben ist.[58] Dazu sind sämtliche Umstände heranzuziehen, die das Beförderungsverhältnis betreffen.[59] Auch außerhalb des Erklärungsaktes liegende Umstände sind zu berücksichtigen, soweit sie einen Schluss auf den Sinngehalt der Erklärung zulassen.[60] Nicht gefolgt werden kann daher auch insofern *Vollmar*[61], die bestimmte Umstände wie die Größe des Liniennetzes, die Regelmäßigkeit der Flugverbindung, die Art der Fluggesellschaft und die Art des eingesetzten Fluggerätes von vornherein nicht berücksichtigen will.[62] *Neumann* dagegen nennt wohl beispielhaft den Charakter der Beförderung (Linie oder Charter, Urlaubs- oder Geschäftsreise), Dauer und Uhrzeit als zu berücksichtigende Umstände.[63] Große Aussagekraft haben die genannten Umstände allerdings nicht.[64] Sie betreffen vielmehr alle den Regelfall der Luftbeförderung.

Im Regelfall der Luftbeförderung wird die Abflugzeit jedoch keine derart große Bedeutung für den Flugpassagier haben, dass der erstrebte Leistungszweck bei einer Überschreitung der Abflugzeit nicht mehr erreicht werden kann. Primär erstrebter Leistungszweck des Fluggastes, Rundflüge zu Besichtigungszwecken ausgenommen,[65] dürfte nämlich regelmäßig die Beförderung vom Abgangs- zum Bestimmungsort sein, also eine Ortsveränderung, die auch bei Abflugverspätungen grds. noch erreicht werden kann. Anders formuliert, das Interesse des Fluggastes, überhaupt befördert zu werden, überwiegt i.d.R. das Interesse, dazu auch noch rechtzeitig befördert zu werden; der Eintritt des Beförderungserfolges steht eindeutig im Vordergrund.[66] Ganz besonders deut-

---

[56] *Vollmar*, S. 197.
[57] So auch *Fröhlich*, S. 218.
[58] So auch *Neumann*, ZLW 1997, 217, 219; *Fröhlich*, S. 217, *Vollmar*, S. 197. Ähnlich jetzt auch BGH, Urt. v. 28.5.2009, Az.: Xa ZR 113/08 = BeckRS 2009, 19293.
[59] *Fröhlich*, S. 217; *Stefula/Thoß* TranspR 2001, 248, 251; und so wohl auch *Neumann*, ZLW 1997, 217, 219.
[60] BGH NJW-RR 2000, 1002, 1004; *Palandt/Heinrichs/Ellenberger*, § 133 Rn. 15.
[61] *Vollmar*, S. 198.
[62] So auch *Fröhlich*, S. 217.
[63] *Neumann*, ZLW 1997, 217, 219.
[64] So auch *Fröhlich*, S. 217.
[65] Hier dürfte aber auch die Flugzeit keine Rolle spielen.
[66] So auch *Fröhlich*, S. 218 f; *Stefula/Thoß*, TranspR 2001, 248, 251; ähnlich *Staudinger*, RRa 2005, 249, 251, 253 und *Staudinger*, S. 28 für die Eisenbahnbeförderung, der hier formuliert, dass die verspätete Beförderung üblicherweise noch als die ursprünglich ge-

lich wird dies, wenn man die Motivationslage eines Passagiers betrachtet, bei dem sich im Rahmen eines Hin- und Rückfluges der Abflug seines Rückfluges zum Abgangsort verzögert, und zwar insbesondere dann, wenn dies auch der Ort des regelmäßigen Aufenthalts des Fluggastes ist. Hier wird das Interesse des Passagiers daran, überhaupt befördert zu werden, das Interesse daran, rechtzeitig befördert zu werden, in aller Regel erheblich überwiegen.[67]

Aber auch in sonstigen Fällen steht der Beförderungserfolg für den Fluggast i.d.R. eindeutig im Vordergrund. Eine Flugreise verliert nämlich aufgrund einer Abflugverspätung regelmäßig nicht ihren Sinn. So führen Abflugverspätungen grundsätzlich nicht dazu, dass der Passagier, der Privatreisende wie der Geschäftsreisende[68], plötzlich sein Interesse an der Flugreise gänzlich verliert und alle Reisepläne „über Bord wirft", nachdem er die Reise i.d.r. länger geplant und vorbereitet hat und sich darauf eingerichtet hat. Daher nehmen Flugpassagiere Abflugverspätungen in Kauf und werden erfahrungsgemäß trotz einer Abflugverspätung in den allermeisten Fällen noch an ihr Reiseziel befördert. Sie richten sich sogar regelmäßig auf gewisse Zeitüberschreitungen ein,[69] und es bedarf im Einzelfall sicherlich einiger Überlegung seitens des Fluggastes, um doch auf einen geplanten Flug zu verzichten. Reisepläne werden also in aller Regel aufgrund einer Abflugverspätung nicht wertlos.

Das gilt m.E. selbst dann, wenn die Abflugverspätung mit an Sicherheit grenzender Wahrscheinlichkeit auch zu einer Ankunftsverspätung führt. Zwar werden Reisende vor allen Dingen ein Interesse an der rechtzeitigen Ankunft haben, da nur diese regelmäßig einen Terminhintergrund[70] hat und die rechtzeitige Terminwahrnehmung insbesondere im Geschäftsreiseverkehr (Geschäftstreffen, Kongresse, Hin- und Rückflug am selben Tag) von entscheidender Bedeutung ist,[71] i.d.R. werden gewisse Ankunftsverspätungen bei der Terminplanung aber berücksichtigt und darüber hinaus wird zumindest ein gewisser Spielraum für die Verlegung eines Termins gegeben sein. Auch die Aussicht auf nutzlos aufgewendete Urlaubszeit i.S.v. § 651 f II BGB macht eine Flugreise grds. nicht von vorne herein sinnlos für den Fluggast, da i.d.R. der Erholungseffekt immer noch erzielt werden kann.[72]

---

schuldete Leistung angesehen wird. Dann muss aber der Beförderungserfolg im Vordergrund stehen.

[67] So auch *Stadie*, S. 90; *Neumann*, ZLW 1997, 217, 219, Fn. 10; *Staudinger*, RRa 2005, 249, 253.
[68] Auch für Geschäftsreisende steht wohl grds. der Beförderungserfolg im Vordergrund, so auch *Fröhlich*, S. 218.
[69] So auch *Schmid* in *Giemulla/Schmid*, MÜ, Art. 19, Rn. 12 und *Schmid*, TranspR 1985, 369, 370 für den vernünftig denkenden Fluggast.
[70] Zum Terminhintergrund siehe BGH NJW 1983, 1322, 1324 (Lufthansa).
[71] So auch *Ruhwedel*, Rn. 190.
[72] § 651 f II BGB ist allerdings nicht analog anwendbar auf den Luftbeförderungsvertrag, siehe insbesondere *Stadie*, S. 169 und 243 f.

Schließlich wird auch die Tatsache, dass bei einer gewissen Abflugverspätung des Zubringerfluges bereits davon ausgegangen werden kann, dass Anschlussflüge verpasst werden, regelmäßig nicht dazu führen, dass der Zubringerflug für den betroffenen Passagier wertlos wird. Das zeigt sich darin, dass Fluggäste, die von einer solchen Abflugverspätung betroffen sind, i.d.R. den Zubringerflug trotzdem in Anspruch nehmen und dann die regelmäßig bestehenden anderen Möglichkeiten der Weiterreise nutzen, deren Kosten grds. ersatzfähig sind,[73] sofern sie überhaupt entstehen. Aufgrund der dichten Flugabfolge im Linienverkehr und den zahlreichen Möglichkeiten der Beförderung mit anderen Beförderungsmitteln, ist im Regelfall nämlich gewährleistet, dass der Passagier trotz des verpassten Anschussfluges sein Beförderungsziel möglichst ohne allzu große Verspätung noch erreicht.[74]

bb) Entfallen des Beförderungsanspruchs

Da der Fluggast sein Interesse an der Beförderung bei Abflugverspätungen, wie soeben festgestellt, grds. nicht verliert und die Beförderung daher regelmäßig nicht sinnlos wird, ist es auch nicht sachgerecht, dass der Fluggast bei einer Abflugverspätung seinen Erfüllungsanspruch aus dem Beförderungsvertrag verliert.[75] Geht man jedoch wie große Teile der Rechtsprechung und Literatur davon aus, dass bei der Luftbeförderung ein absolutes Fixgeschäft hinsichtlich der Abflugzeit gegeben ist, würde gerade diese Rechtsfolge gemäß § 275 I BGB mit dem Eintritt der Unmöglichkeit zwangsläufig eintreten.[76] Unerheblich wäre dann grds. auch die Dauer der Abflugverspätung. Bereits bei geringfügigen Verspätungen würde der Fluggast seinen Beförderungsanspruch verlieren. Gewisse Korrekturen wären allenfalls im Rahmen von § 242 BGB möglich,[77] und müssten sich daher wohl auf sehr geringfügige Zeitüberschreitungen beschränken[78]. Andernfalls würde man die Qualifizierung als absolutes Fixgeschäft ad absurdum führen.[79]

Wenn also die luftrechtliche Literatur und Rechtsprechung teilweise recht große Zeitüberschreitungen rechtfertigt, offenbar weil das zur Unmöglichkeit führende Ergebnis doch nicht als richtig empfunden wird, bestätigen sie

---

[73] Vgl. Art. 19 MÜ; a.A. wohl *Fröhlich*, S. 218, der grds. ein absolutes Fixgeschäft bejahrt, wenn für den Luftfrachtführer erkennbar ist, dass Anschlussflüge erreicht werden sollen.
[74] Ähnlich *Fröhlich*, S. 218.
[75] So auch *Staudinger*, RRa 2005, 249, 251. Sofern die Beförderung mit anderen Luftfrachtführern nicht möglich ist, ist der Fluggast sogar zwingend auf die Beförderung durch den ursprünglichen Luftfrachtführer angewiesen, siehe dazu auch das Beispiel bei *Stefula/Thoß*, TranspR 2001, 248, 251.
[76] Ebenso wäre gemäß § 326 I 1, 1. HS BGB der Anspruch auf die Gegenleistung ausgeschlossen, was i.d.R. auch nicht dem Interesse des Luftfrachtführers entsprechen dürfte. So auch *Fröhlich*, S. 219.
[77] So auch LG Hannover, NJW-RR 1986, 602, 603; *Palandt/Heinrichs*, § 271 Rn. 17.
[78] Ähnlich *Ernst* in MünchKomm BGB, § 275 Rn. 46.
[79] So auch *Fröhlich*, S. 215, Fn. 1156.

damit nur die Widersprüchlichkeit der eigenen Ansicht. *Schwenk* z.B. unterscheidet zwischen unwesentlichen Abweichungen von den Flugplanzeiten, wesentlichen rechtlich relevanten Abweichungen, die nicht einer Nichterfüllung gleichkommen und Verspätungen, die wegen ihres Ausmaßes als Nichterfüllung zu qualifizieren sind.[80] *Führich* hält in Anlehnung an Art. 6 FluggastrechteVO Abflugverspätungen je nach Streckenlänge von bis zu vier Stunden für grds. unerheblich.[81] Und *Ruhwedel* schließlich ist in Übereinstimmung mit der Rechtsprechung der Ansicht, dass jedenfalls bei einer Startverschiebung um ein[82] oder zwei[83] Tage nicht mehr von Verzug, sondern von Unmöglichkeit auszugehen ist.[84] Das wiederum lässt zumindest darauf schließen, dass *Ruhwedel* aber auch die Rechtsprechung Zeitüberschreitungen in größerem Umfang für unerheblich halten würden. Tatsächlich hat das *AG Frankfurt/Main* entschieden, dass bei einer Abflugverspätung von neuneinhalb Stunden bei einem zwölfstündigen Flug noch keine Unmöglichkeit vorläge, weil die Verspätung nicht zu einer völligen Änderung des Leistungsinhaltes führe, obwohl es zuvor den Luftbeförderungsvertrag als absolutes Fixgeschäft qualifiziert hatte.[85] Die Widersprüchlichkeit der Rechtsprechung wird in dieser Begründung dabei besonders deutlich, denn die Qualifizierung des Vertrages als absolutes Fixgeschäft impliziert doch bereits die Änderung des Leistungsinhaltes.[86]

IdR setzt sich die Rechtsprechung aber in Abflugverspätungsfällen, die nicht auf einer Überbuchung oder Annullierung beruhen und in denen es später zu einer Ankunftsverspätung des ursprünglichen Fluges kommt, mit der nach eigener Ansicht eigentlich gegebenen Unmöglichkeit aufgrund der vorliegenden Abflugverspätung nicht einmal auseinander, die Verspätung des Fluges wird bei internationalen Flügen dann regelmäßig im Hinblick auf die verspätete Ankunft des Fluggastes allein nach Art. 19 WA (jetzt Art. 19 MÜ) beurteilt.[87] Nicht gefolgt werden kann daher *Stadie*, der ausführt, dass die h.M. nur dann zu einer Verspätungshaftung nach Art. 19 WA kommt,

---

[80] *Schwenk*, 2. Aufl., S. 647 f.
[81] *Führich*, Rn. 1057.
[82] LG Berlin ZLW 1982, 84, 86.
[83] LG Frankfurt/Main TranspR 1985, 235; OLG Frankfurt/Main MDR 1989, 165.
[84] *Ruhwedel*, Rn. 562.
[85] AG Frankfurt/Main TranspR 1998, 197, 198; anders jedoch das OLG Düsseldorf NJW 1997, 930, dass in einem ähnlichen Fall von Unmöglichkeit ausgeht.
[86] Ähnlich auch *Fröhlich*, S. 217.
[87] Vgl. LG Frankfurt/Main TranspR 1991, 146, 147 (sechsstündige Abflugverspätung); LG Berlin ZLW 2003 272, 273; OLG Frankfurt/Main, RRa 2005, 78 ff. (Bereitstellung eines Ersatzflugzeuges erst am nächsten Tag); OLG Frankfurt/Main ZLW 1984, 177, 179, es handelt sich bei dieser Entscheidung um einen Überbuchungsfall, nicht jedoch um einen Überbuchungsfall im klassischen Sinn, da die Passagiere später lediglich in einem größeren Flugzeug und nicht mit einem anderen Flug befördert wurden; LG München I NJW 1978, 2454, die Entscheidung betrifft allerdings den Ausfall eines Fluges und die daraufhin verspätete Beförderung.

wenn die Verspätung während des Fluges entstanden ist, wenn es also zuvor zu einem rechtzeitigen Abflug gekommen ist,[88] was allerdings im Hinblick auf die eigene Systematik der h.M. konsequent wäre. Dass die Entscheidungen i.d.R. trotzdem als richtig einzustufen sind, hängt mit Art. 24 I WA (jetzt Art. 29 MÜ) zusammen, der die Ausschließlichkeit der Haftung nach Art. 19 WA (bzw. jetzt 19 MÜ) in Verspätungsfällen regelt.[89]

Würde man den Luftbeförderungsvertrag bezogen auf den Abflugzeitpunkt dagegen als relatives Fixgeschäft i.S.v. § 323 II Nr. 2 BGB qualifizieren, würde der Fluggast bei einer Abflugverspätung seinen Beförderungsanspruch nicht allein durch Zeitablauf verlieren.[90] Ihm stünde dann gemäß § 323 II Nr. 2 BGB lediglich ein gesetzliches Rücktrittsrecht ohne Nachfristsetzung zu. Somit würde man dem Fluggast seiner Interessenlage entsprechend eindeutig selber die Entscheidung darüber belassen, ob er im Einzelfall eine verspätete Beförderung wahrnehmen will oder nicht.[91] Er könnte auf eine Verspätungssituation flexibel reagieren. Das wäre m.E. auch sachgerecht, denn der Fluggast selber will und nur er kann auch bei Kenntnis der Abflugverspätung im Einzelfall für sich entscheiden, ob die Beförderung für ihn noch Sinn hat und ob der Leistungszweck noch erreicht werden kann, wobei diese Entscheidung u.U. sehr komplex sein kann und auch von der Dauer der Verspätung abhängig sein dürfte. So ist auch *Nastelski* allgemein der Ansicht, dass dann, wenn eine Leistung trotz Nichteinhaltens der Leistungszeit für den Berechtigten immer noch von Interesse sein kann, im Zweifel eher ein relatives Fixgeschäft als gewollt anzunehmen sei, es entspreche in diesem Fall grds. der Interessenlage, die Entscheidung über den Bestand des Geschäfts in die Hand des Berechtigten zu legen.[92]

cc) Qualifizierung der späteren Beförderung

Regelmäßig werden Fluggäste, die von einer Abflugverspätung betroffen sind, auch wenn diese auf einer Überbuchung oder Annullierung beruht, durch den vertraglichen Luftfrachtführer noch an ihren Zielort befördert. Die Tatsache, dass ein solcher Transport stattfindet, lässt dabei bereits die Annahme zweifelhaft erscheinen, dass aufgrund der Abflugverspätung Unmöglichkeit eingetreten ist,[93] denn offensichtlich konnte der Zweck des geschlossenen Vertrages durch die spätere Beförderung noch erreicht werden. Jedenfalls wollen regelmäßig offenbar sowohl der Fluggast als auch der ver-

---

[88] *Stadie*, S. 88.
[89] Dazu genauer unter Punkt 3. Teil, 2. Kapitel, § 1 C. Seite 192.
[90] Dieses Ergebnis ließe sich auch erreichen, wenn man den Luftbeförderungsvertrag überhaupt nicht als Fixgeschäft qualifizierte.
[91] So auch *Staudinger*, RRa 2005, 249, 253.
[92] *Nastelski*, JuS 1962, 289, 295.
[93] So auch *Stadie*, S. 90; *Fröhlich*, S. 215.

tragliche Luftfrachtführer trotz einer Abflugverspätung an der Beförderung festhalten. Fraglich ist daher, auf welcher rechtlichen Grundlage die weitere Beförderung bei der Annahme eines absoluten Fixgeschäftes und darauf beruhender Unmöglichkeit der ursprünglich vereinbarten Beförderung bei einer Abflugverspätung erfolgt.

Die Frage stellt sich dabei für die h.M. gar nicht so sehr in reinen Verspätungsfällen, sondern insbesondere in Überbuchungs- und Annullierungsfällen. In reinen Verspätungsfällen, in denen sich lediglich Abflug und Ankunft eines Fluges verspäten, wird der Eintritt der Unmöglichkeit von der h.M., wie soeben gezeigt, sehr zurückhaltend beurteilt. In Überbuchungs- und Annullierungsfällen, in denen der Fluggast auf einen späteren Flug (Ersatzflug) umgebucht wird und mit diesem Flug sein Beförderungsziel noch erreicht, welches auch hier der Regelfall sein dürfte, ist die h.M. dagegen sehr viel strenger und geht hier aufgrund des absoluten Fixgeschäftscharakters des Luftbeförderungsvertrages i.d.R. bereits mit dem Überschreiten der Abflugzeit vom Eintritt der Unmöglichkeit und damit dem Entfallen des Beförderungsanspruchs aus.[94]

Eine Antwort ist jedoch kaum möglich, was zusätzlich gegen die Qualifizierung der Luftbeförderung als absolutes Fixgeschäft spricht. Sofern der vertragliche Luftfrachtführer die Abflugverspätung und damit den Eintritt der Unmöglichkeit zu vertreten hat, aber überhaupt auch nur dann, könnte man die spätere Beförderung der Fluggastes zum einen als Beförderung im Rahmen eines Schadensersatzanspruches statt der Leistung gemäß § 283 i.V.m. § 280 I BGB auffassen. Der Luftfrachtführer ist bei einer Haftung aus § 283 i.V.m. § 280 I BGB nämlich gemäß § 249 I BGB grds. zur Naturalrestitution verpflichtet, also zur Herstellung des gleichen wirtschaftlichen Zustandes, der ohne das schädigende Ereignis bestehen würde[95]. Das hätte für den Fluggast den Vorteil, dass der Luftfrachtführer zur Beförderung verpflichtet wäre, es hätte für den Luftfrachtführer aber auch den Vorteil, dass eine Entschädigung in Geld gemäß § 250 BGB zunächst ausgeschlossen wäre, der Fluggast somit nicht ohne weiteres auf andere Luftfrachtführer zurückgreifen könnte.

Im Fall des Schadensersatzanspruches aus § 283 BGB würde eine Naturalrestitution jedoch auf die kraft Gesetzes ausgeschlossene Erfüllung der ursprünglichen Forderung hinauslaufen, die Herstellung des ursprünglichen Zustandes ist in diesem Fall daher rechtlich unmöglich, so dass gemäß § 251 I, 1. Alt. BGB grds. nur die Entschädigung in Geld in Betracht kommt.[96] Die spätere Beförderung des Fluggastes als Schadensersatzleistung zu qualifizie-

---

[94] Siehe insbesondere die Leitentscheidung BGH NJW 1979, 495; *Schmid* in *Giemulla/ Schmid*, MÜ, Art. 19, Rn. 98; ausführlicher unter Punkt 3. Teil, 2. Kapitel, § 1 B. III. 4. Seite 181.
[95] BGH NJW 1985, 793.
[96] Vgl. nur *Palandt/Heinrichs*, § 251 Rn. 3b; *Ebert* in *Erman*, § 251, Rn. 2; *Oetker* in MünchKomm BGB, § 251 Rn. 6.

ren, ist damit grds. ausgeschlossen.[97] Eine erfolgte Beförderung könnte man allenfalls als Vorteil im Rahmen der Schadensberechnung berücksichtigen. Es wäre auch widersprüchlich, zunächst von der Unmöglichkeit der Beförderungsleistung auszugehen, im Rahmen des § 251 I, 1. Alt. BGB dann aber die Herstellung des ohne das schädigende Ereignis bestehenden Zustandes durch Beförderung als möglich zu erachten.

Zu bedenken ist jedoch, dass nach § 251 I BGB lediglich im Gläubigerinteresse ein Anspruch auf Entschädigung in Geld besteht.[98] Es ließe sich daher u.U. argumentieren, dass § 251 I BGB für den Gläubiger dispositiv ist und er daher nach seiner Wahl trotzdem Naturalrestitution verlangen könnte. Der Schuldner wiederum wäre vor unverhältnismäßigen Aufwendungen über § 251 II BGB geschützt. Letztlich unbeantwortet bleibt aber nach wie vor die Frage, wie der Schuldner eine unmögliche Leistung erbringen soll. Diese Argumentation würde aus der Sicht des Luftfrachtführers zudem nicht zu dem gewünschten Ergebnis führen, dass der Fluggast grds. verpflichtet wäre, die spätere Beförderung durch den Luftfrachtführer wahrzunehmen. Zu seinen Gunsten könnte sich der Fluggast nämlich jederzeit auf § 251 I BGB berufen. *Schönwerth* geht dagegen ohne nähere Begründung und ohne Bedenken davon aus, dass der Reisende einen Schadensersatzanspruch erhält, der mit dem Erfüllungsanspruch inhaltlich übereinstimmt.[99]

Zum anderen könnte man bei einer auf einer Abflugverspätung beruhenden Unmöglichkeit der ursprünglichen Beförderung aber auch annehmen, dass der Fluggast aufgrund einer Schadensminderungspflicht gemäß § 254 II S. 1 BGB verpflichtet wäre, ein Angebot des Luftfrachtführers auf Abschluss eines neuen Beförderungsvertrags anzunehmen.[100] Es fragt sich dann jedoch einerseits, warum der ursprüngliche Erfüllungsanspruch überhaupt untergehen musste.[101] Andererseits ist fraglich, warum die Schadensminderungspflicht geeignet sein soll, dem Fluggast eine Beförderung aufzudrängen, die bei Annahme eines absoluten Fixgeschäftes grds. gar nicht mehr von Interesse für ihn ist. Auch kann eine solche Pflicht nicht grenzenlos bestehen, denn der Fluggast kann nicht verpflichtet sein, jedes spätere Beförderungsangebot des Luftfrachtführers anzunehmen. Teilweise wird daher unter Berufung auf Zumutbarkeitserwägungen versucht zu begründen, warum der Fluggast in bestimmten Situationen die ihm angebotene Beförderung zu Recht ablehnen darf.[102] Das Abstellen auf

---

[97] So auch *Stadie*, S. 92
[98] *Palandt/Heinrichs*, § 251 Rn. 1; *Oetker* in MünchKomm BGB, § 251 Rn. 2.
[99] *Schönwerth*, TranspR 1997, 414, 415.
[100] Ähnlich *Stadie*, S. 92, andeutungsweise *Giemulla*, EuZW 1991, 367, 368. Die eigentlich geschuldete Entschädigung in Geld gemäß § 251 I BGB wäre dies aber auch nicht. Gegen die Pflicht zum Abschluss eines neuen Beförderungsvertrages *Fröhlich*, S. 215 f.
[101] So auch *Stadie*, S. 92.
[102] *Schmid*, TranspR 1985, 369, 374 f.; AG Stuttgart NJW-RR 1992, 1082; ähnlich LG Berlin ZLW 1982, 84, 88, wenn dort aber ausgeführt wird, es sei die Annahme des Ersatzflugangebotes i.S.v. § 254 II BGB zumutbar, weil durch die Verzögerung der Zweck

Zumutbarkeitskriterien macht es für den Fluggast jedoch im Prinzip unmöglich, ein Ersatzflugangebot abzulehnen, da er nie sicher sein kann, ob dies im Einzelfall nicht zum Verlust seines Schadensersatzanspruches führt. An klare Regeln für den Fluggast, unter welchen Umständen er verpflichtet ist, die Dienste des ursprünglichen Luftfrachtführers in Anspruch zu nehmen, ist auf diesem Wege somit kaum zu denken. Auch mutet es komisch an, dass es dem Fluggast plötzlich unter bestimmten Bedingungen zumutbar sein soll, ein Ersatzflugangebot anzunehmen, nachdem die von dem Luftfrachtführer zu vertretende Pflichtverletzung gerade zur Unmöglichkeit der Beförderungsleistung geführt hat.[103] Ferner kann diese Ansicht nicht erklären, unter welchen Umständen der vertragliche Luftfrachtführer verpflichtet ist, überhaupt ein Angebot zu unterbreiten, was durchaus auch von Interesse für den Fluggast sein kann, z.B. weil eine bestimmte Flugstrecke nur von diesem einen Luftfrachtführer bedient wird. Allenfalls über § 249 I BGB ließe sich u.U. ein solcher Anspruch begründen, auch insofern bliebe es aber bei den oben genannten Bedenken.

Die aufgezeigten Probleme bestünden dagegen allesamt nicht, würde man den Luftbeförderungsvertrag nicht als absolutes Fixgeschäft einordnen. Ein Anspruch des Fluggastes auf Beförderung ergäbe sich dann auch in Abflugverspätungsfällen ohne weiteres aus dem Beförderungsvertrag. Und ebenso wäre auch der Fluggast grds. weiterhin an den Beförderungsvertrag gebunden. Will er die Beförderung ablehnen oder begehrt er Schadensersatz, so wäre dies dann nur unter den weiteren Voraussetzungen der §§ 323, 281 i.V.m. 280 BGB möglich.

dd) FluggastrechteVO

Die FluggastrechteVO der EG, die mit Art. 6 FluggastrechteVO erstmalig eine europäische Regelung im Bereich der Flugverspätung trifft, spricht ebenfalls gegen die Qualifizierung des Luftbeförderungsvertrages als absolutes Fixgeschäft. So geht die Verordnung gerade nicht davon aus, dass die im Luftbeförderungsvertrag vereinbarte Beförderungsleistung bei einem Überschreiten der Abflugzeit des gebuchten Fluges unmöglich wird und der Fluggast seinen Beförderungsanspruch verliert. Vielmehr basiert die Verordnung auf der Annahme, dass der Fluggast sein Interesse an der Beförderung bei einer Abflugverspätung grds. behält und seine Reise fortsetzen will.

Das wird zum einen deutlich an der Regelung in Art. 6 I i.V.m. Art. 9 FluggastrechteVO. Dort ist ein Anspruch auf typische Verzugsschäden vorbeugende Leistungen geregelt, wenn der Fluggast bei Absehbarkeit von Abflugverspätungen bestimmter Flüge in einer bestimmten Größenordnung einen

---

der Reise nicht gefährdet werde, fragt man sich, warum dann überhaupt Unmöglichkeit vorliegen soll.
[103] Ähnlich *Fröhlich*, S. 216.

Anspruch auf verschiedene Unterstützungsleistungen gegen das ausführende Luftfahrtunternehmen hat. Dieses ist z.B. ab einer bestimmten Verspätung verpflichtet, die betroffenen Fluggäste unentgeltlich mit Getränken und Mahlzeiten zu versorgen, bei Bedarf eine Hotelübernachtung und den Transport zum Hotel zu finanzieren und dem Fluggast Kommunikationsmöglichkeiten zu Benachrichtigung von Angehörigen und Freunden unentgeltlich anzubieten. Derartige Unterstützungsleistungen geben aber grds. nur Sinn, wenn der Beförderungsanspruch fortbesteht,[104] denn Bedarf für derartige Leistungen besteht typischerweise neben dem Anspruch auf die Hauptleistung.

Ganz konkret deutet zum anderen aber auch die Regelung des Art. 6 I lit. iii) i.V.m. Art. 8 I lit. a) FluggastrechteVO darauf hin, dass der Beförderungsanspruch des Fluggastes mit der Abflugverspätung nicht entfällt. Nach dieser Regelung hat der Fluggast erst bei einer absehbaren Abflugverspätung eines bestimmten Fluges von mehr als fünf Stunden einen Anspruch gegen das ausführende Luftfahrtunternehmen auf Erstattung der Flugscheinkosten für nicht zurückgelegte Reiseabschnitte und zurückgelegte Reiseabschnitte, soweit diese ihren Sinn verloren haben. Die Erstattung muss dem Fluggast nach der VO jedoch nur „angeboten" werden. Dieser hat somit die Wahl, ob er die Erstattung in Anspruch nimmt oder weiterhin seinen Beförderungsanspruch geltend macht. Die Regelung ist damit mit dem Rücktritt vom Beförderungsvertrag gemäß § 323 BGB im deutschen Recht vergleichbar, der dann nach § 346 I BGB auch die Erstattung der Flugscheinkosten zur Folge hätte. Bis zum Rücktritt bleiben der Beförderungsvertrag und damit der Beförderungsanspruch aber bestehen.

Wenn die FluggastrechteVO im Fall von Überbuchungen und Annullierungen bestimmter Flüge in Art. 4 III bzw. Art. 5 I lit. a) i.V.m. Art. 8 I lit. b) und c) FluggastrechteVO schließlich einen Anspruch auf Weiterbeförderung gegen das ausführende Luftfahrtunternehmen regelt, deutet auch dies darauf hin, dass der Beförderungsanspruch des Fluggastes bei Überschreitungen der vereinbarten Abflugzeit, auch wenn sie auf Überbuchungen bzw. Annullierungen beruhen, nicht untergeht und somit kein absolutes Fixgeschäft hinsichtlich der Abflugzeit gegeben sein kann.[105]

ee) Verspätetes Erscheinen

Stadie führt aus, dass die Annahme eines absoluten Fixgeschäftes, wohl bzgl. der Abflugzeit, auch deswegen nicht richtig sein könne, weil der Fluggast dann i.d.R. bereits aufgrund des eigenen verspäteten Erscheinens seinen Beförderungsanspruch gemäß § 275 I BGB verlieren würde und ggf. gemäß § 324 a.F.

---

[104] Ähnlich *Lienhard*, GPR 2004, 259, 263.
[105] Ähnlich *Staudinger*, RRa 2005, 249, 253; ähnlich zur ÜberbuchungsVO auch bereits *Stadie*, S. 90, Fn. 180.

BGB (jetzt: § 326 II BGB) sogar den vollen Flugpreis entrichten müsste.[106] Damit würde aber die Verletzung einer Gläubigerobliegenheit beim Luftbeförderungsvertrag stets zur Nichterfüllbarkeit des Vertrages führen, was mit der in §§ 642, 643 BGB getroffenen Wertung schwer vereinbar sei.[107]

Das wäre richtig, wenn die Mitwirkungspflicht des Fluggastes und die Rechtsfolgen einer Verletzung dieser Pflicht in den ABB der Luftfrachtführer nicht speziell geregelt wären.[108] So verliert der Fluggast seinen Beförderungsanspruch zu den vereinbarten Flugzeiten bei verspätetem Erscheinen grds. bereits durch Stornierung der Platzbuchung durch den vertraglichen Luftfrachtführer. Unmöglichkeit infolge einer Überschreitung der vereinbarten Abflugzeit kann insofern gar nicht mehr eintreten. Zudem ist zu bedenken, dass durch die Vereinbarung eines absoluten Fixgeschäftes immer eine von den §§ 642, 643 BGB abweichende Regelung getroffen wird.

ff) Abgrenzung des Anwendungsbereichs von Art. 19 MÜ

Für die Einordnung des Luftbeförderungsvertrages als absolutes Fixgeschäft hinsichtlich der Abflugzeit könnte letztlich nur der Umstand sprechen, dass sich der Anwendungsbereich von Art. 19 MÜ (zuvor Art. 19 WA)[109], der die Haftung für Verspätungen bei einer internationalen Beförderungen regelt,[110] auf diese Weise sehr einfach bestimmen und abgrenzen ließe. Darin könnte auch der Grund zu sehen sein, warum die h.M. so unkritisch die Theorie vom absoluten Fixgeschäft verfolgt. Nach bisher nicht in Frage gestellter Meinung ist der Anwendungsbereich von Art. 19 MÜ nämlich durch Abgrenzung der Verspätung von der Nichtbeförderung zu bestimmen, die danach in Art. 19 MÜ gerade nicht geregelt ist.[111] Über die Annahme eines absoluten Fixgeschäftes bezogen auf den Abflugzeitpunkt ist es dabei ein Leichtes, Fälle der Nichtbeförderung zu „konstruieren", um auf diese Weise den Anwendungsbereich des internationalen Einheitsrechts zu verlassen. Insbesondere ist es damit möglich, in Fällen der Annullierung oder Überbuchung eines Fluges trotz des Umstandes, dass der Fluggast seinen Zielort i.d.R. auf einem anderen Flug mit einer gewissen Verspätung noch erreicht, die Nichtanwendbarkeit von Art. 19 WA bzw. Art. 19 MÜ zu begründen und nach nationalem Recht Schadensersatz statt der Leistung zuzusprechen.

---

[106] *Stadie*, S. 91 f.
[107] *Stadie*, S. 91 f.
[108] Zum Ganzen siehe unter Punkt 2. Teil, 4. Kapitel, § 1 Seite 92.
[109] Im Bereich der Verspätungshaftung ist es durch das MÜ zu keinen grundsätzlichen Änderungen gegenüber dem WA/HP oder auch dem WA gekommen.
[110] Da die Haftungsordnung des MÜ aber im EG-Recht, in der HaftungsVO, und im nationalen Recht, im LuftVG, übernommen wurde, siehe dazu unter Punkt 2. Teil, 1. Kapitel Seite 21 ff., stellen sich dieselben Abgrenzungsfragen auch bei anderen Flügen.
[111] Siehe nur *Reuschle*, Art. 19 Rn. 9; *Schmid* in *Giemulla/Schmid*, MÜ, Art. 19 Rn. 94 ff. m.w.N., genauer dazu unter Punkt 3. Teil, 2. Kapitel, § 1 B. Seite 161.

Wie noch zu zeigen sein wird, ist es jedoch zur einfachen Abgrenzung des Anwendungsbereiches von Art. 19 MÜ gar nicht notwendig, den Luftbeförderungsvertrag als absolutes Fixgeschäft zu qualifizieren, vielmehr kann der Anwendungsbereich von Art. 19 MÜ über die Differenzierung zwischen Ankunftsverspätungen des Fluggastes, die unter Art. 19 MÜ fallen, und Abflugverspätungen des Fluggastes, die nach nationalem Recht zu behandeln sind, auch ohne Annahme eines absoluten Fixgeschäfts klar und eindeutig abgegrenzt werden.[112]

2. Relatives Fixgeschäft

Fraglich ist, ob die Abflugzeit für die Parteien des Luftbeförderungsvertrages dann zumindest eine über die Fälligkeit im Sinne von § 271 BGB hinausgehende derart große Bedeutung hat, dass der Abschluss eines relativen Fixgeschäftes anzunehmen ist. So sprechen sich, wie gezeigt,[113] zumindest einige Stimmen in der Literatur dafür aus, dass die Vertragsparteien regelmäßig ein relatives Fixgeschäft vereinbaren.

a) Grundsatz

Auch beim relativen Fixgeschäft ist die Leistungszeit grds. ganz genau bestimmt, dies alleine genügt jedoch regelmäßig nicht.[114] Vielmehr muss der Gläubiger gemäß § 323 II Nr. 2 BGB im Vertrag darüber hinaus den Fortbestand seines Leistungsinteresses an die Rechtzeitigkeit der Leistung gebunden haben.[115] Das Geschäft muss nach dem übereinstimmenden Parteiwillen mit der Einhaltung der Leistungszeit „stehen und fallen".[116] Der Ausdruck „fallen" ist dabei jedoch unglücklich gewählt, weil er eher auf das absolute Fixgeschäft zugeschnitten ist, in diesem Sinn darf er hier jedenfalls nicht verstanden werden.[117] Nicht das Geschäft „fällt" automatisch mit Überschreitung der Leistungszeit, sondern das Interesse des Gläubigers an der Leistung entfällt mit Überschreitung der Leistungszeit.[118] Das Interesse an der zeitgerechten Leistung muss damit auch hier zum wesentlichen Vertragsinhalt geworden sein.[119] In Abgrenzung zum absoluten Fixgeschäft bleibt die Leistung aber

---

[112] Dazu unter Punkt 3. Teil, 2. Kapitel, § 1 B. Seite 161.
[113] Siehe unter Punkt 3. Teil, 2. Kapitel, § 1 A. I. 1. b) Seite 135.
[114] BGH NJW 2001, 2878.
[115] *Palandt/Grüneberg*, § 323 Rn. 20; *Otto* in *Staudinger* (2004), § 323 Rn. B 100; *Ernst* in MünchKomm BGB, § 323 Rn. 115; *Gsell* in *Soergel*, § 323 Rn. 105.
[116] BGH WM 1982, 1384, 1385 m.w.N.; BGH WM 1984, 639, 641; BGH NJW-RR 1989, 1373 f.; BGH NJW 1990, 2065, 2067; RGZ 51, 347, 348; RGZ 108, 158; *Kaiser* in *Staudinger* (2001), § 361 Rn. 7; *Ernst* in MünchKomm BGB, § 323 Rn. 111 und 115.
[117] *Gsell* in *Soergel*, § 323 Rn. 105; so auch bereits *Stadie*, S. 143, Fn. 435.
[118] *Kaiser* in *Staudinger* (2001), § 361 Rn. 7.
[119] *Kaiser* in *Staudinger* (2001), § 361 Rn. 13; *Larenz*, § 21 I a.

grds. auch nach Überschreitung des vereinbarten Termins noch möglich, der Leistungszweck ist also regelmäßig noch erreichbar.[120]

Mit Überschreitung des Termins wird die Erfüllung jedoch häufig dem Interesse des Gläubigers widersprechen.[121] Daher steht ihm wegen der besonderen Bedeutung der Leistungszeit mit diesem Zeitpunkt gemäß § 323 II Nr. 2 BGB ein gesetzliches Rücktrittsrecht zu, ohne dass noch eine Nachfristsetzung gemäß § 323 I BGB erforderlich wäre.[122] § 361 BGB a.F. hingegen regelte lediglich eine dahingehende Auslegungsregel für das schuldrechtliche Rechtsgeschäft.[123] „Im Zweifel" war aber auch hier der Rücktritt ohne Einhaltung der Voraussetzungen des § 326 BGB a.F. möglich. Insgesamt ermöglicht § 323 II Nr. 2 BGB dem Gläubiger dabei lediglich den sofortigen Rücktritt, nach seiner Wahl kann er auch am Vertrag festhalten und zusätzlich einen Verzugsschaden geltend machen.[124]

Sofern ein relatives Fixgeschäft nicht ausdrücklich vereinbart wird, ist dabei wiederum durch Auslegung unter Berücksichtigung aller Umstände zu ermitteln, ob ein solches vorliegt.[125] Insbesondere Klauseln, die die Begriffe „fix", „genau", „präzis", „prompt", „spätestens" i.V.m. einer bestimmten Leistungszeit enthalten, können dabei ein wichtiges Indiz für das Vorliegen eines relativen Fixgeschäftes sein.[126] Im Einzelfall kann sich die Fixgeschäftseigenschaft aber auch aus der Vertragsnatur ergeben.[127]

Im Luftbeförderungsvertrag findet sich nun i.d.R. weder eine ausdrückliche Vereinbarung noch werden die soeben genannten Klauseln verwendet. Zu fragen ist daher, ob es andere Umstände gibt, die darauf hindeuten, dass der Fluggast im Vertrag den Fortbestand seines Leistungsinteresses an die Rechtzeitigkeit des Abflugs gebunden hat oder ob das Entfallen des Leistungsinteresses in diesem Fall möglicherweise sogar aus der Natur des Vertrages zu entnehmen ist. Dabei wird es letztlich auch darauf ankommen, ob es tatsächlich gerechtfertigt ist, dass der Fluggast bei einer Überschreitung der Abflugzeit ohne Nachfristsetzung vom Vertrag zurücktreten kann. Von sehr geringfügigen Verspätungen abgesehen, die auch beim re-

---

[120] *Ernst* in MünchKomm BGB, § 286 Rn. 40; *Larenz*, § 21 I a.
[121] *Ernst* in MünchKomm BGB, § 275 Rn. 45.
[122] *Jauernig/Stadler*, § 323 Rn. 12; *Ernst* in MünchKomm BGB, § 323 Rn. 109 und 119 und § 286 Rn. 40. Eine unverzügliche Ausübung ist nicht erforderlich, vgl. *Gsell* in *Soergel*, § 323 Rn. 109.
[123] *Gsell* in *Soergel*, § 323 Rn. 102; *Palandt/Grüneberg*, § 323 Rn. 19; *Kaiser* in Staudinger (2001), § 361 Rn. 7.
[124] *Otto* in *Staudinger* (2004), § 323 Rn. B 97; *Ernst* in MünchKomm BGB, § 286 Rn. 40; *Staudinger*, RRa 2005, 249, 252 f.
[125] BGH NJW-RR 1989, 1373f.
[126] WM 1982, 1384, 1385, OLG München DB 1975, 1789 f.; *Kaiser* in *Staudinger* (2001), § 361 Rn. 8; *Gsell* in *Soergel*, § 323 Rn. 105; *Ernst* in MünchKomm BGB, § 323 Rn. 116. Siehe auch *Ernst* in MünchKomm BGB, § 286 Rn. 40.
[127] *Jauernig/Stadler*, § 323 Rn. 12; ähnlich *Kaiser* in Staudinger (2001), § 361 Rn. 9.

lativen Fixgeschäft gemäß § 242 grds. unerheblich sind,[128] könnte der Fluggast sich dann nämlich auf einfache Weise vom Beförderungsvertrag lösen und nicht nur geringfügige Überschreitungen der Flugzeiten damit auch „sanktionieren".

b) Bedeutung der Abflugzeit nach den Vertragsumständen

Für die besondere Bedeutung der Flugzeiten, insbesondere auch der Abflugzeit, im Sinne eines relativen Fixgeschäftes könnte zunächst der Umstand sprechen, dass die Flugzeiten minutengenau bestimmt sind.[129] So kann eine sehr genaue Bestimmung der Leistungszeit auf das Vorliegen eines relativen Fixgeschäftes hindeuten.[130] Die Parteien könnten sich andernfalls, wäre die Einhaltung der Flugzeiten nicht von besonderer Bedeutung, mit einer ungefähren Zeitangabe begnügen.[131] Für sich alleine genommen kann dieses Kriterium meiner Ansicht nach jedoch nicht für die Annahme eines relativen Fixgeschäftes ausreichen, denn auch die Fälligkeit eines Rechtsgeschäfts ist mitunter zeitlich sehr genau bestimmt. Im Unterschied zu reinen Fälligkeitsvereinbarungen, bei denen häufig lediglich ein bestimmter Fälligkeitstag vereinbart wird,[132] fällt jedoch auf, dass die Flugzeiten eben sogar minutengenau bestimmt sind. Auch der minutengenauen Bestimmung der Leistungszeit kann jedoch ein Hinweis auf ein Entfallen des Leistungsinteresses mit Überschreitung dieses Zeitpunktes nicht zwangsläufig entnommen werden, denn es ist zu bedenken, dass bei dem heutigen Verkehrsaufkommen im Luftverkehr ein geregelter Flugbetrieb nur aufrecht erhalten werden kann, wenn die Flugzeiten der einzelnen Flüge genau festgelegt sind und grds. auch eingehalten werden. Schon deshalb ist also eine minutengenaue Bestimmung der Flugzeiten notwendig.

Darüber hinaus könnten aber auch der Umstand, dass der Fluggast gerade das Flugzeug als das derzeit i.d.R. schnellste Beförderungsmittel auswählt, um an sein Beförderungsziel zu gelangen, und der Umstand dass er bereit

---

[128] *Nastelski*, JuS 1962, 289, 295; *Gsell* in *Soergel*, § 323 Rn. 106; *Ernst* in MünchKomm BGB, § 323 Rn. 118; für die Eisenbahnbeförderung *Staudinger*, S. 56; zur Unerheblichkeit geringfügiger Zeitüberschreitungen beim absoluten Fixgeschäft siehe LG Hannover, NJW-RR 1986, 602, 603; *Palandt/Heinrichs*, § 271 Rn. 17.

[129] So auch *Fröhlich*, S. 218.

[130] *Ernst* in MünchKomm BGB, § 323 Rn. 116; *Gsell* in *Soergel*, § 323 Rn. 105; *Kaiser* in *Staudinger* (2001), § 361 Rn. 12; *Ballhaus* in RGRK, § 361 Rn. 2 m.w.N.; *Hadding* in *Soergel*, § 361 Rn. 2; nach BGH NJW 2001, 2878; BGH NJW 1990, 2065, 2067 genügt jedoch die (datumsmäßig) genau bestimmte Leistungszeit alleine nicht.

[131] *Fröhlich*, S. 218.

[132] So gehen z.B. auch die Auslegungsvorschriften über Fristen und Termine, §§ 186 ff. BGB vom Grundsatz der Zivilkomputation aus, wobei nur nach vollen Tagen gerechnet wird, *Palandt/Heinrichs*, § 187 Rn. 1. Ebenso muss für die kalendermäßige Bestimmung i.S.v. § 286 II Nr. 1 BGB unmittelbar oder mittelbar ein bestimmter Kalendertag festgelegt sein, RGZ 103, 33, 34; BGH WM 1971, 615, 618.

ist, häufig einen entsprechend hohen Flugpreis zu zahlen, dafür sprechen, dass er auch auf die Einhaltung der Flugzeiten, insbesondere auch der Abflugzeit, besonderen Wert im Sinne eines relativen Fixgeschäftes legt.[133] Der Vorteil der Schnelligkeit und die damit gegebene Möglichkeit, innerhalb kürzester Zeit verschiedene Termine an verschiedenen Orten wahrzunehmen, bleiben dem Fluggast nämlich nur erhalten, wenn er auch zuverlässig und pünktlich befördert wird.

Auch dieser Umstand führt m.E. aber nicht zwingend zu der Annahme eines relativen Fixgeschäftes. Auch sofern kein relatives Fixgeschäft gegeben ist, ist der Luftfrachtführer nämlich zur Einhaltung der Flugzeiten verpflichtet und muss grds. einen eventuellen Verzugsschaden gemäß § 280 I, II i.V.m. § 286 I BGB ersetzen, da die Leistungszeit mit den Flugzeiten gemäß § 286 II Nr. 1 BGB kalendermäßig bestimmt ist. Darüber hinaus ergibt sich aus der Wahl des schnellsten Beförderungsmittels m.E. auch nicht zwangsläufig ein Hinweis darauf, dass das Leistungsinteresse des Fluggastes mit Überschreitung der Flugzeiten entfällt. Vielmehr steht für den Fluggast wohl auch bei der Wahl des schnellsten Beförderungsmittels grds. der Eintritt des Beförderungserfolgs selbst im Vordergrund.[134]

c) Bedeutung der Abflugzeit nach der Vertragsnatur

Möglicherweise könnte sich aber bereits aus der Vertragsnatur ergeben, dass der Luftbeförderungsvertrag ein relatives Fixgeschäft bzgl. der Abflugzeit ist. Dann müsste aufgrund der Vertragsnatur die Einhaltung der Abflugzeit für den Fluggast von derart besonderer Bedeutung sein, dass sein Leistungsinteresse mit Überschreiten dieses Zeitpunktes grds. entfällt. Im Übrigen müsste es gerechtfertigt erscheinen, dass dem Fluggast bereits mit Überschreiten der Abflugzeit ein gesetzliches Rücktrittsrecht ohne Nachfristsetzung aus § 323 II Nr. 2 BGB zusteht.

Für den Fluggast steht und fällt sein Leistungsinteresse aber in aller Regel nicht mit der Einhaltung der Abflugzeit. Regelmäßig nehmen Fluggäste Abflugverspätungen in Kauf und werden trotz einer Abflugverspätung noch befördert, sie berücksichtigen sogar gewisse Verspätungen bereits bei ihrer Rei-

---

[133] Für die Berücksichtigung dieses Umstandes bei der Auslegung auch *Schmid* in *Giemulla/Schmid*, MÜ, Art. 19 Rn. 8; *Schmid* in *Giemulla/Schmid*, WA, Art. 19 Rn. 6; *Schmid*, TranspR 1985, 369, 370; *Stadie*, S. 92; *Vollmar*, S. 195, *Fröhlich*, S. 219; *Staudinger*, RRa 2005, 249, 252. Auch die Denkschrift zum WA, S. 26 und S. 40, weist bereits darauf hin, dass der Fluggast das Flugzeug i.d.R. gerade wegen der Schnelligkeit der Beförderung wählt; so auch der französische Delegierte Ripert auf der Warschauer Konferenz, II Conférence, S. 39. Siehe auch *Goedhuis*, NA, S. 208.

[134] Zu dem gegenüber der rechtzeitigen Beförderung grds. im Vordergrund stehenden Beförderungserfolg ausführlich bereits unter Punkt 3. Teil, 2. Kapitel, § 1 A. I. 1. c) aa) Seite 139, siehe auch *Fröhlich*, S. 218 f.; *Stefula/Thoß*, TranspR 2001, 248, 251.

seplanung[135]. Im Vordergrund steht für Privatreisende wie auch Geschäftsreisende in aller Regel nämlich der Beförderungserfolg.[136] Das Interesse, überhaupt befördert zu werden, überwiegt das Interesse, rechtzeitig befördert zu werden. Aber selbst wenn die Abflugverspätung mit an Sicherheit grenzender Wahrscheinlichkeit auch zu einer Ankunftsverspätung führt, verliert eine Flugreise aufgrund der Abflugverspätung regelmäßig nicht ihren Sinn, so dass der Fluggast in aller Regel auch sein Leistungsinteresse nicht verliert. Zwar wird für den Fluggast wegen eines häufig gegebenen Terminhintergrundes vor allen Dingen die rechtzeitige Ankunft von Interesse sein, es besteht zum einen in der Regel aber ein gewisser Spielraum für die Verlegung eines Termins, zum anderen ist die Weiterreise aufgrund zahlreicher anderer Reisemöglichkeiten regelmäßig gesichert, sollte aufgrund der Verspätung des Zubringerfluges im Einzelfall ein Anschlussflug verpasst werden.[137] Dass der Fluggast sich bereits mit Überschreitung der Abflugzeit tatsächlich vom Luftbeförderungsvertrag lösen will, scheint somit eher der Ausnahmefall zu sein. Die Annahme eines relativen Fixgeschäftes muss daher m.E. für den Regelfall der Luftbeförderung ausscheiden, lediglich im Einzelfall könnte aufgrund besonderer Vereinbarung ein relatives Fixgeschäft bzgl. der Abflugzeit anzunehmen sein.

Es erscheint aber auch nicht gerechtfertigt, dass der Fluggast sich bereits mit Überschreitung der Abflugzeit gemäß § 323 I i.V.m. § 323 II Nr. 2 BGB ohne Nachfrist vom Vertrag lösen kann und zudem ohne dass es auf ein Verschulden seitens des Luftfrachtführers ankäme. Vielmehr scheint es angemessen zu sein, dass Fluggäste auch über sehr geringfügige Verspätungen hinaus, die zumindest wohl schon im Rahmen von § 242 BGB bedeutungslos sein dürften,[138] weiterhin an den Luftbeförderungsvertrag gebunden sind. So geht ja bereits die h.M. unter Annahme eines absoluten Fixgeschäftes davon aus, dass Abflugverspätungen in einem recht großzügigen Rahmen trotz des absoluten Fixgeschäftscharakters des Luftbeförderungsvertrages nicht zur Unmöglichkeit führen.[139] Eine solche Grenze der Unbeachtlichkeit von Abflugverspätungen müsste daher (erst recht) auch bei Annahme eines

---

[135] So auch *Schmid* in *Giemulla/Schmid*, MÜ, Art. 19, Rn. 12 und *Schmid*, TranspR 1985, 369, 370 für den vernünftig denkenden Fluggast.

[136] Dazu bereits ausführlich unter Punkt 3. Teil, 2. Kapitel, § 1 A. I. 1. c) aa) Seite 139, siehe auch *Fröhlich*, S. 218 f.; *Stefula/Thoß*, TranspR 2001, 248, 251.

[137] Dazu ausführlich bereits unter Punkt 3. Teil, 2. Kapitel, § 1 A. I. 1. c) aa) Seite 139.

[138] So bei Vorliegen eines relativen Fixgeschäftes *Nastelski*, JuS 1962, 289, 295; *Ernst* in MünchKomm BGB, § 323 Rn. 118; *Gsell* in *Soergel*, § 323 Rn. 106; für den Eisenbahnbeförderungsvertrag auch *Staudinger*, S. 56. Sogar beim absoluten Fixgeschäft sind unerhebliche Pflichtverletzungen grds. nach § 242 BGB zu würdigen, LG Hannover, NJW-RR 1986, 602, 603; *Palandt/Heinrichs*, § 271 Rn. 17. Genauer unter Punkt 3. Teil, 2. Kapitel, § 2 A. III. 3. Seite 217.

[139] Dazu bereits unter Punkt 3. Teil, 2. Kapitel, § 1 A. I. 1. c) bb) Seite 142.

relativen Fixgeschäftes gefunden werden.[140] Zwar ließe sich eine solche weitere Grenze der Unbeachtlichkeit möglicherweise auch aus § 242 BGB herleiten, jedoch stünde sie der Annahme eines relativen Fixgeschäftes diametral entgegen.[141] So wäre es mehr als widersprüchlich, auf der einen Seite ein relatives Fixgeschäft bzgl. der Abflugzeit zu bejahen, um auf der anderen Seite die sofortige Rücktrittsmöglichkeit über § 242 gleich wieder erheblich einzuschränken. Wäre dagegen eine angemessene Nachfristsetzung erforderlich, so wären gewisse Verspätungen allein deshalb schon unbeachtlich, weil sie innerhalb der Nachfrist liegen würden.

Hinzu kommt, dass diese Unbeachtlichkeitsgrenze auch sachlich gerechtfertigt ist. Im Luftverkehr kann es aus den verschiedensten Gründen immer wieder zu Verspätungen kommen. Müsste ein Luftfrachtführer hier ständig damit rechnen, dass Fluggäste mit Eintritt einer Abflugverspätung bereits einen gebuchten Flug gegen Erstattung des Flugpreises gemäß § 346 I BGB nicht in Anspruch nehmen, so wäre das Fliegen zu akzeptablen Preisen vermutlich nicht mehr möglich, die dadurch verursachten Kosten müssten auf alle Passagiere umgelegt werden.[142] Vielmehr erscheint es auch gerechtfertigt, dass Fluggäste erst nach dem Ablauf einer gewissen Nachfrist[143] gemäß § 323 I BGB vom Luftbeförderungsvertrag zurücktreten können. In der Zwischenzeit wären sie auf den Ersatz des Verzugsschadens gemäß § 280 I, II i.V.m. § 286 I, II Nr. 2 BGB beschränkt. Im Regelfall ist der Luftbeförderungsvertrag daher hinsichtlich der Abflugzeit auch kein relatives Fixgeschäft.[144]

d) FluggastrechteVO

Letztlich spricht aber auch die Behandlung der Abflugverspätung in der FluggastrechteVO gegen die Annahme eines relativen Fixgeschäftes bzgl. der Abflugzeit. Aus Art. 6 I FluggastrechteVO, der, wie bereits oben dargestellt, die Pflicht des ausführenden Luftfahrtunternehmens zu verschiedenen Unterstützungsleistungen bei Abflugverspätungen ab einer bestimmten Größenordnung regelt, folgt, dass die VO gerade von dem grds. Fortbestehen des Leistungsinteresses des Fluggastes ausgeht.[145] Andererseits wäre die Regelung von Unterstützungsleistungen wie das Zurverfügungstellen von Essen, Getränken, Kommunikationsmitteln und ggf. Hotelübernachtungen überflüssig gewesen. Gleichzeitig erkennt die VO aber auch ein mögliches späteres Entfallen des

---

[140] Ähnlich *Stadie*, S. 143 f, so auch *Staudinger*, S. 57 für den Eisenbahnbeförderungsvertrag.
[141] *Stadie*, S. 143 f.
[142] *Staudinger*, S. 57 spricht für den Eisenbahnbeförderungsvertrag von unüberwindbaren Transaktionskosten.
[143] Dazu genauer unter Punkt 3. Teil, 2. Kapitel, § 2 A. III. 3. Seite 217.
[144] So auch *Fröhlich*, S. 219, *Stadie*, S. 143 f.; *Lienhard*, GPR 2004, 259, 263.
[145] Ähnlich *Lienhard*, GPR 2004, 259, 263, der darauf abstellt, dass die FluggastrechteVO lediglich Unzumutbarkeitsregeln festlege.

Leistungsinteresses des Fluggastes an, indem sie in Art. 6 I lit. iii) i.V.m. Art. 8 I lit. a) FluggastrechteVO die Möglichkeit der Erstattung des Flugpreises ggf. in Kombination mit einem Rückflug zum Ausgangsort ab einer fünfstündigen Verspätung vorsieht.

3. *Erfüllungszeitraum für den Abflug*

Fraglich bleibt, ob es für die rechtzeitige Bewirkung des Abflugs einen bestimmten Erfüllungszeitraum gibt. Im Allgemeinen wird die Möglichkeit der Leistung durch die Nichteinhaltung der Leistungszeit nicht berührt, dies gilt jedoch nicht in allen Fällen und nicht für beliebig lange Zeiträume.[146] Bei Verzögerung der Leistung kann sich diese ihrem Gegenstand und ihrer wirtschaftlichen Bedeutung nach derart verändern, dass sie nicht mehr die bei Vertragsschluss erwartete und gewollte Leistung ist, sie kann dann nicht mehr als Erfüllung angesehen werden.[147] Mit anderen Worten, die Leistung kann „durch Zeitablauf" vollständig unmöglich werden.[148] Dabei kommt besondere Bedeutung dem zum Vertragsinhalt gewordenen Vertragszweck zu.[149] Kann dieser nicht mehr erfüllt werden, wenn die Leistung verzögert wird, kann Unmöglichkeit durch Zeitablauf eintreten.[150] Die Zeitspanne innerhalb derer die Leistung nachholbar ist und daher möglich bleibt, lässt sich nicht allgemein bestimmen, sie wird als Erfüllungszeit (Erfüllungszeitraum) bezeichnet.[151] Ihre Dauer richtet sich grds. nach dem Inhalt des Schuldverhältnisses, insbesondere nach dem Vertragszweck, dem Gegenstand der Leistung sowie der Verkehrsanschauung.[152] Anders als beim absoluten Fixgeschäft bezogen auf den Fälligkeitszeitpunkt gibt es mit dem Erfüllungszeitraum somit eine Zeitspanne nach Fälligkeit, innerhalb derer Erfüllung möglich ist. Am Ende der Zeitspanne steht jedoch wiederum ein Zeitpunkt, an dem im Prinzip die Rechtsfolgen des absoluten Fixgeschäftes eintreten, die Leistung also unmöglich wird. Daher können m.E. die Voraussetzungen, die für das Vorliegen eines absoluten Fixgeschäftes gegeben sein müssen, im Grundsatz übertragen werden. Zu fragen ist im Fall eines Erfüllungszeitraumes jedoch abweichend, ob es einen aus den Vertragsumständen zu entnehmenden bestimmten Zeitpunkt nach Fälligkeit gibt, an dem die Wirkungen des absoluten Fixgeschäftes eintreten. Fraglich ist also, ob es beim Luftbeförderungsvertrag einen Zeitpunkt

---

[146] *Nastelski*, JuS 1962, 289, 293.
[147] *Nastelski*, JuS 1962, 289, 293.
[148] *Lehmann*, AcP 96 (1905), 60, 70 f.; *Titze*, S. 35, *Paech*, S. 11; *Hager* in *Erman*, § 286 Rn. 5; *Oertmann*, Schuldverhältnisse, 4. c) vor § 275; *Palandt/Heinrichs*, § 275 Rn. 15.
[149] *Nastelski*, JuS 1962, 289, 294.
[150] *Larenz*, § 21 I a.
[151] *Nastelski*, JuS 1962, 289, 294; *Larenz* § 21 I a; *Otto* in *Staudinger* (2004), § 323 Rn. B 99 (Leistungszeitraum).
[152] *Larenz*, § 21 I a; *Titze*, S. 35.

nach Fälligkeit gibt, an dem die Beförderungsleistung nach den Umständen des Vertrages für den Fluggast ihren Sinn verliert und wertlos wird.

Für die Eisenbahnbeförderung geht dabei insbesondere *Staudinger* unter grds. Annahme eines relativen Fixgeschäftes davon aus, dass es einen bestimmten Erfüllungszeitraum gibt, nach dessen Ablauf die Beförderungsleistung nicht mehr nachgeholt werden kann und somit unmöglich wird.[153] Unmöglichkeit komme insbesondere bei einer erheblichen Abweichung von der geplanten Fahrzeit in Betracht, der Erfüllungszeitraum müsse aber tendenziell knapp bemessen werden.[154] Zwar könne der Zeitpunkt, in dem Unmöglichkeit eintrete, nicht abstrakt bestimmt werden, dieser sei vielmehr abhängig von Vertragsinhalt und Verkehrsanschauung, jedenfalls sei der Erfüllungszeitraum aber abgelaufen, wenn der Abfahrts- oder Ankunftszeitpunkt der nächsten fahrplanmäßigen Verbindung auf der vereinbarten Strecke überschritten sei, auch sei im Fernverkehr der Erfüllungszeitraum grds. großzügiger zu bemessen.[155]

Aber auch in der luftrechtlichen Literatur gibt es vereinzelte Stimmen, die für den Luftbeförderungsvertrag davon ausgehen, dass es grds. einen bestimmten Erfüllungszeitraum gibt. So sei nach *Stadie* jedenfalls nach „Jahren der Nichtleistung" von dem Ablauf des Erfüllungszeitraumes auszugehen.[156] Dabei ist aber zu bedenken, dass i.d.R. bereits die Gültigkeit eines Flugtickets in den ABB der Fluggesellschaften auf einen bestimmten Zeitraum beschränkt ist,[157] so dass bereits insofern ein Beförderungsanspruch „nach Jahren der Nichtleistung" ausgeschlossen ist. *Schoner* will Nichterfüllung des Luftbeförderungsvertrages annehmen, wenn die Beförderung nicht innerhalb eines objektiv angemessenen Zeitraumes erfolge und der Passagier an der Beförderung schlechterdings kein Interesse mehr haben könne.[158] *Krüger* geht nur allgemein davon aus, dass es einen Erfüllungszeitraum gebe, nach dessen Ablauf die Leistung nicht mehr nachholbar sei.[159] Einige Stimmen wollen den Erfüllungszeitraum sogar individuell im Einzelfall bestimmen. Nach *Vollmar* verbiete sich eine allgemeine Bestimmung der Nachholfrist bei Annahme eines relativen Fixgeschäftes, diese bestimme sich nach den Einzelumständen der Parteivereinbarung, insbesondere nach dem Interesse des Fluggastes.[160] Auch

---

[153] *Staudinger*, S. 28 f; unklar *Staudinger* hingegen für die Luftbeförderung, RRa 2005, 249, 253, im Ergebnis jedoch wohl gegen die Annahme eines Erfüllungszeitraumes; zur Eisenbahnbeförderung siehe auch *Dörner*, S. 30 und *Pohar*, S. 92 ff., der sich insofern für ein absolutes Fixgeschäft mit Erfüllungszeitraum ausspricht.
[154] *Staudinger*, S. 28 f.
[155] *Staudinger*, S. 28 f.; so auch *Dörner*, S. 30.
[156] *Stadie*, S. 86.
[157] Vgl. Art. 3.2. ABB Flugpassage der Lufthansa.
[158] *Schoner* ZLW 1978, 151, 165 m.w.N.
[159] *Krüger*, S. 190.
[160] *Vollmar*, S. 198 f.

nach *Fröhlich* sei es eine Frage des Einzelfalls, wann ein eventueller Erfüllungszeitraum überschritten sei.[161]

Die Luftbeförderung wird m.E. jedoch im Regelfall für den Fluggast auch mit Überschreitung eines bestimmten Zeitpunktes nach Fälligkeit grds. nicht sinnlos oder wertlos, er hat daher grds. auch weiterhin kein Interesse an dem „automatischen" Entfallen seines Beförderungsanspruchs nach § 275 I BGB. Das Geschäft soll nicht mit der Einhaltung des Erfüllungszeitraumes „stehen und fallen". Vielmehr wird dieser Zeitpunkt, nach dem die Beförderung für den Fluggast nicht mehr von Interesse ist, bei jedem Fluggast verschieden sein, je nachdem welche weitergehenden Ziele mit der Beförderung erreicht werden sollen. Zwar ist zuzugeben, dass der Zeitpunkt, in dem ein Fluggast kein Interesse mehr an der Beförderung haben kann, irgendwann immer erreicht sein wird, der Zeitraum ist m.E. aber tendenziell sehr großzügig anzusetzen. Grundsätzlich sollte man dem Fluggast in der Zwischenzeit jedoch die starren Rechtsfolgen der Unmöglichkeit, insbesondere den Verlust des Beförderungsanspruchs, und auch den Wegfall seines Interesses an der Beförderung nicht „aufzwingen". Vielmehr ist den Interessen des Fluggastes viel besser dann gedient, wenn er ab einer bestimmten Abflugverspätung tatsächlich selbst über die Berufung auf seinen Beförderungsanspruch sowie ggf. über die Geltendmachung von Schadensersatz und damit über die Bedeutung der Beförderung in der eigenen Situation entscheiden kann.

II. Bedeutung der Ankunftszeit

Abschließend ist noch die Bedeutung der Ankunftszeit bei der Flugbeförderung genauer zu untersuchen. Schon oben wurde darauf hingewiesen, dass für den Fluggast bei der Luftbeförderung aufgrund des häufig gegebenen Terminhintergrundes vor allen Dingen die rechtzeitige Ankunft wichtig ist.[162] Fraglich ist daher, ob beim Luftbeförderungsvertrag zumindest der Ankunftszeit eine über die Vereinbarung der Fälligkeit im Sinne von § 271 I BGB hinausgehende Bedeutung zukommt.

So könnte der Luftbeförderungsvertrag hinsichtlich der Ankunftszeit zunächst ein absolutes Fixgeschäft sein. Der besondere Vertragszweck müsste dazu in den Inhalt des Schuldverhältnisses einbezogen worden sein.[163] Fraglich ist also wiederum, ob sich aus den Vertragsumständen für den Regelfall der Luftförderung ergibt, dass die Einhaltung der Ankunftszeit für den Fluggast so wesentlich ist, dass mit Überschreitung dieses Zeitpunktes der Vertragszweck des Luftbeförderungsvertrages keinesfalls mehr erreicht werden,

---

[161] *Fröhlich*, S. 214. Zum Erfüllungszeitraum für die Luftbeförderung siehe auch *Koller*, vor Art. 1 WA 1955 Rn. 18.
[162] Siehe unter Punkt 3. Teil, 2. Kapitel, § 1 A. I. 1. c) aa) Seite 139.
[163] Zu den Voraussetzungen genauer unter Punkt 3. Teil, 2. Kapitel, § 1 A. I. 1. c) aa) Seite 139.

die Leistung also sinnlos wird. Dies ist jedoch m.E. regelmäßig nicht der Fall, vielmehr kann der Vertragszweck i.d.R. noch erreicht werden. Wie gezeigt hat der Fluggast vor allen Dingen ein Interesse daran, überhaupt befördert zu werden. Der Eintritt des Beförderungserfolges steht gegenüber der rechtzeitigen Beförderung eindeutig im Vordergrund.[164] Dies zeigt sich bereits daran, dass sich Fluggäste bei einer absehbaren Ankunftsverspätung regelmäßig noch befördern lassen, offensichtlich kann der Beförderungszweck i.d.R. noch erreicht werden.[165] Sie nehmen gewisse Ankunftsverspätungen regelmäßig in Kauf und planen gewisse Überschreitungen der Ankunftszeit sogar ein. Auch wenn die Reise einen konkreten Terminhintergrund hat oder Anschlussflüge erreicht werden müssen, steht letztlich für den Passagier i.d.r. der Beförderungserfolg im Vordergrund, denn für die Verlegung eines Termins besteht in den allermeisten Fällen ein gewisser Spielraum und, sollte ein Anschlussflug verpasst werden, gibt es regelmäßig andere Möglichkeiten für eine möglichst baldige Weiterreise, deren Kosten grds. bereits nach Art. 19 MÜ erstattungsfähig sind. Im Übrigen besteht bei einer Beförderung über mehrere Teilstrecken aufgrund nur eines Beförderungsvertrages sowieso keine Notwendigkeit für eine Haftung des Luftfrachtführers zum Zeitpunkt der verspäteten Ankunft des Zubringerfluges, es verbleibt in diesem Fall bei dem Beförderungsanspruch des Fluggastes gegen den vertraglichen Luftfrachtführer. Für den Regelfall des Luftbeförderungsvertrages muss daher ein absolutes Fixgeschäft bzgl. der Ankunftszeit ausscheiden.

Unter Hinweis darauf, dass die Einhaltung der Ankunftszeit zum wesentlichen Inhalt des Luftbeförderungsvertrages gehört, ist der Luftbeförderungsvertrag für *Fröhlich* hinsichtlich der Ankunftszeit aber zumindest ein relatives Fixgeschäft.[166] Auch dies kann m.E. jedoch nicht richtig sein, da für den Fluggast, wie mehrfach ausgeführt, der Beförderungserfolg im Vordergrund steht und die Beförderung daher mit der Einhaltung der Ankunftszeit grds. nicht wertlos wird. Es ist grds. nicht davon auszugehen, dass das Interesse des Fluggastes an der Beförderungsleistung mit einer Überschreitung der Ankunftszeit entfällt, es „steht und fällt" nicht mit der rechtzeitigen Ankunft.

Schließlich gibt es für die rechtzeitige Bewirkung der Ankunft m.E. regelmäßig auch keinen Erfüllungszeitraum. Wenn für den Fluggast eindeutig der Beförderungserfolg im Vordergrund steht, kann es grds. auch keinen starren Zeitpunkt nach der planmäßigen Ankunft geben, an dem die Beförderung für den Fluggast von vorne herein sinnlos wird, der vereinbarte Leistungszweck also nicht mehr erreicht werden kann. Vielmehr wird der Zeitpunkt, nach dem die Beförderung für den Fluggast nicht mehr von Interesse ist, bei jedem Fluggast verschieden sein, je nachdem welche weitergehenden Ziele mit der Be-

---

[164] Dazu bereits unter Punkt 3. Teil, 2. Kapitel, § 1 A. I. 1. c) aa) Seite 139.
[165] Ähnlich *Stadie*, S. 90.
[166] *Fröhlich*, S. 219.

förderung verfolgt werden. Nur der Fluggast selbst kann entscheiden, ob eine Beförderung in einer bestimmten Situation für ihn noch von Interesse war. Ein Erfüllungszeitraum muss daher auch hinsichtlich des Ankunftszeitpunktes grds. ausscheiden.

Die Annahme eines absoluten Fixgeschäftes bzgl. des Ankunftszeitpunktes oder eines Erfüllungszeitraumes für die Bewirkung der Ankunft würde aber auch zu einer Umgehung der Verspätungshaftung gemäß Art. 19 MÜ i.V.m. Art. 22 MÜ bzw. entsprechender Regelungen der HaftungsVO oder des LuftVG führen, die nicht zulässig wäre, da Art. 19 MÜ gemäß Art. 29 MÜ gerade eine abschließende Regelung für die Haftung des vertraglichen Luftfrachtführers bei (Ankunfts-)Verspätungen im Rahmen einer internationalen Beförderung trifft[167].[168] Würde man nämlich ein absolutes Fixgeschäft bzgl. der Ankunftszeit oder einen Erfüllungszeitraum für die Bewirkung der Ankunft annehmen, nach dessen Ablauf die rechtzeitige Ankunft nicht mehr möglich ist, müsste man konsequenterweise bei einer Ankunftsverspätung bzw. einer Überschreitung des Erfüllungszeitraumes auch von einer Nichterfüllung des Beförderungsvertrages und einer entsprechenden Haftung des Luftfrachtführers ausgehen, die sich dann nach nationalem Recht richten würde, da die Nichterfüllung des Beförderungsvertrages nach einhelliger Meinung gerade nicht im MÜ und insbesondere nicht in Art. 19 MÜ geregelt ist[169]. Bei konsequenter Annahme eines absoluten Fixgeschäftes bzgl. der Ankunftszeit, liefe die nach Art. 22 MÜ begrenzte Haftung aus Art. 19 MÜ somit leer. Bei Annahme eines Erfüllungszeitraumes käme man dagegen zu dem paradoxen Ergebnis, dass grds. zunächst, also bis zum Ablauf des Erfüllungszeitraumes, eine Haftung aus Art. 19 MÜ zu bejahen wäre, danach jedoch nur noch eine Haftung wegen Nichterfüllung des Beförderungsvertrages nach nationalem Recht in Betracht käme.

Ähnlich weist *Krüger* darauf hin, dass die in Art. 19 WA geregelte Verspätungshaftung inhaltlich gerade eine Verzugshaftung darstelle.[170] Damit ginge das WA aber offensichtlich davon aus, dass nach Ablauf der Ankunftszeit eine Erfüllung des Beförderungsvertrages grds. noch möglich sei, es käme wegen der vorhandenen Leistungsstörung lediglich (daneben) eine Schadensersatzhaftung in Betracht.[171]

---

[167] Dazu genauer unter Punkt 3. Teil, 2. Kapitel, § 1 C. Seite 192.
[168] Ähnlich auch OLG Frankfurt/Main RRa 2005, 78.
[169] Siehe nur *Schmid* in *Giemulla/Schmid*, MÜ, Art. 19 Rn. 94 ff. und 103 f. m.w.N., genauer dazu unter Punkt 3. Teil, 2. Kapitel, § 1 B. Seite 161.
[170] *Krüger*, S. 189 im Hinblick auf Art. 19 WA; so auch *Vollmar*, S. 195.
[171] *Krüger*, S. 189 im Hinblick auf Art. 19 WA.

III. Ergebnis

Bezogen auf den Abflugzeitpunkt ist der Luftbeförderungsvertrag daher regelmäßig weder ein absolutes noch ein relatives Fixgeschäft. Das Überschreiten der Abflugzeit führt i.d.r. lediglich zu einer Verzögerung der Leistung i.S.v. § 323 I BGB, nicht jedoch zur Unmöglichkeit gemäß § 275 I BGB. Der Fluggast kann daher in jedem Einzelfall flexibel auf eine Abflugverspätung reagieren. Aber auch hinsichtlich der Ankunftszeit ist der Luftbeförderungsvertrag regelmäßig kein Fixgeschäft. Auch bei einer Überschreitung der Ankunftszeit liegt grds. lediglich eine Verzögerung der Leistung vor.

B. Reichweite der Verspätungshaftung nach Art. 19 MÜ

Im Hinblick auf die Verspätungshaftung nach Art. 19 MÜ stellt sich ferner vorab die Frage nach der Reichweite dieser Haftung und damit nach dem Anwendungsbereich der Bestimmung. Die Regelung geht, wie bereits mehrfach angedeutet, auf die Verspätungshaftung im WA zurück, insbesondere auf Art. 19 WA, der mit Art. 19 S. 1 MÜ nahezu wörtlich übereinstimmt.[172] Art. 19 MÜ ist im Bereich der Verspätungshaftung bei der Luftbeförderung heute die wohl wichtigste Norm. Sie ist nicht nur unmittelbar auf alle internationalen Beförderungen i.S.d. Art. 1 MÜ anwendbar, sondern gilt über den Verweis in Art. 3 I HaftungsVO auf die Haftungsvorschriften des MÜ auch auf allen Flügen eines Luftfahrtunternehmens der Gemeinschaft, sofern es sich dabei nicht bereits um eine internationale Beförderung i.S.d. MÜ handelt. Zusätzlich gilt Art. 19 MÜ sinngemäß über die aus Harmonisierungsgründen ins LuftVG übernommene,[173] nahezu identische Regelung in § 46 LuftVG auch auf allen anderen Flügen, sofern deutsches Recht anwendbar ist und die Beförderung nicht unter die Bestimmungen des WA bzw. des WA/HP fällt.[174]

I. „Verspätung bei der Luftbeförderung"

Der Luftfrachtführer hat nach Art. 19 S. 1 MÜ grds. den Schaden zu ersetzen, der durch Verspätung bei der Luftbeförderung von Reisenden, Reisegepäck oder Gütern entsteht. Was jedoch unter einer „Verspätung bei der Luftbeförderung" zu verstehen ist, war weder für die Regelung in Art. 19 WA bestimmt, noch enthält das MÜ heute eine Definition der Verspätung. Leider wurde während der Ausarbeitung des Abkommenstextes die Anregung der chinesischen Delegation, im MÜ den Begriff der „Verspätung" endlich zu

---

[172] In Art. 19 S. 1 MÜ ist im Gegensatz zu Art. 19 WA die Rede von Reisegepäck statt Gepäck.
[173] Vgl. die Begründung des Gesetzentwurfs der Bundesregierung zum Gesetz zur Harmonisierung des Haftungsrechts im Luftverkehr, BT-Drs. 15/2359, S. 11, 19 und 23.
[174] Dazu bereits ausführlich unter Punkt 2. Teil, 1. Kapitel Seite 21.

definieren, nicht aufgegriffen.[175] Für eindeutige Aussagen über die Haftung des Luftfrachtführers in Verspätungsfällen ist es jedoch zwingend erforderlich, den Begriff der „Verspätung" zu bestimmen bzw. den Anwendungsbereich von Art. 19 MÜ durch Auslegung klar einzugrenzen.

Seit Jahren versucht man dabei, den Anwendungsbereich des Art. 19 WA über die Abgrenzung der Nichtbeförderung (Nichterfüllung) von der Verspätung zu definieren. Verspätung und Nichtbeförderung schlössen sich gegenseitig aus.[176] Tatsächlich deuten auch die Aussagen verschiedener Delegierter der zweiten Luftprivatrechtskonferenz in Warschau im Jahr 1929 darauf hin, dass die Rechtsfolgen der Nichtbeförderung des Fluggastes gerade nicht im WA geregelt wurden, sondern vielmehr dem nationalen Recht zu entnehmen sind.[177] Konkret sah man für die zusätzliche Regelung der Nichtbeförderung keinen Bedarf, da sich der Passagier noch im Bereich seines Heimatrechtes befinde.[178] Die ganz herrschende Meinung in Rechtsprechung und Literatur geht daher auch davon aus, dass auf Fälle der Nichtbeförderung unvereinheitlichtes Recht Anwendung findet und Art. 19 WA nur die Verspätung eines Fluggastes betrifft.[179] Nach unveränderter Übernahme der Verspätungshaftung des Luftfrachtführers aus dem WA in Art. 19 MÜ und ohne ausdrücklich auch eine Regelung für Fälle der Nichtbeförderung zu treffen, ist seit Inkrafttreten des MÜ davon auszugehen, dass Gleiches nun auch für die Verspätungshaftung aus Art. 19 MÜ gilt.[180]

Seit jeher ist jedoch genauso umstritten, unter welchen Umständen eigentlich eine vom Abkommen ausgenommene Nichtbeförderung des Fluggastes gegeben ist. Weder dem WA oder dem MÜ noch den dazugehörigen Materialien ist eine Definition der vom Abkommen wohl nicht erfassten Nichtbeförderung oder Nichterfüllung (inexécution) zu entnehmen.[181] Unproblematisch in der Handhabung sind dabei auch m.E. die Fälle der sog. endgültigen Nichtbeförderung, in denen der Fluggast überhaupt nicht befördert wird,[182] denn end-

---

[175] Vgl. *Müller-Rostin* ZLW 2000, 36, 42; *Müller-Rostin* ASDA/SVLR-Bulletin 2000, 9.
[176] Schmid in Giemulla/Schmid, MÜ, Art. 19 Rn. 95; Shawcross and Beaumont, VII [1015].
[177] Vgl. z.B. die Aussagen des französischen Delegierten Ripert und des italienischen Delegierten Ambrosini, II Conférence, S. 52; auch eine weitere Protokollstelle ergibt ein ähnliches Bild, vgl. II Conférence, S. 115. Siehe auch *Kronke* in MünchKomm HGB, Art. 19 WA 1955 Rn. 40.
[178] II Conférence, S. 52.
[179] Vgl. nur *Shawcross and Beaumont*, VII[1015]; *Goldhirsch* S. 82 f.; *Schmid* in Giemulla/Schmid, WA, Art. 19 Rn. 40 ff. und 48 f.; *Ruhwedel*, Rn. 313; *Kronke* in MünchKomm HGB, Art. 19 WA 1955 Rn. 39 f.; BGH NJW 1979, 495.
[180] So auch *Schmid* in Giemulla/Schmid, MÜ, Art. 19 Rn. 94 ff. und 103 f.; *Führich*, Rn. 1010.
[181] So für das WA und der entsprechenden Materialien auch *Fröhlich*, S. 124 und *Kronke* in MünchKomm HGB, Art. 19 WA 1955 Rn. 40.
[182] Vgl. auch *Schmid* in Giemulla/Schmid, MÜ, Art. 19 Rn. 96; *Schmid*, TranspR 1985, 369, 373; *Goldhirsch*, S. 82.

gültige Nichtbeförderung und Verspätung schließen sich bereits begrifflich aus. Hier liegt eindeutig eine vom Abkommen ausgenommene Nichterfüllung vor, die Rechtsfolgen sind dem anwendbaren nationalen Recht zu entnehmen.[183] So wurde auf der Warschauer Konferenz die Nichtbeförderung auch vor allem vor dem Hintergrund der gänzlichen Weigerung des Luftfrachtführers, die Beförderung durchzuführen, diskutiert.[184]

Problematisch sind dagegen die Fälle der sog. vorübergehenden Nichtbeförderung (Nichterfüllung), in denen der Fluggast zwar verspätet, also mit einer gewissen Abflugverspätung, aber dennoch entweder auf dem ursprünglichen Flug oder mit einem Ersatzflug[185] mit anderer Flugnummer an sein Beförderungsziel befördert wird und dort dann i.d.R. mit einer gewissen Ankunftsverspätung ankommt. Vorübergehende Nichtbeförderung und Verspätung bei der (späteren) Beförderung schließen sich gerade nicht aus. Eine eindeutige Zuordnung dieser Fälle, zu Fällen, die dem Abkommen nicht unterfallen, ist hier anhand des Merkmals „Nichtbeförderung" daher gerade nicht möglich, vielmehr stehen Nichtbeförderung und Verspätung nebeneinander. Mit anderen Worten anhand des Merkmals „Nichtbeförderung" kann also gerade nicht ausgeschlossen werden, dass es sich bei einem bestimmten Fall um einen Verspätungsfall i.S.v. Art. 19 MÜ handelt.

Diese Problematik hatte wohl in gewisser Weise auch die h.M. im deutschen Recht erkannt. Sie dürfte jedenfalls dazu beigetragen haben, dass im deutschen Recht zum einen (im Hinblick auf die Abflugzeit) die Theorie vom absoluten Fixgeschäftscharakter[186] der Luftbeförderung entwickelt wurde und dass Teile der Literatur zum anderen zu der Annahme gelangt sind, dass sich die Beförderungspflicht des Luftfrachtführers nach dem Beförderungsvertrag grds. auf einen durch die Flugnummer bestimmten Flug beschränke[187]. Auf diese Weise ist es nämlich möglich, insbesondere in Fällen, in denen es zu einem Eratzflug kommt, über den Eintritt der Unmöglichkeitfolgen die vorübergehende Nichtbeförderung in eine endgültige Nichtbeförderung „zu verwandeln" und damit Klarheit hinsichtlich der Nichtanwendbarkeit von Art. 19 WA bzw. Art. 19 MÜ zu schaffen.

Einschränkend muss jedoch hinzugefügt werden, dass die h.M. in Fällen, in denen es trotz einer Abflugverspätung aber ohne eine allzu große Verzögerung zu einer späteren Beförderung auf dem ursprünglichen Flug kommt, unproblematisch von einer Anwendbarkeit des Art. 19 WA bzw. von Art. 19 MÜ ausgeht, obwohl sie grds. gerade aufgrund der Annahme eines absoluten Fixgeschäftes und der daraus resultierenden Unmöglichkeit bei Abflugverspä-

---

[183] So auch *Fröhlich*, S. 124.
[184] Vgl. die Aussagen der Delegierten, II Conférence, S. 52; II Conférence, S. 115.
[185] So auch *Schmid* in *Giemulla/Schmid*, MÜ, Art. 19 Rn. 97; *Schmid*, TranspR 1985, 369, 373; *Fröhlich*, S. 124.
[186] Dazu unter Punkt 3. Teil, 2. Kapitel, § 1 A. I. 1. Seite 134.
[187] Dazu unter Punkt 2. Teil, 3. Kapitel, § 2 D. IV. Seite 80.

tungen von einer endgültigen Nichtbeförderung ausgehen müsste, die dem Abkommen dann aber gerade nicht unterfallen würde.[188] Erst ab einer Abflugverspätung von ein bis zwei Tagen geht die h.M. auch in diesen Fällen wegen des absoluten Fixgeschäftscharakters von Unmöglichkeit und damit endgültiger Nichtbeförderung aus.

Auch gibt es Stimmen in der luftrechtlichen Literatur, die in Fällen, in denen es zu einer späteren Beförderung des Fluggastes auf einem Ersatzflug mit anderer Flugnummer kommt, entgegen der h.M. eine Haftung aus Art. 19 WA bejahen, wenn etwa auf der fraglichen Strecke in kurzen Abständen andere Luftfahrzeuge verkehren und der Fluggast auf einem dieser Flüge tatsächlich befördert wird, denn der Beförderungsvertrag sei in diesem Fall ja erfüllt worden.[189]

Letztlich zeigt sich aber gerade an diesen Einschränkungen, dass auch über die dargestellte h.M. im deutschen Recht die „verunglückte" Abgrenzung der Verspätung von der Nichtbeförderung nicht gerettet werden kann, vielmehr muss Art. 19 MÜ in Fällen der vorübergehenden Nichtbeförderung anwendbar sein. Hinzu kommt, dass sowohl die Einordnung des Luftbeförderungsvertrages als absolutes Fixgeschäft, wie auch die Annahme, dass sich die Beförderungspflicht des Luftfrachtführers nach dem Luftbeförderungsvertrag grds. auf einen durch die Flugnummer bestimmten Flug beschränke, nicht haltbar sind.[190]

Es muss daher eine andere Möglichkeit gefunden werden, um insbesondere die Fälle der vorübergehenden Nichtbeförderung in den Griff zu bekommen und insbesondere hier den Anwendungsbereich von Art. 19 MÜ abzugrenzen. Dabei können die Fälle der vorübergehenden Nichtbeförderung auch nicht pauschal dem Anwendungsbereich von Art. 19 MÜ zugeordnet werden, denn damit wäre dem Umstand, dass in diesen Fällen zunächst einmal eine Nichtbeförderung gegeben ist, deren Rechtsfolgen dem Abkommen nach dem Gesagten gerade nicht entnommen werden können, nicht Rechnung getragen. Die ausschließliche Rechtsfolge Schadensersatz nach Art. 19 MÜ vermag diese Fälle zudem auch nicht befriedigend zu lösen. Zu fragen ist m.E. daher, ob in den Fällen der vorübergehenden Nichtbeförderung nicht sowohl unvereinheitlichtes als auch vereinheitlichtes Recht, insbesondere also Art. 19 MÜ, anwendbar sein können, denn wie gezeigt stehen in diesen Fällen Nichtbeförderung und Verspätung gerade nebeneinander. Dann muss jedoch eine Definition des Verspätungsbegriffs gefunden werden bzw. es muss durch Auslegung von Art. 19 MÜ eine Abgrenzung des Anwendungsbereichs von Art. 19 MÜ gefunden werden, mit deren Hilfe die Situationen, in

---

[188] Dazu unter Punkt 3. Teil, 2. Kapitel, § 1 A. I. 1. c) bb) Seite 142.
[189] *Schoner*, ZLW 1978, 151, 165 und ZLW 1980, 327, 344.
[190] Dazu bereits unter Punkt 3. Teil, 2. Kapitel, § 1 A. I. 1. Seite 134 und unter Punkt 2. Teil, 3. Kapitel, § 2 D. IV. Seite 80.

denen eine Haftung nach vereinheitlichtem Recht gegeben ist, eindeutig von den Situationen unterschieden werden können, in denen eine Haftung nach unvereinheitlichtem Recht stattfindet.

An dieser Stelle ist m.E. ein Blick auf die vergleichbare Rechtslage im internationalen Straßengüterverkehr und die hier geltenden Verspätungsregelungen hilfreich. So haftet der Frachtführer im grenzüberschreitenden Straßengüterverkehr nach Art. 17 I CMR grds. lediglich für den Schaden, der durch eine Überschreitung der Lieferfrist entsteht, die nach Art. 19 CMR dann gegeben ist, wenn das zu befördernde Gut nicht innerhalb der vereinbarten Frist abgeliefert wird. Abgestellt wird damit auf das Ende des Transportes; so dass Art. 17 I i.V.m. Art. 19 CMR somit nur anwendbar ist, wenn eine Ankunftsverspätung des Gutes gegeben ist. Dagegen ist Art. 17 I i.V.m. Art. 19 CMR gerade nicht, auch nicht analog, anwendbar, wenn es zu einer Überschreitung der Ladungsfrist kommt,[191] bzw. wenn der Frachtführer das Gut beim Absender zu spät oder gar nicht[192] übernimmt[193]. Werden die Güter in diesen Fällen trotzdem rechtzeitig abgeliefert, sind die Voraussetzungen von Art. 19 CMR sogar offensichtlich nicht erfüllt; Schäden, die dem Absender/Empfänger aus der vorangegangenen Verzögerung entstehen, sind dann zwangsläufig nur nach ergänzendem Vertragsstatut zu ersetzen.[194] Soweit deutsches Recht anwendbar ist, kommen Verzug, Unmöglichkeit und positive Vertragsverletzung in Betracht.[195] Nichts anderes kann nach *Basedow* aber auch dann gelten, wenn zu der vorgegangenen Verzögerung noch eine Überschreitung der Lieferfrist i.S.v. Art. 19 CMR hinzutritt; in diesem Fall sei eben zwischen den Schäden, die auf die vorangegangene Verzögerung zurückzuführen seien und folglich nach nationalem Recht zu ersetzen seien und Schäden, die aufgrund der verspäteten Ablieferung entstünden und folglich nach Art. 17 ff. CMR erstattet würden, zu unterscheiden.[196]

Überträgt man diese Rechtslage nun auf die Haftung im internationalen Luftverkehr, so ist nach meiner Ansicht auch hier ausgehend von der aufgrund der doppelten Fälligkeit der Luftbeförderung notwendigen Unterscheidung zwischen Abflug- und Ankunftsverspätungen zu prüfen, ob der Anwendungsbereich von Art. 19 MÜ nicht lediglich den Tatbestand der Ankunftsverspätung des Fluggastes erfasst und lediglich den Ersatz des darauf beruhenden Schadens regelt. Fragen der Abflugverspätung des Fluggastes und der Ersatz von Schäden, die ausschließlich auf einer Abflugverspätung

---

[191] *Koller*, Art. 19 CMR Rn. 3 m.w.N.
[192] BGH NJW 1979, 2470.
[193] *Basedow* in MünchKomm HGB, Art. 19 CMR Rn. 4; *Koller*, Art. 17 CMR Rn. 56 m.w.N.
[194] *Basedow* in MünchKomm HGB, Art. 19 CMR Rn. 4; *Koller*, Art. 17 CMR Rn. 56; *Koller*, Art. 19 CMR Rn. 3 m.w.N.
[195] *Koller*, Art. 19 CMR Rn. 3; *Koller*, VersR 1988, 556, 559; *Glöckner*, Art. 19 CMR Rn. 2.
[196] *Basedow* in MünchKomm HGB, Art. 19 CMR Rn. 4.

beruhen, für die also ausschließlich eine Abflugverspätung des Fluggastes kausal ist, wären dann nach unvereinheitlichtem Recht zu beantworten. So könnte man in Fällen der vorübergehenden Nichtbeförderung auch der Tatsache gerecht werden, dass es zunächst zu einer Nichtbeförderung des Fluggastes, also zu einer Abflugverspätung des Fluggastes, kommt.

Die Situation der Abflugverspätung wäre dann grds. nach unvereinheitlichtem Recht (z.B. §§ 323, 281 BGB) zu beurteilen, an die sich unter Umständen eine Ankunftsverspätung des Fluggastes anschließt, für die Art. 19 MÜ maßgeblich wäre. Fraglich ist daher, ob die Auslegung von Art. 19 MÜ nicht in der Tat ergibt, dass in Art. 19 MÜ nur der Tatbestand der Ankunftsverspätung und der Ersatz darauf beruhender Schäden geregelt sind. Damit würde sich letztlich auch eine Antwort auf die umstrittene Frage erübrigen, ob die Abgrenzung zwischen Nichtbeförderung und Verspätung autonom, d.h. aus dem Abkommen heraus, zu treffen ist oder ob sie dem unvereinheitlichten Recht entnommen werden kann.[197]

II. Methodik der Auslegung des MÜ

Die Auslegung des MÜ unterliegt aufgrund seines Charakters als internationales Einheitsprivatrecht, jedenfalls zum Teil, besonderen Regeln.[198] So ist das Abkommen in erster Linie aus sich heraus auszulegen,[199] um zumindest ansatzweise einen internationalen Entscheidungseinklang zu gewährleisten[200]. Im Übrigen gelten die üblichen privatrechtlichen[201] Auslegungsmethoden, d.h. die grammatische, die systematische, die historische, die teleologische und schließlich aufgrund des internationalen Charakters des Abkommens auch die rechtsvergleichende Auslegung[202]. Allgemein zu berücksichtigen ist, dass internationale Abkommen in internationalen Gremien i.d.R. nicht unter idea-

---

[197] *Kronke* in MünchKomm HGB, Art. 19 WA 1955 Rn. 40; *Stadie* S. 87; *Fröhlich*, S. 147 ff.; *Schiller*, TranspR 1996, 173, 178 f.

[198] Zum Ganzen siehe *Reuschle*, Einl. MÜ Rn. 49 f.; zur Auslegung internationalen Einheitsrechts allgemein siehe *Linhart*, S. 1 ff. und *Kropholler*, Einheitsrecht, S. 258 ff.

[199] BGH NJW 1976, 1583, 1584 m. Anm. *Kropholler*; *Reuschle*, Einl. MÜ, Rn. 49; *Giemulla* in *Giemulla/Schmid*, MÜ, Einl. Rn. 60; *Kropholler*, Einheitsrecht, S. 265; *Ruhwedel* Rn. 59; *Guldimann*, Einl. Rn. 43 f.; *Risch*, S. 7 f.

[200] BGH NJW 1976, 1583, 1584 m. Anm. *Kropholler*; *Kronke* in MünchKomm HGB Art. 1 WA 1955 Rn. 2; *Reuschle*, Einl. MÜ, Rn. 49; *Ruhwedel* Rn. 58 f.; *Guldimann*, Einl. Rn. 43 f.; *Kropholler*, Einheitsrecht, S. 264 f.

[201] BGH NJW 1976, 1583, 1584 m. Anm. *Kropholler*; a.A. noch BGH NJW 1969, 2083, 2084; a.A. auch *Reuschle*, Einl. MÜ, Rn. 50; *Kronke* in MünchKomm HGB, Art. 1 WA 1955 Rn. 3; *Schiller*, TranspR 1996, 173; *Benkö/Kadletz*, S. 50; *Kadletz/Bürskens* in *Kronke/Melis/Schnyder*, Handbuch, Teil E Rn. 7, die grds. völkerrechtliche Regeln anwenden wollen, wobei *Kronke* allerdings den Charakter als Einheitsprivatrecht berücksichtigen will.

[202] Allg. Meinung, siehe *Kropholler*, Einheitsrecht, S. 260 f.; *Brandi-Dohrn*, TranspR, 1996, 45 ff.; *Kronke* in MünchKomm HGB, Art. 1 WA 1955 Rn. 3 ff.; BGH NJW 1976, 1583, 1584 m. Anm. *Kropholler*.

len Voraussetzungen und von Personen aus den unterschiedlichsten Rechtskreisen erarbeitet werden.²⁰³

Ausgangspunkt der Auslegung des MÜ muss der Wortlaut des Abkommens sein, dem als gemeinsamem Nenner besondere Bedeutung zukommt.²⁰⁴ Auch bietet die Auslegung nach dem Wortlaut am ehesten Gewähr dafür, nicht in nationale Eigentümlichkeiten zu verfallen.²⁰⁵ Beachtet werden muss dabei die Vertragssprache.²⁰⁶ Der Wortlaut des MÜ ist gemäß seiner Schlussformel gleichermaßen verbindlich sowohl in arabischer, chinesischer, englischer, französischer, russischer und spanischer Sprache. Beim WA ist nach dessen Art. 36 dagegen nur der französische Text authentisch.²⁰⁷ Da Art. 19 S. 1 MÜ jedoch nahezu wörtlich mit Art. 19 WA übereinstimmt, dürfte für die Auslegung von Art. 19 MÜ weiterhin auch das Verständnis der französischen Fassung von Art. 19 WA eine große Rolle spielen. Insoweit kommt daher auch dem französischen Verständnis der Begriffe weiterhin besonderes Gewicht zu.²⁰⁸ Dabei wird das juristische Verständnis heran zu ziehen sein, da überwiegend Juristen das Abkommen verfasst haben.²⁰⁹ Allerdings sollte nur auf den Kerngehalt der Begriffe im französischen Recht abgestellt werden,²¹⁰ da eine vollständige Rezeption des französischen rechtlichen Verständnisses bei einem internationalen Abkommen nicht nahe liegt.²¹¹ Den Begriffen kann vielmehr auch eine besondere einheitsrechtliche Bedeutung zukommen.²¹²

Daneben kann nach teilweise vertretener Ansicht auch in der amtlichen Übersetzung durch den nationalen Gesetzgeber eine beachtliche Interpretation

---

²⁰³ *Benkö/Kadletz*, S. 50 f.
²⁰⁴ *Brandi-Dohrn*, TranspR, 1996, 45, 46; *Kuhn*, S. 34; *Kronke* in MünchKomm HGB Art. 1 WA 1955 Rn. 3; *Reuschle*, Einl. MÜ, Rn. 50; *Kropholler*, Einheitsrecht S. 264; *Risch*, Divergenzen, S. 7; BGH NJW 1974, 1583, 1584 m. Anm. *Kropholler*; BGH NJW 1969, 2083, 2084.
²⁰⁵ *Kropholler*, Einheitsrecht, S. 264.
²⁰⁶ U.U. kommt auch der Verhandlungssprache (Arbeitssprache oder working language) Bedeutung zu, siehe *Seidl-Hohenveldern/Stein*, Rn. 371 (beim MÜ ist dies im Wesentlichen Englisch, siehe *Reuschle*, Einl. MÜ, Rn. 54); so auch *Giemulla* in Giemulla/Schmid, MÜ, Einl. Rn. 63; a.A. *Brandi-Dohrn*, TranspR 1996, 45, 46.
²⁰⁷ Das WA/HP ist (war) wiederum bereits in drei authentischen Sprachen abgefasst, in der Schlussformel ist (war) jedoch immer noch vorgesehen, dass in Zweifelsfällen die französische Fassung entscheidet.
²⁰⁸ Zum WA so *Brandi-Dohrn*, TranspR 1996, 45, 46 f.; *Giemulla* in Giemulla/Schmid, WA, Einl. Rn. 37; *Kronke* in MünchKomm HGB, Art. 1 WA 1955 Rn. 3; *Koller*, vor Art. 1 WA 1955 Rn. 5; *Benkö/Kadletz*, S. 52. Zum MÜ siehe *Reuschle*, Einl. MÜ, Rn. 54; *Giemulla* in Giemulla/Schmid, MÜ, Einl. Rn. 64.
²⁰⁹ *Brandi-Dohrn*, TranspR 1996, 45, 47; *Kronke* in MünchKomm HGB, Art. 1 WA 1955 Rn. 3; *Risch*, S. 7 f.
²¹⁰ Überwiegende Meinung, *Guldimann*, Einl. Rn. 44; *Brandi-Dohrn* TranspR 1996, 45, 48; *Risch*, S. 18 f.
²¹¹ *Risch*, S. 19; *Fröhlich*, S. 40; allg. *Kropholler*, Einheitsrecht, S. 265; *Kadletz*, IPRax 1998, 304, 305 f.
²¹² *Benkö/Kadletz*, S. 54.

eines Abkommenstextes liegen.[213] Da es letztlich nicht auf den Wortlaut, sondern auf die Erfassung des Sinns des Urtextes ankäme, könne nicht nur der Originaltext zur Interpretation der Übersetzung dienen, sondern auch die Übersetzung zur Klärung des im Original Gemeinten herangezogen werden.[214] Problematisch an diesem Ansatz ist jedoch, dass zumindest die Gefahr besteht, dass insofern vorschnell auf die Begrifflichkeit der lex fori zurückgegriffen wird.[215] Vielmehr sollte der amtlichen Übersetzung daher eine den Anwendungseinklang fördernde Übersetzung vorgezogen werden.[216] Übersetzungsfehler in der amtlichen Übersetzung sollten jedenfalls beachtet und für die Entscheidung korrigiert werden.[217] Insgesamt sollte eine amtliche Übersetzung allenfalls als ein möglicher Ausgangspunkt zur Erfassung des Sinngehaltes des Originaltextes dienen.[218]

Fraglich bleibt jedoch, wie zu verfahren ist, wenn im Einzelfall ein Transformationsgesetz die Übersetzung eines Abkommens in die Landessprache verbindlich, also mit Gesetzeskraft, vorgibt und nicht lediglich eine amtliche Übersetzung im Sinne einer Übersetzungshilfe mitliefert.[219] Da das deutsche Ratifikationsgesetz[220] zum MÜ jedoch in Art. 1 S. 2 lediglich eine amtliche Übersetzung im Sinne einer Übersetzungshilfe vorsieht,[221] stellt sich diese Frage bei Anwendbarkeit deutschen Rechts nicht. Aber auch bei der Auslegung einer Norm, die in einer verbindlichen Übersetzung vorgegeben wird, wird der Richter letztlich die Herkunft der Norm, ihre Originalsprache und den Vereinheitlichungszweck eines Abkommens berücksichtigen müssen.[222]

Zur Auslegung von internationalem Einheitsrecht können schließlich auch die Interpretationsregeln des Art. 33 III und IV der Wiener Vertrags-

---

[213] *Kropholler*, Einheitsrecht, S. 269; *Kronke* in MünchKomm HGB, Art. 1 WA 1955 Rn. 3.
[214] *Kropholler*, Einheitsrecht, S. 269.
[215] *Brandi-Dohrn* TranspR 1996, 45, 46, der daher auch die hilfsweise Berücksichtigung ablehnt; *Fröhlich*, S. 40.
[216] *Kronke* in MünchKomm HGB, Art. 1 WA 1955 Rn. 3; ähnlich *Reuschle*, Einl. MÜ, Rn. 51.
[217] *Kronke* in MünchKomm HGB, Art. 1 WA 1955 Rn. 3; *Mankiewicz*, S. 17.
[218] Ähnlich auch *Fröhlich*, S. 40; *Kronke* in MünchKomm HGB, Art. 1 WA 1955 Rn. 3; *Koller*, vor Art. 1 WA 1955 Rn. 5; *Kropholler*, Einheitsrecht, S. 269, der die amtliche Übersetzung letztlich nur berücksichtigen will, wenn sie unter Berücksichtigung aller für die Auslegung maßgeblichen Kriterien als korrekte Interpretation des Urtextes gelten kann. Das führt jedoch zurück zur Auslegung des Originaltextes.
[219] Dazu genauer *Kadletz*, IPRax 1998, 304, 305 ff. und insbesondere *Kadletz* in Buchbesprechung *Fröhlich*, ZLW 2002, 611, 612 f. m.w.N.; allgemein *Kropholler*, Einheitsrecht, S. 291.
[220] BGBl. 2004 II, 458.
[221] So *Benkö/Kadletz*, S. 51, generell für amtliche Übersetzungen im Bundesgesetzblatt.
[222] Dazu *Kadletz* in Buchbesprechung *Fröhlich*, ZLW 2002, 611, 612 f. m.w.N. auch zu der Frage, wie zu verfahren ist, wenn im Einzelfall durch Auslegung keine Übereinstimmung mit dem Originaltext hergestellt werden kann.

rechtskonvention[223] angewendet werden,[224] sofern wie vorliegend beim MÜ, mehrere Versionen eines Abkommens in verschiedenen Sprachen denselben normativen Wert haben. Nach der „Einheitsregel" in Art. 33 III der Konvention wird dann vermutet, dass die Begriffe in jedem authentischen Text die gleiche Bedeutung haben.[225] Eventuelle Bedeutungsunterschiede zwischen mehreren authentischen Texten sind in Übereinstimmung mit Art. 33 IV der Konvention mittels der übrigen Interpretationsmittel zu beseitigen.[226] Die Auslegung kann dabei nicht nur zu einer Bevorzugung einer Textfassung führen, sondern auch eine Interpretation hervorbringen, die sich mit keiner der Textfassungen vollkommen deckt.[227]

Neben der Auslegung nach dem Wortlaut kommt grds. auch die systematische Auslegung des MÜ in Betracht. Zu berücksichtigen ist hier jedoch, dass das MÜ und das WA weniger systematisch angelegt sind als nationale Gesetze und zudem nicht mangelfrei redigiert sind.[228] Ferner ist zu beachten, dass das MÜ wie auch das WA bereits ausweislich ihrer Überschriften nur zur Vereinheitlichung bestimmter Regeln des Luftverkehrs dienen, so dass schon deshalb eine systematische Geschlossenheit nicht erwartet werden kann.[229] Wertvoll kann jedoch die abkommensübergreifende systematische Auslegung sein, insbesondere dann, wenn ein aus mehreren Abkommen bestehendes „Abkommenssytem" gegeben ist, wie dies im Luftverkehr der Fall ist.[230]

Von größerer Bedeutung ist dagegen die historische Auslegung des MÜ anhand der vorbereitenden Materialien.[231] Auch sie ist mittlerweile als Auslegungsmittel international anerkannt.[232] Zwar gesteht die Wiener Vertragsrechtskonvention der historischen Auslegung in Art. 32 nur eine untergeordnete Rolle zu, für die Auslegung von internationalem Einheitsprivatrecht kann dem jedoch nicht gefolgt werden.[233] Angesichts der eingeschränkten Nutzbarkeit der systematischen Auslegung ist die historische Auslegung bei unklarem Wortlaut oftmals sogar die einzige Möglichkeit, um zu einer gesicherten Erkenntnis zu gelangen; auch bietet die Orientierung am Willen des Normgebers gegenüber der teleologischen Auslegung am ehesten Gewähr für die Einheit-

---

[223] Wiener Vertragsrechtskonvention vom 25.3.1969, BGBl. 1985 II, S. 926.
[224] *Kropholler*, Einheitsrecht, S. 267; *Benkö/Kadletz*, S. 52; *Reuschle*, Einl. MÜ, Rn. 50.
[225] *Kropholler*, Einheitsrecht, S. 267.
[226] *Kropholler*, Einheitsrecht, S. 268.
[227] *Kropholler*, Einheitsrecht, S. 268.
[228] So zum WA *Kronke* in MünchKomm HGB Art. 1 WA 1955 Rn. 3; *Benkö/Kadletz*, S. 56 f.; siehe auch *Guldimann*, Einl. Rn. 30.
[229] So zum WA *Brandi-Dohrn*, TranspR 1996, 45, 49; *Fröhlich*, S. 40.
[230] *Benkö/Kadletz*, S. 56 ff.; genauer *Brandi-Dohrn*, TranspR 1996, 45, 49 ff.
[231] *Giemulla* in *Giemulla/Schmid*, MÜ, Einl. Rn. 65.
[232] *Kuhn*, S. 36 und *Brandi-Dohrn*, TranspR 1996, 45, 51, die beide auf die Kehrtwendung der englischen Rechtsprechung hinweisen; *Risch*, S. 11 ff.; BGH NJW 1983, 518.
[233] *Benkö/Kadletz*, S 55 f; *Kronke* in MünchKomm HGB Art. 1 WA 1955 Rn. 3; *Fröhlich*, S. 40 f.

lichkeit der Rechtsprechung.[234] Trotzdem betont die deutsche Rechtsprechung die besondere Bedeutung des Wortlautes.[235] Zu berücksichtigen ist auch, dass sich der Regelungsumfang und -zweck jüngerer Abkommenstexte häufig erst vor dem Hintergrund der früheren Praxis ergibt.[236] Änderungen des Wortlautes zielen dabei i.d.R. entweder auf eine Klarstellung oder eine Neuregelung ab.[237]

Im Rahmen der historischen Auslegung von Art. 19 MÜ kann daher nicht nur auf die Protokolle und vorbereitenden Materialien zum MÜ[238] zurückgegriffen werden, sondern von größerer Bedeutung sind sogar die vorbereitenden Materialien zum WA, da Art. 19 WA, wie bereits mehrfach erwähnt, nahezu unverändert ins MÜ übernommen wurde. Hinsichtlich der im WA getroffenen Regelungen sind dabei verschiedene Quellen von Bedeutung.[239] Die Grundzüge der Konvention, insbesondere das Haftungssystem, sind bereits durch die erste internationale Luftprivatrechtskonferenz, die vom 27.10. bis zum 6.11.1925 in Paris auf Einladung der französischen Regierung tagte, ausgearbeitet worden. Die zweite internationale Luftprivatrechtskonferenz, die vom 4.10. bis zum 12.10.1929 in Warschau stattfand, setzte später die Arbeit fort und verstand sich auch selbst als Fortsetzung der ersten Konferenz, so dass sowohl die Protokolle der ersten[240] als auch der zweiten[241] Konferenz zur Auslegung des Abkommens herangezogen werden können. Da viele Fragen auf der zweiten Konferenz jedoch bereits als geklärt angesehen wurden, ist der Rückgriff auf Protokolle der ersten Konferenz teilweise sogar zwingend notwendig.[242] Zum Teil sehr aufschlussreich

---

[234] *Kropholler*, Einheitsrecht, S. 275.
[235] BGH NJW 1983, 518; BGH NJW 1976, 1583, 1584 m. Anm. *Kropholler*; BGH NJW 1969, 2083, 2084; *Brandi-Dohrn*, TranspR 1996, 45, 52 f.; *Kronke* in MünchKomm HGB Art. 1 WA 1955 Rn. 3.
[236] *Benkö/Kadletz*, S. 58.
[237] *Benkö/Kadletz*, S. 58; so zum Verhältnis WA/HP zum WA bereits *Riese*, ZLR 1956, 4, 9 ff.
[238] Diese sind zusammengefasst auf der CD-Rom der ICAO mit dem Titel: International Conference on Air Law, Modernization of the „Warsaw System" Montreal, 10 to 28 May 1999. Zur Entstehungsgeschichte des MÜ vgl. Denkschrift zum MÜ, S. 32 ff.; *Müller-Rostin*, ZLW 2000, 36 ff. (insbesondere zur Montrealer Konferenz und zu den einzelnen Artikeln); *Saenger* NJW 2000, 169 ff.; *Bollweg*, ZLW 2000, 439 ff.; *Ruhwedel*, TranspR 2001, 189 ff.; *Clarke*, TranspR 2003, 436 f.; *Müller-Rostin* GPR, 2004, 266, 267 f.; *Reuschle*, Einl. MÜ Rn. 1 und 14 f., *Giemulla* in Giemulla/Schmid, MÜ, Einl. Rn. 17 ff.
[239] Zur Entstehungsgeschichte des WA und des WA/HP *Lowenfeld/Mendelsohn*, 80 Harvard Law Review (1967), 497, 498 ff.; *Giemulla* in *Giemulla/Schmid*, WA, Einl. Rn. 1 ff.; zur Geschichte des Luftrechts allgemein *Meyer*, FS Riese, S. 439 ff.
[240] Ministère des Affaires Étrangères: Conférence Internationale de Droit Privé Aérien, 27 Octobre – 6 Novembre 1925, Paris, 1936.
[241] République Populaire de Pologne: II Conférence Internationale de Droit Privé Aérien, 4-12 Octobre 1929, Varsovie, Warschau, 1930.
[242] Vgl. auch *Fröhlich*, S. 41.

2. Kapitel Rechtsfolgen der Flugverspätung

sind auch die Protokolle des Sachverständigenausschusses[243] (Comité international technique d'experts juridiques aériens, CITEJA), der auf eine Empfehlung der Pariser Konferenz hin eingesetzt wurde. Der Sachverständigenausschuss unterbreitete letztlich der Warschauer Konferenz einen Vorentwurf, auf dessen Grundlage der endgültige Abkommenstext des WA erarbeitet wurde.[244] Für einige Formulierungen im MÜ, die erst im Laufe der Jahre entwickelt wurden und teilweise bereits schon vor Inkrafttreten des MÜ in das Warschauer System Einzug gefunden haben, sind schließlich auch die vorbereitenden Materialien zum Haager Protokoll[245] von 1955, zum nicht in Kraft getretenen Guatemala City Protokoll[246] von 1971 und zum Montrealer Protokoll Nr. 4 von 1975 relevant.

Die teleologische Auslegung hat daneben die Aufgabe, den objektiven, vernünftigen Sinn des Abkommens zu ermitteln.[247] Insbesondere das Verhältnis zur Auslegung nach dem Wortlaut ist jedoch umstritten. Während die Literatur in der teleologischen Auslegung i.d.R. die wichtigste, der Fortentwicklung[248] des Einheitsrechts dienende, Auslegungsmethode erblickt, bei der die einheitliche Interpretation aber nicht aus den Augen verloren werden dürfe,[249] betonen gerade jüngere Gerichtsentscheidungen die besondere Bedeutung des Wortlautes.[250] Die Leitentscheidung des BGH wiederum bezeichnet die teleologische Interpretation als gleichwertiges Auslegungsmittel.[251] Generell gilt jedoch, dass bei Überschreitung des Wortlautes Zurückhaltung geboten ist.[252]

---

[243] Die Protokolle sind in der Veröffentlichung zur zweiten Konferenz in Warschau enthalten.
[244] Vgl. auch *Fröhlich*, S. 41.
[245] *ICAO*: Conférence internationale de droit privé aérien, La Haye, septembre 1955, Montréal 1956 (ICAO Doc. Nr. 7686-LC/140).
[246] *ICAO*: International Conference on Air Law, Guatemala City, February-March 1971, Montréal 1972, Volume I, Minutes (ICAO Doc. Nr. 9040-LC/167-1) und Volume II, Documents (ICAO Doc. Nr. 9040-LC/167-2).
[247] *Kropholler*, Einheitsrecht, S. 261; *Risch*, S. 14 ff.; der für die völkerrechtliche, subjektive Theorie sprechende Souveränitätsgedanke greift im Einheitsprivatrecht nicht, so *Brandi-Dohrn*, TranspR, 1996, 45, 54 f.
[248] *Kropholler*, Einheitsrecht, S. 276 und 274, der betont, es gehe um eine sinnvolle Ordnung der Gegenwart und nicht um eine Zementierung historischer Fakten.
[249] *Kropholler*, Einheitsrecht, S. 261, 276 f.; *Kronke* in MünchKomm HGB, Art. 1 WA 1955 Rn. 4; wohl auch *Giemulla* in Giemulla/Schmid, MÜ, Einl. Rn. 71 im Hinblick auf die Befürwortung der teleologischen Extension; *Risch*, S. 14 ff., dagegen betont lediglich den Vorrang vor der historischen Interpretation.
[250] BGH NJW 1993, 2808, 2809; BGH NJW 1983, 518; vgl. auch *Brandi-Dohrn*, TranspR 1996, 45, 53 f. zur ausländischen Rechtsprechung.
[251] BGH NJW 1976, 1583, 1584 m. Anm. *Kropholler*. Der BGH lässt dabei grds. auch die teleologische Extension zu, wie auch *Giemulla* in Giemulla/Schmid, MÜ, Einl. Rn. 71; *Kropholler*, Einheitsrecht, S. 292 ff.; *Kronke* in MünchKomm HGB, Art. 1 WA 1955 Rn. 5, der betont, dass auch hier die Einheitlichkeit oberstes Gebot sei.
[252] *Brandi-Dohrn*, TranspR 1996, 45, 54.

Die Einheitlichkeit der Entscheidungen wird schließlich gewahrt durch die rechtsvergleichende Auslegung,[253] die die teleologische Auslegung ergänzt[254]. Hier sind unter kritischer Würdigung vor allem ausländische Rechtsprechung und Literatur aus den anderen Vertragsstaaten zu berücksichtigen.[255] Der angestrebte Entscheidungseinklang ist jedoch kein Selbstzweck, so dass dem materiellen Ausgleich der Interessen vor einer als unrichtig erkannten Entscheidung grds. der Vorrang eingeräumt werden muss.[256] Allenfalls im Sinne einer Orientierungshilfe herangezogen werden sollten daneben nationale Gesetze,[257] auch wenn die kontinentalen Rechtsordnungen sicherlich als Mutterrechtrechtsordnungen[258] des WA bezeichnet werden können, denn nationale Regelungen sollen durch das Einheitsrecht in dem geregelten Bereich gerade überflüssig werden[259]. Nur zur Klärung von Begrifflichkeiten kann es daher im Einzelfall zulässig sein, mit der gebotenen Vorsicht auf sie zurückzugreifen.[260]

III. Auslegung des Verspätungsbegriffs in Art. 19 MÜ

Anhand der dargestellten Methodik kann der Verspätungsbegriff des Art. 19 MÜ nun ausgelegt und damit der Anwendungsbereich des Artikels bestimmt werden. Fraglich ist, ob Art. 19 MÜ tatsächlich, wie eingangs behauptet, lediglich den Tatbestand der Ankunftsverspätung und den Ersatz darauf beruhender Schäden regelt.

1. Grammatische Auslegung

Ausgangspunkt der Auslegung muss auch vorliegend die Auslegung nach dem Wortlaut sein. In Art. 19 MÜ der amtlichen deutschen Übersetzung[261] heißt es, dass der Luftfrachtführer den Schaden zu ersetzen habe, der durch „Verspätung bei der Luftbeförderung von Reisenden ..." entsteht. Die (verbindliche) englische Version des Abkommens lautet: „The carrier is liable for damage occasioned by delay in the carriage by air of passengers, ..." Und in der (verbindlichen) französischen Version des Abkommens heißt es

---

[253] *Kronke* in MünchKomm HGB, Art. 1 WA 1955 Rn. 4, *Benkö/Kadletz*, S. 53.
[254] *Kropholler*, Einheitsrecht, S. 278.
[255] *Kronke* in MünchKomm HGB, Art. 1 WA 1955 Rn. 4.
[256] *Kropholler*, Einheitsrecht, S. 280 ff.; *Kronke* in MünchKomm HGB, Art. 1 WA 1955 Rn. 4; *Giemulla* in *Giemulla/Schmid*, MÜ, Einl. Rn. 66; *Brandi-Dohrn*, TranspR 1996, 45, 55 f.
[257] *Kropholler*, Einheitsrecht, S. 280.
[258] *Miller*, S. 232; außer der Delegation des Vereinigten Königreiches waren aber auch keine Vertreter aus common law-Ländern bei der Warschauer Konferenz 1929 anwesend.
[259] *Brandi-Dohrn*, TranspR 1996, 45, 56; *Fröhlich*, S. 42.
[260] *Brandi-Dohrn*, TranspR 1996, 45, 56 f.; *Risch*, S. 20, *Fröhlich*, S. 42.
[261] Abgedruckt als Anhang zum deutschen Ratifikationsgesetz, BGBl. 2004 II, 458, ebenso abgedruckt sind hier die französische und die englische Version des Abkommens.

schließlich: „Le transporteur est responsable du dommage résultant d'un retard dans le transport aérien de passagers, ..."

In der für die Auslegung grds. nicht maßgebenden deutschen Übersetzung fällt dabei zunächst auf, dass das Französische „dans le transport aérien" bzw. das Englische „in the carriage by air" nicht mit „im Lufttransport" sondern etwas freier mit „bei der Luftbeförderung" ins Deutsche übersetzt wurde. Ein Unterschied in der der Bedeutung ist insofern jedoch nicht erkennbar. Weiterhin fällt auf, dass für den französischen Terminus „retard", der auch schon in Art. 19 WA verwendet wurde, bzw. den englischen Terminus „delay" im Deutschen gerade der Begriff „Verspätung" gewählt wurde und nicht z.B. der Begriff „Verzögerung", der im Deutschen auch möglich gewesen wäre.

Der Begriff der „Verspätung" wird im Deutschen dabei m.E. überwiegend im Zusammenhang mit einer verspäteten Ankunft bzw. dem Abschluss einer Handlung[262] verwendet, während der Begriff der „Verzögerung" eher im Zusammenhang mit einer verspäteten Abfahrt bzw. dem Beginn einer Handlung steht. Im deutschen Sprachgebrauch kommt man i.d.R. an „mit Verspätung", aber man geht oder fährt ab „mit Verzögerung". So spricht man bei einer verspäteten Ankunft häufig davon, dass man „sich verspätet", „der Zug Verspätung hat" oder „die Ankunft sich verspäten wird", bei einer späteren Abfahrt als geplant spricht man jedoch eher davon, dass sich „die Abfahrt, der Transport oder die Beförderung verzögern wird". Zwar ist es auch möglich zu sagen, dass „sich die Abfahrt eines Zuges verspäten wird" und dass „sich die Ankunft des Zuges verzögern wird", dem überwiegenden Sprachgebrauch entspricht dies jedoch nach meinem Dafürhalten nicht. Eindeutig hinsichtlich einer im MÜ lediglich geregelten Ankunftsverspätung ist der deutsche Wortlaut damit zwar nicht, die deutsche Übersetzung könnte jedoch, (sofern sie korrekt ist), bereits ein Indiz dafür sein, dass im MÜ wie auch im WA lediglich der Tatbestand der Ankunftsverspätung geregelt werden sollte. Da Deutsch jedoch nicht Vertragssprache des MÜ ist, ist weiter zu untersuchen, ob auch in den authentischen Vertragssprachen des MÜ ein ähnlicher Sprachgebrauch zu beobachten ist, der den Schluss auf eine mögliche ausschließlich Regelung der Ankunftsverspätung erlauben würde, oder ob der Sprachgebrauch in diesen Sprachen letztlich möglicherweise sogar eindeutigere Auslegungsergebnisse liefert.

Im Französischen wird der Ausdruck „retard" dabei tatsächlich wohl auch eher im Zusammenhang mit einer verspäteten Ankunft, also im Sinne des deutschen Begriffs „Verspätung" verwendet. So sagt man hinsichtlich der verspäteten Ankunft „mon arrivée est retardée" oder „je suis retardé", hinsichtlich der verspäteten Abfahrt jedoch „mon départ est reporté", also verschoben. Auch bedeutet „en retard" im Zusammenhang mit einem Transport „überfällig" oder „verspätet", so dass auch hier der Bezug zur Ankunft erkennbar ist. Eindeutig

---

[262] Siehe § 636 BGB a.F. zur verspäteten Herstellung eines Werkes.

hinsichtlich der ausschließlichen Regelung der Ankunftsverspätung ist der Wortlaut von Art. 19 MÜ nach dem Sprachgebrauch aber auch im Französischen nicht. „Retard dans le transport aérien" kann letztlich sowohl eine Abflugverspätung, als auch eine Ankunftsverspätung bezeichnen.

Im Englischen besteht mit dem Begriff „delay" dagegen sogar eher eine Tendenz hin zur Bezeichnung einer Abflugverspätung. So wird „delay" häufig im Sinne von „the flight has been or is delayed" verwendet, womit eine Verschiebung des Abflugs gemeint ist. Bei einer verspäteten Ankunft würde man dagegen eher von „late arrival" oder sogar „lateness" sprechen. Die Ankunftsverspätung bezeichnet man aber auch als „arrival delay". Ein eindeutiger Sprachgebrauch, der auf eine ausschließliche Regelung der Ankunftsverspätung in Art. 19 MÜ hindeuten würde, ergibt sich daher auch im Englischen nicht.

Allenfalls aus der genaueren Beschreibung der Verspätung mit dem Zusatz „bei der Luftbeförderung" könnte man als Voraussetzung für den Schadensersatzanspruch nach Art. 19 MÜ herauslesen, dass die Beförderung tatsächlich bzw. überhaupt stattfinden muss.[263] Man könnte argumentieren, dass ansonsten nach Art. 19 MÜ weder ein auf der Abflugverspätung beruhender, noch ein auf der Ankunftsverspätung beruhender Schaden zu ersetzen wäre. Meiner Ansicht nach kann aber letztlich auch diese Voraussetzung nicht dem Wortlaut des Art. 19 S. 1 MÜ entnommen werden, insbesondere nicht dem französischen oder dem englischen Wortlaut. Die Vertreter dieser Ansicht entnehmen m.E. das Erfordernis der tatsächlich stattfindenden Beförderung vielmehr dem deutschen Begriff der „Verspätung", der im oben beschriebenen Sinn gerade auf eine abgeschlossene Beförderung hindeutet. Übersetzt man den französischen bzw. den englischen Wortlaut jedoch mit „Verzögerung im Lufttransport" oder „Verzögerung bei der Luftbeförderung", so dass der Schaden zu ersetzen wäre, der „durch Verzögerung bei der Luftbeförderung" entsteht, so wird deutlich, dass eine tatsächliche Beförderung für einen Schadensersatzanspruch aus Art. 19 MÜ nach dem authentischen Wortlaut nicht zwingend erforderlich ist. Sehr deutlich wird aber auch, dass der authentische Wortlaut entsprechend dem oben Gesagten auch die Abflugverspätung umfassen kann.

2. Systematische Auslegung

Die Systematik des MÜ selber, lässt leider keine Schlüsse auf die Bedeutung des Verspätungsbegriffs in Art. 19 MÜ zu. Möglicherweise ist jedoch der Vergleich mit anderen internationalen Transportrechtsabkommen hilfreich. Zu nennen sind insbesondere Art. 17 I i.V.m. Art. 19 CMR[264] im internatio-

---

[263] So zum WA *Stadie*, S. 85; *Fröhlich*, S. 148; *Drion*, Rn. 65.
[264] Übereinkommens über den Beförderungsvertrag im internationalen Straßengüterverkehr, BGBl. 1961 II, S. 1119.

2. Kapitel Rechtsfolgen der Flugverspätung

len Straßengüterverkehr und Art. 40 CIV (1980)[265] und Art. 43 CIM (1980)[266] im internationalen Eisenbahnverkehr. Dabei handelt es sich um Anhang A und B zum Übereinkommen über den internationalen Eisenbahnverkehr, COTIF[267], vom 9.5.1980. Zu nennen sind aber auch die Art. 32 und 36 CIV (1999) und Art. 33 CIM (1999). Inzwischen ist das COTIF (1980) mit seinen Anhängen A und B nämlich nochmals grundlegend überarbeitet worden. Das „Protokoll 1999" vom 3.6.1999 ist auch von der Bundesrepublik und anderen Staaten bereits ratifiziert worden,[268] es ist jedoch noch nicht in Kraft getreten.

Auffällig ist dabei, dass in allen genannten Vorschriften nach dem jeweiligen Wortlaut eindeutig lediglich die Haftung des Transportunternehmens für Ankunftsverspätungen geregelt wird. So haftet der Frachtführer nach Art. 17 I CMR für die „Überschreitung der Lieferfrist", die nach Art. 19 CMR dann gegeben ist, wenn das Gut nicht innerhalb der vereinbarten Frist abgeliefert wird. Abgestellt wird damit eindeutig auf das Ende des Transportes.[269]

Gleiches gilt auch für die Haftung nach Art. 43 CIM (1980) und Art. 33 CIM (1999) bei der Güterbeförderung durch die Eisenbahn. Der Beförderer hat hier eine „Entschädigung" zu zahlen, sofern durch „Überschreitung der Lieferfrist" ein Schaden entstanden ist. Weiter sehen Art. 40 CIV (1980) und Art. 36 CIV (1999) bei der Reisegepäckbeförderung eine Haftung der Eisenbahn für die „verspätete Auslieferung des Reisegepäcks" vor. Auch hier wird also eindeutig auf die verspätete Ankunft abgestellt. Schließlich wird Art. 32 CIV (1999) bei der Personenbeförderung durch die Eisenbahn nach seinem Inkrafttreten auch die Haftung der Beförderers für den Schaden regeln, der dadurch entstanden ist, dass „die Reise durch Ausfall, Verspätung oder Versäumnis des Anschlusses nicht am selben Tag fortgesetzt werden kann". Grds. regelt Art. 32 CIV (1999) damit auch Fragen der Ankunftsverspätung, wenn darauf abgestellt wird, dass die Reise wegen Verspätung oder Versäumnis eines Anschlusses (eben am Umsteige-Ankunftsort) nicht fortgesetzt werden kann. Untypischerweise ist hier jedoch nun mit dem Ausfall eines Zuges auch ein Aspekt der Abfahrtsverspätung geregelt.

Fraglich ist jedoch welche Schlüsse daraus für die Regelung der Verspätung in Art. 19 MÜ gezogen werden können. ME hat man sich bei der Erarbeitung der Verspätungshaftung in den genannten Abkommen an der Verspätungshaf-

---

[265] Einheitliche Rechtsvorschriften für den Vertrag über die internationale Eisenbahnbeförderung von Personen und Gepäck.
[266] Einheitliche Rechtsvorschriften für den Vertrag über die internationale Eisenbahnbeförderung von Gütern.
[267] BGBl. 1985 II, S. 130, zuletzt geändert durch das „Protokoll 1990" (Protokoll vom 20.12.1990 betreffend die Änderung des COTIF, BGBl. 1992 II, S. 1182, in Kraft seit dem 1.11.1996).
[268] Protokoll vom 3.6.1999 betreffend die Änderung des COTIF, BGBl. 2002 II, S. 2140.
[269] *Basedow* in MünchKomm HGB, Art. 19 CMR Rn. 4.

tung in Art. 19 WA orientiert, die zu diesen Zeitpunkten bereits bestand und dann wiederum im Jahr 1999 ins MÜ übernommen wurde. So stand nach *Basedow* das WA von 1929 insbesondere Modell bei der Erarbeitung des CMR im Jahre 1956.[270] Gleiches dürfte aber auch für die Erarbeitung des COTIF im Jahre 1980 bzw. der vorangegangenen Regelungen im internationalen Eisenbahnverkehr gelten.

Indem in diesen Abkommen die Verspätungshaftung nun bereits im Wortlaut eindeutig auf die Fälle der Ankunftsverspätung beschränkt wurde, haben die „Väter" der Abkommen meiner Ansicht nach jedoch lediglich eine Klarstellung vornehmen wollen. Keineswegs war eine grds. Abweichung von der Verspätungshaftung im WA geplant, eine solche Abweichung, im Sinne einer Beschränkung der Haftung auf die Fälle der Ankunftsverspätung und einer Nichtregelung der Abflug- bzw. Abfahrtsverspätung, wäre sicherlich ausführlich begründet worden. Tatsächlich finden sich jedoch zumindest in der deutschen Kommentarliteratur keinerlei Hinweise auf eine derartige Abweichung von der Regelung des WA. Für die Verfasser des CMR, des CIV und des CIM muss es daher eindeutig gewesen sein, dass im WA lediglich die Haftung des Luftfrachtführers für Ankunftsverspätungen und daraus resultierende Schäden geregelt ist.

3. Historische Auslegung

Die historische Auslegung des MÜ muss damit beginnen, den Willen des Montrealer Normgebers von 1999 zu ergründen, so dass zunächst ein Blick in die Protokolle und vorbereitenden Dokumente der Montrealer Konferenz erforderlich ist, die vom 10. bis zum 28. Mai 1999 stattfand.[271] Hier wird deutlich, dass im Vorfeld der Montrealer Konferenz die Aufnahme einer Definition des Verspätungsbegriffs in das MÜ erwogen wurde. So schlägt das ICAO „Legal Committee" in dem Bericht[272] von der 30. Sitzung des „Legal Committee" bzw. in seinem Entwurf[273] der Konvention vor, die Verspätungshaftung des Luftfrachtführers in Art. 18 zu regeln und in Art. 18 II folgende Definition[274] des Verspätungsbegriffs aufzunehmen:

---

[270] *Basedow* in MünchKomm HGB, Einl. CMR Rn. 14.
[271] Diese sind zusammengefasst auf der CD-Rom der *ICAO* mit dem Titel: International Conference on Air Law, Modernization of the „Warsaw System" Montreal, 10 to 28 May 1999. Zur Entstehungsgeschichte des MÜ vgl. auch *Müller-Rostin*, ZLW 2000, 36 ff.
[272] „Report" des *ICAO* „Legal Committee, 30th Session", 28. April – 9 Mai 1997, Dokument Doc 9693-LC/190.
[273] Attachment D zu dem Bericht der 30. Sitzung des „Legal Committee", Dokument Doc 9693-LC/190.
[274] Dazu auch *Müller-Rostin* ZLW 2000, 36, 42; *Müller-Rostin* ASDA/SVLR-Bulletin 2000, 9.

„For the purpose of this Convention, delay means the failure to carry passengers or deliver baggage or cargo to their immediate or final destination within the time which it would be reasonable to expect from a diligent carrier to do so, having regard to all the relevant circumstances."

Die Definition geht dabei zurück auf einen Vorschlag[275] des „Rapporteur on the Modernization and Consolidation of the Warsaw System".[276] Der Bericht des „Legal Committee" weist zudem darauf hin, dass die Definition lediglich die zu Art. 19 WA ergangenen Entscheidungen hinsichtlich der „reasonableness" bestätigt.[277] Die Definition des Verspätungsbegriffs in Art. 18 II des Entwurfs der Konvention durch das „Legal Committee" wurde jedoch noch im Vorfeld der Montrealer Konferenz bei der nochmaligen Überarbeitung des Entwurfs des „Legal Committee" durch die „Special Group on the Modernization and Consolidation of the Warsaw System"(SGMW)[278] zwischen dem 14. und 18. April 1998 wieder gestrichen und findet sich am Ende damit nicht wieder in der „Draft Convention for the Unification of certain Rules for international Carriage by Air"[279], die der Montrealer Konferenz zur Entscheidung vorlag. Zieht man die Berichte der SGMW und die Kommentierung[280] des Entwurfs des „Legal Committee" durch die britische Delegation heran, so fällt auf, dass unter den Delegationen jedoch nicht so sehr der erste Teil der Definition der Verspätung umstritten war, sondern vielmehr der zweite Teil der Definition, der auf den Begriff „reasonableness" Bezug nahm und damit auf die Beförderung in angemessener Zeit abstellte. Dieser galt vielen Delegationen offenbar als zu unbestimmt. So war man sich schließlich einig, den Gerichten auch weiterhin die Entscheidung darüber zu belassen, unter welchen Umständen ein Schadensersatzanspruch gegeben sei. Angesichts einer bereits vorhandenen Vielzahl von Entscheidungen, auf die die Gerichte zurückgreifen könnten, war man der Ansicht, dass diese in der Lage wären, neue Fälle ohne Schwierigkeiten einzuordnen. Eine Definition, so befürchtete man, würde dagegen eine Vielzahl neuer Entscheidungen nach sich ziehen.

In dem nicht umstrittenen Teil der Definition des Verspätungsbegriffs in Art. 18 II des Entwurfs des „Legal Committee" wird die Verspätung jedoch gerade als Ankunftsverspätung am endgültigen Bestimmungsort oder am Zwischenlandeort definiert. Grundsätzlich ging man daher offenbar allge-

---

[275] Vgl. den Bericht des „Rapporteur" Vijay Poonoosamy (Mauritius), Attachment A zu dem Dokument D-WP/10576.
[276] Siehe Bericht des „Legal Committee", Dokument Doc 9693-LC/190, S. 4-16.
[277] Siehe Bericht des „Legal Committee", Dokument Doc 9693-LC/190, S. 4-16.
[278] Vgl. die Berichte von der ersten und vierten Sitzung dieser Gruppe, „Report, First Meeting ...", zu Art. 18 des Entwurfs des „Legal Committee", Dokument SGMW/1, S. 2-2 und „Report of the Fourth Meeting ...", Dokument SGMW/1-WP/5, S. 7.
[279] Dokument DCW Doc No. 3.
[280] „Comments on the draft text approved by the 30th session of the *ICAO* Legal Committee presented by the UK", Dokument SGMW/1-WP12.

mein davon aus, dass unter Verspätung i.S.d. Abkommens eine Ankunftsverspätung zu verstehen sein soll, mithin im Abkommen auch nur die Ankunftsverspätung geregelt wird, auch wenn man letztlich die Entscheidung über den Verspätungsbegriff den Gerichten überlassen wollte. In den Berichten der SGMW ist daher m.E. ein deutlicher Hinweis darauf zu sehen, dass der Normgeber des MÜ den Verspätungsbegriff als Ankunftsverspätung am Zielort verstanden sehen will. Einzig die russische Delegation verstand ausweislich ihrer Kommentierung[281] zu Art. 18 eines Vorentwurfs des Abkommens für die 30. Sitzung des „Legal Committee" offenbar unter Verspätung i.S.d. Abkommens sowohl die Abflug- als auch die Ankunftsverspätung. Man unterbreitete dem „Legal Committee" nämlich einen Vorschlag zur Änderung des russischen Wortlautes des Abkommens hin zu einem Begriff, der sowohl die Abflug- als auch die Ankunftsverspätung umfasst hätte.

Auch wollte man ausweislich der Berichte der SGMW, mit der Definition des Verspätungsbegriffs keine Änderung der Rechtslage gegenüber dem WA herbeiführen. Aber auch ohne Definition sollte, wie dies insbesondere dem Bericht der SGMW zu ihrer ersten Sitzung[282] entnommen werden kann, letztlich insoweit keine Änderung der Rechtslage eintreten. Dieses Ergebnis wird noch dazu dadurch bestätigt, dass der Wortlaut von Art. 19 S. 1 MÜ nicht wesentlich vom Wortlaut des Art. 19 WA abweicht. So ist der Wortlaut von Art. 19 S. 1 MÜ in der authentischen französischen und englischen Version nahezu identisch mit dem Wortlaut von Art. 19 WA in der französischen Originalversion und Art. 19 WA in der englischen Übersetzung. Zwar ist im Französischen der Begriff „voyageurs" durch den Begriff „passagers" ausgetauscht worden, und im Englischen sind der Begriff „transportation" durch den Begriff „carriage", der Begriff „luggage" durch den Begriff „baggage", der Begriff „goods" durch den Begriff „cargo" und der Ausdruck „shall be liable" durch den Ausdruck „is liable" ersetzt worden, insgesamt handelt es sich dabei jedoch wohl eher um Klarstellungen und die Anpassung an eine modernere Sprache als wirkliche inhaltliche Änderungen in der Haftung des Luftfrachtführers. In diesem Fall hätte man wohl andere, weitere Änderungen im Wortlaut des endgültigen Art. 19 S. 1 MÜ gegenüber dem Wortlaut von Art. 19 WA vorgenommen. Auch im Deutschen ist lediglich der Begriff „Gepäck" durch den Begriff „Reisegepäck" ersetzt worden.

Wollten die Verfasser des MÜ es aber im MÜ bei dem Verspätungsbegriff des Art. 19 WA belassen, so ist für die Auslegung des Verspätungsbegriffs im MÜ gerade auch der Wille des Normgebers des WA von 1929 von Belang. Fraglich ist daher, wie der Normgeber des WA den Verspätungsbe-

---

[281] „Comments on Article 18 – Delay, presented by the Russian Federation", Dokument LC/30-WP/4-16.
[282] „Report, First Meeting ...", zu Art. 18 des Entwurfs des „Legal Committee", Dokument SGMW/1, S. 2-2.

2. Kapitel Rechtsfolgen der Flugverspätung

griff verstanden hat bzw. verstanden sehen wollte. Ein Blick zurück in die vorbereitenden Materialien und Protokolle[283] der Warschauer Konferenz von 1929 ist daher unabdingbar.

Die Warschauer Konferenz diskutierte die Verspätungshaftung des Luftfrachtführers auf der Grundlage eines Abkommensentwurfes[284] des CITEJA[285]. Dieser Entwurf sah in Art. 21 nicht nur die Haftung des Luftfrachtführers für Todesfälle und Köperverletzungen,[286] sondern auch die Haftung für Zerstörung, Verlust und Beschädigung von Reisegepäck und Gütern,[287] und schließlich auch die Haftung des Luftfrachtführers im Fall der Verspätung[288] vor. Im Wortlaut heißt es in Art. 21 lit. c) des Entwurfes, der die Verspätungshaftung betrifft: „Le transporteur est responsable du dommage survenu pendant le transport: ... c) en cas de retard subi par un voyageur, des marchandises ou des bagages." Erst zur endgültigen Beschlussfassung über den Abkommenstext des WA wurden die drei Haftungstatbestände in die späteren Art. 17, 18 und 19 WA aufgeteilt.[289]

Neben diesem Entwurf des Abkommens war ein Bericht[290] über die Arbeit des CITEJA durch ihren Berichterstatter *Henry de Vos* Grundlage der späteren Diskussion über die Verspätungshaftung. Dieser führt aus, dass die Verspätungshaftung im Grundsatz aufrechterhalten wurde, damit der Luftfrachtführer nicht nach seinem Belieben Güter abliefern und Reisende ankommen lassen könne („faire arriver").[291] Bereits aus dem Bericht des CITEJA wird daher deutlich, dass im WA offenbar die Ankunftsverspätung von Reisenden und Gütern geregelt werden sollte. Dieses Ergebnis wird aber auch durch spätere Aussagen des Berichterstatters des CITEJA im Laufe der Verhandlungen bestätigt. So führt der Berichterstatter *de Vos* an einer Stelle unwidersprochen aus, dass man an der Haftung des Luftfrachtführers für Verspätungen auch für den Fall festhalten wolle, dass zwischen den Vertragsparteien keine Frist vereinbart worden sei, da es offensichtlich sei, dass man bei Benutzung des Flugzeugs als Transportmittel innerhalb einer bestimmten Frist anzukommen wünsche („désire arriver"), außerdem sei es eine der wesentlichen Bedingungen dieses Transportmittels, dass diese Frist im Rahmen des Möglichen eingehalten werde.[292] Aber auch eine Aussage des britischen Delegierten *Dennis* deutet auf die ausschließliche Regelung der Ankunftsverspätung

---

[283] République Populaire de Pologne: II Conférence Internationale de Droit Privé Aérien, 4–12 Octobre 1929, Varsovie, Warschau 1930.
[284] Avant-Projet de Convention, II Conférence, S. 167 ff.
[285] Comité international technique d'experts juridiques aériens.
[286] Art. 21 lit. a).
[287] Art. 21 lit. b).
[288] Art. 21 lit. c).
[289] II Conférence, S. 124 ff.
[290] Rapport sur l'Avant-Projet de Convention, II Conférence, S. 159 ff.
[291] II Conférence, S. 164.
[292] II Conférence, S. 37.

im WA hin. Dieser führt aus, dass man den Fluggesellschaften das Recht belassen sollte, eine Klausel in ihre Vertragsbedingungen aufzunehmen, die besagt, dass keine Garantie dafür übernommen werde, dass die Flugzeuge gemäß dem aufgestellten Flugplan pünktlich ankommen („arriveront").[293] Später, nach dem Hinweis des Delegierten *Ripert*, dass es den Fluggesellschaften freistehe, die Beförderungsfrist („délai de transport") selber zu bestimmen, verzichtet er jedoch auf diesen Abänderungsantrag.[294] Aus dem Zusammenhang ergibt sich dabei, dass „délai de transport" im Sinne einer zu bestimmenden Ankunftszeit gemeint ist, zu der der Transport spätestens durchgeführt sein wird, da der Delegierte *Ripert* darauf verweist, die Fluggesellschaften könnten festlegen, dass sie den Transport in maximal soviel Tagen durchführen werden.[295]

Missverständlich sind dagegen gerade andere Aussagen des französischen Delegierten *Ripert*, der im Rahmen der Diskussion über den Haftungszeitraum, in dem die Ursache für Verspätungen gesetzt werden kann, darauf hinweist, dass es egal sein müsse, wann der Fluggast das Flughafengebäude betritt.[296] Wenn nämlich das Flugzeug, das er nehmen sollte, nicht abfliege, sei die Haftung (wohl die Verspätungshaftung nach dem Abkommen) eingetreten.[297] Kurz zuvor hatte er dagegen gerade die Auffassung vertreten, dass im Fall der vollständigen Nichterfüllung (des Beförderungsvertrages) das Abkommen gerade nicht anwendbar sei, sondern auf unvereinheitlichtes, nationales Recht zurückgegriffen werden müsse.[298] Gemeint sein kann daher wohl nur, dass die Verspätungshaftung des Abkommens dann greift, wenn der Fluggast im genannten Fall mit einem späteren Flugzeug doch noch, aber eben verspätet an sein Beförderungsziel gelangt, unabhängig davon, wann die Ursache für die Ankunftsverspätung des Passagiers gesetzt wurde und ob der Fluggast zu diesem Zeitpunkt das Flughafengebäude schon betreten hatte. Missverständlich ist zudem seine Aussage an der Stelle, an der er ausführt, dass man den Luftfahrtgesellschaften im Fall der Verspätung vorwerfen könne, die Waren in den Hangars gelassen zu haben und diese nicht rechtzeitig befördert zu haben („avoir expédiées").[299] Auch bei dieser Aussage könnte man eine Haftung wegen verspäteten Abflugs denken. Gemeint sein kann aber wohl auch hier nur die Ankunftsverspätung, zumal „expédier" auch „ausliefern" bedeuten und „abschicken" oder „verschicken" wohl nicht gemeint sein kann, da die Fluggesellschaften regelmäßig nicht nur für den Versand, sondern gerade für die Beförderung zuständig sind. Zudem sind diese Aussagen m.E. nicht geeignet, die sich

---

[293] II Conférence, S. 37f.
[294] II Conférence, S. 39.
[295] II Conférence, S. 39.
[296] II Conférence, S. 53.
[297] II Conférence, S. 53.
[298] II Conférence, S. 52.
[299] II Conférence, S. 39.

insgesamt gerade aus den unwidersprochenen Aussagen des CITEJA Berichterstatters *de Vos* ergebenden sehr deutlichen Hinweise darauf, dass auch der Normgeber des WA in Art. 19 WA und damit im WA lediglich die Ankunftsverspätung von Passagieren, Reisegepäck und Gütern regeln wollte, zu erschüttern.

Daneben ergibt sich aber auch aus Art. 8 lit. p) WA ein Hinweis auf die ausschließliche Regelung der Ankunftsverspätung in Art. 19 WA. Dort ist bestimmt, dass der Luftfrachtbrief die Angabe der Beförderungsfrist enthalten soll, sofern sie vereinbart ist. Gemeint ist damit ein Zeitpunkt, zu dem der Transport spätestens abgeschlossen sein muss, wie sich sehr deutlich aus der englischen Übersetzung entnehmen lässt. Dort heißt es nämlich, es solle „the time fixed for the completion of the transportation" angegeben werden, während im Französischen auch lediglich von Beförderungsfrist besprochen wird, „le délai des transport". Nicht bestimmt wird jedoch, dass der Luftfrachtbrief auch eine Frist für die Verladung oder den Abflug enthalten muss. Eine solche Bestimmung hätte man aber sicherlich aufgenommen, hätte der Luftfrachtführer nach dem WA auch für die rechtzeitige Verladung bzw. den rechtzeitigen Abflug haften sollen.

Schließlich betont auch die deutsche Denkschrift zum WA die ausschließliche Regelung der Ankunftsverspätung.[300] In den Verspätungsfällen habe der Zeitraum der Luftbeförderung nicht besonders abgegrenzt zu werden brauchen, eine Verspätung sei vielmehr immer dann gegeben, wenn das Flugzeug am Bestimmungsort nicht rechtzeitig eintreffe, gleichviel ob die verspätete Ankunft auf einem nicht rechtzeitigen Abflug, auf ungenügender Geschwindigkeit oder auf unzulässiger Fahrtunterbrechung beruhe.[301]

Insgesamt spricht die historische Auslegung m.E. eindeutig für die ausschließliche Regelung der Ankunftsverspätung in Art. 19 MÜ.

4. Rechtsvergleichende Auslegung

Die deutsche Rechtsprechung und Literatur können für die Frage, was genau unter einer Verspätung i.S.v. Art. 19 MÜ bzw. Art. 19 WA zu verstehen ist, insbesondere aber für die Frage, ob Art. 19 MÜ lediglich den Tatbestand der Ankunftsverspätung regelt oder ob auch die Situation der Abflugverspätung erfasst wird, nur bedingt herangezogen werden. Da man regelmäßig versucht, den Begriff der Verspätung durch Abgrenzung von der Nichtbeförderung zu definieren,[302] hat man sich die Frage nach der Regelung der Abflugverspätung so noch nicht gestellt. Einzig bei *Koller* und jüngst auch bei *Staudinger* deutet sich die Differenzierung zwischen Abflug- und Ankunftsverspätungen und ei-

---

[300] Denkschrift zum WA, S. 41.
[301] Denkschrift zum WA, S. 41.
[302] Dazu bereits unter Punkt 3. Teil, 2. Kapitel, § 1 B. Seite 161.

ne ausschließliche Regelung der Situation der Ankunftsverspätung in Art. 19 MÜ an.[303]

Allgemein wird unter einer Verspätung i.S.v. Art. 19 MÜ bzw. Art. 19 WA jedoch lediglich das nicht rechtzeitige Eintreffen am Bestimmungsort,[304] also eine Ankunftsverspätung, verstanden. Auch kann man der Abgrenzung zur Nichtbeförderung wohl entnehmen, dass die Beförderung letztlich stattgefunden haben muss, damit Art. 19 WA bzw. Art. 19 MÜ anwendbar ist.[305]

Zusätzlich soll im Folgenden durch Untersuchung der Behandlung einzelner Probleme der Abflugverspätung durch Rechtsprechung und Literatur versucht werden, die These von der ausschließlichen Regelung der Ankunftsverspätung in Art. 19 MÜ noch zu erhärten. Insbesondere soll dazu geklärt werden, auf welcher Grundlage Rechtsprechung und Literatur bei einer Abflugverspätung typische Abflugverspätungsschäden abwickeln, d.h. auf welcher Grundlage der Fluggast in der Situation der Abflugverspätung zum einen Ersatz des ausschließlich auf der Abflugverspätung beruhenden Verzugsschadens und zum anderen Schadensersatz statt der Leistung wegen Nichterfüllung verlangen kann. Es ist also zu fragen, ob Art. 19 MÜ auch eine Regelung für diese beiden Arten von Schäden trifft. Ankunftsverspätungsschäden werden hingegen entsprechend der Definition der Verspätung regelmäßig unproblematisch dem Anwendungsbereich von Art. 19 WA bzw. Art. 19 MÜ zugeordnet.[306] In Art. 19 MÜ geregelt ist insofern jedenfalls ein Schadensersatzanspruch neben der Leistung.

Begonnen werden soll mit der Frage nach der Behandlung des ausschließlich auf einer Abflugverspätung beruhenden Verzugsschadens. Hierunter fallen z.B. zusätzliche Kosten für Mahlzeiten, Getränke, Übernach-

---

[303] *Koller*, Art. 19 WA 1955 Rn. 3 und vor Art. 1 WA 1955 Rn. 14, 20; *Staudinger*, DAR 2007, 477, 478. Ansatzweise auch *Gass* in *Ebenroth/Boujong/Joost*, Art. 19 WA 1955 Rn. 5; siehe auch *Peterhoff*, TranspR 2007, 103, 105 ff., der jedoch weiterhin die Verspätung von der Nichtbeförderung abgrenzen will.

[304] Denkschrift zum WA, S. 41; *Schmid* in Giemulla/Schmid, MÜ, Art. 19 Rn. 6; *Reuschle*, Art. 19 MÜ Rn. 6; *Ruhwedel*, Rn. 553; *Führich*, Rn. 1042; *Kronke* in Münch-Komm HGB, Art. 19 WA 1955 Rn. 12; *Koller*, Art. 19 WA 1955 Rn. 4; *Gass* in *Ebenroth/Boujong/Joost*, Art. 19 WA 1955 Rn. 5; *Schwenk* 2. Aufl., S. 669; *Schwenk/Giemulla*, S. 370 f. und 389; *Schoner*, ZLW 1978, 151, 159; OLG Frankfurt/Main RRa 2005, 78; OLG Frankfurt/Main ZLW 1984, 177; 179; OLG Frankfurt/Main NJW-RR 1993, 809, 810; LG Düsseldorf ZLW 1971, 290, 293.

[305] Im Ergebnis so auch *Fröhlich*, S. 148 f. und *Stadie*, S. 85 f. und 94 f. Damit ist jedoch im Prinzip nicht gesagt, dass dann nach Art. 19 MÜ auch lediglich Schäden, die auf einer Ankunftsverspätung beruhen, zu ersetzen sind. Vielmehr wäre es auch denkbar, dass sobald die Beförderung stattgefunden hat, nach Art. 19 MÜ auch Abflugverspätungsschäden zu ersetzen sind.

[306] OLG Frankfurt/Main RRa 2005, 78 (gebuchte Kreuzfahrt); AG Baden-Baden TranspR 1999, 402, 403 ff. (entgangener Gewinn); LG Frankfurt/Main TranspR 1991, 146, 147 (gebuchtes Abendessen); OLG Frankfurt/Main ZLW 1984, 177, 178 (gebuchte Hotelzimmer); LG München I NJW 1978, 2454 (Ausfall einer Besprechung).

tung und ggf. Telefonkosten zur Benachrichtigung von Angehörigen. Diese zusätzlichen Kosten werden durch die Fluggesellschaften jedoch i.d.R. bereits „aus Kulanz" oder seit Inkrafttreten der FluggastrechteVO häufig auch auf dieser Grundlage ersetzt bzw. es werden im Vorfeld entsprechende Gutscheine verteilt,[307] auch handelt es sich eher um unbedeutende Schadenspositionen, so dass insgesamt zu dieser Frage nur sehr wenig Rechtsprechung existiert. Die vorhandene Rechtsprechung hat aber kein Problem damit, den Ersatz dieser Schäden unter Art. 19 WA bzw. Art. 19 MÜ zu subsumieren.[308] Auch die Literatur äußert sich aus den genannten Gründen zu dieser Frage i.d.R. nicht, nur *Stadie* muss wohl so verstanden werden, dass bei diesen Schäden ausschließlich Art. 19 WA anwendbar sein soll.[309] Da die Beförderung stattgefunden hat, es sich somit nicht um eine „Nichtbeförderung" handeln kann, scheint die Anwendung von Art. 19 WA bzw. Art. 19 MÜ auf diese Schäden aber auch die logische Konsequenz zu sein. Die Rechtsprechung und die Ansicht *Stadies* könnten somit für die These sprechen, dass in Art. 19 MÜ auch der Ersatz der oben genannten Schäden geregelt ist.

Nicht berücksichtigt wird dabei jedoch, dass die Rechtsprechung in den genannten Fällen die Anwendung von Art. 19 WA bzw. Art. 19 MÜ nur bejaht hat, weil es schließlich auch zu einer Ankunftsverspätung gekommen ist, so dass insoweit auch das nicht rechtzeitige Eintreffen am Bestimmungsort bejaht werden konnte, die eigene Definition der Verspätung somit erfüllt war. Dabei wird aber nicht erkannt, dass die gerade bejahte Ankunftsverspätung gar nicht kausal sein konnte für die entstandenen Schäden, der notwendige[310] Kausalzusammenhang zur Verspätung wird vielmehr ohne weiteres bejaht.

Die Rechtsprechung hat sich in den genannten Fällen daher gerade nicht bewusst für ein weites Verständnis des Verspätungsbegriffs in Art. 19 MÜ bzw. Art. 19 WA entschieden, der auch die Abflugverspätung umfassen würde, sie ist vielmehr in sich widersprüchlich. Noch deutlicher wird dies, wenn man sich den folgenden Fall vor Augen führt: Ein Fluggast erleidet aufgrund des verzögerten Abflugs am Abgangsort einen Schaden, aufgrund bestimmter Umstände kommt er jedoch trotzdem rechtzeitig am Zielort an. In diesem Fall könnte selbst die Rechtsprechung Art. 19 MÜ allenfalls ana-

---

[307] Siehe dazu die Sachverhalte der Entscheidungen OLG Düsseldorf, NJW-RR 1997, 930 und LG Frankfurt/Main, TranspR 1991, 145 bzgl. der Kosten für eine zusätzliche Übernachtung.
[308] LG Frankfurt/Main, TranspR 1991, 146, 147 (Kosten für die Anmietung eines Vortragraumes zur Überbrückung der Wartezeit); LG Düsseldorf ZLW 1971, 290, 293 (bzgl. Telegrammkosten); AG Baden-Baden TranspR 1999, 402, 404 (Telefonkosten); zu einen Abflugverspätungsschaden siehe auch AG Düsseldorf, RRa 1997, 183, 184.
[309] *Stadie*, S. 94 f; a.A. *Koller*, Art. 19 WA 1955 Rn. 3; *Staudinger*, DAR 2007, 477, 478.
[310] Vgl. nur *Schmid* in *Giemulla/Schmid*, MÜ, Art. 19 Rn. 22, genauer dazu unter Punkt 3. Teil, 2. Kapitel, § 2 C. II. 7. Seite 302.

log[311] anwenden. Die Rechtsprechung in den genannten Fällen kann daher m.E. nicht zur Begründung der These herangezogen werden, dass in Art. 19 MÜ auch der Ersatz ausschließlich auf der Abflugverspätung beruhender Verzugsschäden geregelt ist.

Wendet man sich der Frage zu, auf welcher Grundlage der Fluggast in der Situation der Abflugverspätung Schadensersatz statt der Leistung, insbesondere den Ersatz der Kosten für die Buchung eines Ersatzfluges, verlangen kann, so muss man feststellen, dass die Rechtsprechung insofern regelmäßig nicht auf Art. 19 MÜ bzw. auf Art. 19 WA zurückgreift. Nur zwei Fälle sind soweit bekannt, in denen Art. 19 WA angewandt wurde.[312] In dem Fall des *AG Frankfurt/Main* machte der Kläger ähnlich wie in den Fall des *LG Düsseldorf* die Kosten eines Ersatzfluges mit einer anderen Fluggesellschaft geltend, den zu buchen er sich gezwungen sah, nachdem es zu einer mehrstündigen Abflugverspätung des gebuchten Fluges wegen eines Triebwerkschadens gekommen war und der Luftfrachtführer ihm keinen Termin für den Abflug des ursprünglich gebuchten Fluges nennen konnte. Dieser fand dann jedoch kurze Zeit nach dem Abflug des Klägers ebenfalls statt. In seinem Urteil führt das Amtsgericht aus, dass Art. 19 WA zwar nicht unmittelbar angewendet werden könne, da der Kläger den gebuchten Flug nicht in Anspruch genommen habe, Verspätung somit nicht gegeben sein könne, da der Begriff der „Verspätung" das „nicht rechtzeitige Eintreffen am Bestimmungsort" voraussetze; sei die Schadensentstehung jedoch wie hier vorverlagert und bereits an das nicht rechtzeitige Abfliegen geknüpft, so käme aber eine entsprechende Anwendung von Art 19 WA in Betracht.[313]

Die lediglich analoge Anwendung und deren Begründung zeigen jedoch, dass Art. 19 WA bzw. Art. 19 MÜ den Schadensersatzanspruch statt der Leistung bei einer Abflugverspätung grds. nicht regelt und dass ein auf der Abflugverspätung beruhender Schaden grds. nicht nach Art. 19 WA bzw. Art. 19 MÜ ersetzt werden kann. Und mehr noch dem Urteil kann m.E. tatsächlich der Hinweis entnommen werden, dass Art. 19 WA bzw. Art. 19 MÜ die Situation der Abflugverspätung nicht regelt.

Die übrige Rechtsprechung wendet dagegen Art. 19 WA bzw. Art. 19 MÜ in der Situation der Abflugverspätung bei einem Schadensersatzbegehren statt der Leistung weder direkt noch analog an. Eine grundsätzliche Aussage hinsichtlich der Nichtanwendbarkeit von Art. 19 WA bzw. Art. 19 MÜ in der Si-

---

[311] Für eine analoge Anwendung in dieser Situation z.B. im Hinblick auf erhöhte Lagerkosten bei der Güterbeförderung *Reuschle*, Art. 19 MÜ Rn. 10; a.A. zu Art. 19 WA/HP *Koller*, Art. 19 WA 1955 Rn. 3; *Gass* in *Ebenroth/Boujong/Joost*, Art. 19 WA 1955 Rn. 5.

[312] AG Frankfurt/Main, TranspR 1998, 197, 198; LG Düsseldorf ZLW 1971, 290, 293 (Buchung eines Ersatzfluges bei Abflugverspätung wegen Überbuchung).

[313] AG Frankfurt/Main, TranspR 1998, 197, 198. Für die analoge Anwendung von Art. 17 CMR auch OLG Hamm TranspR 1986, 77, 79 f.; a.A. *Koller*, Art. 19 CMR Rn. 3; *Koller*, VersR 1988, 556, 559.

tuation der Abflugverspätung sucht man in der Rechtsprechung aber auch in der Literatur jedoch vergebens. Einzig *Koller, Stadie* und jüngst *Staudinger* kann der Hinweis entnommen werden, dass Art. 19 WA bzw. Art. 19 MÜ in der Situation der Abflugverspätung insofern nicht anwendbar sei.[314] *Stadie* führt dabei aus, dass die durch Verspätung entstandenen Schäden nur über nationales Recht ersetzt werden könnten, wenn der Kunde vom Vertrag zurücktrete, der Luftfrachtführer nicht innerhalb des Erfüllungszeitraumes erfülle oder der Kunde einen Ersatzflug bei einem anderen Anbieter buche.[315]

Im Übrigen umgeht die Rechtsprechung[316] und ihr folgend die Literatur[317] diese Frage regelmäßig dadurch, dass man im Hinblick auf die Abgrenzung der Nichtbeförderung von der Verspätung grds. mit dem Argument des Fixgeschäftscharakters versucht, die Abflugverspätungsfälle, in denen Schadensersatz statt der Leistung wegen Nichterfüllung geltend gemacht wird, in die Kategorie der Fälle einer endgültigen Nichtbeförderung einzuordnen, bzw. indem man versucht, auf andere Weise, z.B. mangels Vorliegens eines luftverkehrspezifischen Risikos,[318] die Nichtanwendbarkeit des Art. 19 WA bzw. Art. 19 MÜ zu begründen. Im Rahmen der Abgrenzung der Verspätung von der Nichtbeförderung sind dies aber auch die einzigen Möglichkeiten, um in den genannten Fällen zu einer Nichtanwendbarkeit des Art. 19 WA bzw. Art. 19 MÜ zu kommen.

Zwei Entscheidungen, eine des *OLG Düsseldorf* und eine des *LG Frankfurt/ Main*, bieten dafür anschauliche Beispiele. In dem Fall des *OLG Düsseldorf* kam es zu einer mehrstündigen Abflugverspätung wegen eines Triebwerkschadens, woraufhin der Kläger einen Ersatzflug buchte und dann den Ersatz der Kosten verlangte. Das *OLG Düsseldorf* sprach dem Kläger sodann Schadensersatz wegen Nichterfüllung nach nationalem Recht zu mit der Begründung, dass sich zum einen nicht die dem Luftverkehr eigentümlichen Gefahren verwirklicht hätten, so dass Art. 19 WA nicht anwendbar sei, und dass zum anderen wegen der Verschiebung des Abflugtermins Unmöglichkeit eingetreten sei, weil es sich bei dem Luftbeförderungsvertrag um ein Fixgeschäft hande-

---

[314] *Koller*, Art. 19 WA 1955 Rn. 3; *Stadie*, S. 94 f.; *Staudinger*, DAR 2007, 477, 478.
[315] *Stadie*, S. 94 f.
[316] OLG Düsseldorf, NJW-RR 1997, 930 = TranspR 1997, 150, 151; LG Frankfurt/ Main, TranspR 1991, 145; AG Bad Homburg NJW-RR 2001, 989; AG Düsseldorf, NJW-RR 2002, 561 f. im Hinblick auf die Rückzahlung des Flugpreises.
[317] Vgl. nur *Schmid* in *Giemulla/Schmid*, MÜ, Art. 19 Rn. 98; *Kronke* in MünchKomm HGB, Art. 19 WA 1955 Rn. 40 f.
[318] Vgl. zu dieser Argumentation OLG Frankfurt/Main, TranspR 1997, 373, 374; Die gleiche Argumentation dient im Übrigen auch in Ankunftsverspätungsfällen dazu, die Nichtanwendbarkeit des WA zu begründen, um einen Minderungsbetrag nach nationalem Recht zusprechen zu können, siehe dazu LG Bonn TranspR 1999, 109 f. = RRa 1998, 121 f. m. zust. Anm. *Ruhwedel*. Genauer zur Beschränkung der Haftung aus Art. 19 MÜ auf luftverkehrsspezifische Risiken, siehe unter Punkt 3. Teil, 2. Kapitel, § 2 C. II. 4. Seite 284.

le.[319] Ähnlich lag der Fall des *LG Frankfurt/Main*. Auch hier kam es aufgrund eines technischen Defekts zu einer mehrstündigen Abflugverspätung, woraufhin der Kläger wiederum einen Ersatzflug buchte und die Kosten geltend machte. Auch das *LG Frankfurt/Main* sprach dem Kläger Schadensersatz wegen Nichterfüllung nach nationalem Recht zu, berief sich diesmal jedoch ausschließlich auf den absoluten Fixgeschäftscharakter der Luftbeförderung, der dazu führe, dass bei einer Verzögerung der Beförderung um einen Tag Unmöglichkeit eintrete und damit eine Nichtbeförderung vorliege.[320]

Aber auch in Überbuchungs- und Annullierungsfällen, in denen es typischerweise zu einer Verzögerung des Abflugs bzw. der Beförderung des Fluggastes und damit zu einer Abflugverspätung des Passagiers kommt, findet sich dieselbe Argumentation wieder. Bucht der Fluggast in diesen Fällen einen Ersatzflug und verlangt sodann den Ersatz der entstandenen Kosten, so sprechen die deutschen Gerichte auch in diesen Fällen dem Kläger regelmäßig Schadensersatz wegen Nichterfüllung nach nationalem Recht zu und begründen dies mit der Nichtverwirklichung der dem Luftverkehr eigentümlichen Gefahren und dem Fixgeschäftscharakter der Luftbeförderung.[321] Differenzierter argumentiert nur *Schoner*, der in diesen Situationen erst bei Interessenfortfall Schadensersatz wegen Nichterfüllung annehmen will.[322] Den Interessenfortfall setzt die h.M. jedoch im Prinzip auch voraus. Sie ordnet diese Fälle der Abflugverspätung nämlich nur teilweise der Kategorie „Nichtbeförderung" zu. So spricht sie in Abflugverspätungsfällen Schadenersatz statt der Leistung wegen Nichterfüllung regelmäßig nur dann zu und bejaht damit inzident den Interessenfortfall, wenn Schadensersatz satt der Leistung auch tatsächlich geltend gemacht wird. Bucht der Fluggast in denselben Fallkonstellationen nämlich keinen Ersatzflug, sondern nimmt er die spätere Beförderung durch den ursprünglichen Luftfrachtführer an und kommt deswegen erst mit Verspätung an seinem Beförderungsziel an, so wendet die Rechtsprechung ohne weiteres Art. 19 WA bzw. Art. 19 MÜ an.[323] In diesen

---

[319] OLG Düsseldorf, NJW-RR 1997, 930 = TranspR 1997, 150, 151.
[320] LG Frankfurt/Main, TranspR 1991, 145.
[321] Siehe zur Überbuchung: BGH NJW 1979, 495; zur Annullierung: LG Frankfurt/Main NJW 1982, 1538; LG Frankfurt/Main TranspR 1989, 101, 102 = NJW-RR 1987, 823, 824 (streikbedingter Ausfall eines Fluges).
[322] *Schoner*, ZLW 1978, 151, 165.
[323] Vgl. LG Frankfurt/Main TranspR 1991, 146, 147 (sechsstündige Abflugverspätung); LG Berlin ZLW 2003 272, 273 (Abflugverspätung); AG Baden-Baden TranspR 1999, 402, 403 ff. (Abflugverspätung um 70 Stunden); OLG Frankfurt/Main, RRa 2005, 78 ff. (Bereitstellung eines Ersatzflugzeuges erst am nächsten Tag); OLG Frankfurt/Main ZLW 1984, 177, 179 (Überbuchung, Bereitstellung und Einsatz eines größeren Ersatz-Flugzeuges); LG München I NJW 1978, 2454 (Annullierung). Anders nur in den Fällen, in denen wegen der Ankunftsverspätung ein Minderungsbetrag zugesprochen werden soll, vgl. LG Bonn TranspR 1999, 109 f. = RRa 1998, 121 f. m. zust. Anm. *Ruhwedel*; LG Frankfurt/Main NJW-RR 1993, 1270, 1271; AG Frankfurt/Main NJW-RR 1996, 238. Die beiden zuletzt

Konstellationen macht der Fluggast dann aber auch typischerweise Ankunftsverspätungsschäden geltend, so dass auch richtigerweise Art. 19 WA bzw. Art. 19 MÜ zur Anwendung kommt.

Ähnlich wird im Übrigen in der deutschen Rechtsprechung[324] und auch Literatur[325] die Ansicht vertreten, dass sich die aufgrund des absoluten Fixgeschäftscharakters eingetretene Unmöglichkeit bei einem aus technischen Gründen zunächst verschobenen oder gestrichenen Flug in einen Verspätungstatbestand zurückverwandeln könne, wenn der Flug unter derselben Flugnummer mit demselben oder einem anderen extra dafür bereitgestellten Ersatz-Flugzeug doch noch ausgeführt werde.

Ausgehend von der Abgrenzung der Verspätung von der Nichtbeförderung erscheint diese Rechtsprechung insgesamt zwar inkonsequent, da sie die Fälle der Abflugverspätung nur teilweise der „Nichtbeförderung" zuordnet und dann nationales Recht anwendet, sie also insoweit nicht gleich behandelt, sie zeigt aber zum einen, wie bereits angedeutet, dass die Abgrenzung der Nichtbeförderung von der Verspätung nicht praktikabel ist und zum anderen, dass in der deutschen Rechtsprechung bereits eine Tendenz hin zur Unterscheidung zwischen Schäden, die auf einer Abflugverspätung beruhen, und Schäden, die auf einer Ankunftsverspätung beruhen, besteht, wobei nur letztere Schäden regelmäßig dem Anwendungsbereich von Art. 19 WA bzw. Art. 19 MÜ zugeordnet werden. Der typischerweise in der Situation der Abflugverspätung geltend gemachte Schadensersatz statt der Leistung wird hingegen regelmäßig nach nationalem Recht zugesprochen. Insgesamt deutet insofern also auch die deutsche Rechtsprechung darauf hin, dass sie die Abfugverspätung als in Art. 19 MÜ nicht geregelt ansieht.

Wendet man sich schließlich der ausländischen Rechtsprechung und Literatur zu, so muss festgestellt werden, dass auch diese zur Klärung der Frage, ob mit Art. 19 WA bzw. Art. 19 MÜ auch eine Regelung für den Fall der Abflugverspätung getroffen wurde, nur bedingt herangezogen werden kann. Auch in der ausländischen Rechtsprechung und Literatur versucht man nämlich grds. die Verspätung durch Abgrenzung von der Nichtbeförderung zu definieren.[326] Konkrete Aussagen zu der Frage der Regelung der Abflugverspätung in Art. 19 WA bzw. Art. 19 MÜ finden sich daher auch hier nicht. Der Begriff der Verspätung wird aber auch in der ausländischen Literatur

---

genannten Entscheidungen lassen allerdings den Minderungsanspruch neben dem Anspruch aus Art. 19 WA zu.

[324] AG Frankfurt/Main ZLW 1998, 247, 248; siehe auch OLG Frankfurt/Main ZLW 1984, 177, 179 (Überbuchung, Bereitstellung und Einsatz eines größeren Ersatz-Flugzeuges). Dazu tendiert wohl auch die US-amerikanische Rechtsprechung, vgl. *Tompkins*, ASL 2007, 231 f.

[325] *Schmid* in *Giemulla/Schmid*, MÜ, Art. 19 Rn. 99; *Reuschle*, Art. 19 MÜ Rn. 10; *Kronke* in MünchKomm HGB, Art. 19 WA 1955 Rn. 41. Siehe auch *Schwenk*, 2. Aufl. S. 649.

[326] *Shawcross and Beaumont*, VII[1015]; *Goldhirsch*, S. 82 f; *Sundberg*, S. 412 ff.; *Drion*, Rn. 65; *Dettling-Ott*, S. 139 ff.

regelmäßig als das nicht rechtzeitige Eintreffen am Bestimmungsort definiert.[327] Darüber hinaus ergibt laut *Fröhlich* eine Analyse der ausländischen Rechtsprechung eine Tendenz dahingehend, dass die Beförderung stattgefunden haben muss, damit Art. 19 WA anwendbar ist.[328] Es überwiegt daher wohl auch im Ausland die ausschließliche Anwendung von Art. 19 WA bzw. Art. 19 MÜ in der Situation der Ankunftsverspätung und bezogen auf Ankunftsverspätungsschäden. Darüber hinausgehend sind weitere Aussagen schwierig, es sind keine einheitlichen Entscheidungsmuster erkennbar, die Rechtsprechung ist vielmehr sehr unübersichtlich. Insbesondere ist nicht auszumachen, inwieweit ausschließlich auf der Abflugverspätung beruhende Verzugsschäden trotzdem nach Art. 19 MÜ bzw. Art. 19 WA zugesprochen werden.[329] Schadensersatz statt der Leistung wird jedoch teilweise, insbesondere in der US-amerikanischen Rechtsprechung auf der Grundlage von Art. 19 WA gewährt.[330] Andere US-amerikanische Entscheidungen wiederum halten Art. 19 WA insoweit für nicht anwendbar und stützen den Anspruch auf Schadensersatz statt der Leistung ebenso wie die deutsche Rechtsprechung auf unvereinheitlichtes Recht.[331] Zudem gibt es in der US-amerikanischen Literatur und Rechtsprechung eine Tendenz dahingehend, die Schäden aus einer Überbuchung („bumping") selber als nicht von Art. 19 WA erfasst anzusehen; kommt der Fluggast nach einer Überbuchung jedoch lediglich mit Verspätung an seinem Zielort an, soll es sich bei eventuellen Schäden wiederum um dem Abkommen unterfallende Verspätungsschäden handeln.[332] Damit unterfällt aber auch nach der US-amerikanischen Literatur und Rechtsprechung der Anspruch auf Schadensersatz statt der Leistung in der Situation der Abflugverspätung eher dem unvereinheitlichten Recht, denn bei Schäden aus einer Überbuchung handelt es sich typischerweise um Schäden, die in der Situation der Abflugverspätung des Fluggastes als Schadensersatz statt der Leistung geltend gemacht werden, während der Ersatz von Ankunftsverspätungsschäden offensichtlich Art. 19 WA bzw. Art. 19 MÜ unterfallen soll. Auch die US-amerikanische Rechtsprechung und Lite-

---

[327] Vgl. *Guldimann*, Art. 19 WA Rn. 3; *Dettling-Ott*, S. 148; *v. Ziegler*, ASDA/SVLR-Bulletin 2002, 30, 31; *Mankiewicz*, Rn. 217; *Shawcross and Beaumont*, VII[1005]; *Goldhirsch*, S. 76; *Drion*, Rn. 75; *de Juglart*, Rn. 2702; *Diederiks-Verschoor*, ASL 2001, 300.

[328] Vgl. insoweit die ausführliche Analyse von *Fröhlich*, S. 149.

[329] Bejaht wurde dies vom United States District Court [NDIL], Harpalani v. Air India, 19 Avi. 17,887, 17,888.

[330] New York City Civil Court, McMurray v. Capitol International Airways, 15 Avi. 18,087; United States District Court [SDNY], Malik v. Butta, 24 Avi. 17,736. Ebenso in Frankreich die Entscheidung: Houdin c. Panair do Brasil, Trib. de grande inst. de la Seine, 9.7.1960, JCP La Semaine Juridique 1960 II, 11830.

[331] United States Court of Appeals, Seventh Circuit, Wolgel v. Mexicana, 20 Avi. 18,079.

[332] *McLaughlin*, 54 JALC (1988), 1135, 1178 f.; siehe dazu auch *Fröhlich*, S. 140.

ratur spricht damit tendenziell für die Nichtregelung der Abflugverspätung in Art. 19 MÜ.

Insgesamt muss daher festgestellt werden, dass im Hinblick auf den Ersatz auf einer Abflugverspätung beruhender Schäden Rechtsprechung und Literatur weit überwiegend nicht Art. 19 WA bzw. Art. 19 MÜ anwenden, so dass der Schluss erlaubt sein muss, dass in Art. 19 WA bzw. in Art. 19 MÜ lediglich die Ankunftsverspätung des Fluggastes eine Regelung erfahren hat, mithin nach Art. 19 MÜ nur auf der Ankunftsverspätung beruhende Schäden ersetzt werden können.

Für die Nichtregelung der Abflugverspätung sprechen letztlich aber auch die Versuche der Literatur zu begründen, warum der Rücktritt vom Beförderungsvertrag in der Situation der Abflugverspätung nicht durch Art. 19 MÜ bzw. Art. 19 WA „gesperrt" ist. Ginge man nämlich davon aus, dass Art. 19 MÜ die Verspätung insgesamt umfasst, also sowohl den Tatbestand der Ankunftsverspätung als auch den Tatbestand der Abflugverspätung gemäß Art. 29 MÜ abschließend regelt, wäre der Rückgriff auf nationales Recht insoweit grds. nicht mehr möglich. Der Fluggast wäre somit auch in der Situation der Abflugverspätung auf die Geltendmachung von Schadensersatz beschränkt.

So will *Fröhlich* auf die Frage des Fortbestandes des Vertrages bei einer Verspätung unvereinheitlichtes Recht anwenden, obwohl er grundsätzlich versucht, die Verspätung von der Nichtbeförderung aus dem Abkommen heraus abzugrenzen und so den Anwendungsbereich von Art. 19 WA bzw. Art. 19 MÜ zu bestimmen.[333] Die Fälle, in denen sich der Abflug um eine geraume Zeit verzögere, würden sich in einer Zwischenzone zwischen Nichtbeförderung und Verspätung befinden, im Falle eines Rücktritts sei jedoch kein Beförderungsvertrag mehr gegeben, der aber Voraussetzung für eine Haftung aus dem Abkommen sei.[334] Diese Argumentation kann jedoch nicht überzeugen, da in Rücktrittsfällen ja zunächst ein Beförderungsvertrag gegeben ist und das Abkommen somit anwendbar gewesen wäre, somit auch eine Sperrwirkung bestanden hätte.

Auch der Argumentation *Stadies* kann m.E. entnommen werden, dass er für die Frage des Rücktritts unvereinheitlichtes Recht anwenden will, wenn er ausführt, dass „Art. 19 WA/HP keinen umfassenden Tatbestand für alle denkbaren Verspätungsfälle im Rahmen des Luftbeförderungsvertrages" darstellen könne und nur der Ersatz bestimmter Schäden erfasst sein könne, insbesondere könnten keine Schäden ersetzt werden, die dem Reisenden vor dessen Rücktritt entstanden seien.[335] Bestehe ein Rücktritts- oder ein Lö-

---

[333] *Fröhlich*, S. 149 f.
[334] *Fröhlich*, S. 149 f.
[335] *Stadie*, S. 86.

sungsrecht vom Vertrag und sei dies ausgeübt worden, so seien derartige Schäden auch einfach feststellbar.[336]

In ähnlicher Weise äußert sich schließlich auch *Mankiewicz*. Er führt aus, dass das Abkommen sich nicht mit „rescission, breach and non-performance of the contract" befasse, sondern lediglich „its faulty or incorrect execution" betreffe.[337] Die fehlerhafte Ausführung, die zu einer Verspätung (gemeint ist wohl eine Ankunftsverspätung) führe, könne jedoch zuvor eine Vertragsverletzung sein, die zu einem Rücktrittsrecht oder zu einem Schadensersatzanspruch nach nationalem Recht führe, z.B. wenn Luftfracht länger am Boden bleibe als vorgesehen.[338] Eine Handlung oder Unterlassung des Luftfrachtführers vor der Ausführung des Vertrages sei eben nicht vom Abkommen erfasst.[339] Damit führt *Mankiewicz* aber nicht nur aus, dass ein Rücktrittsrechts des Fluggastes nicht im Abkommen geregelt ist, sondern darüber hinaus lässt sich seinen Äußerungen vielmehr im hier vertretenen Sinne entnehmen, dass in Art. 19 WA bzw. Art. 19 MÜ eben nur der Ersatz von Schäden geregelt ist, die auf einer Ankunftsverspätung beruhen und eben nicht der Ersatz von Schäden, die auf einer Abflugverspätung basieren, mithin Art. 19 WA bzw. Art. 19 MÜ eben nur die Situation der Ankunftsverspätung betrifft.

5. Teleologische Auslegung

Auch wenn Verbraucherschutzgesichtspunkte, die bei der Ausarbeitung des Abkommens im Vordergrund gestanden haben,[340] der Vereinheitlichungszweck des Abkommens und die den Luftfrachtführer schützende Haftungsbegrenzung in Verspätungsfällen nach Art. 22 MÜ vielleicht für ein möglichst weites Verständnis des Verspätungsbegriffs in Art. 19 MÜ sprechen, kann es letztlich aber auch nicht Sinn und Zweck des Montrealer Übereinkommens sein, den Ersatz von Schäden, die auf einer Abflugverspätung beruhen, zu regeln, ohne weitere Voraussetzungen für diesen Anspruch zu formulieren. Eine solche Auslegung des Abkommens würde m.E. die Interessen der Vertragspartner des Luftfrachtführers eindeutig gegenüber dessen Interessen überbewerten, denn letztlich soll das Montrealer Übereinkommen auch der Begrenzung der Haftung des Luftfrachtführers dienen.

Für den Anspruch auf Ersatz von Verzugschäden bei einer Abflugverspätung neben der Beförderung, wie Mehrkosten für Essen, Getränke und Telefongespräche, ggf. eine Übernachtung, mag die Formulierung „Der Luftfrachtführer hat den Schaden zu ersetzen, der durch Verspätung bei der Luftbeförderung ... entsteht ..." zwar noch hinreichend konkret sein, für ei-

---

[336] *Stadie*, S. 86 und auch 94 f.
[337] *Mankiewicz*, Rn. 220.
[338] *Mankiewicz*, Rn. 220.
[339] *Mankiewicz*, Rn. 220.
[340] *Müller-Rostin*, ZLW 2000, 36, 37.

nen Anspruch auf Schadensersatz statt der Leistung wegen Nichterfüllung in der Situation der Abflugverspätung fehlt es m.E. jedoch an der Formulierung wesentlicher Vorbedingungen. So kann es nicht im Sinne des Abkommens sein, dass der Fluggast bereits bei jeglicher Überschreitung der Abflugzeit auf die Durchführung des Vertrags verzichten und Schadensersatz statt der Leistung geltend machen kann. Vielmehr müsste es dem Luftfrachtführer doch wohl innerhalb einer gewissen Frist oder Nachfrist möglich sein, den Beförderungsvertrag noch zu erfüllen, ggf. unter Ersatz des entstandenen Verzugsschadens, ohne aber dass der Fluggast in dieser Zeit bereits Schadensersatz statt der Leistung geltend machen kann.

Sinn und Zweck des Abkommens sprechen daher zumindest für die Nichtregelung des Anspruchs auf Schadensersatz statt der Leistung bei der Abflugverspätung. Antworten auf diese Frage finden sich vielmehr im nationalen Recht und sollten wohl auch diesem überlassen bleiben. Einfachheit und Praktikabilität der Anwendung des Art. 19 MÜ sprechen dann aber auch gegen die Regelung des Anspruchs auf den Ersatz des ausschließlich auf der Abflugverspätung beruhenden Verzugsschadens, so dass insgesamt auch nach Sinn und Zweck des Abkommens in Art. 19 MÜ ausschließlich die Ankunftsverspätung des Fluggastes geregelt ist.

IV. Ergebnis

Fasst man die Ergebnisse der einzelnen Auslegungsmethoden zusammen, so ist festzustellen, dass die Auslegung des Verspätungsbegriffs in Art. 19 MÜ nach dem Wortlaut zwar kein eindeutiges Bild ergibt, nach den übrigen Auslegungsmethoden m.E. jedoch feststeht, dass Art. 19 MÜ lediglich eine Regelung der Ankunftsverspätung des Fluggastes enthält und folglich nach Art. 19 MÜ auch nur der auf einer Ankunftsverspätung bei der Luftbeförderung beruhende Schaden zu ersetzen ist[341]. Gerade eine Ankunftsverspätung muss damit kausal sein für den entstandenen Schaden, sei diese auch abflugbedingt. Art. 19 MÜ regelt daher, wenn man so will, einen Anspruch auf Ersatz des Ankunftsverzugsschadens neben der Beförderung.

Beruhen die dem Fluggast entstandenen Schäden dagegen ausschließlich auf einer Abflugverspätung, kommt eine Haftung nach Art. 19 MÜ nicht in Betracht, es ist vielmehr auf unvereinheitlichtes Recht zurückzugreifen. Dabei muss es für die Schäden, die ausschließlich auf der Abflugverspätung beruhen, auch bleiben, wenn es später zu einer abflugbedingten Ankunftsverspätung kommt. Insoweit ergibt sich eine Parallelität zur Haftung des Frachtführers im internationalen Straßengüterverkehr nach Art. 19 CMR.[342]

---

[341] Vgl. auch *Koller*, Art. 19 WA 1955 Rn. 3.
[342] Siehe hierzu bereits oben unter Punkt 3. Teil, 2. Kapitel, § 1 B. I. Seite 161.

C. Das MÜ als abschließende Regelung der Flugverspätung

Schließlich stellt sich die Frage, inwiefern die Regelung der Verspätungshaftung des Luftfrachtführers im MÜ abschließend und der Rückgriff z.B. auf nationales Recht damit ausgeschlossen ist. Art. 29 S. 1, 1. HS MÜ bestimmt in Anlehnung an Art. 24 WA insofern:

„Bei der Beförderung von Reisenden, Reisegepäck und Gütern kann ein Anspruch auf Schadensersatz, auf welchem Rechtsgrund er auch beruht, sei es dieses Übereinkommen, ein Vertrag, eine unerlaubte Handlung oder ein sonstiger Rechtgrund, nur unter den Voraussetzungen und mit den Beschränkungen geltend gemacht werden, die in diesem Übereinkommen vorgesehen sind; ..."

I. Zweck der Regelung

Mit der in Art. 29 MÜ getroffenen Regelung soll zum einen sichergestellt werden, dass die in allen Vertragsstaaten geltende Haftungsordnung des MÜ nicht durch nationale Regelungen durchbrochen bzw. unterlaufen wird, wodurch die Einheitlichkeit der Haftung gefährdet wäre.[343] Zum anderen soll der gefundene (angemessene) Ausgleich zwischen den Interessen des Luftfrachtführers und den Interessen seines Vertragspartners, bestehend aus Haftungserleichterungen einerseits und Haftungsbeschränkungen andererseits, in seinem Bestand abgesichert werden. So braucht z.B. der Geschädigte das Verschulden des Luftfrachtführers grds. nicht zu beweisen (vgl. Art. 18 II, 19 S. 2 und Art. 21 II MÜ); im Fall der Köperverletzung bzw. des Todes eines Reisenden ist bis zum einem Betrag von 100.000 SZR je Reisenden sogar jegliche Entlastung des Luftfrachtführers ausgeschlossen (vgl. Art. 21 I MÜ). Das MÜ begründet damit teilweise eine Gefährdungshaftung des Luftfrachtführers, während im Übrigen eine Haftung für vermutetes Verschulden vorgesehen ist. Zum Ausgleich ist die Haftung des Luftfrachtführers von bestimmten Voraussetzungen wie dem Vorliegen eines Unfalls (vgl. Art. 17 I MÜ) abhängig, zudem ist die Haftung des Luftfrachtführers in Art. 22 MÜ grds. auf bestimmte Haftungshöchstbeträge begrenzt.

Darüber, dass der Rückgriff auf nationales Recht durch Art. 29 MÜ grds. ausgeschlossen ist, besteht denn auch internationale Einigkeit,[344] die Reichweite der Ausschlusswirkung und überhaupt das Verhältnis der Vorschriften des MÜ zum nationalen Recht werden jedoch sehr unterschiedlich beurteilt.

---

[343] Vgl. Denkschrift zum MÜ, S. 46 f.; *Reuschle*, Art. 29 MÜ Rn. 1; *Giemulla* in *Giemulla/Schmid*, MÜ, Art. 29 Rn. 1; *Müller-Rostin*, NZV 2002, 182. Zum Ganzen siehe auch *Jahnke*, S. 328 ff. und 371 ff.

[344] Vgl. noch zu Art. 24 WA: *Guldimann*, Art. 24 WA Rn. 1; *Kronke* in MünchKomm HGB, Art. 24 WA 1955 Rn. 1; *Giemulla* in *Giemulla/Schmid*, WA, Art. 24 Rn. 1 m.w.N.

II. Verdrängung anderer Anspruchsgrundlagen?

Zunächst kann m.E. jedoch für das MÜ heute nicht mehr ernsthaft angezweifelt werden, dass es im Hinblick auf die Haftung des Luftfrachtführers selbständige Anspruchsgrundlagen enthält. Während dies für das WA lange Zeit umstritten war[345] und teilweise angenommen wurde, dass das Abkommen lediglich einen bloßen Haftungsrahmen darstelle,[346] kann dem Wortlaut von Art. 29 MÜ („... auf welchem Rechtsgrund er auch beruht, sei es dieses Übereinkommen ...") heute entnommen werden, dass der Rechtsgrund für einen Schadensersatzanspruch zumindest auch im MÜ selber gefunden werden kann. Aber auch für das WA nimmt die überwiegende Meinung in Rechtsprechung und Literatur heute an, dass es selbständige Anspruchsgrundlagen enthält.[347]

Nicht klar beantwortet wird von Art. 29 MÜ jedoch die Frage, ob andere, sich auf Anspruchsgrundlagen außerhalb des Abkommens stützende Ansprüche des Vertragspartners des Luftfrachtführers gänzlich ausgeschlossen werden, also durch das MÜ verdrängt werden (sog. Verdrängungslösung)[348], oder ob solche Ansprüche, wie es der Wortlaut von Art. 29 MÜ nahe legt, „nur unter den Voraussetzungen und mit den Beschränkungen geltend gemacht werden können", die im MÜ vorgesehen sind (sog. Rahmenlösung).[349] Im Gegensatz zu Art. 24 WA zählt Art. 29 MÜ gerade neben dem MÜ als Anspruchgrundlage auch andere Anspruchsgrundlagen ausdrücklich auf. Insgesamt muss man die Formulierung von Art. 29 MÜ insofern aber wohl als „verunglückt" betrachten. Bereits für das WA war anerkannt, dass eine Zulassung sämtlicher in Betracht kommender nationaler Anspruchgrundlagen zu einem unübersichtlichem Chaos führen würde und dass der eigentliche Sinn von Art. 24 WA vielmehr darin liege, jegliche Haftung außerhalb des WA, „auf welchem Rechtsgrund" sie auch beruht, sei es „ein Vertrag, eine unerlaubte Handlung oder ein sonstiger Rechtsgrund", tatsächlich auszuschließen, andere Anspruchsgrundlagen also zu verdrängen.[350] *Mutschler* schlägt dementspre-

---

[345] Vgl. dazu ausführlich *Fröhlich*, S. 43 ff.
[346] *Fröhlich*, S. 43 f. m.w.N.
[347] *Fröhlich*, S. 45 m.w.N.
[348] *Fröhlich*, S. 101; *Ruhwedel*, TranspR 2001, 189, 199; Denkschrift zum MÜ, S. 47; *Giemulla* in *Giemulla/Schmid*, MÜ, Art. 29 Rn. 12; *Cheng*, ZLW 2000, 287, 294; *Weber/Jakob*, AASL 1999, 333, 345; *Westwood Wilson/Geraghty*, ASL 2000, 63, 72; United States District Court [NDIL], Harpalani v. Air India, 19 Avi. 17,887. Die Haftung des Luftfrachtführers aufgrund aller in Betracht kommenden Anspruchsgrundlagen außerhalb des Abkommens ist nach dieser Lösung grds. ausgeschlossen.
[349] *Reuschle*, Art. 29 MÜ Rn. 5 ff.; *Saenger* NJW 2000, 169, 174. Zu Art. 24 WA/HP so auch *Koller*, Art. 24 WA 1955 Rn. 1 m.w.N.
[350] BGH NJW 1969, 2008, 2011; BGH NJW 1974, 1617, 1619; OLG Stuttgart ZLW 1966, 63, 68 f.; OLG Köln TranspR 1982, 43 f.; OLG Köln ZLW 1990 219, 221 f.; OLG Frankfurt/Main NJW-RR 1993, 1147; *Giemulla* in *Giemulla/Schmid*, WA, Art. 24 WA

chend vor, die Aufzählung der in Betracht kommenden Haftungsgrundlagen in Art. 29 MÜ lediglich als mögliche Qualifizierung von sich aus dem Abkommen selber ergebenden Schadensersatzansprüchen anzusehen, die aber die Exklusivität der Haftung aus dem Abkommen nicht in Frage stelle.[351] Letztlich kann es jedoch dahinstehen, ob andere Anspruchsgrundlagen ausgeschlossen werden oder ob andere Ansprüche lediglich den Voraussetzungen und Beschränkungen des MÜ unterworfen werden.[352] Wenn andere Ansprüche nämlich den Voraussetzungen und Beschränkungen des MÜ unterworfen werden, dann muss dies für materiell-rechtliche wie auch für verfahrensrechtliche Voraussetzungen und Beschränkungen, wie z.B. den Gerichtsstand gelten.[353] Bedenken dergestalt, dass die unterschiedlichen Auffassungen z.B. hinsichtlich des Gerichtsstandes zu unterschiedlichen Ergebnissen führen könnten,[354] wären damit unbegründet.

III. Reichweite der Ausschlusswirkung

1. Eingeschränkter Regelungsbereich des MÜ

Grundsätzlich zu bedenken ist, dass das MÜ wie auch das WA nur einen eingeschränkten Regelungsbereich haben[355]. Das MÜ zielt, ebenso wie das WA, bereits ausweislich seines Titels, „Übereinkommen zur Vereinheitlichung bestimmter Vorschriften über die Beförderung im internationalen Luftverkehr" nur auf die Vereinheitlichung einiger besonders wichtiger Fragen der internationalen Luftbeförderung ab. Der Titel des WA ist auf der Warschauer Konferenz dabei mit Bedacht gewählt worden. Ein Vorschlag der tschechoslowakischen Delegation, der mangels einer Bestimmung im WA einen Verweis des Abkommens auf das nationale Recht vorsah, ist auf die Formulierung des Titels hin zurückgezogen worden.[356] So war man sich darüber einig, dass das nationale Recht ergänzend auch ohne eine solche Bestimmung Anwendung finden würde.[357] Fragen, die nicht in den Regelungsbereich des

---

Rn. 6; Denkschrift zum MÜ, S. 47. So auch letztlich *Fröhlich*, S. 70. Zum Ganzen *Fröhlich*, S. 64 ff.
[351] *Mutschler*, S. 201.
[352] So auch Denkschrift zum MÜ, S. 47.
[353] Denkschrift zum MÜ, S. 47.
[354] *Giemulla* in *Giemulla/Schmid*, MÜ, Art. 29 Rn. 13; so für das WA auch *Mutschler*, S. 198.
[355] *Giemulla* in *Giemulla/Schmid*, MÜ, Einl. Rn. 37; *Reuschle*, Einl. MÜ Rn. 55; *Koller*, vor Art. 1 MÜ Rn. 6; *Littger/Kirsch*, ZLW 2003, 563, 568; zum WA so auch ausführlich *Fröhlich*, S. 31 f., 100; Denkschrift zum WA S. 27, 29, 45; *Mankiewicz*, Rn. 19; BGH NJW 1969, 2014, 2015.
[356] Vgl. die Diskussion um den Titel in den Protokollen, II Conférence, S. 115.
[357] Vgl. II Conférence, S. 115.

MÜ bzw. des WA fallen, bleiben daher dem nach dem IPR jeweils anwendbaren nationalen Recht bzw. supranationalem (EG-)Recht überlassen.[358]

2. Abschließende Regelung in Teilbereichen

Aber auch wenn im MÜ insgesamt keine abschließende Regelung der internationalen Luftbeförderung bezweckt ist, so ist gemäß Art. 29 MÜ jedoch zumindest in Teilbereichen eine abschließende Regelung beabsichtigt. Schwierigkeiten bereitet aber die Abgrenzung dieser Teilbereiche.

a) Weite Bestimmung

Zum einen kommt dabei eine weite Bestimmung der Teilbereiche abschließender Regelung durch das MÜ in Betracht. So könnte im MÜ z.B. insgesamt die Schadensersatzhaftung des Luftfrachtführers bei der Luftbeförderung abschließend geregelt sein. Schließlich regelt das 3. Kapitel des MÜ ausweislich seiner Überschrift die Haftung des Luftfrachtführers und den Umfang des Schadensersatzes.

aa) Rechtsprechung zum WA

Bereits in der Rechtsprechung zum WA wurde insofern teilweise die Ansicht vertreten, dass die gesamte Schadensersatzhaftung bei der Luftbeförderung im WA abschließend geregelt sei.

In diesem Sinne ist in England jedenfalls eine Entscheidung des *House of Lords* zum WA/HP ergangen. Dabei ging es um einen Personenschaden, der nicht auf einem Unfall i.S.v. Art. 17 WA/HP beruhte, ein Ersatz des Schadens wäre damit nur auf der Basis des nationalen Rechts möglich gewesen. Aus der entsprechenden Überschrift des dritten Kapitels des WA/HP folgert das Gericht jedoch, dass sämtliche Haftungsregelungen für die internationale Luftbeförderung im Abkommen enthalten seien, folglich der Rückgriff auf nationales Recht insoweit ausgeschlossen sei.[359] Gerichte in Kanada haben sich dieser Entscheidung angeschlossen.[360]

Ähnlich entschied schließlich der *United States Supreme Court* in *El Al v. Tseng*. Auch hier ging es um einen Personenschaden, genauer um einen erlittenen psychischen Schaden, der nicht auf einem Unfall i.S.v. Art. 17 WA beruhte und dessen Ersatz folglich nicht auf der Grundlage des Abkommens möglich war. Das Gericht führt entsprechend aus, dass es nach dem WA ausgeschlossen sei, dass der Fluggast seine Personenschäden nach unverein-

---

[358] *Giemulla* in *Giemulla/Schmid*, MÜ; Einl. Rn. 37 ff.; *Guldimann*, Einl. Rn. 25; *Kronke* in MünchKomm HGB, Art. 1 WA 1955 Rn. 12 f.; *Ruhwedel*, Rn. 24, 61; *Mankiewicz*, Rn. 19.
[359] Sidhu v. British Airways [1997] 2 W.L.R. 26, 38 f.; ausführlich dazu *Fröhlich*, S. 51 f.
[360] Vgl. *Kadletz*, ZLW 2000, 201, 203 m.w.N.

heitlichtem Recht einklage, wenn die Voraussetzungen einer Haftung nach dem Abkommen nicht erfüllt seien, die einheitliche Regelung der Haftung des internationalen Luftfrachtführers durch das WA dürfe nicht untergraben werden.[361] Die Entscheidung des *United States Supreme Court* präzisiert allerdings gegenüber der Entscheidung des *House of Lords*, die lediglich auf das Vorliegen einer internationalen Luftbeförderung abstellt, noch insoweit, als die abschließende Regelung des WA sich nur auf den Haftungszeitraum des Art. 17 WA beziehe, außerhalb dieses Haftungszeitraumes sei die Anwendung von unvereinheitlichtem Recht nicht ausgeschlossen.[362]

bb) Dagegen sprechende Gründe

Eine in diesem Sinne weite Bestimmung des Bereichs einer abschließenden Regelung durch das WA muss jedoch auf Ablehnung stoßen, führt sie doch dazu, die Nichthaftung des Luftfrachtführers bei der internationalen Luftbeförderung in allen nicht im Abkommen vorgesehenen Situationen festzuschreiben.[363] Die Literatur zum WA geht daher i.d.R., oftmals allerdings ohne nähere Begründung und mit einer unterschiedlichen Abgrenzung des Anwendungsbereichs, davon aus, dass die Ausschlusswirkung des Art. 24 WA nur soweit reichen könne wie die einzelnen Haftungsvorschriften auch Anwendung finden.[364] Einzig *Fröhlich* nimmt ausführlich Stellung und lehnt aus verschiedenen Gründen eine im oben beschriebenen Sinne weite Bestimmung des Bereichs abschließender Regelung durch das WA ab.[365]

Meiner Ansicht nach spricht vor allem der Wortlaut von Art. 24 WA gegen ein in diesem Sinn weites Verständnis der abschließenden Regelung durch das WA. Art. 24 WA verweist für die Ausschließlichkeit der Haftung nach dem WA ausdrücklich auf die Fälle der Art. 17, 18 und 19 WA.[366] Nach dem Wortlaut ist die Haftung des Luftfrachtführers nur in diesen Fällen und gerade nicht insgesamt abschließend geregelt, den Verweis auf die Fälle der Art. 17, 18 und 19 WA hätte man sich ansonsten sparen können. Aber auch die Entstehungsgeschichte des WA spricht gegen ein so weites Ver-

---

[361] United States Supreme Court, El Al Israel Airlines, Ltd. v. Tsui Yuan Tseng, 26 Avi. 16,141, 16,142, 16,149; ausführlich dazu *Fröhlich*, S. 54 f.; *Geigel/Mühlbauer*, Kap. 29 Rn. 84.
[362] United States Supreme Court, El Al Israel Airlines, Ltd. v. Tsui Yuan Tseng, 26 Avi. 16,141, 16,147.
[363] So auch Cour d'Appel de Paris, Mohamed c. British Airways, RFDAS 1997, 155, 160.
[364] *Giemulla* in *Giemulla/Schmid*, WA, Art. 24 Rn. 4; *Kronke* in MünchKomm HGB, Art. 24 WA 1955 Rn. 4, 10 ff.; *Müller-Rostin*, TranspR 1985, 391, 392; *Koller*, Art. 24 WA 1955 Rn. 1; *Kuhn* VersR 1987, 447, 448; *Schleicher/Reymann/Abraham*, Art. 24 WA, Anm. 1; *Guldimann*, Art. 24 Rn. 6; *Mankiewicz*, Rn. 19, 124, 220; *Goldhirsch*, 114 ff.
[365] *Fröhlich*, S. 57 ff.
[366] Dazu genauer unter Punkt 3. Teil, 2. Kapitel, § 1 C. III. 2. b) Seite 201.

ständnis abschließender Regelung durch das WA.[367] Vor allem die auf der Warschauer Konferenz geführte Diskussion um die Nichtregelung der Nichtbeförderung im Abkommen und der in dieser Situation befürwortete Rückgriff auf unvereinheitlichtes Recht zeigen, dass die Schadensersatzhaftung des Luftfrachtführers bei der Luftbeförderung nicht insgesamt abschließend geregelt werden sollte.[368] Schließlich sprechen aber auch Sinn und Zweck des Abkommens gegen eine weite Bestimmung des Bereichs ausschließlicher Haftung nach dem WA.[369] Sinn und Zweck des WA war neben der Vereinheitlichung bestimmter Rechtsnormen nämlich vor allem der Schutz des Luftfrachtführers vor finanziellen Ruin.[370] Durch die Einführung einer summenmäßig begrenzten Haftung wollte man der jungen Luftfahrtindustrie ein kalkulierbares und versicherbares Risiko zur Verfügung stellen und so dessen Entwicklung fördern bzw. überhaupt erst ermöglichen.[371] Unkalkulierbar waren insofern aber vor allem die spezifischen mit der Luftbeförderung verbundenen Risiken wie Unfälle, die Beschädigung von Gütern und Verspätungen[372], für die auf der Warschauer Konferenz in den Art. 17, 18 und 19 WA Regelungen getroffen worden sind. Nicht notwendig – und daher m.E. auch nicht beabsichtigt – war es dagegen, den Luftfrachtführer auch vor gewöhnlichen Geschäftsrisiken zu schützen.[373] Genau dies hätte man aber erreicht, hätte man über Art. 24 WA die Nichthaftung des Luftfrachtführers in allen nicht im Abkommen geregelten Fällen festgeschrieben. Der Luftfrachtführer muss vielmehr auch den gewöhnlichen Risiken seines Geschäftsverkehrs mit der erforderlichen Sorgfalt begegnen; Schäden, die bei der Nichteinhaltung der erforderlichen Sorgfalt entstehen, dürfen nicht grds. kompensationslos bleiben.[374] Die Vereinheitlichung der Rechtsnormen im internationalen Luftverkehr ist schließlich auch kein Selbstzweck,[375] so dass auch insofern nicht davon aus-

---

[367] Dazu ausführlich *Fröhlich*, S. 58 ff.
[368] Dazu bereits unter Punkt 3. Teil, 2. Kapitel, § 1 B. Seite 161.
[369] Ausführlich, *Fröhlich*, S. 60 ff.
[370] So auch der United States Court of Appeals, Tseng v. El Al Israel Airlines, Ltd., 25 Avi. 18,226, 18,234.
[371] I Conférence, S. 47 (Rapport Pittard); II Conférence, S. 165 (Rapport de Vos), allg. Meinung, vgl. *Giemulla* in *Giemulla/Schmid*, WA, Einl. Rn. 1; *Lowenfeld/Mendelsohn*, 80 Harvard Law Review (1967), 497, 499 f.
[372] Zur Verspätung als spezifisches Risiko *Giemulla* in *Giemulla/Schmid*, MÜ, Art. 29 Rn. 3 a.E.
[373] So auch der United States Court of Appeals, Tseng v. El Al Israel Airlines, Ltd., 25 Avi. 18,226, 18,234. In den Materialien zum Pariser Abkommensentwurf findet sich in diesem Sinne ferner der Hinweis, dass später noch die Fragen einer Regelung bedürften, die nicht die spezifischen Risiken des Luftverkehrs betreffen, I Conférence, S. 49.
[374] *Müller-Rostin*, NZV 2002, 182, 183.
[375] So auch *Fröhlich*, S. 60; *Müller-Rostin*, NZV 2002, 182, 183; a.A. *Mühlbauer*, VersR 2001, 1480, 1482, der deshalb eine weite Bestimmung des Bereichs abschließender Regelung durch das WA bejaht.

gegangen werden kann, dass der Bereich abschließender Regelung durch das WA weit zu bestimmen ist.

cc) Wortlaut von Art. 29 MÜ

Unter Geltung des MÜ könnte für ein im oben beschriebenen Sinne weites Verständnis abschließender Regelung durch das MÜ jedoch der gegenüber Art. 24 WA geänderte Wortlaut des Art. 29 MÜ sprechen. So wird in Art. 29 MÜ nicht mehr Bezug genommen auf die entsprechenden die Haftung des Luftfrachtführers genauer regelnden Art. 17, 18 und 19 MÜ, sondern es heißt nur noch allgemein:

„bei der Beförderung von Reisenden ... kann ein Anspruch auf Schadenersatz, ..., nur unter den Voraussetzungen und mit den Beschränkungen geltend gemacht werden, die in diesem Übereinkommen vorgesehen sind; ...".

Dies könnte bedeuten, dass nach dem MÜ ein jeglicher Schadensersatzanspruch bei der Beförderung von Reisenden usw. und nicht nur lediglich ein Schadensersatzanspruch in Fällen der Art. 17, 18, 19 MÜ ausschließlich auf das MÜ gestützt werden kann. Andere Anspruchsgrundlagen, also der Rückgriff auf unvereinheitlichtes Recht, wären bei einer dem MÜ unterliegenden internationalen Beförderung von Reisenden usw. dann generell ausgeschlossen.

dd) Änderung der Rechtslage gegenüber Art. 24 WA/HP?

Fraglich ist jedoch, ob mit dieser Änderung des Wortlautes gegenüber dem Wortlaut von Art. 24 WA/HP auch eine Änderung der Rechtslage im genannten Sinn beabsichtigt war. Die Protokolle der Montrealer Konferenz helfen insofern nicht weiter, dort wurde im Wesentlichen lediglich Art. 29 S. 2 MÜ in die Formulierung des Artikels aufgenommen, der heute den Ausschluss des nicht kompensatorischen Schadensersatzes regelt. Vielmehr geht die Formulierung von Art. 29 S. 1 MÜ maßgeblich auf den Wortlaut von Art. 24 WA/HP in der durch das Guatemala City Protokoll von 1971 beschlossenen Fassung zurück. Diese Fassung ist zwar nie in Kraft getreten, trotzdem lassen sich den Protokollen[376] dieser Konferenz wertvolle Hinweise über das Zustandekommen der späteren Formulierung des Art. 29 MÜ entnehmen.

In dem durch das „Legal Committee" der ICAO auf ihrer 17. Sitzung für die Konferenz vorbereiteten Entwurf waren zunächst nur geringfügige Änderungen in Art. 24 II WA/HP vorgesehen[377]. So ist ein Teil der Formulierung aus Art. 24 I WA/HP in den Entwurf von Art. 24 II WA/HP/neu übernommen worden, außerdem wurde in der englischen Originalfassung des

---

[376] *ICAO*, International Conference on Air Law, Guatemala City, February–March 1971, Montréal 1972, Volume I, Minutes (ICAO Doc. Nr. 9040-LC/167-1) und Volume II, Documents (ICAO Doc. Nr. 9040-LC/167-2).

[377] Guatemala City Volume II, W/H Doc No. 4, S. 16.

WA/HP die Formulierung „however founded" ergänzt durch die Formulierung „wether under this Convention or in contract or in tort or otherwise", die sich später auch in Art. 29 MÜ wieder findet. Im Verlaufe der Konferenz selber wurde der Entwurf des Art. 24 II WA/HP/neu dann zunächst durch eine Vorschlag[378] der „Working Group on Unbreakability of Limits" ergänzt durch den folgenden Satz: „The limits of such liability constitute maximum limits and may not be exceeded whatever the circumstances which gave rise to the liability." Diese Ergänzung hing mit der geplanten Streichung von Art. 25 WA/HP zusammen, der eine Durchbrechung der Haftungsgrenzen von Art. 22 WA/HP bei Vorsatz oder grober Fahrlässigkeit vorsieht. Durch das „Drafting Committee" der Konferenz wurde der Entwurf von Art. 24 WA/HP/neu dann jedoch noch weitergehend geändert.[379] Art. 24 I WA/HP/neu sollte sich fortan ausschließlich auf den Transport von Gütern („cargo") beziehen, während Art. 24 II WA/HP/neu die restlichen Fälle abdecken sollte. Man formulierte daher nun in Art. 24 I WA/HP/neu: „In the carriage of cargo, any action for damages ..." Damit war die in Art. 29 MÜ wiederzufindende Formulierung „bei der Beförderung" geboren, auch fehlte bereits der Hinweis auf die Fälle der Art. 17 ff. WA/HP. Art. 24 II WA/HP/neu sollte sodann den folgenden Wortlaut haben: „In the cases covered by Article 17 and in cases of delay of passengers and baggage any action for damages ..." Inzwischen hatte man nämlich in Art. 25 WA/HP/neu die Durchbrechung der Haftung bei dem Transport von Gütern wieder zugelassen.[380] Deshalb sah man sich gezwungen, in Art. 24 WA/HP/neu die Unterscheidung in Güter (Art. 24 I WA/HP/neu) und Passagiere und Reisegepäck (Art. 24 II WA/HP/neu) vorzunehmen, in Art. 24 I WA/HP/neu sollte der Hinweis auf die Undurchbrechbarkeit der Haftungsgrenzen (vgl. Art. 24 II S. 2 WA/HP idF des Guatemala City Protokolls 1971) entsprechend fehlen.[381] Vorliegend entscheidend ist jedoch, dass sich nach der Aussage des „Chairman" des „Drafting Committee" Art. 24 I WA/HP/neu auch weiterhin auf Art. 18 und 19 WA/HP beziehen sollte.[382] Die Aussage des „Chairman" macht sehr deutlich, dass durch die Änderung der Formulierung in Art. 24 I WA/HP/neu keinesfalls der Bezug zu Art. 18 und 19 WA/HP aufgegeben werden sollte. Schließlich wird auf der Konferenz dann auf Vorschlag der Delegation von Irland auch noch die Formulierung von Art. 24 II WA/HP/neu des Entwurfs des „Drafting Committee" geändert. Auch hier wird jetzt in der Formulierung der Be-

---

[378] Guatemala City Volume II, W/H Doc No. 38, S. 106.
[379] Guatemala City Volume II, W/H Doc No. 68, S. 172.
[380] Siehe die endgültige Fassung von Art. 25 WA in der Fassung des Guatemala City Protokolls von 1971.
[381] Vgl. die Ausführungen des „Chairman" des „Drafting Committee", Guatemala City Volume I, S. 301.
[382] Vgl. die Ausführungen des „Chairman" des „Drafting Committee", Guatemala City Volume I, S. 301.

zug zu Art. 17 WA/HP und zu dem Begriff „in cases of delay of passengers" fallengelassen und durch die Formulierung „in the carriage of passengers and baggage any action for damages ..." ersetzt.[383] Wiederum kann m.E. nach den vorausgegangenen Ausführungen des „Chairman" des „Drafting Committee" zu Art. 24 I WA/HP/neu in der Fassung des Entwurfs des „Drafting Committee" aber davon ausgegangen werden, dass der Bezug zu Art. 17 WA/HP ff. tatsächlich auch hier nicht entfallen sollte.

Da auf der Montrealer Konferenz von 1999 schließlich die Formulierungen des Guatemala City Protokolls von 1971 undiskutiert ins MÜ übernommen wurden,[384] muss m.E. ferner davon ausgegangen werden, dass auch in Art. 29 MÜ der Bezug zu den Art. 17, 18, 19 MÜ weiterhin gegeben sein soll.

Eine Änderung der Rechtslage dahingehend, dass unter Geltung des MÜ ein jeglicher Anspruch auf Schadensersatz bei der Beförderung von Reisenden usw. ausschließlich auf das MÜ gestützt werden kann, andere Anspruchsgrundlagen auch außerhalb der Fälle der Art. 17, 18, 19 MÜ daher ausgeschlossen sind, ist aber auch nach Sinn und Zweck des Abkommens nicht anzunehmen.[385] So ist auch nach dem MÜ nicht davon auszugehen, dass der Fluggast bei erlittenen Schäden in nicht im Abkommen geregelten Situationen kompensationslos bleiben soll.[386] Das MÜ strebt an, die Haftungssituation des Reisenden gegenüber dem WA zu verbessern, die Verbraucherinteressen sind im 3. Erwägungsgrund des MÜ ausdrücklich erwähnt und ein angemessener Schadensersatz nach dem Grundsatz des vollen Ausgleichs wird anerkannt.[387] Dazu würde es nicht passen, die Haftungssituation des Reisenden außerhalb des Abkommens zu verschlechtern. Der Reisende muss nicht nur vor luftfahrtspezifischen, sondern auch vor luftfahrtunspezifischen Risiken geschützt werden, sofern dem Luftfrachtführer ein Verschulden zur Last zu legen ist.[388] Dem steht auch der Vereinheitlichungszweck nicht entgegen.[389]

ee) Ergebnis

Als ungeschriebenes Tatbestandsmerkmal muss m.E. daher in Art. 29 MÜ der Zusatz „in den Fällen der Art. 17, 18 und 19" hineingelesen werden. Es müsste dort somit eigentlich heißen: „Bei der Beförderung von Reisenden, Reisegepäck und Gütern kann *in den Fällen der Art. 17, 18 und 19* ein An-

---

[383] Vgl. Guatemala City Volume I, S. 301.
[384] Vgl. zu den Protokollen und Dokumenten die CD der *ICAO*: International Conference on Air Law, Modernization of the „Warsaw System" Montreal, 10 to 28 May 1999.
[385] So auch Denkschrift zum MÜ, S. 47; Giemulla in *Giemulla/Schmid*, MÜ, Art. 29 Rn. 9; letztlich auch *Fröhlich*, S. 101; ohne nähere Begründung so auch *Reuschle*, Art. 29 MÜ Rn. 8 ff.
[386] Denkschrift zum MÜ, S. 47; Giemulla in *Giemulla/Schmid*, MÜ, Art. 29 Rn. 9.
[387] Denkschrift zum MÜ, S. 48.
[388] Denkschrift zum MÜ, S. 47 f.
[389] Denkschrift zum MÜ, S. 48.

spruch auf Schadensersatz, auf welchem Rechtsgrund er auch beruht, sei es dieses Übereinkommen, ein Vertrag, eine unerlaubte Handlung oder ein sonstiger Rechtsgrund, nur unter den Voraussetzungen und mit den Beschränkungen geltend gemacht werden, die in diesem Übereinkommen vorgesehen sind; ..." In Betracht kommt daher auch hier wie für das WA nur eine enge, an den Fällen der Art. 17, 18 und 19 MÜ orientierte, Bestimmung des Bereichs abschließender Regelung durch das MÜ.

b) Enge Bestimmung

Fraglich ist jedoch, wie der Verweis auf die Fälle der Art. 17, 18 und 19 MÜ genau zu verstehen ist. Unter welchen Umständen sind durch Art. 29 MÜ also Schadensersatzansprüche[390] nach nationalem oder supranationalem Recht konkret ausgeschlossen, oder anders gesagt, woran wird durch den Verweis auf die Fälle der Art. 17, 18 und 19 MÜ angeknüpft.

Für die entsprechende Regelung in Art. 24 WA wird zum Teil auf der Ebene des Lebenssachverhaltes darauf abgestellt, ob der zu beurteilende Sachverhalt vom Tatbestand her vom Abkommen erfasst wird, ob also die Tatbestandsvoraussetzungen der genannten Artikel erfüllt sind[391]. Andere formulieren inhaltlich gleichbedeutend, dass der exklusive Anwendungsbereich des Abkommens durch den Verweis auf die genannten Artikel in tatsächlicher und zeitlicher Hinsicht definiert werde.[392] Auch der überwiegende Teil der amerikanischen Rechtsprechung vor der Entscheidung des *U.S. Supreme Courts* in *El Al v. Tseng* hat in dieser Weise auf den Tatbestand der Art. 17, 18 und 19 WA zurückgegriffen.[393]

Wieder andere sind der Ansicht, dass in Art. 24 WA durch den Verweis auf die genannten Artikel der Bereich ausschließlicher Haftung lediglich in zeitlicher Hinsicht und hinsichtlich der bezeichneten Verletzungen begrenzt werde, es werde also nicht umfassend auf den Tatbestand der Art. 17, 18 und 19 WA verwiesen.[394] Diese Ansicht würde im Anwendungsbereich von Art. 17 MÜ jedoch dazu führen, dass z.B. ein Personenschaden, der in zeitli-

---

[390] Ausgeschlossen wären nach Sinn und Zweck der Regelung wohl auch Minderungsansprüche, dazu *Fröhlich*, S. 73 ff.; a.A. *Stadie*, S. 79 ff.; *Stefula/Thoß*, TranspR 2001, 248, 250 f. Nach hier vertretener Ansicht begründet eine Verspätung jedoch bereits keinen Mangel, so dass sich diese Frage vorliegend nicht stellt, dazu unter Punkt 3. Teil, 2. Kapitel, § 2 C. III. 2. Seite 323.
[391] *Giemulla* in *Giemulla/Schmid*, WA, Art. 24 Rn. 4; *Ruhwedel*, Rn. 179; *Schleicher/Reymann/Abraham*, Art. 24 Anm. 1; *Kuhn* VersR 1987, 447, 448; Denkschrift zum WA, S. 45 (siehe auch S. 27 und 29); *Müller-Rostin*, NZV 2002, 182; wohl auch *Goldhirsch*, S. 114 ff. und *Stefula/Thoß*, TranspR 2001, 248, 250. Für das MÜ so jetzt auch *Giemulla* in *Giemulla/Schmid*, MÜ, Art. 29 Rn. 7 und 15.
[392] *Giemulla* in *Giemulla/Schmid*, WA, Art. 24 Rn. 3; *Guldimann*, Art. 24 Rn. 6; *Kaiser* (1936), S. 69 f.; *Fröhlich*, S. 88 f.
[393] Vgl. die Nachweise bei *Fröhlich*, S. 71.
[394] So insbesondere Tosi, zitiert nach *Fröhlich*, S. 71.

cher Hinsicht während des Transports eingetreten ist, der jedoch nicht auf einem Unfall beruht, kompensationslos bleiben müsste. Dies ist abzulehnen. Auch ist nicht ersichtlich, warum der Verweis auf Art. 17 MÜ nicht auch das Tatbestandsmerkmal „Unfall" mitumfassen soll.

Zum Teil wird auch auf den Schadenstypus der genannten Normen abgestellt. Sofern ein solcher Schaden gegeben sei, könne der gleiche Schaden nicht mehr nach nationalem Recht geltend gemacht werden.[395] Auf jeden Fall müsse das Abkommen aber auch zeitlich anwendbar sein.[396] Insofern hat das *OLG Köln* z.B. in einem Fall geprüft, ob der geltend gemachte Schaden wirtschaftlich einem im Abkommen geregelten Schaden entspricht.[397] Ebenso hat der BGH in einem Fall entschieden, dass gemäß Art. 24 WA sämtliche anderen Anspruchsgrundlagen ausgeschlossen seien, wenn derselbe Schaden, dessen Ersatz im Abkommen geregelt sei, geltend gemacht werde.[398] Problematisch an dieser Ansicht ist jedoch, dass der Schadenstypus nur über den entsprechenden Tatbestand bestimmt werden kann, der den Ersatz dieses Schadens regelt.[399] Schadenstypus des Art. 19 MÜ wäre daher wohl ein Verspätungsschaden, der während der entsprechenden Haftungszeitraumes eingetreten ist. Schadenstypus des Art. 17 MÜ wäre z.B. ein Unfallkörperverletzungsschaden während des Haftungszeitraumes. Muss jedoch für die Bestimmung des Schadenstypus wiederum auf den Tatbestand der Art. 17, 18 und 19 MÜ zurückgegriffen werden, so scheint mir die eingangs vertretene Ansicht, die sogleich darauf abstellt, ob der geltend gemachte Lebenssachverhalt den Tatbestand der Art. 17, 18 oder 19 MÜ erfüllt, präziser zu sein.[400]

Für die Bestimmung des Bereichs der abschließenden Regelung durch das MÜ ist daher mit der eingangs vertretenen Ansicht auf den Tatbestand der Art. 17, 18 und 19 MÜ zurückzugreifen. Allerdings bedarf diese Ansicht für das MÜ einer weiteren Eingrenzung. Der Tatbestand von Art. 19 MÜ ist nämlich gegenüber dem Tatbestand von Art. 19 WA, der lediglich aus dem objektiven Tatbestand bestand, um den subjektiven, vom Luftfrachtführer zu beweisenden Tatbestand erweitert worden, der zuvor auch für Art. 17 und 18 WA einheitlich in Art. 20 WA geregelt war. Dass nach Art. 29 MÜ dabei ein Anspruch auf Schadensersatz aufgrund anderer Normen bereits dann ausgeschlossen sein muss, wenn der objektive Tatbestand des Art. 19 MÜ erfüllt ist, dürfte einleuchtend sein. Nicht zusätzlich auch erfüllt sein muss also der sub-

---

[395] *Koller*, Art. 24 WA 1955 Rn. 1; *Kronke* in MünchKomm HGB Art. 24 WA 1955 Rn. 4, 11 f.; *Mankiewicz*, Rn. 19.2; grds. auch *Stefula/Thoß*, TranspR 2001, 248, 249 f. In diesem Sinne für das MÜ wohl auch *Reuschle*, Art. 29 MÜ Rn. 9 ff.

[396] *Kronke* in MünchKomm HGB Art. 24 WA 1955 Rn. 4, 11 f.; *Koller*, Art. 24 WA 1955 Rn. 1; *Mankiewicz*, Rn. 19.2.

[397] OLG Köln, ZLW 1990, 219, 221 f.

[398] BGH NJW 1974, 1617, 1619; so auch OLG Köln TranspR 1982, 43 f.; ähnlich OLG Stuttgart, ZLW 1966, 63, 68 f.

[399] Ähnlich auch *Fröhlich*, S. 73.

[400] Letztlich laufen beide Ansichten aber auf dasselbe Ergebnis hinaus.

jektive Tatbestand. Ansonsten wäre nämlich in allen Fällen, in denen sich der Luftfrachtführer entlasten kann, der Rückgriff auf nationales oder supranationales Recht, das u.U. eine Gefährdungshaftung vorsieht, möglich, was wiederum sicherlich nicht dem Sinn und Zweck von Art. 29 MÜ, also der Sicherstellung, dass die Haftungsordnung des MÜ nicht unterlaufen werden kann, entsprechen dürfte. Eine abschließende Regelung ist m.E. gemäß Art. 29 MÜ durch das MÜ somit lediglich für die Fälle, in denen der objektive Tatbestand der Art. 17, 18, 19 MÜ erfüllt ist, getroffen.

Wenn man jedoch ferner bedenkt, dass die Art. 17 und 18 MÜ gegenüber den entsprechenden Normen des WA zwar nicht um einen subjektiven Tatbestand, dafür aber um andere vom Luftfrachtführer zu beweisende Möglichkeiten der Entlastung (siehe Art. 17 II S. 2 und Art. 18 II MÜ) erweitert wurden, die auch zum Tatbestand der entsprechenden Artikel gehören, die aber im Rahmen von Art. 29 MÜ ebenfalls keine Rolle spielen dürften, müsste man m.E. sogar richtigerweise auf die vom Fluggast bzw. dem Absender von Gütern zu beweisenden Tatbestandsmerkmale der Art. 17, 18 und 19 MÜ abstellen. Sind diese aufgrund des feststehenden Lebenssachverhaltes erfüllt, liegt also z.B. im Rahmen der Haftung nach Art. 19 MÜ ein auf einer Ankunftsverspätung beruhender Schaden vor, ist ein Anspruch auf Schadensersatz nach nationalem oder supranationalem Recht insoweit durch Art. 29 MÜ ausgeschlossen.

Nach der auf den Tatbestand abstellenden Ansicht wären m.E. schließlich auch Nebenpflichtverletzungen, die grds. nur zum Teil dem WA bzw. jetzt dem MÜ unterfallen sollen,[401] einfacher zu handhaben. Erfüllt nämlich der eine Nebenpflichtverletzung begründende Sachverhalt die Tatbestandsvoraussetzungen der Art. 17, 18 oder 19 MÜ, so liegt m.E. eindeutig eine dem Abkommen unterfallende Nebenpflichtverletzung vor. Ein Schadensersatzanspruch kann dann nur auf diese Artikel des MÜ gestützt werden, nicht jedoch auf die Nebenpflichtverletzung an sich, die grds. einen Anspruch aus dem Beförderungsvertrag nach nationalem Recht begründen würde.[402]

IV. Ergebnis

In Fällen, in denen die vom Fluggast bzw. dem Absender von Gütern zu beweisenden Tatbestandsvoraussetzungen der Art. 17, 18 oder 19 MÜ erfüllt sind, kann sich gemäß Art. 29 S. 1, 1. HS MÜ ein Anspruch auf Ersatz eines in den genannten Normen geregelten Schadens nur noch aus dem Abkommen ergeben. Andere Ansprüche auf Ersatz desselben Schadens nach natio-

---

[401] *Kronke* in MünchKomm HGB, Art. 24 WA 1955 Rn. 12; *Koller*, vor Art. 1 WA 1955 Rn. 21; *Schleicher/Reymann/Abraham*, vor Art. 1 WA, Anm. 13; *Mankiewicz*, Rn. 19 ff., 125.
[402] Dazu unter Punkt 3. Teil, 2. Kapitel, § 2 A. II. 2. Seite 209.

nalem oder supranationalem Recht sind ausgeschlossen. Insofern ist die Regelung der Haftung des Luftfrachtführers im MÜ abschließend.

D. Gesamtergebnis

Der Luftbeförderungsvertrag ist regelmäßig weder hinsichtlich des Abflug- noch hinsichtlich des Ankunftszeitpunktes ein absolutes oder relatives Fixgeschäft. Ferner trifft das MÜ in Art. 19 MÜ i.V.m. Art. 29 S. 1, 1. HS MÜ eine abschließende Regelung der Schadensersatzhaftung des Luftfrachtführers für die auf einer Ankunftsverspätung beruhenden Schäden des Fluggastes bei einer internationalen Beförderung i.S.d. MÜ. Es spielt dabei keine Rolle, ob die Ankunftsverspätung abflugbedingt ist, d.h. ob die Ankunftsverspätung auf einer vorangegangenen Abflugverspätung beruht, oder ob sich die Verspätung erst im Laufe der Flugzeit ergeben hat, sofern nur auch die Ankunftsverspätung kausal ist für den entstandenen Schaden. Das ist möglich, da die Zurechnung grds. nicht dadurch ausgeschlossen wird, dass neben dem zum Schadensersatz verpflichtenden Umstand noch weitere Ursachen zu Entstehung eines Schadens beigetragen haben.[403] Erforderlich ist daher eine eindeutige Differenzierung zwischen Schäden, die lediglich auf dem verspäteten Abflug beruhen und solchen Schäden, die auch auf der verspäteten Ankunft beruhen.[404] Alle Schäden, die auch auf eine verspätete Ankunft am Zielort zurückzuführen sind, sei diese auch abflugbedingt verspätet, sind ausschließlich unter den Voraussetzungen des Art. 19 MÜ zu ersetzen.[405] Beruhen die eingetretenen Schäden dagegen lediglich auf einem verspäteten Abflug ist nationales oder supranationales Recht anwendbar.

E. Nichtanwendbarkeit des MÜ

Sofern ausnahmsweise auf eine Beförderung das MÜ weder direkt noch aufgrund der Verweisung in Art. 3 HaftungsVO Anwendung finden sollte und somit subsidiär auf das WA bzw. WA/HP oder das LuftVG zurückgegriffen werden muss, stellen sich die soeben erörterten Fragen des Verspätungsbegriffs und der abschließenden Haftung im Übrigen in ähnlicher Weise. Die Parallelität der Regelungen im WA zu den Regelungen im MÜ wurde bereits hinreichend aufgezeigt. Nach der jüngsten Anpassung des LuftVG an die Vorschriften des MÜ sieht aber auch das LuftVG in § 46 LuftVG eine Haftung

---

[403] Vgl. nur *Palandt/Heinrichs*, Vorb. v. § 249 Rn. 66.
[404] Vgl. zu Art. 19 CMR so auch *Basedow* in MünchKomm HGB, Art. 19 CMR Rn. 4.
[405] Ähnlich *Mankiewicz*, Rn. 220 und jetzt auch *Koller*, Art. 19 WA 1955 Rn. 3.

für die verspätete Personenbeförderung vor, in § 48 LuftVG wiederum ist eine dem Art. 29 MÜ entsprechende Regelung getroffen worden.[406]

§ 2 Die Fluggastrechte im Einzelnen

Zur Untersuchung der Rechte des Fluggastes gegen den vertraglichen Luftfrachtführer im Einzelnen muss nach dem oben Gesagten nun unterschieden werden zwischen den Rechten des Fluggastes in der Situation der Abflugverspätung und den Rechten des Fluggastes in der Situation der Ankunftsverspätung. Dabei sollen, wie eingangs angekündigt, die Fluggastrechte nach der FluggastrechteVO außer Betracht bleiben. Diese bestehen gegen den vertraglichen Luftfrachtführer im Falle der Abflugverspätung eines bestimmten Fluges[407] grds. neben den im Folgenden aufzuzeigenden Rechten, sofern der vertragliche Luftfrachtführer auch ausführendes Luftfahrtunternehmen i.S.d. FluggastrechteVO ist.

A. Abflugverspätung

I. Erfüllung

In der Situation der Abflugverspätung hat der Fluggast gegen den vertraglichen Luftfrachtführer zunächst weiterhin den Anspruch auf Erfüllung (§ 362 I BGB) der Beförderungsverpflichtung aus dem Beförderungsvertrag gemäß § 631 I BGB.[408] Der Fluggast kann daher von dem vertraglichen Luftfrachtführer verlangen, dass er alle Anstrengungen unternimmt, um den Fluggast möglichst umgehend zu seinem Beförderungsziel zu befördern. Es kommt wie ausgeführt nicht darauf an, dass ein bestimmter Flug umgehend und möglichst planmäßig durchgeführt wird, sondern der Fluggast selbst ist umgehend zu befördern. Die Verpflichtung zur Beförderung ist personen- und nicht transportgebunden.[409]

Der vertragliche Luftfrachtführer ist in der Situation der Abflugverspätung eines Fluggastes daher verpflichtet, entweder die Ursache für die Abflugver-

---

[406] Vgl. dazu auch die Begründung des Gesetzentwurfs der Bundesregierung zum Gesetz zur Harmonisierung des Haftungsrechts im Luftverkehr, BT-Drs. 15/2359, S. 23 und 25.
[407] Siehe Art. 6 FluggastrechteVO.
[408] Dafür spricht letztlich auch ein Urteil des OLG Koblenz RRa 2006, 224 ff., das die wohl für richtig befundene Erfüllungspflicht des Luftfrachtführers in der Situation der Abflugverspätung aufgrund des angenommenen Fixgeschäftscharakters der Luftbeförderung umständlich mit einer Art Betreuungs-, Fürsorge-, und Unterstützungspflicht begründen muss. Zum Erfüllungsanspruch bei der Flugbeförderung siehe auch *Staudinger*, RRa 2005, 249, 251 f., 253.
[409] So auch *Fröhlich*, S. 141.

spätung des Fluges, für den der Passagier eine Platzbuchung besitzt, möglichst umgehend z.B. durch Reparatur des Flugzeugs oder Stellung einer Ersatzmaschine[410] zu beseitigen und den Flug durchzuführen oder den Fluggast auf einen anderen Flug mit anderer Flugnummer, ggf. in einer höheren Beförderungsklasse,[411] umzubuchen, um ihn auf diese Weise zeitnah befördern zu können.[412] Unter Umständen kann dies auch die Pflicht zur Umbuchung auf einen anderen (ausführenden) Luftfrachtführer bedeuten,[413] und zwar ohne Aufpreis und unter vergleichbaren Reisebedingungen,[414] wenn dieser in der Lage ist, den Fluggast mit einer wesentlich geringeren Ankunftsverspätung an seinen Zielort zu befördern. Ggf. ist auch die Beförderung mit anderen alternativen Transportmitteln geschuldet. Die Pflicht zur Beförderung des Fluggastes ist aufgrund der vertraglichen Vereinbarung m.E. grds. nicht auf die eigene Kapazität des Luftfrachtführers beschränkt.[415] Der Luftfrachtführer übernimmt im Luftbeförderungsvertrag vielmehr typischerweise ein umfassendes Beschaffungsrisiko i.S.v. § 276 I 1 BGB.[416] Nur im Einzelfall, wenn z.B. eine bestimmte Flugstrecke nur von einem Luftfrachtführer bedient wird und eine annehmbare Ersatzbeförderung z.B. mit der Bahn auf der Strecke nicht möglich ist, könnte m.E. eine Beschränkung auf die Kapazität des Luftfrachtführers anzunehmen sein. Frei von seiner Leistungsverpflichtung würde der vertragliche Luftfrachtführer daher gemäß § 275 BGB wohl grds. nur im Fall von Krieg und Naturkatastrophen.[417] Eine lediglich vorübergehende z.B. wetter-, streik- oder technikbedingte Unmöglichkeit ist grds.

---

[410] Dazu OLG Frankfurt/Main NJW-RR 2005, 65, 66 = RRa 2005, 78 f.; AG Rüsselsheim RRa 2007, 46 f.; EuGH Az.: C-396/06, Schlussanträge der Generalanwältin Sharpston, Rn. 39 ff. und 47, abgedruckt in RRa 2007, 261 ff.

[411] Zur Höherstufung und Herabstufung vgl. auch Art. 10 FluggastrechteVO.

[412] Vgl. auch *Gimbel*, ITZ 1964, 1162 und 1254; OLG Frankfurt/Main TranspR 1984, 21, 23. Die Umbuchung ändert dabei jedoch nicht die für die Abflug- und/oder Ankunftsverspätung des Fluggastes maßgeblichen Zeiten, die mit der ursprünglichen Platzbuchung bereits feststehen.

[413] So auch LG Frankfurt/Main TranspR 1991, 145, 146 und AG Rüsselsheim RRa 2007, 46 jeweils im Fall der Abflugverspätung wegen eines technischen Defektes. In einem ähnlichen Fall auch OLG Frankfurt/Main NJW-RR 1997, 930. Im Endeffekt auch OLG Koblenz RRa 2006, 224, 226. Siehe auch Art. 9.2.1. ABB Flugpassage der Lufthansa und *Schmid*, NJW 2006, 1841, 1845. Mit einer solchen Umbuchung auf einen anderen Luftfrachtführer müsste jedoch auch der Fluggast einverstanden sein. Dazu wird er aber aufgrund seiner Schadensminderungspflicht gemäß § 254 II 1 BGB i.d.R. verpflichtet sein, sofern nicht z.B. Sicherheitsbedenken bestehen.

[414] Das bedeutet: Wird der Fluggast in einer höheren Beförderungsklasse befördert muss er nach den Grundsätzen der aufgedrängten Bereicherung grds. keinen Wertersatz leisten, wird er jedoch in einer niedrigeren Beförderungsklasse befördert, steht ihm grds. ein Minderungsanspruch nach Werkvertragsrecht zu.

[415] A.A. *Fröhlich*, S. 233 f. und 238, der davon ausgeht, dass die Beförderungspflicht des Luftfrachtführers im Sinne einer begrenzten Vorratsschuld auf die eigene Kapazität des Luftfrachtführers beschränkt ist.

[416] *Führich*, Rn. 1004, 1057.

[417] Siehe auch *Fröhlich*, S. 238.

nicht ausreichend.[418] Sie hindert die Erfüllung des Luftbeförderungsvertrages ausschließend während ihrer Dauer.[419] Die geschuldete Leistung braucht nur während des zeitweiligen Leistungshindernisses nicht erbracht zu werden.[420]

Weigert sich der vertragliche Luftfrachtführer, eine berechtigte Umbuchung auf einen anderen (ausführenden) Luftfrachtführer vorzunehmen, so kann darin m.E. aber lediglich dann sogleich auch eine ernsthafte und endgültige Erfüllungsverweigerung i.S.v. § 281 II BGB gesehen werden, wenn er auch die weitere Beförderung mit eigenen Mitteln gänzlich ausschließt. Nur unter diesen Umständen handelt es sich um eine endgültige Erfüllungsverweigerung. Im Übrigen kann der Fluggast Schadensersatz statt der Leistung gemäß §§ 280 I, III, 281 I 1 BGB auch bei der Verweigerung einer Umbuchung grds. erst nach dem erfolglosem Ablauf einer angemessenen Nachfrist verlangen.[421]

Kommt es dagegen zu einer Umbuchung des Fluggastes durch den vertraglichen Luftfrachtführer in Erfüllung seiner Beförderungsverpflichtung auf einen anderen eigenen oder fremden Flug oder ein anderes Beförderungsmittel, bleibt es im Hinblick auf mögliche Abflugverzögerungs- und Ankunftsverspätungsschäden wie bereits oben ausgeführt bei den ursprünglich vereinbarten Flugzeiten.[422] Lediglich im Rahmen der Meldeschlusszeiten und der Haftung nach der FluggastrechteVO sind die neuen Flugzeiten von Relevanz.[423]

Korrespondierend mit dem so verstandenen Anspruch auf Erfüllung sehen auch die ABB vieler Fluggesellschaften insgesamt ähnliche Rechtsfolgen bereits vor. So unternimmt die Lufthansa gemäß Art. 9.2.1. ihrer ABB Flugpassage alle Anstrengungen, um Verspätungen zu vermeiden, und behält sich dabei die Möglichkeit vor, ggf. anderes Fluggerät einzusetzen oder eine andere Fluggesellschaft einzuschalten, um eine Beförderung durchzuführen. Ferner hat der Fluggast bei einer Verspätung, gemeint ist wohl eine Abflugverspätung, nach seiner Wahl einen Anspruch auf Beförderung auf dem nächsten ei-

---

[418] Siehe zur Luftbeförderung genauer *Staudinger*, RRa 2005, 249, 251 f. Zur „wiederauflebenden" Beförderungspflicht im Luftverkehr siehe auch OLG Koblenz RRa 2006, 224, 226; AG Frankfurt/Main RRa 2007, 42. A.A. offensichtlich OLG Koblenz RRa 2008, 181, 182 m. Anm. *Staudinger*.
[419] *Larenz*, § 21 I a; *Ernst* in MünchKomm BGB, § 286 Rn. 44. Auch ein Verzögerungsschaden kann für diese Zeit grds. nicht geltend gemacht werden. Siehe dazu unter Punkt 3. Teil, 2. Kapitel, § 2 A. V. Seite 273.
[420] *Arnold*, JZ 2002, 866, 870 f.; *Ernst* in MünchKomm BGB, § 275 Rn. 134; *Gsell* in *Soergel*, § 323 Rn. 43; *Palandt/Heinrichs*, § 275 Rn. 10. Nur wenn die Erreichung des Geschäftszwecks in Frage gestellt ist und dem anderen Teil das Festhalten am Vertrag bis zum Wegfall des Leistungshindernisses nicht zumutbar ist, steht die vorübergehende Unmöglichkeit der dauernden Unmöglichkeit gleich, BGH NJW 1967, 721, 722; BGH NJW 1982, 1458; OLG München NJW-RR 1996, 48, 49.
[421] Dazu genauer unter Punkt 3. Teil, 2. Kapitel, § 2 A. III. 4. Seite 219.
[422] Siehe dazu bereits unter Punkt 2. Teil, 3. Kapitel, § 2 D. VI. Seite 86.
[423] Siehe dazu unter Punkt 2. Teil, 3. Kapitel, § 2 D. IV. Seite 80.

genen Flug, auf dem ein Platz verfügbar ist,[424] oder auf Umbuchung auf einen anderen planmäßigen eigenen Flug oder den planmäßigen Flug eines anderen Luftfrachtführers oder auf Beförderung mit anderen Beförderungsmitteln, wobei in allen Fällen eine Preisdifferenz erstattet wird[425].

Zu den Pflichten des vertraglichen Luftfrachtführers kann es im Einzelfall schließlich im Rahmen einer Abflugverspätung auch gehören, Versuche dahingehend zu unternehmen, nicht termingebundene Passagiere gegen ein angemessenes Entgelt zu einem Rücktritt von ihrer Buchung zu bewegen, um termingebundene Fluggäste rechtzeitig befördern zu können.[426]

II. Recht auf Information

1. Informationspflicht

Neben dem Erfüllungsanspruch hat der Fluggast grds. auch das Recht, über eine eventuell zu erwartende Abflugverspätung ausreichend informiert zu werden. Als Nebenpflicht aus dem Beförderungsvertrag trifft den vertraglichen Luftfrachtführer gemäß § 241 II BGB im Vorfeld einer Beförderung insofern eine Informationspflicht. Im Eisenbahnverkehr ist eine solche Pflicht der Bahn gegenüber den Bahnreisenden unbestritten.[427] Aber auch im Luftverkehr stützten sich Entscheidungen vereinzelt auf eine derartige Pflicht des Luftfrachtführers. So hat das *LG Frankfurt/Main* in dem Fall eines streikbedingten Flugausfalls entschieden, dass den Luftfrachtführer eine nebenvertragliche Informations- und Folgenbeseitigungspflicht trifft.[428] Der Luftfrachtführer habe die Passagiere über die Auswirkungen des Streiks und vor allem über die Dauer und die mögliche Wiederaufnahme eines ordnungsgemäßen Flugbetriebs informieren müssen, darüber hinaus sogar auf die Möglichkeit anderer Flüge hinweisen müssen.[429] Der Luftfrachtführer muss den Fluggast dabei m.E. so rechtzeitig wie möglich und so konkret wie möglich über die zu erwartende Abflugverspätung informieren. Er hat bereits dann Auskunft zu geben, wenn vorauszusehen ist bzw. wenn es wahrscheinlich ist, dass es zu einer Abflugverspätung kommen wird. Der Flugreisende muss in die Lage versetzt werden, ggf. seine Reisepläne ändern zu können. Aber auch zur Wahrnehmung seiner Rechte in der Situation der Abflugverspätung ist es für den Fluggast wichtig, rechtzeitig und umfassend über eine absehbare Ab-

---

[424] So jedenfalls Art. 9.2.2.1. a.F. ABB Flugpassage der Lufthansa (Stand April 2003).
[425] So jedenfalls Art. 9.2.2.2. a.F. ABB Flugpassage der Lufthansa (Stand April 2003).
[426] OLG Frankfurt/Main NJW-RR 2005, 65, 66 = RRa 2005, 78 f.
[427] *Czerwenka/Heidersdorf/Schönbeck*, § 17 EVO Anm. 1) b) aa) (2); *Pohar*, NZV 2004, 72, 73, *Staudinger*, S. 36 f.; *Dörner*, S. 36 ff.; *Staudinger/Schmidt-Bendun*, NJW 2004, 646, 649; *Pohar*, NZV 2004, 72, 73; *Schmidt-Bendun*, S. 192; *Pohar*, S. 116 f. und 390 ff.
[428] LG Frankfurt/Main, TranspR 1989, 101, 103; ähnlich auch bereits LG Frankfurt/Main BB 1969, 848, 849.
[429] LG Frankfurt/Main, TranspR 1989, 101, 103 f.

flugverspätung informiert zu werden.[430] Insgesamt muss gelten, je größer das objektiv erkennbare Interesse des Fluggastes an Informationen ist, umso ausführlicher und schneller müssen die Fluggäste informiert werden.[431]

Ergeben sich im Nachhinein genauere Erkenntnisse über eine Abflugverspätung, so sind auch diese dem Fluggast unmittelbar mitzuteilen. Nicht möglich dürfte es in diesem Zusammenhang sein, einen Flug gegenüber der zuvor angekündigten späteren Abflugzeit doch vorzuziehen, sofern nicht sichergestellt ist, dass den Fluggast auch diese Information rechtzeitig erreicht und der Fluggast sich auf die erneute Änderung entsprechend einstellen kann.

2. Schadensersatz

Nimmt man eine Pflicht des vertraglichen Luftfrachtführers zur Information des Fluggastes über zu erwartende Abflugverspätungen als Nebenpflicht aus dem Beförderungsvertrag an, korrespondiert damit zwangsläufig auch eine Schadensersatzpflicht des Luftfrachtführers gemäß §§ 280 ff. BGB bei einer Verletzung dieser Pflicht.[432] Auch dies ist für den Eisenbahnverkehr unbestritten.[433] Umstritten ist dort lediglich die Frage, ob die Haftung für Informationspflichtverletzungen möglicherweise ebenfalls durch § 17 EVO ausgeschlossen ist.[434]

Werden daher Informationen durch den vertraglichen Luftfrachtführer nicht, nicht richtig oder zu spät erteilt, haftet er dem Fluggast gemäß § 280 I BGB bei einem entsprechenden Verschulden grds. auf Schadensersatz neben der (Beförderungs-)Leistung. Zu ersetzen sind in diesem Fall sog. Begleitschäden.[435] Voraussetzung ist jedoch, dass die eingetretenen Schäden tatsächlich kausal auf der vorangegangenen Informationspflichtverletzung des Luftfrachtführers beruhen, dass also eine Transportalternative bestanden hätte.[436] Außerdem ist ein eventuelles Mitverschulden des Fluggastes gemäß § 254 BGB zu berücksichtigen, der möglicherweise den Schaden in Eigeninitiative durch gezieltes Erfragen von Informationen auch hätte abwenden können.[437] Ferner ist im Luftverkehr zu berücksichtigen, dass von einem solchen Schadensersatzanspruch häufig Schäden erfasst sein werden, die auch als Ankunftsverspätungsschäden im Rahmen einer Haftung aus Art. 19 MÜ zu ersetzen sind. Ist

---

[430] Vgl. § 323 IV BGB und Art. 6 I FluggastrechteVO.
[431] So für Bahnreisende ausführlich *Pohar*, NZV 2004, 72, 74 f.
[432] Grds. so auch LG Frankfurt/Main, TranspR 1989, 101, 103 f.
[433] *Staudinger/Schmidt-Bendun*, NJW 2004, 646, 649; *Pohar*, NZV 2004, 72, 73; *Pohar*, S. 117 und 393.
[434] Dagegen *Pohar*, NZV 2004, 72, 73 f. m.w.N.
[435] *Jauernig/Stadler*, § 280 Rn. 4, 21. Er ist so zu stellen, als wäre er ordnungsgemäß informiert worden, für die Eisenbahnbeförderung so *Pohar*, S. 393.
[436] So für Informationspflichtverletzungen der Bahn, *Pohar*, NZV 2004, 72, 75.
[437] So für Informationspflichtverletzungen der Bahn, *Pohar*, NZV 2004, 72, 75.

dies der Fall, muss nach dem oben Gesagten eine Haftung des Luftfrachtführers aus § 280 I BGB wegen Art. 29 MÜ zwangsläufig ausscheiden.

Schadensersatz statt der Leistung könnte der Fluggast bei einer Informationspflichtverletzung im oben beschriebenen Sinne gemäß § 280 III BGB schließlich nur unter den zusätzlichen Voraussetzungen des § 282 BGB verlangen, da es sich bei der Informationspflicht des Luftfrachtführers im Rahmen einer Abflugverspätung um eine nicht leistungsbezogene Nebenpflicht handeln dürfte.[438] Die Beförderungsleistung durch den Luftfrachtführer müsste dem Fluggast dann aufgrund der Informationspflichtverletzung nicht mehr zumutbar sein. Eine Schadensersatzpflicht gemäß §§ 280 III, 282 BGB wird man daher wohl nur im Einzelfall bei besonders gravierenden Verstößen gegen die Informationspflicht des Luftfrachtführers annehmen können. Die durch die Pflichtverletzung ausgelöste Störung müsste grds. den Fällen des § 281 BGB vergleichbar sein.[439] Unter diesen Voraussetzungen hätte der Fluggast dann aber gemäß § 324 BGB auch das Recht zum sofortigen Rücktritt vom Beförderungsvertrag.

III. Rücktritt

Will der Fluggast in der Situation der Abflugverspätung nicht an seinen Beförderungsanspruch festhalten, kann er unter den Voraussetzungen von § 323 BGB vom Beförderungsvertrag zurücktreten.[440] Das bereits gezahlte Beförderungsentgelt wäre in diesem Fall gemäß § 346 I BGB durch den vertraglichen Luftfrachtführer zu erstatten, so dass der Fluggast damit auch finanziell in der Lage wäre, einen Ersatzflug bei einem anderen Luftfrachtführer zu buchen, sofern eine Beförderung immer noch gewünscht wird.

Eine Kündigung des Luftbeförderungsvertrages kommt dagegen nicht in Betracht, da es sich bei einem Luftbeförderungsvertrag grds. auch dann nicht um ein Dauerschuldverhältnis i.S.v. § 314 BGB handelt, wenn im Rahmen eines Vertrages eine Beförderung über mehrere Teilstrecken geschuldet wird, es insofern also zu mehreren einzelnen Beförderungen (Flügen) kommt. Voraussetzung eines Dauerschuldverhältnisses ist, dass ein dauerndes Verhalten oder wiederkehrende Leistungen geschuldet werden und der Gesamtumfang der Leistung von der Dauer der Rechtsbeziehung abhängt.[441] Beim Luftbeförderungsvertrag ist der Gesamtumfang der Leistung jedoch regelmäßig im Vorhinein bestimmt, das gilt auch dann, wenn wie in der soeben beschriebenen Konstellation, wiederkehrende Leistungen geschuldet werden.

---

[438] § 282 BGB erfasst lediglich die Verletzung nicht leistungsbezogener Nebenpflichten, siehe nur *Jauernig/Stadler*, § 282 Rn. 3.
[439] *Jauernig/Stadler*, § 282, Rn. 5.
[440] Zum Rücktritt vom Luftbeförderungsvertrag nach § 361 a.F. BGB, siehe *Ruhwedel*, Rn. 551.
[441] *Gaier* in MünchKomm BGB, § 314 Rn. 5; *Larenz* § 2 VI.

1. Vorfragen

a) Vorleistungspflicht des Fluggastes

Ein Rücktritt nach § 323 BGB setzt zunächst voraus, dass der Anspruch des Rücktrittsberechtigten vollwirksam und durchsetzbar ist.[442] Letzteres ist insbesondere dann der Fall, wenn die Hauptleistungspflicht des Rücktrittsberechtigten bereits erfüllt ist.

Nach dem Beförderungsvertrag ist der Fluggast gemäß § 631 I BGB in erster Linie verpflichtet, das geschuldete, frei gebildete,[443] Beförderungsentgelt zu zahlen, dessen Höhe sich i.d.R. nach den verschiedenen Tarifen der Fluggesellschaften bestimmt.[444] Jedenfalls in Linienflugverkehr werden dazu die Beförderungsklassen (Economy, Business usw.) nochmals in sog. Reservierungsklassen[445] unterteilt, denen die einzelnen Tarife (Normaltarife und Sondertarife)[446] zugeordnet sind.[447]

Nach der werkvertraglichen Regelung in § 641 I BGB hat der Besteller eines Werkes den vereinbarten Werklohn gemäß § 640 BGB dabei grds. erst bei Abnahme des Werkes zu entrichten. Erst mit diesem Zeitpunkt wird die Werklohnforderung grds. fällig. Unter Abnahme versteht man die körperliche Entgegennahme des Werkes unter Annerkennung desselben als im Wesentlichen vertragsgemäße Leistung.[448] Nur wenn aufgrund der Beschaffenheit des Werkes die Abnahme ausgeschlossen, ist gemäß § 646 BGB die Vollendung des Werkes maßgeblich. Dies ist nach überwiegender Ansicht für Beförderungsleistungen der Fall.[449] Zum Teil wird dabei auf die Unkörperlichkeit der Beförderungsleistung abgestellt,[450] zum Teil wird lediglich auf die

---

[442] Vgl. nur *Palandt/Grüneberg*, § 323 Rn. 11; *Jauernig/Stadler*, § 323 Rn. 7.
[443] Vgl. dazu *Führich*, Rn. 992.
[444] Zur Erforderlichkeit der Angabe von Endpreisen in der Werbung siehe *Führich* Rn. 995. So jetzt auch Art. 22 f. der VO (EG) 1008/2008 über gemeinsame Vorschriften für die Durchführung von Luftverkehrsdiensten in der Gemeinschaft, ABl. L 293 v. 31.10.2008, S. 3. Dazu *Ernst*, GPR 2009, 18 ff. Siehe auch AG Hannover ZLW 2008, 694 f. (Keine nachträgliche Erstattung des Kerosinzuschlages bei Akzeptanz des genannten Endpreises). Zur irreführenden Werbung bei zusätzlich anfallenden Gepäckgebühren siehe OLG Hamburg ZLW 2008, 684 ff. m. Anm. *Steppler*.
[445] Geläufig sind Y, H oder M für die Economy-Class und C, J oder D für die Business-Class, vgl. *Sabathil*, S. 121 f.
[446] Sondertarife unterliegen dabei regelmäßig den verschiedensten Einschränkungen hinsichtlich der Reservierung (z.B. einer Vorausbuchungsfrist), des Mindest- oder Maximalaufenthaltes, der Umbuchbarkeit und der Rückerstattung.
[447] Vgl. auch Art. 3.3.5. ABB Flugpassage der Lufthansa, der allerdings nicht von Reservierungsklassen spricht. Dazu *Sabathil*, S. 121.
[448] BGH NJW 1967, 2259, 2260; *Palandt/Sprau*, § 640 Rn. 3.
[449] Siehe nur BGH NJW-RR, 1989, 160, 162; OLG Düsseldorf NJW-RR 1994, 1122; RGZ 66, 12, 16; RGZ 110, 404, 408; *Busche* in MünchKomm BGB, § 640 Rn. 8; *Palandt/Sprau*, § 640 Rn. 4; *Ruhwedel* Rn. 209.
[450] BGH NJW-RR, 1989, 160, 162; RGZ 66, 12, 16; RGZ 110, 404, 408; *Busche* in MünchKomm BGB, § 640 Rn. 8; *Ruhwedel* Rn. 209.

Unüblichkeit[451] einer Abnahme bei einer solchen Leistung hingewiesen[452] oder darauf, dass durch die Werkvollendung ein endgültiger, nicht mehr abänderbarer Zustand geschaffen wird, so dass die Abnahme sinnlos ist[453]. Nur vereinzelte Stimmen gehen bei Beförderungsleistungen von einer Abnahmefähigkeit aus.[454] Auch unter Zugrundelegung dieser Ansicht, würde der Zeitpunkt der Abnahme jedoch m.E. regelmäßig mit dem Zeitpunkt der Vollendung der Beförderungsleistung zusammenfallen. Eine konkludente Abnahme, die unproblematisch möglich ist,[455] müsste m.E. nämlich regelmäßig dann angenommen werden, wenn der Flug- oder Fahrgast ohne ausdrückliche Missbilligung der Beförderungsleistung aus dem Beförderungsmittel aussteigt. In diesem Zeitpunkt wäre aber auch die Vollendung der Beförderungsleistung zu bejahen, die grds. mit der vollständigen Herstellung des Werkes gegeben ist[456]. Teilleistungen, wie z.B. die Bewirkung des Abflugs, können grds. nicht zur Vollendung führen.[457] Der einzige Unterschied zwischen den beiden genannten Ansichten wäre damit die Anwendbarkeit von § 640 II BGB. Geht man von einer Abnahmeunfähigkeit der Beförderungsleistung aus, wäre § 640 II BGB nach h.M. unanwendbar[458] und der Fahr- oder Fluggast müsste sich beim Aussteigen aus dem Beförderungsmittel seine Rechte wegen eventueller Mängel nicht vorbehalten. Das erscheint sachgerecht.

Der Anspruch auf das Beförderungsentgelt ist damit auch bei der Luftbeförderung grds. erst zum Vollendungszeitpunkt der Beförderung also im Zeitpunkt des Aussteigens fällig. Der vertragliche Luftfrachtführer kann sich insofern vor der Beförderung grds. nicht auf ein Leistungsverweigerungsrecht aus § 320 I BGB berufen. Allerdings sehen die ABB der Fluggesellschaften regelmäßig eine Vorleistungspflicht des Fluggastes vor.[459] Sind die ABB wirksam vereinbart worden, kann der Luftfrachtführer danach die Beförderung grds. verweigern, sofern Flugpreis, Steuern, Gebühren und Zuschläge nicht bezahlt worden sind. Zusätzlich sind die Luftfrachtführer nach ihren ABB in dieser Situation regelmäßig berechtigt, die Platzbuchung des Passagiers auf einem bestimmten Flug zu streichen.[460] Rechtlich ist der Luft-

---

[451] *Palandt/Sprau*, § 640 Rn. 4.
[452] Ausführlich *Fröhlich*, S. 207 m.w.N.
[453] *Schwenker* in *Erman*, § 640 Rn. 9.
[454] So für die Beförderung im Taxi und teilweise die Güterbeförderung Glanzmann in RGRK, § 646 Rn. 2; generell davon ausgehend, dass es keine abnahmeunfähigen Werke gebe *Peters* in *Staudinger* (2003), § 646 Rn. 7.
[455] *Palandt/Sprau*, § 640 Rn. 6; *Peters* in *Staudinger* (2003), § 646 Rn. 8.
[456] *Palandt/Sprau*, § 646 Rn. 1; *Busche* in MünchKomm BGB, § 646 Rn. 3.
[457] Anders könnten nur in sich abgeschlossene Teilleistungen, wie bereits geflogene Flugabschnitte bei einer Beförderung über mehrere Teilstrecken zu beurteilen sein, die zu einer Teilvollendung führen könnten.
[458] *Palandt/Sprau*, § 646 Rn. 1; *Busche* in MünchKomm BGB, § 646 Rn. 5.
[459] Vgl. Art. 7.1.6. ABB Flugpassage der Lufthansa; Art. 4.5.1 ABB Germanwings; Art. 2 AGB Air Berlin; zum Ganzen *Ruhwedel*, Rn. 209 ff.; *Führich* Rn. 991.
[460] Vgl. Art. 5.2. ABB Flugpassage der Lufthansa.

frachtführer damit aufgrund eines in ABB vereinbarten vertraglichen Rücktrittsrechts bzgl. der Platzbuchung des Passagiers in der Lage, von dieser zurückzutreten, falls der Flugpreis usw. bei Fälligkeit vor Beförderungsbeginn nicht gezahlt worden ist.[461] Die Fälligkeit des Beförderungsentgeltes ist damit bei der Luftbeförderung regelmäßig bereits vor Beginn der Beförderung gegeben. Eine unangemessene Benachteiligung des Fluggastes gemäß § 307 BGB ist darin nicht zu sehen.[462]

b) *Anwendbarkeit des allgemeinen Leistungsstörungsrechts*

Ein Rücktritt gemäß § 323 BGB setzt ferner die Anwendbarkeit des allgemeinen Leistungsstörungsrechts voraus, dessen Vorschriften in der Situation der Abflugverspätung entweder direkt oder lediglich über die Verweisung in § 634 BGB im Werkmangelgewährleistungsrecht anwendbar sein können. Diese Unterscheidung ist von großer Bedeutung. Das Werkmangelgewährleistungsrecht verweist zwar in § 634 BGB in großem Umfang auf die Vorschriften des allgemeinen Leistungsstörungsrechts, trotzdem werden die Regeln des allgemeinen Leistungsstörungsrechts hinsichtlich der Voraussetzungen und Rechtsfolgen teilweise modifiziert.[463] Insbesondere unterliegen die Mängelansprüche gemäß § 634 a BGB einer besonderen Verjährung. Ist Werkmangelgewährleistungsrecht anwendbar, hat der Besteller zusätzlich zu den allgemeinen Rechten, also dem Rücktrittsrecht und dem Schadensersatzrecht, gemäß § 634 Nr. 2 i.V.m. § 637 BGB unter bestimmten Voraussetzungen auch ein Recht zur Selbstvornahme und er kann gemäß § 634 Nr. 3 i.V.m. § 638 BGB ggf. den Werklohn mindern. Die Ansprüche sind ferner zum Teil verschuldensunabhängig ausgestaltet und können teilweise auch bereits bei geringfügigen Mängeln geltend gemacht werden. Die §§ 633 ff. stellen damit für die Rechte des Bestellers, sofern sie anwendbar sind, und bei Vorliegen eines Werkmangels eine abschließende Sonderregelung dar.[464] Eine exakte Abgrenzung ihres Anwendungsbereichs ist daher unbedingt notwendig.[465]

Im Grundsatz sind beim Werkvertrag die Vorschriften des allgemeinen Leistungsstörungsrechts dabei bis zum Gefahrübergang, d.h. bis zur Abnahme des Werkes gemäß § 640 BGB direkt anwendbar, hier ist eine zeitliche Zäsur zu setzen.[466] Da eine Beförderungsleistung nach h.M. jedoch, wie soeben gezeigt, nicht abnahmefähig ist,[467] muss auch hinsichtlich der hier in Frage

---

[461] Zu den Rechtsfolgen siehe bereits unter Punkt 2. Teil, 4. Kapitel, § 2 B. II. Seite 110.
[462] Vgl. LG Frankfurt/Main NJW 1985, 149, 150 im Hinblick auf einen Pauschalreisevertrag.
[463] *Palandt/Sprau*, Vorb. v. § 633 Rn. 1, 6 f.
[464] *Palandt/Sprau*, Vorb. v. § 633 Rn. 1.
[465] *Palandt/Sprau*, Vorb. v. § 633 Rn. 6.
[466] *Palandt/Sprau*, Vorb. v. § 633 Rn. 6.
[467] Siehe unter Punkt 3. Teil, 2. Kapitel, § 2 A. III. 1. a) Seite 211.

stehenden Abgrenzung grds. auf die Vollendung des Werkes gemäß § 646 BGB zurückgegriffen werden.[468] So beginnt auch die besondere Verjährung der Mängelgewährleistungsrechte gemäß § 634 a BGB bei nicht abnahmefähigen Werken gemäß § 646 BGB mit der Vollendung des Werkes. Diese wiederum ist bei der Luftbeförderung, wie gezeigt,[469] grds. mit dem Zeitpunkt des Aussteigens des Fluggastes aus dem Flugzeug gegeben. Da damit in der Situation der Abflugverspätung aber zwangsläufig noch keine Vollendung der Beförderung gegeben ist, muss die Anwendung der Werkmangelgewährleistungsvorschriften vorliegend schon deshalb grds. ausscheiden.

Nach h.M. sind dem Besteller eines Werkes die Mängelrechte allerdings auch vor der Abnahme bereits dann zuzuerkennen, wenn offensichtlich ist, dass bei der Abnahme Mängel gegeben sein werden.[470] Für den Rücktritt entspricht dies der Verweisung in § 634 Nr. 3 BGB auf § 323 IV BGB. Ist der Zeitpunkt der Vollendung des Werkes für die Abgrenzung der Anwendung der Werkmangelgewährleistungsvorschriften maßgebend, muss entsprechendes auch hier gelten. In der Situation der Abflugverspätung, also vor Vollendung der Beförderung, wäre die Anwendung der Werkmangelgewährleistungsvorschriften damit grds. denkbar. Jedoch wird die direkte Anwendung des allgemeinen Leistungsstörungsrechts vor der Vollendung des Werkes durch die Anwendbarkeit des Werkmangelgewährleistungsrechts nicht ausgeschlossen,[471] die Mängelrechte des Bestellers nach Werkvertragsrecht ergänzen vielmehr die schon bestehenden Rechte des Bestellers nach allgemeinem Leistungsstörungsrecht[472].

In der Situation der Abflugverspätung stellt sich damit lediglich die Frage, ob dem Fluggast neben den Ansprüchen des allgemeinen Leistungsstörungsrechts zusätzlich die Mängelrechte des Werkvertragsrechts, insbesondere das Minderungsrecht und das Recht zur Selbstvornahme zustehen. Voraussetzung wäre aber, dass überhaupt ein Werkmangel gegeben ist. Das wiederum setzt entweder die Qualifizierung der bereits eingetretenen Abflugverspätung als Werkmangel voraus oder eine daraus potenziell resultierende Ankunftsverspätung müsste als Werkmangel angesehen werden können, wobei der Eintritt dieses Mangels dann aber i.S.v. § 323 IV BGB analog bereits in der Situation der Abflugverspätung offensichtlich sein müsste. Es müsste dazu bereits in der Situation der Abflugverspätung mit an Sicherheit grenzender Wahrscheinlichkeit[473] feststehen, dass im Zeitpunkt der Vollendung der Be-

---

[468] So auch *Fröhlich*, S. 208.
[469] Siehe unter Punkt 3. Teil, 2. Kapitel, § 2 A. III. 1. a) Seite 211.
[470] *Palandt/Sprau*, Vorb. v. § 633 Rn. 7.
[471] Vgl. *Palandt/Grüneberg*, § 323 Rn. 3, sogar Mängel sind dann grds. nach allgemeinem Leistungsstörungsrecht geltend zu machen.
[472] So auch die h.M. vor der Schuldrechtsmodernisierung, dazu ausführlich *Fröhlich*, S. 206 f.
[473] Vgl. *Palandt/Grüneberg*, § 323 Rn. 23.

förderung eine mangelhafte Leistung gegeben sein wird, sprich eine Ankunftsverspätung vorliegen wird.

Wie noch zu zeigen sein wird,[474] kann m.E. jedoch weder in der Situation der Abflugverspätung noch in der Situation der Ankunftsverspätung ein Werkmangel bejaht werden. Zumindest aber in der Situation der Abflugverspätung kann keinesfalls ein Werkmangel gegeben sein.[475] Da in dieser Situation mit der Beförderung und damit mit der Herstellung des Werkes noch gar nicht begonnen wurde, kann die geschuldete Leistung, die noch nicht existiert, schon begrifflich gar nicht mangelhaft sein, es liegt eben „lediglich" eine Verzögerung der Leistung vor. Der Anwendungsbereich des Werkmangelrechts wäre weit überspannt, würde man dem Fluggast allein aufgrund einer Abflugverspätung bereits Mängelrechte zubilligen. Und selbst wenn man eine Ankunftsverspätung als Werkmangel qualifiziert, so steht in der Situation der Abflugverspätung doch kaum mit an Sicherheit grenzender Wahrscheinlichkeit fest, dass es auch zu einer Ankunftsverspätung kommen wird. Genau genommen steht noch nicht einmal fest, ob es überhaupt eine Beförderung des Fluggastes geben wird. Der Anwendungsbereich des Werkmangelgewährleistungsrechts wäre wiederum weit überspannt, würde man dem Fluggast bereits in dieser Situation Rechte in Bezug auf eine möglicherweise mangelhafte Leistung zum Ankunftszeitpunkt zubilligen. So formuliert *Sprau* hinsichtlich der Anwendung des Werkmangelgewährleistungsrechts vor Abnahme der geschuldeten Leistung auch genauer, dass der Unternehmer die seinerseits geschuldete Leistung bereits erbracht haben muss und dass zusätzlich offensichtlich sein muss, dass er die eingetretenen Mängel nicht mehr (vor Abnahme bzw. Vollendung) wird beseitigen können.[476] Unter Geltung des alten Schuldrechts vor der Schuldrechtsmodernisierung zum 1.1.2002 war insofern anerkannt, dass lediglich das allgemeine Leistungsstörungsrecht zur Anwendung kommt, solange das Werk noch gänzlich fehlt,[477] also (noch) überhaupt keine Beförderung stattfindet.[478]

Trotzdem wird die Anwendbarkeit des Werkmangelgewährleistungsrechts in der Situation der Abflugverspätung in der deutschen Literatur teilweise ohne Weiteres bejaht. Auf das dann doch zumindest daneben anwendbare allg. Leistungsstörungsrecht wird sogar teilweise gar nicht mehr eingegangen. So sprach insbesondere *Führich* dem Fluggast bereits in der Situation der Abflugverspätung neben den Ansprüchen aus dem allgemeinen Leistungsstörungs-

---

[474] Siehe dazu unter Punkt 3. Teil, 2. Kapitel, § 2 C. III. 2. Seite 323.
[475] Wie hier *Fröhlich*, S. 269. A.A. für den verspäteten/verzögerten Beginn eines Konzertes AG Passau, NJW 1993, 1473 und den verspäteten/verzögerten Beginn eines Kommunionsessens LG Karlsruhe, NJW 1994, 947, 948.
[476] *Palandt/Sprau*, Vorb. v. § 633 Rn. 7.
[477] Vgl. *Fröhlich*, S. 204 f. m.w.N.
[478] BGH NJW 1974, 1046, 1047.

recht die Ansprüche aus §§ 633 ff. BGB zu.[479] Dem Fluggast stehe insbesondere das Recht zur Selbstvornahme gemäß §§ 634 Nr. 2, 637 BGB zu.[480] *Führich* differenzierte dabei jedoch weder zwischen Abflug- und Ankunftsverspätungen, noch nahm er eine Abgrenzung zum allgemeinen Leistungsstörungsrecht vor, noch begründete er, warum die verspätete Beförderung als Mangel zu qualifizieren ist. Ebenso gewährt *Wagner* dem Fluggast die Rechte aus §§ 633 ff. BGB ohne weitere Begründung.[481] *Lienhard* schließlich ordnet die Abflugverspätung ohne Begründung, lediglich unter Verweis auf ein Urteil des *AG Frankfurt*[482], sogar ausdrücklich als Mangel der Luftbeförderung ein.[483] Das zitierte Urteil des *AG Frankfurt/Main* bezieht sich m.E. dabei jedoch gerade nicht auf die Abflugverspätung, sondern auf die aufgrund der Abflugverspätung eingetretene Ankunftsverspätung der Kläger.

Aus den bereits genannten Gründen kann den dargestellten Ansichten jedoch nicht gefolgt werden. Vor Beginn der Beförderung muss eine Anwendung der §§ 633 ff. BGB auf jeden Fall ausscheiden, so dass in der Situation der Abflugverspätung ausschließlich die Vorschriften des allgemeinen Leistungsstörungsrechts anwendbar sind.

2. *Verzögerung der Leistung*

Für einen Rücktritt vom Beförderungsvertrag müsste in der Situation der Abflugverspätung gemäß § 323 I BGB sodann eine Verzögerung der Leistung zu bejahen sein. Der vertragliche Luftfrachtführer müsste eine fällige Leistung nicht erbracht haben. Ein Verschulden ist nicht erforderlich.

Diese Voraussetzung ist in der Situation der Abflugverspätung, sobald also der vereinbarte Abflugzeitpunkt überschritten ist, grds. gegeben. Zum einen ist die Luftbeförderung eines Fluggastes wie gezeigt nicht nur zum vereinbarten Ankunftszeitpunkt, sondern darüber hinaus auch zum Abflugzeitpunkt fällig,[484] zum anderen ist der Fluggast wie dargestellt[485] regelmäßig vorleistungspflichtig, so dass auch die Einrede des nicht erfüllten Vertrages gemäß § 320 I 1 BGB damit i.d.R. ausscheidet. Wird die Beförderung eines Fluggastes daher nicht rechtzeitig wie vereinbart begonnen, steht ihm grds. ein Rücktrittsrecht nach § 323 I BGB wegen Nichtleistung zu. Es bleibt dem Fluggast daneben unbenommen, sich in der Situation der Abflugverspätung hinsichtlich seines Rücktrittsrechts nicht auf die Verzögerung des Abflugs, sondern auf eine daraus resultierende voraussichtliche Ankunftsverspätung zu stützen, sollte

---

[479] *Führich*, 4. Aufl., Rn. 764.
[480] *Führich*, 4. Aufl., Rn. 764.
[481] *Wagner*, RRa 2004, 102, 105 f.
[482] AG Frankfurt/Main NJW-RR 1996, 238.
[483] *Lienhard*, GPR 2004, 259, 263.
[484] Siehe dazu bereits unter Punkt 3. Teil, 1. Kapitel, § 2 Seite 126.
[485] Siehe dazu unter Punkt 3. Teil, 2. Kapitel, § 2 A. III. 1. a) Seite 211.

dies im Einzelfall für ihn günstiger sein.[486] Der Fluggast müsste dann aber unter den strengen Voraussetzungen des § 324 IV BGB darlegen und beweisen, dass im Zeitpunkt des Rücktritts die zu erwartende Ankunftsverspätung bereits mit an Sicherheit grenzender Wahrscheinlichkeit feststand. Das wird jedoch i.d.R. schwierig sein.

3. *Geringfügige Abflugverspätungen*

Fraglich ist allerdings, ob grds. auch bereits geringfügige Abflugverspätungen zu einem Rücktrittsrecht des Fluggastes gemäß § 323 BGB vom Beförderungsvertrag führen. Für Schlechtleistungen ist in § 323 V 2 BGB insofern geregelt, dass dem Gläubiger ein Recht zum Rücktritt nicht zusteht, wenn die Pflichtverletzung nur unerheblich ist.[487] Wann dabei von Unerheblichkeit auszugehen ist, ist im Wege einer umfassenden Interessenabwägung zu ermitteln, wobei bei behebbaren Mängeln vor allem der zur Behebung erforderliche Aufwand und bei nicht behebbaren Mängeln die von diesen Mängeln ausgehende funktionelle und ästhetische Beeinträchtigung zu berücksichtigen ist.[488] Vor allen Dingen Mängel unterhalb der Bagatellgrenze können daher im Rahmen einer Schlechtleistung einen Rücktritt grds. nicht rechtfertigen.[489]

Da in einer Abflugverspätung aber wie gezeigt keine Schlechtleistung gesehen werden kann, eine nicht „vertragsgemäße Leistung" kann bei Vorliegen eines Werkvertrages nur eine mangelhafte Leistung i.S.v. § 633 BGB sein,[490] ist § 323 V 2 BGB vorliegend zumindest nicht unmittelbar anwendbar. Weitgehende Einigkeit besteht jedoch darüber, dass die Vorschrift auch bei der Nichterfüllung einer unerheblichen Nebenpflicht[491] bzw. bei der Nichterfüllung von sog. leistungsbezogenen Nebenpflichten[492] Anwendung finden soll.[493] In der Situation der Abflugverspätung geht es jedoch, sofern es lediglich zu einer geringfügigen Abflugverspätung bzw. -verzögerung kommt, weder um die Nichterfüllung einer unerheblichen Nebenpflicht, noch um die Nichterfüllung einer leistungsbezogenen Nebenpflicht, sondern um die möglicherweise nur unerbliche Verletzung der Hauptleistungspflicht des vertraglichen Luftfrachtführers aus dem Beförderungsvertrag. ME muss aber auch in

---

[486] Ähnlich auch *Fröhlich*, S. 254.
[487] Vgl. *Palandt/Grüneberg*, § 323 Rn. 27.
[488] *Palandt/Heinrichs*, § 281 Rn. 47.
[489] *Jauernig/Stadler*, § 323 Rn. 20.
[490] *Ernst* in MünchKomm BGB, § 323 Rn. 242; *Staudinger*, S. 58.
[491] *Palandt/Grüneberg*, § 323 Rn. 32; *Grothe* in *Bamberger/Roth*, § 323 Rn. 40.
[492] *Jauernig/Stadler*, § 323 Rn. 20; in diesem Sinne auch *Ramming* TranspR 2003, 419, 424 für die nicht rechtzeitige Zurverfügungstellung eines Transportmittels.
[493] A.A. *Ernst* in MünchKomm BGB, § 323 Rn. 240.

dieser Situation § 323 V 2 BGB analog zur Anwendung kommen.[494] Schlecht- und Nichterfüllung können unter Wertungsgesichtspunkten nicht unterschiedlich behandelt werden.[495] Die Beweislast für die Unerheblichkeit der Pflichtverletzung würde dann der Schuldner tragen.[496]

Letztlich ließe sich ein Ausschluss des Rücktrittsrechts bei unerheblichen Pflichtverletzungen und damit auch ein Ausschluss bei einer unerheblichen Verletzung der Hauptleistungspflicht aber auch bereits aus § 242 BGB herleiten. Sogar beim relativen Fixgeschäft ist der Rücktritt des Gläubigers im Rahmen von § 242 BGB ausgeschlossen.[497] Und selbst für das absolute Fixgeschäft ist anerkannt, dass geringfügige Verspätungen im Rahmen von § 242 BGB zu würdigen sind.[498]

Fraglich bleibt jedoch, wann bei Abflugverspätungen eine so begründete Erheblichkeitsschwelle erreicht wäre. Ausgeschlossen ist das Rücktrittsrecht des Fluggastes nach dem oben Gesagten grds. lediglich in sog. Bagatellfällen. Dies muss erst Recht im Rahmen einer analogen Anwendung von § 323 V 2 BGB bzw. einer Anwendung von § 242 BGB gelten. Auch ist zu berücksichtigen, dass das Flugzeug i.d.R. gerade wegen der Schnelligkeit[499] der Beförderung gewählt wird und damit auch auf die Pünktlichkeit ein erhöhter Wert gelegt wird. Für die Beurteilung, ob sich eine Verspätung noch im Bagatellbereich bewegt, kann dabei m.E. auf die in den quartalsweise erstellten Verspätungsstatistiken der Association of European Airlines (AEA) zum Ausdruck kommende Bagatellgrenze zurückgegriffen werden.[500] Dort werden überhaupt nur Abflug- bzw. Ankunftsverspätungen in einer Größenordnung von mehr als 15 Minuten in die Statistik aufgenommen. Auf der einen Seite ist m.E. der Rücktritt von einem Luftbeförderungsvertrag daher vor Ablauf dieser Zeit, bzw. sofern eine größere Verspätung nicht bereits offensichtlich ist (§ 323 IV

---

[494] *Staudinger*, S. 57, hält eine analoge Anwendung von § 323 V 2 BGB in dieser Situation beim Eisenbahnbeförderungsvertrag zumindest für denkbar, ebenso im Ergebnis *Pohar*, S. 158; a.A. *Pohar*, S. 140 f. *Ramming*, TranspR 2003, 419, 424, bejaht die Anwendung von § 323 V 2 BGB im Rahmen der verspäteten Zurverfügungstellung des Beförderungsmittels beim Frachtvertrag.

[495] *Palandt/Grüneberg*, § 323 Rn. 32; *Grothe* in *Bamberger/Roth*, § 323 Rn. 40. Richtigerweise sah daher auch der Kommissionsentwurf (KE) zur Schuldrechtsmodernisierung in § 323 III Nr. 1 BGB noch einen generellen Ausschluss des Rücktrittsrechts bei Unerheblichkeit einer Pflichtverletzung vor, siehe BT-Drucks. 14/6040, S. 181 f.

[496] So für die direkte Anwendung von § 323 V 2 BGB *Ernst* in MünchKomm BGB, § 323, Rn. 243 a.E.

[497] So allgemein *Nastelski*, JuS 1962, 289, 295; *Ernst* in MünchKomm BGB, § 323 Rn. 118; *Gsell* in *Soergel*, § 323 Rn. 106; für den Eisenbahnbeförderungsvertrag auch *Staudinger*, S. 56.

[498] LG Hannover, NJW-RR 1986, 602, 603; *Palandt/Heinrichs*, § 271 Rn. 17.

[499] Vgl. nur Denkschrift zum WA, S. 40; *Goedhuis*, NA, S. 208.

[500] Zu finden auf der Website der AEA <www.aea.be>. Die 15-Minuten-Grenze entspricht auch einer Empfehlung der amerikanischen Zivilluftfahrtbehörde (FA.A.) und der Praxis bei Eurocontrol, siehe den Luftverkehrsbericht 2006 des Deutschen Zentrums für Luft- und Raumfahrt (DLR), S. 41, zu finden unter <www.dlr.de>.

BGB), nicht möglich. Auf der anderen Seite kann die Unerheblichkeit darüber hinausgehender Verspätungen aber auch nicht mehr mit einer analogen Anwendung von § 323 V 2 BGB bzw. einer Anwendung von § 242 BGB gerechtfertigt werden.[501] Der Regelungsbereich der Vorschriften wäre dadurch wohl überdehnt.

4. Nachfrist

a) Erforderlichkeit

Erforderlich ist gemäß § 323 I BGB weiterhin, dass eine durch den Gläubiger zu setzende Frist zur Nacherfüllung erfolglos verstrichen ist. Der Schuldner soll eine letzte Gelegenheit zur Vertragserfüllung bekommen.[502] Eine Nachfrist wäre gemäß § 323 II BGB nur entbehrlich, wenn der vertragliche Luftfrachtführer entweder die Beförderung ernsthaft und endgültig verweigern würde, ein relatives Fixgeschäft bezogen auf den Abflugzeitpunkt gegeben wäre oder besondere Umstände den sofortigen Rücktritt rechtfertigen würden. Da der Luftfrachtführer in der Situation der Abflugverspätung im Personenverkehr die Beförderung aber regelmäßig nicht ernsthaft und endgültig verweigert, sondern sich diese eben nur verzögert, und regelmäßig wie gezeigt auch kein relatives Fixgeschäft zwischen den Parteien des Luftbeförderungsvertrages vereinbart wird,[503] verbleibt nur die Möglichkeit, dass gemäß § 323 II Nr. 3 BGB besondere Umstände unter Abwägung der beiderseitigen Interessen den sofortigen Rücktritt des Fluggastes rechtfertigen. Beispielhaft für solche besonderen Umstände werden durch den Gesetzgeber der Schuldrechtsreform zum 1.1.2002, im Zuge derer dieser Tatbestand ins BGB aufgenommen wurde, sog. „Just-in-time-Verträge" genannt.[504] Derartige Verträge sind jedoch i.d.R. bereits als relative Fixgeschäfte einzustufen,[505] so dass die Anwendbarkeit von § 323 II Nr. 3 BGB insofern gar nicht notwendig ist. Weiterhin können nach allgemeiner Meinung besondere Umstände i.S.v. § 323 II Nr. 3 BGB in den Fällen bejaht werden, in denen nach § 326 II BGB a.F. ein Wegfall des Interesses des Gläubigers an der Leistung angenommen worden ist.[506] Hierunter fielen z.B. Fälle, in denen infolge Zeitablaufs Saisonartikel unverkäuflich geworden sind,[507] oder in denen

---

[501] A.A. für den Eisenbahnbeförderungsvertrag wohl *Staudinger*, S. 57; *Stadie*, S. 143 f. hält die Anwendung von § 242 BGB bei größeren Verspätungen zumindest für denkbar.
[502] *Palandt/Grüneberg*, § 323 Rn. 14; siehe auch *Fröhlich*, S. 253.
[503] Siehe dazu unter Punkt 3. Teil, 2. Kapitel, § 1 A. I. 2. Seite 150.
[504] BT-Drs. 14/6040, S. 140.
[505] *K. Schmidt*, Handelsrecht, § 29 II 5 a; *Ernst* in MünchKomm BGB, § 323 Rn. 116.
[506] *Palandt/Grüneberg*, § 323 Rn. 22, *Jauernig/Stadler*, § 323 Rn. 13; *Gsell* in *Soergel*, § 323 Rn. 112; *Otto* in *Staudinger* (2004), § 323 Rn. B 102; *Ernst* in MünchKomm BGB, § 323 Rn. 122.
[507] BGH § 326 LM (Ed) Nr. 3; *Ernst* in MünchKomm BGB, § 323 Rn. 129.

die Kunden des Gläubigers wegen der Lieferverzögerung ihrerseits die Annahme verweigerten[508].

Bei der Luftbeförderung kommt es jedoch, wie gezeigt, mit Überschreitung des Abflugzeitpunktes nicht zu einem Interessenfortfall des Fluggastes.[509] Es könnten möglicherweise jedoch andere Gründe für einen sofortigen Rücktritt ohne Nachfristsetzung sprechen. Die generalklauselartige Formulierung des § 323 II Nr. 3 BGB lässt grds. auch in Fällen außerhalb eines Interessenfortfalls einen nachfristlosen Rücktritt zu.[510] Insbesondere aus der Natur des Vertrages kann sich der Ausschluss der Nachfristsetzung ergeben,[511] und zwar vor allem dann, wenn feste Termine für die Verladung oder Ankunft einer Ware bestimmt sind[512]. Beim Luftbeförderungsvertrag im Personenverkehr könnte daher m.E. die praktische Unmöglichkeit einer zügigen Abwicklung einer Nachfristsetzung durch mehrere hundert Fluggäste, die u.U. von einer Abflugverspätung eines Fluges betroffen sind, für einen Rücktritt ohne Nachfristsetzung sprechen.[513] Man stelle sich nur vor, dass nach Bekanntwerden einer Abflugverspätung auf einmal eine große Anzahl von Fluggästen die vorhandenen Schalter einer Fluggesellschaft an einem Flughafen „überfällt", um der Fluggesellschaft eine Nachfrist zur Beförderung zu setzen. Ein Luftfrachtführer wäre wohl auch im Computerzeitalter mit einem solchen Ansturm regelmäßig überfordert. Eine angemessene Nachfrist, deren Dauer selber regelmäßig nur wenige Stunden bzw. Minuten umfassen wird,[514] muss jedoch durch den Fluggast möglichst umgehend bestimmt werden können, damit der Vorteil der Schnelligkeit der Beförderung, den das Flugzeug bietet und der häufig teuer erkauft werden muss, auch bei Verspätungen erhalten bleibt. Das Flugzeug wird nämlich i.d.R. gerade deshalb als Beförderungsmittel gewählt wird, weil es die Überwindung größerer Distanzen in kurzer Zeit ermöglicht.[515] Viele Fluggäste werden auch mit der Bestimmung einer angemessenen Frist überfordert sein, so dass weitere Streitigkeiten über

---

[508] BGH NJW-RR 1998, 1489, 1491.
[509] Siehe die Erörterung des relativen Fixgeschäftes unter Punkt 3. Teil, 2. Kapitel, § 1 A. I. 2. Seite 150.
[510] *Ernst* in MünchKomm BGB, § 323 Rn. 130; *Gsell* in *Soergel*, § 323 Rn. 112.
[511] *Otto* in *Staudinger* (2004), § 323 Rn. B 118 m.w.N.; vgl. auch *Gsell* in *Soergel*, § 323 Rn. 123.
[512] RGZ 89, 419, 420 f.; BGH MDR 1955, 343, 344.
[513] Man könnte insofern auch an einen stillschweigenden Ausschluss der Nachfristsetzung durch die Parteien denken. Vgl. dazu *Otto* in *Staudinger* (2004), § 323 Rn. B 116 f.
[514] So auch *Fröhlich*, S. 254 zur Nachfrist nach § 326 BGB a.F.
[515] *Schmid* in *Giemulla/Schmid*, MÜ, Art. 19 Rn. 8; *Schmid* in *Giemulla/Schmid*, WA, Art. 19 Rn. 6; *Schmid*, TranspR 1985, 369, 370; *Stadie*, S. 92; *Vollmar*, S. 195, *Fröhlich*, S. 219; *Staudinger*, RRa 2005, 249, 252; *Goedhuis*, NA, S. 208; Denkschrift zum WA, S. 40; so auch der französische Delegierte Ripert auf der Warschauer Konferenz, II Conférence, S. 39.

das Rücktrittsrecht des Fluggastes vorprogrammiert sind.[516] Zudem werden auch Beweisschwierigkeiten auftauchen, sofern der Fluggast im „Ernstfall" beweisen muss, dass er dem Luftfrachtführer eine angemessene Frist zur Nacherfüllung gesetzt hat. Er müsste im Zweifel die Nachfrist schriftlich bestimmen, was kaum realistisch ist. Die Entbehrlichkeit der Nachfristsetzung bei einer Abflugverspätung liegt daher m.E. im beiderseitigen Interesse der Parteien des Luftbeförderungsvertrages, insbesondere aber auch im Interesse des Luftfrachtführers. So sehen auch die ABB der Fluggesellschaften bei Erstattungen des Flugpreises aufgrund einer Verspätung regelmäßig keine Nachfristsetzung vor.[517]

Unter Ablehnung eines relativen Fixgeschäftes befürwortete *Stadie* im Übrigen bereits nach altem Schuldrecht für den Regelfall der Luftbeförderung den sofortigen Rücktritt des Fluggastes vom Beförderungsvertrag ohne Nachfristsetzung aufgrund der besonderen Vertragsumstände.[518] So leitete *Stadie* das Rücktrittsrecht des Fluggastes vom Beförderungsvertrag bei nicht nur unerheblichen (§ 636 i.V.m. § 634 III BGB a.F.) Verspätungen aus §§ 636, 634 I BGB a.F. her, wobei er die Nachfristsetzung nach § 634 II Var. 3 BGB a.F. aufgrund eines besonderen Interesses des Bestellers regelmäßig für entbehrlich erachtete. Allerdings begründet er nicht näher, warum er die sofortige Geltendmachung des Rücktrittsrechts durch ein besonderes Interesse des Fluggastes für gerechtfertigt erachtet. Auch bleibt unklar, ob der Fluggast wegen einer Verzögerung des Abflugs oder einer Ankunftsverspätung vom Beförderungsvertrag zurücktreten kann.

Trotzdem können m.E. die genannten Gründe unter Abwägung der beiderseitigen Interessen nicht den sofortigen Rücktritt des Fluggastes vom Beförderungsvertrag gemäß § 323 II Nr. 3 BGB nach Überschreiten der Erheblichkeitsschwelle von 15 Minuten rechtfertigen.[519] Die aufgeführten Gründe bzw. besonderen Umstände der Luftbeförderung rechtfertigen im Grunde lediglich den Verzicht auf das Setzen einer angemessenen Nachfrist durch den Fluggast, jedoch nicht den Verzicht auf eine Nachfrist an sich, innerhalb derer Erfüllung noch möglich ist. Würde man im Rahmen von § 323 II Nr. 3 BGB aufgrund der besonderen Umstände des Luftverkehrs nämlich auf eine Nachfrist verzichten, so hätte man durch die „Hintertür" den Luftbeförderungsvertrag doch als relatives Fixgeschäft qualifiziert, was jedoch aus verschiedenen Gründen gerade abzulehnen ist[520]. Insbesondere sind die Interessen der Fluggäste i.d.R. vor al-

---

[516] Sofern eine Nachfristsetzung für erforderlich gehalten wird, müsste der Fluggast zumindest darüber informiert werden, gegenüber wem, wann und von welcher Dauer er eine Nachfrist setzen muss, um sich ein weitergehende Rechte vorbehalten zu können.
[517] Vgl. Art. 9.1.2. i.V.m. 10.2. ABB Flugpassage der Lufthansa.
[518] *Stadie*, S. 143 f.; unklar *Fröhlich*, S. 272 f.
[519] Im Ergebnis so auch *Pohar*, S. 145 für die Abfahrtsverspätung bei der Eisenbahnbeförderung.
[520] Siehe dazu unter Punkt 3. Teil, 2. Kapitel, § 1 A. I. 2. Seite 150.

lem auf die Beförderung an sich gerichtet, so dass es diesen Interessen entspricht, dass der Luftfrachtführer im Rahmen einer Nachfrist eine zweite „Chance" zur Durchführung der Luftbeförderung erhält. Bzgl. der Haftung des Luftfrachtführers aus Art. 19 WA (gleiches gilt jetzt auch für die Haftung aus Art. 19 MÜ) ist es darüber hinaus herrschende Meinung, dass lediglich (Ankunfts-)Verspätungen von gewisser Dauer eine Schadensersatzhaftung nach dieser Norm auslösen.[521] Entsprechendes muss m.E. auch für die Rechte der Fluggäste bei einer Abflugverspätung gelten. Die Fluggäste richten sich regelmäßig nicht nur auf gewisse Ankunfts-, sondern auch auf gewisse Abflugverspätungen ein. Zudem zeigt die Diskussion um den Erfüllungszeitraum[522] der Luftbeförderung, dass dem Luftfrachtführer grds. die Möglichkeit zugebilligt wird, die Beförderung noch innerhalb einer bestimmten Frist zu bewirken. Schließlich können weitere Argumente aus der Behandlung des Eisenbahnbeförderungsvertrages hergeleitet werden. So nimmt *Staudinger* für den Eisenbahnbeförderungsvertrag trotz Einordnung als relatives Fixgeschäft eine gewisse Rücktrittsschwelle/Erheblichkeitsschwelle an, deren Überschreitung erst ein Rücktrittsrecht des Fahrgastes begründet.[523] Und im Eisenbahnverkehr führen nach Artt. 16–18 der FahrgastrechteVO (Eisenbahn), VO (EG) 1371/2007 über die Rechte und Pflichten der Fahrgäste im Eisenbahnverkehr[524] erst Abfahrts- wie auch Ankunftsverspätungen ab einer Stunde zur Haftung des Eisenbahnunternehmens.[525] Auch die Kundencharta der Deutschen Bahn sieht Entschädigungsleistungen erst ab einer Ankunftsverspätung des Fahrgastes von über einer Stunde vor.[526]

Über die Erheblichkeitsschwelle von 15 Minuten hinaus muss m.E. daher dem Luftfrachtführer grds., sofern nicht im Einzelfall tatsächlich ein absolutes oder relatives Fixgeschäft vereinbart ist, eine Nachfrist zugestanden werden, innerhalb derer er den Beförderungsvertrag noch erfüllen kann und innerhalb derer ein Rücktritt vom Beförderungsvertrag eben noch nicht möglich ist. Der Lauf der Nachfrist muss m.E. aus den genannten Gründen jedoch mit Überschreitung des Abflugzeitpunktes automatisch beginnen. Die Nachfrist könnte daher als eine Art „Erfüllungszeitraum" verstanden werden, mit dessen Ab-

---

[521] Dazu unter Punkt 3. Teil, 2. Kapitel, § 2 C. II. 2. Seite 279.

[522] Dazu unter Punkt 3. Teil, 2. Kapitel, § 1 A. I. 3. Seite 156.

[523] *Staudinger*, S. 57, der sich grds. dafür ausspricht, die Probleme des Massenverkehrs angemessen zu berücksichtigen.

[524] ABl. L 315 v. 3.12.2007, S. 14. Vgl. dazu auch *Kunz*, TranspR 2007, 226 ff.; *Schmidt*, RRa 2008, 154 ff.; *Staudinger*, EuZW 2008, 751 ff. Vgl. auch Artt. 17–20 des Vorschlages der Europäischen Kommission für eine Verordnung über die Passagierrechte im See- und Binnenschiffsverkehrs, KOM 2008, 816.

[525] Dazu *Freise*, TranspR 2004, 377 ff.

[526] Vgl. Punkt 4 der Kundencharta der Deutschen Bahn AG, zu finden unter <www.db.de>. Im ICE-Sprinter werden Entschädigungszahlungen abweichend schon ab einer Ankunftsverspätung von über 30 Minuten geleistet. Zur Haftung der Deutschen Bahn siehe auch Art. 9 der Beförderungsbedingungen der Deutschen Bahn AG.

lauf die Leistung zwar nicht im klassischen Sinn[527] unmöglich wird, aber dessen Ablauf den sofortigen Rücktritt ermöglicht. Dogmatisch ließe sich dieser Rücktritt als ein Rücktritt gemäß § 323 II Nr. 3 BGB einordnen, bei dem die besonderen Umstände der Luftbeförderung zwar nicht den sofortigen Rücktritt ohne Nachfrist rechtfertigen, sie rechtfertigen als ein „Weniger" jedoch den sofortigen Rücktritt ohne Nachfristsetzung nach Ablauf einer automatisch beginnenden angemessenen Nachfrist.

Theoretisch denkbar wäre es auch, in dem Verbleiben des Fluggastes am Flughafen bzw. in dem für den Flug vorgesehenen Warteraum eine konkludente Nachfristsetzung zu erblicken. Zwar muss die Fristsetzung, die als geschäftsähnliche Handlung zu qualifizieren ist,[528] grds. eine eindeutige und bestimmte Aufforderung zur Leistung enthalten und entweder die Fristdauer nach Tagen, Wochen oder Monaten bestimmen oder einen konkreten Endtermin angeben,[529] die besonderen Umstände der Luftbeförderung könnten jedoch ggf. eine Einschränkung dieser Voraussetzungen rechtfertigen, zumal die Nachfrist sowieso i.d.R. in Minuten bzw. Stunden zu bestimmen wäre, insofern also auf jeden Fall bereits eine Einschränkung erforderlich wäre. Der Sinn der Nachfristsetzung, eine Erinnerung an die Leistungsverpflichtung, könnte auch auf diese Weise als erfüllt angesehen werden. Konkludent bestimmt wäre durch das Verbleiben am Flughafen also auch eine angemessene Frist. Insofern ließe sich die Rechtsprechung des BGH übertragen, der entschieden hat, dass durch eine zu kurze Frist grds. eine angemessene Frist in Lauf gesetzt wird.[530]

Denkbar ist schließlich das Entfallen der Setzung einer angemessenen Nachfrist auch in Fällen der sog. Selbstmahnung[531] des vertraglichen Luftfrachtführers, wenn dieser z.B. die pflichtwidrige Verzögerung einräumt und gleichzeitig den Abflug für einen bestimmten späteren Termin angekündigt.

b) Dauer

Fraglich ist dann nur, wie die dem Luftfrachtführer zuzugestehende angemessene Nachfrist im Einzelfall zu bemessen ist.[532] Es erscheint aus Gründen der Praktikabilität wünschenswert, gewisse Richtwerte herauszuarbeiten. Zu berücksichtigen ist dabei zunächst, dass der Fluggast das schnellste Beförderungsmittel gewählt hat und dafür i.d.R. auch einen entsprechenden Flugpreis bezahlt hat.[533] Ausgangspunkt dürften dann die Interessen der

---

[527] Siehe unter Punkt 3. Teil, 2. Kapitel, § 1 A. I. 3. Seite 156.
[528] *Palandt/Grüneberg*, § 323 Rn. 12.
[529] *Palandt/Grüneberg*, § 323 Rn. 13.
[530] BGH NJW 1985, 2640; siehe auch *Gsell* in *Soergel*, § 323 Rn. 83 m.w.N.
[531] Dazu *Otto* in *Staudinger* (2004), § 323 Rn. B 104; *Gsell* in *Soergel*, § 323 Rn. 119.
[532] Zur Bestimmung einer angemessenen Nachfrist im Rahmen der Haftung aus § 326 BGB a.F. siehe *Fröhlich*, S. 253 f.
[533] Zur Berücksichtigung dieses Umstandes bei Bestimmung einer angemessenen Nachfrist im Rahmen der Haftung aus § 326 BGB a.F., *Fröhlich*, S. 254; allgemein zur

Fluggäste sein.[534] Diese erwarten zwar grds. eine pünktliche Beförderung, ein vernünftig denkender Passagier kalkuliert aber gewisse Zeitüberschreitungen ein. Dabei wird er regelmäßig auf einem längeren Flug absolut größere Verspätungen in Kauf nehmen als auf einem kürzeren Flug.[535] Eine Unterscheidung in Kurz-, Mittel-, und Langstreckenflüge ist daher jedenfalls erforderlich.[536] Er wird jedoch bezogen auf die Flugzeit bei einem kürzeren Flug mit relativ größeren Verspätungen rechnen als auf einem längeren Flug.[537] Anders gesagt, ein vernünftig denkender Fluggast wird jedem Flug eine Art Grundverspätung und zusätzlich eine flugzeitabhängige Verspätung zugestehen. Eine Grundverspätung, die für jeden Flug gleich groß ist, wird er deshalb annehmen, weil jeder Flug durch bestimmte (fixe) Faktoren beeinflusst wird, die jeden Flug in gleicher Weise betreffen können, wie die Belastung eines Flughafens. Eine flugzeitabhängige Komponente ist zusätzlich deshalb erforderlich, weil die Wahrscheinlichkeit, dass bestimmte andere Faktoren einen Flug beeinflussen, umso größer ist, je länger der Flug dauert, bzw. diese Faktoren den Flug umso länger beeinflussen können, je länger er andauert. Längere Flüge werden zudem häufig mit Flugzeugen durchgeführt, die eine größere Kapazität an Sitzplätzen haben, so dass es auch insofern zu einer größeren Verspätung kommen kann, etwa weil sich der Einsteigevorgang bei einer größeren Anzahl an Passagieren auch entsprechend leichter verzögern kann oder weil mehrere Zubringerflüge erforderlich sind, die ihrerseits von einer Verspätung betroffen sein können.[538] Die potentielle Verspätung eines Fluges ist mittelbar daher auch von der Flugzeit abhängig.

Es verbieten sich daher einseitige Ansätze, die lediglich auf eine für jeden Flug gleiche Grundverspätung oder lediglich auf eine flugzeitabhängige Verspätung abstellen, weshalb die Übertragung der verschiedenen im Rah-

---

Berücksichtigung dieses Umstandes *Schmid* in *Giemulla/Schmid*, MÜ, Art. 19 Rn. 8; *Schmid* in *Giemulla/Schmid*, WA, Art. 19 Rn. 6; *Schmid*, TranspR 1985, 369, 370; *Stadie*, S. 92; *Vollmar*, S. 195, *Fröhlich*, S. 219; *Staudinger*, RRa 2005, 249, 252; Denkschrift zum WA, S. 40; so auch der französische Delegierte Ripert auf der Warschauer Konferenz, II Conférence, S. 39.

[534] Zu deren Berücksichtigungsfähigkeit siehe *Fröhlich*, S. 254.

[535] So auch *Krüger*, S. 178; *Schoner*, ZLW 1980, 327, 345; *Reuschle*, Art. 19 Rn. 22; *Schmid* in *Giemulla/Schmid*, MÜ, Art. 19 Rn. 9; *Schmid*, TranspR 1985, 369, 370 hinsichtlich der Unerheblichkeit von Verspätungen im Rahmen der Haftung aus Art. 19 WA bzw. Art. 19 MÜ. Allgemein für kurze Nachfristen *Fröhlich*, S. 254 und 261.

[536] So auch *Krüger*, S. 178 hinsichtlich der Unerheblichkeit von Verspätungen im Rahmen der Haftung aus Art. 19 WA;. ähnlich auch bereits *Gimbel*, ITZ 1964, 1162. Nicht ganz so deutlich *Teuchert*, S. 281.

[537] So auch *Krüger*, S. 178; *Schmid*, TranspR 1985, 369, 370; *Reuschle*, Art. 19 Rn. 24 hinsichtlich der Unerheblichkeit von Verspätungen im Rahmen der Haftung aus Art. 19 WA bzw. Art. 19 MÜ.

[538] Zu den Gründen für die Verspätungsanfälligkeit längerer Flüge siehe auch den Luftverkehrsbericht 2006 des Deutschen Zentrums für Luft- und Raumfahrt (DLR), S. 42 f., zu finden unter <www.dlr.de>.

men der Verspätungshaftung nach Art. 19 WA entwickelten einseitigen Modelle zur Frage der Unerheblichkeit einer (Ankunfts-)Verspätung abzulehnen ist[539]. Nicht möglich ist daher m.E. einerseits eine Anlehnung an § 32 II der ABB der früheren DDR-Fluggesellschaft Interflug, wonach eine Verspätung erst dann erheblich war, wenn sie mehr als 30 Minuten betragen hat.[540] Nicht möglich ist andererseits aber auch eine Übertragung der verschiedenen flugzeitabhängigen Modelle. So schlägt *Gimbel* für die Langstrecke einen festen Prozentsatz von 15% vor, ab dem eine Verspätung erheblich ist.[541] Andere gehen weit darüber hinaus. Nach *Goedhuis* hat die IATA auf ihrer 30. Sitzung bestimmt, dass erst eine Überschreitung der im Flugplan angegebenen Zeit um 50% zu einer erheblichen Verspätung führen soll.[542]

Schmid berücksichtigt dagegen in seinem für die Haftung aus Art. 19 WA entwickelten Modell bereits die oben beschriebenen Erwartungen der Fluggäste, die bei einem kürzeren Flug bereit sind, zwar absolut geringere, aber relativ größere Verspätungen in Kauf zu nehmen als bei einem längeren Flug. So hält er bei einem planmäßigen Flug von 1 Stunde eine Überschreitung der Flugzeit um bis zu 25% (15 Minuten), bei einem Flug zwischen 2 und 4 Stunden eine Überschreitung um bis zu 20% (24 bis 30 Minuten) und bei einem Flug von 5 bis 8 Stunden eine Überschreitung um bis zu 10% (30 bis 48 Minuten) für unerheblich.[543] Ab einer Flugdauer von 9 Stunden und mehr soll allerdings bereits jede Überschreitung der Flugzeit um mehr als 60 Minuten zu einer erheblichen Verspätung führen.[544] Das Modell von *Schmid* wirkt jedoch sehr kompliziert, da unterschiedlichen Flugzeiten jeweils unterschiedliche Prozentzahlen zugeordnet werden. Außerdem bleibt unklar, welche Schwelle maßgebend sein soll, wenn der Flug z.B. eineinhalb oder viereinhalb Stunden dauert, und warum es eine Obergrenze von 60 Minuten gibt. Bei einer Flugzeit von 1 Stunde halte ich im Übrigen eine bei 15 Minuten angesiedelte Erheblichkeitsschwelle für zu gering.

---

[539] A.A. wohl *Vollmar*, S. 198 f., die für die Bestimmung der Nachholfrist beim relativen Fixgeschäft generell nicht auf die Rahmen von Art. 19 WA entwickelten Kriterien zurückgreifen will. Die Kriterien seien zu unbestimmt und es verbiete sich eine allgemeine Bestimmung. Maßgeblich seien vielmehr die Parteivereinbarungen und das Interesse des Fluggastes an einer pünktlichen Beförderung im Einzelfall. Für die Einzelfallbestimmung der Nachfrist im Rahmen der Haftung aus § 326 BGB a.F. auch *Fröhlich*, S. 253 f.
[540] Die ABB der DDR-Fluggesellschaft Interflug sind abgedruckt bei *Teuchert*, S. 347 ff., 351.
[541] *Gimbel*, ITZ 1964, 1254. Für die Kurz- und Mittelstrecke dagegen will er die angemessene Verspätung der Luftbeförderung im Vergleich zur Dauer einer vergleichbaren Beförderung mit Bodenverkehrsmitteln ermitteln, vgl. *Gimbel*, ITZ 1964, 1162. Eine relevante Verspätung soll solange nicht gegeben sein wie die Beförderung mit Bodenverkehrsmitteln mehr als 2,5 Mal länger dauert als die Luftbeförderung samt Verspätung.
[542] *Goedhuis*, NA, S. 209 Fn. 2.
[543] *Schmid* in *Giemulla/Schmid*, MÜ, Art. 19 Rn. 12; *Schmid*, TranspR 1985, 369, 370 f.
[544] *Schmid* in *Giemulla/Schmid*, MÜ, Art. 19 Rn. 12; *Schmid*, TranspR 1985, 369, 370 f.

Besser ist m.E. die von *Krüger* für die Haftung des Luftfrachtführers aus Art. 19 WA entwickelte Formel. Die zulässige Flugzeitüberschreitung der Ankunftszeit wird nach seinem Modell dadurch errechnet, dass man die Flugzeit in Minuten mit dem Faktor 0,1 multipliziert und zusätzlich 25 Minuten addiert.[545] Ohne seine Formel näher zu erläutern, geht *Krüger* damit m.E. von einer zulässigen Grundverspätung eines jeden Fluges von 25 Minuten aus und addiert eine weitere zulässige flugzeitabhängige Verspätung von 10% der planmäßigen Flugzeit.[546] Nach dem oben Gesagten halte ich dies für den richtigen Ansatz, da er den Interessen der Fluggäste m.E. am nächsten kommt, eine Übertragung auf die Bestimmung der Nachfrist für den Abflug ist sinnvoll. Allerdings halte ich im Interesse der Luftfrachtführer die sich aus der Formel ergebenden zulässigen Flugzeitüberschreitungen für etwas zu knapp bemessen. Ich würde daher von einer zulässigen Grundverspätung von 30 Minuten ausgehen und eine flugzeitabhängige Verspätung von 15% der planmäßigen Flugzeit für geboten erachten. Die planmäßige Flugzeit müsste demnach mit dem Faktor 0,15 multipliziert werden und 30 Minuten müssten zu diesem Wert addiert werden. Der Abflug eines einstündigen Fluges dürfte sich somit um ca. 39 Minuten, der eines zweistündigen Fluges um ca. 48 Minuten, der eines fünfstündigen Fluges um ca. 75 Minuten und der eines achtstündigen Fluges um ca. 102 Minuten verspäten, ohne dass ein Rücktritt des Fluggastes möglich wäre.

Eine weitere Möglichkeit der Berechnung eines angemessenen Zeitraumes für die Nacherfüllung des Abfluges wäre schließlich die Orientierung an den Vorgaben der FluggastrechteVO.[547] Diese stellt für drei verschiedene Entfernungskategorien Regeln für die zulässige Abflugverspätung auf. Die Vorgaben der FluggastrechteVO sind sehr großzügig.[548] So ist vereinfacht dargestellt gemäß Art. 6 FluggastrechteVO für Flüge bis 1500 km eine Überschreitung der Abflugzeit um 120 Minuten, für Flüge bis 3500 km eine Überschreitung der Abflugzeit um 180 Minuten und für Flüge über 3500 km eine Überscheitung der Abflugzeit um 240 Minuten zulässig. Die Verordnung stellt nach Art. 1 I FluggastrechteVO jedoch nur Mindestrechte für Fluggäste auf.[549] Die

---

[545] *Krüger*, S. 179.
[546] Eine leicht abgewandelte Formel befürwortet jetzt auch *Reuschle*, Art. 19 Rn. 24. Er geht offensichtlich von einer zulässigen Grundverspätung von 20 Minuten aus und addiert eine zulässige flugzeitabhängige Verspätung von 20% der Flugzeit.
[547] Für die Orientierung an den Vorgaben der FluggastrechteVO für die Frage der bloßen „Unannehmlichkeit" einer Flugverspätung, die ersatzlos hinzunehmen ist, *Führich*, Rn. 1057; ähnlich *Schmid/Tonner*, S. 82, die die Vorgaben der Fluggastrechte VO für die Frage der Erheblichkeit eines Mangels durch Zeitüberschreitung heranziehen. Dagegen *Reuschle*, Art. 19 MÜ Rn. 23.
[548] Die Übertragung der angegebenen Zeiten auf die Frage der Unerheblichkeit von Verspätungen im Rahmen der Haftung aus Art. 19 WA bzw. Art. 19 MÜ wird daher auch überwiegend abgelehnt, siehe *Reuschle*, Art. 19 Rn. 23; *Staudinger/Schmidt-Bendun*, NJW 2004, 1897, 1898 f. *Stadie*, S. 98 Fn. 219 hielt eine Orientierung an den Vorgaben der ÜberbuchungsVO, der Vorgängerregelung der FluggastrechteVO, ebenfalls nicht für sinnvoll.
[549] *Lienhard*, GPR 2004, 259, 260; *Staudinger/Schmidt-Bendun*, NJW 2004, 1897, 1899.

Zeiten können daher m.E. lediglich einen Anhaltspunkt für die Auslegung des deutschen Rechts geben, grds. sollten im deutschen Recht im Hinblick auf die Bedeutung der Leistungszeit für den Fluggast dagegen unbedingt strengere Maßstäbe angelegt werden. Eine Orientierung an der FluggastrechteVO im Hinblick auf einen angemessenen Zeitraum für die Nacherfüllung im nationalen Recht wäre daher nur denkbar, würde man die zulässigen Flugzeitüberschreitungen in den einzelnen Entfernungskategorien gemäß Art. 6 FluggastrechteVO etwa um die Hälfte reduzieren. Das bedeutet bei Flügen bis 1500 km wäre ein Rücktritt bei einer Abflugverspätung von einer Stunde und mehr möglich. Bei innergemeinschaftlichen Flügen über 1501 km und allen anderen Flügen zwischen 1501 km und 3500 km wäre ein Rücktritt nach 1,5 Stunden möglich und bei Flügen über 3501 km, die nicht innergemeinschaftliche Flüge sind, wäre ein Rücktritt nach 2 Stunden möglich. Grundsätzlich beschreibt m.E. die von *Krüger* entwickelte Formel die Interessen der Flugpassagiere jedoch besser. Jedenfalls kann aber die im Pauschalreiserecht entwickelte Toleranzgrenze einer hinzunehmenden flugtechnisch bedingten Verspätung von 4 bis 5 Stunden auf den Individualreiseverkehr keinesfalls übertragen werden, da hier die Pünktlichkeit weit mehr im Vordergrund steht.[550]

Als Ergebnis bleibt daher festzuhalten, dass der Fluggast dem vertraglichen Luftfrachtführer bei einer Abflugverspätung zwar keine Nachfrist setzen muss, ein Rücktritt vom Beförderungsvertrag gemäß § 323 II Nr. 3 BGB ist aufgrund der besonderen Umstände des Luftverkehrs jedoch erst nach Ablauf einer angemessenen Nachfrist möglich. Diese ist anhand einer zulässigen Grundverspätung, die zu einer zulässigen flugzeitabhängigen Verspätung addiert werden muss, zu ermitteln.

c) Geringfügige Überschreitung der Nachfrist

Unter dem Gesichtspunkt des Rechtsmissbrauchs, § 242 BGB, kann im Einzelfall unter ganz besonderen Umständen zudem eine weitere äußerst geringfügige Überschreitung der Nachfrist unbeachtlich bleiben.[551] Eine solche Überschreitung müsste sich aber bei der Luftbeförderung wegen der ohnehin kurzen Nachfristen und dem Interesse des Fluggastes an einer pünktlichen Beförderung im Bereich ganz weniger Minuten bewegen.[552] Eine Überschreitung der Nachfrist von höchstens fünf bis zehn Minuten je nach Flugdauer könnte insofern m.E. noch toleriert werden.

---

[550] AG Düsseldorf, RRa 1997, 183, 184; LG Frankfurt/Main NJW-RR 1989, 48; LG Frankfurt/Main NJW-RR 1993, 1270, 1271; *Schmid* in *Giemulla/Schmid*, MÜ, Art. 19 Rn. 12.
[551] Vgl. *Otto* in *Staudinger* (2004), § 323 Rn. B 80.
[552] Dazu auch *Fröhlich*, S. 256.

d) Rücktritt bei Angebot nach Fristablauf

Nach Ablauf der angemessenen Nachfrist, kann der Fluggast grds. jederzeit vom Beförderungsvertrag zurücktreten. Er ist auch dann nicht gehindert, den Rücktritt zu erklären, wenn der Luftfrachtführer erst nach Ablauf der angemessenen Nachfrist in der Lage ist, den Abflug zu bewerkstelligen und dies dem Fluggast, nun anbietet. Grundsätzlich besteht auch zu diesem Zeitpunkt noch ein Wahlrecht des Fluggastes zwischen Rücktritt und Erfüllung.[553] Der Anspruch auf Leistung ist erst dann ausgeschlossen, wenn der Gläubiger gemäß § 349 BGB den Rücktritt erklärt hat.[554] Dem Schuldner muss jedoch eine Möglichkeit verbleiben, den Schwebezustand zu beenden. Zu fordern ist daher, dass der Gläubiger sein Wahlrecht unverzüglich mit dem Angebot des Schuldners ausüben muss, um nicht selbst in Annahmeverzug zu geraten.[555] Im Annahmeverzug wäre die Ausübung des Wahlrechtes dann nicht mehr möglich.[556] Man wird m.E. für die Luftbeförderung jedoch annehmen können, dass der Fluggast zumindest konkludent den Rücktritt vom Beförderungsvertrag erklärt, sollte er ein verspätetes Flugangebot des Luftfrachtführers nicht wahrnehmen und nicht rechtzeitig in das vorgesehene Flugzeug einsteigen.[557] Nach den ABB der Fluggesellschaften wäre es m.E. ansonsten in Anwendung der für die Streichung der Platzbuchung bei Nichterscheinen am Gate maßgebenden Vorschriften möglich, die Platzbuchung des Passagiers zu streichen, welches wiederum, abhängig vom jeweiligen Flugtarif, den erstattungslosen Verlust des Beförderungsanspruchs zur Folge haben könnte. Sollte der Luftfrachtführer wie regelmäßig für den verspäteten Abflug eine neue Meldeschlusszeit für die Meldung des Fluggastes am Gate festlegen, wird man sogar schon einen Schritt früher ansetzen können. In dieser Situation wird man u.U. einen konkludenten Rücktritt vom Beförderungsvertrag bereits mit Verstreichenlassen dieser neuen Meldeschlusszeit annehmen können, da der Fluggast ansonsten Gefahr liefe, seinen Beförderungsanspruch erstattungslos zu verlieren. Insofern wird die beschriebene Fallkonstellation bei der Luftbeförderung wohl regelmäßig keine Probleme bereiten.

---

[553] Zur parallelen Fragestellung im Schadenersatzrecht, *Derleder/Hoolmans*, NJW 2004, 2787 ff., *Jauernig/Stadler*, § 281 Rn. 14; zum Ganzen ausführlich auch *Ernst* in MünchKomm BGB, § 281 Rn. 70 ff. und § 323 Rn. 165 ff. und *Gsell* in Soergel, § 323 Rn. 144 ff. m.w.N.

[554] *Jauernig/Stadler*, § 323 Rn. 31.

[555] *Derleder/Hoolmans*, NJW 2004, 2787 ff., bejahen diesen Vorrang des Wahlrechts (dazu *Schwab*, JR 2003, 133, 134 f.) des Gläubigers im Rahmen der parallelen Fragestellung im Schadensersatzrecht (vgl. § 281 IV BGB), a.A. wohl *Jauernig/Stadler*, § 281 Rn. 15, die davon ausgeht, dass der Gläubiger sein Wahlrecht schon vor dem Angebot des Schuldners ausgeübt haben muss, um nicht in Annahmeverzug zu geraten. *Ernst* in MünchKomm BGB, § 323 Rn. 176 spricht sich für eine kurze Überlegungsfrist aus.

[556] Vgl. *Jauernig/Stadler*, § 281 Rn. 15.

[557] Nach *Ernst* kann der Zurückweisung der Leistung als verspätet im Zweifel die Ausübung des Rücktrittsrechts entnommen werden, *Ernst* in MünchKomm BGB, § 323 Rn. 166.

5. Rücktritt vor Fälligkeit

Gemäß § 323 IV BGB ist der Rücktritt vom Beförderungsvertrag durch den Fluggast auch bereits vor der planmäßigen Abflugzeit, also vor Fälligkeit der Beförderungsleistung, möglich, sofern zu diesem Zeitpunkt bereits offensichtlich ist, dass die Voraussetzungen des Rücktritts eintreten werden. Dafür muss grds. mit an Sicherheit grenzender Wahrscheinlichkeit feststehen, dass die Voraussetzungen eines Rücktrittsrechts des Gläubigers nach § 323 I oder II BGB zu einem späteren Zeitpunkt gegeben sein werden.[558] Nach dem zuvor Gesagten müsste somit für den vorzeitigen Rücktritt vom Luftbeförderungsvertrag zum Zeitpunkt des Rücktritts zum einen feststehen, dass der Luftfrachtführer einen rechtzeitigen Abflug bzw. einen rechtzeitigen Beförderungsbeginn der Beförderung des Fluggastes nicht bewerkstelligen können wird, zum anderen müsste zu diesem Zeitpunkt ebenfalls bereits feststehen, dass der Luftfrachtführer auch innerhalb der für den gebuchten Flug maßgebenden Nachfrist nicht in der Lage sein wird, die Beförderung zu beginnen. Entscheidend ist also, ob der Luftfrachtführer auch innerhalb der Nachfrist nicht in der Lage sein wird abzufliegen.

Nach dem Wortlaut von § 323 IV BGB wäre ein vorzeitiger Rücktritt vom Beförderungsvertrag unter den genannten Voraussetzungen jedoch lediglich vor Fälligkeit der Beförderungsleistung möglich. Fraglich ist daher, ob ein vorzeitiger Rücktritt auch nach Fälligkeit noch möglich ist, sofern zwar die Voraussetzungen des Rücktritts noch nicht eingetreten sind, aber bereits feststeht, dass sie eintreten werden. So könnte z.B. erst zu einem Zeitpunkt nach dem planmäßigen Abflug feststehen, dass der Luftfrachtführer auch innerhalb der für den Flug angemessenen Nachfrist nicht in der Lage sein wird, die Beförderung zu beginnen. In diesem Fall ist § 323 IV BGB m.E. analog anzuwenden und dem Gläubiger der Rücktritt eben zu dem Zeitpunkt nach Fälligkeit zu ermöglichen, in dem mit an Sicherheit grenzender Wahrscheinlichkeit feststeht, dass die Voraussetzungen des Rücktritts eintreten werden, also die Nachfrist fruchtlos verstreichen wird.

Schwierig dürfte es für den Fluggast sein, die Voraussetzungen eines vorzeitigen Rücktritts zu beweisen. Er ist hier auf die rechtzeitige und wahrheitsgemäße Information durch den Luftfrachtführer über eine zu erwartende Abflugverspätung angewiesen, auf die er grds. wie gezeigt aus einer Nebenpflicht zum Beförderungsvertrag einen Anspruch hat[559]. Sind schließlich die Voraussetzungen eines vorzeitigen Rücktritts im Zeitpunkt der Rücktrittserklärung gegeben, stellt sich aber im Nachhinein heraus, dass die Vor-

---

[558] *Gsell* in *Soergel*, § 323 Rn. 132 ff.; *Palandt/Grüneberg*, § 323 Rn. 23; *Jauernig/Stadler*, § 323 Rn. 15; *Mossler*, ZIP 2002, 1831, 1832; a.A. *Ernst* in MünchKomm BGB, § 323 Rn. 133 f., nach dem die Offensichtlichkeit eines fruchtlosen Ablaufs der Nachfrist nicht erforderlich ist.

[559] Siehe dazu unter Punkt 3. Teil, 2. Kapitel, § 2 A. II. Seite 208.

aussetzungen des Rücktritts doch nicht eingetreten wären, muss dies auf einen bereits erklärten Rücktritt ohne Einfluss bleiben.[560]

6. Einschränkung des Rücktrittsrechts in ABB

Eine Einschränkung des sich aus § 323 BGB ergebenden Rücktrittsrechts des Fluggastes sowohl individualvertraglich als auch in den ABB der Luftfrachtführer ist grds. denkbar,[561] denn § 323 BGB ist dispositiv[562]. Einschränkungen in ABB unterliegen jedoch den Beschränkungen der §§ 307 ff. BGB. Die Ausgestaltung des Rücktrittsrechts muss daher gemäß § 307 II Nr. 1 BGB dem gesetzlichen Leitbild des § 323 BGB entsprechen,[563] dies gilt umso mehr, sofern ein pflichtwidriges Verhalten des Verwenders den Rücktrittsgrund bildet. Die Rechte des Gläubigers können daher nur sehr eingeschränkt abbedungen werden. Gemäß § 309 Nr. 8 a) BGB ist jedoch z.B. der Ausschluss oder eine Einschränkung des Rücktrittsrechts für den Fall möglich, dass der Verwender die eingetretene Pflichtverletzung nicht zu vertreten hat. Die Luftfrachtführer könnten daher in ihren ABB den Rücktritt des Fluggastes vom Beförderungsvertrag dahingehend beschränken, dass eine auf höherer Gewalt beruhende und somit vom Luftfrachtführer nicht zu vertretene Abflugverspätung, den Fluggast nicht zum Rücktritt vom Beförderungsvertrag berechtigt.[564] Soweit bekannt, hat eine solche Bestimmung in die ABB der Fluggesellschaften bis jetzt jedoch keinen Einzug gefunden. Denkbar wäre m.E. auch eine Bestimmung, die den Rücktritt des Fluggastes aufgrund einer Abflugverspätung ausschließt, soweit der Luftfrachtführer glaubhaft versichern kann, dass er trotz der eingetretenen Abflugverspätung aufgrund der Flugroutenwahl, des Auslassens von Zwischenlandepunkten, der Beförderung auf einem anderen (Direkt-)Flug oder einer erhöhten Geschwindigkeit eine pünktliche Ankunft des Fluggastes am Zielort oder jedenfalls eine so rechtzeitige Ankunft am Zielort gewährleisten kann, dass ein Schadensersatzanspruch nach Art. 19 MÜ wegen Ankunftsverspätung ausgeschlossen ist. In einem solchen Fall wäre aber wohl auch ohne eine Bestimmung in den ABB das Rücktrittsrechtsrecht des Fluggastes gemäß § 242 BGB ausgeschlossen. Möglicherweise auch deshalb ist eine entsprechende Bestimmung in den ABB der Fluggesellschaften, soweit bekannt, bisher nicht vorhanden.

In den ABB der Fluggesellschaften finden sich dagegen regelmäßig Bestimmungen, die die Erstattung Flugpreises auch bei einer (Abflug-)Ver-

---

[560] So auch *Ernst* in MünchKomm BGB, § 323 Rn. 134.
[561] Anders wohl *Führich*, Rn. 1002, der lediglich die individualvertragliche Einschränkung des Rücktrittsrechts bei Vorliegen eines relativen Fixgeschäftes befürwortet.
[562] *Palandt/Grüneberg*, § 323 Rn. 2.
[563] *Palandt/Grüneberg*, § 323 Rn. 2, *Jauernig/Stadler*, § 323 Rn. 3.
[564] So für die Eisenbahnbeförderung auch *Staudinger S.* 59. Das würde dort allerdings voraussetzen, dass § 17 EVO Ansprüche auf Erstattung des Fahrpreises nicht bereits generell ausschließt, dazu *Staudinger*, S. 34 ff.

spätung näher ausgestalten. So sieht die Erstattungsregelung in Art. 10.2. ABB Flugpassage der Lufthansa, auf die bei Verspätungen in Art. 9.1.2. ABB Flugpassage der Lufthansa verwiesen wird, Bestimmungen vor, die die Berechnung des Erstattungsbetrages regeln, sofern nur einzelne Teile eines Flugscheins ausgeflogen wurden. Derartige Bestimmungen sind, sofern sie wie hier den Fluggast nicht i.S.v. § 307 BGB unangemessen benachteiligen, als unbedenklich zu werten. Eventuelle Bearbeitungsgebühren für die Erstattung des Flugpreises würden den Rücktritt des Fluggastes jedoch erschweren und würden daher m.E. eine unangemessene Benachteiligung darstellen. Nicht möglich wäre wohl auch eine Pauschalierung des Rückgewähranspruchs z.B. bei leichter Fahrlässigkeit.[565]

7. Erweiterungen des Rücktrittsrechts in ABB

Neben Einschränkungen sehen die ABB der Fluggesellschaften i.d.R. vor allem Erweiterungen des Rücktrittsrechts des Fluggastes bei (Abflug-)Verspätungen vor. Dies ist aufgrund des dispositiven Charakters des § 323 BGB grds. unbedenklich, insbesondere können die Parteien auf das Erfordernis einer Fristsetzung verzichten[566]. Die Voraussetzungen eines vertraglichen Rücktrittsrechts wegen einer Pflichtverletzung richten sich dann nach dem Vertrag.[567] Ob daneben auch noch ein Rücktrittsrecht aus § 323 BGB besteht, ist eine Frage der Auslegung.[568]

So sehen die ABB Flugpassage der Lufthansa in Art. 9.1.2. i.V.m. Art. 10.2. für die Erstattung des Flugpreises bei (Abflug-)Verspätungen weder eine Erheblichkeitsschwelle vor, noch ist für die Erstattung des Flugpreises der Ablauf einer angemessenen Nachfrist erforderlich. Diese Erstattungsvoraussetzungen könnten jedoch in den ABB gerade näher ausgestaltet werden.[569] So sind in ABB insbesondere konkrete Bestimmungen hinsichtlich der Art der Nachfristsetzung und konkrete Regelungen hinsichtlich der Angemessenheit einer Nachfrist in Abhängigkeit von der Dauer eines Fluges oder der Flugstrecke denkbar. Hier nutzen die Fluggesellschaften ihren Gestaltungsspielraum derzeit, soweit erkennbar, jedoch noch nicht.

8. Ergebnis

Bei einer Abflugverspätung gegenüber der für ihn geltenden Abflugzeit kann der Fluggast im Regelfall nach Ablauf einer automatisch laufenden Nachfrist, die entsprechend den oben gemachten Vorgaben kalkuliert werden kann, deren

---

[565] So für die Eisenbahnbeförderung *Staudinger*, S. 59 ff.
[566] BGH NJW 1982, 1036; BGH NJW 1985, 267, 268.
[567] BGH NJW 1982, 1036; BGH NJW 1985, 267, 268.
[568] OLG Hamm NJW 1987, 2089, 2090.
[569] Ähnlich auch für die Eisenbahnbeförderung, *Staudinger*, S. 57.

Dauer sich aber zumindest aus einer Art „erlaubten" Grundverspätung und einer im Verhältnis zur planmäßigen Beförderungsdauer stehenden Verspätung errechnen sollte, gemäß § 323 BGB vom Beförderungsvertrag zurücktreten.

9. *Beförderungen über mehrere Teilstrecken*

Etwas komplizierter verhält es sich mit dem Rücktritt des Fluggastes vom Beförderungsvertrag bei Beförderungen über mehrere Teilstrecken. Kommt es bei Beförderungen über mehrere Teilstrecken, also z.B. im Rahmen einer Umsteigeverbindung oder im Rahmen eines Hin- und Rückfluges, wobei ggf. auf Hin- und Rückflug jeweils wiederum eine Umsteigeverbindung gegeben sein kann, zu einer Abflugverspätung auf einer Teilstrecke, könnte nicht nur ein Rücktritt vom Beförderungsvertrag im Hinblick auf die gestörte Teilstrecke in Betracht kommen, sondern es könnten sich weitere Rücktrittsmöglichkeiten des Fluggastes im Hinblick auf einzelne oder alle nicht gestörten Teilstrecken ergeben.[570] Voraussetzung einer Auswirkung auf nicht gestörte Teilstecken ist dabei, dass die Beförderung aufgrund eines einheitlichen Beförderungsvertrages erfolgt.[571] Erfolgt die Beförderung aufgrund mehrerer Beförderungsverträge, ist jeder Beförderungsvertrag grds. separat zu beurteilen. Ein Rücktritt wäre dann immer nur hinsichtlich des Beförderungsvertrages der gestörten Teilstrecke möglich. Entsteht dem Fluggast darüber hinaus ein Schaden, weil einzelne andere bereits erbrachte oder noch zu erbringende Flüge aufgrund der Abflugverspätung eines einzelnen Fluges für den Fluggast wertlos werden, so ist er auf Schadensersatzansprüche gegen den vertraglichen Luftfrachtführer des gestörten Beförderungsvertrages unter dem Gesichtspunkt nutzloser Aufwendungen für bereits erbrachte Flugstrecken und unter dem Gesichtspunkt entgangener Leistungen für nicht erbrachte Flugstrecken angewiesen.

Kommt es dagegen im Rahmen einer Beförderung aufgrund eines einheitlichen Beförderungsvertrages zu einer Abflugverspätung auf einer Teilstrecke, ist die Anwendbarkeit von § 323 V 1 BGB zu erwägen. Fraglich ist dann allgemein, ob der Fluggast entweder lediglich im Hinblick auf den gestörten Teil der Leistung vom Beförderungsvertrag zurücktreten kann oder ob ein Rücktritt auch hinsichtlich des gesamten noch ausstehenden Teils der Leistung möglich ist oder ob der Fluggast sogar vom Vertrag insgesamt, also auch im Hinblick auf bereits abgeflogene Teilstrecken, zurücktreten kann.

§ 323 V 1 BGB regelt die Situation der quantitativen Teilleistung. Zwar wäre es denkbar, eine quantitative Teilleistung als „nicht vertragsgemäße" Leistung i.S.v. § 323 I BGB zu qualifizieren und insofern direkt auf § 323 I BGB

---
[570] Vgl. § 323 V 1 BGB.
[571] Zu der Frage, unter welchen Voraussetzungen die Beförderung aufgrund eines einheitlichen Vertrages erfolgt, siehe bereits oben unten Punkt 2. Teil, 3. Kapitel, § 3 B. Seite 88.

zurückzugreifen, mit einer „nicht vertragsgemäßen" Leistung ist in § 323 I BGB, wie § 323 V 1 BGB zeigt, jedoch lediglich eine Schlechtleistung gemeint.[572] Für die quantitative Teilleistung will § 323 V 1 BGB gerade eine Sonderregelung treffen. Diese sieht vor, dass der Gläubiger bei einer Teilleistung grds. lediglich hinsichtlich des noch ausstehenden Teils der Leistung vom Vertrag zurücktreten kann; nur sofern er an der teilweisen Vertragserfüllung kein Interesse hat, kann er sich zusätzlich vom Vertrag insgesamt lösen.[573]

§ 323 V 1 BGB ist jedoch vor allen Dingen auf den Fall „zugeschnitten", dass es im Rahmen einer vertragsgemäß in einem Akt zu bewirkenden Leistung lediglich zu einer Teilleistung kommt.[574] Kommt es dagegen im Rahmen einer von vornherein geschuldeten Ratenleistung zu einer Leistungsstörung im Hinblick auf einzelne Raten, ist fraglich, ob § 323 V 1 BGB ohne weiteres anzuwenden ist. Grds. handelt es sich aber auch bei einem solchen Vertrag dann, wenn es zu einer Verzögerung in der Leistung einer einzelnen Rate kommt, um einen Fall der teilweisen Nichtleistung,[575] so dass § 323 V 1 BGB grds. anwendbar ist[576]. Es sind jedoch bestimmte Rücktrittsbesonderheiten zu beachten.[577] Diskutiert werden diese Besonderheiten dabei zumeist im Hinblick auf den echten Sukzessivlieferungsvertrag ohne Dauerschuldcharakter,[578] also einen Kauf- oder Werklieferungsvertrag, bei dem von vorne herein eine bestimmte Menge an Waren geschuldet wird, die in Teilmengen zu liefern ist,[579] wobei den Teilmengen wiederum i.d.R. einzelne Preisposten gegenüber stehen[580]. Die gleichen Rücktrittsbesonderheiten müssen m.E. aber auch im Rahmen von „Ratenwerkverträgen" oder „Ratendienstleistungsverträgen" gelten,[581] jedenfalls besteht aus meiner Sicht kein Grund für eine rechtliche Differenzierung.

---

[572] Vgl. dazu *Palandt/Grüneberg*, § 323 Rn. 24.
[573] *Palandt/Grüneberg*, § 323 Rn. 24 ff.
[574] Vgl. *Ernst* in MünchKomm BGB, § 323 Rn. 200, 217.
[575] *Ernst* in MünchKomm BGB, § 323 Rn. 217; eine Schlechtleistung liegt nicht vor. § 633 II 3 BGB ist keinesfalls anwendbar. § 633 II 3 BGB bezieht sich nur auf sog. Mengenfehler, nicht aber auf die Teilleistung, vgl. *Palandt/Sprau*, § 633 Rn. 8 a.E.; *Ernst* in MünchKomm BGB, § 323 Rn. 215. Bei einer Abflugverspätung auf einer Teilstrecke fehlt es aber eindeutig an einer Teilleistung, ein Mengenfehler liegt nicht vor.
[576] *Ernst* in MünchKomm BGB, § 323 Rn. 217; *Gsell* in *Soergel*, § 323 Rn. 196; *Emmerich*, § 12 Rn. 35, S. 189; *Lorenz/Riehm*, Rn. 248 ff.; *Palandt/Grüneberg*, v. § 311 Rn. 31; *Jauernig/Stadler*, § 323 Rn. 18. Auch die Kommission zur Überarbeitung des Schuldrechts hat sich unter Verzicht auf eine spezielle Regelung für Sukzessivlieferungsverträge für die Anwendung der Teilleistungsvorschriften ausgesprochen, vgl. den Abschlußbericht, S. 167 und *Otto* in *Staudinger* (2004), § 323 Rn. B 132. A.A. *Huber*, Leistungsstörungen II, § 45 I 2 a, S. 413 f. zu § 326 BGB a.F.
[577] *Ernst* in MünchKomm BGB, § 323 Rn. 217 ff.
[578] *Ernst* in MünchKomm BGB, § 323 Rn. 217; *Otto* in *Staudinger* (2004), § 323 Rn. B 131.
[579] *Palandt/Grüneberg*, v. § 311 Rn. 27; *Otto* in *Staudinger* (2004), § 323 Rn. B 131; *Gsell* in *Soergel*, § 323 Rn. 16 und 195.
[580] *Ernst* in MünchKomm BGB, § 323 Rn. 217.
[581] Vgl. hierzu auch *Lorenz/Riehm*, Rn. 248; BGH NJW 2001, 2878, 2879. Ein derartiger Ratenwerkvertrag ist m.E. z.B. auch dann gegeben, wenn nach VOB/B verschiedene

Zur Lösung des aufgeworfenen Problems müssen m.E. daher die Rücktrittsbesonderheiten des Ratenlieferungsvertrages auf den Luftbeförderungsvertrag übertragen werden, der, sofern eine Beförderung über mehrere Teilstrecken geschuldet ist, einen „Ratenwerkvertrag" darstellt, bei dem die durch Abflug- und Ankunftszeiten bestimmten Beförderungen auf den einzelnen Teilstrecken, also die verschiedenen Flüge, die einzelnen Teilleistungen (Raten) bilden.[582]

Der Fluggast hat daher, ähnlich wie beim Ratenlieferungsvertrag, nach fruchtlosem Ablauf der Nachfrist grds. zunächst nur die Möglichkeit, hinsichtlich der gestörten Teilstrecke vom Beförderungsvertrag zurückzutreten.[583] Möglich ist also grds. nur ein sog. Teilrücktritt hinsichtlich der Flugstrecke, auf der es zu einer Abflugverspätung kommt. Er führt zur Vertragstrennung,[584] die Gegenleistung erlischt entsprechend[585]. Voraussetzung ist jedoch, dass sowohl Leistung als auch Gegenleistung teilbar sind.[586] Von Teilbarkeit der Beförderungsleistung beim Luftbeförderungsvertrag ist jedoch auszugehen, eine Luftbeförderung kann grds. in die einzelnen Teilstrecken (Hin- und Rückflug, Zubringer- und Anschlussflug) unterteilt werden.[587] Auch die Gegenleistung, der Flugpreis, ist teilbar und kann auch grds. den einzelnen Teilstrecken zugeordnet werden.[588] Deutlich wird beides an der Erstattungsregelung der Lufthansa für unfreiwillige Erstattungen z.B. infolge von Verspätungen. Gemäß Art. 10.2.1.2. ABB Flugpassage der Lufthansa wird bei einem zum Teil ausgeflogenen Flugschein mindestens die Differenz zwischen dem gezahlten Flugpreis und dem für die abgeflogene Strecke anwendbaren Flugpreis erstattet.

Ein Rücktritt vom ganzen Vertrag im Hinblick auf die bereits erbrachten und noch zu erbringenden Leistungen, ein sog. Totalrücktritt, ist dagegen nur unter den besonderen Voraussetzungen des § 323 V 1 BGB möglich, wobei das Interesse des Gläubigers sowohl an den bereits erbrachten als auch an den noch zu erbringenden Leistungen entfallen sein muss.[589] Zwar

---

Ausführungsfristen für ein Bauwerk vereinbart werden, vgl. zu solchen Verträgen *Peters* in *Staudinger* (2003), § 633 Rn. 126.

[582] Auf den Eisenbahnbeförderungsvertrag wendet *Staudinger* § 323 V 1 BGB dagegen ohne weiteres an, *Staudinger*, S. 59.

[583] Vgl. zum Ratenlieferungsvertrag, *Ernst* in MünchKomm BGB, § 323 Rn. 218; *Otto* in *Staudinger* (2004), § 323 Rn. B 131; *Gsell* in *Soergel*, § 323 Rn. 196; RGZ 97, 133, 136 f.; *Schwab*, ZGS 2003, 73, 74.

[584] BGHZ 36, 316, 318.

[585] *Palandt/Grüneberg*, § 323 Rn. 25; *Jauernig/Stadler*, § 323 Rn. 17.

[586] *Ernst* in MünchKomm BGB, § 323 Rn. 201 f., 218.

[587] Für Teilbarkeit bei planmäßigen Zwischenlandungen und Hin- und Rückflugkombinationen auch *Fröhlich*, S. 243. Zur Teilbarkeit der Eisenbahnbeförderung siehe *Pohar*, S. 169.

[588] Zur Ratenlieferung zum Einheitspreis vgl. auch *Ernst* in MünchKomm BGB, § 323 Rn. 225.

[589] Vgl. zum Ratenlieferungsvertrag, *Ernst* in MünchKomm BGB, § 323 Rn. 220; *Gsell* in *Soergel*, § 323 Rn. 196; Nicht so deutlich *Otto* in *Staudinger* (2004), § 323 Rn. B 135.

nimmt der Gesetzeswortlaut des § 323 V 1 BGB für einen Totalrücktritt eigentlich nur auf die bereits erbrachten Leistungen Bezug,[590] trotzdem ist es m.E. richtig, auch auf das Entfallen des Interesses an den zukünftigen Leistungen abzustellen. Da die zukünftigen Leistungen bei einer Ratenleistung noch nicht fällig sind, kann ein Rücktritt auch im Hinblick auf diese Leistungen nur in Betracht kommen, wenn auch insoweit das Interesse des Gläubigers entfallen ist.[591] Erforderlich ist daher, dass der Fluggast aufgrund der Abflugverspätung auf einer Teilstrecke weder an den bereits erbrachten Flugleistungen noch an den noch zu erbringenden Flugleistungen ein Interesse hat. Ein Totalrücktritt muss schließlich auch schon dann möglich sein, wenn bereits am Ausgangsort des Hinfluges eine Abflugverspätung gegeben ist. § 323 V 1 BGB ist nach allgemeiner Meinung, entgegen seinem Wortlaut, auch dann anwendbar, wenn bereits die erste Teilleistung nicht erbracht wird.[592]

Kommt es dagegen erst auf einem Rückflug ggf. nach einer Zwischenlandung zu einer Abflugverspätung, dann dürften die bereits erbrachten Flugleistungen dadurch regelmäßig nicht sinnlos werden. Eventuelle Termine am Zielort des Hinfluges sind bereits wahrgenommen worden und ein eventuell bereits durchgeführter Flug in Richtung des Zielortes des Rückfluges hat den Fluggast diesem Beförderungsziel schon ein Stück näher gebracht.

Fraglich kann daher zu diesem Zeitpunkt nur noch sein, ob der Fluggast aufgrund der Abflugverspätung auf der entsprechenden Teilstrecke möglicherweise sein Interesse an der weiteren Beförderung durch den Luftfrachtführer auf den weiteren vereinbarten Teilstrecken verloren hat. Insofern könnte es für den Fluggast z.B. auch günstiger sein, für die restliche Strecke insgesamt einen neuen Beförderungsvertrag abzuschließen. Es stellt sich damit in dieser Situation neben dem Teilrücktritt vom Beförderungsvertrag hinsichtlich der gestörten Leistung lediglich die Frage nach einem sog. Rücktritt für die Zukunft hinsichtlich aller weiteren noch zu erbringenden Teilleistungen, der eine Art Kündigung des Vertrages darstellen würde. Beim Ratenlieferungsvertrag soll ein solcher Rücktritt für die Zukunft dann möglich sein, wenn die Voraussetzungen des § 323 IV BGB bzgl. der weiteren noch zu erbringenden Raten gegeben sind, wenn also aufgrund der unterbliebenen Leistung offensichtlich ist, dass die Rücktrittsvoraussetzungen bzgl. der weiteren Raten eintreten werden.[593]

Nach *Schwab*, ZGS 2003, 73, 74 f. ist ein solcher Interessefortfall so gut wie ausgeschlossen.
[590] So *Ernst* in MünchKomm BGB, § 323 Rn. 203.
[591] Ähnlich auch eine starke Mindermeinung zum alten Recht, vgl. nur *Musielak*, JuS 1979, 96, 100.
[592] Vgl. nur *Ernst* in MünchKomm BGB, § 323 Rn. 197.
[593] *Ernst* in MünchKomm BGB, § 323 Rn. 221 f; *Gsell* in *Soergel*, § 323 Rn. 196; nach a.A. ist ein Rücktritt bzw. ein Schadensersatzanspruch bzgl. aller noch ausstehenden Leistungen bereits nach entsprechender Abmahnung nach § 323 III BGB bzw. § 281 III BGB möglich, vgl. *Jauernig/Stadler*, § 323 Rn. 18, § 281 Rn. 25; *Lorenz/Riehm*, S. 250 f.

Die Voraussetzungen des § 323 IV BGB müssen jedoch bei der Luftbeförderung, sofern es zu einer Abflugverspätung auf einer Teilstrecke kommt, bzgl. der weiteren Teilstrecken nicht zwangsläufig erfüllt sein. Man denke an einen Round-Trip-Flug, bei dem es gleich auf der ersten Teilstrecke des Rückfluges zu einer Abflugverspätung kommt. Der Anschlussflug nach der geplanten Zwischenlandung ist jedoch nicht in Gefahr, da dieser erst für den übernächsten Tag geplant ist. Auch in dieser Situation erscheint es sinnvoll, dem Fluggast den Rücktritt vom Beförderungsvertrag bzgl. aller noch ausstehenden Teilstrecken zu ermöglichen, sofern er nun z.B., weil er einen Termin an dem Zwischenlandeort nicht mehr wahrnehmen kann, kein Interesse mehr an der Zwischenlandung hat. Auch wäre es denkbar, dass es für den Fluggast in dieser Situation günstiger ist, einen Beförderungsvertrag für den Rückflug insgesamt neu abzuschließen. Es bieten sich insofern zwei Lösungsmöglichkeiten an. *Ernst* spricht sich dafür aus, dass Erfordernis der Offensichtlichkeit in § 323 IV BGB in dieser Hinsicht weit auszulegen.[594] So wäre es im Einzelfall u.U. möglich, aus der einmaligen Nichtleistung bzgl. einer Teilleistung eine Wiederholungsgefahr bzgl. der anderen noch ausstehenden Teilleistungen abzuleiten, die dann einen Rücktritt nach § 323 IV BGB rechtfertigen könnte.[595] Meiner Ansicht nach ist es jedoch nicht zwingend erforderlich, den Rücktritt für die Zukunft lediglich bei Vorliegen der Voraussetzungen des § 323 IV BGB zuzulassen. Statt eines Totalrücktritts könnte man m.E. dem Gläubiger bei einem Wegfall lediglich des Interesses an den zukünftigen Leistungen als ein „Weniger" über § 323 V 1 BGB auch den Rücktritt für die Zukunft ermöglichen. Entfällt bei einem Fluggast bei einer Abflugverspätung daher lediglich das Interesse an den zukünftigen Leistungen, wäre eben neben dem Rücktritt von der gestörten Teilleistung nur der Rücktritt vom Beförderungsvertrag bzgl. der noch ausstehenden Teilstrecken möglich.

Nach *Ernst* bestehen beim Ratenlieferungsvertrag die einzelnen Rücktrittsrechte schließlich unabhängig voneinander.[596] Übertragen auf den Luftbeförderungsvertrag kann der Fluggast bei Vorliegen der Voraussetzungen der verschiedenen Rücktrittsrechte somit den Flug auf der gestörten Teilstrecke wahrnehmen, den Rücktritt für die Zukunft, also zum Beispiel hinsichtlich des Rückfluges, aber erklären. Er kann auch hinsichtlich der gestörten Teilstrecke vom Beförderungsvertrag zurücktreten, hinsichtlich der zukünftigen Teilstrecken aber am Beförderungsvertrag festhalten.

Abschließend ist darauf hinzuweisen, dass ein Rücktritt des Fluggastes gemäß Art. 29 MÜ dann ausgeschlossen sein muss, wenn die Abflugverspä-

---

(§ 314 II BGB analog); *Schwab*, ZGS 2003, 73, 75 f. wiederum verlangt das Vorliegen der Voraussetzungen der §§ 324 bzw. 282 BGB. Zum Ganzen auch *Otto* in *Staudinger* (2004), § 323 Rn. B 134.
[594] *Ernst* in MünchKomm BGB, § 323 Rn. 222.
[595] *Ernst* in MünchKomm BGB, § 323 Rn. 222.
[596] *Ernst* in MünchKomm BGB, § 323 Rn. 223.

tung des Fluggastes auf der Anschlussflugstrecke, sei es weil der Anschlussflug verschoben wurde oder der Fluggast auf einen anderen Anschlussflug umgebucht wurde, auf einer Ankunftsverspätung des Fluggastes auf der Zubringerflugstrecke beruht.[597] Gleiches gilt sofern die HaftungsVO oder das LuftVG Anwendung finden.

IV. Schadensersatz statt der Leistung

Liegt eine Abflugverspätung vor, hat der Fluggast gegen den vertraglichen Luftfrachtführer unter bestimmten Voraussetzungen, die zum Teil mit den bereits diskutierten Rücktrittsvoraussetzungen gemäß § 323 BGB identisch sind, auch einen Anspruch auf Schadensersatz statt der Leistung gemäß §§ 280 I, III, 281 I BGB.[598] Dieser Anspruch ist gemäß § 325 BGB durch einen Rücktritt des Fluggastes vom Beförderungsvertrag nicht ausgeschlossen.

1. Identische Voraussetzungen

Zunächst müsste gemäß § 281 I 1 BGB wiederum eine Verzögerung der Leistung gegeben sein, wobei geringfügige Abflugverspätungen, die sich im Bereich von ca. 15 Minuten bewegen, auch insoweit als unerheblich einzustufen sind und analog § 281 I 3 BGB damit eine Schadensersatzhaftung nicht begründen können. Alternativ wäre auch hier ein Rückgriff auf § 242 BGB möglich, welcher eine Haftung bei geringfügigen Abflugverspätungen in dieser Größenordnung ebenfalls ausschließen dürfte.

Weiterhin setzt auch ein Schadensersatzanspruch nach § 281 I 1 BGB den fruchtlosen Ablauf einer angemessenen Nachfrist voraus. Diese ist gemäß § 281 II, 2. Alt. BGB jedoch wiederum dann entbehrlich, wenn besondere Umstände vorliegen, die unter Abwägung der beiderseitigen Interessen die sofortige Geltendmachung des Schadensersatzanspruches rechtfertigen. Wie auch für den Rücktritt sind diese besonderen Umstände bei der Luftbeförderung im Personenverkehr m.E. gegeben. Sie rechtfertigen m.E. auch die sofortige Geltendmachung des Schadensersatzanspruches statt der Leistung nach dem Ablauf einer automatisch laufenden angemessenen Nachfrist, deren Länge sich nach denselben Kriterien bestimmt, die auch für die Bestimmung der angemessenen Nachfrist beim Rücktritt maßgeblich sind und die mit dieser grds. identisch ist.[599] Für den Schadensersatzanspruch ist jedenfalls keine längere Nachfrist erforderlich. Geringfügige Überschreitungen der Nachfrist im Fünf-Minuten-Bereich müssen dabei auch im Hinblick auf

---

[597] Dazu genauer unter Punkt 3. Teil, 2. Kapitel, § 2 C. III. 4. Seite 337.
[598] Vgl. auch *Koller*, Art. 19 WA 1955 Rn. 3.
[599] Zur angemessenen Nachfrist beim Rücktritt siehe unter Punkt 3. Teil, 2. Kapitel, § 2 A. III. 4. Seite 219.

einen Schadensersatzanspruch gemäß § 242 BGB ohne Bedeutung bleiben.[600] Die Annahme eines relativen Fixgeschäftes im Einzelfall würde nach h.M. dagegen, anders als beim Rücktritt gemäß § 323 II Nr. 2 BGB, die Fristsetzung nicht entbehrlich machen.[601] Die Voraussetzungen des § 281 II, 2. Alt. BGB können insofern nicht grds.[602] als gegeben angesehen werden.

Fraglich ist, ob auch ein Schadensersatzanspruch statt der Leistung bereits vor Fälligkeit der Leistung, bei der Flugbeförderung also vor dem Abflugzeitpunkt, geltend gemacht werden kann. Eine dem § 323 IV BGB entsprechende Regelung enthält § 281 BGB nicht. Man ist sich jedoch weitgehend einig, dass dem Gesetzgeber insofern ein Redaktionsversehen unterlaufen ist, denn grds. sollte mit der Schuldrechtsmodernisierung ab dem Jahr 2002 ein Gleichlauf zwischen Rücktritt und Schadensersatz hergestellt werden,[603] jedenfalls sollte die vor der Schuldrechtsmodernisierung geltende Rechtslage nicht geändert werden, nach der der Gläubiger zumindest bei einer ernsthaften und endgültigen Erfüllungsverweigerung des Schuldners auch bereits vor Fälligkeit der Leistung Schadensersatz wegen Nichterfüllung geltend machen konnte.[604] Zum Teil wird daher für die Fälle der Erfüllungsverweigerung eine analoge Anwendung von § 281 I, II BGB vorgeschlagen,[605] die wohl h.M. spricht sich jedoch für eine analoge Anwendung von § 323 IV BGB im Rahmen der Schadensersatzhaftung des Schuldners gemäß § 281 BGB aus.[606] Ist daher bereits vor oder nach der planmäßigen Abflugzeit offensichtlich, d.h. steht mit an Sicherheit grenzender Wahrscheinlichkeit fest, dass weder die Abflugzeit eingehalten werden kann, noch der Abflug des Fluggastes innerhalb der automatisch laufenden Nachfrist bewerkstelligt werden kann, ist neben dem Rücktritt vom Beförderungsvertrag bei Vorliegen

---

[600] Zur grds. Anwendbarkeit von § 242 BGB in dieser Situation, *Jauernig/Stadler*, § 281 Rn. 7; *Otto* in *Staudinger* (2004), § 281, Rn. B 83. Siehe auch BGH WM 1978, 640, der in der Sache ähnlich auf eine Obliegenheit zur Schadensminderung gemäß § 254 II 1 BGB durch Annahme der Leistung abstellt.

[601] *Ernst* in MünchKomm BGB, § 281, 59 und § 323 Rn. 120; *Gsell* in *Soergel*, § 323 Rn. 110; *Jauernig/Stadler*, § 281 Rn. 10; *Ramming*, ZGS 2002, 412, 415; iE auch *Dauner-Lieb* in AnwK-BGB, § 281, Rn. 43 mit Nachweisen zur Gegenansicht; insbesondere *Jaensch* spricht sich insofern für einen Gleichlauf von Rücktritt und Schadensersatz aus und will dies über eine extensive Auslegung von § 281 II, 2. Alt. BGB erreichen, vgl. *Jaensch*, ZGS 2004, 134, 141; *Jaensch*, NJW 2003, 3613; 3614.

[602] Im Einzelfall ist die Anwendung aber durchaus möglich, so auch *Ernst* in MünchKomm BGB, § 323 Rn. 120; *Gsell* in *Soergel*, § 323 Rn. 110.

[603] *Jaensch*, ZGS 2004, 134, 141; *Jaensch*, NJW 2003, 3613; 3614.

[604] *Ernst* in MünchKomm BGB, § 281, 62.

[605] *Ernst* in MünchKomm BGB, § 281, 62; *Jauernig/Stadler*, § 323 Rn. 15 (§ 281 Rn. 9, § 280 Rn. 18).

[606] *Jaensch*, ZGS 2004, 134, 141 m.w.N.; *Jaensch*, NJW 2003, 3613; 3614; *Ramming*, ZGS 2002, 412, 416; *Göller*, JuS 2002, 1177 f.; a.A. *Jauernig/Stadler*, § 281 Rn. 6; *Dauner-Lieb* in AnwK-BGB, § 281, Rn. 21 m.w.N.

der weiteren Voraussetzungen zu diesem Zeitpunkt auch bereits ein Schadensersatzanspruch statt der Leistung des Fluggastes zu bejahen.

Des Weiteren stellt sich auch im Rahmen eines Schadensersatzanspruches nach § 281 BGB die Frage, inwiefern der Gläubiger an ein Erfüllungsangebot des Schuldners gebunden ist, dass dieser erst nach Ablauf der angemessenen Nachfrist macht. Grds. kann sich der Gläubiger ähnlich wie beim Rücktritt jederzeit für die Geltendmachung von Schadensersatz entscheiden, der Anspruch auf die Leistung ist gemäß § 281 IV BGB erst dann ausgeschlossen, wenn der Gläubiger auch tatsächlich Schadensersatz verlangt.[607] Im Interesse des Schuldners, zur Verhinderung einer unendlich langen Schwebezeit, muss aber auch hier wie im Rahmen des Rücktrittsrechts verlangt werden, dass sich der Gläubiger mit dem Angebot des Schuldners für eine Variante entscheidet; andernfalls würde er in Annahmeverzug geraten und die Ausübung des Wahlrechts wäre dann nicht mehr möglich.[608] Nimmt man allerdings an, dass der Fluggast durch Nichteinsteigen in den angebotenen Flug konkludent vom Beförderungsvertrag zurücktritt, so wäre damit bereits der Erfüllungsanspruch erloschen, und der Fluggast könnte jetzt gemäß § 325 BGB nur noch zum Schadensersatzanspruch übergehen.

2. Verschulden

Neben diesen mit den Rücktrittsvoraussetzungen identischen Voraussetzungen müssen für einen Schadensersatzanspruch statt der Leistung gemäß §§ 280 I, III, 281 I BGB aber noch weitere Voraussetzungen erfüllt sein. Schadensersatz statt der Leistung kann der Fluggast gegenüber dem vertraglichen Luftfrachtführer gemäß § 280 I 2 BGB insbesondere nur dann geltend machen, wenn dieser die Abflugverspätung auch zu vertreten hat. Aufgrund der Beweislastverteilung in § 280 I 2 BGB obliegt es jedoch dem vertraglichen Luftfrachtfrachtführer, sich insofern zu entlasten. Eine Beweislastumkehr in ABB zum Nachteil des Fluggastes ist gemäß § 309 Nr. 12 BGB nicht möglich.[609]

Die Entlastung des Luftfrachtführers dürfte dabei häufig nicht gelingen. Wie die monatlichen und jährlichen Berichten des Central Office for Delay Analysis (CODA),[610] einer Abteilung von Eurocontrol[611], über die Gründe für Abflugverspätungen zeigen, sind die Fluggesellschaften bei ca. 50% aller

---

[607] Liegen allerdings die Voraussetzungen der §§ 280, 281 BGB nicht vor oder ist kein Schaden entstanden, geht also das Verlangen ins Leere, besteht der Leistungsanspruch fort, *Jauernig/Stadler*, § 281 Rn. 14.
[608] Vgl. die Literaturhinweise unter Punkt 3. Teil, 2. Kapitel, § 2 A. III. 4. d) Seite 228.
[609] Vgl. allgemein *Kieninger* in MünchKomm BGB, § 309 Nr. 12 Rn. 6 ff.
[610] Zu finden auf der Website der CODA <www.eurocontrol.int/eCoda/portal>. Siehe auch den Luftverkehrsbericht 2006 des Deutschen Zentrums für Luft- und Raumfahrt (DLR), S. 43 f., zu finden unter <www.dlr.de>.
[611] <www.eurocontrol.int>.

verspäteten Flüge hauptsächlich selbst für die Abflugverspätung verantwortlich. Die restlichen verspäteten Flüge sind vor allen Dingen auf solche Personen und Unternehmen zurückzuführen, für deren Verschulden die Fluggesellschaften gemäß § 278 BGB einzustehen haben. So können bei ca. 20% aller verspäteten Flüge hauptsächlich die Flughäfen als Ursache für die Abflugverspätung ausgemacht werden. Lediglich bei ca. 10–15% aller verspäteten Flüge beruht die Abflugverspätung dagegen in erster Linie auf ungünstigen Wetterbedingungen und somit i.d.R. auf höherer Gewalt.

a) Eigenes und der eigenen Mitarbeiter

Der vertragliche Luftfrachtführer hat zunächst für eigenes Verschulden und für das Verschulden der eigenen Mitarbeiter (wie z.B. des Bord- und Bodenpersonals) einzustehen. Regelmäßig wird es sich bei einem Luftfahrtunternehmen um eine juristische Person handeln. Das Verschulden der verfassungsmäßig berufenen Vertreter gilt dann gemäß § 31 BGB als eigenes Verschulden der juristischen Person.[612] Ein Verschulden seiner übrigen Mitarbeiter wird dem Luftfrachtführer dagegen gemäß § 278 S. 1 BGB zugerechnet, da die übrigen Mitarbeiter des Luftfrachtführers in aller Regel als Erfüllungsgehilfen i.S.v. § 278 S. 1 BGB zu qualifizieren sind. Entsprechend zählt das Bord-, Boden- und Verwaltungspersonal auch zu den Leuten des Luftfrachtführers i.S.v. Art. 20 WA und Art. 19 S. 2 MÜ.[613] Gleiches gilt auch für den Flugbetriebsleiter und den Technischen Betriebsleiter,[614] sowie für den u.U. mitfliegenden Sicherheitsbeauftragen[615].

Der Luftfrachtführer haftet dabei gemäß § 276 I 1 BGB für Vorsatz und Fahrlässigkeit.[616] Vorsätzlich herbeigeführte Abflugverspätungen werden jedoch nur selten gegeben sein. Sie sind denkbar, wenn der Abflug eines Fluges bewusst verzögert wird, um z.B. Passagieren eines verspäteten Zubringerfluges eine Anschlussverbindung zu ermöglichen. IdR wird aber die Frage der fahrlässigen Verursachung einer Abflugverspätung durch den Luftfrachtführer zu beantworten sein. Gemäß § 276 II BGB handelt fahrlässig, wer die im Verkehr erforderliche Sorgfalt außer Acht lässt. Der Luftfrachtführer, der eine Entlastung anstrebt, muss daher beweisen, dass er alles Erforderliche[617] getan

---

[612] Vgl. *Wolf* in *Soergel*, § 278 Rn. 20; *Palandt/Heinrichs*, § 278 Rn. 6; RG LZ 1933, 310; a.A. RGZ 152, 129, 132 f.
[613] Vgl. nur *Schmid*, S. 171 ff.; *Schmid* in *Giemulla/Schmid*, MÜ, Art. 19 Rn. 71; *Reuschle*, Art. 19 Rn. 38.
[614] So zu Art. 19 S. 2 MÜ *Schmid* in *Giemulla/Schmid*, MÜ, Art. 19 Rn. 71.
[615] Vgl. zu Art. 20 WA *Wipfli*, S. 187.
[616] Siehe auch *Führich*, Rn. 1004.
[617] So zu Art. 20 WA auch *Schmid* in *Giemulla/Schmid*, WA, Art. 20 Rn. 17. In Art. 19 S. 2 MÜ wird dagegen jetzt der Begriff des „Zumutbaren" verwandt. Der Luftfrachtführer muss entsprechend (nur) alles Zumutbare getan haben, um sich entlasten zu können. Vgl. dazu *Schmid* in *Giemulla/Schmid*, MÜ, Art. 19 Rn. 31 ff. m.w.N.

2. Kapitel Rechtsfolgen der Flugverspätung

hat, um alle Ursachen für eine Verspätung und damit die Verspätung selbst zu vermeiden[618]. Fahrlässigkeit setzt Voraussehbarkeit und Vermeidbarkeit des pflichtwidrigen Erfolges voraus.[619] Es gilt ein auf die allgemeinen Verkehrsbedürfnisse ausgerichteter objektiv-abstrakter Sorgfaltsmaßstab,[620] wobei die Sorgfaltsanforderungen nach dem jeweiligen Verkehrskreis zu bestimmen sind[621]. Als Maßstab wäre vorliegend somit ein ordentlicher Luftfrachtführer heranzuziehen.[622] Weiter konkretisiert wird die im Verkehr erforderliche Sorgfalt durch Rechtsnormen.[623] Aber auch andere Regelwerke können zur Bestimmung des Sorgfaltsmaßstabes herangezogen werden, insofern ist der Richter jedoch zur eigenen Prüfung und Bewertung verpflichtet.[624] Zur Bestimmung der im Luftverkehr erforderlichen Sorgfalt kann damit auf die verschiedenen internationalen (z.B. ICAO-Bestimmungen), europäischen (z.B. EU-OPS-Bestimmungen) und – soweit noch anwendbar – deutschen Verkehrsvorschriften wie die Luftverkehrsordnung (LuftVO), die Luftverkehrszulassungsordnung (LuftVZO) und die Betriebsordnung für Luftfahrtgerät (LuftBO) sowie diverse Durchführungsverordnungen zur LuftBO zurückgegriffen werden.[625] Die LuftBO gibt dabei unter anderem Aufschluss über die notwendige Wartung und Reparatur von Luftfahrtgerät.[626]

Grds. gilt, dass der Luftfrachtführer für eine betriebliche Organisation sorgen muss, die eine ständige Überprüfung von Mensch und Material gewährleistet.[627] Das gilt grds. auch für die Sicherheitskontrolle der Fluggäste und deren Gepäck.[628] Für mögliche Störungen muss der Luftfrachtführer darüber hinaus die notwendige Vorsorge treffen.[629] Er muss also für vorhersehbare Störungen aller Art (technische[630], personalbedingte[631], wetterbe-

---

[618] Vgl. zu Art. 19 S. 2 MÜ auch *Schmid* in *Giemulla/Schmid*, MÜ, Art. 19 Rn. 45.
[619] BGH NJW 1963, 1609; *Grundmann* in MünchKomm BGB, § 276 Rn. 53.
[620] BGH NJW 1963, 1609; BGH NJW 1981, 1603, 1604; BGH NJW 1989, 976, 978; BGH NJW 1988, 909; BGH NJW 2000, 2812, 2813.
[621] BGH NJW 1963, 1609; BGH NJW 1970, 1038, 1039.
[622] Ähnlich zu Art. 20 WA *Schmid* in *Giemulla/Schmid*, WA, Art. 20 Rn. 5 m.w.N. und zu Art. 19 S. 2 MÜ *Schmid* in *Giemulla/Schmid*, MÜ, Art. 19 Rn. 36; *Reuschle*, Art. 19 Rn. 36.
[623] *Palandt/Heinrichs*, § 276 Rn. 18.
[624] *Palandt/Heinrichs*, § 276 Rn. 18; BGH VersR 1984, 164, 165.
[625] So zu Art. 19 S. 2 MÜ auch *Schmid* in *Giemulla/Schmid*, MÜ, Art. 19 Rn. 37.
[626] Ausführlich zur notwendigen Wartung und zur Haftung bei neuen Flugzeugen, *Schmid* in *Giemulla/Schmid*, MÜ, Art. 19 Rn. 39.
[627] So zu Art. 20 WA, *Schmid* in *Giemulla/Schmid*, WA, Art. 20 Rn. 5. Zu Art. 19 S. 2 MÜ *Schmid* in *Giemulla/Schmid*, MÜ, Art. 19 Rn. 37.
[628] Siehe zu Art. 19 S. 2 MÜ *Schmid* in *Giemulla/Schmid*, MÜ, Art. 19 Rn. 38.
[629] *Ehmann*, NJW 1987, 401, 402 (Vorsorgeverschulden).
[630] Siehe zu Art. 20 WA *Dettling-Ott*, S. 184; *Kronke* in MünchKomm HGB, Art. 19 WA 1955 Rn. 18; AG Baden-Baden TranspR 1999, 402, 404; zu Art 19 S. 2 MÜ *Reuschle*, Art. 19 Rn. 42; *Schmid* in *Giemulla/Schmid*, MÜ, Art. 19 Rn. 39; zu Art. 5 III FluggastrechteVO *Schmid*, NJW 2006, 1841, 1844; *Schmid*, ASL 2007, 376 ff.; *Müller-Rostin*, NZV 2007, 221, 224 f.; *Dengler*, RRa 2007, 210 ff.; Schlussanträge der Generalanwältin Sharpston in der Rechtssache EuGH Az.: C-396/06, abgedruckt in RRa 2007, 261 ff.,

dingte,[632] verkehrsbedingte, flugsicherungsbedingte[633] und sonstige Störungen) entsprechend gerüstet sein. Dazu gehört es auch, ausreichend Ersatzflugzeuge vorzuhalten, um den Ausfall eines Flugzeugs, mit dem auch bei sorgfältiger Wartung immer zu rechnen ist, innerhalb vertretbarer Zeit kompensieren zu können.[634] Der Luftfrachtführer ist bei Ausfall eines Flugzeuges also verpflichtet, entweder möglichst umgehend ein Ersatzflugzeug zu stellen oder die Fluggäste auf andere Flüge, ggf. andere Beförderungsmittel umzubuchen.[635]

Ausgeschlossen ist ein Verschulden bzw. eine Verletzung der im Verkehr üblichen Sorgfalt regelmäßig in Fällen höherer Gewalt.[636] Der Verletzungserfolg ist in diesen Situationen weder vorhersehbar noch vermeidbar.[637] Fraglich ist jedoch, in welchen Fällen höhere Gewalt angenommen werden kann. Allgemein wird höhere Gewalt definiert als ein betriebsfremdes, von außen durch elementare Naturkräfte oder durch Handlungen dritter Personen herbeigeführtes Ereignis, das nach menschlicher Einsicht und Erfahrung unvorhersehbar ist, mit wirtschaftlich erträglichen Mitteln auch durch äußerste, nach der Sachlage vernünftigerweise zu erwartende Sorgfalt nicht verhütet oder unschädlich gemacht werden kann und auch nicht wegen seiner Häufigkeit vom Betriebsunternehmen in Kauf zu nehmen ist.[638] Auch ein Rückgriff auf Erwägungsgrund 14 der FluggastrechteVO könnte hilfreich sein. Dort wird der Begriff „außergewöhnliche Umstände" umschrieben, bei deren Vorliegen der Luftfrachtführer sich gemäß Art. 5 III FluggastrechteVO im Rahmen von

---

Rn. 39 ff. und EuGH NJW 2009, 347 ff. (Az.: C-549/07), der im hier vertretenen Sinne argumentiert. Siehe dazu *Am Ende*, ELR 2009, 23 ff.; *Giesecke/Makiol*, TranspR 2009, 213 ff. Siehe auch den Vorlagebeschluss BGH NJW 2009, 360.

[631] Siehe zu Art. 20 WA *Kronke* in MünchKomm HGB, Art. 19 WA 1955 Rn. 19 f.; zu Art. 19 S. 2 MÜ auch *Schmid* in Giemulla/Schmid, MÜ, Art. 19 Rn. 40, 53; *Reuschle*, Art. 19 Rn. 43.

[632] Zu Art. 20 WA so *Kronke* in MünchKomm HGB, Art. 19 WA 1955 Rn. 23.

[633] So *Tonner* in Gebauer, Kapitel 13 a Rn. 58. Grundsätzlich sei es einem Luftfahrtunternehmen zumutbar, sich auf voraussehbare Staus bei der Flugsicherung einzustellen und den Flugplan entsprechend zu gestalten.

[634] So zur Verspätungshaftung und Entlastung nach Art. 19, 20 WA, OLG Frankfurt/Main NJW-RR 2005, 65, 66 = RRa 2005, 78, 79; zur FluggastrechteVO AG Rüsselsheim RRa 2007, 46 f.; EuGH Az.: C-396/06, Schlussanträge der Generalanwältin Sharpston, Rn. 39 ff. und 47, abgedruckt in RRa 2007, 261 ff.

[635] Zur Beförderungspflicht aus dem Vertrag siehe bereits unter Punkt 3. Teil, 2. Kapitel, § 2 A. I. Seite 205.

[636] *Führich*, Rn. 1005 mit Beispielen; siehe zu Art. 19 S. 2 MÜ auch *Schmid* in Giemulla/Schmid, MÜ, Art. 19 Rn. 41. Zu Art. 20 WA *Guldimann*, Art. 20 WA Rn. 7; *Dettling-Ott*, S. 182.

[637] Ähnlich zu Art. 20 WA *Guldimann*, Art. 20 WA Rn. 7.

[638] BGH NJW 1953, 184; BGH NJW 1987, 1938, 1939; BGH VersR 1967, 138, 139; jüngst LG Itzehoe, NJW-RR 2003, 1465, 1466. Zum Eisenbahnverkehr vgl. *Czerwenka/Heidersdorf/Schönbeck*, § 82 EVO Anm. 2 b bb (6) (a).

Flugannullierungen entlasten kann und der sich in etwa mit dem Begriff höhere Gewalt deckt.[639]

Obwohl nicht jedes Naturereignis die Voraussetzungen höherer Gewalt erfüllt,[640] werden jedoch vor allem Naturereignisse im Einzelfall zur Annahme höherer Gewalt führen. Eine Entlastung des Luftfrachtführers ist so z.B. bei extrem schlechten Wetterbedingungen denkbar.[641] Schlechtes Wetter, starker Wind, Nebel und Eis können dabei auf der einen Seite, auch auf Flughäfen, die auf einen Allwetterbetrieb eingerichtet sind, dazu führen, dass das für einen Flug vorgesehene Flugzeug zu spät am Abflughafen ankommt, weil z.B. aus Sicherheitsgründen eine größere Staffelung der Abstände der anfliegenden Flugzeuge erforderlich ist[642]. Auf der anderen Seite können die beschriebenen Wetterbedingungen aber auch zur Folge haben, dass sich der Abflug an sich zum Start bereiter Maschinen verzögert, weil auch hier größere Startabstände eingehalten werden müssen, Flugzeuge vor dem Start enteist werden müssen oder die Landebahn von Schnee befreit werden muss. Sofern Starts oder Landungen aufgrund solcher Wetterbedingungen überhaupt nicht möglich sind, ein Flughafen deshalb also geschlossen bleiben muss, liegt jedenfalls ein Fall höherer Gewalt vor.[643]

Verhindern schlechte Sichtverhältnisse, insbesondere Nebel, die Landung des für einen bestimmten Flug vorgesehenen Flugzeugs, kann die Frage des Vorliegens höherer Gewalt nicht eindeutig beantwortet werden, da die Landung von ankommenden Flugzeugen bei Nebel auch abhängig ist von der technischen Ausrüstung der Flugzeuge und der Qualifikation der Piloten,[644] insofern eine verspätete Bereitstellung der Maschine für den nächsten Flug und eine daraus resultierende Verzögerung des nächsten Abfluges u.U. auch auf ein Verschulden des Luftfrachtführers zurückgeführt werden kann, der veraltete Maschinen oder nicht entsprechend ausgebildete Piloten einsetzt. Hier wird es darauf ankommen, welche Anforderungen an einen sorgfältigen und ordentlichen Luftfrachtführer zu stellen sind.[645]

---

[639] Ausführlich zu dem Begriff „außergewöhnliche Umstände" *Tonner* in *Gebauer*, Kapitel 13 a Rn. 55 ff.

[640] So zur Eisenbahnbeförderung auch *Staudinger*, S. 49.

[641] LG Düsseldorf ZLW 2008, 690, 692 f.; *Teuchert*, S. 281; vgl. zur Nichtbeförderung bei starkem Schneefall am Zielflughafen auch LG Frankfurt/Main, ZLW 1985, 376, 377. Maßgeblich sind jedoch nur die Wetterbedingungen des betroffenen Fluges, nicht diejenigen vorangehender Flüge, AG Geldern RRa 2008, 190 f. m. Anm. Schmid.

[642] Vgl. zu Art. 19 S. 2 MÜ *Schmid* in *Giemulla/Schmid*, MÜ, Art. 19 Rn. 45; *Reuschle*, Art. 19 Rn. 40.

[643] Tribunal de Commerce de Bruxelles, Wegge c. Sabena, RFDA 1966, 353.

[644] Vgl. zu Art. 19 S. 2 MÜ ausführlich *Schmid* in *Giemulla/Schmid*, MÜ, Art. 19 Rn. 46. Zur Entlastung nach der FluggastrechteVO bei Nebel siehe auch AG Frankfurt/Main DAR 2007, 470, 471.

[645] Ähnlich zu Art. 19 S. 2 MÜ *Schmid* in *Giemulla/Schmid*, MÜ, Art. 19 Rn. 46 und zu Art. 5 III FluggastrechteVO *Schmid*, NJW 2006, 1841, 1844 und *Schmid*, ZLW 2005, 373, 378.

Aber auch außerhalb extremer Wetterbedingungen sind verschiedene Verspätungsursachen denkbar, bei denen die darauf beruhende Abflugverspätung als Fall höherer Gewalt qualifiziert werden kann.[646] So kann höhere Gewalt z.B. bei der Überlastung eines Flughafens und des ihn umgebenden Luftraumes vorliegen.[647] Auch können Flugzeugentführungen[648] oder eine Sperrung des Luftraumes dem Luftfrachtführer grds. nicht angelastet werden.[649] Gleiches gilt für Bombendrohungen[650] und andere terroristische Akte. Ferner kann bei medizinischen Notfällen oder dem Ausfall von Computersystemen höhere Gewalt gegeben sein. Im Einzelfall kann schließlich auch ein technischer Defekt auf höherer Gewalt beruhen, z.B. wenn dieser durch einen Blitzeinschlag oder Vogelschwarm ausgelöst wurde.[651] Wird von der zuständigen Behörde ein Startverbot aus Sicherheitsgründen angeordnet, so liegt aber jedenfalls dann keine höhere Gewalt vor, wenn das Flugzeug aufgrund technischer Mängel nicht starten darf, die der Luftfrachtführer zu vertreten hat.[652]

Auch in Fällen, in denen höhere Gewalt gegeben ist, bleibt der Luftfrachtführer jedoch bis zu einem Rücktritt oder gemäß § 281 IV BGB bis zu einem Schadensersatzverlangen des Fluggastes grds. zur Beförderung verpflichtet. Der Leistungsanspruch besteht auch dann fort, wenn der Anspruch auf Schadensersatz ins Leere geht, weil kein Schaden entstanden ist oder die Voraussetzungen der §§ 280, 281 BGB nicht gegeben sind.[653] Der Fluggast kann sich somit weiterhin auf seinen Erfüllungsanspruch berufen.[654] Anderes gilt gemäß § 275 I BGB nur, sofern die geschuldete Leistung endgültig unmöglich ist. In Fällen höherer Gewalt im Luftverkehr wird die Beförderungsleistung

---

[646] Zu Fällen, in denen im Eisenbahnverkehr höhere Gewalt anzunehmen bzw. nicht anzunehmen ist, vgl. *Czerwenka/Heidersdorf/Schönbeck*, § 82 EVO Anm. 2 b bb (6) (b); *Staudinger*, S. 48 f.

[647] Tribunal de Grande Instance d'Évery, Jean-Baptiste c. Air Inter, RFDAS 1990, 219, 221; AG Düsseldorf, ZLW 1991, 205, 206. Siehe auch *Reuschle*, Art. 19 Rn. 41; *Schmid* in *Giemulla/Schmid*, MÜ, Art. 19 Rn. 47; *Dettling-Ott*, S. 184; *Kronke* in MünchKomm HGB, Art. 19 WA 1955 Rn. 28. Eine Überlastung des Luftraums zählt nach *Tonner* in *Gebauer*, Kapitel 13 a Rn. 56, auch zu den „außergewöhnlichen Umständen" der FluggastrechteVO, darauf würde sich der Begriff „unerwartete Flugsicherheitsmängel" in Erwägungsgrund 14 der FluggastrechteVO beziehen, nicht jedoch auf technische Störungen.

[648] *Schmid*, VersR 1986, 17 ff.; a.A. *Kuhn*, VersR 1987, 447 f.; differenzierend *Dettling-Ott*, S. 182 f.

[649] So zu Art. 20 WA *Schmid* in *Giemulla/Schmid*, WA, Art. 20 Rn. 17b; *Teuchert*, S. 281; a.A. wohl *Meyer*, ZLW 1970, 293, 295. Zu Art. 19 S. 2 MÜ siehe *Schmid* in *Giemulla/Schmid*, MÜ, Art. 19 Rn. 48.

[650] Nach *Tonner* in *Gebauer*, Kapitel 13 a Rn. 56, fallen Bombendrohungen unter den Begriff „außergewöhnliche Umstände" der FluggastrechteVO.

[651] Vgl. zu Art. 19 S. 2 MÜ *Schmid* in *Giemulla/Schmid*, MÜ, Art. 19 Rn. 41.

[652] *Dettling-Ott*, S. 184; nicht differenziert genug daher *Führich*, Rn. 1005.

[653] *Jauernig/Stadler*, § 281 Rn. 14.

[654] So auch *Staudinger*, RRa 2005, 249, 251 f.

oftmals jedoch nur vorübergehend unmöglich sein und braucht damit entsprechend lediglich während des zeitweiligen Leistungshindernisses nicht erbracht zu werden.[655] Außerdem bleibt der Luftfrachtführer selbstverständlich zur rechtzeitigen Information der betroffenen Fluggäste verpflichtet.[656] Nicht entlasten kann sich der vertragliche Luftfrachtführer schließlich z.b., wenn das Personal des Luftfrachtführers es zulässt, dass ein Fluggast ein falsches Flugzeug besteigt. Der Hinweis auf der Bordkarte auf das richtige Gate und die richtige Flugnummer genügt insofern nicht, vielmehr muss der Luftfrachtführer durch geeignete Maßnahmen sicherstellen, dass auf einem bestimmten Flug nur berechtigte Passagiere abgefertigt werden.[657] U.U. wird man hier jedoch ein Mitverschulden des Fluggastes gemäß § 254 I BGB annehmen können. Erst recht kann sich der Luftfrachtführer nicht auf das Studieren der Bordkarte durch den Fluggast verlassen, wenn er den Fluggast auf einem anderen Flug als ursprünglich vorgesehen abgefertigt hat.[658]

b) Fremdverschulden

Neben einer Zurechnung des Angestelltenverschuldens kommt bei dem vertraglichen Luftfrachtführer gemäß § 278 S. 1 BGB grds. auch eine Zurechnung des Verschuldens fremder (selbständiger) Personen und Unternehmen und der Angestellten dieser Unternehmen in Betracht, wenn diese als Erfüllungsgehilfen des Luftfrachtführers bei der Luftbeförderung tätig geworden sind.[659] Art und Umfang der Zurechnung fremden Verschuldens richten sich dabei nach dem Pflichtenkreis des Schuldners, der sich aus dem Vertragsverhältnis ergibt.[660] Erfüllungsgehilfe ist, wer nach den tatsächlichen Gegebenheiten des Falles mit dem Willen des Schuldners bei der Erfüllung einer diesem obliegenden Verbindlichkeit als seine Hilfsperson tätig wird.[661] Auch der selbständige Unternehmer, der keinem Weisungsrecht des Schuldners unterliegt,[662] oder der die Stellung eines Monopolunternehmens innehat[663], kann Erfüllungsgehilfe sein. Die Art der zwischen dem Schuldner und der Hilfsperson bestehenden rechtlichen Beziehung ist gleichgültig,[664] sie kann auch öffentlich-rechtlicher Natur sein[665] oder in rein tatsächlicher Zusammenarbeit beste-

---

[655] Siehe dazu bereits unter Punkt 3. Teil, 2. Kapitel, § 2 A. I. Seite 205.
[656] Siehe LG Frankfurt/Main, TranspR 1989, 101, 102. Zum Eisenbahnverkehr auch *Staudinger*, S. 47.
[657] *Schmid* in *Giemulla/Schmid*, MÜ, Art. 19 Rn. 111.
[658] Vgl. LG Frankfurt/Main, TranspR 1989, 366, 367 f.
[659] Zum Ganzen siehe *Schmid*, S. 1 ff.
[660] *Palandt/Heinrichs*, § 278 Rn. 13.
[661] BGH NJW 1954, 1193; BGH NJW 1968, 1569; BGH NJW 1974, 692, 693; BGH NJW 1987, 1323, 1326.
[662] BGH NJW 1974, 692, 693; BGH NJW 1996, 451.
[663] BGH NJW-RR 2001, 396, 398.
[664] BGH NJW 1954, 1193; BGH NJW 1968, 1569.
[665] BGH NJW 1974, 692, 693.

hen⁶⁶⁶. Der Schuldner muss nicht in der Lage sein, den Erfüllungsgehilfen zu kontrollieren oder zu überwachen.[667] Dieser wiederum muss nicht wissen, dass er durch seine Tätigkeit eine Verbindlichkeit des Schuldners erfüllt,[668] er kann durch seine Tätigkeit auch eine eigene Verbindlichkeit erfüllen wollen[669]. Hilfspersonen des Erfüllungsgehilfen sind Erfüllungsgehilfen des Schuldners, wenn dieser mit ihrer Heranziehung einverstanden war,[670] wobei das Einverständnis auch konkludent erklärt werden kann[671].

Im Werkvertragsrecht gilt es darüber hinaus zu beachten, dass der Zulieferer regelmäßig nicht als Erfüllungsgehilfe des Unternehmers angesehen wird[672]. Sofern es jedoch um die Rechtzeitigkeit der Leistung geht, handelt nach h.M. auch der Zulieferer in Erfüllung einer Verbindlichkeit des Schuldners i.S.v. § 278 S. 1 BGB.[673] Daraus kann man m.E. schließen, dass der Begriff des Erfüllungsgehilfen grds. weit auszulegen ist, sofern es wie hier um die Rechtzeitigkeit der Leistung geht.

Zur Auslegung des Begriffs „Erfüllungsgehilfe" im Luftverkehr kann zumindest in Teilen schließlich auch die Auslegung des Begriffs „Leute" in Art. 20 WA bzw. Art. 19 S. 2 MÜ zurückgegriffen werden. Auch der Begriff „Leute" i.S.d. WA und des MÜ ist nach h.M. weit auszulegen und lehnt sich in seiner Definition wiederum an den Begriff des Erfüllungsgehilfen i.S.v. § 278 S. 1 BGB an.[674] Leute i.S.d. WA und des MÜ sind danach alle Personen, deren sich der Luftfrachtführer zur Ausübung der Beförderung bedient, gleichgültig, ob sie als Angestellte oder Selbständige tätig sind, sofern sie in Ausübung einer ihnen vom Luftfrachtführer übertragenen Verrichtung handeln.[675]

Als Erfüllungsgehilfen des Luftfrachtführers bei der Luftbeförderung können demnach insbesondere die Flughäfen[676] mit ihren Bodenabfertigungs-

---

[666] BGH NJW 1985, 914, 915.
[667] BGH NJW 1974, 692, 693.
[668] BGH NJW 1954, 1193; BGH VersR 1969, 1108, 1109.
[669] BGH NJW 1954, 1193.
[670] BGH NJW 1983, 448 f.; OLG Hamm NJW-RR 1999, 1123, 1125.
[671] Palandt/Heinrichs, § 278 Rn. 9.
[672] BGH NJW 1978, 1157; BGH 2002, 1565; a.A. *Wolf*, ZIP 1998, 1657, 1658 ff.
[673] BGH WM 1979, 724.
[674] *Schmid* in *Giemulla/Schmid*, MÜ, Art. 19 Rn. 66; *Schmid* in *Giemulla/Schmid*, WA, Art. 20 Rn. 24; *Führich* Rn. 1045; *Geigel/Mühlbauer*, Kap. 29 Rn. 71; *Ruhwedel*, Rn. 580; *Liesecke*, MDR 1968, 93, 94; *Guldimann*, Art. 20 Rn. 15; *Schleicher/Reymann/Abraham*, Art. 20 Anm. 6; *Kaiser* (1936), S. 74; BGH NJW-RR 1989, 723, 724; BGH NJW-RR 2001, 396, 398.
[675] Siehe zu Art. 20 WA nur BGH NJW-RR 1989, 723, 724; OLG Nürnberg TranspR 1992, 276, 278. Siehe auch *Diederiks-Verschoor*, ASL 2001, 300, 307. Zu Art. 19 S. 2 MÜ *Reuschle*, Art. 19 MÜ Rn. 38.
[676] Zur Qualifizierung als „Leute" i.S.v. Art. 20 WA *Kronke* in MünchKomm HGB, Art. 20 WA 1955 Rn. 34; *Ruhwedel*, Rn. 583 ff.; *Guldimann*, Art. 20 Rn. 17; *Vollmar*, S. 176 f.; OLG Nürnberg, TranspR 1992, 276, 278; a.A. LG Köln VersR 1981, 90, 91.

diensten[677] und übrigen Serviceleistungen, soweit sie die Luftbeförderung betreffen, angesehen werden. Erfüllungsgehilfe sind daher z.B. der Fluggast-Vorfeld-Beförderer,[678] der am Flughafen eingerichtete Treibstofflieferant[679], Catering-Firmen, Reinigungsfirmen[680] und der Flugleiter[681], sofern er Aufgaben der Flugplatz-Betriebssicherheit wahrnimmt. Daneben kommen als Erfüllungsgehilfen das für den Luftfrachtführer tätige Abfertigungspersonal eines anderen Luftfrachtführers (handling agent),[682] der Vercharterer von Luftfahrzeugen[683] und die Besatzungsmitglieder eines anderen Luftfrachtführers in Betracht, die aufgrund eines „crew interchange aggreements" vorübergehend für einen anderen Luftfrachtführer tätig werden[684]. Auch das Reisebüro, in dem der Flugschein gebucht wurde, kann als Erfüllungsgehilfe des Luftfrachtführers qualifiziert werden, z.B. wenn es Informationen über den Flug (Abflug- und Ankunftszeiten) gibt und Unterlagen (Flugscheine) beschafft.[685]

Schließlich ist auch der ausführende Luftfrachtführer eindeutig Erfüllungsgehilfe des vertraglichen Luftfrachtführers i.S.v. § 278 S. 1 BGB.[686] Er wird ohne Zweifel bei der Erfüllung einer dem vertraglichen Luftfrachtführer obliegenden Verbindlichkeit als dessen Hilfsperson tätig. Daher ist auch trotz der gebotenen autonomen Auslegung des Leutebegriffs des MÜ nicht einzusehen, dass der ausführende Luftfrachtführer nach h.M. nicht zu den „Leuten" des vertraglichen Luftfrachtführers i.S.v. Art. 19 S. 2 MÜ zu zäh-

---

Zur Einordnung der Infrastrukturbetreiber als Erfüllungsgehilfen bei der Eisenbahnbeförderung siehe *Pohar*, S. 174 f.

[677] Zur Qualifizierung als „Leute" i.S.v. Art. 20 WA BGH TranspR 2001, 29, 32; OLG Nürnberg TranspR 1992, 276, 278; OLG Frankfurt/Main TranspR 1999, 24, 25; LG Stuttgart TranspR 1993, 141, 142; LG Hamburg TranspR 1995, 76; *Giemulla/Schmid*, ZLW 1993, 386, 394; *Müller-Rostin*, TranspR 1989, 121, 125; *Schmid*, TranspR 1984, 1, 5 f.; *Koller*, Art. 20 WA 1955 Rn. 19. Gegen die Qualifizierung als Erfüllungsgehilfe LG Hannover, VersR 1990, 282, 283.

[678] Zur Qualifizierung als „Leute" i.S.v. Art. 20 WA District of Columbia Court of Appeals, Johnson v. Allied, 19 Avi. 17,847; *Kronke* in MünchKomm HGB, Art. 20 WA 1955 Rn. 34.

[679] Zur Qualifizierung als „Leute" i.S.v. Art. 19 S. 2 MÜ *Schmid* in *Giemulla/Schmid*, MÜ, Art. 19 Rn. 71.

[680] Zur Qualifizierung als „Leute" i.S.v. Art. 20 WA *Kronke* in MünchKomm HGB, Art. 20 WA 1955 Rn. 34.

[681] Zur Qualifizierung als „Leute" i.S.v. Art. 19 S. 2 MÜ *Schmid* in *Giemulla/Schmid*, MÜ, Art. 19 Rn. 71.

[682] OLG Nürnberg TranspR 1992, 276, 278; zur Qualifizierung als „Leute" i.S.v. Art. 19 S. 2 MÜ auch *Schmid* in *Giemulla/Schmid*, MÜ, Art. 19 Rn. 71.

[683] Zur Qualifizierung als „Leute" i.S.v. Art. 20 WA *Schmid*, S. 241 f.

[684] Zur Qualifizierung als „Leute" i.S.v. Art. 20 WA US District Court [EDNY], Handler v. ALM Dutch Antillean Airlines, 14 Avi. 17,415.

[685] Zur Qualifizierung als „Leute" i.S.v. Art. 20 WA *Schmid*, S. 232 ff.

[686] So jüngst auch *Führich*, MDR 2007, Sonderbeilage, 1, 12; *Tonner*, II. Rn. 52. Siehe auch BGH NJW 1969, 2008, 2009; BGH NJW 1974, 1046, 1047; OLG Frankfurt/Main TranspR 1984, 297, 298; LG Frankfurt/Main TranspR 1989, 366, 367; AG Frankfurt/Main NJW-RR 2004, 1699; LG und OLG Frankfurt/Main RRa 2008, 34, 38.

len sein soll.[687] Meiner Ansicht nach ist eine derartige Einordnung unschädlich, solange man die im MÜ enthalten speziell den ausführenden Luftfrachtführer betreffenden Vorschriften als lex specialis betrachtet.

Grds. nicht zu den Leuten i.S.v. Art. 19 S. 2 MÜ und m.E. auch nicht zu den Erfüllungsgehilfen des Luftfrachtführers zählen dagegen der Hersteller[688] von Luftfahrzeugen sowie der Vermieter[689] und die Reparatur- und Wartungswerft, sofern sie nicht in den Betrieb des Luftfrachtführers eingegliedert ist[690]. Diese Personen und Unternehmen werden grds. nicht bei der Erfüllung der Verbindlichkeit Luftbeförderung als Hilfsperson des vertraglichen Luftfrachtführers tätig, sondern sind lediglich im Vorfeld der Beförderung in diese involviert, wie etwa der Zulieferer eines Maßschneiders. Sind in diesem Stadium der „Beförderung" jedoch die Ursachen für eine Verspätung zu finden, so ist immer auch zu fragen, ob dem Luftfrachtführer z.B. im Rahmen einer Pflicht zur Auswahl und Überprüfung der genannten Personen und Unternehmen nicht selbst ein Verschulden zur Last zu legen ist.

Auch Behörden können grds. nicht als Erfüllungsgehilfen des Luftfrachtführers angesehen werden.[691] Soweit hoheitliche Aufgaben erfüllt werden kann die Behörde nicht gleichzeitig auch bei der Erfüllung einer Verbindlichkeit tätig werden. Nicht als Erfüllungsgehilfen einzuordnen sind daher die Flugsicherungsbehörde,[692] der Flugwetterdienst,[693] der Flugleiter, wenn er Luftaufsicht ausübt, und die Zulassungsbehörde.[694] Ebenso haftet der Luftfrachtführer grds. nicht für langwierige Untersuchungen der Gesundheitsbe-

---

[687] Dazu ausführlicher unter Punkt 3. Teil, 2. Kapitel, § 2 C. II. 6. b) Seite 297.

[688] Zur Nichtqualifizierung als „Leute" i.S.v. Art. 20 WA *Schmid*, S. 223 f.; *Schleicher/Reymann/Abraham*, Art. 20 Anm. 6; *Guldimann*, Art. 20 Rn. 20; zur Nichtqualifizierung als „Leute" i.S.v. Art. 19 S. 2 MÜ *Schmid* in *Giemulla/Schmid*, MÜ, Art. 19 Rn. 70; *Führich*, Rn. 1045. Zu Haftungsfragen mit Blick auf den Hersteller und die Wartungswerft siehe auch *Diederiks-Verschoor*, AASL 1983, 29 ff.

[689] Zur Nichtqualifizierung als „Leute" i.S.v. Art. 20 WA *Guldimann*, Art. 20 Rn. 16.

[690] Zur Nichtqualifizierung als „Leute" i.S.v. Art. 19 S. 2 MÜ *Schmid* in *Giemulla/Schmid*, MÜ, Art. 19 Rn. 70; *Führich*, Rn. 1045; a.A. *Kronke* in MünchKomm HGB, Art. 20 WA 1955 Rn. 35 f. Für eine generelle Nichtqualifizierung als „Leute" i.S.v. Art. 20 WA dagegen *Schmid*, S. 227 ff. Siehe auch *Guldimann*, Art. 20 Rn. 21.

[691] Zur Nichtqualifizierung als „Leute" i.S.v. Art. 19 S. 2 MÜ *Reuschle*, Art. 19 MÜ Rn. 39; *Führich*, Rn. 1045. Zu Art. 20 WA so auch *Ruhwedel*, Rn. 588 m.w.N.

[692] Zur Nichtqualifizierung als Erfüllungsgehilfe LG Hannover, VersR 1990, 282, 283. Zu Anordnungen der Flugsicherung als höhere Gewalt AG Düsseldorf ZLW 1991, 205, 206; LG Berlin ZLW 2002, 272, 273. Auch ein Streik des Flugsicherungsdienstes ist dem Luftfrachtführer dementsprechend nicht zuzurechnen, AG Frankfurt/Main, Urteil v. 21.3.1978, Az.: 30 C 10 063/78 zitiert nach *Schmid* in *Giemulla/Schmid*, MÜ, Art. 19 Rn. 57. Die Qualifizierung als „Leute" i.S.v. Art. 20 WA bejahend dagegen *Kronke* in MünchKomm HGB, Art. 20 WA 1955 Rn. 34.

[693] Zur Nichtqualifizierung als „Leute" i.S.v. Art. 19 S. 2 MÜ *Reuschle*, Art. 19 Rn. 39; a.A. zu Art. 20 WA *Kronke* in MünchKomm HGB, Art. 20 WA 1955 Rn. 34.

[694] Zur Nichtqualifizierung als „Leute" i.S.v. Art. 19 S. 2 MÜ *Schmid* in *Giemulla/Schmid*, MÜ, Art. 19 Rn. 70; Zum Startverbot von DC-10-Flugzeugen, AG Frankfurt/Main Az.: 30 C 10 158/80.

2. Kapitel Rechtsfolgen der Flugverspätung

hörde,[695] der Polizei,[696] des Bundesgrenzschutzes bzw. heute der Bundespolizei und der Zollbehörde[697]. Er muss jedoch Vorkehrungen treffen, sofern die Kontrollen regelmäßig stattfinden und somit kalkulierbar sind. Denkbar ist auch, dass die Fluggesellschaft eigene Verpflichtungen, z.B. zur vorherigen Kontrolle von Dokumenten, verletzt, und daraufhin eine umfangreiche Untersuchung durch den Bundesgrenzschutz notwendig wird, die dann zu einer entsprechenden Abflugverspätung führt. Das *Landgericht Frankfurt/Main*[698] hat mit der Annahme einer Pflicht der Fluggesellschaft zur Sicherstellung, dass Fluggäste auch beim Ausstieg aus dem Flugzeug noch im Besitz ihrer Flugscheine sind, m.E. den Bogen jedoch weit überspannt.[699]

Schwieriger ist die Frage zu beantworten, ob die Unternehmen oder Behörden, die die Sicherheitskontrolle von Personen und Gepäck am Flughafen durchführen, als Erfüllungsgehilfen des Luftfrachtführers einzustufen sind. Anders als in den USA, wo die Sicherheitskontrolle an den Flughäfen den Fluggesellschaften übertragen ist und folglich von den Luftfrachtführern eingeschaltete private Sicherheitsunternehmen als deren Erfüllungsgehilfen einzustufen wären, ist die Sicherheitskontrolle an den Flughäfen in der Bundesrepublik Deutschland gemäß § 29 c LuftVG originäre Aufgabe der Luftfahrtbehörden[700]. Folglich erfüllen der Bundesgrenzschutz bzw. private Sicherheitsunternehmen, denen diese Aufgaben übertragen wurden, keine Aufgaben der Luftfrachtführer, so dass sie grds. nicht in Erfüllung einer Verbindlichkeit des Luftfrachtführers handeln.[701] Werden jedoch zusätzliche Sicherheitskontrollen durch Staatsorgane, Flughafenbetreiber oder sonstige Hilfspersonen auf Anforderung der Fluggesellschaften durchgeführt, haftet der Luftfrachtführer für Verzögerungen, die sich aus diesen Kontrollen ergeben, da die beauftragten Unternehmen oder Behörden nun als Erfüllungsgehilfen des Luftfrachtführers tätig werden und die Zeit, die für die Kontrolle benötigt wird, im Vorhinein eingeplant werden kann.[702]

Zu beachten ist schließlich, dass nach h.M. eine Zurechnung des Verschuldens der Hilfsperson gemäß § 278 BGB immer nur dann in Betracht kommt, wenn die Hilfsperson auch in Ausführung der zugewiesenen Aufga-

---

[695] Siehe zu Art. 19 S. 2 MÜ *Schmid* in *Giemulla/Schmid*, MÜ, Art. 19 Rn. 56.
[696] Zur Nichtqualifizierung als „Leute" i.S.v. Art. 20 WA *Wipfli*, S. 187; zur Nichtqualifizierung als „Leute" i.S.v. Art. 19 S. 2 MÜ *Reuschle*, Art. 19 Rn. 39.
[697] Zur Nichtqualifizierung als Erfüllungsgehilfe LG Hannover, VersR 1990, 282, 283; zur Nichtqualifizierung als „Leute" i.S.v. Art. 20 WA *Schmid*, TranspR 1984, 1, 6; a.A. OLG Köln ZLW 1982, 167, 171; *Koller*, Art. 20 WA 1955 Rn. 19.
[698] LG Frankfurt/Main, TranspR 1991, 146, 147 f.
[699] Vgl. auch die Anmerkung von *Schmid*, TranspR 1991, 148 f. zu der Entscheidung LG Frankfurt/Main, TranspR 1991, 146.
[700] *Schmid* in *Giemulla/Schmid*, MÜ, Art. 19 Rn. 72 f.
[701] Zur Nichtqualifizierung als „Leute" i.S.v. Art. 19 S. 2 MÜ bzw. Art. 20 WA *Schmid* in *Giemulla/Schmid*, MÜ, Art. 19 Rn. 73; *Giemulla/Schmid*, ZLW 1993, 386, 394 f.
[702] Ähnlich zu Art. 19 S. 2 MÜ *Schmid* in *Giemulla/Schmid*, MÜ, Art. 19 Rn. 56.

be und nicht lediglich bei Gelegenheit der Vertragserfüllung handelt.[703] Die schuldhafte Handlung muss also in einem inneren sachlichen Zusammenhang mit der übertragenen Aufgabe stehen.[704]

c) Streik

Fraglich ist, ob ein vertraglicher Luftfrachtführer sich auch den Streik seiner Erfüllungsgehilfen gemäß § 278 BGB zurechnen lassen muss. Während die h.M. in der deutschen zivilrechtlichen Literatur eine solche Zurechnung des Erfüllungsgehilfenverschuldens im Fall eines Streiks grds. verneint,[705] hat das *Landgericht Frankfurt/Main* im Rahmen der Haftung des Luftfrachtführers nach § 325 a.F. BGB wegen streikbedingter Annullierung eines Fluges eine Zurechnung des Angestelltenverschuldens gemäß § 278 BGB bejaht und damit eine Entlastung des Luftfrachtführers verneint.[706] Ähnlich hat das *Amtsgericht Frankfurt/Main* in zwei Urteilen im Rahmen der Verspätungshaftung nach Art. 19 WA die Entlastung des Luftfrachtführers nach Art. 20 WA bei einem Streik der Besatzungsmitglieder des Luftfrachtführers abgelehnt,[707] während es bei einem Streik des staatlichen Flugsicherungsdienstes wiederum die Entlastung für möglich erachtet hat.[708] Weitere Urteile haben in diesem Sinne eine Entlastung des Luftfrachtführers bei einem Streik des Bodenpersonals am Flughafen befürwortet.[709] Daraus schließt die in der deutschen luftrechtlichen Literatur vorherrschende Meinung, dass der (vertragliche) Luftfrachtführer sich grds. nur bei einem Streik von externen Personen und Unternehmen, also z.B. selbständigen Dienstleistern, nicht dagegen bei einem Streik der eigenen Mitarbeiter, entlasten könne.[710]

---

[703] RGZ 63, 341, 343 f.; BGH NJW 1965, 1709, 1710.
[704] BGH NJW 1991, 2556, 2557; BGH NJW 1993, 1704, 1705; BGH NJW 2001, 3190; siehe auch *Palandt/Heinrichs*, § 278 Rn. 20.
[705] Vgl. insbesondere *Löwisch* AcP 174 (1974), 202, 251 m.N. zur Gegenansicht; *Kreissl*, JZ 95, 695 ff.; *Ehmen*, TranspR 2007, 354, 357 und die zahlreichen Literaturnachweise bei LG Frankfurt/Main NJW-RR 1987, 823, 824.
[706] LG Frankfurt/Main NJW-RR 1987, 823, 824 = TranspR 1989, 101, 102 f. = ZLW 1988, 91, 92 (Wartungspersonal). Zustimmend *Ruhwedel*, Rn. 547. Eine Zurechnung des Angestelltenverschuldens im Falle eines Streiks des Bodenpersonals des Luftfrachtführers verneinend dagegen OLG Stuttgart TranspR 1995, 74 f.
[707] AG Frankfurt/Main Urteile v. 13.11.1980, Az.: 30 C 10 380/80 und Az.: 30 C 10 304/80 zitiert nach *Schmid* in *Giemulla/Schmid*, MÜ, Art. 19 Rn. 57.
[708] AG Frankfurt/Main, Urteil v. 21.3.1978, Az.: 30 C 10 063/78 zitiert nach *Schmid* in *Giemulla/Schmid*, MÜ, Art. 19 Rn. 57. Nach hier vertretener Ansicht zählt der staatliche Flugsicherungsdienst aber bereits nicht zu den Erfüllungsgehilfen des Luftfrachtführers i.S.v. § 278 BGB, so auch LG Hannover NJW-RR 1989, 820.
[709] LG Hannover NJW-RR 1989, 820 f.; OLG Stuttgart TranspR 1995, 74, 75; LG Berlin ZLW 2002, 466, 468.
[710] Vgl. *Reuschle*, Art. 19 Rn. 44; *Führich*, Rn. 1004 f., 1024 und 1045.; *Tonner*, II. Rn. 38; *Staudinger* RRa 2006, 254, 255 f.; *Dettling-Ott*, S. 185; wohl auch *Staudinger/Schmidt-Bendun*, NJW 2004, 1897, 1898; *Schmid* in *Giemulla/Schmid*, MÜ, Art. 19

2. Kapitel Rechtsfolgen der Flugverspätung

Mit der h.M. in der deutschen zivilrechtlichen Literatur ist eine solche Differenzierung jedoch abzulehnen und eine streikbedingte Entlastung des Luftfrachtführers grds. zuzulassen.[711] Es ist kein Grund ersichtlich, warum gerade im Bereich der Luftbeförderung von der h.M. der Nichtzurechnung des Verschuldens streikender Erfüllungsgehilfen abgewichen werden soll. Meiner Ansicht nach handelt ein Erfüllungsgehilfe im Falle eines Streiks auch nur bei Gelegenheit der Vertragserfüllung.[712] Durch die grds. Zulassung der Entlastungsmöglichkeit im Falle eines Streiks wäre letztlich aber auch die Übereinstimmung zur Haftung des Luftfrachtführers nach der FluggastrechteVO gewährleistet, denn diese sieht eine Entlastung des Luftfrachtführers bei streikbedingter Flugannullierung vor, und zwar unabhängig von der Frage, ob es sich um einen Streik des eigenen Personals oder den Streik Dritter handelt[713].

Möglich ist jedoch, dass dem Luftfrachtführer selbst im Hinblick auf einen Streik eine Pflichtverletzung zur Last zu legen ist.[714] So wird er sich grds., sobald ein Streik absehbar ist, darum bemühen müssen, Ersatzpersonal oder eine andere Möglichkeit der Beförderung für den Fluggast zu finden.[715] Möglicherweise kann eine Entlastung des Luftfrachtführers insofern dann aber leichter gelingen, wenn es nicht um den Streik des eigenen Personals geht.[716] Auch führt die Entlastungsmöglichkeit nicht dazu, dass der Luftfrachtführer durch den Streik von seiner Beförderungspflicht befreit wird. Zur Beförderung bleibt er bis zu einem Rücktritt des Fluggastes oder gemäß § 281 IV BGB bis

---

Rn. 115; *Schmid*, NJW 2007, 261, 266; *Schmid*, NJW 2006, 1841, 1843 Fn. 36. Im Ergebnis so auch LG Hannover NJW-RR 1989, 820 f.
[711] Im Ergebnis so auch *Schmid*, DGfR Jahrbuch 2001, S. 87, 90.
[712] Siehe auch OLG Stuttgart TranspR 1995, 74 f.
[713] AG Köln ZLW 2008, 695 f. m. Anm. *Makiol*; AG Frankfurt/Main, RRa 2006, 230, 231; AG Frankfurt/Main Urt. v. 21.4.2006, Az.: 30 C 29/06-68 zitiert nach *Staudinger* RRa 2006, 254, 256 Fn. 26. So für die FluggastrechteVO auch *Tonner* in *Gebauer*, Kapitel 13 a Rn. 55 f.; *Schmid*, ZLW 2005, 373, 377 Fn. 28; *Führich*, MDR 2007, Sonderbeilage, 1, 7 unter Aufgabe der eigenen Ansicht in *Führich*, Rn. 1024. A.A. *Tonner*, II. Rn. 38; *Staudinger* RRa 2006, 254, 255 f.; *Staudinger/Schmidt-Bendun*, NJW 2004, 1897, 1898. Siehe auch Erwägungsgrund 14 FluggastrechteVO.
[714] AG Köln ZLW 2008, 695 f. m. Anm. *Makiol*; *Löwisch* AcP 174 (1974), 202, 240 ff. (Haftung wegen Übernahme-, Vorsorge- und Abwendungsverschulden). Siehe ferner auch die zahlreichen Literaturnachweise bei LG Frankfurt/Main NJW-RR 1987, 823, 824.
[715] So auch *Reuschle*, Art. 19 Rn. 44; *Führich*, MDR 2007, Sonderbeilage, 1, 7; ähnlich auch *Schmid* in *Giemulla/Schmid*, MÜ, Art. 19 Rn. 57; Vgl. ferner zu Art. 20 WA, Cour d'Appel de Paris, Alitalia c. Serres et Pilaire, RFDA 1979, 181; Entscheidung des argentinischen Bundesberufungsgerichts in Sachen Tiscornia B. v. Swissair vom 19. April 1988 zitiert nach *Videla Escalada*, ZLW 1991, 339, 355 und zur FluggastrechteVO AG Frankfurt/Main, NJW-RR 2006, 1559 f. = RRa 2006, 230, 231 und AG Frankfurt/Main RRa 2006, 181, 182.
[716] So jedenfalls *Führich*, MDR 2007, Sonderbeilage, 1, 7.

zu einem Schadensersatzverlangen des Fluggastes und, wenn das Schadensersatzverlangen ins Leere geht, auch darüber hinaus[717] grds. verpflichtet.[718]

d) Einschränkungen in ABB

Fraglich ist, ob ein Ausschluss oder Begrenzungen der Haftung des Luftfrachtführers für Abflugverspätungsschäden in ABB möglich sind. So ist es z.B. denkbar, dass ein Luftfrachtführer seine Haftung für den Fall einfacher Fahrlässigkeit ausschließt. Tatsächlich finden sich in den ABB verschiedener Luftfrachtführer auch entsprechende Bestimmungen.[719]

Art. 26 MÜ hindert einen derartigen Ausschluss der Haftung jedenfalls nicht.[720] Auch § 309 Nr. 7 b) BGB steht einem solchen Ausschluss nicht entgegen. Zwar ist § 309 Nr. 7 b) BGB im Luftverkehr grds. anwendbar, da § 309 Nr. 7 b) 2. HS BGB auf die ABB von Luftverkehrsunternehmen weder direkt noch analog angewendet werden kann,[721] durch § 309 Nr. 7 b) BGB werden jedoch lediglich Haftungsausschlüsse oder -begrenzungen in AGB für grob fahrlässige Pflichtverletzungen des Verwenders und vorsätzliche oder grob fahrlässige Pflichtverletzungen des Erfüllungsgehilfen des Verwenders unterbunden. Die Haftung für vorsätzliches Handeln kann dem Schuldner gemäß § 276 III BGB bereits individualvertraglich nicht im Voraus erlassen werden.

Fraglich ist jedoch, ob ein Haftungsausschluss für leicht fahrlässige Pflichtverletzungen im Hinblick auf leicht fahrlässig verursachte Abflugverspätungen den Fluggast nicht möglicherweise gemäß § 307 II Nr. 2 BGB unangemessen benachteiligt und deshalb gemäß § 307 I 1 BGB unwirksam ist. Eine unangemessene Benachteiligung liegt dabei vor, wenn wesentliche Rechte und Pflichten, die sich aus der Natur des Vertrages ergeben, durch die in Frage stehende Klausel eingeschränkt werden. Erforderlich ist eine Einschränkung solcher Pflichten, mit deren Erfüllung die Durchführung des Vertrages „steht und fällt" und auf deren Erfüllung der Vertragspartner berechtigterweise vertraut.[722] Die Einschränkung muss ferner zu einer Gefährdung des Vertragszwecks führen.[723]

Bei Freizeichnungsklauseln der hier vorliegenden Art wird eine unangemessene Benachteiligung i.S.v. § 307 II Nr. 2 BGB regelmäßig dann angenommen, wenn sich die völlige oder teilweise Freizeichnung, insbesondere der Ausschluss der Haftung für einfache Fahrlässigkeit, auf sog. Kardinalpflichten

---

[717] *Jauernig/Stadler*, § 281 Rn. 14.
[718] Siehe dazu auch bereits unter Punkt 3. Teil, 2. Kapitel, § 2 A. IV. 2. a) Seite 240.
[719] Vgl. Art. 9.2.3 i.V.m. Art. 15.1.3 und 15.1.8 ABB Germanwings; Art. 8.1. S. 2 AGB Air Berlin.
[720] *Reuschle*, Art. 26 MÜ Rn. 4.
[721] So zu § 23 II Nr. 3 AGBG, BGH NJW 1983, 1322, 1324.
[722] BGH NJW 1993, 335 m.w.N.
[723] BGH NJW 1988, 1785, 1787.

bezieht.[724] Wann jedoch eine Kardinalpflicht betroffen ist, kann nicht eindeutig beantwortet werden. Zum Teil stellt die Rechtsprechung darauf ab, ob eine Freizeichnung den Vertragszweck gefährdet oder die Leistungszusage des Verwenders aushöhlt, indem sie dem Kunden Rechtspositionen nimmt, die ihm der Vertrag nach Inhalt, Natur und Zweck zu gewähren hat.[725] Zum Teil wird in der Anwendung von § 307 II Nr. 2 BGB auch danach gefragt, ob Pflichten betroffen sind, auf deren Erfüllung der Vertragspartner vertrauen darf, weil sie die ordnungsgemäße Durchführung des Vertrages erst ermöglichen.[726] Beiden Auffassungen geht es letztlich aber um den Schutz der ausdrücklichen oder stillschweigenden Individualvereinbarung.[727] Es kommt somit darauf an, ob der Kernbereich der zugesagten Leistung betroffen ist.[728] Dies wird für die Pflicht zur fristgerechten Leistung regelmäßig angenommen.[729]

Vertragszweck des Luftbeförderungsvertrages ist zwar primär der erstrebte Ortswechsel, aber auch die Einhaltung der Flugzeiten ist für den Fluggast von erheblicher Bedeutung. Er wählt das Flugzeug als das schnellste zur Verfügung stehende Beförderungsmittel i.d.R. gerade deshalb, um möglichst schnell an sein Beförderungsziel zu gelangen. Dabei vertraut er auf die Pünktlichkeit der Beförderung, denn der Vorteil der Schnelligkeit der Beförderung würde durch eine unpünktliche Beförderung erheblich eingeschränkt. Hinzu kommt, dass die Beförderung häufig einen Terminhintergrund hat,[730] und der Fluggast regelmäßig auch insofern auf eine pünktliche Beförderung angewiesen ist, was dem Luftfrachtführer durchaus bewusst ist. Die Einhaltung der Pünktlichkeit eines Fluges, und zwar auch im Hinblick auf den rechtzeitigen Abflug, gehört daher m.E. zu den wesentlichen Leistungspflichten des vertraglichen Luftfrachtführers und prägt geradezu den Luftbeförderungsvertrag. Sie ist damit als Kardinalpflicht des Luftbeförderungsvertrages zu qualifizieren.[731] Dafür sprechen letztlich auch die regelmäßige Einordnung des Luftbeförderungsvertrages als Fixgeschäft,[732] und bei der Eisenbahnbeförderung die Ein-

---

[724] Vgl. BGH NJW 1999, 1031, 1032 m.w.N.; BGH NJW 2002, 673, 674; *Jauernig/Stadler*, § 307 Rn. 12; *Palandt/Grüneberg*, § 307 Rn. 35 m.w.N.; siehe auch *Kieninger* in MünchKomm BGB, § 309 Nr. 7 Rn. 26, § 307 BGB Rn. 65 f.
[725] Vgl. nur BGH NJW 1990, 761, 764; BGH NJW 1993, 335; BGH NJW 2001, 292, 302.
[726] BGH NJW 1985, 3016, 3018, BGH NJW-RR 1986, 271, 272.
[727] *Kieninger* in MünchKomm BGB, § 309 Nr. 7 Rn. 26.
[728] Vgl. nur *Jauernig/Stadler*, § 307 Rn. 12.
[729] *Kieninger* in MünchKomm BGB, § 309 Nr. 7 Rn. 28 a.E.; BGH NJW 1994, 1060, 1063 m.w.N.; BGH NJW-RR 2003, 1056, 1059 f.
[730] So auch BGH NJW 1983, 1322, 1324, zum Eisenbahnbeförderungsvertrag so auch *Tavakoli*, S. 353.
[731] Ähnlich argumentieren *Schmid/Tonner*, S. 85 f., die unter Berufung auf BGH NJW 1993, 335 f. einen Haftungsausschluss für vertragstypische Schäden, zu denen beim Luftbeförderungsvertrag typischerweise Verspätungsschäden gehörten, gemäß § 307 BGB für unwirksam erachten.
[732] Dazu unter Punkt 3. Teil, 2. Kapitel, § 1 A. I. Seite 134.

ordnung der Pflicht zur pünktlichen Beförderung als Kardinalpflicht des Eisenbahnbeförderungsvertrages.[733] Klauseln in ABB, die die Haftung des Luftfrachtführers für leicht fahrlässig verursachte Abflugverspätungen ausschließen, sind daher m.E. gemäß § 307 II Nr. 2 i.V.m. § 307 I 1 BGB insgesamt[734] unwirksam.

Zum Teil für möglich gehalten werden in solchen Fällen jedoch Haftungsbegrenzungen.[735] So sollen z.B. Haftungsbegrenzungen auf vertragstypische Durchschnittsschäden unter Ausschluss der untypischen Schäden[736], Nichtgeschäftsschäden[737] oder auch Selbstbehalte[738] und Eigenbeteiligungen zulässig sein. *Schmid/Tonner* sprechen sich für den Luftverkehr darüber hinaus unter Berufung auf BGH NJW 1993, 335 f. für die Möglichkeit summenmäßiger Haftungsbegrenzungen etwa in Anlehnung an die Haftungsbegrenzungen des WA bzw. MÜ aus.[739] Nach *Kieninger* ließen sich summenmäßige Haftungsbeschränkungen in Fällen, in denen der Ausschluss der Haftung für leichte Fahrlässigkeit nicht möglich ist, dagegen kaum rechtfertigen.[740] Auch m.E. sind sie im Hinblick auf die Verletzung von Kardinalpflichten jedenfalls sehr problematisch.

Sofern Klauseln schließlich auch die Haftung des Luftfrachtführers für grob fahrlässig oder vorsätzlich verursachte Pflichtverletzungen ausschließen oder begrenzen, sind sie bereits gemäß § 309 Nr. 7 b) BGB insgesamt[741] unwirksam. Da neben dem Ausschluss der Haftung auch Haftungsbegrenzungen nicht möglich sind, sind damit z.B. auch summenmäßige Beschränkungen des Anspruchs oder der Ausschluss bestimmter Schäden ausgeschlossen.[742] Ferner darf auch die Verjährung nicht abgekürzt werden,[743] und neben der Ersatzpflicht darf auch die Sorgfaltspflicht nicht abbedungen oder begrenzt wer-

---

[733] *Staudinger*, S. 29 f., S. 40 f.; *Staudinger/Schmidt-Bendun*, NJW 2004, 646, 649; *Schmidt-Bendun*, S. 202 f.; wohl auch *Tavakoli*, S. 353; a.A. im Hinblick auf § 17 EVO a.F. wohl *Däubler*, NJW 2003, 2651, 2652. Allerdings ist fraglich, ob die Vertragsauslegung durch Normen beeinflusst werden kann, die einen Haftungsausschluss der Bahn anordnen, siehe auch *Staudinger*, S. 30, Fn. 132.

[734] *Palandt/Heinrichs*, v. § 307 Rn. 8 m.w.N. (Verbot der geltungserhaltenden Reduktion); anders nur bei sprachlich und inhaltlich teilbaren Bestimmungen, *Palandt/Heinrichs*, v. § 307 Rn. 11 m.w.N.

[735] *Kieninger* in MünchKomm BGB, § 309 Nr. 7 Rn. 30; unklar *Wolf/Horn/Lindacher*, § 23 AGBG Rn. 206.

[736] BGH NJW 1980, 1953, 1955; BGH NJW 1985, 3016, 3018; OLG Köln NJW-RR 1987, 53, 54; BGH TranspR 2002, 448, 450; *Kieninger* in MünchKomm BGB, § 309 Nr. 7 Rn. 30.

[737] *Führich*, Rn. 1008 a.E.

[738] OLG Koblenz NJW-RR 1990, 822, 825; *Kieninger* in MünchKomm BGB, § 309 Nr. 7 Rn. 31.

[739] Schmid/Tonner, S. 85 f.

[740] *Kieninger* in MünchKomm BGB, § 309 Nr. 7 Rn. 31.

[741] BGH NJW 1983, 1322, 1325.

[742] BGH NJW 1987, 2818, 2820.

[743] OLG Düsseldorf NJW-RR 1995, 440, 441.

den[744]. Bereits gemäß § 309 Nr. 7 b) BGB ist daher m.E. Art. 9.2.2. ABB Flugpassage der Lufthansa unwirksam, wenn hier bestimmt wird, dass bei Annullierungen und Verspätungen von Flügen nur die Leistungen nach der FluggastrechteVO erbracht werden und damit Schadensersatzansprüche auf anderer Grundlage pauschal ausgeschlossen sind. Ebenso unwirksam dürften ABB-Bestimmungen sein, nach denen die Buchung von Anschlussflügen auf eigenes Risiko zu erfolgen hat,[745] da solche Bestimmungen i.d.R. nur im Sinne eines gänzlichen Haftungsausschlusses verstanden werden können.[746]

3. Schaden

Welcher Schaden dem Fluggast im Rahmen eines Schadensersatzanspruches statt der Leistung bei einer Abflugverspätung durch den vertraglichen Luftfrachtführer zu ersetzen ist, ergibt sich aus §§ 249 ff. BGB.

a) Allgemeines

Grundsätzlich ist der durch die Nichterfüllung entstandene Schaden auszugleichen. Der Gläubiger ist so zu stellen, wie er „bei wirtschaftlicher Betrachtungsweise" stehen würde, wenn der Schuldner den Vertrag ordnungsgemäß erfüllt hätte.[747] Der Anspruch ist damit auf das positive Interesse (Erfüllungsinteresse) gerichtet und tritt an die Stelle der Primärleistung.[748] Er geht i.d.R. auf Geld,[749] jedoch ist auch Naturalrestitution in Form der Freistellung von Ansprüchen möglich[750]. Daran ist zu denken, sofern der Fluggast zum Zwecke der Schadensbeseitigung Verbindlichkeiten eingegangen ist und ihm diese Aufwendungen erstattet werden sollen.

Der Schaden des Gläubigers ist unter Anwendung der §§ 249 ff. BGB grds. konkret, d.h. entsprechend der im Einzelfall tatsächlich erlittenen Vermögenseinbußen,[751] zu berechnen.[752] Der Schadensersatzanspruch statt der Leistung setzt dabei einen sog. Gesamtvermögensvergleich voraus mit der Folge, dass sich das Schuldverhältnis bei der Geltendmachung des Anspruchs grds. in ein einseitiges Abrechnungsverhältnis verwandelt, in dem die beiderseitigen Ansprüche zu unselbständigen Rechnungsposten werden.[753] In diesen Vergleich sind sämtliche Vor- und Nachteile einzustellen, die die ge-

---

[744] BGH NJW 2001, 751, 752.
[745] Vgl. Art. 9.1.3 ABB Germanwings.
[746] Siehe BGH NJW 1983, 1322, 1324.
[747] Vgl. nur BGH NJW 1998, 2901, 2902; *Emmerich* in MünchKomm BGB, vor § 281 Rn. 7.
[748] *Jauernig/Stadler*, § 281 Rn. 16.
[749] *Palandt/Heinrichs*, § 281 Rn. 17; *Jauernig/Stadler*, § 281 Rn. 16.
[750] Vgl. *Palandt/Heinrichs*, Vorb. v. § 249 Rn. 46.
[751] *Palandt/Heinrichs*, § 281 Rn. 30.
[752] *Palandt/Heinrichs*, § 281 Rn. 17, 30; *Jauernig/Stadler*, § 281 Rn. 19.
[753] BGH NJW 1983, 1605; BGH NJW 2001, 3535.

scheiterte Vertragsdurchführung für den Gläubiger mit sich bringt, soweit ihre Berücksichtigung mit Sinn und Zweck der Schadensersatzpflicht im Rahmen der §§ 249 und 252 BGB vereinbar ist.[754] Als Nachteile sind dabei vor allem der entgangene Gewinn, weitere Begleit- und Folgeschäden sowie nutzlos gewordene, „frustrierte", Aufwendungen zu berücksichtigen.[755] Als Vorteile sind insbesondere die vom Gläubiger ersparten Aufwendungen zur Vertragsdurchführung anzurechnen.[756] Im Gesamtvermögensvergleich ist ferner, sofern es sich bei dem gestörten Vertrag, wie hier, um einen gegenseitigen Vertrag handelt, auch das Schicksal der Gegenleistung des Gläubigers mit zu berücksichtigen. Bei gegenseitigen Verträgen hat nach h.M. der Gläubiger wegen § 325 BGB heute die Wahl, ob er nach der Surrogationstheorie vorgeht, seine Leistung erbringt und dann den vollen Wert der Leistung des Schuldners liquidiert, oder ob er nach der Differenztheorie vorgeht und sich darauf beschränkt die Differenz der Vermögenswerte von Leistung und Gegenleistung ersetzt zu verlangen.[757] Mit anderen Worten, bei einem Vorgehen nach der Surrogationstheorie ist die erbrachte bzw. die zu erbringende Gegenleistung als Nachteil des Gläubigers anzurechnen,[758] während bei einem Vorgehen nach der Differenztheorie die nicht mehr geschuldete oder nach Rücktrittsrecht zurückzugewährende Gegenleistung eben als Vorteil in den Gesamtvermögensausgleich einzugehen hat[759].

Praktische Auswirkungen auf den letztlich zu erstattenden Geldbetrag hat die Anwendung der verschiedenen Theorien jedoch regelmäßig dann nicht, wenn die vom Gläubiger geschuldete Gegenleistung in Geld besteht.[760] Im Rahmen eines Luftbeförderungsvertrages ist es daher i.d.R. ohne Bedeutung, nach welcher Theorie der Schaden des Fluggastes berechnet wird. In den meisten Fällen bietet sich jedoch der Einfachheit halber ein Vorgehen nach der Surrogationstheorie an, da der Fluggast nach dem Luftbeförderungsvertrag i.d.R. vorleistungspflichtig ist und damit seine Leistung grds. schon erbracht haben wird, wenn es zu einer Abflugverspätung kommt. Er kann dann insofern den vollen Ersatz seines Schadens verlangen. Genauso möglich wäre es dem Fluggast aber auch, vom Vertrag zurückzutreten und den Schaden nach der Differenztheorie zu berechnen.[761] Zu beachten ist in diesem Zusammenhang, dass nach erfolgtem Rücktritt vom Beförderungsvertrag dem Fluggast ausschließlich ein Vorgehen nach der Differenztheorie möglich bleibt, weil

---

[754] Grundlegend BGH NJW 1997, 2378 f.
[755] *Emmerich* in MünchKomm BGB, vor § 281 Rn. 12.
[756] *Emmerich* in MünchKomm BGB, vor § 281 Rn. 13.
[757] *Emmerich* in MünchKomm BGB, vor § 281 Rn. 35; *Jauernig/Stadler*, § 281 Rn. 18.
[758] *Emmerich* in MünchKomm BGB, vor § 281 Rn. 12.
[759] *Emmerich* in MünchKomm BGB, vor § 281 Rn. 13.
[760] *Emmerich* in MünchKomm BGB, vor § 281 Rn. 28.
[761] Vgl. allgemein *Emmerich* in MünchKomm BGB, vor § 281 Rn. 37; *Jauernig/Stadler*, § 281 Rn. 18.

durch den Rücktritt der Leistungsaustausch gerade rückgängig gemacht wird.[762] Vorteile aus der einen oder anderen Theorie könnten sich für den Fluggast dann ergeben, wenn er für einen Flug Bonusmeilen eingesetzt hat. Je nachdem ob der Fluggast seine Bonusmeilen erstattet bekommen möchte, bietet sich das eine oder andere Vorgehen an.

b) Kosten eines Ersatzfluges

Entscheidet sich der Fluggast dafür, seine Reise mit einem anderen Luftfrachtführer fortzusetzen, sind ihm grds. die durch die Buchung des Ersatzfluges entstehenden Kosten zu ersetzen.[763] Nach h.M. erstreckt sich die Ersatzpflicht gemäß § 249 I BGB auch außerhalb der Fälle des § 249 II S. 1 BGB auf die Aufwendungen des Geschädigten zur Schadensbeseitigung, soweit er sie nach den Umständen des Falles als notwendig erachten durfte.[764] Der Willensentschluss des Geschädigten unterbricht den Zurechnungszusammenhang dann nicht, da er durch das Verhalten des Schädigers veranlasst worden und insofern nicht frei getroffen worden ist.[765]

Im Zusammenhang mit der Buchung eines Ersatzfluges ist dabei von besonderer Bedeutung, dass einem Geschädigten die Aufwendungen zur Schadensbeseitigung jedoch nur soweit zu ersetzen sind, wie er sie nach den Umständen des Falles als notwendig erachten durfte.[766] Entscheidend ist, ob ein wirtschaftlich denkender Mensch bei einer Betrachtung ex ante die Aufwendungen für erforderlich halten durfte.[767] Das bedeutet, dass ein Fluggast bei der Buchung eines Ersatzfluges immer auch Rücksicht auf die dadurch entstehenden Kosten nehmen muss.

Zur genaueren Bestimmung dieser Pflicht kann dabei m.E. auch auf die Schadensminderungspflicht des Fluggastes nach § 254 II 1 BGB zurückgegriffen werden.[768] Mit anderen Worten, zur Schadensbeseitigung notwendig

---

[762] Vgl. allgemein *Ernst* in MünchKomm BGB, § 325 Rn. 6 ff.; a.A. *Emmerich* in MünchKomm BGB, vor § 281 Rn. 19 und 36 f.

[763] OLG Frankfurt/Main, TranspR 1992, 366; OLG Frankfurt/Main, TranspR 1997, 373, 375; AG Frankfurt/Main NJW-RR 1996, 1335, 1336; AG Frankfurt/Main NVZ 1998, 332; BGH NJW 1979, 495 f. (Überbuchung); LG Frankfurt/Main, NJW 1982, 1538 (Flugannullierung); *Führich*, Rn. 1007, 1034; *Giemulla*, EuZW 1991, 367, 368. Die Kosten eines Deckungsgeschäftes oder einer Ersatzvornahme sind grds. kein Verzögerungsschaden, siehe *Palandt/Heinrichs*, § 286 Rn. 44 und *Jauernig/Stadler*, § 280 Rn. 51 m.w.N.

[764] BGH NJW 1976, 1198, 1200; BGH NJW 1990, 2060, 2061 f.; *Palandt/Heinrichs*, Vorb. v. § 249 Rn. 82.

[765] *Palandt/Heinrichs*, Vorb. v. § 249 Rn. 80.

[766] Denkbar wäre es auch, bereits auf der Ebene der Zurechnung anzusetzen und den entsprechenden Konstellationen im Einzelfall durch eine Verneinung der haftungsausfüllenden Kausalität gerecht zu werden, so OLG Frankfurt/Main, TranspR 1992, 366, 367 (Charter eines Privatjets nach Athen).

[767] BGH NJW 1976, 1198, 1200.

[768] Siehe auch *Führich*, Rn. 1007, 1034; BGH NJW 1979, 495 f. (Überbuchung); AG Frankfurt/Main, NJW-RR 1996, 1335, 1336 (Überbuchung); BGH NJW 1976, 1198,

kann das nicht sein, was mit der Schadensminderungspflicht des Fluggastes nicht zu vereinbaren ist, denn der Geschädigte, der die Kosten der Schadensbeseitigung beeinflussen kann, ist unter dem Gesichtspunkt der Schadensminderungspflicht gehalten, im Rahmen des Zumutbaren den wirtschaftlichsten Weg der Schadensbeseitigung zu wählen. Mitverschulden i.S.d. § 254 II 1 BGB ist dabei gegeben, wenn der Geschädigte die Maßnahmen unterlässt, die ein ordentlicher und verständiger Mensch zur Minderung oder Abwendung eines Schadens ergreifen würde.[769] Entscheidender Abgrenzungsmaßstab ist der Grundsatz von Treu und Glauben.[770] Die Beweislast hinsichtlich des Mitverschuldens trifft dabei den Schädiger.[771]

Konkret bedeutet dies, dass der Fluggast grds. gehalten ist, einen Ersatzflug so zu buchen, dass der entstehende Schaden möglichst gering ausfällt. Aufgrund der Besonderheiten des Luftverkehrs[772] muss er daher m.E. grds. zunächst versuchen, einen akzeptablen, auch gegenüber Flügen anderer Luftfrachtführer geringfügig späteren[773], Ersatzflug bei dem ursprünglichen vertraglichen Luftfrachtführer zu buchen bzw. er ist gehalten, eine entsprechende Umbuchung durch den vertraglichen Luftfrachtführer zu akzeptieren.[774] Anderes kann nur gelten, wenn das Vertrauensverhältnis zu dem vertraglichen Luftfrachtführer aufgrund der Vertragsverletzung bereits derart zerrüttet ist, dass eine Beförderung durch ihn auf keinen Fall mehr in Betracht kommt oder der angebotene Ersatzflug des ursprünglichen Luftfrachtführers bzw. die Umbuchung zur Verhinderung eines größeren Schadens oder zur Erreichung eines wichtigen geschäftlichen, dienstlichen[775] oder privaten Termins nicht tauglich sind. Oftmals werden durch den vertraglichen Luftfrachtführer aber bereits vor einem Rücktritt oder Schadensersatzverlangen des Fluggastes alle Optionen einer weiteren Beförderung mit dem Fluggast erörtert

---

1200 (allgemein); AG Bad Homburg NJW-RR 2001, 989, 990 (Abflugverspätung). Für die Eisenbahnbeförderung so auch *Pohar*, S. 133.

[769] BGH NJW 1951, 797, 798; KG VersR 1976, 1159; OLG Rostock ZIP 2002, 429, 431.

[770] BGH NJW 1952, 299, 300.

[771] Vgl. nur *Jauernig/Teichmann*, § 254 Rn. 19.

[772] Kurzfristig bei anderen Luftfrachtführern gebuchte Flugtickets sind i.d.R. relativ teuer, so dass durch eine solche Buchung ein unverhältnismäßig hoher Schaden entstehen kann. Im Rahmen der eigenen Kapazitäten kann der Luftfrachtführer den Fluggast dagegen i.d.R. verhältnismäßig günstig transportieren.

[773] Anderes gilt, soweit der Fluggast im Unklaren darüber gelassen wird, wann ein Flug des vertraglichen Luftfrachtführers stattfinden kann, AG Frankfurt/Main, TranspR 1998, 197, 198, oder es zu erheblichen Zeitverzögerungen kommt, LG Berlin, ZLW 1982, 84, 88.

[774] Ähnlich AG Stuttgart NJW-RR 1992, 1082; AG Bad Homburg NJW-RR 2001, 989, 990 (jedenfalls „Warnpflicht" vor Buchung eines Ersatzfluges); OLG Frankfurt/Main TranspR 1997, 373, 375. Siehe auch *Führich*, Rn. 1007. So ist auch die Weiterbeförderungspflicht nach § 8 I FluggastrechteVO nach h.M. auf die Kapazität des Luftfrachtführers beschränkt, vgl. *Führich*, MDR 2007, Sonderbeilage, 1, 9; *Lienhard*, GPR 2004, 259, 264; *Tonner* in *Gebauer*, Kapitel 13 a Rn. 80.

[775] Vgl. OLG Frankfurt/Main, TranspR 1997, 373, 375.

worden sein, so dass sich ein solcher weiterer Versuch der Buchung eines Ersatzfluges bei dem ursprünglichen Luftfrachtführer dann erübrigt.

Soweit der Fluggast auf andere Luftfrachtführer ausweichen will, ist er grds. gehalten, einen möglichst preisgünstigen Flug in der der ursprünglichen Buchung entsprechenden Beförderungsklasse zu buchen.[776] Unter Umständen ist auch die Ersatzbeförderung mit anderen Beförderungsmitteln als dem Flugzeug zu akzeptieren bzw. zu wählen. In Ausnahmefällen kann jedoch auch umgekehrt, z.B. zur Verhinderung eines größeren Schadens[777] oder zur Erreichung eines wichtigen geschäftlichen, dienstlichen oder privaten Termins, die Buchung in einer höheren Beförderungsklasse[778], die Inanspruchnahme eines schnelleren Flugzeuges bzw. die Charterung eines Flugzeuges[779] erforderlich sein. Auch Wartezeiten von mehr als einem Tag sind grds. nicht hinzunehmen.[780] Die so verursachten Kosten müssen jedoch nach Treu und Glauben, § 242 BGB, in einem angemessenen Verhältnis zu dem drohenden Schaden stehen. Die Buchung eines Privatjets ist daher regelmäßig ausgeschlossen.[781] Für den Fluggast einer sog. Billigfluggesellschaft kann es im Einzelfall erforderlich sein, einen Flug bei einer gewöhnlichen Linienfluggesellschaft zu buchen.[782]

Beachtet der Fluggast seine Schadensminderungspflicht nicht, kann der geltend gemachte Schaden quotenmäßig gekürzt werden.[783] Haftungsanteile von weniger als 10%, zum Teil auch 20%,[784] sind nach der Rechtsprechung dabei jedoch grds. nicht berücksichtigungsfähig.[785] Neben einer Schadensteilung kann die gemäß § 254 I BGB erforderliche Abwägung aufgrund des Mitverschuldens des Geschädigten aber auch zu einem Wegfall der Ersatzpflicht oder zu einer vollen Haftung des Schädigers führen.[786]

c) Entgangener Gewinn

Der Fluggast hat gemäß § 252 S. 1 BGB auch Anspruch auf einen eventuell entgangenen Gewinn. Konkret zu denken ist zum einen an einzelne Geschäfte des Fluggastes, die aufgrund einer verspäteten Ankunft am Zielort letztlich

---

[776] LG Frankfurt/Main, RRa 2005, 133, 134 f.
[777] ZB drohendes Nichtzustandekommen eines Geschäftes.
[778] LG Frankfurt/Main, RRa 2005, 133, 134 f.
[779] OLG Frankfurt/Main, TranspR 1997, 373, 375 (zur Wahrnehmung eines politischen Termins durch mehrere Abgeordnete).
[780] LG Frankfurt/Main, RRa 2005, 133, 134 f.
[781] Vgl. LG Köln RRa 2008, 266, 268; OLG Frankfurt/Main TranspR 1992, 366, 367 (Charter eines Privatjets nach Athen); BGH NJW 1979, 495 f. (Überbuchung), dazu auch *Schmid*, TranspR 1985, 369, 375 und *Giemulla*, EuZW 1991, 367, 368.
[782] A.A. AG Stuttgart NJW-RR 1992, 1082.
[783] OLG Frankfurt/Main TranspR 1997, 373, 374.
[784] OLG Hamm, VersR 1971, 914.
[785] *Palandt/Heinrichs*, § 254 Rn. 66.
[786] *Palandt/Heinrichs*, § 254 Rn. 66.

nicht zustande gekommen sind. Entgangener Gewinn kann zum anderen aber auch der entgangene Gewinn (Verdienstausfall)[787] aus abhängiger[788] oder selbständiger[789] Beschäftigung sein, sofern der Fluggast aufgrund einer verspäteten Ankunft am Zielort mit einem Ersatzflug seiner Tätigkeit über einen bestimmten Zeitraum nicht nachgehen kann. Vom Fluggast zu beachten ist in diesem Zusammenhang wiederum die Schadensminderungspflicht nach § 254 II 1 BGB. Danach ist er grds. gehalten, den sich ergebenden entgangenen Gewinn möglichst gering zu halten bzw. dessen Entstehen zu verhindern.[790] Er hat sich daher zu bemühen, anvisierte Geschäfte, z.B. durch Verlegung des ursprünglich geplanten Termins und durch eventuelle Inanspruchnahme des verspäteten Fluges oder eines Ersatzfluges mit dem ursprünglichen oder einem anderen Luftfrachtführer oder ggf. anderer Beförderungsmöglichkeiten, doch noch zum Abschluss zu bringen. Die zur Schadensminderung notwendigen Auslagen können dann wiederum als Schadensposten geltend gemacht werden,[791] auch wenn die Bemühungen ohne das Verschulden des Geschädigten letztlich erfolglos bleiben.[792] Die Kosten für einen Ersatzflug müssen jedoch in einem angemessenen Verhältnis zum drohenden Schaden stehen.

Alternativ zu einem Verdienstausfall können grds. auch die Kosten für Aushilfsarbeitskräfte ersetzt werden.[793] Verlorene Urlaubszeit ist dagegen bei Individualflugreisen wegen § 253 I BGB nicht ersatzfähig.[794] Aus dem Pauschalreiserecht kann insbesondere § 651 f II BGB nicht analog herangezogen werden.[795]

Wird durch den Fluggast ein entgangener Gewinn geltend gemacht, ist dieser grds. konkret zu ermitteln und durch den Fluggast konkret darzulegen. Das kann insbesondere bedeuten, dass Geschäftsinterna offenzulegen sind.[796]

---

[787] Vgl. LG Düsseldorf ZLW 1971, 290, 293. Nach hier vertretener Ansicht wurde jedoch fälschlicherweise ein Anspruch aus Art. 19 WA bejaht, richtigerweise hätte aufgrund der Abflugverspätung ein Schadensersatzanspruch statt der Leistung nach nationalem Recht bejaht werden müssen.
[788] Dazu *Palandt/Heinrichs*, § 252 Rn. 8.
[789] Dazu *Palandt/Heinrichs*, § 252 Rn. 16.
[790] Ähnlich *Emmerich* in MünchKomm BGB, vor § 281 Rn. 84 m.w.N. zu der Frage der Geltendmachung des entgangenen Weiterveräußerungsgewinns durch den Käufer im Verhältnis zu den Kosten eines Deckungskaufs. Der Käufer hat zunächst zu versuchen, sich durch einen Deckungskauf schadlos zu halten.
[791] BGH NJW 1993, 2685, 2687; vgl. auch *Palandt/Heinrichs*, § 254 Rn. 37.
[792] BGH NJW 1959, 933, 934.
[793] LG Frankfurt/Main, NJW 1982, 1538 (Flugannullierung).
[794] Vgl. allgemein nur *Palandt/Heinrichs*, Vorb. v. § 249 Rn. 38 ff. m.w.N.
[795] OLG Düsseldorf RRa 1993, 15, 16; LG Frankfurt/Main NJW-RR 1993, 1270; LG Frankfurt/Main NJW-RR 1990, 1211, 1212; LG Berlin NJW-RR 1990, 636 f.; AG Frankfurt/Main, ZLW 1997, 297 f.; *Führich*, Rn. 97, 410 und 1009; *Führich* NJW 1997, 1044, 1045; *Oetker* in MünchKomm BGB, § 249 Rn. 91; ausführlich *Stadie* S. 169 und 243 f.; a.A. LG Frankfurt/Main NJW-RR 1987, 823, 825 f.
[796] *Palandt/Heinrichs*, § 281 Rn. 30.

Die Beweisführung ist einzig durch § 287 I ZPO erleichtert.[797] Daneben kommt gemäß § 252 S. 2 BGB aber auch eine abstrakte Schadensberechnung in Betracht. Insofern ist es dem Gläubiger gestattet, bei der Ermittlung des Gewinns auf den gewöhnlichen Lauf der Dinge abzustellen.[798] Es handelt sich ebenfalls um eine Beweiserleichterung, diesmal in Form einer widerlegbaren Vermutung.[799] In den praktischen Auswirkungen sind Unterschiede jedoch kaum zu erkennen.[800] Das dürfte auch für den Fluggast richtig sein, da man wohl in jedem Fall verlangen muss, dass der Fluggast genauer darlegt, welche Art von Geschäft zustande gekommen wäre, bzw. welcher Tätigkeit er nachgegangen wäre, wäre er nicht mit Verspätung am Zielort angekommen. Daraufhin kann der Luftfrachtführer den Gegenbeweis antreten.

d) Vergebliche Aufwendungen bzw. entgangene Leistungen

Schließlich ist ein Schaden des Fluggastes noch unter dem folgenden Gesichtspunkt denkbar: Hatte der Fluggast im Hinblick auf seine rechtzeitige Ankunft am Zielort bestimmte Leistungen gebucht, z.B. Hotelübernachtungen,[801] einen Mietwagen, eine Bahnfahrt, eine Kreuzfahrt, eine Rundreise, eine Stadtrundfahrt oder auch z.B. Theater- oder Kinokarten oder Karten für andere Veranstaltungen und können diese Leistungen aufgrund der verspäteten Ankunft mit einem Ersatzflug oder aufgrund eines Rücktritts vom Beförderungsvertrag weder ganz oder teilweise in Anspruch genommen noch storniert oder umgebucht werden,[802] ist fraglich, inwiefern der Fluggast auch für diese Einbuße Ersatz verlangen kann.[803]

Grds. handelt es sich bei den Kosten für derartige Leistungen um sog. vergebliche[804], „frustrierte" Aufwendungen. Darunter zu verstehen sind mit dem Vertrag verbundene Auslagen und Aufwendungen, also freiwillige Vermögensopfer,[805] die infolge der Vertragsverletzung des anderen Teils nutzlos geworden sind[806]. Sie sind grds. nicht vom positiven Interesse erfasst, da der Gläubiger sie lediglich im Vertrauen auf die ordnungsgemäße Durchfüh-

---

[797] Vgl. *Oetker* in MünchKomm BGB, § 252 Rn. 30.
[798] BGH NJW 1959, 1079; BGH NJW 1974, 895.
[799] *Oetker* in MünchKomm BGB, § 252 Rn. 31.
[800] *Oetker* in MünchKomm BGB, § 252 Rn. 30 m.w.N.
[801] Siehe dazu LG Frankfurt/Main RRa 2008, 41, 42.
[802] Können sie storniert werden, so wären sie m.E. im Falle der Geltendmachung eines entgangenen Gewinns durch den Fluggast als ersparte Aufwendungen zu berücksichtigen. Zusätzlich wären dann jedoch eventuelle Stornogebühren als Schadensminderungsaufwendungen ersatzfähig.
[803] Zu der Frage, welche Ansprüche dem Fluggast im Fall der Buchung eines Weiter- oder Anschlussfluges zustehen, siehe sogleich unter Punkt 3. Teil, 2. Kapitel, § 2 A. IV. 3. g) Seite 269.
[804] Vgl. dazu auch *Ellers*, S. 1 ff.
[805] *Jauernig/Stadler*, § 284 Rn. 4.
[806] Vgl. *Emmerich* in MünchKomm BGB, vor § 281, Rn. 43.

rung des Vertrages macht, ihre Ursache jedoch nicht die Vertragsverletzung des Schuldners ist.[807] Sie wären vielmehr auch bei ordnungsgemäßer Durchführung des Vertrages getätigt worden. Ihr Ersatz bedarf daher besonderer Begründung.

Er kommt zunächst im Rahmen eines konkret geltend gemachten entgangenen Gewinns in Betracht. Dienten die in Frage stehenden Aufwendungen nämlich der Ermöglichung eines Geschäftsabschlusses, kommt dieses Geschäft aufgrund der Verspätung nicht zustande und beansprucht der Fluggast für dieses Geschäft den Ersatz des entgangenen Gewinns, sind die getätigten Aufwendungen sozusagen als Rechnungsposten im Rahmen des entgangenen Gewinns zu ersetzen. Sie führen dazu, dass der Gläubiger für die zu erwartenden Bruttoeinnahmen ungekürzt Ersatz verlangen kann,[808] können jedoch nicht zusätzlich zu einem entgangenen Gewinn beansprucht werden.[809] Konnten die gebuchten Leistungen kostenlos storniert werden, sind sie als ersparte Aufwendungen anzurechnen.

Fraglich ist jedoch, ob der Fluggast möglicherweise auch Ersatz für die in Frage stehenden vergeblichen Aufwendungen verlangen kann, falls er einen mit diesen Aufwendungen zusammenhängenden entgangenen Geschäftsgewinn konkret nicht geltend machen kann. Insofern sind mehrere Lösungswege denkbar. Zunächst könnte bei einem geschäftsreisenden Fluggast die von der Rechtsprechung entwickelte Rentabilitätsvermutung zur Anwendung kommen, sofern diese nicht widerlegt wird. Nach der Rentabilitätsvermutung wird vermutet, dass der Gläubiger bei Durchführung eines Vertrages zumindest einen Ertrag in der Höhe seiner Aufwendungen realisiert hätte.[810] Dem Gläubiger, der mit seinem Vertrag kommerzielle Zwecke verfolgt, wird damit ermöglicht, einen Geldbetrag in Höhe der nutzlosen Aufwendungen als Mindestbetrag seines entgangenen Gewinns gemäß § 252 BGB geltend zu machen. Fraglich ist jedoch, ob an der Rentabilitätsvermutung nach dem Schuldrechtsmodernisierungsgesetz mit der Einführung einer Anspruchsgrundlage für den Ersatz vergeblicher Aufwendungen, § 284 BGB, überhaupt noch festgehalten werden kann. Nach § 284 BGB kann der Ersatz vergeblicher Aufwendungen nach h.M. nämlich nur alternativ zu einem Schadensersatzanspruch statt der Leistung geltend gemacht werden.[811] Die überwiegende Meinung gibt dem Gläubiger jedoch weiterhin die Möglich-

---

[807] Vgl. *Emmerich* in MünchKomm BGB, vor § 281, Rn. 44.
[808] *Ernst* in MünchKomm BGB, § 284 Rn. 1 und 29.
[809] Vgl. *Ernst* in MünchKomm BGB, § 284 Rn. 29; a.A. wohl *Emmerich* in MünchKomm BGB, vor § 281 Rn. 67.
[810] BGH NJW 1978, 1805, 1806; BGH NJW 1991, 2277, 2278, BGH NJW 1991, 2707, 2708. Siehe auch *Emmerich* in MünchKomm BGB, vor § 281, Rn. 44; *Palandt/Heinrichs*, § 281 Rn. 23 f.
[811] *Dauner-Lieb* in AnwK-BGB, § 284, Rn. 37; *Palandt/Heinrichs*, § 284 Rn. 4. Siehe dazu ausführlich *Schmidt-Bendun*, S. 226 ff. m.w.N.

keit, Ersatz für nutzlose Aufwendungen aufgrund der Rentabilitätsvermutung auch im Rahmen eines Schadensersatzanspruches statt der Leistung geltend zu machen.[812] Seine Rechte sollen durch § 284 BGB lediglich erweitert und nicht beschränkt werden.[813]

Zu beachten sind jedoch einige Einschränkungen der Rentabilitätsvermutung. Die Vermutung greift zunächst dann nicht, wenn der Gläubiger mit seinem Vertrag lediglich ideelle oder private Zwecke verfolgt.[814] Auch bleibt der Gegenbeweis, dass der Gläubiger tatsächlich keinen Gewinn erzielt hätte und somit auch bei ordnungsgemäßer Durchführung des Vertrages mit den fraglichen Kosten belastet geblieben wäre, zulässig.[815] Ferner betrifft die Rentabilitätsvermutung nach allgemeiner Meinung nur das Austauschverhältnis von Leistung und Gegenleistung.[816] Sie bezieht sich daher nur auf die für den Vertrag gemachten[817] bzw. auf bestimmte mit dem Vertragsschluss verbundenen Aufwendungen[818], aber nicht auf Aufwendungen für weitere Geschäfte, die der Gläubiger im Hinblick auf den Erstvertrag vorgenommen hat[819].

Um letztere Aufwendungen handelt es sich m.E. aber gerade bei den in Frage stehenden Aufwendungen für z.B. Hotelübernachtungen und Mietwagen. Sie betreffen gerade nicht das Austauschverhältnis von Leistung und Gegenleistung, wie z.B. die Anreisekosten zum Flughafen oder die angefallene Ticketservicepauschale des Reisebüros oder der Fluggesellschaft. Es geht vielmehr um Aufwendungen für weitere Geschäfte. Es würde aber auch zu weit gehen, generell zu vermuten, dass sich Hotel- und Mietwagenkosten eines Geschäftsreisenden immer rentieren. Die Rentabilitätsvermutung kann daher m.E. zur Begründung des Ersatzes dieser Kosten nicht herangezogen werden.

Möglicherweise kann Ersatz für die in Frage stehenden, für den Erhalt der Leistungen gemachten Aufwendungen jedoch nach § 284 BGB[820] ver-

---

[812] *Canaris*, JZ 2001, 499, 517; *Lorenz/Riehm*, Rn. 223 ff., 542; *Palandt/Heinrichs*, § 281 Rn. 23, § 284 Rn. 3; *Emmerich* in MünchKomm BGB, vor § 281, Rn. 39; a.A. *Dauner-Lieb* in AnwK-BGB, § 284 Rn. 10 und § 281 Rn. 64; *Schellhammer*, MDR 2002, 301, 305 f.; *Schmidt-Bendun*, S. 225 f. m.w.N.
[813] *Emmerich* in MünchKomm BGB, vor § 281, Rn. 39.
[814] *Emmerich* in MünchKomm BGB, vor § 281, Rn. 44.
[815] BGH NJW 1987, 831, 834; BGH NJW 1991, 2277, 2278; *Emmerich* in MünchKomm BGB, vor § 281, Rn. 45; *Palandt/Heinrichs*, § 281 Rn. 24.
[816] *Palandt/Heinrichs*, § 281 Rn. 24.
[817] *Palandt/Heinrichs*, § 281 Rn. 23.
[818] *Emmerich* in MünchKomm BGB, vor § 281, Rn. 43.
[819] BGH NJW 1991, 2277, 2278; *Palandt/Heinrichs*, § 281 Rn. 24; *Emmerich* in MünchKomm BGB, vor § 281, Rn. 43 m.w.N.
[820] Vgl. insofern auch LG Lüneburg NJW 2002, 614 und OLG Köln, NJW-RR 1994, 687, 688. In beiden Entscheidungen ging es um Reise- und Übernachtungskosten für einen Konzertbesuch bzw. eine Filmpreisverleihung, die nach früherem Recht grds. nicht ersatzfähig waren, anders das OLG Köln, heute aber unter § 284 BGB fallen, so *Jauernig/Stadler*, § 284 Rn. 4; *Palandt/Heinrichs*, § 284 Rn. 5; *Emmerich* in MünchKomm BGB, vor § 281, Rn. 44. Dazu auch *Grigoleit*, ZGS 2002, 122, 123 f. Zu § 284 BGB im Hinblick auf die Eisenbahnbeförderung siehe ausführlich *Schmidt-Bendun*, S. 221 ff. und *Pohar*, S. 134 ff.

langt werden. Das ist für den privatreisenden Fluggast grds. zu bejahen.[821] Nach dem oben Gesagten kann § 284 BGB aber auch bei Verträgen mit kommerzieller Zielsetzung unproblematisch zur Anwendung kommen. Bei solchen Verträgen hat der Gläubiger heute die Wahl, ob er nach § 284 BGB vorgeht oder die nutzlosen Aufwendungen im Rahmen der Rentabilitätsvermutung in die Berechnung des Schadensersatzes statt der Leistung einbezieht.[822] Auch geht der Anwendungsbereich von § 284 BGB weit über den Anwendungsbereich der Rentabilitätsvermutung hinaus, so dass nutzlose Aufwendungen über die für den Vertrag gemachten Aufwendungen hinaus in viel größerem Umfang erfasst werden.[823] Auch die mittelbare Vereitelung eines (ideellen) Zwecks ist nach § 284 BGB ersatzfähig.[824]

Allgemein müssen für einen Anspruch nach § 284 BGB dabei zunächst sämtliche Voraussetzungen eines Schadensersatzanspruches statt der Leistung gegeben sein.[825] Die zu ersetzenden Aufwendungen müssen sodann grds. nach dem Vertragschluss oder durch diesen bedingt, im Vertrauen auf den Erhalt der Leistung gemacht worden sein und der Billigkeit entsprechen.[826] Mitursächlichkeit ist dabei wohl ausreichend.[827] Zu beachten ist zum einen die Schadensminderungspflicht[828] des Gläubigers und zum anderen, dass gemäß § 284 2. HS BGB auch aus § 284 BGB dann kein Anspruch auf Ersatz vergeblicher Aufwendungen besteht, wenn die Rentabilitätsvermutung widerlegt und nachgewiesen ist, dass der Gläubiger ohnehin keinen Gewinn aus dem geplanten Geschäftabschluss gezogen hätte,[829] bzw. wenn der Zweck der Aufwendungen ohnehin nicht erreicht worden wäre. Ferner ist zu beachten, dass ein Rückgriff auf den Aufwendungsersatz gemäß § 284 BGB dann ausgeschlossen ist, wenn der Fluggast gleichzeitig auch Ersatz für die Kosten

---

Zu § 284 BGB allgemein siehe *Gsell* in *Dauner-Lieb/Konzen/Schmidt*, S. 321 ff.; *Ellers*, S. 145 ff.

[821] Siehe *Ernst* in MünchKomm BGB, § 284 Rn. 23, zu den Kosten der Eintrittskarten für eine Veranstaltung, die nicht rechtzeitig erreicht wird, weil der Mietwagen nicht rechtzeitig zur Verfügung gestellt wird. Vgl. auch ohne nähere Begründung *Führich*, Rn. 1034, 1046.

[822] *Emmerich* in MünchKomm BGB, vor § 281, Rn. 39; *Palandt/Heinrichs*, § 281 Rn. 23, § 284 Rn. 3.

[823] Vgl. *Ernst* in MünchKomm BGB, § 284 Rn. 22 f. Zumindest für die Eisenbahnbeförderung so auch *Schmidt-Bendun*, S. 224 f. Restriktiver *Pohar*, S. 136 f. jeweils m.w.N.

[824] Vgl. *Ernst* in MünchKomm BGB, § 284 Rn. 23 mit Beispielen.

[825] *Palandt/Heinrichs*, § 284 Rn. 4; *Jauernig/Stadler*, § 284 Rn. 3; a.A. offenbar *Führich* Rn. 764 b, wenn er feststellt, dass vergebliche Aufwendungen durch den Luftfrachtführer auch dann zu ersetzen sind, wenn er die Verspätung nicht zu vertreten hat.

[826] *Palandt/Heinrichs*, § 284 Rn. 6; *Jauernig/Stadler*, § 284 Rn. 5 f.; zu Aufwendungen vor Vertragsschluss, siehe *Ernst* in MünchKomm BGB, § 284 Rn. 19. Großzügig für die Eisenbahnbeförderung *Schmidt-Bendun*, S. 233 und *Pohar*, S. 134 f. mit dem Argument, dass die zeitliche Reihenfolge der Buchung bestimmter Leistungen oft zufällig sei.

[827] *Pohar*, S. 135.

[828] *Ernst* in MünchKomm BGB, § 284, Rn. 33.

[829] *Grigoleit*, ZGS 2002, 122, 123; *Palandt/Heinrichs*, § 284 Rn. 7 m.w.N.; *Jauernig/Stadler* § 284 Rn. 7.

eines Ersatzflugs und somit Schadensersatz statt der Leistung begehrt. Wie bereits erwähnt, kann der Anspruch aus § 284 BGB nur alternativ zu einem Schadensersatzanspruch statt der Leistung geltend gemacht werden.

Es bleibt daher zu überlegen, ob die in Frage stehenden vergeblichen Aufwendungen nicht doch bereits als Vermögensschaden qualifiziert werden können[830] bzw. ob die durch die verhinderte Inanspruchnahme einer gebuchten Leistung erlittene Einbuße nicht möglicherweise bereits einen Vermögensschaden darstellt. Im ersteren Fall wären die vergeblichen Aufwendungen, im letzteren Fall dagegen der Wert der entgangenen Leistung, damit aber i.d.R. auch die Kosten der Leistung, ohne weiteres bereits im Rahmen des positiven Interesses zu ersetzen. Ein Rückgriff auf § 284 BGB wäre nicht mehr notwendig.

Ein solches Ergebnis ließe sich zunächst mit der sog. Frustrationstheorie begründen. Nach dieser Theorie sollen Aufwendungen des Geschädigten, und zwar unabhängig von dem maßgebenden Haftungsgrund, immer einen Schaden darstellen, soweit sie infolge des schädigenden Ereignisses fehlschlagen.[831] Diese Auffassung wird jedoch zu Recht von der Rechtsprechung[832] und der hL[833] abgelehnt, da sie ohne Anhaltspunkt im Gesetz bloße Handlungsmöglichkeiten und Gebrauchschancen generell zu einem zu ersetzenden Schaden macht.[834] Es ließen sich auf diese Weise u.U. groteske Schadenspositionen begründen. So könnte bei einem aufwendigen Lebensstil möglicherweise anteilig Ersatz für Aufwendungen für eine Luxusvilla oder ein Privatflugzeug[835] und damit Ersatz für die entgangene Nutzungsmöglichkeit immaterieller Art verlangt werden, sofern eine Person durch ein schädigendes Ereignis daran gehindert wird, diese Gegenstände (konkret) zu nutzen. Daneben ist zu berücksichtigen, dass sich der Gesetzgeber beim Schadensersatz wegen Pflichtverletzung nach §§ 280 ff. BGB mit der Einführung des § 284 BGB gerade gegen die Einbeziehung „frustrierter Aufwendungen" in das positive Interesse und damit gegen die Frustrationstheorie entschieden hat.[836]

Dass die in Frage stehenden, durch den Fluggast erlittenen Einbußen bereits als Vermögensschaden zu qualifizieren sind, lässt sich aber möglicherweise auch auf andere Weise erklären. Jedenfalls ist nicht ohne weiteres einzusehen, warum einem Geschädigten in einer Situation, in der er eine für einen bestimmten Tag gebuchte geldwerte Leistung aufgrund eines schädigenden

---

[830] Vgl. dazu auch *Schmidt-Bendun*, S. 229 f. m.w.N. und *Pohar*, S. 133.
[831] *Esser/Schmidt*, § 31 III, S. 194 ff. m.w.N.
[832] BGH NJW 1971, 796, 798; BGH NJW 1978, 1805, 1806; BGH NJW 1987, 831, 834 f.; BGH NJW 1991, 2277, 2279; BGH NJW 1991, 2707, 2708; BGH NJW 2000, 2342, 2343.
[833] *Schiemann* in *Staudinger* (2005), § 249 Rn. 125; *Oetker* in MünchKomm BGB, § 249 Rn. 46; *Larenz* § 29 II c.
[834] So auch *Palandt/Heinrichs*, Vorb. v. § 249 Rn. 33.
[835] Vgl. *Palandt/Heinrichs*, Vorb. v. § 249 Rn. 33.
[836] Ähnlich *Palandt/Heinrichs*, Vorb. v. § 249 Rn. 33.

Ereignisses weder in Anspruch nehmen kann noch stornieren oder umbuchen kann, neben dem Ersatz für andere Vermögenseinbußen kein Ersatz für die so erlittene Einbuße zu leisten sein soll. Schließlich entgeht dem Geschädigten endgültig eine fest gebuchte geldwerte Leistung, wodurch er einen konkret bezifferbaren Verlust in Höhe des Marktwertes der in Frage stehenden Leistung erleidet. Der Marktwert wird dabei i.d.R. mit dem Preis der Leistung übereinstimmen.

Diskutiert wird die aufgeworfene Frage des Vermögensschadens bei entgangenen Leistungen i.d.R. im Hinblick auf Theater- oder Konzertkarten, die vom Geschädigten aufgrund eines schädigenden Ereignisses nicht in Anspruch genommen werden können, sei es, weil die Karte gestohlen wurde, oder sei es, weil der Geschädigte z.B. aufgrund einer Körperverletzung das Konzert oder die Theatervorstellung nicht besuchen konnte. Dabei besteht grds. Einigkeit, dass dem Geschädigten in einer solchen Situation Schadensersatz zuzusprechen ist.[837] Bei *Heinrichs* etwa findet sich die Aussage, dass einem Geschädigten Ersatz für geldwerte Genussmöglichkeiten wie z.B. Theater- und Konzertbesuche oder Klavierstunden in Höhe des Marktwertes zu leisten sei, sofern die Genussmöglichkeit durch den Geschädigten endgültig nicht wahrgenommen werden könne.[838] Nach *Schiemann* sollen sogar allgemein nicht erbrachte geldwerte Vorteile ersatzfähig sein.[839] Zum Ganzen passt auch eine Entscheidung des *OLG München*, die einem Kläger Ersatz für die aufgrund eines schädigenden Ereignisses nicht mögliche Inanspruchnahme einer Kreuzfahrt zugesprochen hat.[840] Im Hinblick auf die vereitelte Nutzung einer gemieteten Sache steht nach der Rechtsprechung des BGH ohnehin fest, dass dem Gläubiger insofern entgangene Gebrauchsvorteile einen Vermögensschaden darstellen.[841]

Letztlich kann m.E. daher allgemein formuliert werden, dass einem Geschädigten für aufgrund eines schädigenden Ereignisses endgültig entgangene geldwerte Leistungen im Rahmen des positiven Interesses Ersatz in Höhe des Marktwertes dieser Leistungen zu leisten ist. Eine Leistung ist dabei endgültig entgangen, sofern sie weder in Anspruch genommen noch storniert oder umgebucht werden kann. Im Ergebnis zu ersetzen sind einem Fluggast daher

---

[837] So *Würthwein*, S. 402 m.N.; *Lange/Schiemann*, § 6 III, S. 254 Fn. 29 m.w.N.; *Küppers*, S. 12 Fn. 32 mit zahlreichen Nachweisen; aus der jüngeren Rechtsprechung AG Menden NJW-RR 2005, 1337. Vgl. auch *Oetker* in MünchKomm BGB, § 249 Rn. 93. A.A. nach § 253 BGB nicht ersatzfähiger Nichtvermögensschaden, *Medicus*, BürgR, Rn. 822.
[838] *Palandt/Heinrichs*, Vorb. v. § 249 Rn. 35.
[839] *Schiemann* in *Staudinger* (2005), § 253 Rn. 19.
[840] OLG München, NJW-RR 1986, 963, 964.
[841] Vgl. nur NJW 1988, 251, 252 ff. m.w.N. Nach *Würthwein*, S. 288 ff., 384 ff., begründen sogar entgangene Gebrauchsvorteile von Sachen generell einen Vermögensschaden. Danach wäre dann vom Luftfrachtführer u.U. auch Ersatz für die entgangene Nutzungsmöglichkeit des eigenen Ferienhauses, -autos oder -bootes zu leisten, sofern die Bedürfnisbefriedigung nicht gemäß § 254 II S. 1 BGB umorganisiert werden kann.

beispielweise die Kosten für die entgangene Hotel- oder Ferienhausübernachtung, die Kosten für die entgangene Mietwagennutzung, Bahnreise oder Kreuzfahrt[842] und der gezahlte Preis für Karten für eine entgangene Theatervorstellung, ein Konzert oder eine Sportveranstaltung. Ein Marktwert ist bei diesen Leistungen eindeutig feststellbar. Auch kann die konkrete Nutzungsmöglichkeit und der Nutzungswille des Fluggastes insofern nicht bestritten werden. Ist eine Umbuchung oder Stornierung dieser Leistungen möglich, ist davon jedoch im Rahmen der Schadensminderungspflicht selbstverständlich Gebrauch zu machen.[843] Eventuell anfallende Stornierungsgebühren sind in diesem Fall als Schadensminderungsaufwendungen[844] ersatzfähig. Auch sind im Rahmen der Schadensminderungspflicht, soweit die gebuchten Leistungen nicht storniert werden können, grds. verhältnismäßige Anstrengungen zu unternehmen, um den Zielort z.B. mit einem Ersatzflug oder auch mit einer Ersatzbeförderung doch noch rechtzeitig zu erreichen,[845] um so die gebuchten Leistungen zumindest noch teilweise nutzbar machen zu können.

e) Flugpreis

Entscheidet sich der Fluggast aufgrund der Abflugverspätung, seine Reise abzubrechen und nicht mehr zu fliegen, kann er grds. auch im Rahmen des Schadensersatzanspruches statt der Leistung den vorgeleisteten Flugpreis ersetzt verlangen. Insoweit decken sich dann die Rechtsfolgen von Rücktritt und Schadensersatz.[846] Genau genommen soll der Gläubiger zwar nicht die von ihm erbrachte Gegenleistung zurückfordern können, er könne jedoch, unabhängig von einem möglichen Rücktritt, einen entsprechenden Geldbetrag als Mindestbetrag seines Schadens fordern.[847] Als Grundlage wird auch insofern die Rentabilitätsvermutung herangezogen.[848] Es wird also auch im Hinblick auf die Gegenleistung grds. vermutet, dass der Gläubiger diese bei ordnungsgemäßer Erfüllung des Vertrages wieder erwirtschaftet hätte. Oft-

---

[842] OLG Frankfurt/Main NJW-RR 2005, 65 ff. = RRa 2005, 78 ff. In dem konkreten Fall ging es jedoch um Schadensersatz nach Art. 19, 20 WA infolge einer Ankunftsverspätung der Fluggäste. Siehe auch OLG Frankfurt/Main, TranspR 1984, 297, 299 (Überbuchung).
[843] Ähnlich auch *Oetker* in MünchKomm BGB, § 249 Rn. 93.
[844] Vgl. *Palandt/Heinrichs*, § 254 Rn. 37. Zur Anwendbarkeit von § 254 BGB im Rahmen von § 284 BGB siehe *Ernst* in MünchKomm BGB, § 284, Rn. 33.
[845] Vgl. OLG Frankfurt/Main, TranspR 1984, 297, 298 f. (Überbuchung). Zur Pflicht zur Eigeninitiative und deren Grenzen bei Informationspflichtverletzungen der Bahn, *Pohar*, NZV 2004, 72, 75.
[846] *Emmerich* in MünchKomm BGB, vor § 281, Rn. 41.
[847] BGH NJW 1982, 1279, 1280; BGH NJW 1998, 2360, 2364; *Palandt/Heinrichs*, § 281 Rn. 23; ähnlich *Emmerich* in MünchKomm BGB, vor § 281 Rn. 41, eine Erstattung des Vertragsentgelts könne als Vorleistung verlangt werden. Zur Rückerstattung der Gegenleistung über § 284 BGB ausführlich *Schmidt-Bendun*, S. 231 ff. m.w.N.
[848] Vgl. *Emmerich* in MünchKomm BGB, Vor § 281 Rn. 41; *Palandt/Heinrichs*, § 281 Rn. 23.

mals wird jedoch lediglich verkürzt formuliert, dass die Vermutung gelte, dass die vom Schuldner nicht erbrachte Leistung im Wert der Gegenleistung des Gläubigers entspreche.[849]

Möglich ist die Erstattung des Flugpreises aber auch als Rechnungsposten im Rahmen des Ersatzes des entgangenen Gewinns gemäß §§ 249, 252 BGB. Eine derartige Berücksichtigung führt dazu, dass der Fluggast ungekürzt Ersatz seiner zu erwartenden Bruttoeinnahmen beanspruchen kann, sofern z.b. aufgrund der Nichtbeförderung ein Geschäft am Zielort nicht abgewickelt werden konnte. Zu beachten ist in diesem Zusammenhang jedoch wiederum, dass der Fluggast im Rahmen seiner Schadensminderungspflicht grds. gehalten ist, durch Terminverlegung und Inanspruchnahme des verspäteten Fluges oder eines Ersatzfluges mit dem ursprünglichen oder einem anderen Luftfrachtführer oder ggf. auch anderer Beförderungsmöglichkeiten den entstehenden Schaden möglichst gering zu halten bzw. zu verhindern.

Neben einem Anspruch aus § 284 BGB kann die Rückzahlung des Flugpreises schließlich grds. nur über einen Rücktritt vom Beförderungsvertrag gemäß §§ 346 I, 323, 325 BGB erreicht werden.[850]

f) Nicht Verzögerungsschaden

Nicht nach §§ 280 I, III, 281 I BGB geltend machen kann der Fluggast einen bis zum Ablauf der Nachfrist entstandenen eventuellen Verzögerungsschaden. Anspruchsgrundlage für einen derartigen Schaden bleibt § 280 I, II i.V.m. § 286 BGB. Anders als nach früherer Rechtslage[851] kann der Verzögerungsschaden nicht in den Schadensersatz statt der Leistung einbezogen werden,[852] da der Verzug keine Voraussetzung des Anspruchs nach § 281 I 1 BGB ist[853]. Relevant wird die Unterscheidung immer dann, wenn der Schuldner zunächst in Verzug gerät und später zur Vertragsliquidierung übergeht oder Unmöglichkeit eintritt.[854] In Abflugverspätungsfällen können daher Schäden, die aus der Verzögerung der Beförderungsleistung bis zum Ablauf der Nachfrist, bzw. bis zu einem Rücktritt oder Schadensersatzverlangen, § 281 IV BGB,[855] herrühren, grds. nur unter den besonderen Voraussetzungen des § 286

---

[849] *Palandt/Heinrichs*, § 281 Rn. 23.
[850] Vgl. allgemein *Jauernig/Stadler*, § 284 Rn. 8; Faust in *Huber/Faust*, 4. Kap. Rn. 17, S. 163. Denkbar wäre es aber auch, bereits die Gegenleistung selbst als vergebliche Aufwendung anzusehen, a.A. *Ernst* in MünchKomm BGB, § 284, Rn. 16; *Reim*, NJW 2003, 3662, 3665.
[851] BGH NJW 1997, 1231.
[852] *Jauernig/Stadler*, § 281 Rn. 16, *Palandt/Heinrichs*, § 281 Rn. 17; *Ernst* in MünchKomm BGB, § 281 Rn. 110 ff.; *Emmerich* in MünchKomm BGB, vor § 281 Rn. 22; *Grigoleit/Riehm*, AcP 203 (2003), 727, 750 m.w.N.
[853] *Jauernig/Stadler*, § 281 Rn. 16.
[854] *Emmerich* in MünchKomm BGB, vor § 281 Rn. 21.
[855] *Ernst* in MünchKomm BGB, § 281, Rn. 111.

BGB geltend gemacht werden. Darunter fallen alle Schäden, die auch entstanden wären, wenn es nachträglich noch zu der verzögerten Leistung gekommen wäre,[856] wie z.b. Verpflegungs-, Übernachtungs- und Kommunikationsmehraufwendungen, die in der Wartezeit auf den verspäteten Abflug entstanden sind[857]. Eine Abgrenzung der verschiedenen Schäden kann im Einzelfall schwierig sein, ist jedoch im Rahmen der Luftbeförderung i.d.R. nicht nötig, da die Voraussetzungen des § 286 BGB bei einer Abflugverspätung regelmäßig auch gegeben sein werden[858].

g) Beförderungen über mehrere Teilstrecken

Differenzierter müssen auch im Hinblick auf den Schadensersatzanspruch des Fluggastes wiederum Beförderungen über mehrere Teilstrecken betrachtet werden. Kommt es bei einer Beförderung über mehrere Teilstrecken, also bei Umsteigeverbindungen oder Hin- und Rückflugkombinationen zu einer Abflugverspätung des Fluggastes auf einer Teilstrecke, könnte nicht nur ein Schadensersatzanspruch des Fluggastes im Hinblick auf die gestörte Teilstrecke in Betracht kommen, sondern es könnten sich zusätzliche Rechte des Fluggastes aus § 281 I 2 BGB ergeben, der § 323 V 1 BGB im Rücktrittsrecht entspricht. Auch die Anwendbarkeit von § 281 I 2 BGB setzt jedoch voraus, dass es im Rahmen eines einheitlichen Vertrages zu einer Teilleistung oder zu Teilleistungen gekommen ist.

Erfolgt die Beförderung daher aufgrund mehrerer eigenständiger Beförderungsverträge, kann der Fluggast Schadensersatz statt der Leistung grds. nur bzgl. des durch die Abflugverspätung gestörten Beförderungsvertrages geltend machen. Ob daneben auch der Ersatz von Schäden in Betracht kommt, die dem Fluggast im Hinblick auf die Bindung an weitere Beförderungsverträge und im Hinblick auf bereits erbrachte Leistungen entstehen, ist somit eine Frage des Umfangs des Schadensersatzanspruches aus dem gestörten Vertrag. Dabei hat der Fluggast, sofern er zuvor einen Zubringerflug in Anspruch genommen hat und die erfolgte Ortsveränderung für ihn aufgrund der Abflugverspätung des Anschlussfluges nun sinnlos geworden ist, grds. auch Anspruch auf Ersatz der Kosten für den Rückflug oder Rücktransport zum ursprünglichen Abgangsflughafen,[859] denn wäre der Beförderungsvertrag ordnungsgemäß erfüllt worden, wären diese Kosten nicht angefallen[860]. Es handelt sich somit um notwendige Aufwendungen zur Scha-

---

[856] *Emmerich* in MünchKomm BGB, vor § 281 Rn. 23.
[857] Dazu genauer unter Punkt 3. Teil, 2. Kapitel, § 2 A. V. Seite 273.
[858] Zu den Voraussetzungen des § 286 BGB siehe unter Punkt 3. Teil, 2. Kapitel, § 2 A. V. Seite 273.
[859] Bei einer Annullierung des Anschlussfluges und anschließendem Rückflug so auch LG Frankfurt/Main, TranspR 1989, 101, 104.
[860] *Lienhard* GPR 2004, 259, 263 f. bezeichnet die Ortsveränderung als nutzlos, so dass ein Ausgleich im Wege der Naturalrestitution zu erfolgen haben. Seiner Ansicht

densbeseitigung, die gemäß § 249 I BGB zu ersetzen sind.[861] Die Zurechnung ist zu bejahen.[862] Aufgrund der Schadensminderungspflicht des Fluggastes sind m.E. insofern jedoch i.d.R. Angebote des vertraglichen Luftfrachtführers des gestörten Fluges zu bevorzugen.

Kommt es dagegen bei Beförderungen aufgrund eines einheitlichen Beförderungsvertrages zu einer Abflugverspätung auf einer Teilstrecke, könnten sich in der Tat zusätzliche Rechte des Fluggastes aus § 281 I 2 BGB ergeben. Auch § 281 I 2 BGB bezieht sich grds. jedoch auf den Fall der Teilleistung bei einer in einem Akt geschuldeten Leistung. Kommt es also, wie bei der Luftbeförderung über mehrere Teilstrecken, im Rahmen einer von vornherein geschuldeten Ratenleistung zu einer Leistungsstörung im Hinblick auf einzelne Raten, müssen auch im Hinblick auf den Schadensersatzanspruch des Gläubigers einige Besonderheiten gelten.

Diese werden wiederum vorwiegend im Hinblick auf echte Sukzessivlieferungsverträge diskutiert. Bei derartigen Verträgen hat nach h.M. der Gläubiger ähnlich wie beim Rücktritt[863] die Wahl zwischen vier verschiedenen Möglichkeiten.[864] Er kann erstens weiterhin seinen Anspruch auf Erfüllung geltend machen und daneben Ersatz für den entstanden Verzögerungsschaden beanspruchen. Er kann zweitens nach Fristsetzung, sofern diese nicht entbehrlich ist, Schadensersatz statt der Leistung hinsichtlich der gestörten Teilleistung geltend machen.[865] Er kann drittens wegen des ganzen noch nicht erfüllten Vertrages, einschließlich der noch nicht fälligen Raten, gemäß § 281 I BGB analog Schadensersatz statt der Leistung verlangen, dies allerdings nur nach Abmahnung entsprechend § 281 III BGB bei Fristsetzung.[866] Und er kann viertens eine Rückabwicklung des ganzen Vertrages, einschließlich der bereits erbrachten Leistungen, beanspruchen, sofern die Voraussetzungen des § 281 I 2 BGB gegeben sind.[867] Diese Vorgaben gilt es auf den Luftbeförderungsvertrag zu übertragen.

Abschließend ist darauf hinzuweisen, dass gemäß Art. 29 MÜ ein Schadensersatzanspruch des Fluggastes ausschließlich auf Art. 19 MÜ gestützt werden kann, sofern eine Abflugverspätung des Fluggastes im Rahmen einer Anschlussverbindung, sei es dass der Anschlussflug verschoben wurde oder

---

nach handelt es sich jedoch um einen Begleitschaden, der über § 280 I BGB zu ersetzen wäre. A.A. *Pohar*, S. 147 ff. für die Eisenbahnbeförderung, der derartige Kosten lediglich über § 284 BGB ersetzen will.

[861] Vgl. dazu allgemein *Palandt/Heinrichs*, Vorb. v. § 249 Rn. 82.
[862] Zur Zurechnung allgemein *Palandt/Heinrichs*, Vorb. v. § 249 Rn. 80.
[863] Siehe dazu bereits unter Punkt 3. Teil, 2. Kapitel, § 2 A. III. 9. Seite 232.
[864] Siehe nur *Jauernig/Stadler*, § 281 Rn. 23 ff.
[865] Vgl. nur *Schwab*, ZGS 2003, 73, 74; BGH NJW 1986, 124, 126.
[866] Vgl. nur *Lorenz/Riehm*, S. 250 f.; ähnlich *Schwab*, ZGS 2003, 73, 75 f., der den Schadensersatzanspruch allerdings auf § 282 BGB stützen will.
[867] A.A. *Schwab*, ZGS 2003, 73, 74 f., nach dem die Voraussetzungen des § 281 I 2 BGB grds. nicht gegeben sind.

der Fluggast auf einen späteren Anschlussflug umgebucht wurde, auf der Ankunftsverspätung des Fluggastes auf der Zubringerflugstrecke beruht. Ein Schadensersatzanspruch nach nationalem Recht muss bei einer internationalen Beförderung i.S.d. MÜ in diesem Fall ausscheiden.[868] Gleiches gilt sofern die HaftungsVO oder das LuftVG Anwendung finden.

4. Mitverschulden

Ein Mitverschulden des Fluggastes kann nicht nur, wie bereits gezeigt, bei der Schadensabwendung oder -minderung eine Rolle spielen, sondern ist gemäß § 254 I BGB auch bei der Entstehung eines Schadens von Bedeutung. Der Begriff Mitverschulden wird dabei in einem weiteren uneigentlichen Sinn gebraucht, gemeint ist der Verstoß gegen Gebote des eigenen Interesses.[869] Es handelt sich somit um ein „Verschulden gegen sich selbst".[870] Der Vorschrift zugrunde liegt der Rechtsgedanke, dass der Geschädigte für jeden Schaden mitverantwortlich ist, bei dessen Entstehung er in zurechenbarer Weise mitgewirkt hat.[871] Anwendbar ist § 254 BGB auch bei einer Haftung nach § 281 BGB. Das mitwirkende Verschulden des Gläubigers ist in diesem Fall im Rahmen der Gesamtrechnung zu berücksichtigen.[872] In Betracht kommt insoweit jedoch nur ein Verhalten des Gläubigers nach Vertragsschluss.[873] Ist Mitverschulden gegeben, hängt der Umfang der Ersatzpflicht des Schädigers gemäß § 254 I BGB von einer Würdigung und Abwägung der Umstände des Falles ab. In erster Linie ist auf das Maß der beiderseitigen Verursachung abzustellen.[874] Daneben ist in zweiter Linie auch das Maß des beiderseitigen Verschuldens heranzuziehen.[875] Wie bei der Nichtbeachtung der Schadensminderungspflicht kann die Abwägung im Ergebnis zu einer Schadensteilung, zu einem Wegfall der Ersatzpflicht oder zu einer vollen Haftung des Schädigers führen.[876]

Fraglich ist jedoch, unter welchen Umständen bei der Luftbeförderung außerhalb der bereits angesprochenen Fälle ein Mitverschulden des Fluggastes angenommen werden kann. Grundsätzlich ist ein Mitverschulden zu bejahen, wenn der Geschädigte diejenige Sorgfalt außer Acht lässt, die jedem ordent-

---

[868] Siehe dazu bereits unter Punkt 3. Teil, 2. Kapitel, § 1 D. Seite 204.
[869] Palandt/Heinrichs, § 254 Rn. 1.
[870] BGH NJW 1970, 944, 946; BGH NJW 1972, 36, 38.
[871] BGH NJW 1969, 1899, 1900.
[872] *Emmerich* in MünchKomm BGB, vor § 281 Rn. 10.
[873] *Emmerich* in MünchKomm BGB, vor § 281 Rn. 10; *Palandt/Heinrichs*, § 254 Rn. 2 und 12.
[874] BGH NJW 1969, 789, 790; BGH NJW 1998, 1137, 1138; BGH NJW 2003, 1929, 1931.
[875] BGH NJW 1961, 166, 169; BGH NJW 1969, 789, 790; BGH NJW 1998, 1137, 1138.
[876] Vgl. auch *Palandt/Heinrichs*, § 254 Rn. 66.

lichen und verständigen Menschen obliegt, um sich selbst vor Schaden zu bewahren.[877] Dabei muss er die Sorgfalt, die ihm in eigenen Angelegenheiten obliegt, grds. vorsätzlich oder fahrlässig verletzt haben.[878] Das Verhalten des Geschädigten muss im Sinne der Adäquanztheorie mitursächlich für die Entstehung des Schadens gewesen sein.[879] Die Zurechnung wird zudem durch den Schutzzweck der Norm begrenzt.[880]

In Abflugverspätungsfällen kommt daher zum einen ein Mitverschulden des Fluggastes in Betracht, wenn er durch verspätetes Einchecken und/oder verspätetes Erscheinen am Gate zur Entstehung einer Abflugverspätung und eines darauf beruhenden Schadens beiträgt.[881] Die vertraglichen Luftfrachtführer sind bei einem Verpassen der entsprechenden Meldeschlusszeiten durch den Fluggast nach ihren ABB wie dargestellt i.d.R. jedoch sogar berechtigt, die Platzbuchung des Fluggastes auf dem betroffenen Flug zu streichen, wodurch der Fluggast sogar seinen Beförderungsanspruch zumindest auf dem betroffenen Flug verliert. In jedem Fall ist für eine Anschlussbeförderung eine neue Platzbuchung und damit die Vereinbarung neuer Flugzeiten erforderlich Eine Berücksichtigung des Mitverschuldens des Fluggastes über § 254 I BGB ist dann gar nicht mehr erforderlich.

Ein Mitverschulden bzw. alleiniges Verschulden des Fluggastes an der Entstehung eines Schadens kann zum anderen aber auch darin begründet sein, dass der Fluggast einen Geschäftstermin, einen separaten Anschlussflug[882], eine andere Anschlussbeförderung oder einen anderen Termin etc. ohne ausreichenden Zeitpuffer nach der Ankunft des gebuchten Fluges terminiert hat und damit immer mögliche Ankunftsverspätungen nicht ausreichend berücksichtigt hat. Jeder vernünftig denkende und in eigenen Angelegenheiten sorgfältig handelnde Mensch würde aufgrund der Gegebenheiten des Luftverkehrs gewisse Ankunftsverspätungen nämlich trotz der Verantwortung des Luftfrachtführers für die Einhaltung der Flugzeiten nicht völlig ausschließen, sondern einplanen.[883] Rechtsprechung und Literatur berücksichtigen ein derartiges Mitverschulden gemäß Art. 21 WA jedenfalls im Rahmen der Ankunftsverspätungshaftung des vertraglichen Luftfrachtfüh-

---

[877] BGH NJW 1953, 977.
[878] Palandt/Heinrichs, § 254 Rn. 9.
[879] BGH NJW 1973, 1698; BGH NJW 1957, 217.
[880] *Palandt/Heinrichs*, § 254 Rn. 13.
[881] Vgl. zu Art. 20 MÜ auch *Giemulla* in *Giemulla/Schmid*, MÜ, Art. 20 Rn. 11.
[882] Wenn es sich dagegen um einen Anschlussflug im Rahmen eines einheitlichen Beförderungsvertrages handelt, kann ein Mitverschulden insofern grds. nicht gegeben sein, da die Anschlussverbindungen regelmäßig durch den Luftfrachtführer vorgegeben werden, ähnlich auch OLG Frankfurt/Main, TranspR 1997, 373, 375.
[883] Ähnlich *Schmid* in *Giemulla/Schmid*, MÜ, Art. 19 Rn. 9; genauer unter Punkt 3. Teil, 2. Kapitel, § 2 C. II. 9. Seite 311.

rers nach Art. 19 WA.[884] Nicht anderes kann aber im Rahmen der Haftung des Luftfrachtführers für Abflugverspätungen gelten, wenn der Luftfrachtführer insofern für Schäden am Zielort haftet.

Fraglich ist jedoch wie groß der notwendige Zeitpuffer nach der Ankunft zu bemessen ist.[885] Letztlich kann auch hier nur auf den Grundsatz von Treu und Glauben zurückgegriffen werden. Entscheidend dürften damit die Umstände des Einzelfalles sein. Im Regelfall wird man sich aber an den für die Länge der Nachfrist bei Abflugverspätungen entwickelten Zeiten orientieren können, da hier eine vergleichbare Interessenabwägung zwischen den Interessen des Fluggastes und denen des Luftfrachtführers vorzunehmen ist.[886] Auch im Rahmen der Frage des Mitverschuldens bei der Haftung für Ankunftsverspätungen nach Art. 19 MÜ wird man letztlich auf diese Zeiten zurückgreifen.[887]

Ein Mitverschulden kann schließlich auch darin begründet sein, dass der Fluggast den Luftfrachtführer nicht ausreichend über eventuell mögliche Verschiebungen seines einzuhaltenden Termins informiert.[888] Nach Bekanntgabe solcher Informationen ist es dem Luftfrachtführer nämlich unter Umständen möglich, besondere Anstrengungen zu unternehmen, um den Fluggast zwar verspätet, aber im Hinblick auf seinen Termin doch noch rechtzeitig zu befördern.[889]

V. *Verzögerungsschaden*

Erleidet der Fluggast aufgrund der Abflugverspätung einen Verzögerungsschaden, kann er diesen unter den Voraussetzungen der §§ 280 I, II, 286 BGB gegenüber dem vertraglichen Luftfrachtführer neben[890] dem Beförderungsanspruch aus dem Beförderungsvertrag geltend machen.[891]

---

[884] OLG Frankfurt/Main NJW-RR 2005, 65, 67 = RRa 2005, 78 f. (Kürzung um 30%). LG München I NJW 1978, 2454 = RIW/AWD 1978, 473; siehe auch *Stadie*, S. 99 f. und *Schmid*, TranspR 1985, 369, 375, Fn. 73 (Überbuchung). Zur zukünftigen Haftung im grenzüberschreitenden Eisenbahnverkehr ähnlich auch *Freise*, TranspR 2004, 377, 385.

[885] 30 Minuten seien jedenfalls nicht ausreichend, so LG München I NJW 1978, 2454 = RIW/AWD 1978, 473 (Haftung nach Art. 19 WA für Ankunftsverspätung).

[886] Siehe unter Punkt 3. Teil, 2. Kapitel, § 2 A. III. 4. Seite 219.

[887] Siehe unter Punkt 3. Teil, 2. Kapitel, § 2 C. II. 9. Seite 311.

[888] Vgl. OLG Frankfurt/Main NJW-RR 2005, 65, 67 = RRa 2005, 78 f. Allerdings geht es hier um eine Haftung wegen einer Ankunftsverspätung nach Art. 19 WA.

[889] OLG Frankfurt/Main NJW-RR 2005, 65, 67 = RRa 2005, 78 f.

[890] Der einmal entstandene Anspruch bleibt auch dann bestehen, wenn der Gläubiger im gegenseitigen Vertrag zurücktritt bzw. sich der Erfüllungsanspruch nachträglich in einen Schadensersatzanspruch statt der Leistung umwandelt, vgl. nur *Jauernig/Stadler*, § 286 Rn. 41; *Palandt/Heinrichs*, § 286 Rn. 44.

[891] So wohl auch *Koller*, Art. 19 WA 1955 Rn. 3. Siehe auch *Staudinger*, RRa 2005, 249, 256, der allerdings nicht zwischen Abflug- und Ankunftsverspätungen differenziert und daher verkennt, dass manche Schäden ausschließlich nach Art. 19 MÜ zu ersetzen sind.

Der Luftfrachtführer müsste sich dazu mit der Beförderungsleistung in Verzug befinden. Dies ist grds. gegeben, wenn der Schuldner bei fälligem und durchsetzbarem Anspruch seine Leistung trotz Mahnung nicht erbringt, wobei die Mahnung gemäß § 286 II BGB entbehrlich sein kann.[892] In Abflugverspätungsfällen liegen diese Voraussetzungen typischerweise vor, da der Fluggast i.d.R. vorleistungspflichtig ist, die Einrede des nicht erfüllten Vertrages gemäß § 320 I 1 BGB damit regelmäßig ausscheidet, die Luftbeförderung (auch) zum Abflugzeitpunkt fällig ist und die Beförderungsleistung überdies mit dem Abflugzeitpunkt i.d.R. nicht nur kalendermäßig, sondern sogar minutengenau bestimmt ist, so dass eine Mahnung durch den Fluggast gemäß § 286 II Nr. 2 BGB entbehrlich ist. Zu beachten ist, dass der Schuldnerverzug (ex nunc) mit der Leistung oder dem Angebot der Leistung in einer den Annahmeverzug begründenden Weise endet.[893] In Abflugverspätungsfällen endet der Verzug daher spätestens mit dem Abflug des Fluggastes, ein einmal entstandener Anspruch auf Ersatz des Verzögerungsschadens wird dadurch jedoch nicht berührt.[894] Der Verzug endet zudem mit einem Rücktritt oder Schadensersatzverlangen des Gläubigers gemäß § 281 IV BGB.[895] Bei der Luftbeförderung können nach Beendigung des Verzugs entstehende Kosten, die während eines Verzugs als Verzögerungsschaden zu ersetzen gewesen wären, aber möglicherweise im Rahmen eines Schadensersatzes statt der Leistung zu ersetzen sein.[896] Eine vorübergehende z.B. wetter-, streik- oder technikbedingte Unmöglichkeit hindert den Eintritt des Schuldnerverzugs schließlich während der Dauer des Leistungshindernisses, ohne dass es darauf ankommt, ob der Schuldner die Unmöglichkeit zu vertreten hat,[897] bei schuldhafter Herbeiführung der vorübergehenden Unmöglichkeit ist jedoch ein Schadensersatzanspruch aus § 280 I BGB möglich.[898]

Ferner müsste der Luftfrachtführer die Nichtleistung zu vertreten haben. Aufgrund der Beweislastverteilung in § 280 I 2 BGB obliegt es jedoch wiederum ihm, sich zu entlasten. Insofern kann auf die entsprechenden Ausführungen zum Schadensersatz statt der Leistung verwiesen werden.[899] Das

---

[892] Vgl. nur *Jauernig/Stadler*, § 280 Rn. 33 ff.
[893] Siehe *Jauernig/Stadler*, § 280 Rn. 45 f. auch zu weiteren Beendigungsgründen.
[894] *Fröhlich*, S. 250.
[895] Vgl. nur *Ernst* in MünchKomm BGB, § 281, Rn. 111.
[896] Zu denken ist z.B. an Kosten, die während der Wartezeit auf einen späteren Ersatzflug mit einem anderen Luftfrachtführer auflaufen.
[897] *Ernst* in MünchKomm BGB, § 275 Rn. 136, 146 und § 286 Rn. 33; siehe auch *Staudinger*, RRa 2005, 249, 251 f.
[898] *Ernst* in MünchKomm BGB, § 275 Rn. 146 und § 286 Rn. 44; *Staudinger*, RRa 2005, 249, 251 f. m.w.N.
[899] Siehe dazu unter Punkt 3. Teil, 2. Kapitel, § 2 A. IV. 2. Seite 239.

Verschulden des Luftfrachtführers braucht sich dabei lediglich auf den Eintritt des Verzugs zu beziehen.[900]

Ersatzfähig ist der Schaden, der kausal auf der Abflugverspätung beruht. Zwischen Verzug und Schaden muss ein ursächlicher Zusammenhang bestehen.[901] Keinesfalls zu ersetzen ist dem Fluggast daher ein Schaden, der ihm durch Erkrankung während der Wartezeit auf den (verspäteten) Abflug entsteht.[902] Hier verwirklicht sich vielmehr das allgemeine Lebensrisiko. Der Schutzzweck der Norm erfasst einen solchen Schaden nicht mehr. Nicht ersatzfähig ist auch ein Schaden des Fluggastes, der auch auf einer Ankunftsverspätung des Fluggastes beruht. Schadensersatz für solche Schäden kann der Fluggast ausschließlich nach Art. 19 MÜ bzw. nach den entsprechenden Vorschriften des europäischen oder nationalen Rechts verlangen.[903]

Vom Anspruch umfasst sind alle Vermögensnachteile, die dadurch entstehen, dass der Schuldner verspätet und nicht rechtzeitig erfüllt.[904] Der Gläubiger ist so zu stellen wie er bei rechtzeitiger Leistung stehen würde.[905] Verzögerungsbedingte Vorteile sind anzurechnen.[906] Inhalt und Umfang des Anspruchs richten sich nach §§ 249–255 BGB.[907] Der Anspruch ist i.d.R. auf Geld gerichtet,[908] u.U. kommt aber auch eine Herstellung gemäß § 249 S. 1 BGB in Betracht[909]. So ist bei einer verzugsbedingten Belastung mit einer Verbindlichkeit Schadensersatz in Form der Freistellung denkbar.[910] Die vorbehaltlose Annahme der verspäteten Leistung enthält ferner grds. keinen Verzicht auf den Anspruch auf Ersatz des Verzögerungsschadens.[911]

Insbesondere sind vom Verzögerungsschaden in den Grenzen des § 254 BGB daher neben weiteren Schäden alle durch den Verzug verursachten Aufwendungen umfasst.[912] Ersparte eigene Aufwendungen sind abzuziehen.[913] In Abflugverspätungsfällen sind daher insbesondere abflugverzögerungsbedingte Mehraufwendungen für Getränke und Mahlzeiten,[914] Mehraufwendungen

---

[900] Vgl. allgemein *Palandt/Heinrichs*, § 286 Rn. 45.
[901] *Palandt/Heinrichs*, § 286 Rn. 45; *Jauernig/Stadler*, § 280 Rn. 50.
[902] Anders der New York Supreme Court, Rullman v. Pan American World Airways, 15 Avi. 18,522, 18, 524, der einen solchen Anspruch des Fluggastes, allerdings aus Art. 19 WA, bejaht hat.
[903] Siehe dazu bereits unter Punkt 3. Teil, 2. Kapitel, § 1 D. Seite 204.
[904] *Jauernig/Stadler*, § 280 Rn. 50.
[905] *Palandt/Heinrichs*, § 286 Rn. 45.
[906] BGH NJW 1983, 2137 f. m.N.
[907] *Jauernig/Stadler*, § 280 Rn. 50; *Palandt/Heinrichs*, § 286 Rn. 45.
[908] BGH NJW 1986, 987 f. m.N.
[909] *Jauernig/Stadler*, § 280 Rn. 50.
[910] *Palandt/Heinrichs*, § 286 Rn. 45. Allg. zur Naturalrestitution in der Form der Freistellung von Ansprüchen *Palandt/Heinrichs*, Vorb. v. § 249 Rn. 46.
[911] RGZ 43, 265, 268 f.; *Palandt/Heinrichs*, § 286 Rn. 45.
[912] *Palandt/Heinrichs*, § 286 Rn. 50.
[913] Anders nach der FluggastrechteVO, vgl. Art. 6 i.V.m. Art. 9 FluggastrechteVO.
[914] Vgl. AG Düsseldorf, RRa 1997, 183, 184.

für zusätzlich notwendige Hotelübernachtungen und den Transport zum Hotel[915] und erforderliche Aufwendungen für Kommunikationsmittel[916] zur Benachrichtigung von Freunden und Angehörigen zu ersetzen.[917] Im Einzelfall kann dazu auch die Anmietung eines Warteraumes für eine Reisegruppe gehören.[918] Ferner kann unter Umständen, aber in engen Grenzen, insbesondere bei längeren Wartezeiten von Business und First Class Passagieren oder wenn am Zielort aufgrund der Verspätung eine geplante Schlafmöglichkeit nicht mehr in Anspruch genommen werden kann, auch die Übernahme der Kosten für sog. Dayrooms, also Hotelzimmer während des Tages, erforderlich sein. In welchem Umfang dabei derartige Aufwendungen zu ersetzen sind, richtet sich grds., da es sich um Aufwendungen zur Schadensbeseitigung handelt, nach der Notwendigkeit der Aufwendungen.[919] Zu fragen ist m.E. danach, was ein durchschnittlicher (vernünftiger) Fluggast nach Treu und Glauben, § 242 BGB, in Anbetracht der (absehbaren) Wartezeit und der gebuchten Beförderungsklasse an Leistungen in der Wartezeit benötigt. Die Aufwendungen müssen also in einem angemessenen Verhältnis zur (absehbaren) Wartezeit und zur gebuchten Beförderungsklasse stehen.

Anders als der Anspruch auf Betreuungsleistungen nach Art. 6 i.V.m. Art. 9 FluggastrechteVO besteht der Anspruch aus §§ 280 I, II, 286 BGB schließlich grds. auch bereits bei Abflugverspätungen unter zwei Stunden. Geringfügige Verspätungen unter 15 Minuten müssen aber nach Treu und Glauben auch hier außer Betracht bleiben. In den ersten 15 Minuten werden dem Fluggast, abgesehen von Kommunikationsaufwendungen, die dann nicht ersatzfähig sind, aber auch kaum Aufwendungen der oben genannten Art entstehen. Zu beachten sind ferner die Schadensminderungspflicht des Fluggastes gemäß § 254 II 1 BGB und ein eventuelles Mitverschulden gemäß § 254 I BGB. Zu der grds. nicht möglichen Einschränkung des Anspruchs in ABB kann auf die entsprechenden Ausführungen zum Schadensersatzan-

---

[915] Oder auch zur eigenen Wohnung, siehe LG Frankfurt/Main RRa 2008, 41.
[916] Vgl. LG Düsseldorf, ZLW 1971, 290, 293 (Telegramm); AG Baden-Baden TranspR 1999, 402, 404 (Telefonkosten); nach hier vertretener Auffassung haben beide Gerichte jedoch den Anspruch fälschlicherweise aus Art. 19 WA bejaht. Als Beispiel für verzögerungsbedingte Telefonkosten siehe auch LG Frankfurt/Main, NJW 1982, 1538. Auch ein Nichterfüllungsschaden, so wie er vom Gericht angenommen wird, wäre hier denkbar.
[917] Nach nicht nachvollziehbarer Ansicht *Führichs, Führich*, 4. Aufl., Rn. 764 b, handelt es sich bei diesen Aufwendungen dagegen um vergebliche Aufwendungen, die nach § 284 BGB zu ersetzen seien.
[918] Vgl. diesbezüglich auch LG Frankfurt/Main, TranspR 1991, 146, 147. Die Kosten für die Anmietung eines Warteraumes für die Reisegruppe hätten, sofern man die Anmietung für notwendig erachtet, wiederum jedoch nicht nach Art. 19 WA zugesprochen werden dürfen.
[919] Vgl. allgemein BGH NJW 1976, 1198, 1200; BGH NJW 1990, 2060, 2061 f.; *Palandt/ Heinrichs*, Vorb. v. § 249 Rn. 82. Insofern ist dann auch der Zurechnungszusammenhang nicht unterbrochen, *Palandt/Heinrichs*, Vorb. v. § 249 Rn. 80.

spruch statt der Leistung verwiesen werden.[920] Ferner kann wegen Art. 29 MÜ der Ersatz des Verzögerungsschadens wiederum dann nicht nach nationalem Recht verlangt werden, wenn die Abflugverspätung des Fluggastes auf einer vorangegangenen Ankunftsverspätung eines Zubringerfluges beruht. In diesem Fall ist allein Art. 19 MÜ maßgeblich, der ggf. aufgrund der HaftungsVO anwendbar ist, bzw. die entsprechende Vorschrift des LuftVG.

VI. Ansprüche aus Gewährleistungsrecht

Ansprüche aus Werkmangelgewährleistungsrecht müssen jedenfalls in der Situation der Abflugverspätung ausscheiden.[921] Die Gewährleistungsvorschriften des Werkvertragsrechts sind zum einen grds. erst ab Vollendung der Beförderung anwendbar, zum anderen kann jedenfalls die Abflugverspätung kaum als Werkmangel qualifiziert werden. Schließlich steht i.d.R. auch der Eintritt einer möglicherweise als Werkmangel zu qualifizierenden Ankunftsverspätung in der Situation der Abflugverspätung noch nicht mit an Sicherheit grenzender Wahrscheinlichkeit fest, so dass der Fluggast auch daraus keine Rechte ableiten kann.

B. Ergebnis

Bei einer Abflugverspätung bestehen die Rechte des Fluggastes gegen den vertraglichen Luftfrachtführer, abgesehen von den Ansprüchen nach der FluggastrechteVO, insbesondere auf Betreuungsleistungen gemäß Art. 9 FluggastrechteVO im Falle der Abflugverspätung eines bestimmten Fluges gemäß Art. 6 FluggastrechteVO und sofern der vertragliche Luftfrachtführer auch ausführendes Luftfahrtunternehmen i.S.d. FluggastrechteVO ist, die hier nicht weiter untersucht wurden, im Wesentlichen nach nationalem Recht. Das MÜ jedenfalls findet keine Anwendung. Nach deutschem Recht ergibt sich eine Art zeitliches Stufenverhältnis. Zunächst hat der Fluggast aufgrund seines Beförderungsvertrages nur den Erfüllungsanspruch und den Anspruch auf Information über eventuelle Abflugverspätungen. Ab einer Abflugverspätung von 15 Minuten kann er zusätzlich Ersatz eines möglicherweise gegebenen Verzögerungsschadens beanspruchen. Nach Ablauf einer angemessenen, automatisch laufenden Nachfrist, kann er daneben vom Beförderungsvertrag zurücktreten und/oder Schadensersatz statt der Leistung geltend machen.

---

[920] Siehe dazu unter Punkt 3. Teil, 2. Kapitel, § 2 A. IV. 2. c) Seite 250.
[921] Siehe dazu bereits unter Punkt 3. Teil, 2. Kapitel, § 2 A. III. 1. b) Seite 213.

C. Ankunftsverspätung

Kommt es zu einer Ankunftsverspätung des Fluggastes, sei diese abflugbedingt oder während der Beförderung entstanden, bestimmen sich die Rechte des Fluggastes dagegen im Wesentlichen nach den Bestimmungen des MÜ bzw. nach den entsprechenden Regelungen der HaftungsVO oder des LuftVG, sollte das MÜ im Einzelfall nicht anwendbar sein. Lediglich am Rande kommen daneben u.U. auch Ansprüche aus der FluggastrechteVO oder aus nationalem Schuldrecht in Betracht. Ein ausschließlich auf der Abflugverspätung beruhender Verzögerungsschaden ist jedoch in jedem Fall allein nach nationalem Recht zu ersetzen, und zwar auch dann, wenn die Abflugverspätung am Ende in einer Ankunftsverspätung mündet.

I. Recht auf Information

Während des Fluges besteht seitens des vertraglichen Luftfrachtführers aus einer Nebenpflicht zum Beförderungsvertrag zunächst weiterhin die Pflicht, den Fluggast über eventuelle Verspätungen, jetzt Ankunftsverspätungen, sobald wie möglich und so umfassend wie möglich zu informieren, damit er ggf. bestimmte Vorkehrungen im Hinblick auf die voraussichtlich spätere Ankunft, wie die Benachrichtigung von Angehörigen und Freunden, die Benachrichtigung der Mietwagenfirma und des Hotels, oder die Verlegung von Terminen, treffen kann.[922] U.U. kann auch eine Stornierung oder Umbuchung von gebuchten Leistungen am Zielort noch erreicht werden.

II. Schadensersatz

Vor allem hat der Fluggast in der Situation der Ankunftsverspätung gegen den vertraglichen Luftfrachtführer unter den Voraussetzungen des Art. 19 MÜ jedoch einen Anspruch auf Schadensersatz. Zwar ist der Fluggast als Anspruchsberechtigter in Art. 19 MÜ nicht ausdrücklich genannt, nach einhelliger Meinung besteht jedoch jedenfalls ein Anspruch des Fluggastes.[923] Inwieweit daneben andere Personen anspruchsberechtigt sind, muss an dieser Stelle nicht weiter erörtert werden.

1. Verspätung

Voraussetzung eines Anspruchs nach Art. 19 MÜ ist zunächst eine Ankunftsverspätung des Fluggastes an einem bestimmten Ort. Hierbei kann es sich um einen Zwischenlandeort, den Zielort des Hinfluges oder auch den endgültigen Zielort auf dem Rückflug handeln. Die diesbezügliche Beweislast

---

[922] So für die Eisenbahn auch *Staudinger*, S. 37.
[923] Vgl. nur *Reuschle*, Art. 19 Rn. 48; *Schmid* in Giemulla/Schmid, MÜ, Art. 19 Rn. 60.

obliegt dem Fluggast.⁹²⁴ Wann genau eine Ankunftsverspätung gegeben ist, ist eine Frage der Parteivereinbarung, nach der sich die Rechtzeitigkeit der Beförderung bestimmt.⁹²⁵ Sofern eine konkrete Ankunftszeit vereinbart wurde, ist diese einzuhalten. Dazu ist das rechtzeitige Andocken des Flugzeugs an das Flughafengebäude bzw. das Erreichen der endgültigen Parkposition im Vorfeld notwendig, da mit der Ankunftszeit regelmäßig dieser Zeitpunkt als maßgebend vereinbart wird. Das heißt aber nicht, dass den Luftfrachtführer nach der Ankunft, sei sie insofern rechtzeitig erfolgt oder nicht, keinerlei weitere Pflichten treffen. Grundsätzlich ist er gehalten, den Fluggast auch nach der Ankunft in angemessener Zeit weiter abzufertigen.⁹²⁶

2. Geringfügige Verspätungen

Fraglich ist, ob auch bereits geringfügige Verspätungen den Verspätungsbegriff erfüllen und eine Haftung des Luftfrachtführers auslösen. Nach h.M. führen grds. lediglich substanzielle Überschreitungen der Leistungszeit zu einer haftungsrelevanten Verspätung.⁹²⁷ Ein objektiv angemessener Zeitraum für die Beförderung müsse jedenfalls überschritten werden.⁹²⁸ Große Uneinigkeit besteht jedoch darüber, wann die entsprechende Toleranzschwelle überschritten ist. Während aus der Rechtsprechung größtenteils nur eindeutige Fälle bekannt sind,⁹²⁹ hat die Literatur verschiedene, teils sehr konkrete Ansätze zur Unbeachtlichkeit geringfügiger Verspätungen herausgearbeitet.⁹³⁰

Der so verstandene Verspätungsbegriff begegnet jedoch Bedenken. Zum einen lässt der Wortlaut des Art. 19 MÜ keinen Raum für derartige Billigkeitserwägungen.⁹³¹ Zum anderen wird dem Passagier das Risiko aufgebürdet, die Unangemessenheit der Überschreitung vor Gericht im Einzelnen zu beweisen.⁹³² Dadurch wird aber in gewisser Hinsicht in ungerechtfertigter Weise in die Beweislastverteilung des Art. 19 MÜ S. 2 eingegriffen, nach

---

⁹²⁴ *Schmid* in *Giemulla/Schmid*, MÜ, Art. 19 Rn. 25; *Reuschle*, Art. 19 Rn. 33.
⁹²⁵ Dazu unter Punkt 3. Teil, 1. Kapitel, § 1 Seite 118.
⁹²⁶ Dazu unter Punkt 3. Teil, 2. Kapitel, § 2 C. III. 4. Seite 337.
⁹²⁷ *Reuschle*, Art. 19 Rn. 22; *Schmid* in *Giemulla/Schmid*, MÜ, Art. 19 Rn. 9 ff. m.w.N.; *Kronke* in MünchKomm HGB, Art. 19 WA 1955 Rn. 14; *Führich* Rn. 1042; *Goldhirsch*, S. 77; *Goedhuis*, NA, S. 209; *Schmid* in *Giemulla/Schmid*, WA, Art. 19 Rn. 5 ff.; *Trappe*, VersR 1975, 596, 597; a.A. *Koller*, Art. 19 WA 1955 Rn. 5, *Fröhlich*, S. 120; und wohl jetzt auch *Schmid/Tonner*, S. 83.
⁹²⁸ *Reuschle*, Art. 19 Rn. 22; *Ruhwedel*, Rn. 554; OLG Frankfurt/Main ZLW 1980, 146, 147; OLG Frankfurt/Main, TranspR 1984, 21.
⁹²⁹ Vgl. die Nachweise bei *Schmid* in *Giemulla/Schmid*, MÜ, Art. 19 Rn. 15 ff. und *Reuschle*, Art. 19 Rn. 25.
⁹³⁰ Siehe dazu bereits oben unter Punkt 3. Teil, 2. Kapitel, § 2 A. III. 4. b) Seite 223.
⁹³¹ *Stadie*, S. 99; *Gass* in *Ebenroth/Boujong/Joost*, Art. 19 WA 1955 Rn. 6.
⁹³² *Koller*, Art. 19 WA 1955 Rn. 5; *Gass* in *Ebenroth/Boujong/Joost*, Art. 19 WA 1955 Rn. 6; *Fröhlich*, S. 120. Zur so verstandenen Beweislast vgl. auch *Schmid* in *Giemulla/Schmid*, MÜ, Art. 19 Rn. 25.

der grds. der Luftfrachtführer den Entlastungsbeweis zu führen hat.[933] Zudem ist zu bedenken, dass der Luftfrachtführer es grds. in der Hand hat, schon durch eine großzügige Bestimmung der Flugzeiten, eventuellen Verspätungen und einer diesbezüglichen Haftung aus dem Weg zu gehen.[934]

Es gibt jedoch auch andere Lösungswege um dem Problem der Beachtlichkeit geringfügiger Verspätungen Herr zu werden. ME ist im Rahmen der Ankunftsverspätung die Haftung des Luftfrachtführers im Fall geringfügiger Verspätungen keine Frage des Verspätungsbegriffs, sondern eine Frage der Zurechnung eines Mitverschuldens des Fluggastes, der es möglicherweise als vernünftig denkender Mensch unterlassen hat, in seine Terminplanung gewisse Zeitüberschreitungen der Ankunftszeit einzubeziehen.[935] Die Frage, ob eine Verspätung gegeben ist, sollte m.E. allein objektiv anhand der angegebenen Flugzeiten bestimmt werden. Dagegen sollten Überlegungen dergestalt, dass ein vernünftig denkender Fluggast gewisse Zeitüberschreitungen nicht völlig ausschließt, die wesentlich zur Begründung eines weniger strengen Verspätungsbegriffs herangezogen werden,[936] tatsächlich auf der Ebene berücksichtigt werden, auf die sie sich beziehen, nämlich auf der subjektiven Ebene im Rahmen eines eventuellen Mitverschuldens. Eine solche Einordnung bietet auch den Vorteil der größeren Flexibilität im Einzelfall.[937] Nur geringfügige Verspätungen unter 15 Minuten können m.E. auch objektiv nach Treu und Glauben bereits unberücksichtigt bleiben. Bei Verspätungen in dieser Größenordnung wird es aber wohl regelmäßig auch bereits an einem Schaden des Fluggastes fehlen. Sollte dies im Einzelfall nicht der Fall sein, muss eine Ersatzpflicht allerdings ausscheiden.

3. Haftungszeitraum

Nach dem Wortlaut des Art. 19 S. 1 MÜ hat der Luftfrachtführer nur den Schaden zu ersetzen, der durch Verspätung „bei der Luftbeförderung" entsteht. Fraglich ist, ob dieser Formulierung entnommen werden kann, dass es im Hinblick auf die Haftung aus Art. 19 MÜ einen Haftungszeitraum gibt, während dessen die Ursache für die Verspätung gesetzt worden sein muss.[938]

---

[933] *Fröhlich*, S. 120.
[934] So auch *Schmid*, TranspR 1985, 369, 370; *Schmid* in *Giemulla/Schmid*, MÜ, Art. 19 Rn. 9; *Fröhlich* S. 120; ähnlich bereits *Kaiser* (1936), S. 72; und der französische Delegierte Ripert auf der Warschauer Konferenz, II Conférence, S. 39. Ähnlich auch *Stadie*, S. 99.
[935] So auch bereits LG München I, NJW 1978, 2454 = RIW/AWD 1978, 473 und jüngst OLG Frankfurt/Main NJW-RR 2005, 65, 67 = RRa 2005, 78 f.; ebenso *Stadie*, S. 99. Zur Haftung im grenzüberschreitenden Eisenbahnverkehr ähnlich auch *Freise*, TranspR 2004, 377, 385.
[936] *Schmid*, TranspR 1985, 369, 370; *Schmid* in *Giemulla/Schmid*, MÜ, Art. 19 Rn. 9.
[937] *Stadie*, S. 99.
[938] Zum Ganzen *Fröhlich*, S. 114 ff.

2. Kapitel Rechtsfolgen der Flugverspätung

Jedenfalls das OLG Frankfurt/Main[939] und ein Großteil der luftrechtlichen Literatur[940] nimmt die identische Formulierung des Art. 19 WA zum Anlass, nach einer zeitlichen Begrenzung der Haftung zu suchen. Die meisten Autoren versuchen dabei, entweder den Haftungszeitraum des Art. 17 WA oder den des Art. 18 WA anzuwenden. Nach *Goedhuis* ist mangels zeitlicher Begrenzung im Wortlaut auch das Abstellen auf die „eigentliche Beförderung" theoretisch denkbar.[941]

Dies ist jedoch genauso wenig überzeugend wie eine Übertragung der Haftungszeiträume der Art. 17 und 18 MÜ. Vielmehr ist ein Haftungszeitraum für die Verspätungshaftung des Luftfrachtführers mangels Verankerung im Wortlaut des Art. 19 MÜ eindeutig abzulehnen.[942] Im Gegensatz zur expliziten Regelung eines Haftungszeitraumes in den Art. 17 I und 18 I MÜ ist in Art. 19 MÜ ein solcher Haftungszeitraum nämlich gerade nicht bestimmt. Auch eine analoge Anwendung der Haftungszeiträume der Art. 17 I und 18 I MÜ muss daher mangels planwidriger Regelungslücke[943] ausscheiden.[944] Zudem darf ein Haftungszeitraum nicht dadurch in Art. 19 MÜ hineingelesen werden, dass die Begriffe „bei" in Art. 19 MÜ und „während" in Art. 18 I MÜ gleichgesetzt werden.[945] Dadurch würde der ausdrückliche Wortlaut des Abkommens umgangen.[946] Dieses Argument wird dadurch verstärkt, dass eine Differenzierung im Wortlaut an dieser Stelle auch in den verbindlichen Vertragssprachen[947] des MÜ zu finden ist.[948] Eine Unterscheidung fand sich auch bereits in der gemäß Art. 36 WA allein maßgeblichen französischen Originalfassung des WA.[949]

---

[939] OLG Frankfurt/Main ZLW 1980, 146, 148 und ZLW 1980, 441, 443.

[940] *Ruhwedel*, Rn. 558; *Kronke* in MünchKomm HGB, Art. 19 WA 1955 Rn. 6 ff.; *Guldimann*, Art. 19 WA, Rn. 9; *Liesecke*, MDR 1968, 93, 94; *Goldhirsch*, S. 79 f.; *Shawcross and Beaumont*, VII[1004]; *Gimbel*, ITZ 1963, 1691; mit Einschränkungen auch *Bartl*, Rn. 319.

[941] *Goedhuis*, NA, S. 207 f.

[942] So zu Art. 19 WA auch *Schmid* in Giemulla/Schmid, WA, Art. 19 Rn. 20 f.; *Schmid*, TranspR 1985, 369, 371; *Müller-Rostin*, ASDA/SVLR-Bulletin 2000, 9, 11; *Stadie*, S. 89; *Drion* Rn. 75; *Mankiewicz* Rn. 218; *Riese*, S. 449; *Kaiser* (1936), S. 71. Und zu Art. 19 MÜ *Schmid* in Giemulla/Schmid, MÜ, Art. 19 Rn. 30; *Reuschle*, Art. 19 Rn. 28; *Geigel/Mühlbauer*, Kap. 29 Rn. 69.

[943] Zur Erforderlichkeit einer solchen Lücke für die Analogiebildung im deutschen Recht BGH NJW 2003, 2601, 2603; BAG NJW 2003, 2473, 2474 f.

[944] So zum WA auch *Stadie*, S. 89; grds. ablehnend zur Möglichkeit einer Analogiebildung im Rahmen des WA, *Schiller*, TranspR 1996, 173, 177.

[945] Zum WA ähnlich *Stadie*, S. 89; *Drion* Rn. 75; *Schmid* in Giemulla/Schmid, WA, Art. 19 Rn. 21; *Schmid*, TranspR 1985, 369, 371 und zum MÜ *Reuschle*, Art. 19 Rn. 28.

[946] Zur Maßgeblichkeit des Wortlautes vor anderen Auslegungsmitteln, *Schiller*, TranspR 1996, 173, 174 m.w.N.

[947] Zu den sechs verbindlichen Sprachen des MÜ siehe die Schlussformel des MÜ.

[948] Im Englischen wird z.B. in Art. 18 I MÜ der Begriff „during" verwand, während es in Art. 19 MÜ „in the carriage by air" heißt.

[949] In Art. 18 WA wird dort der Begriff „pendant" verwandt, während in Art. 19 WA der Begriff „dans" auftaucht.

Zudem war man bereits auf der Warschauer Konferenz der Ansicht, dass für Verspätungsfälle der Zeitraum der Luftbeförderung nicht besonders abgegrenzt zu werden brauche, eine Verspätung sei vielmehr immer dann gegeben, wenn das Flugzeug am Bestimmungsort nicht rechtzeitig eintreffe.[950] Betrachtet man die Entstehungsgeschichte des Art. 19 WA wird dies noch deutlicher. Wie bereits erläutert, diskutierte die Warschauer Konferenz die Verspätungshaftung des Luftfrachtführers auf der Grundlage eines Abkommensentwurfes[951] des CITEJA[952]. Dieser Entwurf vereinigte in Art. 21 noch die Haftung des Luftfrachtführers nach den späteren Art. 17, 18 und 19 WA und sah für alle Haftungsfälle noch einen einheitlichen Haftungszeitraum vor. So heißt es in Art. 21 des Entwurfes: „Le transporteur est responsable du dommage survenu pendant le transport:...". In Art. 19 WA wurde jedoch die Formulierung eines Haftungszeitraumes später nicht übernommen.

Ein Haftungszeitraum lässt sich darüber hinaus aber auch aus Sinn und Zweck des Art. 19 MÜ nicht herleiten. Die Norm will gerade die Rechtsstellung des Fluggastes stärken, der nicht rechtzeitig am Zielort ankommt.[953] Eine Haftungsbegrenzung auf den Zeitraum der Luftbeförderung selbst würde diesem Ziel jedoch entscheidend entgegenwirken, weil sie die Haftung des Luftfrachtführers auf einen sehr engen Zeitraum begrenzen würde, während es für den Fluggast völlig unwichtig ist, wann eine Ursache für eine Ankunftsverspätung gesetzt worden ist.[954] Würde man den Haftungszeitraum des Art. 17 I MÜ analog heranziehen, würde es zudem häufig von Zufälligkeiten abhängen, ob den Luftfrachtführer gegenüber einem bestimmten Fluggast eine Haftung nach Art. 19 MÜ trifft, denn die Haftung würde dann von dem Umstand abhängen, ob der Einsteigevorgang[955] eines bestimmten Fluggastes zu dem Zeitpunkt, an dem die Verspätungsursache gesetzt wird, bereits begonnen hatte.[956] Auch wäre dann das Unterlassen der rechtzeitigen Bereitstellung eines Flugzeuges[957] oder das nicht rechtzeitige Erscheinen der Mannschaft[958] häufig von der Haftung nach Art. 19 MÜ nicht umfasst. Wohl vor diesem Hintergrund ist bereits auf der Warschauer Konferenz im Hinblick auf Art. 21 des Entwurfes der CITEJA darauf hingewiesen worden, dass es

---

[950] Vgl. Denkschrift zum WA, S. 41; *Goedhuis*, NA, S. 207 f.
[951] Avant-Projet de Convention, II Conférence, S. 167 ff.
[952] Comité international technique d'experts juridiques aériens.
[953] So zum WA *Schmid* in *Giemulla/Schmid*, WA, Art. 19 Rn. 22; *Schmid*, TranspR 1985, 369, 371.
[954] Ähnlich zum WA *Schmid* in *Giemulla/Schmid*, WA, Art. 19 Rn. 22; *Schmid*, TranspR 1985, 369, 371.
[955] Zu dem Beginn dieses Vorgangs siehe *Schmid* in *Giemulla/Schmid*, MÜ, Art. 17 Rn. 56 ff.
[956] *Fröhlich*, S. 116.
[957] So zum WA *Schmid* in *Giemulla/Schmid*, WA, Art. 19 Rn. 22; *Schmid*, TranspR 1985, 369, 371.
[958] So *Müller-Rostin*, ASDA/SVLR-Bulletin 2000, 9, 11.

für die Verspätungshaftung völlig unerheblich sein müsse, ob der Fluggast das Flughafengebäude schon erreicht habe.[959]

Daneben ist zu bedenken, dass es bei Ereignissen wie Unfällen, die regelmäßig bereits unmittelbar zu einem Schaden des Fluggastes führen, Sinn hat, eine Haftungsbegrenzung des Luftfrachtführers auf einen bestimmten Zeitraum festzuschreiben, damit tatsächlich nur die Risiken der Luftbeförderung zu einer Haftung des Luftfrachtführers führen. Bei Ereignissen, die regelmäßig erst mittelbar über eine Verspätung zu einem Schaden des Fluggastes führen, wäre es hingegen unsinnig, die meisten dieser Ereignisse durch einen engen Haftungszeitraum aus der Haftungsrelevanz auszuklammern. Nicht vergessen werden darf insofern, dass der Luftfrachtführer auch ohne Haftungszeitraum lediglich dann haftet, wenn er die zur Ankunftsverspätung führende Ursache zu vertreten hat. Gerade dann ist die Haftung des Luftfrachtführers aber auch gerechtfertigt. Anders formuliert: Da Geschehnisse im Vorfeld einer Beförderung typischerweise Auswirkung auf die Rechtzeitigkeit der Beförderung haben, ist es sinnvoll, sie im Rahmen der Haftung nach Art. 19 MÜ zu berücksichtigen.[960] Nachdem der Luftfrachtführer, wie gezeigt, nach Art. 19 MÜ lediglich für Ankunftsverspätungen haftet, ist es schließlich auch nicht mehr notwendig, den Haftungszeitraum zur Begründung der Nichthaftung des Luftfrachtführers für Abflugverspätungen nach Art. 19 MÜ heranzuziehen.[961]

Im Ergebnis kommt es daher lediglich darauf an, dass es überhaupt zu einer Ankunftsverspätung des Fluggastes gekommen ist. Die Ursache für die Verspätung kann dabei zu einem beliebigen Zeitpunkt vor der Ankunft gesetzt worden sein, sei es bereits vor dem Abflug oder erst während der Beförderung durch ungenügende Geschwindigkeit oder unzulässige Flugunterbrechung.[962] Entscheidend ist allein ein rein tatsächlicher Zusammenhang zur Luftbeförderung.[963] Da den Luftfrachtführer schließlich aber nach der Ankunft weitere Pflichten treffen,[964] ist es ferner auch denkbar, dass eine Ursache für eine Ankunftsverspätung im weiteren Sinne erst nach der Ankunft gesetzt wird.[965]

---

[959] So der Delegierte Ripert, II Conférence, S. 53.
[960] So zum WA Fröhlich, S. 117.
[961] Zu diesem Gesichtspunkt im Hinblick auf Überbuchungen, Fröhlich, S. 142 f.
[962] Reuschle Art. 19 Rn. 28; zum WA so auch bereits Denkschrift zum WA, S. 41; Riese, S. 449; Mankiewicz Rn. 218; Goedhuis, NA, S. 208. Ähnlich auch Gimbel, ITZ 1963, 1691 und Drion, Rn. 75 und 181 beide mit verschiedenen Beispielen. Gleichzeitig plädiert Gimbel jedoch für die Übernahme des Haftungszeitraumes aus Art. 18 WA.
[963] So zum WA Stadie, S. 89; Mankiewicz Rn. 218.
[964] Dazu ausführlich unter Punkt 3. Teil, 2. Kapitel, § 2 C. III. 4. Seite 337.
[965] So zum WA auch Mankiewicz Rn. 218; a.A. Drion, Rn. 75.

4. Beschränkung auf luftverkehrsspezifische Risiken

Nach wohl h.M. in der deutschen Rechtsprechung und Literatur kann nicht jede Verspätung dem Luftfrachtführer zugerechnet werden, sondern es müssen sich gerade die typischen Risiken des Luftverkehrs verwirklichen.[966] Man sieht die Haftung des Luftfrachtführers beschränkt auf sog. luftverkehrsspezifische Risiken oder fordert im Rahmen der haftungsbegründenden Kausalität gleichbedeutend das Vorliegen einer luftfahrttypischen Kausalität. Verspätungsschäden, die ebenso gut in anderen Lebensbereichen hätten entstehen können und nur zufällig bei der Luftbeförderung entstanden sind, sollen nicht nach Art. 19 MÜ ersetzbar sein.[967] Dabei handelt es sich um eine Begrenzung der Zurechnung unter Schutzzweckgesichtspunkten auf der Ebene der haftungsbegründenden Kausalität,[968] was von den Vertretern dieses Ansatzes jedoch regelmäßig nicht ausgeführt wird. Eine solche Begrenzung der Zurechnung ist bei Anwendbarkeit deutschen Rechts grds. denkbar, weil Fragen der haftungsbegründenden Kausalität im Abkommen nicht geregelt sind und insofern auf unvereinheitlichtes Recht zurückzugreifen ist[969]. Fraglich ist aber, ob eine Beschränkung der Haftung des Luftfrachtführers auf luftverkehrsspezifische Risiken tatsächlich angenommen werden kann bzw. ob Art. 19 MÜ tatsächlich lediglich den Schutz vor luftverkehrsspezifischen Risiken bezweckt.

Seinen Ursprung findet die Ansicht vom luftverkehrspezifischen Risiko in der sog. Überbuchungsentscheidung des BGH.[970] Der BGH führt dort aus, dass die Überbuchung anders als die Verspätung nicht zu den eigentümlichen Gefahren des Luftverkehrs gehöre, es handle sich vielmehr um ein anderes organisatorisch bedingtes und beherrschbares Risiko.[971] Die Entscheidung wiederum geht ausdrücklich zurück auf *Schoner*, der sich im Hinblick auf die Haftung des Luftfrachtführers für Unfälle nach Art. 17 WA für einen spezifischen Gefahrzusammenhang ausspricht, da man Flugzeuge nicht per se zu „gefährlichen Instrumenten oder wilden Tieren" erklären könne.[972] Seit diesem Urteil haben die deutschen Gerichte in Fragen der Haftung nach dem WA immer wieder auf das Erfordernis der Verwirklichung eines luftverkehrsspezifischen Risikos zurückgegriffen. Vor allem in Überbuchungs-

---

[966] Zum Ganzen ausführlich, *Fröhlich*, S. 103 ff.; im Hinblick auf Art. 17 MÜ auch *Thor*, Festgabe *Ruhwedel*, S. 273 ff. und *Jahnke*, S. 183 ff. und 226 ff.; *Jahnke*, RRa 2008, 160 ff.
[967] Vgl. *Müller-Rostin*, ASDA/SVLR-Bulletin 2000, 9, 11.; a.A. offenbar OLG Frankfurt/Main TranspR 1984, 21, 22.
[968] So auch *Fröhlich*, S. 109 ff.
[969] *Kronke* in MünchKomm HGB, Art. 19 WA 1955 Rn. 19; *Fröhlich*, S. 110 f.
[970] BGH NJW 1979, 495.
[971] BGH NJW 1979, 495.
[972] *Schoner*, ZLW 1977, 256, 275.

fällen hat sich der Ansatz durchgesetzt.⁹⁷³ Daneben ist man dazu übergegangen, in reinen Abflugverspätungsfällen⁹⁷⁴ und auch zum Teil in Ankunftsverspätungsfällen⁹⁷⁵ eine entsprechende Beschränkung der Haftung anzunehmen. Erst jüngere Entscheidungen haben den Ansatz dann explizit auch auf die Haftung des Luftfrachtführers nach Art. 17 WA übertragen.⁹⁷⁶ In der ausländischen Rechtsprechung ist eine solche Argumentation dagegen nur vereinzelt anzutreffen.⁹⁷⁷

In der deutschen Literatur ist die Rechtsprechung des BGH überwiegend auf Zustimmung gestoßen. Die meisten Autoren befürworten die vorgenommene Beschränkung der Haftung des Luftfrachtführers auf luftverkehrsspezifische Risiken für die Haftung nach Art. 19 WA.⁹⁷⁸ Zumeist wird die Frage jedoch im Rahmen der Haftung nach Art. 17 WA diskutiert. Als Voraussetzung der Haftung wird hier regelmäßig ein flugbetriebsbedingter Unfall gefordert,⁹⁷⁹ wobei zur Begründung häufig darauf hingewiesen wird, dass es nicht Ziel des WA sei, dem Luftfrachtführer haftungsrechtlich das allgemeine Lebensrisiko des Fluggastes aufzubürden.⁹⁸⁰ Es gibt aber auch gewichtige Stimmen, die das Erfordernis der luftfahrttypischen Kausalität im Rahmen der Haftung nach Art. 19 WA verneinen.⁹⁸¹ Die meisten Autoren beziehen sich insofern jedoch wiederum auf die Haftung aus Art. 17 WA.⁹⁸² Zur Begründung wird häufig auf den Wortlaut und die Entlastungsmöglichkeit des Luftfrachtführers nach Art. 20 WA verwiesen, die regelmäßig bei nicht flugbetriebsbedingten Unfällen greife.⁹⁸³ Zudem bestehe die Gefahr der

---

⁹⁷³ OLG München ZLW 1983, 60, 61; LG Berlin ZLW 1982, 84, 86 f.; OLG Frankfurt/Main ZLW 1989, 178, 181 f.

⁹⁷⁴ OLG Düsseldorf, NJW-RR 1997, 930 = TranspR 1997, 150, 151; OLG Frankfurt/Main, TranspR 1997, 373, 374.

⁹⁷⁵ LG Bonn, TranspR 1999, 109 f. = RRa 1998, 121 f. m. zust. Anm. *Ruhwedel*.

⁹⁷⁶ LG Düsseldorf TranspR 1992, 29 f.; AG Frankfurt/Main TranspR 1992, 30.

⁹⁷⁷ Vgl. *Fröhlich* S. 104 ff. m.N.

⁹⁷⁸ *Ruhwedel*, Rn. 543 f., 552; *Schmid* in *Giemulla/Schmid*, WA, Art. 19 Rn. 18a; *Müller-Rostin*, TranspR 1989, 121, 123; *Rabe*, EWiR 1989, 203, 204; *Krüger*, S. 190. Siehe zum MÜ so auch *Schmid* in *Giemulla/Schmid*, MÜ, Art. 19 Rn. 24; *Führich*, Rn. 1043, allerdings mit Einschränkungen in Hinblick auf technische Defekte, die per se flugtypisch wären.

⁹⁷⁹ *Ruhwedel*, Rn. 192; *Schmid* in *Giemulla/Schmid*, WA, Art. 17 Rn. 12 ff.; *Riese*, S 443 f.; *Schoner*, ZLW 1977, 256, 275; *Kuhn*, VersR 1987, 447, 448; *Schneider* ZLW 1989, 220, 224; jüngst *Thor*, Festgabe *Ruhwedel*, S. 273, 301; unklar *Bartl*, Rn. 312. Zum MÜ siehe auch *Schmid* in *Giemulla/Schmid*, MÜ, Art. 17 Rn. 16 ff.; *Führich*, Rn. 1064 f.

⁹⁸⁰ *Schmid* in *Giemulla/Schmid*, WA, Art. 17 Rn. 12 c; *Ruhwedel*, RRa 2000, 231, 233, Anmerkung zu LG Hannover, RRa 2000, 230; *Thor*, Festgabe *Ruhwedel*, S. 273, 303.

⁹⁸¹ *Müller-Rostin*, ASDA/SVLR-Bulletin 2000, 9, 11 f.; *Schönwerth*, TranspR 1997, 414, 415 f.; *Stadie*, S. 102 f.; *Koller*, Art. 19 WA 1955 Rn. 8; im Ergebnis auch *Fröhlich*, S. 111 ff. Für das MÜ so auch *Reuschle*, Art. 19 Rn. 30.

⁹⁸² *Abraham* in *Schleicher/Reymann/Abraham*, Art. 17 WA Anm. 3; *Koffka/Bodenstein/Koffka*, Art. 17, S. 316 f.; *Guldimann*, Art. 17 WA Rn. 6; *Schönwerth* TranspR 1992, 11, 12 f.; *Kehrberger*, FS *Guldimann*, S. 129, 142 ff.

⁹⁸³ *Abraham* in *Schleicher/Reymann/Abraham*, Art. 17 WA Anm. 3; *Koffka/Bodenstein/Koffka*, Art. 17, S. 316 f.; *Guldimann*, Art. 17 WA Rn. 6.

Aushöhlung des Abkommens.[984] Mit einer geschickten Argumentation ließe sich das Vorliegen der luftfahrttypischen Kausalität immer verneinen.[985] Ausländische Literatur zur luftfahrttypischen Kausalität findet sich dagegen kaum.[986]

Meiner Ansicht nach ist eine Beschränkung der Haftung auf luftverkehrsspezifische Risiken zumindest für die Verspätungshaftung des Luftfrachtführers nach Art. 19 MÜ eindeutig abzulehnen. Zwar mag der Schutzzweck des Art. 17 MÜ eine Einschränkung auf flugbetriebsbedingte Unfälle erfordern – dies umso mehr vor dem Hintergrund, dass der Luftfrachtführer nach dem MÜ für Unfälle nunmehr unbegrenzt und bis 100.000 SZR sogar verschuldensunabhängig haftet,[987] das Erfordernis der Flugbetriebsbedingtheit daher neben dem Unfallbegriff die einzige Möglichkeit der Begrenzung der Haftung des Luftfrachtführers ist[988] – im Bereich der Verspätungshaftung sprechen jedoch mehrere Gründe gegen das Erfordernis einer luftfahrttypischen Kausalität.

Problematisch ist zunächst vor allem der offenbar willkürliche Rückgriff der Rechtsprechung auf einen entsprechenden Kausalzusammenhang. So ist auffällig, dass die Rechtsprechung in Verspätungsfällen offensichtlich immer nur dann auf das Erfordernis der luftfahrttypischen Kausalität zurückgreift, wenn die Haftung des Luftfrachtführers nach Art. 19 WA für unpassend erachtet wird, dessen Anwendbarkeit daher verneint werden und nationales Recht zur Anwendung kommen soll.[989] So haben m.E. das *OLG Düsseldorf*[990] und das *OLG Frankfurt/Main*[991] in Abflugverspätungsfällen die Verwirklichung eines luftverkehrsspezifischen Risikos nur abgelehnt, um ohne Probleme Schadensersatz statt der Leistung nach nationalem Recht zusprechen zu können, weil die Kläger Ersatz für die Kosten eines Ersatzfluges begehrt hatten. Ebenso ist die Rechtsprechung in Überbuchungsfällen verfahren, in denen Schadensersatz statt der Leistung geltend gemacht wurde.[992] Dabei wäre der Rückgriff auf das Erfordernis einer luftfahrttypischen Kausalität in

---

[984] *Schönwerth* TranspR 1992, 11, 12 f.; *Kehrberger*, FS *Guldimann*, S. 129, 142 f.
[985] *Schönwerth* TranspR 1992, 11, 12 f.; *Kehrberger*, FS *Guldimann*, S. 129, 142 f.
[986] Siehe *Fröhlich*, S. 107 f. m.N.
[987] Ähnlich auch *Thor*, Festgabe *Ruhwedel*, S. 273, 286, 288.
[988] Für einen Schaden, den ein Fluggast aufgrund des Ausrutschens auf einer Bananenschale erleidet, würde der Luftfrachtführer dann i.d.R. lediglich verschuldensabhängig nach nationalem Recht und nicht verschuldensunabhängig nach Art. 17 MÜ haften.
[989] Da die vom Fluggast zu beweisenden Tatbestandsvoraussetzungen des Art. 19 MÜ unter diesen Umständen nicht erfüllt wären, somit kein Fall des Art. 19 MÜ gegeben wäre, Art. 29 MÜ dem Rückgriff auf nationales Recht daher nicht im Wege stehen würde, wäre die Anwendbarkeit nationalen Rechts in der Tat gegeben. Ähnlich auch *Schönwerth* TranspR 1992, 11, 13; *Kehrberger*, FS *Guldimann*, S. 129, 142 ff.; *Fröhlich*, S. 109; anders jedoch wohl *Schmid* in *Giemulla/Schmid*, MÜ, Art. 17 Rn. 10.
[990] OLG Düsseldorf, NJW-RR 1997, 930 = TranspR 1997, 150, 151.
[991] OLG Frankfurt/Main, TranspR 1997, 373, 374.
[992] Vgl. nur die Leitentscheidung BGH NJW 1979, 495.

diesen Fällen nach hier vertretener Ansicht gar nicht notwendig gewesen,[993] um die Anwendbarkeit von Art. 19 WA zu verneinen, da Fragen der Abflugverspätung nicht in Art. 19 WA geregelt sind. Aber auch in Ankunftsverspätungsfällen hat die Rechtsprechung m.E. nur dann die Verwirklichung eines luftfahrttypischen Risikos verneint, wenn Art. 19 WA als Haftungsgrundlage ausscheiden sollte. So hat das *Landgericht Bonn*[994] m.E. die luftfahrttypische Kausalität bei einem Defekt in der Bordelektronik nur verneint, um ohne Probleme zu einer Minderung[995] des Flugpreises nach nationalem Recht zu kommen. In anderen vergleichbaren Ankunftsverspätungsfällen, in denen man mit entsprechender Begründung die Anwendbarkeit von Art. 19 WA auch hätte ablehnen können, haben die Gerichte dagegen die Voraussetzungen des Art. 19 WA ohne weiteres bejaht und das Erfordernis der luftfahrttypischen Kausalität i.d.R. nicht einmal angesprochen.[996] In diesen Fällen waren aber auch die geltend gemachten Schäden ohne weiteres nach Art. 19 WA ersatzfähig.[997] Allein in der Entscheidung des *OLG Frankfurt*[998] finden sich auch Ausführungen zur luftfahrttypischen Kausalität. Letztlich verneint das Oberlandesgericht aber im Hinblick auf Verspätungen im Gegensatz zu Überbuchungen sogar das Erfordernis der luftfahrttypischen Kausalität.[999]

Der willkürliche Rückgriff auf einen entsprechenden Kausalzusammenhang wird dabei begünstigt durch den großen Spielraum, den der Begriff der luftfahrttypischen Gefahren aufgrund der verschiedenen Auslegungsmöglichkeiten zur Einschränkung der Haftung aus dem Abkommen eröffnet. Während auf der einen Seite durch eine entsprechend weite Auslegung eine Haftung aus dem Abkommen begründet werden kann, ist auf der anderen Seite durch eine entsprechend enge Auslegung auch eine völlige Aushöhlung

---

[993] Gegen die Notwendigkeit des Rückgriffs auf die luftfahrttypische Kausalität in diesen Fällen auch bereits *Schönwerth*, TranspR 1992, 11, 12; *Schönwerth* TranspR 1997, 414 f. Für die Überbuchung so auch OLG Frankfurt/Main, RRa 2005, 78.
[994] LG Bonn, TranspR 1999, 109 f. = RRa 1998, 121 f. m. zust. Anm. *Ruhwedel*.
[995] Dazu genauer unter Punkt 3. Teil, 2. Kapitel, § 2 C. III. 2. Seite 323.
[996] AG Baden-Baden TranspR 1999, 402, 403 f. (Ankunftsverspätung, undichte Treibstoffleitung); OLG Frankfurt/Main, RRa 2005, 78 ff. (Ankunftsverspätung wegen Feuermeldung, Bereitstellung eines Ersatzflugzeuges erst am nächsten Tag); LG Frankfurt/Main TranspR 1991, 146 ff. (Ankunftsverspätung, Sonderkontrolle des Bundesgrenzschutzes); LG Berlin ZLW 2003 272 f. (Ankunftsverspätung, Witterung am Zielflughafen); OLG Frankfurt/Main ZLW 1984, 177 ff. (Ankunftsverspätung des Passagiers wegen Überbuchung); LG München I NJW 1978, 2454 (Ankunftsverspätung des Passagiers wegen Annullierung).
[997] Vgl. OLG Frankfurt/Main RRa 2005, 78 (gebuchte Kreuzfahrt); AG Baden-Baden TranspR 1999, 402, 403 ff. (entgangener Gewinn); LG Frankfurt/Main TranspR 1991, 146, 147 (gebuchtes Abendessen); OLG Frankfurt/Main ZLW 1984, 177, 178 (gebuchte Hotelzimmer); LG München I NJW 1978, 2454 (Ausfall einer Besprechung); siehe auch LG Berlin ZLW 2003 272, 273.
[998] OLG Frankfurt/Main, RRa 2005, 78.
[999] OLG Frankfurt/Main, RRa 2005, 78.

und Umgehung der Haftung aus dem Abkommen möglich[1000]. Darin ist m.E. die größte Gefahr einer derartigen Beschränkung der Haftung aus Art. 19 MÜ zu sehen. Eine enge Auslegung würde insbesondere dem Vereinheitlichungszweck des Abkommens zuwider laufen[1001] und daneben die Begrenzung der Haftung des Luftfrachtführers auf bestimmte Höchstbeträge nach Art. 22 MÜ unterlaufen. Teilweise wird daher zumindest eine weite Auslegung des Begriffs gefordert.[1002]

Die Rechtsprechung, die bei einem Defekt in der Bordelektronik[1003], bei einem Triebwerkschaden[1004] und bei einem Defekt am Treibstoffverschluss[1005] des Flugzeuges das Vorliegen einer luftfahrttypischen Kausalität verneint hat, lässt bereits erkennen, wie weit der Bereich der nicht luftfahrttypischen Gefahren ausgedehnt werden kann. Gerade derartige Ursachen müssen bei einer objektiven, nicht vom gewünschten Ergebnis geprägten Auslegung aber doch i.d.R. als luftfahrtspezifische Ursachen für Verspätungen angesehen werden.[1006] Das in der Luftfahrt verwendete Material ist luftfahrtbedingt hohen Anforderungen ausgesetzt, ist dementsprechend schadensanfällig und muss sorgfältig gewartet werden.[1007] Kommt es daher zu Ermüdungen des eingesetzten Materials, sind jedenfalls darauf beruhende Verspätungen auf luftfahrttypische Ursachen zurückzuführen. ME sind Triebwerkschäden sogar schlechthin als luftfahrttypische Verspätungsursachen einzuordnen, da Triebwerkschäden eben typischerweise im Flugverkehr Probleme bereiten. Auch ist zu berücksichtigen, dass der Kernbereich des Antriebssystems und damit ein äußerst sicherheitsrelevanter Bereich betroffen ist.[1008]

Tatsächlich ließen sich bei entsprechender Argumentation wohl jegliche Verspätungsursachen als nicht luftfahrttypisch einstufen,[1009] so dass für die Haftung aus Art. 19 MÜ kaum noch Raum bliebe. Ein solches Ergebnis könnte vor allem dann erzielt werden, wenn, wie es teilweise vorgeschlagen wird,[1010] darauf abgestellt würde, ob entsprechende Ursachen auch bei anderen Verkehrsmitteln zu Verspätungen geführt hätten. Da praktisch kaum Ursachen denkbar sind, die nicht in ähnlicher Weise auch bei anderen Verkehrsmitteln, wie z.B. der Bahn, zu Verspätungen geführt hätten, ist zumindest diese Argu-

---

[1000] So auch *Müller-Rostin*, ASDA/SVLR-Bulletin 2000, 9, 12; *Fröhlich*, S. 112.
[1001] So auch *Fröhlich*, S. 112.
[1002] *Müller-Rostin*, ASDA/SVLR-Bulletin 2000, 9, 12; *Fröhlich*, S. 113.
[1003] So das LG Bonn TranspR 1999, 109 f. = RRa 1998, 121 f. m. zust. Anm. *Ruhwedel*.
[1004] So das OLG Düsseldorf, NJW-RR 1997, 930 = TranspR 1997, 150, 151.
[1005] So das OLG Frankfurt/Main, TranspR 1997, 373, 374.
[1006] Ähnlich *Müller-Rostin*, ASDA/SVLR-Bulletin 2000, 9, 12 für einen Triebwerkschaden; ähnlich auch *Fröhlich*, S. 113 f.; *Führich*, Rn. 1043; *Reuschle*, Art. 19 Rn. 30.
[1007] So auch *Müller-Rostin*, ASDA/SVLR-Bulletin 2000, 9, 12.
[1008] *Fröhlich*, S. 113 f.
[1009] So auch *Koller*, Art. 19 WA 1955 Rn. 8.
[1010] OLG Düsseldorf NJW-RR 1997, 930; LG Düsseldorf TranspR 1992, 29 f. (zu Art. 17 WA).

mentation zur Bestimmung des Vorliegens der luftfahrttypischen Kausalität eindeutig abzulehnen.[1011] Umso deutlicher wird dies, wenn man bedenkt, dass gerade wetterbedingte Verspätungen, die i.d.R. als das Beispiel schlechthin für die Verwirklichung einer luftfahrtspezifischen Gefahr angeführt werden,[1012] auch bei anderen Verkehrsmitteln genauso auftreten können.[1013] Aber auch wenn man zur Ermittlung der luftfahrttypischen Kausalität darauf abstellt, ob bestimmte Gefahren allein aus dem Risiko- und Organisationsbereich des Luftfrachtführers stammen und deshalb nicht luftfahrttypisch sind,[1014] ließe sich ohne weiteres in fast jeder Situation das Vorliegen einer entsprechenden Kausalität verneinen. Die Anwendung des WA wäre dann bei allen Geschehensabläufen ausgeschlossen, die im Einflussbereich des Luftfrachtführers liegen, und würde sich auf organisatorisch nicht beherrschbare Gefahren beschränken. Gerade bei diesen Gefahren wäre aber wohl eine Entlastung des Luftfrachtführers nach Art. 19 S. 2 MÜ möglich, so dass der Luftfrachtführer aus Art. 19 MÜ grds. gar nicht für Ankunftsverspätungen haften würde. Auch diese Argumentation muss daher zumindest als ungeeignet zur Bestimmung des Vorliegens der luftfahrttypischen Kausalität ausscheiden.[1015]

Schließlich ist es überhaupt schwierig, die Auslegung des Begriffes der luftfahrttypischen Gefahren in den Griff zu bekommen und eine sinnvolle Abgrenzung vorzunehmen. Neben den obigen Versuchen sind m.E. auch alle anderen diesbezüglichen Versuche zum Scheitern verurteilt, was zusätzlich gegen eine derartige Beschränkung der Haftung aus Art. 19 MÜ spricht. So wird zum Teil vertreten, dass lediglich bei witterungsbedingten Verspätungen die Verwirklichung einer luftverkehrsspezifischen Gefahr anzunehmen sei.[1016] Diese Ansicht muss jedoch als viel zu eng abgelehnt werden, zumal gerade bei witterungsbedingten Verspätungen regelmäßig eine Entlastung des Luftfrachtführers nach Art. 19 S. 2 MÜ möglich ist und somit für eine Haftung aus Art. 19 MÜ nahezu überhaupt kein Raum bliebe.[1017] Auch der Versuch, über eine Positivliste[1018] den Bereich der luftfahrttypischen Gefahren zu umreißen, ist, insbesondere wenn die Aufstellung dieser Liste keinen erkennbaren Regeln folgt, nicht geeignet, erhebliche Rechtsunsicherheiten im Hin-

---

[1011] So auch OLG Frankfurt/Main RRa 2005, 78; *Müller-Rostin*, ASDA/SVLR-Bulletin 2000, 9, 12; *Schönwerth* TranspR 1992, 11, 12 f; *Schönwerth*, TranspR 1997, 414, 415 f.
[1012] BGH NJW 1979, 495; OLG Düsseldorf NJW-RR 1997, 930; LG Bonn TranspR 1999, 109 f. = RRa 1998, 121 f. m. zust. Anm. *Ruhwedel; Schmid* in *Giemulla/Schmid*, MÜ, Art. 19 Rn. 24.
[1013] OLG Frankfurt/Main RRa 2005, 78.
[1014] So OLG Düsseldorf NJW-RR 1997, 930.
[1015] So auch *Schönwerth*, TranspR 1997, 414, 415.
[1016] LG Bonn TranspR 1999, 109 f. = RRa 1998, 121 f. m. zust. Anm. *Ruhwedel*.
[1017] So auch *Müller-Rostin*, ASDA/SVLR-Bulletin 2000, 9, 12.
[1018] Einen solchen Versuch unternimmt *Müller-Rostin*, ASDA/SVLR-Bulletin 2000, 9, 12.

blick auf die Auslegung des Begriffs der luftfahrttypischen Gefahren aus dem Weg zu räumen. Eine solche Liste kann allenfalls Anhaltspunkte bieten.

Entscheidend gegen das Erfordernis einer luftfahrttypischen Kausalität dürfte aber letztlich sprechen, dass ein derart eingeschränkter Schutzzweck Art. 19 MÜ in keiner Weise entnommen werden kann. Zunächst deuten weder der Wortlaut[1019] von Art. 19 MÜ bzw. Art. 19 WA noch die Entstehungsgeschichte des Art. 19 WA, auf den Art. 19 MÜ bekanntlich zurückgeht, auf eine derartige Beschränkung des Schutzzwecks hin. Wiederholt diskutierte man auf der Warschauer Konferenz über die Einführung der Verspätungshaftung und entschied sich letztendlich für deren Aufnahme in das WA, da der Luftfrachtführer bei einem auf Schnelligkeit angelegten Beförderungsmittel auch für die schuldhafte Überschreitung zugesagter Transportfristen haften müsse, zumal er die Länge der Transportfristen selbst festlegen könne.[1020] Neben der Voraussetzung des Verschuldens wurden jedoch keine weiteren Einschränkungen der Haftung diskutiert.[1021] Der Luftfrachtführer sollte nach den Vorstellungen der Väter des WA bei Verspätungen damit umfassend haften.

Auch Sinn und Zweck der Regelung in Art. 19 MÜ kann meiner Ansicht nach schließlich ein eingeschränkter Schutzbereich nicht entnommen werden. Sinn und Zweck der Regelung ist vielmehr gerade ein umfassender Schutz des Fluggastes vor Ankunftsverspätungsschäden. Das ergibt sich zunächst aus dem Vereinheitlichungszweck des Abkommens, denn eine Vereinheitlichung gibt nur Sinn, wenn sie in ihrem Regelungsbereich nicht unterlaufen werden kann. Deshalb ist die Haftung nach nationalem Recht im Anwendungsbereich des Abkommens gemäß Art. 29 MÜ auch gerade ausgeschlossen. Aber auch die Haftungsbegrenzung bei Verspätungen in Art. 22 MÜ könnte andernfalls unterlaufen werden, so dass auch aus diesem Gesichtspunkt nur ein umfassender Schutz des Fluggastes bezweckt sein kann. Zwar ist zuzugeben, dass der Fluggast nicht auch vor der Verwirklichung des allgemeinen Lebensrisikos geschützt werden soll.[1022] Dazu bedarf es jedoch im Rahmen der Haftung nach Art. 19 MÜ nicht des Rückgriffs auf das Erfordernis der luftfahrttypischen Kausalität. Vielmehr ist davon auszugehen, dass in Fällen der Verwirklichung des allgemeinen Lebensrisikos regelmäßig eine Entlastung des Luftfrachtführers gemäß Art. 19 S. 2 MÜ möglich ist, so dass eine Haftung des Luftfrachtführers auf diese Weise ausscheidet.

[1019] Siehe auch *Müller-Rostin*, ASDA/SVLR-Bulletin 2000, 9, 11.
[1020] Vgl. II Conférence, S. 37 ff.; *Goedhuis*, NA, S. 208.
[1021] So auch *Fröhlich*, S. 112. Auch die Denkschrift zum WA, S. 40 ff. weist nicht auf Einschränkungen hin.
[1022] So auch *Fröhlich*, S. 112 f.

5. Haftungsausschluss oder -beschränkung

Gemäß Art. 26 MÜ, der im Wesentlichen mit Art. 23 I WA identisch ist, können die Vertragsparteien des Luftbeförderungsvertrages die Haftung des Luftfrachtführers im Beförderungsvertrag weder ausschließen noch beschränken. Dadurch soll sichergestellt werden, dass der im MÜ zwischen den Interessen des Fluggastes und den Interessen Luftfrachtführers gefundene Ausgleich nicht durch vertragliche Vereinbarungen der Parteien unterlaufen werden kann.[1023] Ein auf Vertragsebene möglicher Eingriff in das Haftungssystem des MÜ würde auch dem Vereinheitlichungszweck des Abkommens zuwiderlaufen.[1024] Vereinbarungen nach Schadenseintritt sind hingegen ohne weiteres möglich.[1025] Auch Haftungsverschärfungen zugunsten des Reisenden steht Art. 26 MÜ nicht entgegen.[1026] Art. 26 MÜ wird ergänzt durch Art. 49 MÜ, der vor Schadenseintritt auch eine Vereinbarung über das anzuwendende Recht und den Gerichtsstand, und so eine mittelbare Abbedingung des Abkommens, verhindert.[1027]

Die Haftung des Luftfrachtführers kann nach Art. 26 MÜ im Beförderungsvertrag weder in allgemeinen Beförderungsbedingungen noch individualvertraglich ausgeschlossen oder beschränkt werden.[1028] Grundsätzlich verboten sind wie nach Art. 23 WA alle Absprachen, die sich aus der Sicht des Geschädigten in irgendeiner Weise ungünstig auf die Haftung des Luftfrachtführers auswirken.[1029] Dabei ist es angesichts des Zwecks der Vorschrift unerheblich, ob der Haftungsausschluss oder die Haftungsbeschränkung unmittelbar oder lediglich mittelbar wirkt.[1030] Unwirksam ist sowohl der vollständige als auch der teilweise Haftungsausschluss.[1031] Letzterer ist z.B. gegeben, wenn die Haftung des Luftfrachtführers nur für einzelne Haftungstatbestände[1032] oder für einzelne Teilstrecken ausgeschlossen wird.[1033]

[1023] *Reuschle*, Art. 26 Rn. 1; *Giemulla* in *Giemulla/Schmid*, MÜ, Art. 26 Rn. 1; zu Art. 23 WA siehe *Kronke* in MünchKomm HGB, Art. 23 WA 1955 Rn. 1.
[1024] *Giemulla* in *Giemulla/Schmid*, MÜ, Art. 26 Rn. 1.
[1025] *Giemulla* in *Giemulla/Schmid*, MÜ, Art. 26 Rn. 2; zu Art. 23 WA siehe *Guldimann*, Art. 23 WA Rn. 7; *Kronke* in MünchKomm HGB, Art. 23 WA 1955 Rn. 9.
[1026] *Reuschle*, Art. 26 Rn. 3; *Geigel/Mühlbauer*, Kap. 29 Rn. 75; Vgl. auch Art. 25 und 27 MÜ und *Reuschle*, Art. 27 MÜ Rn. 4 f. und Art. 29 Rn. 16.
[1027] *Reuschle*, Art. 49 Rn. 1; zu Art. 32 WA so auch *Giemulla* in *Giemulla/Schmid*, WA, Art. 32 WA, Rn. 1.
[1028] *Giemulla* in *Giemulla/Schmid*, MÜ, Art. 26, Rn. 5; zu Art. 23 WA siehe auch *Kronke* in MünchKomm HGB, Art. 23 WA 1955 Rn. 8.
[1029] *Giemulla* in *Giemulla/Schmid*, MÜ, Art. 26, Rn. 1; zu Art. 23 WA siehe auch *Kronke* in MünchKomm HGB, Art. 23 WA 1955 Rn. 2.
[1030] *Reuschle*, Art. 26 Rn. 6; *Giemulla* in *Giemulla/Schmid*, MÜ, Art. 26, Rn. 2; siehe zu Art. 23 WA BGH ZLW 1982, 378, 381; *Kronke* in MünchKomm HGB, Art. 23 WA 1955 Rn. 6; a.A. *Guldimann*, Art. 23 WA Rn. 3.
[1031] Siehe zu Art. 23 WA *Guldimann*, Art. 23 WA Rn. 2; *Kronke* in MünchKomm HGB, Art. 23 WA 1955 Rn. 2.
[1032] Siehe dazu auch *Kronke* in MünchKomm HGB, Art. 23 WA 1955 Rn. 10.

Im Einzelnen nicht möglich sind damit z.b. ein gänzlicher Haftungsverzicht, das Aufstellen weiterer Haftungsvoraussetzungen einschließlich Änderungen in der Beweislastverteilung, der Ausschluss bestimmter Schadensursachen, eine Verminderung des vorgesehenen Haftungsumfanges und die Übertragung von Haftungsgrenzen auf Tatbestände unbeschränkter Haftung.[1034] Unwirksam wären auch ein Ausschluss bestimmter Schadensarten und eine Begrenzung des Schadensumfanges.[1035] Bereits nach dem Wortlaut des Art. 26 MÜ nichtig ist eine Herabsetzung der im Übereinkommen festgesetzten Haftungshöchstbeträge.

So sind insbesondere Bestimmungen in den ABB der Fluggesellschaften, die die in den Flugscheinen angegebenen Flugzeiten für unverbindlich erklären oder bestimmen, dass diese Flugzeiten nicht garantiert werden bzw. einseitig durch den Luftfrachtführer geändert werden können, aufgrund der darin enthaltenen völligen Freizeichnung von jeglicher Haftung für Verspätungsschäden nicht nur wegen Verstoßes gegen § 309 Nr. 7 b) BGB, sondern auch wegen Verstoßes gegen Art. 26 MÜ nichtig.[1036] Gleiches muss wegen der damit verbundenen teilweisen Freizeichnung von der Haftung für (Ankunfts-)Verspätungsschäden auch für Bestimmungen gelten, nach denen das Erreichen von Anschlussflügen, seien es eigene oder fremde Anschlussflüge, nicht gewährleistet werden kann bzw. mit denen die Haftung für das Erreichen von Anschlussflügen ausgeschlossen wird.[1037] Durch eine solche Klausel wird nämlich zum Ausdruck gebracht, dass eine Haftung gerade für solche (Ankunfts-)Verspätungsschäden nicht übernommen werden soll, die aus dem Verpassen von Anschlussflügen oder anderen Anschlussbeförderungen herrühren. Trotzdem finden sich entsprechende Klauseln vor allen Dingen in den ABB der sog. Billigfluggesellschaften.[1038] Der Wunsch, aus Kostengründen nur Direktverbindungen anbieten zu wollen, kann jedoch eben ge-

---

[1033] *Reuschle*, Art. 26 Rn. 7.

[1034] Dazu ausführlich *Giemulla* in *Giemulla/Schmid*, MÜ, Art. 26 Rn. 6 ff.; *Reuschle* Art. 26 Rn. 7 ff. jeweils m.w.N.

[1035] So zu Art. 23 WA *Kronke* in MünchKomm HGB, Art. 23 WA 1955 Rn. 10.

[1036] *Giemulla* in *Giemulla/Schmid*, MÜ, Art. 26 Rn. 10. Siehe dazu auch bereits unter Punkt 3. Teil, 1. Kapitel, § 1 C. Seite 123.

[1037] Siehe auch *Giemulla* in *Giemulla/Schmid*, MÜ Art. 26 Rn. 10. Zu dem Verstoß gegen § 309 Nr. 7 b) BGB siehe auch BGH NJW 1983, 1322, 1324 im Hinblick auf die Vorgängerregelung in § 11 Nr. 8 b) AGBG.

[1038] Vgl. Art. 9.1.3 ABB Germanwings. Die Kunden der Fluggesellschaft Germanwings werden dort ausdrücklich darauf hingewiesen, dass sich die Fluggesellschaft als Spezialanbieter für Direktverbindungen sieht und daher grds. keine Anschlussflüge und den damit verbundenen Service bietet. Zudem wird darauf hingewiesen, dass zwar die Kombination einzelner Flüge der Fluggesellschaft und anderer Fluggesellschaften möglich ist, dies aber auf eigenes Risiko geschehe. Nur im sog. Umsteigeverbindungs-Tarif, vgl. Art. 9.1.3 und 21 ABB Germanwings, werden neuerdings auch sog. Umsteigeverbindungen angeboten. Ein ähnlicher Hinweis findet sich im Übrigen in den AGB der Fluggesellschaft Ryanair.

rade nicht den (wenn auch nur teilweisen) Ausschluss der Haftung für Verspätungsschäden rechtfertigen. Ein Hinweis darauf, dass aufgrund des Nichtangebots von Anschlussflügen und der nicht gegebenen Möglichkeit, das Gepäck zum Zielort „durchzuchecken", der Fluggast seine Umsteigezeit sorgfältig planen müsse, kann aber unter Umständen dazu führen, dass bei Nichtbeachtung ein möglicherweise erhebliches Mitverschulden des Fluggastes gemäß Art. 20 MÜ anzunehmen ist, sollte er die Zeit zwischen Ankunft und Abflug des Anschlussfluges zu knapp bemessen haben. Auch ist zu beachten, dass bei den sog. Billigfluggesellschaften, worauf auch die soeben zitierte Bestimmung hindeutet, bei Beförderungen über mehrere Teilstrecken häufig separate Beförderungsverträge über die Beförderung auf den verschiedenen Teilstrecken abgeschlossen werden und dass diese Beförderungsverträge aufgrund der zitierten Klausel i.d.R. auch nicht z.B. durch das Ausstellen einer Bordkarte für die Anschlussflugstrecke bereits am ersten Abflugort oder durch das Durchchecken des Gepäcks des Fluggastes zum Zielort zu einem Beförderungsvertrag verbunden werden. Diesem Umstand kommt dann Bedeutung zu, wenn den Luftfrachtführer im Hinblick auf die Ankunftsverspätung des Zubringerfluges kein Verschulden trifft, diese mithin z.B. auf höherer Gewalt (Wetterumstände) beruht. In diesem Fall verliert der Fluggast i.d.R., soweit die Tarifbestimmungen des vereinbarten Tarifs im Einzelfall nichts anderes vorsehen, mit dem Verpassen der Meldeschlusszeit des separat gebuchten Anschlussfluges seinen Beförderungsanspruch auf der Anschlussflugstrecke ersatzlos.[1039]

Vertreten wird die Auffassung, dass der Ausschluss des sog. mittelbaren Schadens, also der Ausschluss eines Schadens, der erst im weiteren Verlauf der Ereignisse eintritt, nicht gegen Art. 26 MÜ verstoße, da das MÜ keine Aussage darüber enthalte, welcher Schaden zu ersetzen sei, der Inhalt des Schadensersatzanspruches sich folglich nach nationalem Recht richte.[1040] Die Ansicht wurde im Rahmen der Unfallhaftung des Luftfrachtführers nach Art. 17 MÜ bzw. 17 WA entwickelt.[1041] Entsprechende Bestimmungen in den ABB einiger Fluggesellschaften können aber auch auf die Verspätungshaftung nach Art. 19 MÜ bezogen werden.[1042] Der aufgezeigten Meinung kann jedoch jedenfalls im Hinblick auf die Verspätungshaftung aus Art. 19 MÜ nicht gefolgt werden. Nicht nur, dass die Abgrenzung zwischen unmittelbaren und

---

[1039] Dazu genauer unter Punkt 3. Teil, 2. Kapitel, § 2 C. II. 8. a) Seite 306.
[1040] *Reuschle*, Art. 19 Rn. 10; *Giemulla* in *Giemulla/Schmid*, MÜ, Art. 26 Rn. 12 m.w.N.; *Gansfort*, TranspR 1989, 131, 137. Ohne Begründung auch *Schmid* in *Giemulla/Schmid*, MÜ, Art. 19, Rn. 84 und 87; a.A. *Geigel/Schönwerth*, 23. Aufl., Kap. 29 Rn. 61 und 77; *Geigel/Mühlbauer*, Kap. 29 Rn. 68.
[1041] Vgl. New York Supreme Court, Appellate Division, Cohen v. Varig Airlines, 15 Avi. 17,112, 17,115.
[1042] Vgl. Art. 14.1.7. ABB Flugpassage der Lufthansa; Art. 15.1.3 ABB Germanwings, Art. 8.1. S. 2 AGB Air Berlin.

mittelbaren Schäden mit erheblichen Schwierigkeiten verbunden ist, m.E. kann die Tatsache, dass die Bestimmung des Inhaltes des Schadensersatzanspruches dem jeweils anwendbaren nationalen Recht überlassen ist, nach Sinn und Zweck des Art. 26 MÜ generell nicht zur Zulässigkeit von Parteivereinbarungen über Inhalt und Umfang des Schadensersatzanspruches führen, diese sollen eben gerade durch das nationale Recht bestimmt werden und nicht durch Parteivereinbarung.[1043] Andernfalls könnte der durch das MÜ geschaffene Ausgleich zwischen den Interessen des Luftfrachtführers und denen des Fluggastes, den Art. 26 MÜ sichern will, auf einfachste Weise unterlaufen werden. Sofern anwendbar können derartige Klauseln, die den Ersatz des mittelbaren Schadens ausschließen, ferner auch gegen § 309 Nr. 7 b) BGB verstoßen.[1044]

Rechtfolge einer Art. 26 MÜ widersprechenden Vereinbarung ist, ähnlich wie nach § 306 I BGB bei unwirksamen AGB, die Nichtigkeit nur der entsprechenden Vertragsbestimmung.[1045] Der Beförderungsvertrag im Übrigen bleibt wirksam und unterliegt weiterhin dem MÜ.

6. Verschulden

Gemäß Art. 19 S. 2 MÜ, der im Wesentlichen mit Art. 20 I WA identisch ist,[1046] haftet der vertragliche Luftfrachtführer nicht für einen Verspätungsschaden, wenn er nachweist, „dass er und seine Leute alle zumutbaren Maßnahmen zur Vermeindung des Schadens getroffen haben", bzw. wenn er nachweist, „dass es ihm oder ihnen nicht möglich war, solche Maßnahmen zu ergreifen". Daraus ergibt sich zweierlei. Zum einen obliegt es dem Luftfrachtführer, im Einzelfall den Entlastungsbeweis zu führen.[1047] Es handelt sich somit um eine Haftung für vermutetes Verschulden.[1048] Zum anderen wird deutlich, dass der Luftfrachtführer grds. sowohl eigenes als auch fremdes Verschulden zu vertreten hat.

[1043] Ähnlich auch *Koller*, Art. 19 WA 1955 Rn. 9 m.w.N.
[1044] *Giemulla* in *Giemulla/Schmid*, MÜ, Art. 26 Rn. 12; *Schmid* in *Giemulla/Schmid*, MÜ, Art. 19 Rn. 87.
[1045] *Reuschle*, Art. 26 Rn. 11; *Giemulla* in *Giemulla/Schmid*, MÜ, Art. 26 Rn. 15.
[1046] Während Art. 20 I WA neben Art. 19 WA auch die Art. 17 und 18 WA ergänzt, betrifft Art. 19 S. 2 MÜ nunmehr nur noch die Verspätungshaftung des Luftfrachtführers. Zudem wird im Rahmen der notwendigen Sorgfalt statt auf alle erforderlichen Maßnahmen nunmehr auf alle zumutbaren Maßnahmen abgestellt, die durch den Luftfrachtfrachtführer ergriffen worden sein müssen, um sich zu entlasten. Entgegen anders lautenden Äußerungen ist darin m.E. jedoch eher eine Präzisierung als eine Änderung des Sorgfaltsmaßstabes zu sehen. Dazu sogleich.
[1047] *Schmid* in *Giemulla/Schmid*, MÜ, Art. 19 Rn. 43; *Reuschle* Art. 19 MÜ Rn. 45. Zu den Anforderungen an den Entlastungsbeweis siehe zu Art. 20 WA auch *Kronke* in MünchKomm HGB, Art. 20 WA 1955 Rn. 54 ff.
[1048] Siehe auch *Giemulla* in *Giemulla/Schmid*, MÜ, Art. 20 Rn. 3; *Führich*, Rn. 1041. *Reuschle*, Art. 19 MÜ Rn. 3 m.w.N.

a) Eigenes Verschulden

Der vertragliche Luftfrachtführer haftet zunächst für eigenes Verschulden, sofern er sich nicht gemäß Art. 19 S. 2 MÜ entlasten kann. Näher zu beleuchten ist daher, unter welchen Umständen eine Entlastung des Luftfrachtführers möglich ist. Dabei könnte auf die Ausführungen zum Verschulden des Luftfrachtführers bei Abflugverspätungen verwiesen werden, zumal für Ankunftsverspätungen grds. keine anderen Ursachen als für Abflugverspätungen in Betracht kommen, wenn sich die Verschuldensbegriffe von BGB und Art. 19 S. 2 MÜ nahezu decken würden. Zwar ist das MÜ als internationales Einheitsrecht grds. aus sich heraus auszulegen, aus dem nationalen Recht gebräuchliche Maßstäbe sind grds. nicht heranzuziehen.[1049] Eine Auswertung von Rechtsprechung und Literatur zu Art. 20 WA bzw. Art. 19 S. 2 MÜ zeigt jedoch, dass im Ergebnis keine wesentlichen Unterschiede zu dem Verschuldensbegriff des BGB bestehen.

Im deutschen Recht hat der Schuldner nach § 276 I 1 BGB Vorsatz und Fahrlässigkeit zu vertreten, wobei unter Fahrlässigkeit gemäß § 276 II BGB das Außer-Acht-Lassen der im Verkehr erforderlich Sorgfalt zu verstehen ist. Es gilt ein auf die allgemeinen Verkehrsbedürfnisse ausgerichteter objektiv-abstrakter Sorgfaltsmaßstab.[1050] Erforderlich ist grds. das Maß an Umsicht und Sorgfalt, das nach dem Urteil besonnener und gewissenhafter Angehöriger des in Betracht kommenden Verkehrskreises zu beachten ist.[1051] Der Fahrlässigkeitsvorwurf setzt ferner die Vorhersehbarkeit und die Vermeidbarkeit des pflichtwidrigen Erfolges voraus.[1052]

Nichts anderes gilt letztlich aber auch nach Art. 19 S. 2 MÜ. Dass der Luftfrachtführer sich für vorsätzliches Verhalten nicht entlasten kann, bedarf keiner weiteren Ausführung. Aber auch im Übrigen kann sich der Luftfrachtführer nur dann entlasten, wenn ihm kein fahrlässiges Verhalten i.S.v. § 276 II BGB vorgeworfen werden kann. Zunächst setzt auch der Verschuldensvorwurf nach Art. 19 S. 2 MÜ, der eine Entlastung des Luftfrachtführers verhindert, Vorhersehbarkeit und Vermeidbarkeit der Verspätung, ihrer Ursachen bzw. des Schadens voraus. Die Voraussetzung der Vermeidbarkeit ergibt sich dabei bereits ohne Weiteres aus dem Wortlaut des Art. 19 S. 2 MÜ, wenn dort statuiert wird, dass der Luftfrachtführer sich entlasten kann, wenn er beweisen kann, dass es nicht möglich war, entsprechende Maßnahmen zu ergreifen, die eine Verspätung verhindert hätten. So ist auch unbestritten, dass in Fällen höherer

---

[1049] Vgl. nur *Kronke* in MünchKomm HGB, Art. 20 WA 1955 Rn. 6; *Führich*, Rn. 1045 m.w.N.
[1050] BGH NJW 1963, 1609; BGH NJW 1981, 1603, 1604; BGH NJW 1981, 1603, 1604.
[1051] BGH NJW 1972, 150, 151; OLG Köln NJW-RR 1990, 793.
[1052] BGH NJW 1963, 1609; *Grundmann* in MünchKomm BGB, § 276 Rn. 53.

Gewalt eine Entlastung nach Art. 19 S. 2 MÜ möglich ist.[1053] Die Voraussetzung der Vorhersehbarkeit war dagegen im Rahmen der Frage der Entlastung nach Art. 20 WA lange umstritten. Zunächst wurde eine rückblickende objektive Betrachtungsweise favorisiert, bei der danach gefragt wurde, ob der Luftfrachtführer aus dieser Perspektive alle erforderlichen Maßnahmen zur Vermeidung eines Schadens getroffen hat.[1054] Auf die Vorhersehbarkeit kam es nicht an. Später hat sich dagegen eine auf den Beginn der Beförderung abstellende Ansicht durchgesetzt, die aus dieser Perspektive beurteilen will, ob alle erforderlichen Maßnahmen getroffen worden sind.[1055] Zu beweisen sei, ob unter den konkreten Umständen der Luftfrachtführer alle vernünftigerweise von einem sorgfältigen Unternehmer unter Hintenanstellung aller kaufmännischen Überlegungen zu veranlassenden Maßnahmen ergriffen habe.[1056] Man ist damit richtigerweise stillschweigend dazu übergegangen, in der Vorhersehbarkeit des Schadens eine Voraussetzung der Haftung zu sehen.[1057] Die rückblickende Betrachtungsweise hätte dagegen eine Überspannung der Anforderung an den Luftfrachtführer bedeutet,[1058] da aus dieser Perspektive in so gut wie jeder Fallkonstellation Maßnahmen zu Verhinderung eines Schadens hätten getroffen werden können.[1059] Von der Ausgestaltung der Verspätungshaftung nach Art. 19 WA bzw. Art. 19 MÜ als Verschuldenshaftung wäre dann nicht mehr viel übrig geblieben.[1060]

Ferner sind auch im Sorgfaltsmaßstab keine Unterschiede zum BGB zu erkennen. Wie bereits erwähnt ist nach h.M. im Rahmen von Art. 20 WA darauf abzustellen, ob durch den Luftfrachtführer alle Maßnahmen getroffen worden sind, die von einem sorgfältigen Luftfrachtführer „vernünftigerweise"[1061] zu treffen waren, um einen Schaden zu verhindern. Damit wird aber zum einen auf den Luftfrachtführer als maßgeblichem Verkehrskreis abgestellt, wie es auch bei der Beurteilung des Verschuldens nach dem Sorg-

---

[1053] *Schmid* in *Giemulla/Schmid*, MÜ, Art. 19 Rn. 41; *Führich*, Rn. 1005; zu Art. 20 WA siehe auch *Guldimann*, Art. 20 WA Rn. 7; *Schmid* in *Giemulla/Schmid*, WA, Art. 20 Rn. 6.

[1054] Koffka/Bodenstein/Koffka, S. 322 f.

[1055] *Schleicher/Reymann/Abraham*, Art. 20 Anm. 3; *Riese* S. 455 ff; *Ruhwedel*, Rn. 634; Corte di Cassazione Rom in Sachen Società di Navigazione Aerea gegen Palleroni, AfL 1938, 155, 158.

[1056] So *Schmid* in *Giemulla/Schmid*, WA, Art. 20 Rn. 5 m.w.N.; *Schleicher/Reymann/Abraham*, Art. 20 Anm. 3; *Riese* S. 455 ff.; *Mankiewicz* Rn. 141; *Goldhirsch*, S. 87; Corte di Cassazione Rom in Sachen Società di Navigazione Aerea gegen Palleroni, AfL 1938, 155, 158. Siehe zu Art. 19 S. 2 MÜ auch *Schmid* in *Giemulla/Schmid*, MÜ, Art. 19 Rn. 35 f.; *Reuschle* Art. 19 Rn. 36.

[1057] *Kronke* in MünchKomm HGB, Art. 20 WA 1955 Rn. 12 f.

[1058] BGH ZLW 1965, 172.

[1059] Ähnlich *Kronke* in MünchKomm HGB, Art. 20 WA 1955 Rn. 13.

[1060] So zu Art. 20 WA auch *Kronke* in MünchKomm HGB, Art. 20 WA 1955 Rn. 13; *Schmid* in *Giemulla/Schmid*, WA, Art. 20 Rn. 5; zu Art. 19 S. 2 MÜ so auch *Schmid* in *Giemulla/Schmid*, MÜ, Art. 19 Rn. 35.

[1061] Dazu ausführlich *Kronke* in MünchKomm HGB, Art. 20 WA 1955 Rn. 14 f.

faltsmaßstab des BGB zu tun wäre. Zum anderen wird m.E. mit dem Begriff „vernünftig" nichts anderes umschrieben, als die Umsicht und Sorgfalt, die von einem besonnenen und gewissenhaften Luftfrachtführer auch nach den Regeln des BGB verlangt wird, denn nur besonnene und gewissenhafte Maßnahmen wird man auch als sorgfältig und vernünftig bezeichnen können und umgekehrt. Fraglich bleibt allein, ob mit dem gegenüber Art. 20 WA geänderten Wortlaut von Art. 19 S. 2 MÜ, der statt der Formulierung „alle erforderlichen Maßnahmen" nun die Formulierung „alle zumutbaren Maßnahmen" enthält, eine Änderung des bisher auf der Basis von Art. 20 WA angenommenen Sorgfaltsmaßstabes verbunden ist. Zwar wird insofern teilweise die Ansicht vertreten, dass mit dieser Änderung eine weniger strenge Haftung, zumindest aber Beweiserleichterungen für den Luftfrachtführer einhergehen.[1062] Meiner Ansicht nach ist damit jedoch keine Änderung des Sorgfaltsmaßstabes verbunden. Bereits im Rahmen der Entlastung nach Art. 20 WA konnten redlicherweise lediglich erforderliche und gleichzeitig zumutbare Maßnahmen vom Luftfrachtführer verlangt werden. Dies wird man heute im Rahmen der Entlastung nach Art. 19 S. 2 MÜ nicht anders sehen können. Trotz der Änderung des Wortlautes müssen m.E. immer noch alle erforderlichen und zumutbaren Maßnahmen getroffen werden, die jetzt eben ausdrücklich auch zumutbar sein müssen. Es handelt sich daher m.E. eher um eine Präzisierung in der Formulierung als um eine Änderung der Rechtslage.[1063] Das zeigt auch der verbindliche englische Wortlaut von Art. 19 S. 2 MÜ, wo es heißt: „all measures that could reasonably be required".

Im Ergebnis wird daher eine Entlastung nach Art. 19 S. 2 MÜ immer nur dann gelingen, wenn durch den Luftfrachtführer auch die im Verkehr erforderliche Sorgfalt i.S.v. § 276 II BGB beachtet wurde und damit keine fahrlässige Verursachung der Verspätung anzunehmen ist.[1064] Es kann daher für die Frage einer möglichen Entlastung des Luftfrachtführers m.E. ohne weiteres auf die Ausführungen zum Verschulden des Luftfrachtführers bei Abflugverspätungen verwiesen werden.[1065]

b) Verschulden der Leute

Der vertragliche Luftfrachtführer haftet nicht nur für eigenes Verschulden, sondern hat nach Art. 19 S. 2 MÜ grds. auch für das Verschulden seiner Leute

---

[1062] *Reuschle* Art. 19 Rn. 34; *Schmid* in *Giemulla/Schmid*, MÜ, Art. 19 Rn. 31; Denkschrift zum MÜ, S. 42; *Schiller*, SJZ 96 (2000), 184, 187; *Bollweg*, ZLW 2000, 439, 445; *Kadletz*, VersR 2000, 927, 933.
[1063] Im Ergebnis so auch *Schmid* in *Giemulla/Schmid*, MÜ, Art. 19 Rn. 32 ff.
[1064] So auch *Koller*, Art. 19 MÜ Rn. 3; *Harms/Schuler-Harms*, TranspR 2003, 369, 370; Im Ergebnis so auch *Schmid* in *Giemulla/Schmid*, MÜ, Art. 19 Rn. 36; *Reuschle* Art. 19 MÜ Rn. 36, allerdings mit merkwürdigem Verständnis von leichtem Verschulden.
[1065] Siehe dazu Punkt 3. Teil, 2. Kapitel, § 2 A. IV. 2. Seite 239.

einzustehen.[1066] Dieser Bestimmung kommt besondere Bedeutung zu, da der Luftfrachtführer aufgrund der Arbeitsteilung im modernen Luftverkehr i.d.R. auf die Dienste verschiedener Personen und Unternehmen angewiesen ist[1067]. Das fängt an bei den eigenen Mitarbeitern und geht bis hin zu den verschiedenen selbständigen Dienstleistern,[1068] die einen reibungslosen Flugverkehr heute überhaupt erst ermöglichen.

Fraglich ist jedoch, welche Personen und Unternehmen konkret zu den Leuten des Luftfrachtführers zu zählen sind. Zur Eingrenzung könnte auf die Ausführungen zur Zurechnung des Verschuldens weiterer Personen gemäß § 278 BGB im Rahmen der Haftung des Luftfrachtführers für Abflugverspätungen verwiesen werden, wenn sich der Begriff der Leute i.S.v. Art. 19 S. 2 MÜ mit dem Begriff des Erfüllungsgehilfen i.S.v. § 278 BGB in etwa decken würde. Der Begriff der Leute darf wiederum aber nicht automatisch mit dem Begriff des Erfüllungsgehilfen i.S.v. § 278 BGB gleichgesetzt werden.[1069] Mit anderen Worten, zur Auslegung des Leutebegriffs darf nicht automatisch auf das Verständnis ähnlicher Begriffe im unvereinheitlichten Recht zurückgegriffen werden. Vielmehr ist im Wege einer rechtsvergleichend-autonomen Auslegung zu ermitteln, welche Personen unter den Begriff der Leute fallen.[1070] Eine solche Auslegung des Leutebegriffs in Art. 20 WA bzw. Art. 19 S. 2 MÜ unter Berücksichtigung von Rechtsprechung und Literatur ergibt jedoch m.E. wiederum, dass mit beiden Begriffen weitgehend derselbe Personenkreis umschrieben wird.[1071]

Wendet man sich zunächst dem Begriff des Erfüllungsgehilfen i.S.v. § 278 BGB zu, so ist festzustellen, dass darunter in der deutschen Rechtsprechung und Literatur eine Person verstanden wird, die nach den tatsächlichen Gegebenheiten des Falles mit dem Willen des Schuldners bei der Erfüllung einer diesem obliegenden Verbindlichkeit als seine Hilfsperson tätig wird.[1072] Dabei ist es unerheblich, ob die Hilfsperson dem Weisungsrecht des Schuldners unterliegt[1073] oder ob es sich bei der Hilfsperson um ein Monopolunternehmen handelt[1074]. Mithin kann insbesondere auch der selbständige

---

[1066] Zum Ganzen ausführlich *Schmid*, S. 1 ff.
[1067] Siehe dazu auch *Schmid*, in *Giemulla/Schmid*, WA, Art. 20 Rn. 2; *Schmid*, S. 4 ff. Siehe auch OLG Frankfurt/Main NJW 1978, 2457.
[1068] *Ruhwedel*, Rn. 581; *Koller*, Art. 20 WA 1955 Rn. 17 ff.
[1069] *Kronke* in MünchKomm HGB, Art. 20 WA 1955 Rn. 32; *Schmid* in *Giemulla/Schmid*, WA, Art. 20 Rn. 24. Zu Art. 19 S. 2 MÜ siehe auch *Reuschle*, Art. 19 Rn. 37; *Schmid* in *Giemulla/Schmid*, MÜ, Art. 19 Rn. 67.
[1070] BGH NJW 1969, 2083, 2084; BGH NJW 1979, 2474, 2476; *Kropholler*, Einheitsrecht, S. 240 ff., 258 ff.
[1071] Vgl. auch BGH NJW-RR 1989, 723, 724; BGH NJW-RR 2001, 396, 398.
[1072] BGH NJW 1954, 1193; BGH NJW 1968, 1569; BGH NJW 1974, 692, 693; BGH NJW 1987, 1323, 1326.
[1073] BGH 1964, 692, 693; BGH NJW 1996, 451.
[1074] BGH NJW-RR 2001, 396, 398.

2. Kapitel Rechtsfolgen der Flugverspätung

Unternehmer Erfüllungsgehilfe i.S.v. § 278 BGB sein.[1075] Die Art der rechtlichen Beziehung ist gleichgültig.[1076]

Ein ähnliches Bild ergibt die Auslegung des Begriffs der Leute i.S.v. Art. 20 WA und Art. 19 S. 2. Dabei bereitete die Auslegung von Art. 20 WA im Hinblick auf den französischen Wortlaut der Vorschrift in der Vergangenheit zunächst erhebliche Schwierigkeiten.[1077] Der dort verwendete Begriff „préposés" legte nämlich eine Beschränkung der Haftung des Luftfrachtführers auf das Verschulden seiner Angestellten nahe.[1078] Auf der Warschauer Konferenz war der Begriff „préposés" sogar wohl nur im Sinne der Besatzungsmitglieder des Luftfrachtführers verwendet worden.[1079] Eine enge Auslegung des Leutebegriffs ist jedoch, abgesehen von wenigen Stimmen,[1080] mit Recht bereits früh abgelehnt worden.[1081] Insbesondere unter Berücksichtigung der arbeitsteiligen Leistungserbringung im modernen Luftverkehr wäre sie m.E. auch mit dem Vereinheitlichungszweck des Abkommens nicht zu vereinbaren gewesen. Überwiegend wird vielmehr bereits seit langem eine weite Auslegung des Begriffs der Leute in Art. 20 WA gefordert. Arbeits- bzw. dienstvertragliche Subordination, Weisungsgebundenheit und Auswahlfreiheit des Luftfrachtführers sind nach h.M. nicht erforderlich, um eine Person zu den Leuten des Luftfrachtführers zu zählen.[1082] Gegenteiliges sei weder mit dem Abkommenstext, den Materialien noch mit der weltweiten Entwicklung der Gehilfenhaftung zu vereinbaren.[1083] Die weite Auslegung hatte dabei zur Folge, dass unter den Leutebegriff des WA nicht nur die Angestellten des Luftfrachtführers fielen, sondern alle Personen, deren sich der Luftfrachtführer funktionell in irgendeiner Form zur Erfüllung seiner Verbindlichkeiten aus dem Luftbeförderungsvertrag bedient.[1084] Nach *Schmid*[1085] ergibt sich damit für den Leutebegriff in Art. 20 WA in Anlehnung an die bereits zitierte Entscheidung des BGH[1086] zu dem Begriff der Leute in § 45 a.F. LuftVG die folgende Definition: „Leute im Sinne des WA sind alle Personen, deren sich der Luftfrachtführer zur Ausführung der Beförderung bedient,

---

[1075] *Kronke* in MünchKomm HGB, Art. 20 WA 1955 Rn. 31; *Palandt/Heinrichs*, § 278 Rn. 7.
[1076] BGH NJW 1954, 1193; BGH NJW 1968, 1569.
[1077] Dazu ausführlich *Kronke* in MünchKomm HGB, Art. 20 WA 1955 Rn. 32 m.w.N.
[1078] *Schmid* in *Giemulla/Schmid*, WA, Art. 20 Rn. 25.
[1079] So *Kronke* in MünchKomm HGB, Art. 20 WA 1955 Rn. 32.
[1080] *Schleicher/Reymann/Abraham*, Art. 20 Anm. 6; *Guldimann*, Art. 20 Rn. 15, 18.
[1081] *Riese*, S. 454; *Drion*, Rn. 71 und 195 ff. mit ausführlichen Nachweisen.
[1082] *Riese*, S. 454; *Drion*, Rn. 71 und 195 ff.; *Schmid*, S. 33 ff. und 122 ff.; *Schmid* in *Giemulla/Schmid*, WA, Art. 20 Rn. 28 ff.; *Kronke* in MünchKomm HGB, Art. 20 WA 1955 Rn. 33. So zu Art. 19 S. 2 MÜ auch *Reuschle*, Art. 19 Rn. 37.
[1083] *Schmid*, S. 33 ff.; *Schmid* in *Giemulla/Schmid*, WA, Art. 20 Rn. 24 f.; *Mankiewicz*, Rn. 54; *Kronke* in MünchKomm HGB, Art. 20 WA 1955 Rn. 33.
[1084] So *Schmid*, S. 120 f.; *Schmid* in *Giemulla/Schmid*, WA, Art. 20 Rn. 24.
[1085] *Schmid*, S. 132; *Schmid* in *Giemulla/Schmid*, WA, Art. 20 Rn. 26.
[1086] BGH NJW-RR 1989, 723, 724.

gleichgültig ob sie Angestellte oder Selbständige sind, sofern sie in Ausführung einer ihnen vom Luftfrachtführer übertragenen Verrichtung handeln." Bestätigt wurde die weite Auslegung auch durch zahlreiche Urteile zu den verschiedenen an der Luftbeförderung beteiligten Personen.[1087]

Der so entwickelte Leutebegriff kann für das MÜ auch ohne weiteres übernommen werden, denn der verbindliche französische und englische Wortlaut des Art. 19 S. 2 MÜ sind gegenüber dem Wortlaut des Art. 20 WA in einer Weise ergänzt worden, die eine eindeutige Entscheidung zugunsten der weiten Auslegung des Leutebegriffs bedeutet. Im französischen Wortlaut heißt es nun „préposés et mandataires" und im englischen Abkommenstext wurde die Formulierung „servants and agents" gewählt. Die Begriffe „mandataires" und „agents" bringen dabei eindeutig den über die Angestellten hinausgehenden Kreis der Leute des Luftfrachtführers zum Ausdruck.

Schließlich ist m.E. entgegen der h.M.[1088] grds. auch der ausführende Luftfrachtführer zu den Leuten i.S.v. Art. 19 S. 2 MÜ des vertraglichen Luftfrachtführers zu zählen.[1089] Er wird ohne Zweifel bei der Erfüllung einer dem vertraglichen Luftfrachtführer obliegenden Verbindlichkeit als dessen Hilfsperson tätig. Zwar enthält das MÜ mit den Art. 39 ff. MÜ Sondervorschriften für den Fall, das eine Luftbeförderung durch einen anderen als den vertraglichen Luftfrachtführer ausgeführt wird, m.E. hindert dieser Umstand jedoch nicht eine Einordnung im oben beschriebenen Sinne, solange man die im MÜ enthaltenen Sondervorschriften als lex specialis[1090] betrachtet. Trotz der Einordnung als Leute des vertraglichen Luftfrachtführers sind Handlungen und Unterlassungen des ausführenden Luftfrachtführers dem vertraglichen Luftfrachtführer daher ausschließlich über Art. 41 I MÜ zuzurechnen.

Vergleicht man damit abschließend die Auslegung der in Frage stehenden Begriffe, so muss m.E. festgestellt werden, dass keine wesentlichen Unterschiede zwischen dem Begriff der Leute in Art. 19 S. 2 MÜ und Begriff des Erfüllungsgehilfen in § 278 BGB bestehen.[1091] Beide Begriffe gehen eindeutig über den Kreis der Angestellten des Luftfrachtführers hinaus und bezwecken die Zurechnung fremden Verschuldens in weitem Umfang. Es kann damit für die Frage des genauen Kreises der Personen, deren Verschulden dem Luft-

---

[1087] Siehe dazu *Kronke* in MünchKomm HGB, Art. 20 WA 1955 Rn. 34 ff. und *Schmid* in *Giemulla/Schmid*, WA, Art. 20 Rn. 26 f. mit zahlreichen Nachweisen.

[1088] *Reuschle* Art. 39 Rn. 22; *Dettling-Ott* in *Giemulla/Schmid*, MÜ, Art. 39 Rn. 30; *Ruhwedel*, Rn. 589; *Benkö/Kadletz*, S. 115; *Guldimann*, Art. I ZAG Rn. 10; *Diederiks-Verschoor*, ASL 2001, 300, 307; *Schmidt-Räntsch*, FS Riese, S. 479, 486.

[1089] Wie hier *Götting*, S. 222; *Bachem*, S. 116 f. und wohl auch *Guldimann*, Art. 20 Rn. 16; *Schmid*, S. 241 f.

[1090] A.A. wohl *Götting*, S. 222.

[1091] So auch *Schmid* in *Giemulla/Schmid*, MÜ, Art. 19 Rn. 66; *Führich* Rn. 1045; *Geigel/Mühlbauer*, Kap. 29 Rn. 71; *Ruhwedel*, Rn. 580; *Liesecke*, MDR 1968, 93, 94; *Guldimann*, Art. 20 Rn. 15; *Schleicher/Reymann/Abraham*, Art. 20 Anm. 6; *Kaiser* (1936), S. 74; *Staudinger*, S. 68; siehe auch BGH NJW-RR 1989, 723, 724; BGH NJW-RR 2001, 396, 398.

frachtführer im Rahmen der Verspätungshaftung nach Art. 19 MÜ zugerechnet werden kann, auf die Ausführungen zur Zurechnung fremden Verschuldens im Rahmen der Haftung des Luftfrachtführers für Abflugverspätungen verwiesen werden.[1092]

Ferner ist zu berücksichtigen, dass auch im Rahmen der Verspätungshaftung nach Art. 19 MÜ eine Zurechnung fremden Verschuldens nur dann in Betracht kommt, wenn die Leute des Luftfrachtführers in Ausführung einer ihnen vom Luftfrachtführer übertragenen Verrichtung gehandelt haben.[1093] Der Luftfrachtführer haftet dagegen nicht für schädigendes Handeln bei bloßer Gelegenheit der Erfüllung übertragener Aufgaben.[1094] Zwar war diese Frage für das WA mangels Lösungsandeutung im Wortlaut des Art. 20 WA umstritten,[1095] für die Haftung nach Art. 19 MÜ muss sie m.E. jedoch als geklärt angesehen werden. So ist für die Eigenhaftung der Leute in Art. 30 I MÜ nun ausdrücklich geregelt, dass diese sich nur auf die Haftungsvoraussetzungen und -beschränkungen des Übereinkommens berufen können, sofern sie nachweisen können, dass sie in Ausführung ihrer Verrichtung gehandelt haben. Nichts anderes kann dann aber auch für die Haftung des Luftfrachtführers für seine Leute gelten. Er kann nur in diesem Fall haften. Zwar regelte Art. 25A WA/HP die Eigenhaftung der Leute des Luftfrachtführers bereits in gleicher Weise, gegen eine Heranziehung von Art. 25A WA/HP zur Auslegung von Art. 20 WA wurde jedoch eingewandt, dass die Vorschrift erst später in das WA eingefügt worden sei[1096]. Dieses Argument kann für Art. 30 I MÜ nicht (mehr) gelten. Die den Leuten übertragene Verrichtung muss darüber hinaus nach *Schmid* im weitesten Sinne auch der Erfüllung der Verbindlichkeit aus dem Luftbeförderungsvertrag dienen.[1097] In irgendeiner Weise wird dies jedoch für fast jede vom Luftfrachtführer übertragene Tätigkeit letztlich der Fall sein, so dass dieses Kriterium m.E. keine wirkliche Hürde für die Haftung des Luftfrachtführers darstellt.

Sofern daher z.B. das eingesetzte Reinigungspersonal aufgrund einer langsamen Reinigung eines Flugzeugs für eine Ankunftsverspätung verantwortlich ist, kommt eine Entlastung des Luftfrachtführers nicht in Betracht. Kommt es hingegen zu einem Sabotageakt durch das Reinigungspersonal, kann sich der Luftfrachtführer bei einer daraus resultierenden Ankunftsverspätung grds. sehr wohl entlasten. Vorzuwerfen ist ihm aber möglicherweise die nicht sorgfältige Auswahl des Personals.

[1092] Siehe dazu unter Punkt 3. Teil, 2. Kapitel, § 2 A. IV. 2. b) Seite 245.
[1093] *Reuschle*, Art. 19 Rn. 38; *Schmid* in *Giemulla/Schmid*, MÜ, Art. 19 Rn. 74 f.; *Schmid*, S. 99 ff.
[1094] *Schmid* in *Giemulla/Schmid*, MÜ, Art. 19 Rn. 75; *Reuschle* Art. 19 Rn. 38.
[1095] Siehe dazu *Kronke* in MünchKomm HGB, Art. 20 WA 1955 Rn. 43.
[1096] So *Kronke* in MünchKomm HGB, Art. 20 WA 1955 Rn. 43.
[1097] *Schmid* in *Giemulla/Schmid*, MÜ, Art. 19 Rn. 76 f.; a.A. *Kronke* in MünchKomm HGB, Art. 19 WA 1955 Rn. 38 ff.; *Koller* Art. 20 WA 1955 Rn. 18 f. jeweils m.w.N.

7. Adäquat kausaler Schaden

Welche Schäden in welchem Umfang bei einer Ankunftsverspätung zu ersetzen sind, ist im MÜ nicht geregelt. Aus Art. 19 MÜ ergibt sich lediglich, dass aufgrund der Verspätung überhaupt ein Schaden entstanden sein muss.[1098] Dessen Eintritt ist vom Kläger zu beweisen.[1099] Ferner darf gemäß Art. 29 S. 2 MÜ Strafschadensersatz (punitive damages) nicht zugesprochen werden. Jeder eine Strafe einschließende, verschärfte oder sonstige nicht kompensatorische Schadensersatz ist ausgeschlossen. Im Übrigen gilt im Hinblick auf Inhalt und Umfang des Schadensersatzanspruches des Fluggastes das nach den Regeln des IPR anwendbare nationale Recht.[1100] Die Haftungshöchstbeträge des Art. 22 MÜ bleiben jedoch unberührt.[1101]

Ist deutsches Recht anwendbar, richtet sich der Anspruch nach den §§ 249 ff. BGB.[1102] § 1 I MontÜG[1103] verweist lediglich für Inhalt und Umfang der Haftung aus Art. 17 I MÜ auf das LuftVG. Der Fluggast ist so zu stellen, wie er bei rechtzeitiger Leistung durch den Luftfrachtführer stünde. Gegeben sein muss die haftungsausfüllende Kausalität.[1104] Nach hier vertretener Auffassung muss damit gerade die Ankunftsverspätung des Fluggastes adäquat kausal für den geltend gemachten Schaden sein. Für ausschließlich auf der Abflugverspätung beruhende Schäden, wie z.B. Verpflegungsmehraufwendungen, die in der Wartezeit auf den verspäteten Abflug entstanden sind, kann nach Art. 19 MÜ kein Ersatz beansprucht werden. Grds. zu ersetzen sind die durch die Ankunftsverspätung entstandenen Nachteile, während die entstandenen Vorteile anzurechnen sind. Der Anspruch läuft gemäß § 251 I BGB i.d.R. auf einen Ersatz in Geld hinaus, grds. ist aber auch Naturalrestitution, z.B. in der Form der Freistellung von Ansprüchen,[1105] denkbar[1106].

[1098] So zu Art. 19 WA *Kronke* in MünchKomm HGB, Art. 19 WA 1955 Rn. 29; *Schmid* in *Giemulla/Schmid*, WA, Art. 19 Rn. 32; *Magdelénat*, S. 89.

[1099] *Schmid* in *Giemulla/Schmid*, MÜ, Art. 19 Rn. 4 f.; *Koller*, Art. 19 WA 1955 Rn. 9.

[1100] *Schmid* in *Giemulla/Schmid*, MÜ Art. 19 Rn. 84; *Reuschle*, Art. 19 Rn. 52; siehe zum WA bereits *Kronke* in MünchKomm HGB, Art. 19 WA 1955 Rn. 29; *Ruhwedel*, Rn. 568; *Schmid* in *Giemulla/Schmid*, WA, Art. 19 Rn. 30; *Koller*, Art. 19 WA 1955 Rn. 9.

[1101] *Schmid* in *Giemulla/Schmid*, MÜ Art. 19 Rn. 83; *Reuschle*, Art. 19 Rn. 51.

[1102] *Schmid* in *Giemulla/Schmid*, MÜ Art. 19 Rn. 84; *Reuschle*, Art. 19 Rn. 53; *Führich*, Rn. 1046; siehe zum WA bereits *Kronke* in MünchKomm HGB, Art. 19 WA 1955 Rn. 30; *Ruhwedel*, Rn. 568; *Schmid* in *Giemulla/Schmid*, WA, Art. 19 Rn. 31.

[1103] Montrealer-Übereinkommen-Durchführungsgesetz, BGBl. 2004 I, S. 550 ff.

[1104] *Koller*, Art. 19 WA 1955 Rn. 8; *Kronke* in MünchKomm HGB, Art. 19 WA 1955 Rn. 30; *Goldhirsch*, S. 75; vgl. auch *Schmid* in *Giemulla/Schmid*, MÜ, Art. 19 Rn. 22; *Reuschle*, Art. 19 Rn. 53 (in *Reuschle*, Art. 19 Rn. 29 ist allerdings insofern unrichtig von haftungsbegründender Kausalität die Rede).

[1105] Dazu *Palandt/Heinrichs*, Vorb. v. § 249 Rn. 46.

[1106] So auch zum Anspruch auf Ersatz des Verzögerungsschadens nach § 280 II i.V.m. § 286 BGB *Palandt/Heinrichs*, § 286 Rn. 45 (Belastung mit einer Verbindlichkeit durch den Verzug).

2. Kapitel Rechtsfolgen der Flugverspätung

Im Einzelnen kann der Fluggast nach dem Gesagten zunächst Ersatz der Aufwendungen bzw. der Mehraufwendungen[1107] verlangen, die ihm aufgrund der verspäteten Ankunft am Zielort entstehen.[1108] Wie bereits erwähnt, erstreckt sich die Ersatzpflicht nach § 249 I BGB nach h.M. grds. auf die Aufwendungen des Geschädigten zur Schadensbeseitigung, soweit dieser sie nach den Umständen des Falles für notwendig halten durfte.[1109] Der Zurechnungszusammenhang wird durch den Willensentschluss des Geschädigten insofern nicht unterbrochen.[1110] Dem Fluggast zu ersetzen sind daher z.B. die verspätungsbedingten Mehraufwendungen für den Transport zum Geschäftstermin, zum Hotel oder zur Wohnung, sofern z.B. öffentliche Verkehrsmittel uhrzeitbedingt nicht mehr in Anspruch genommen werden können,[1111] ferner die Mehraufwendungen für die Übernachtung, sofern z.B. das gebuchte preisgünstige Hotel verspätungsbedingt nicht rechtzeitig erreicht wird und die Reservierung dadurch erlischt, aber auch Kommunikationsaufwendungen zur Benachrichtigung von Angehörigen,[1112] Freunden und Geschäftspartnern über die eingetretene Verspätung. Werden aufgrund der Ankunftsverspätung Anschlussflüge oder Anschlussbeförderungen nicht erreicht, sind grds. auch die notwendigen Aufwendungen für Ersatzanschlussflüge bzw. -beförderungen zu ersetzen.[1113] Werden schließlich aufgrund der Ankunftsverspätung ein Termin, eine Reise[1114] oder eine Anschlussbeförderung verpasst und wird die erfolgte Beförderung dadurch sinnlos, können u.U. auch die Aufwendungen des Fluggastes für einen vorzeitigen Rückflug bzw. eine vorzeitige Rückbeförderung als notwendige Aufwendungen zur Schadensbeseitigung zu ersetzen sein.

Was dabei insgesamt unter notwendigen Aufwendungen zur Schadensbeseitigung zu verstehen ist, ergibt sich wiederum im Zusammenspiel mit der Schadensminderungspflicht des Fluggastes aus § 254 II 1 BGB[1115]. Danach hat

---

[1107] Da ersparte Aufwendungen anzurechnen sind, kommt nur der Ersatz der Mehraufwendungen in Betracht.

[1108] *Reuschle*, Art. 19 Rn. 53; *Führich*, Rn. 1046; *Kronke* in MünchKomm HGB, Art. 19 WA 1955 Rn. 31; zum Ersatz von Aufwendungen als Verzögerungsschaden nach § 280 II i.V.m. § 286 BGB vgl. *Ernst* in MünchKomm BGB, § 286 Rn. 153 m.w.N.; *Palandt/Heinrichs*, § 286 Rn. 50; *Jauernig/Stadler*, § 280 Rn. 51.

[1109] BGH NJW 1976, 1198, 1200; BGH NJW 1990, 2060, 2061 f.; *Palandt/Heinrichs*, Vorb. v. § 249 BGB Rn. 82.

[1110] *Palandt/Heinrichs*, Vorb. v. § 249 BGB Rn. 80.

[1111] Siehe zu dem Fall eines verspäteten Konzertbeginns ähnlich auch *Peters*, JuS 1993, 803, 804 Fn. 10.

[1112] Zur Benachrichtigung von eventuell wartenden Angehörigen ist der Fluggast aufgrund seiner Schadensminderungspflicht sogar verpflichtet, vgl. OLG Düsseldorf, NJW-RR 1992, 1330, 1331 f.

[1113] *Führich*, Rn. 1046. Dazu genauer unter Punkt 3. Teil, 2. Kapitel, § 2 C. II. 8. Seite 306.

[1114] So vermutlich der Fall des OLG Frankfurt/Main, RRa 2005, 78 ff. = NJW-RR 2005, 65 ff. (gebuchte Kreuzfahrt). Leider enthalten die Veröffentlichungen des Urteils keine Angaben über die geltend gemachten Schadenspositionen.

[1115] Eventuell lässt sich die Schadensminderungspflicht auch Art. 20 MÜ entnehmen.

der Fluggast bei der Buchung von Leistungen zur Schadensbeseitigung darauf zu achten, den entstehenden Schaden für den Luftfrachtführer möglichst gering zu halten. Ersatzanschlussflüge und Rückflüge müssen daher z.B. grds. in der ursprünglich gebuchten Beförderungsklasse und, sofern ohne größere Umstände möglich, bei der preisgünstigsten Fluggesellschaft gebucht werden.

Daneben ersatzfähig ist gemäß § 252 BGB insbesondere der dem Fluggast durch die Ankunftsverspätung am Zielort entgangene Gewinn.[1116] Darunter fällt zum einen der entgangene Gewinn aus Geschäften, die aufgrund eines verspätungsbedingt verpassten Termins nicht zustande gekommen sind.[1117] Zu ersetzen ist zum anderen aber auch der aufgrund der Ankunftsverspätung entgangene Gewinn (Verdienstausfall) aus selbständiger oder unselbständiger Tätigkeit[1118].[1119] Allerdings muss der Fluggast im Rahmen seiner Schadensminderungspflicht wiederum versuchen, z.B. durch Verlegung des Geschäftstermins, den Schaden für den Luftfrachtführer möglichst gering zu halten. Abzulehnen ist insofern jedoch die Ansicht des *AG Baden-Baden*, nach der es einem Fluggast im Rahmen seiner Schadensminderungspflicht zumutbar ist, zur Minderung bzw. Abwendung eines Verdienstausfallschadens aus abhängiger Beschäftigung bezahlten Urlaub zu nehmen.[1120] In die grds. freie Entscheidungsmöglichkeit darüber, für welche Tage der Arbeitnehmer seinen Urlaubsanspruch gegen den Arbeitgeber geltend machen will, darf auf diesem Wege nicht eingegriffen werden. Verlorene Urlaubszeit ist demgegenüber bei Individualflugreisen wegen § 253 I BGB nicht ersatzfähig.[1121] Aus dem Pauschalreiserecht kann insbesondere § 651 f II BGB nicht analog herangezogen werden.[1122]

[1116] *Reuschle*, Art. 19 Rn. 53; *Schmid* in *Giemulla/Schmid*, MÜ, Art. 19 Rn. 84; zum WA siehe auch bereits *Kronke* in MünchKomm HGB, Art. 19 WA 1955 Rn. 31; *Ruhwedel*, Rn. 568; *Schmid* in *Giemulla/Schmid*, WA, Art. 19 Rn. 31; allg. zum Ersatz des entgangenen Gewinns als Verzögerungsschaden nach § 280 II i.V.m. § 286 BGB vgl. *Ernst* in MünchKomm BGB, § 286 Rn. 125 ff. m.w.N.; *Palandt/Heinrichs*, § 286 Rn. 51 m.w.N.; *Jauernig/ Stadler*, § 280 Rn. 52.

[1117] AG Baden-Baden TranspR 1999, 402, 405 (Stornierung eines Auftrages); LG München I NJW 1978, 2454 (Ausfall einer Besprechung).

[1118] Vgl. *Palandt/Heinrichs*, § 252 Rn. 8 ff. und 16 ff. Zum Verdienstausfall siehe auch AG Baden-Baden TranspR 1999, 402, 405 und AG Düsseldorf, RRa 1997, 183, 184 (der Verdienstausfall wird hier allerdings als Verzugsschaden nach nationalem Recht zugesprochen, obwohl eigentlich ein Anspruch aus Art. 19 WA hätte bejaht werden müssen, da eine internationale Beförderung gegeben war).

[1119] Siehe auch Montana Supreme Court, Johnson v. Northwest Orient Airlines, 17 Avi. 17,220, der Luftfrachtführer konnte sich in diesem Fall allerdings für die Verspätung entlasten.

[1120] AG Baden-Baden TranspR 1999, 402, 405.

[1121] Vgl. allgemein nur *Palandt/Heinrichs*, Vorb. v. § 249 Rn. 38 ff. m.w.N.; AG Frankfurt/Main, ZLW 2004, 667 f. m. Anm. *Makiol* (verspätete Gepäckauslieferung); a.A. offenbar *Schmid* in *Giemulla/Schmid*, MÜ, Art. 19 Rn. 84.

[1122] *Reuschle*, Art. 19 Rn. 56; *Führich*, Rn. 410 und 1040; *Ruhwedel*, TranspR 2001, 189, 198 f.; *Oetker* in MünchKomm BGB, § 249 Rn. 91; ausführlich *Stadie* S. 169 und

Dem Fluggast ist ferner Ersatz zu leisten, sofern ihm am Zielort aufgrund der Ankunftsverspätung bestimmte, bereits gebuchte geldwerte Leistungen wie Hotelübernachtungen[1123], Veranstaltungen oder andere Dienstleistungen[1124] entgehen oder er z.B. den bereits gebuchten Mietwagen, eine Reise[1125] oder eine Bahnfahrt aufgrund der Ankunftsverspätung ganz oder teilweise nicht in Anspruch nehmen kann. Die Frage, ob derartige Schäden zu ersetzen sind, ist hier nicht anders zu beurteilen als bereits im Rahmen des Schadensersatzanspruches statt der Leistung bei Abflugverspätungen.[1126] Dem Fluggast ist daher auch im Rahmen der Haftung für Ankunftsverspätungsschäden nach Art. 19 MÜ grds. der Marktwert der entgangenen Leistung zu ersetzen. Dienten die Aufwendungen für bestimmte entgangene Leistungen, wie z.B. die Aufwendungen für die Hotelübernachtung und den Mietwagen, jedoch dem Abschluss eines bestimmten Geschäftes, für das der Fluggast nur den Ersatz des entgangenen Bruttogewinns begehrt, muss ein zusätzlicher Ersatz des Marktwertes dieser entgangenen Leistungen jedoch ausscheiden. In diesem Fall sind die getätigten Aufwendungen für diese Leistungen lediglich als Rechnungsposten im Rahmen des entgangenen Gewinns zu erstatten. Soweit Umbuchungen oder Stornierungen der in Frage stehenden Leistungen möglich sind, ist im Übrigen von diesen Möglichkeiten aufgrund der den Fluggast treffenden Schadensminderungspflicht Gebrauch zu machen. Die insoweit anfallenden Gebühren sind wiederum als Schadensminderungsaufwendungen erstattungsfähig.

Ob dem Fluggast im Rahmen der Haftung für Ankunftsverspätungsschäden schließlich auch vergebliche Aufwendungen wie die Anreisekosten zum Flughafen, die gezahlte Ticketservicepauschale oder sogar die frustrierten Aufwendungen für den Flug selbst zu ersetzen sind, sollte die erfolgte Beförderung für den Fluggast aufgrund der Ankunftsverspätung sinnlos geworden sein, ist m.E. eine Frage der ausdehnenden oder analogen Anwendung von § 284 BGB auf den Anspruch auf Ersatz des Ankunftsverspä-

---

243 f.; siehe auch OLG Düsseldorf RRa 1993, 15, 16; LG Frankfurt/Main NJW-RR 1993, 1270; LG Frankfurt/Main NJW-RR 1990, 1211, 1212; LG Berlin NJW-RR 1990, 636 f.; AG Frankfurt/Main, ZLW 1997, 297 f.; a.A. LG Frankfurt/Main NJW-RR 1987, 823, 825 f. Durch Art. 29 MÜ wäre der Anspruch aber wohl ausgeschlossen, da § 651 f II BGB m.E. auch als eine Regelung bzgl. des Umfangs des Schadensersatzanspruchs nach nationalem Recht aufgefasst werden kann, so auch LG Frankfurt/Main RRa 2007, 269, 271; *Führich*, Rn. 212; a.A. *Bollweg* RRa 2007, 242, 245; AG Baden-Baden TranspR 1999, 402, 405.

[1123] OLG Frankfurt/Main ZLW 1984, 177, 178 (gebuchte Hotelzimmer).
[1124] LG Frankfurt/Main TranspR 1991, 146, 147 (gebuchtes Abendessen).
[1125] So vermutlich der Fall des OLG Frankfurt/Main, RRa 2005, 78 ff. = NJW-RR 2005, 65 ff. (gebuchte Kreuzfahrt). Leider enthalten die Veröffentlichungen des Urteils keine Angaben über die konkret geltend gemachten Schadenspositionen.
[1126] Siehe dazu genauer unter Punkt 3. Teil, 2. Kapitel, § 2 A. IV. 3. d) Seite 261.

tungsschadens nach Art. 19 MÜ.[1127] *Gsell* jedenfalls spricht sich dafür aus, § 284 BGB ausdehnend auf den Anspruch auf den Ersatz des Verzögerungsschadens nach §§ 280 II i.V.m. § 286 BGB auszulegen.[1128] Statt des Anspruchs auf Ersatz seines Verzögerungsschadens kann der Geschädigte dann auch Ersatz seiner vergeblichen Aufwendungen, also Ersatz der Aufwendungen verlangen, die er im Vertrauen auf den „rechtzeitigen" Erhalt der Leistung gemacht hat. Eine vergleichbare ausdehnende Auslegung auf den Anspruch aus Art. 19 MÜ würde für den Fluggast daher bedeuten, dass er auf den Ersatz sonstiger Ankunftsverspätungsschäden verzichten müsste, insbesondere könnte er keinen Ersatz der Aufwendungen für einen vorzeitigen Rückflug verlangen. Dem geschäftsreisenden Fluggast verbleibt alternativ auch die Möglichkeit, derartige Aufwendungen als Rechnungsposten im Rahmen seines entgangenen Gewinns geltend zu machen oder seinen Schaden anhand der Rentabilitätsvermutung zu begründen.

8. *Beförderungen über mehrere Teilstrecken*

Auch für Beförderungen über mehrere Teilstrecken gelten im Hinblick auf Ankunftsverspätungen des Fluggastes am Zielort des Hinfluges und am endgültigen Zielort grds. die soeben gemachten Ausführungen zu Inhalt und Umfang des Schadensersatzanspruches bei Ankunftsverspätungen. Zusätzliche Fragen ergeben sich jedoch, sofern die Ankunftsverspätung eines Zubringerfluges dazu führt, dass der Fluggast einen Anschlussflug verpasst. Will der Fluggast seine Reise fortsetzen, hängt der Umfang seines Schadensersatzanspruches m.E. zunächst davon ab, ob er aufgrund der Ankunftsverspätung auf der Zubringerflugstrecke seinen Beförderungsanspruch auf der Anschlussflugstrecke verliert. Das wird häufig der Fall sein, wenn die Beförderung aufgrund mehrerer Beförderungsverträge erfolgt. Insofern ist wiederum danach zu differenzieren, ob die Beförderung aufgrund eines einheitlichen Beförderungsvertrages oder aufgrund mehrerer Beförderungsverträge erfolgt. Gibt es mehr als einen Zwischenlandeort gelten die folgenden Äußerungen entsprechend.

a) Mehrere Beförderungsverträge

Ob der Fluggast bei einer Beförderung über mehrere Teilstrecken, bei denen er für die Teilstrecken jeweils separate Beförderungsverträge abgeschlossen

---

[1127] Nach *Führich*, Rn. 1046, allerdings ohne Begründung, sind vergebliche Aufwendungen im Rahmen der Haftung des Luftfrachtführers nach Art. 19 MÜ bzw. Art. 19 WA dagegen ohne weiteres zu ersetzen.

[1128] *Gsell* in *Dauner-Lieb/Konzen/Schmidt*, S. 321, 341 f.; a.A. *Ernst* in MünchKomm BGB, § 284 Rn. 14 und § 286 Rn. 153. Entgegen seiner Ansicht aber ein eigenes Beispiel für einen Fall, in dem der Ersatz vergeblicher Aufwendungen in Betracht kommt, siehe *Ernst* in MünchKomm BGB, § 284 Rn. 23 (verspätetes Stellen eines Mietwagens, woraufhin ein Konzert verpasst wird).

hat, aufgrund der Ankunftsverspätung auf der Zubringerflugstrecke seinen Beförderungsanspruch gegen den Luftfrachtführer auf der Anschlussflugstrecke verliert, hängt davon ab, welche Konsequenzen das Verpassen der Meldeschlusszeit des Anschlussfluges[1129] – sei es die Meldeschlusszeit zum Check-in oder sei es die Meldeschlusszeit zum Einsteigen am Gate, sofern das aufgegebene Gepäck bereits „durchgecheckt" wurde[1130] – für den Fluggast hat. Grundsätzlich sind die Luftfrachtführer bei Verpassen der Meldeschlusszeit durch den Fluggast nach ihren ABB i.d.R. lediglich berechtigt, die Platzbuchung des Passagiers auf dem betroffenen Flug zu stornieren, wodurch zunächst nur eine Beförderung auf dem ursprünglich gebuchten Flug ausgeschlossen ist.[1131] Ob mit der Stornierung der Platzbuchung gleichzeitig auch der Verlust des Beförderungsanspruchs des Fluggastes auf der Anschlussstrecke verbunden ist, ist eine Frage der Tarifbedingungen.[1132] Sofern die Tarifbedingungen des gebuchten Flugtarifs eine nachträgliche Umbuchung der Platzbuchung zulassen, verliert der Fluggast seinen Beförderungsanspruch auf der Anschlussflugstrecke nicht und kann daher von dem Luftfrachtführer der Anschlussflugstrecke nach erfolgter Umbuchung weiterhin Erfüllung, jetzt allerdings lediglich im Rahmen der neu vereinbarten Flugzeiten, verlangen. Der Schadensersatzanspruch des Fluggastes aus Art. 19 MÜ beschränkt sich in diesem Fall auf eine eventuell anfallende Umbuchungsgebühr und daneben auf Mehraufwendungen für Verpflegung, Übernachtung, Kommunikation usw.,[1133] die in der Wartezeit auf den späteren Anschlussflug entstanden sind. Ferner sind alle Schäden, die aus der verspäteten Ankunft des Fluggastes am endgültigen Zielort des Hin- oder Rückfluges herrühren, zu ersetzen. Der Luftfrachtführer des Zubringerfluges hat dem Fluggast daher u.a. einen am endgültigen Zielort entgangenen Gewinn zu ersetzen sowie Ersatz zu leisten für am Zielort entgangene geldwerte Leistungen, wie z.B. Hotelübernachtungen, den Mietwagen und Theatervorstellungen, soweit diese nicht umbuchbar oder stornierbar waren. Auch dieser Schaden beruht kausal auf der Ankunftsverspätung des Zubringerfluges, und zwar selbst dann,

---

[1129] Zur Erforderlichkeit der Einhaltung der Meldeschlusszeit eines Anschlussfluges bei Beförderungen über mehrere Teilstrecken aufgrund getrennter Beförderungsverträge siehe auch OLG Frankfurt/Main NJW-RR 1989, 1529; AG Frankfurt/Main RRa 2003, 87 f.

[1130] Nach hier vertretener Ansicht ist jedoch zu beachten, dass separate Beförderungsverträge, die mit demselben Luftfrachtführer geschlossen wurden, u.U. durch das „Durchchecken" des Gepäcks zu einem einheitlichen Beförderungsvertrag verbunden werden können.

[1131] Zu den Voraussetzungen und den Konsequenzen der Streichung einer Platzbuchung auf einem Anschlussflug wegen Verpassens der Meldeschlusszeit am Gate aufgrund einer Ankunftsverspätung des Zubringerfluges, siehe auch AG Frankfurt/Main RRa 2003, 87 f. Hier geht es jedoch, wohl anders als es die Entscheidung vermuten lässt, um eine Beförderung aufgrund eines einheitlichen Beförderungsvertrages wegen nachträglicher Verbindung der Beförderungsverträge. Die Fragen der Streichung der Platzbuchung sind davon jedoch unabhängig.

[1132] Siehe dazu bereits ausführlich unter Punkt 2. Teil, 4. Kapitel, § 2 B. II. Seite 110.

[1133] Schmid in Giemulla/Schmid, MÜ, Art. 19 Rn. 2.

wenn der spätere Anschlussflug selbst mit einer Ankunftsverspätung[1134] am endgültigen Zielort angekommen ist. Nur wenn eine Umbuchung auf einen späteren Flug des Luftfrachtführers, bei dem der Anschlussflug gebucht war, z.B. aufgrund einer zu langen Wartezeit oder anderer Umstände nicht zumutbar ist, kommt m.E. schließlich auch im Fall des Fortbestehens des Beförderungsanspruchs gegen den Luftfrachtführer des Anschlussfluges eine Umbuchung auf einen anderen Luftfrachtführer verbunden mit dem Ersatz der aufzuwendenden Kosten in Betracht. Der Fluggast wird aufgrund seiner Schadensminderungspflicht dann jedoch verpflichtet sein, den Beförderungsvertrag mit dem ursprünglich vorgesehenen Luftfrachtführer des Anschlussfluges zu stornieren und sich dadurch eventuell ersparte Aufwendungen anrechnen zu lassen.

Häufig wird der Fluggast aufgrund der Tarifbestimmungen des gebuchten Tarifs wegen der verpassten Meldeschlusszeit jedoch seinen Beförderungsanspruch auf der Anschlussflugstrecke verlieren. Der Luftfrachtführer des verspäteten Zubringerfluges haftet in diesem Fall nach Art. 19 MÜ zunächst für die Kosten des Ersatzanschlussfluges.[1135] Diese sind als notwendige Kosten zur Schadensbeseitigung zu ersetzen.[1136] Daneben haftet er ebenso für Mehraufwendungen z.B. Verpflegungsmehraufwendungen oder Hotelkosten, die in der Wartezeit auf den Ersatzanschlussfluges entstanden sind,[1137] und den Schaden, der infolge der Ankunftsverspätung des Ersatzanschlussfluges gegenüber der planmäßigen Ankunftszeit des gebuchten Anschlussfluges am endgültigen Zielort des Hin- oder Rückfluges entstanden ist. Hatte dieser Flug selbst Verspätung, ist dies wiederum entsprechend zu berücksichtigen.

Macht die Weiterreise aufgrund der Ankunftsverspätung des Zubringerfluges für den Fluggast dagegen keinen Sinn mehr und will er seine Flugreise entsprechend abbrechen, ist fraglich, welche Schadenspositionen ihm in diesem Fall zu ersetzen sind.[1138] Zunächst kann er unproblematisch Ersatz für einen eventuellen entgangenen Gewinn am endgültigen Zielort des Hin-

---

[1134] Die Umbuchung des separat gebuchten Anschlussfluges führt gegenüber dem Luftfrachtführer des Anschlussfluges selbstverständlich zu der Vereinbarung neuer Flugzeiten.

[1135] Grds., aber nicht differenzierend, so auch *Schmid* in *Giemulla/Schmid*, MÜ, Art. 19 Rn. 2; *Führich*, Rn. 1046. Zur Problematik im Rahmen der FluggastrechteVO siehe BGH, Urt. v. 30.4.2009, Az.: Xa ZR 78/08 = BeckRS 2009, 20181.

[1136] Wird mit diesem Ersatzanschlussflug an einem weiteren Zwischenlandeort ein weiterer Anschlussflug verpasst, können zur Schadensbeseitigung auch die Kosten eines direkten Fluges zum Zielort zur Schadensbeseitigung notwendig sein.

[1137] *Schmid* in *Giemulla/Schmid*, MÜ, Art. 19 Rn. 2.

[1138] Zu beachten ist jedoch, dass der Fluggast aufgrund seiner Schadensminderungspflicht u.U. verpflichtet sein kann, seine Reise nicht abzubrechen, sondern fortzusetzen. Genauso denkbar ist es aber auch, dass der Fluggast zur Verhinderung eines größeren Schadens sogar verpflichtet ist, die Reise abzubrechen, sofern aufgrund der Ankunftsverspätung des Zubringerfluges bereits absehbar ist, dass die Weiterreise sinnlos ist.

oder Rückfluges verlangen. Ebenso hat er Anspruch auf Ersatz für entgangene Leistungen wie Hotelübernachtungen, Mietwagen und geldwerte Veranstaltungen, soweit diese Leistungen nicht umgebucht oder storniert werden können. Daneben kann er als Aufwendungen zur Schadensbeseitigung die Kosten eines Rückfluges bzw. einer Rückbeförderung zum ursprünglichen Ausgangsort beanspruchen und zudem Verpflegungs-, Übernachtungs- und Kommunikationsmehraufwendungen geltend machen. Problematisch ist jedoch der Ersatz vergeblicher Aufwendungen. So wären in diesem Fall nicht nur die Anreisekosten zum Flughafen und die Ticketservicepauschale frustriert, sondern der Fluggast hätte auch die Kosten für die gesamte Flugreise, für zurückgelegte, also die Zubringerflugstrecke, und zukünftige Flugstrecken, vergeblich aufgewandt. Hier bleibt wohl, sofern überhaupt möglich,[1139] nur ein Rückgriff auf § 284 BGB analog, sofern die entstandenen Kosten nicht bereits im Rahmen eines entgangenen Gewinns oder im Rahmen der Rentabilitätsvermutung zu ersetzen sind. Schadensersatz für aufgrund der Ankunftsverspätung entgangene geldwerte Flugleistungen in Hinblick auf zukünftige Flugstrecken kann möglicherweise aber auch ohne Rückgriff auf § 284 BGB analog zugesprochen werden.

Die soeben gemachten Ausführungen geltend im Übrigen sinngemäß, sofern bei einem Zubringerflug Anschlussbeförderungen mit anderen Verkehrsmitteln bereits gebucht waren und aufgrund einer Ankunftsverspätung des Zubringerfluges nicht erreicht werden. Notwendigerweise sind durch den Fluggast insofern grds. mehrere Beförderungsverträge geschlossen worden.

b) Ein Beförderungsvertrag

Erfolgt die Flugbeförderung eines Fluggastes über mehrere Teilstrecken dagegen aufgrund nur eines Luftbeförderungsvertrages und führt die Ankunftsverspätung des Fluggastes auf der Zubringerflugstrecke dazu, dass ein gebuchter Anschlussflug verpasst wird, darf sich dieser Umstand, genauer das Verpassen der Meldeschlusszeit des Anschlussfluges und die daraufhin zwangsläufig vorgenommene Stornierung der Platzbuchung auf diesem Flug durch den Luftfrachtführer, m.E. grds. nicht negativ auf den Beförderungsanspruch des Fluggastes auf der Anschlussflugstrecke auswirken.

Da der vertragliche Luftfrachtführer sich im Beförderungsvertrag zur Beförderung des Fluggastes über die gesamte Flugstrecke verpflichtet hat, kann die Ankunftsverspätung an einem Zwischenlandeort grds. nicht dazu führen, dass der Luftfrachtführer von seiner Beförderungsverpflichtung auf der Anschlussflugstrecke frei wird. Er kann sich nach Treu und Glauben, § 242 BGB, nicht auf das Verpassen der Meldeschlusszeit des Anschlussfluges durch den

---

[1139] Siehe dazu unter Punkt 3. Teil, 2. Kapitel, § 2 C. II. 7. Seite 302.

Fluggast berufen, da er ansonsten rechtsmissbräuchlich[1140] handeln würde. Vielmehr ist er aufgrund des Beförderungsvertrages auch weiterhin zur Beförderung des Fluggastes verpflichtet.[1141] Dazu hat er eine Umbuchung des Fluggastes auf den nächsten möglichen Anschlussflug vorzunehmen. Die damit verbundene Platzbuchung auf dem neuen Anschlussflug führt dabei ihrerseits ausnahmsweise nicht zu einer Änderung der für die Verspätung des Fluggastes maßgeblichen, ursprünglich vereinbarten Flugzeiten. Sie hat, da sie ankunftsverspätungsbedingt und damit durch den Fluggast unfreiwillig erfolgt, lediglich insofern Bedeutung, als durch sie eine neue Meldeschlusszeit für den Fluggast im Hinblick auf den neuen Anschlussflug vereinbart wird.[1142]

Der Fluggast, der seine Reise fortsetzen will, hat damit auch weiterhin einen Erfüllungsanspruch gegen den vertraglichen Luftfrachtführer bzgl. der Anschlussflugstrecke. Demnach beschränkt sich sein aus der Ankunftsverspätung auf der Zubringerflugstrecke folgender Schadensersatzanspruch aus Art. 19 MÜ auch grds. auf den Ersatz der Mehraufwendungen, die in der Wartezeit auf den neuen Anschlussflug entstehen. Darunter fallen z.B. Verpflegungs-, Übernachtungs- und Kommunikationsmehraufwendungen.[1143] Nur ausnahmsweise, sofern ein Zuwarten auf den angebotenen Anschlussflug aufgrund der Länge der Wartezeit oder anderer Umstände für den Fluggast nicht zumutbar ist, können zur Schadensbeseitigung auch Aufwendungen für einen früheren Anschlussflug mit einem anderen Luftfrachtführer notwendig sein, die in diesem Fall dann auch zu ersetzen wären. Es handelt sich damit um Schadensersatz neben der Beförderung auf der Zubringerflugstrecke und, je nachdem, um Schadensersatz neben oder statt der Beförderung auf der Anschlussflugstrecke. Aufgrund einer gegenüber der ursprünglich vereinbarten Ankunftszeit verspäteten Ankunft des Fluggastes an seinem Zielort, sind ihm schließlich nach Art. 19 MÜ auch diesbezügliche Ankunftsverspätungsschäden zu ersetzen. Ersatz ist demnach für einen entgangenen Gewinn und entgangene Leistungen, wie z.B. Hotelübernachtungen, den Mietwagen und geldwerte Veranstaltungen zu leisten.

[1140] Siehe dazu allgemein nur *Palandt/Heinrichs*, § 242 Rn. 38 ff.

[1141] Diese Sichtweise hat den Vorteil, dass der Fluggast, der aufgrund eines einheitlichen Beförderungsvertrages befördert wird, auch dann seinen Beförderungsanspruch auf der Anschlussflugstrecke nicht verlieren kann, wenn die Ankunftsverspätung des Zubringerfluges auf höherer Gewalt beruht und der Fluggast deswegen die Meldeschlusszeit des Anschlussfluges verpasst. Im Falle höherer Gewalt auf der Zubringerflugstrecke hätte der Fluggast im Hinblick auf die Anschlussflugstrecke sonst weder einen Erfüllungsanspruch noch einen Schadensersatzanspruch nach Art. 19 MÜ wegen der Ankunftsverspätung des Zubringerfluges. Vgl. dazu auch den Sachverhalt von AG Hamburg TranspR 1991, 350 ff.; und AG Hamburg RRa 2007, 88 und jetzt die Entscheidung LG Leipzig RRa 2009, 94 ff.

[1142] Siehe dazu bereits oben unter Punkt 2. Teil, 3. Kapitel, § 2 D. VI. Seite 86.

[1143] *Schmid* in *Giemulla/Schmid*, MÜ, Art. 19 Rn. 2. Siehe dazu auch United States District Court [NDIL], Harpalani v. Air India, 19 Avi. 17,887.

Auf die Schadenspositionen, die der Fluggast dagegen geltend machen kann, wenn die Weiterreise für ihn aufgrund der Ankunftsverspätung am Ort der Zwischenlandung keinen Sinn mehr macht, muss hier nicht weiter eingegangen werden. Insofern kann auf die Ausführungen zum Umfang des Schadensersatzanspruches des Fluggastes bei Beförderungen über mehrere Teilstrecken aufgrund mehrerer Beförderungsverträge verwiesen werden.[1144] Es ergeben sich keine Unterschiede.

Abschließend ist noch einmal darauf hinzuweisen, dass der Fluggast aus einer Abflugverspätung auf der Anschlussflugstrecke keine Rechte herleiten kann, wenn diese Abflugverspätung, wie es bei Verpassen eines Anschlussfluges bei Beförderungen über mehrere Teilstrecken aufgrund eines Beförderungsvertrages zwangsläufig der Fall ist, auf einer Ankunftsverspätung auf der Zubringerflugstrecke beruht.[1145]

9. Mitverschulden

Wie im Rahmen der Haftung des Luftfrachtführers für Abflugverspätungen ist ein Mitverschulden des Fluggastes auch im Rahmen der Haftung des Luftfrachtführers für Ankunftsverspätungen nach Art. 19 MÜ zu berücksichtigen. Der Fluggast ist auch insofern nicht nur, wie bereits mehrfach angesprochen, zur Schadensminderung verpflichtet, sondern er muss sich grds. auch ein Mitverschulden bei der Entstehung eines Ankunftsverspätungsschadens zurechnen lassen. Gemäß Art. 20 S. 1 MÜ, der sich nach Art. 20 S. 3 MÜ auf alle Haftungsbestimmungen des MÜ und damit auch auf die Ankunftsverspätungshaftung nach Art. 19 MÜ bezieht, haftet der Luftfrachtführer nicht für einen Schaden, soweit den Anspruchsteller bzw. seinen Rechtsvorgänger an der Entstehung des Schadens ein Mitverschulden trifft. Die Vorschrift orientiert sich im Wortlaut und inhaltlich an Art. VII des nicht in Kraft getretenen Zusatzprotokolls von Guatemala (ZAG)[1146] und regelt anders als Art. 21 WA die Haftungsbefreiung des Luftfrachtführers bei Mitverschulden des Geschädigten vertragsautonom, ein Rückgriff auf die lex fori ist nicht vorgesehen.[1147] Die Beweislast bzgl. der (Mit-)Verursachung und des (Mit-)Verschuldens obliegt gemäß Art. 20 S. 1 MÜ dem Luftfrachtführer.[1148] Gelingt dieser Nachweis, ordnet Art. 20 S. 1 MÜ a.E. als Rechtsfolge die ganze oder teilweise Haftungsbefreiung des Luftfrachtführers gegenüber dem Anspruchsteller an. Diese Befreiung ist davon abhängig, inwieweit die Handlung oder Unterlassung des Anspruchstellers oder seines Rechtsvor-

---

[1144] Dazu unter Punkt 3. Teil, 2. Kapitel, § 2 C. II. 8. a) Seite 306.
[1145] Siehe dazu bereits unter Punkt 3. Teil, 2. Kapitel, § 2 A. III. 9. Seite 232 und unter Punkt 3. Teil, 2. Kapitel, § 2 A. IV. 3. g) Seite 269 jeweils am Ende.
[1146] Zusatzprotokoll von Guatemala vom 8. März 1971.
[1147] *Reuschle*, Art. 20 Rn. 4; *Giemulla* in *Giemulla/Schmid*, MÜ, Art. 20 Rn. 17.
[1148] *Giemulla* in *Giemulla/Schmid*, MÜ, Art. 20 Rn. 12 f.

gängers den Schaden verursacht oder dazu beigetragen hat. Der Umfang des zu leistenden Ersatzes ist damit abhängig vom Maß der beiderseitigen Verursachung.[1149] Es ist jedoch nicht die sich nach Anwendung der Haftungshöchstbeträge des Art. 22 MÜ ergebende Haftungssumme verhältnismäßig zu mindern, sondern der sich aus dem konkret nachgewiesenen Schaden ergebende Haftungsbetrag ist entsprechend dem Anteil des Mitverschuldens vor Anwendung des Art. 22 MÜ zu reduzieren.[1150]

Voraussetzung einer Haftungsbefreiung oder -reduzierung des Luftfrachtführers ist im Einzelnen, dass der Anspruchsteller oder sein Rechtsvorgänger, bei einer Ankunftsverspätung eines Fluggastes daher der Fluggast, den Schaden durch eine mindestens fahrlässige Handlung oder Unterlassung verursacht oder dazu beigetragen, also mitverursacht, hat. Unter Fahrlässigkeit muss dabei auch hier die Außer-Acht-Lassung der im Verkehr erforderlichen Sorgfalt verstanden werden.[1151] Es handelt sich wiederum um ein Verschulden gegen sich selbst.[1152] Eine Haftungsminderung auch bei schuldloser Mitverursachung kommt nicht in Betracht.[1153]

Fraglich ist, unter welchen Umständen bei einer Ankunftsverspätung eines Fluggastes i.S.v. Art. 19 MÜ eine solche fahrlässige Mitverursachung eines Ankunftsverspätungsschadens anzunehmen ist. Im Prinzip kann auf die Ausführungen zum Mitverschulden des Fluggastes bei Abflugverspätungen verwiesen werden.[1154] Auch hier ist zunächst daran zu denken, dass den Fluggast aufgrund einer Überschreitung der Meldeschlusszeit nicht nur ein Mitverschulden an der Abflugverspätung treffen kann, sondern dass sich eine solche Abflugverspätung auch in einer Ankunftsverspätung fortsetzen kann und dem Fluggast dann auch insofern ein Mitverschulden zur Last zu legen wäre.[1155] Ferner ist ein Mitverschulden anzunehmen, wenn der Fluggast den Luftfrachtführer nicht rechtzeitig ausführlich über die Möglichkeit der Verschiebung eines wichtigen Termins informiert hat, da nicht auszuschließen ist, dass der Luftfrachtführer in diesem Fall besondere Anstrengungen unternommen hätte, um den Fluggast im Hinblick auf seinen Termin doch noch rechtzeitig zu befördern.[1156]

[1149] *Giemulla* in *Giemulla/Schmid*, MÜ, Art. 20 Rn. 18.
[1150] So zum WA, LG Frankfurt/Main, ZLW 1975, 354, 357; siehe auch *Reuschle*, Art. 20 Rn. 12; *Geigel/Mühlbauer*, Kap. 29 Rn. 73.
[1151] *Reuschle*, Art. 20 Rn. 6; *Giemulla* in *Giemulla/Schmid*, MÜ, Art. 20 Rn. 9.
[1152] Vgl. OLG Frankfurt/Main ZLW 1978, 53, 59; *Giemulla* in *Giemulla/Schmid*, MÜ, Art. 20 Rn. 18.
[1153] Dazu ausführlich *Reuschle*, Art. 20 Rn. 6; siehe auch *Giemulla* in *Giemulla/Schmid*, MÜ, Art. 20 Rn. 1 und 5 ff.
[1154] Siehe dazu unter Punkt 3. Teil, 2. Kapitel, § 2 A. IV. 4. Seite 271.
[1155] Vgl. auch *Giemulla* in *Giemulla/Schmid*, MÜ, Art. 20 Rn. 11; *Goldhirsch*, S. 78.
[1156] Siehe dazu OLG Frankfurt/Main NJW-RR 2005, 65, 67 = RRa 2005, 78 f.

2. Kapitel Rechtsfolgen der Flugverspätung 313

Vor allem ist aber wiederum daran zu denken, dass der Fluggast einen Geschäftstermin,[1157] einen separaten Anschlussflug[1158], eine andere Anschlussbeförderung oder einen anderen Termin etc. ohne ausreichenden (Sicherheits-) Zeitpuffer nach der planmäßigen Ankunft des gebuchten Fluges terminiert hat und damit eventuelle Ankunftsverspätungen nicht ausreichend berücksichtigt hat.[1159] Jeder vernünftig denkende und in eigenen Angelegenheiten sorgfältig handelnde Mensch würde gewisse Überschreitungen der planmäßigen Ankunftszeit bei Flugbeförderungen nämlich nicht völlig ausschließen.[1160] Diese sind vielmehr aufgrund der vielen Faktoren, die eine Luftbeförderung beeinflussen, in gewissen Grenzen durchaus wahrscheinlich, so dass von einem sorgfältigen Fluggast trotz der Verantwortung des Luftfrachtführers für die Einhaltung der Flugzeiten auch verlangt werden kann, einen gewissen Verspätungsspielraum einzukalkulieren. Ähnlich äußert sich *Reuschle*, wenn er unter Berufung auf ein Urteil des *AG Frankfurt/ Main*[1161] zu Art. 21 WA darauf hinweist, dass der Fluggast bei einem Transatlantikflug mit Verspätungen aufgrund von witterungsbedingten Umständen, der Überlastung von Flughäfen und Lufträumen sowie technischen Problemen zu rechnen und dies bei seiner Terminplanung zu berücksichtigen habe, um einer Reduzierung der Haftung des Luftfrachtführers wegen Mitverschuldens zu entgehen.[1162] Sollten witterungsbedingte Ursachen oder die Überlastung von Flughäfen und Lufträumen die Ursache einer Verspätung sein, ist jedoch bereits fraglich, ob den Luftfrachtführer überhaupt ein Verschulden trifft, so dass es im Rahmen der Haftung des Luftfrachtführers nach Art. 19 MÜ auf ein eventuelles Mitverschulden des Fluggastes u.U. gar nicht mehr ankommt.

Auch für die Frage, was unter einem ausreichenden Zeitpuffer zu verstehen ist, kann abschließend wiederum auf die Ausführungen zum Mitverschulden des Fluggastes bei Abflugverspätungen verwiesen werden.[1163] Auch hier kommt es daher grds. auf den Einzelfall an, als Orientierungspunkt können

---

[1157] AG Frankfurt/Main, ZLW 1997, 299 f.
[1158] Die angesetzte Umsteigezeit für das Einchecken bzw. Einsteigen in den Anschlussflug muss eine Ankunftsverspätung des Zubringerfluges in einer gewissen Größenordnung berücksichtigen. Sofern es sich dagegen um einen Anschlussflug im Rahmen eines einheitlichen Beförderungsvertrages handelt, kann ein Mitverschulden insofern grds. nicht gegeben sein, da die Anschlussverbindungen regelmäßig durch den Luftfrachtführer vorgegeben werden, ähnlich auch OLG Frankfurt/Main, TranspR 1997, 373, 375.
[1159] So zu Art. 19 und 21 WA OLG Frankfurt/Main NJW-RR 2005, 65, 67 = RRa 2005, 78 f. (Kürzung um 30%); LG München I NJW 1978, 2454 = RIW/AWD 1978, 473; *Stadie*, S. 99 f.; *Schmid*, TranspR 1985, 369, 375, Fn. 73 (Überbuchung). Zur zukünftigen Haftung im grenzüberschreitenden Eisenbahnverkehr ähnlich auch *Freise*, TranspR 2004, 377, 385.
[1160] Ähnlich *Schmid* in *Giemulla/Schmid*, MÜ, Art. 19 Rn. 9.
[1161] AG Frankfurt/Main ZLW 1997, 299, 300.
[1162] *Reuschle*, Art. 20 MÜ Rn. 8.
[1163] Siehe dazu unter Punkt 3. Teil, 2. Kapitel, § 2 A. IV. 4. Seite 271.

aber wiederum die für die Länge der automatisch laufenden Nachfrist[1164] bei Abflugverspätungen maßgeblichen Zeiten dienen. Da es nur um einen zusätzlichen Sicherheitszeitpuffer geht, sind selbstverständlich ohnehin notwendige Umsteigezeiten, Wartezeiten auf das Gepäck oder Transferzeiten etc. zusätzlich zu berücksichtigen. Dabei ist, soweit diese bekannt sind, grds. auch auf die örtlichen Gegebenheiten Rücksicht zu nehmen. Soweit diese unbekannt sind, sind die notwendigen Zeiten eher großzügig anzusetzen.

10. Haftungshöchstbeträge

Art. 22 MÜ begrenzt die Haftung des Luftfrachtführers bei Verspätung und für Schäden an Reisegepäck und Gütern auf bestimmte Haftungshöchstbeträge. Etwaige Transportrisiken sollen dadurch überschaubar gehalten werden, so dass deren Versicherbarkeit gewährleistet ist und der Luftfrachtführer sich vor ruinöser Haftung schützen kann.[1165] Eine vertraglich vereinbarte Erhöhung der Haftungshöchstbeträge oder ein ebensolcher Verzicht auf die Haftungshöchstbeträge ist gemäß Art. 25 MÜ unproblematisch möglich. Eine Reduzierung ist jedoch gemäß Art. 26 MÜ nichtig.

Im Einzelnen haftet der Luftfrachtfrachtführer bei der Beförderung von Personen gemäß Art 22 I MÜ für Ankunftsverspätungsschäden i.S.v. Art. 19 MÜ grds. lediglich bis zu einem Haftungshöchstbetrag von 4150 Sonderziehungsrechten (SZR) je Reisendem.[1166] Bei Reisegepäck, aufgegebenem und nicht aufgegebenem, gilt gemäß Art. 22 II MÜ grds. ein gemeinsamer[1167] Haftungshöchstbetrag von 1000 Sonderziehungsrechten je Reisendem.[1168] Die festgesetzten Beträge beziehen sich dabei gemäß Art. 23 I 1 MÜ auf das vom Internationalen Währungsfonds (IWF) festgelegte Sonderziehungsrecht[1169,1170], wobei eine Umrechnung der Beträge in eine Landeswährung im

---

[1164] Siehe dazu unter Punkt 3. Teil, 2. Kapitel, § 2 A. III. 4. b) Seite 223.
[1165] *Reuschle*, Art. 22 MÜ Rn. 1.
[1166] Gegenüber der vergleichbaren Regelung in Art. 22 I 1 WA ist dies eine deutliche Verschlechterung, so auch *Geigel/Mühlbauer*, Kap. 29 Rn. 75; *Reuschle*, Art. 22 Rn. 7; *Giemulla* in *Giemulla/Schmid*, MÜ, Art. 22 Rn. 5; *Führich*, Rn. 1047.
[1167] *Geigel/Mühlbauer*, Kap. 29 Rn. 76; *Reuschle*, Art. 22 MÜ Rn. 18; a.A. *Ruhwedel*, TranspR 2001, 189, 195.
[1168] Eine Differenzierung zwischen beiden Gepäckarten hinsichtlich der Haftungshöchstbeträge, wie noch in Art. 22 WA, ist in Art. 22 MÜ nicht mehr vorgesehen.
[1169] Es handelt sich um eine Recheneinheit, in der der IWF seine Bücher führt und seine Geschäfte mit den Mitgliedsländern denominiert. Der Wert eines SZR bestimmt sich nach dem Marktwert eines Korbes, dessen Inhalt sich aus vom IWF festgelegten festen Beträgen aus den vier wichtigsten Weltwährungen US-Dollar, Euro, Yen und Britisches Pfund zusammensetzt. Durch Bewertung der verschiedenen Währungsbeträge zum jeweiligen Wechselkurs kann der Tageswert des SZR in einer bestimmten Währung errechnet werden. Vgl. BT-Drs. 16/1484, S. 18 f. und Glossar auf der Website der Bundesbank unter <www.bundesbank.de>.

Fall eines gerichtlichen Verfahrens gemäß Art. 23 I 2 MÜ nach dem Wert des Sonderziehungsrechts in dieser Währung im Zeitpunkt der Entscheidung erfolgt.[1171] Kommt es nicht zu einem gerichtlichen Verfahren, sieht das MÜ dagegen keine Regelung für die Umrechnung vor.[1172] Hier gilt im Anwendungsbereich des deutschen Rechts § 3 MontÜG, der u.a. für Verspätungsschäden bei der Personen- und Gepäckbeförderung auf § 49 b LuftVG verweist. Danach kommt es für die Umrechnung der Haftungshöchstbeträge in Euro auf den Zeitpunkt der Zahlung an. Nimmt man beispielsweise den vom IWF festgelegten Tageskurs des SZR vom 31. Dezember 2008,[1173] ergibt sich ein Haftungshöchstbetrag für die Verspätungshaftung bei der Personenbeförderung von 4.593 Euro und bei der Beförderung von Reisegepäck von 1107 Euro.

Fraglich ist, ob die Haftungshöchstbeträge bei einer Beförderung, die sich aus mehreren Flugstrecken zusammensetzt, z.B. aus Hin- und Rückflug, insgesamt für die ganze Beförderung gelten oder ob sie sich jeweils auf die einzelne Teilstrecke beziehen. Meiner Ansicht nach muss von Letzterem ausgegangen werden, da die Beträge sehr knapp bemessen sind und sich daher offensichtlich jeweils lediglich auf einen Ankunftsverspätungsvorfall beziehen. Außerdem würde eine andere Auslegung diejenigen Flugpassagiere, die aufgrund eines Beförderungsvertrages mehrere Flugstrecken zurücklegen, gegenüber denjenigen Fluggästen, die separate Beförderungsverträge geschlossen haben, benachteiligen. Die (zufällige) Zusammenfassung mehrerer Flugstrecken zu einer Beförderung darf mit anderen Worten nicht zu einer weiteren Beschränkung der Haftung gegenüber dem Reisenden führen. Kommt es daher z.B. sowohl auf dem Hinflug als auch auf dem Rückflug zu einer Ankunftsverspätung haftet der Luftfrachtführer dem Reisenden jeweils bis zu der entsprechenden Haftungshöchstgrenze.

Der Luftfrachtführer haftet jedoch nicht zwangsläufig beschränkt. Unter bestimmten Voraussetzungen sieht Art. 22 V MÜ, dessen Wortlaut nahezu identisch ist mit dem Wortlaut von Art. 25 WA/HP, Durchbrechungen der genannten Haftungshöchstbeträge vor. Und zwar haftet der Luftfrachtführer für Verspätungsschäden bei der Beförderung von Personen und Reisegepäck[1174] jedenfalls in der Höhe unbegrenzt,[1175] wenn ihm vom Geschädigten

---

[1170] Zur Maßgeblichkeit des Goldfrankens unter Geltung des WA bzw. WA/HP vgl. *Dettling-Ott*, S. 191 ff. und die Ausführungen in der Denkschrift zum MÜ zu Art. 22 MÜ, S. 44.
[1171] Einzelheiten zur Berechnung und zur Bewertungsmethode sind in Art. 23 I S. 3 und 4 MÜ und in Art. 23 III MÜ geregelt. Ausnahmsweise können die Haftungshöchstbeträge gemäß Art. 23 II MÜ von einem Vertragsstaat auch in Goldfranken bestimmt werden.
[1172] *Führich*, Rn. 954.
[1173] 1 SZR am 31. Dezember 2008 = 1,106750 Euro. Zu den aktuellen Umrechnungskursen siehe die Website des Internationalen Währungsfonds <www.imf.org>.
[1174] Hier auch für Substanzschäden.
[1175] *Giemulla* in *Giemulla/Schmid*, MÜ, Art. 22 Rn. 44.

nachgewiesen wird,[1176] dass er oder seine Leute den Schaden durch eine Handlung oder Unterlassung absichtlich oder leichtfertig und in dem Bewusstsein eines wahrscheinlichen Schadenseintritts verursacht haben.[1177] Im Falle der Handlung oder Unterlassung der Leute ist zusätzlich nachzuweisen, dass die Leute in Ausführung ihrer Verrichtung gehandelt haben.

Fraglich ist jedoch, was unter den genannten Begriffen zu verstehen ist. Zu deren Auslegung darf zunächst nicht auf das deutsche Rechtsverständnis zurückgegriffen werden.[1178] Als internationales Einheitsrecht ist das MÜ grds. aus sich heraus auszulegen.[1179] So ging es der Haager Konferenz, die den Wortlaut von Art. 25 WA maßgeblich verändert und den jetzt in Art. 22 V MÜ übernommenen Wortlaut von Art. 25 WA/HP beschlossen hat, auch gerade um die Herausbildung einer eigenständigen Verschuldensform des Einheitsrechts unter Abwendung von nationalen Rechtsbegriffen.[1180] Mit der von der Haager Konferenz gewählten Formulierung sollte aber im Prinzip der bereits in Art. 25 WA verwendete und im common law gebräuchliche Begriff „wilful misconduct" umschrieben werden.[1181] Dieser Begriff umfasst sowohl den Bereich des Vorsatzes als auch den Bereich der bewussten (groben) Fahrlässigkeit.[1182] Für die Auslegung von Art. 22 V MÜ ergeben sich daraus wertvolle Anhaltspunkte. Vor diesem Hintergrund kann zum einen jedenfalls der Begriff Absicht nicht im Sinne der sehr engen deutschen Bedeutung verstanden werden, umschrieben wird wohl vielmehr der deutsche Begriff Vorsatz,[1183] also das Wissen und Wollen des rechtswidrigen Erfolges. Gemeint sind alle Vorsatzformen einschließlich des Eventualvorsatzes.[1184] Zum anderen sollte mit dem Begriff des leichtfertigen Handelns im Bewusstsein des wahrscheinlichen Schadenseintritts demnach gerade der andere Bereich des „wilful misconduct" umschrieben werden, also der Bereich der bewussten groben Fahrlässigkeit.[1185] Eine identische Formulierung findet sich im Übrigen im deutschen Recht in § 435 HGB. Auch hier geht man von dem Verschuldens-

---

[1176] Vgl. nur BGH NJW 1979, 2474, 2476; BGH VersR 1982, 369, 370; *Führich*, Rn. 1049. Ausführlich dazu *Giemulla* in *Giemulla/Schmid*, MÜ, Art. 22 Rn. 38 ff.

[1177] Zu den Voraussetzungen ausführlich *Giemulla* in *Giemulla/Schmid*, MÜ, Art. 22 Rn. 8 ff.

[1178] *Giemulla* in *Giemulla/Schmid*, MÜ, Art. 22 Rn. 20.

[1179] So zum WA BGH NJW 1976, 1583, 1584 m. Anm. *Kropholler*; BGH TranspR 1980, 130, 131.

[1180] BGH VersR 1982, 369; *Kronke* in MünchKomm HGB, Art. 25 WA 1955 Rn. 23.

[1181] *Giemulla* in *Giemulla/Schmid*, MÜ, Art. 22 Rn. 17 ff.

[1182] *Kronke* in MünchKomm HGB, Art. 25 WA 1955 Rn. 14 m.N.; *Giemulla* in *Giemulla/Schmid*, MÜ, Art. 22 Rn. 17.

[1183] So auch *Giemulla* in *Giemulla/Schmid*, MÜ, Art. 22 Rn. 21; *Reuschle*, Art. 22 MÜ Rn. 13, allerdings unter Rückgriff auf den englischen Wortlaut von Art. 25 WA bzw. Art. 22 V MÜ „done with intent to cause damage", dem man diese Auslegung m.E. jedoch nicht entnehmen kann.

[1184] *Reuschle*, Art. 22 MÜ Rn. 13.

[1185] *Giemulla* in *Giemulla/Schmid*, MÜ, Art. 22 Rn. 22.

maßstab der bewussten groben Fahrlässigkeit aus.[1186] Rechtsprechung und Literatur stellen jedoch i.d.R. nicht auf diese Terminologie des deutschen Rechts ab, sondern prüfen den Tatbestand entsprechend seinem Wortlaut zweigliedrig.[1187] Leichtfertigkeit wird angenommen, wenn sich der Luftfrachtführer in besonders krasser Weise über die Sicherungsinteressen der ihm anvertrauten Personen und Güter hinweggesetzt[1188] bzw. wenn er eine auf der Hand liegende Sorgfaltspflichtverletzung außer Acht lässt[1189]. Hinzukommen muss das Bewusstsein der Wahrscheinlichkeit des Schadenseintritts. Ausreichend ist dabei nach h.M. nicht eine objektive Wahrscheinlichkeit, sondern es kommt vielmehr auf die konkrete Einstellung und Vorstellung des Täters an.[1190] Überwiegend wahrscheinlich ist ein Schaden weiter, wenn sein Eintritt mit höherer Wahrscheinlichkeit zu erwarten ist als sein Ausbleiben. Die Chance seines Eintritts muss mindestens 50% betragen.[1191]

Die Leute des Luftfrachtführers müssen gemäß Art. 22 V 2. HS MÜ schließlich in Ausführung ihrer Verrichtung gehandelt haben. Das ist der Fall, wenn zwischen der aufgetragenen Verrichtung nach ihrer Art und ihrem Zweck und der schädigenden Handlung ein unmittelbarer innerer Zusammenhang besteht.[1192] Allgemein bejaht wird ein solcher Zusammenhang, wenn die Leute im Rahmen ihrer gewöhnlichen Obliegenheiten tätig werden und ihr Verhalten als Mangel der Vertragserfüllung angesehen werden kann.[1193] Es genügt, wenn eine Handlung oder eine Verkehrssicherungspflicht zum Geschäftskreis des Angestellten im Allgemeinen gehört.[1194] Handlungen und Schädigungen bei „Gelegenheit"[1195] der Dienstverrichtung, die nur in einem äußeren Zusammenhang mit den Obliegenheiten stehen, sind dem Luftfrachtführer dagegen nicht zurechenbar.[1196] Die Grenze ist i.d.R. weit zu ziehen. Grds. kann sogar bei bewusstem Zuwiderhandeln gegen die Weisungen des Luftfrachtführers noch in „Ausführung der Verrichtung" gehandelt worden sein.[1197]

[1186] *Dubischar* in MünchKomm HGB (Aktualisierungsband), § 435 Rn. 5.
[1187] *Giemulla* in *Giemulla/Schmid*, MÜ, Art. 22 Rn. 22 ff.
[1188] BGH NJW 1982, 1218.
[1189] BGH NJW 1979, 2474, 2476; OLG Stuttgart TranspR 1995, 74, 75.
[1190] *Reuschle*, Art. 22 MÜ Rn. 16; *Giemulla* in *Giemulla/Schmid*, WA, Art. 22 Rn. 26 ff. m.N.
[1191] OLG Frankfurt/Main ZLW 1981, 87, 89; *Guldimann* Art. 25 WA Rn. 6; *Giemulla* in *Giemulla/Schmid*, MÜ, Art. 22 Rn. 37; *Kronke* in MünchKomm HGB, Art. 25 WA 1955 Rn. 30; *Reuschle*, Art. 22 MÜ Rn. 16.
[1192] BGH NJW 1971, 31, 32; District of Columbia Court of Appeals, Johnson v. Allied, 19 Avi. 17,847, 17,850; *Giemulla* in *Giemulla/Schmid*, MÜ, Art. 22 Rn. 14.
[1193] *Reuschle*, Art. 22 MÜ Rn. 10; vgl. auch BGH NJW 1971, 31, 32.
[1194] *Giemulla* in *Giemulla/Schmid*, MÜ, Art. 22 Rn. 14.
[1195] Zur Abgrenzung dieses Begriffs bei der Luftbeförderung siehe auch BGH TranspR 1989, 275, 277 m.w.N.
[1196] *Ruhwedel*, Rn. 592.
[1197] *Reuschle*, Art. 22 MÜ Rn. 10; *Giemulla* in *Giemulla/Schmid*, MÜ, Art. 22 Rn. 14.

11. Sonstiges

a) Schadensanzeige

Eine Anzeige des entstandenen Ankunftsverspätungsschadens innerhalb einer bestimmten Frist ist bei der Personenbeförderung nicht erforderlich.[1198] Lediglich die verspätete Auslieferung von aufgegebenem Reisegepäck muss gemäß Art. 31 II 2 MÜ innerhalb einer Frist von 21 Tagen angezeigt werden.

b) Klagefrist

Nach Art. 35 MÜ kann der Geschädigte Schadensersatzansprüche nur binnen einer Ausschlussfrist von zwei Jahren gerichtlich geltend machen bzw. einklagen. Die Vorschrift ist nicht abdingbar.[1199] Betroffen sind nach h.M. jedoch lediglich die Schadensersatzansprüche der Art. 17 bis 19 MÜ.[1200] Die Ansprüche werden mit Ablauf der Frist nicht nur unklagbar, sondern erlöschen vielmehr auch materiellrechtlich.[1201] Die Versäumung der Ausschlussfrist stellt damit bei Anwendbarkeit deutschen Rechts eine von Amts wegen zu berücksichtigende materiellrechtliche Einwendung dar.[1202] Um die Frist zu wahren, muss der Geschädigte innerhalb der Ausschlussfrist Klage gegen den Luftfrachtführer erheben. Die Berechnung der Frist richtet sich gemäß Art. 35 II MÜ nach dem Recht des angerufenen Gerichts. Maßgebend ist der Tag der Ankunft.[1203] Aber auch für die Frage, wann die Klage als erhoben gilt, ist gemäß Art. 33 IV MÜ auf die lex fori zurückzugreifen.[1204] Ist deutsches Prozessrecht anwendbar, ist grds. gemäß § 253 I die Zustellung der Klage maßgebend. Gemäß § 167 ZPO wirkt die Zustellung jedoch auf den Zeitpunkt der Klageeinreichung zurück, sofern sie demnächst erfolgt. Ausreichend zur Wahrung der Ausschlussfrist nach Art. 35 MÜ ist daher i.d.R. die rechtzeitige Einreichung der Klageschrift, also die Anhängigmachung der Klage.[1205] Ob auch die Zustellung eines Mahnbescheides ausreicht, ist fraglich.[1206] Die Klageerhebung vor einem unzuständigen Gericht wahrt die Frist des Art. 35 I MÜ nicht.[1207]

Die möglichen Gerichtsstände bei einer Klage auf Ersatz eines Ankunftsverspätungsschadens gemäß Art. 19 MÜ ergeben sich aus Art. 33 I MÜ.[1208] Der Kläger kann wählen zwischen dem Gericht am Ort des Wohnsitzes, der Haupt-

---

[1198] *Reuschle*, Art. 19 MÜ Rn. 47.
[1199] OLG Frankfurt/Main, TranspR 2000, 183, 184; siehe auch *Reuschle*, Art. 35 MÜ Rn. 1.
[1200] *Reuschle*, Art. 35 MÜ Rn. 4 m.w.N. zu der Ausschlussfrist nach Art. 29 WA.
[1201] *Reuschle*, Art. 35 MÜ Rn. 14.
[1202] Denkschrift zum MÜ, S. 52, *Reuschle*, Art. 35 MÜ Rn. 1 und 25.
[1203] *Tonner*, II. Rn. 79.
[1204] *Reuschle*, Art. 35 MÜ Rn. 20.
[1205] *Reuschle*, Art. 35 MÜ Rn. 1 und 20.
[1206] *Reuschle*, Art. 35 MÜ Rn. 20.
[1207] *Reuschle*, Art. 35 MÜ Rn. 20.
[1208] Ausführlich dazu *Reuschle*, Art. 33 Rn. 1 ff.

niederlassung oder einer Geschäftsstelle des Luftfrachtführers oder dem Gericht des Bestimmungsortes[1209] des Fluges, sofern diese Orte sich im Hoheitsgebiet eines der Vertragsstaaten befinden. Nach wohl richtiger Auffassung ist damit nicht nur die internationale, sondern auch die örtliche Zuständigkeit geregelt.[1210] Der (neue) fünfte Gerichtsstand des MÜ am Hauptwohnsitz des Reisenden steht dem Kläger im Rahmen einer Klage auf Ersatz eines Ankunftsverspätungsschadens nach Art. 19 MÜ dagegen nicht zur Verfügung.[1211]

c) Vorschusspflicht, Art. 28 MÜ

Art. 28 MÜ betrifft die Pflicht des Luftfrachtführers zur Leistung von Vorauszahlungen, wenn Luftfahrzeugunfälle den Tod oder die Körperverletzung von Reisenden zur Folge haben. Voraussetzung ist gemäß Art. 28 MÜ allerdings deren Auferlegung durch nationales Recht. Für Luftfahrtunternehmen der Gemeinschaft trifft Art. 5 HaftungsVO eine solche Regelung.[1212] Im Hinblick auf Ankunftsverspätungsschäden nach Art. 19 MÜ ist dagegen auch dort eine derartige Verpflichtung für Luftfahrtunternehmen der Gemeinschaft nicht vorgesehen. Zwar ist der Wortlaut von Art. 5 I HaftungsVO allein betrachtet insofern nicht eindeutig, aus dem Zusammenspiel mit Art. 28 MÜ ergibt sich jedoch ohne weiteres, dass die in Art. 5 HaftungsVO geregelte Vorschusspflicht nur für die in Art. 28 MÜ bezeichneten Fälle gilt.

d) Versicherungspflicht, Art. 50 MÜ

Art. 50 MÜ verpflichtet die Vertragsstaaten, eine Versicherungspflicht für ihre Luftfrachtführer zur Deckung der Haftung nach dem MÜ vorzusehen.[1213] Umstritten ist dabei jedoch zum einen, ob nur solche Luftfrachtführer einer Versicherungspflicht unterworfen werden sollen, die nach dem Recht eines Vertragsstaates einer Betriebsgenehmigung bedürfen, nach deutschem Recht also die Betreiber von Luftfahrzeugen bzw. Luftfahrtunternehmen, oder ob alle Luftfrachtführer ungeachtet ihrer Eigenschaft als Flugzeughalter, daher z.B. auch Flugpauschalreiseveranstalter als vertragliche Luftfrachtführer, erfasst werden sollen.[1214] Zum anderen ist umstritten, ob eine „angemessene" Versicherung nach Art. 50 MÜ neben der Versicherung zur Deckung der Haftung für

---

[1209] Bestimmungsort bei als einheitliche Leistung vereinbarten Hin- und Rückflügen, Rundflügen und „Round-the-world"-Flügen ist dabei grds. der Abflugort, siehe *Reuschle*, Art. 33 Rn. 26.
[1210] Siehe dazu *Reuschle*, Art. 33 MÜ Rn. 6 ff. mit Nachweisen zur Gegenansicht.
[1211] Vgl. Art. 33 II MÜ. Siehe auch *Tonner*, II. Rn. 80.
[1212] Zum Ganzen *Reuschle*, Art. 28 MÜ Rn. 1 ff. und *Schmid* in *Giemulla/Schmid*, MÜ, Art. 28 Rn. 1 ff. m.w.N.
[1213] Siehe zum Ganzen *Reuschle*, Art. 50 MÜ Rn. 1 ff. m.w.N.; *Müller-Rostin* in *Giemulla/Schmid*, MÜ, Art. 50 Rn. 1 ff.; *Führich* Rn. 955; Denkschrift zum MÜ, S. 52.
[1214] Dazu ausführlich *Reuschle*, Art. 50 MÜ Rn. 4 ff. m.w.N.

Personen- Gepäck- und Güterschäden auch eine Versicherung zur Deckung der Haftung für Verspätungsschäden umfassen muss.[1215]

Die Europäische Gemeinschaft jedenfalls hat die Versicherungspflicht ihrer Luftfrachtführer zur Deckung ihrer Haftung nach dem MÜ und nach der HaftungsVO in folgender Weise geregelt.[1216] Gemäß Art. 7 VO (EWG) 2407/1992, jetzt Art. 11 VO (EG) 1008/2008, über die Erteilung von Betriebsgenehmigungen an Luftfahrtunternehmen unterliegen nur Luftfahrtunternehmen der Gemeinschaft, also solche Luftfrachtführer, die einer Betriebsgenehmigung nach der genannten VO bedürfen, einer Versicherungspflicht. Angeknüpft wird damit an das Erfordernis einer Betriebsgenehmigung. Ferner wird eine Versicherungspflicht lediglich zur Deckung der Haftung für unfallbedingte Schäden, die Fluggästen oder an Gepäck oder Fracht entstehen können, angeordnet, so dass für Verspätungsschäden eine Versicherungspflicht nicht besteht. Dabei ist nach Art. 3 II HaftungsVO der volle Betrag zu versichern, auf den nach der HaftungsVO ein Anspruch besteht. Konkretisiert wird die Versicherungspflicht insgesamt schließlich durch die VO (EG) 785/2004 über Versicherungsanforderungen an Luftfahrtunternehmen und Luftfahrzeugbetreiber.

Der deutsche Gesetzgeber hingegen hat diese Regelung als nicht ausreichend angesehen und die Versicherungspflicht seiner Luftfrachtführer zur Deckung ihrer Haftung nach dem MÜ, der HaftungsVO und den entsprechenden Vorschriften des LuftVG entsprechend umfassender geregelt.[1217] Dabei wird unterschieden zwischen Fluggastschäden einerseits und Güterschäden andererseits. Die hier relevante Versicherungspflicht zur Deckung der Haftung nach den genannten Vorschriften für Fluggastschäden ergibt sich unmittelbar aus § 50 LuftVG, Einzelheiten bestimmen sich nach §§ 103 ff. LuftVZO.[1218] Für die Versicherungspflicht zur Deckung der Haftung nach dem MÜ verweist § 4 I MontÜG daher lediglich deklaratorisch auf die soeben genannten Vorschriften. Die Versicherungspflicht besteht gemäß § 50 I 1 LuftVG für alle in § 44 LuftVG genannten Fluggastschäden (unfallbedingte Personenschäden, Gepäckschäden und Schäden wegen verspäteter Beförderung von Reisenden und ihres Gepäcks) bei einer aus Vertrag geschuldeten Beförderung, insbesondere also auch für Ankunftsverspätungsschäden, und betrifft grds. alle Luftfrachtführer sowohl vertragliche als auch ausführende unabhängig von ihrer Eigenschaft als Luftfahrtunternehmen der Gemeinschaft oder dem Erfordernis einer Betriebsgenehmigung. Da damit aber regelmäßig der vertrag-

---

[1215] Dazu ausführlich *Reuschle*, Art. 50 MÜ Rn. 17 f.
[1216] Siehe dazu *Reuschle*, Art. 50 MÜ Rn. 22 ff.; *Müller-Rostin* in *Giemulla/Schmid*, MÜ, Art. 50 Rn. 6 ff.
[1217] Siehe dazu *Reuschle*, Art. 50 MÜ Rn. 28 ff.; *Müller-Rostin* in *Giemulla/Schmid*, MÜ, Art. 50 Rn. 10 f. Vgl. auch die Begründung der Bundesregierung zum Gesetzentwurf eines Gesetzes zur Harmonisierung des Haftungsrechts im Luftverkehr, BT-Drs. 15/2359, S. 17 f. und 30 ff.
[1218] Siehe *Reuschle*, Art. 50 MÜ Rn. 28.

liche wie auch der ausführende Luftfrachtführer einer Versicherungspflicht für zum Teil identische Schäden unterliegen, trifft § 51 LuftVG eine Subsidiaritätsregelung zugunsten des vertraglichen Luftfrachtführers.[1219]

Allerdings ist der Anwendungsvorrang des jeweils geltenden Gemeinschaftsrechts zu beachten. Auch diesen Vorrang stellt § 4 I MontÜG rein deklaratorisch klar. Soweit daher eine Versicherungspflicht bereits nach EG-Vorschriften besteht, geht die Anordnung des § 50 LuftVG ins Leere, lediglich soweit dies nicht der Fall ist, wird die Versicherungspflicht durch § 50 LuftVG unmittelbar eingeführt. Das bedeutet, dass bei Luftfahrtunternehmen der Gemeinschaft lediglich für andere als unfallbedingte Fluggastschäden, insbesondere für Schäden wegen verspäteter Beförderung von Reisenden und ihres Gepäcks und für nicht unfallbedingte Gepäckschäden, wegen § 50 i.V.m. § 44 LuftVG nicht aber für nicht unfallbedingte Personenschäden, eine Versicherungspflicht durch § 50 LuftVG unmittelbar angeordnet wird. § 50 LuftVG gilt damit nur ergänzend und schließt quasi eine nach den EG-Vorschriften bestehende Lücke. Für andere als Luftfahrtunternehmen der Gemeinschaft, insbesondere Flugpauschalreiseveranstalter, wird die Versicherungspflicht hingegen durch § 50 LuftVG vollumfänglich, also auch für unfallbedingte Fluggastschäden, unmittelbar begründet.

e) Information der Fluggäste nach der HaftungsVO

Soweit die HaftungsVO auf eine Luftbeförderung Anwendung findet, sind alle Luftfahrtunternehmen, die in der Europäischen Gemeinschaft Luftbeförderungen gegen Entgelt anbieten, gemäß Art. 6 I 1 HaftungsVO verpflichtet, ihre Fluggäste an allen Verkaufsstellen über ihre Rechte nach dem MÜ bzw. nach der HaftungsVO i.V.m. dem MÜ zu informieren.[1220] Dazu ist den Fluggästen eine Zusammenfassung der Bestimmungen bekannt zu geben, wobei Luftfahrtunternehmen der Gemeinschaft gemäß Art. 6 I 2 HaftungsVO die im Anhang zur VO abgedruckten Hinweise zu verwenden haben. Zusätzlich sind gemäß Art. 6 II HaftungsVO alle Luftfahrtunternehmen bei einer in der Gemeinschaft durchgeführten oder gegen Entgelt vereinbarten Beförderung im Luftverkehr verpflichtet, dem Fluggast bestimmte schriftliche Angaben zu übergeben. Einschränkend sind jedoch die zuvor genannten Regelungen, sofern alle Beförderungen durch ein außergemeinschaftliches Luftfahrtunternehmen vorgenommen werden, gemäß Art. 6 III 2 HaftungsVO nur auf Beförderungen in die, aus der und innerhalb der Gemeinschaft anwendbar. Ein Verstoß der HaftungsVO gegen Bestimmungen des MÜ unter dem Ge-

---

[1219] Dazu ausführlich *Reuschle*, Art. 50 MÜ Rn. 29; *Müller-Rostin* in *Giemulla/Schmid*, MÜ, Art. 50 Rn. 12 ff.

[1220] Siehe dazu auch *Tonner* in *Gebauer*, Kapitel 13 a Rn. 146 ff.

sichtspunkt der Auferlegung von Informationspflichten auch für außergemeinschaftliche Luftfahrtunternehmen ist nicht ersichtlich.[1221]

12. Ergebnis

Gemäß Art. 19 MÜ hat der Fluggast bei Anwendbarkeit des MÜ grds. einen Anspruch auf Ersatz seines auf einer Ankunftsverspätung beruhenden Schadens. Zu berücksichtigen ist dabei jedoch insbesondere, dass ihn ein Mitverschulden oder ein weit überwiegendes Verschulden treffen kann, sofern er nach der planmäßigen Ankunftszeit des Fluges nicht einen gewissen Zeitpuffer für eventuelle Verspätungen eingeplant hat und deswegen einen Schaden erleidet. Liegen die Voraussetzungen des Art. 19 MÜ dagegen nicht vor, obwohl der zugrundeliegende Lebenssachverhalt die vom Fluggast zu beweisenden Tatbestandsvoraussetzungen des Art. 19 MÜ erfüllt, geht der Fluggast zwangsläufig leer aus. Der Rückgriff auf andere Anspruchsgrundlagen, also Anspruchsgrundlagen des unvereinheitlichten, insbesondere nationalen gemäß Art. 29 MÜ ausgeschlossen.[1222]

13. Nichtanwendbarkeit des MÜ

Bei Nichtanwendbarkeit des MÜ ergibt sich hinsichtlich der Haftung des Luftfrachtführers für Ankunftsverspätungsschäden kein grds. anderes Ergebnis. Ist die HaftungsVO anwendbar, wird in Art. 3 der HaftungsVO ohnehin auf die Bestimmungen des MÜ verwiesen.

Aber auch wenn auf die entsprechende Beförderung das WA/HP oder gar das WA anwendbar sein sollten, ergeben sich keine nennenswerten Unterschiede zur Verspätungshaftung des Luftfrachtführers nach dem MÜ. Die Verspätungshaftung des WA wurde wie dargestellt im Wesentlichen unverändert in das MÜ übernommen.[1223] Nur die Haftungshöchstbeträge für Verspätungsschäden in Art. 22 WA unterscheiden sich von denen des Art. 22 MÜ zum Teil deutlich. Jedenfalls der Haftungshöchstbetrag des Art. 22 I MÜ für Verspätungsschäden bei der Beförderung von Personen (4150 SZR, ca. 4.600 Euro) stellt eine erhebliche Verschlechterung gegenüber dem Haftungshöchstbetrag des Art. 22 I 1 WA (250.000 Goldfranken, ca. 27.354 Euro) dar.[1224]

[1221] So *Stefula*, TranspR 2000, 399, 404, für die Vorgängerregelung, VO (EG) 2027/1997 im Verhältnis zum WA.
[1222] Siehe unter Punkt 3. Teil, 2. Kapitel, § 1 C. IV. Seite 203.
[1223] Vgl. Art. 19 ff. WA.
[1224] So auch *Geigel/Mühlbauer*, Kap. 29 Rn. 75; *Reuschle*, Art. 22 MÜ Rn. 7; *Giemulla* in *Giemulla/Schmid*, MÜ, Art. 22 Rn. 5; *Führich*, Rn. 1047. Zu dem Haftungshöchstbetrag von 1000 SZR (ca. 1100 Euro) des Art. 22 III MÜ bei der Beförderung von Reisegepäck siehe ausführlich *Reuschle*, Art. 22 MÜ Rn. 18 ff. Im WA galt dagegen eine Beschränkung auf 250 Goldfranken pro Kilogramm (ca. 27,35 Euro) für aufgegebenes Reisegepäck.

Schließlich haftet der vertragliche Luftfrachtführer auch bei Anwendbarkeit des LuftVG nach der Anpassung der Vorschriften des LuftVG an die Bestimmungen des MÜ durch das Gesetz zur Harmonisierung des Haftungsrechts im Luftverkehr für Ankunftsverspätungsschäden in nahezu gleicher Weise wie nach dem MÜ.[1225]

III. Andere Anspruchsziele

Soweit es nicht um die Haftung des Luftfrachtführers für Ankunftsverspätungsschäden geht, kann unvereinheitlichtes Recht nach dem oben Gesagten neben dem Anspruch aus Art. 19 MÜ bzw. Art. 19 WA oder der entsprechenden Vorschrift des LuftVG auch bei einer Ankunftsverspätung grds. ergänzend Anwendung finden. Fraglich ist daher, ob in der Situation der Ankunftsverspätung vom Fluggast weitere Ansprüche mit anderen Anspruchszielen, insbesondere Gewährleistungsansprüche nach nationalem Recht, geltend gemacht werden können.

1. Ansprüche nach der FluggastrechteVO

Ansprüche nach der FluggastrechteVO bestehen bei einer Ankunftsverspätung zunächst eindeutig nicht. Die FluggastrechteVO regelt nach dem Wortlaut von Art. 6 lediglich die Situation der Abflugverspätung eines bestimmten Fluges. Eine Konkurrenz mit dem Schadensersatzanspruch aus Art. 19 MÜ ist daher von vornherein ausgeschlossen.[1226]

2. Minderung

Umstritten ist, ob der Fluggast bei der Ankunftsverspätung einer Flugbeförderung und Anwendbarkeit deutschen Rechts den Flugpreis gemäß §§ 638 I 1, 634 Nr. 3, 633 II BGB mindern kann. Er könnte auf diese Weise zumindest einen Teil des Flugpreises vom vertraglichen Luftfrachtführer erstattet bekommen, ein Vorteil insbesondere dann, wenn ein konkreter Ankunftsverspätungsschaden nicht gegeben oder nachweisbar ist oder den Luftfrachtführer kein Verschulden trifft. Zudem ist eine verspätete Beförderung i.d.R. weniger wert als eine pünktliche Beförderung,[1227] genau wie die schnellere gegenüber der langsameren Beförderung i.d.R. mit einem höheren Preis verbunden ist[1228].

[1225] Vgl. die Begründung des Gesetzentwurfs der Bundesregierung zum Gesetz zur Harmonisierung des Haftungsrechts im Luftverkehr, BT-Drs. 15/2359, S. 23.
[1226] So auch *Reuschle*, Art. 19 MÜ Rn. 67.
[1227] Vgl. auch *Pohar*, S. 151 für die Eisenbahnbeförderung.
[1228] Vgl. *Stefula/Thoß*, TranspR 2001, 248, 253.

Bejaht wird der Anspruch von der überwiegenden Rechtsprechung[1229] und Teilen der Literatur[1230]. Die Minderung des Flugpreises stößt jedoch auf zwei entscheidende Probleme. Zum einen setzt sie das Vorliegen eines Mangels voraus, zum anderen schließt Art. 29 MÜ bei einer Ankunftsverspätung alle anderen diesbezüglichen Schadensersatzansprüche neben Art. 19 MÜ kategorisch aus.[1231] Inzwischen mehren sich daher auch die Stimmen in der Literatur, die eine Minderung des Flugpreises bei Verspätungen ablehnen.[1232] Außer Frage steht jedoch die grds. Anwendbarkeit des Werkmangelgewährleistungsrechts nach der Ankunft eines Fluges und damit nach Vollendung des Werkes gemäß § 646 BGB. IdR bildet zwar die Abnahme eines Werkes die zeitliche Zäsur für die Anwendbarkeit der Werkmangelrechte,[1233] ist diese nach der Beschaffenheit des Werkes aber ausgeschlossen, tritt gemäß § 646

[1229] LG Bonn, TranspR 1999, 109, 110 = RRa 1998, 121, 122 m. zust. Anm. *Ruhwedel*; LG Frankfurt/Main, NJW-RR 1993, 1270, 1271; AG Bad Homburg, NJW-RR 2002, 637; AG Bad Homburg, RRa 2002, 88; AG Frankfurt/Main, NJW-RR 1996, 238; a.A. AG Frankfurt/Main, ZLW 1997, 297, 298. Anders jetzt allerdings BGH, Urt. v. 28.5.2009, Az.: Xa ZR 113/08 = BeckRS 2009, 19293.

[1230] *Führich*, Rn. 961, 1058 ff.; *Führich*, MDR 2007, Sonderbeilage, 1, 11; *Ruhwedel*, Rn. 235; *Stefula/Thoß*, TranspR 2001, 248, 252 ff.; *Tonner* in *Gebauer*, Kapitel 13 a Rn. 100; *Schmid/Tonner*, S. 80 f.; *Schmid*, RRa 2005, 151, 156; *Wagner*, RRa 2004, 102, 106; *Risse*, Rn. 387; *Ruhwedel*, TranspR 2008, 89 ff. *Stefula/Thoß*, TranspR 2001, 248, 255 nehmen auch zu den weiteren Fragen der Bestimmung der Höhe der Preisminderung und der Ausschlussmöglichkeit des Minderungsrechts in AGB Stellung. Nach *Lienhard* GPR 2004, 259, 263 ist bereits die Abflugverspätung ein Mangel.

[1231] Siehe dazu unter Punkt 3. Teil, 2. Kapitel, § 1 D. Seite 204. Ist das LuftVG anwendbar, findet sich eine entsprechende Regelung in § 48 LuftVG, die neben dem Anspruch aus § 46 LuftVG ebenfalls weitere Schadensersatzansprüche ausschließt.

[1232] *Neumann*, ZLW 1997, 217, 220 f.; *Leffers*, TranspR 1997, 93, 95 f.; *Müller-Rostin*, ASDA/SVLR-Bulletin 2000, 9, 13 f.; *Reuschle*, Art. 19 Rn. 57; *Koller*, Art. 19 WA 1955 Rn. 9; *Stadie*, S. 116 f.; *Fröhlich*, S. 88 f., 269 ff.; *Staudinger*, RRa 2005, 249, 254 f.; jetzt auch *Tonner*, II. Rn. 56 unter ausdrücklicher Aufgabe der bisherigen Ansicht; inzident bereits *Basedow* in Buchbesprechung *Schwenk*, RabelsZ 46 (1982), 838, 845; *Lerche*, S. 101 ff.; für Verspätungen im Eisenbahnverkehr so auch *Staudinger*, S. 31 ff.; *Staudinger*, NJW 2004, 646, 647; *Schmidt-Bendun*, S. 204 ff.; *Pohar*, S. 151 ff. und die Begründung des Landes Nordrhein-Westfalen zu einem Gesetzentwurf eines Gesetzes zur Stärkung der Fahrgastrechte, BR-Drucks. 903/04, S. 7. Auch bei Verspätungen im Straßengüterverkehr wird schließlich ein Minderungsanspruch abgelehnt, siehe OLG Düsseldorf, TranspR 1986, 429, 430 f. Die Deutsche Bahn AG gewährt jedoch trotzdem seit Einführung der sog. Kundencharta im Oktober 2004 aufgrund ihrer AGB bei Verspätungen im Fernverkehr Entschädigungsleistungen in Form von Gutscheinen. Für den Nahverkehr sind entsprechende Entschädigungsleistungen geplant. Die niederländischen Bahnen gewähren teilweise sogar eine Entschädigung von bis zu 100% des Fahrpreises (siehe dazu Der Fahrgast 1/2002, Sonderausgabe, S. 13) und auch Art. 17 der FahrgastrechteVO (Eisenbahn), VO (EG) 1371/2007 über Rechte und Pflichten der Fahrgäste im Eisenbahnverkehr sieht Entschädigungszahlungen bei Ankunftsverspätungen von 25% bzw. 50% vor. Dazu *Schmidt*, RRa 2008, 154, 159. Vgl. auch Art. 20 des Vorschlages der Europäischen Kommission für eine Verordnung über die Passagierrechte im See- und Binnenschiffsverkehrs, KOM 2008, 816.

[1233] Vgl. nur *Palandt/Sprau*, Vorb. v. § 633 Rn. 6 ff.

BGB grds. die Vollendung des Werkes an deren Stelle, gleiches muss auch hier gelten[1234].

a) Sachmangel?

Von den genannten Problemen ist zunächst das Vorliegen eines Sachmangels gemäß § 633 II BGB bei einer Ankunftsverspätung genauer zu betrachten. Während sich die Rechtsprechung mit dieser Frage i.d.R. nicht dezidiert auseinandersetzt und regelmäßig einen Mangel unter Hinweis darauf, dass die verzögerte Beförderung eine Schlechterfüllung der im Rahmen des Werkvertrages geschuldeten Hauptleistung des Luftfrachtführers darstelle, bejaht,[1235] wird das Problem in der Literatur teilweise intensiv diskutiert. Viele Autoren befürworten[1236] letztendlich jedoch ebenfalls das Vorliegen eines Mangels und ziehen zur Begründung, sofern sie ihre Ansicht überhaupt begründen, vor allem das zeitliche Element der Leistungspflichten heran, das von besonderer Bedeutung sei und den Vertrag geradezu präge, der Flugpreis werde gerade auch in Anbetracht der Schnelligkeit der Beförderung gezahlt.[1237] Zudem werde die Zeit des Verkehrsteilnehmers hier ausnahmsweise selbst in den Leistungsaustausch einbezogen.[1238] Dies ist zwar richtig und es ist zuzugeben, dass bei der Luftbeförderung die Einhaltung der Flugzeiten, insbesondere der Ankunftszeit, für den Fluggast von besonderer Bedeutung ist, diese Tatsachen zwingen m.E. jedoch genauso wenig zur Annahme eines Mangels wie zur Annahme eines Fixgeschäftes gleich welcher Art. Auch ohne die Annahme eines Mangels ist der Fluggast nämlich vor den finanziellen Folgen einer Ankunftsverspätung durch das MÜ, wie gezeigt, umfassend geschützt.[1239] Die genannte Argumentation allein kann daher nicht überzeugen, die Frage des Mangels bedarf vielmehr einer genaueren Untersuchung.

Voraussetzung eines Sachmangels ist grds. eine negative[1240] Abweichung der Ist- von der Sollbeschaffenheit eines Werkes, wobei sich die Sollbeschaffenheit gemäß § 633 II 1 BGB vorrangig nach der vertraglichen Vereinbarung richtet.[1241] Als Beschaffenheit können dabei alle dem Werk anhaftenden Eigen-

---

[1234] So auch *Fröhlich*, S. 263 und für die Eisenbahnbeförderung *Pohar*, S. 151.
[1235] LG Bonn, TranspR 1999, 109, 110 = RRa 1998, 121, 122 m. zust. Anm. *Ruhwedel*; LG Frankfurt/Main, NJW-RR 1993, 1270, 1271; AG Bad Homburg, NJW-RR 2002, 637; AG Bad Homburg, RRa 2002, 88; AG Frankfurt/Main, NJW-RR 1996, 238.
[1236] *Führich*, Rn. 1059; *Ruhwedel*, Rn. 235; *Stefula/Thoß*, TranspR 2001, 248, 252 f.; *Tonner* in *Gebauer*, Kapitel 13 a Rn. 14 und 100; *Schmid/Tonner*, S. 80 f.; *Schmid*, RRa 2005, 151, 156; *Wagner*, RRa 2004, 102, 106; a.A. *Neumann*, ZLW 1997, 217, 219 f.; *Leffers*, TranspR 1997, 93, 95 f.; *Stadie* S. 116 f.; *Fröhlich*, S. 269 ff.; *Staudinger*, RRa 2005, 249, 255.
[1237] *Führich*, Rn. 1059; *Stefula/Thoß*, TranspR 2001, 248, 253.
[1238] *Stefula/Thoß*, TranspR 2001, 248, 253.
[1239] Ähnlich zur Rechtslage vor Inkrafttreten des MÜ, *Fröhlich*, S. 271.
[1240] *Busche* in MünchKomm BGB, § 633 Rn. 3.
[1241] Vgl. nur *Palandt/Sprau*, § 633 Rn. 5.

schaften einschließlich der äußeren Umstände, denen das Werk zwangsläufig unterliegt, und alle Faktoren, die sich auf die Verwendung des Werkes und/oder seinen Wert auswirken können, vereinbart werden.[1242] Insofern ist es zumindest denkbar, dass die Einhaltung der Flugzeiten, insbesondere der Ankunftszeit, von den Parteien als Sollbeschaffenheit einer Flugbeförderung vereinbart wird.[1243] Die Einhaltung der Flugzeiten wirkt sich bei einer Flugbeförderung ohne Zweifel auf den Wert der Beförderungsleistung aus. Fraglich ist nur, ob eine solche Vereinbarung bei Nichteinhaltung der vereinbarten Flugzeiten zwangsläufig zu einem Mangel der Beförderung führt. Eine derartige Lösung gerät nämlich mit der Dogmatik des BGB in Konflikt.[1244] Die Grenze zwischen Leistungsverzögerung und Schlechtleistung ist dort insofern eindeutig gezogen, als für „zeitliche Mängel" die Verzugsregeln gelten.[1245] Das wiederum kann nur bedeuten, dass die Sachmängelgewährleistungshaftung grds. auf qualitative Mängel beschränkt ist. Unter den Begriff des Sachmangels können somit ausschließlich Defizite im Hinblick auf die Art und Weise der Leistung bzw. der Leistungserbringung,[1246] fallen.[1247] Eine Leistungsverzögerung kann dagegen einen Sachmangel grds. nicht begründen.

Dieses Ergebnis wird gerade für die verspätete Herstellung eines Werkes untermauert durch § 636 a.F. BGB.[1248] Die Vorschrift sah für diesen Fall der Leistungsverzögerung einen Verweis auf die Wandlungsvorschriften des Werkmangelgewährleistungsrechts vor. Ein entsprechender Verweis auf die

---

[1242] Allgemeine Meinung, siehe nur *Palandt/Sprau*, § 633 Rn. 5.
[1243] So auch *Stefula/Thoß*, TranspR 2001, 248, 253; *Staudinger*, RRa 2005, 249, 254 f.; *Pohar*, S. 152. Nach *Fröhlich*, S. 270 ist die Subsumtion unter den Fehlerbegriff nach altem Recht zumindest nicht ausgeschlossen.
[1244] *Neumann*, ZLW 1997, 217, 220; *Leffers*, TranspR 1997, 93, 96; *Stadie* S. 116 f.; *Fröhlich*, S. 270; *Pohar*, S. 152; *Staudinger*, RRa 2005, 249, 255.
[1245] So ausdrücklich auch *Neumann*, ZLW 1997, 217, 220; *Stadie*, S. 116 f.; *Fröhlich*, S. 271; inzident bereits *Basedow* in Buchbesprechung *Schwenk*, RabelsZ 46 (1982), 838, 845. Siehe auch Motive II, S. 483. Verzug und Schlechtleistung schließen sich gegenseitig aus, siehe dazu auch *Stütz*, S. 71 ff.; *Ernst* in MünchKomm BGB, § 286 Rn. 119, i.d.R. betrachtet man die Frage jedoch aus dem umgekehrten Blickwinkel.
[1246] Beispiele im Rahmen einer Luftbeförderung: Druckabfall in der Kabine (LG Hannover TranspR 1990, 67); Beförderung in einer niedrigeren Beförderungsklasse, (Economy statt Business, LG Frankfurt/Main, NJW-RR 1991, 316 f.); kein ausreichender Stauraum für das zulässige Handgepäck; nicht funktionierende Toiletten; kaputte Sitze (LG Frankfurt/Main RRa 1994, 207, 208, hier jedoch bloße Unannehmlichkeit); Ausfall der Klimaanlage, unzureichende Versorgung mit Essen und Getränken, sofern geschuldet (dazu AG Rüsselsheim, RRa 2001, 227, 228); verdorbenes Essen. In diesen Fällen besteht ohne Zweifel ein Minderungsanspruch des Fluggastes gemäß § 638 BGB. Siehe auch *Stadie*, S. 116. Zu qualitativen Mängeln im Rahmen der Eisenbahnbeförderung und den daraus folgenden Rechten des Fahrgastes siehe *Pohar*, S. 163 ff.
[1247] Ähnlich *Staudinger*, RRa 2005, 249, 255; *Leffers*, TranspR 1997, 93, 96.
[1248] Dazu *Neumann*, ZLW 1997, 217, 220; *Leffers*, TranspR 1997, 93, 96; *Stadie* S. 117; *Fröhlich*, S. 270. Nach Ansicht des LG Bonn, TranspR 1999, 109, 110 wurde § 636 a.F. BGB den Interessen des länger als vertraglich vereinbart Reisenden jedoch nicht gerecht und war deshalb auf derartige Sachverhalte nicht anwendbar.

Minderungsvorschriften, der hier ebenfalls möglich gewesen wäre, war § 636 a.F. BGB dagegen wegen der ausdrücklichen Bezugnahme lediglich auf die Wandlungsvorschriften nicht zu entnehmen[1249]. Daraus wird zum einen deutlich, dass dem Besteller nach dem Willen des Gesetzgebers vor der Schuldrechtsreform aus dem Jahr 2002 bei der verspäteten Herstellung eines Werkes gerade kein Minderungsrecht zustehen sollte,[1250] zum anderen ist der Vorschrift eindeutig zu entnehmen, dass die verspätete Herstellung eines Werkes in den Augen des Gesetzgebers des § 636 a.F. BGB gerade keinen Sachmangel begründet hat.[1251] Andernfalls hätte es eines Verweises auf die Wandlungsvorschriften gar nicht bedurft, diese wären vielmehr bereits unmittelbar anwendbar gewesen.[1252] Die Schuldrechtsreform lässt ferner nicht darauf schließen, dass der Gesetzgeber an dieser Dogmatik des BGB nicht festhalten wollte. So ist die in § 636 a.F. BGB getroffene Regelung mit der Schuldrechtsreform nicht etwa deswegen überflüssig geworden, weil die Sachmängelgewährleistungsvorschriften nach dem Willen des Gesetzgebers bei der verspäteten Herstellung eines Werkes aufgrund einer Qualifizierung der Verzögerung als Sachmangel nun unmittelbar anwendbar sein sollen, vielmehr bedurfte es der in § 636 a.F. BGB getroffenen Regelung deswegen nicht mehr, weil dem Besteller eines Werkes bei dessen verspäteter Herstellung nach neuem Recht bereits gemäß § 323 BGB ein verschuldensunabhängiges Rücktrittsrecht zusteht.

Entsprechend werden bei der Erbringung unkörperlicher Werke aufgrund eines Werkvertrages „zeitliche Mängel" regelmäßig auch nicht als Sachmängel begriffen.[1253] Von diesem Grundsatz hat die Rechtsprechung, soweit ersichtlich und abgesehen von den Fällen der Flugpreisminderung, lediglich in zwei Fällen eine Ausnahme gemacht. So wurde ein Minderungsanspruch des Klägers zum einen bei einem verspäteten Konzertbeginn und zum anderen bei dem verspäteten Beginn eines Kommunionsessens bejaht.[1254] Beiden Fällen ist dabei gemeinsam, dass die Verzögerung der Leistung sich ausnahmsweise auch auf die Qualität der Leistung ausgewirkt hat. Jeweils war nämlich die Ge-

---

[1249] *Neumann*, ZLW 1997, 217, 220; *Leffers*, TranspR 1997, 93, 96; *Stadie*, S. 117.
[1250] *Neumann*, ZLW 1997, 217, 220.
[1251] *Stütz*, S. 71 ff.
[1252] *Fröhlich*, S. 270; ähnlich *Stütz*, S. 74. Nach *Stefula/Thoß*, TranspR 2001, 248, 254 hat der Gesetzgeber dagegen gerade verkannt, dass eine verzögerte Leistung auch eine schlechte Leistung darstellen könne.
[1253] Siehe die Beispiele bei *Staudinger*, RRa 2005, 249, 255; *Stefula/Thoß*, TranspR 2001, 248, 253.
[1254] AG Passau, NJW 1993, 1473 (verzögerter Konzertbeginn); LG Karlsruhe, NJW 1994, 947, 948 (verzögerter Beginn eines Kommunionsessens). Problematisch ist in diesen Fällen neben der Frage des Sachmangels zunächst auch die Frage der Anwendbarkeit des Sachmängelgewährleistungsrechts im Verhältnis zum allgemeinen Leistungsstörungsrecht. Nach dem Essen bzw. dem Konzert, also nach Vollendung des Werkes, ist dies jedoch kein Problem mehr.

nussmöglichkeit der Leistung und damit der im Vertrag vorausgesetzte Nutzen der Leistung i.S.v. § 633 II 2 Nr. 1 BGB beeinträchtigt. Ein Essen und ein Konzert können eben nur zur „richtigen" Tageszeit wirklich genossen werden und damit ihren Wert entfalten. Ähnlich verhält es sich mit Ankunftsverspätungen bei der Flugbeförderung im Rahmen einer Pauschalreise. Die h.M. kommt auch hier, sobald die Verspätung ein gewisses Ausmaß angenommen hat, zu einem, jetzt reiserechtlichen, Minderungsanspruch des Fluggastes nach § 651 d BGB i.V.m. § 651 c I BGB.[1255] Auch derartige Flugzeitüberschreitungen, insbesondere Ankunftsverspätungen, haben aber regelmäßig eine Qualitätseinbuße bzgl. der Reise insgesamt zur Folge, da sie negative Auswirkungen auf die anderen geschuldeten Reiseleistungen, zumindest aber auf den vereinbarten Erholungszweck haben.[1256] Der gewöhnliche bzw. der nach dem Vertrag vorausgesetzte Nutzen der Reise i.S.v. § 651 c I BGB ist beeinträchtigt.[1257] Daraus ergibt sich m.E. allgemein, dass die Verzögerung einer Leistung ausnahmsweise dann zu einem Mangel führen kann, wenn durch sie im Einzelfall tatsächlich die vereinbarte Qualität einer Leistung eingeschränkt ist.[1258] Ist dies der Fall, ist die Annahme eines Sachmangels und darauf beruhender Ansprüche aber auch gerechtfertigt. Dann liegt nämlich in der Tat ein Fall der Schlechtleistung vor.

Somit ist schließlich fraglich, ob sich auch bei der reinen Flugbeförderung eine Verzögerung ausnahmsweise auf die Qualität der Leistung auswirkt. Dies ist jedoch eindeutig zu verneinen. Durch eine Ankunftsverspätung, kann die Qualität der Leistung hier grds. nicht beeinträchtigt sein, denn geschuldet ist lediglich die Beförderung, also eine Ortsveränderung[1259]. Diese kann aber auch mit Ankunftsverspätung noch erreicht werden. Es gibt grds. keinen anderen vereinbarten (i.S.v. § 633 II 1 BGB), nach dem Vertrag vorausgesetzten (i.S.v. § 633 II 2 Nr. 1 BGB) oder gewöhnlichen (i.S.v. § 633 II 2 Nr. 2 BGB) Nutzen,[1260] der nicht mehr erreicht werden kann; der Zeit als

---

[1255] Von der fehlerhaften Erbringung einer Reise wird i.d.R. ausgegangen, wenn die Beförderungszeit um mehr als vier Stunden überschritten wurde. Siehe nur *Führich*, Rn. 252, 329 und *Schmid*, RRa 2005, 151, 155 f. jeweils m.w.N.

[1256] Ausstrahlungswirkung: Ähnlich *Fröhlich*, S. 75 ff., 268; *Leffers*, TranspR 1997, 93, 96; siehe auch LG Frankfurt/Main NJW-RR 1986, 216, 217; LG Hannover NJW 1985, 2903, 2904. Diese Ausstrahlungswirkung wird dagegen nicht berücksichtigt von *Stefula/Thoß*, TranspR 2001, 248, 253.

[1257] Ist dem im Einzelfall nicht so, weil es sich z.B. um eine Geschäfts-(pauschal)reise handelt, muss m.E. konsequenterweise jedoch auch hier ein Minderungsanspruch ausscheiden. Damit wäre auch der von *Stefula/Thoß*, TranspR 2001, 248, 253 aufgezeigte vermeintliche Widerspruch zur reinen Flugbeförderung aufgelöst.

[1258] Ähnlich *Staudinger*, RRa 2005, 249, 255; *Peters*, JuS 1993, 803.

[1259] *Leffers*, TranspR 1997, 93, 96.

[1260] Den Vertragsparteien ist es aber möglich die Beförderung „zeitlich" mit einem bestimmten Zweck zu verbinden, indem sie ein absolutes oder relatives Fixgeschäft bezogen auf den Ankunftszeitpunkt vereinbaren. Vorteile für den Fluggast ergeben sich daraus jedoch im Hinblick auf ein Minderungsrecht nicht, denn die Qualität der Beförderung ist durch

solcher kommt kein Nutzen zu.[1261] Würde man bei der reinen Flugbeförderung trotzdem einen Minderungsanspruch bejahen, würde man letztlich einen finanziellen Ausgleich für einen durch die Verspätung beim Fluggast entstandenen immateriellen Schaden[1262] gewähren. Der Fluggast würde kompensiert für den Verlust von (Frei-)Zeit, der in dem längeren Flug oder der längeren Wartezeit im Vorfeld begründet liegt. Immaterielle Schäden sind nach deutschem Schadensrecht wegen § 253 I BGB jedoch grds. nicht auszugleichen. Eine Ankunftsverspätung kann damit bei der reinen Flugbeförderung de lege lata einen Werkmangel nicht begründen.[1263] Die Sanktion folgt, wie dargestellt, anderen Regeln. Eine andere Lösung bleibt dem Gesetzgeber, z.B. durch Regelung des Personenbeförderungsvertrages im BGB,[1264] vorbehalten.

Staudinger versucht dieses Ergebnis auch aus einer Folgenbetrachtung heraus zu begründen.[1265] Das so gewonnene Argument *Staudingers* ist jedoch nur zum Teil zutreffend. Zwar ist es richtig, dass die Gewährung eines Minderungsanspruchs gemäß §§ 638, 634 Nr. 3, 633 II BGB für den Fluggast mit erheblichen Vorteilen verbunden wäre.[1266] Der Anspruch ist nicht nur verschuldensunabhängig ausgestaltet, sondern es fehlt gemäß § 638 I 2 BGB i.V.m. § 323 V 2 BGB auch an einer Bagatellgrenze. Bereits unerhebliche Pflichtverletzungen berechtigen zur Minderung. Der Fluggast könnte daher nicht nur bei Flugverspätungen, die auf höherer Gewalt beruhen, sondern grds. auch bereits bei minimalen Flugverspätungen den Flugpreis mindern.[1267] Hier von einer nicht zu rechtfertigenden vertraglichen Gefährdungshaftung des Luftfrachtführers zu sprechen,[1268] geht m.E. jedoch zu weit. Schließlich wäre die verschuldensunabhängige Haftung des Luftfrachtführers

---

eine Ankunftsverspätung auch dann nicht beeinträchtigt, wenn die Parteien ein Fixgeschäft vereinbart haben.

[1261] Ähnlich *Leffers*, TranspR 1997, 93, 96; *Fröhlich*, S. 268; a.A. *Stefula/Thoß*, TranspR 2001, 248, 253.

[1262] So auch *Leffers*, TranspR 1997, 93, 96; a.A. *Stefula/Thoß*, TranspR 2001, 248, 253.

[1263] Für die Eisenbahnbeförderung im Ergebnis so auch *Pohar*, S. 154, der sodann überraschenderweise bei einer Ankunftsverspätung jedoch einen Schadensersatzanspruch des Fahrgastes statt der Leistung auf Ersatz des Minderwertes der verspäteten Leistung befürwortet, vgl. *Pohar*, S. 160 f. Einen Minderwert kann es jedoch streng genommen nicht geben, wenn die Leistung lediglich verspätet war und die Verspätung keinen Mangel begründet.

[1264] Siehe dazu konkret, insbesondere für die Eisenbahnbeförderung, *Pohar*, S. 361 ff. und 412 ff. und BT-Drs. 16/1484, S. 12 ff.; allgemein *Basedow*, S. 72 f. und 515.

[1265] *Staudinger*, RRa 2005, 249, 255.

[1266] Das kann im Übrigen keinesfalls zu einer Bejahung eines solchen Anspruchs ausreichen. Zuweilen gewinnt man in der Diskussion jedoch den Eindruck, dies sei das Hauptargument.

[1267] Bereits ein Mangel wird jedoch nach dem Grundsatz von Treu und Glauben dann verneint, wenn die Beschaffenheitsabweichung derart gering ist, dass sie weder objektiv noch subjektiv von Bedeutung ist, siehe *Peters* in *Staudinger* (2003), § 633 Rn. 178; *Busche* in MünchKomm BGB, § 633 Rn. 9. So könnte man m.E. aber nur bei sehr geringfügigen Flugverspätungen von wenigen Minuten argumentieren.

[1268] So aber *Staudinger*, RRa 2005, 249, 255.

auf den gezahlten Flugpreises beschränkt,[1269] für über den „Mangelschaden" hinausgehende Schäden würde der Luftfrachtführer natürlich nicht verschuldensunabhängig haften. Richtig ist jedoch, dass es zu einer sehr weitgehenden Haftung des Luftfrachtführers käme, die bei geringfügigen Verspätungen jedenfalls nicht gerechtfertigt wäre.[1270] Von den Befürwortern eines Minderungsanspruchs des Fluggastes wird dieser Anspruch daher auch mit erheblichem Begründungsaufwand gegen den Wortlaut von § 638 I 2 BGB wieder eingeschränkt,[1271] ein Erfordernis, das letztlich ebenfalls gegen die Qualifizierung der Ankunftsverspätung als Mangel spricht[1272].

b) Ausschluss gemäß Art. 29 MÜ

Aber selbst wenn man bei einer Ankunftsverspätung das Vorliegen eines Mangels bejaht, muss der Minderungsanspruch des Fluggastes gemäß § 638 BGB schließlich an Art. 29 MÜ[1273] scheitern[1274].[1275] Art. 29 MÜ schließt für den Fall der Ankunftsverspätung alle weiteren diesbezüglichen Schadensersatzansprüche neben Art. 19 MÜ aus, die Ankunftsverspätung ist insofern abschließend geregelt.[1276] Auch handelt es sich bei dem Minderungsanspruch des Fluggastes gemäß § 638 BGB m.E. um einen Schadensersatzanspruch i.S.d. Art. 29 MÜ.

Zunächst schließt der Wortlaut von Art. 29 MÜ eine Einbeziehung von Minderungsansprüchen in den Kreis der ausgeschlossenen Ansprüche nicht aus, auch wenn in der verbindlichen französischen Fassung des MÜ nun der

---

[1269] Siehe auch *Stadie*, S. 80; *Neumann*, ZLW 1997, 217, 221; *Fröhlich*, S. 87.

[1270] So auch *Pohar*, S. 151 für die Eisenbahnbeförderung.

[1271] *Führich*, Rn. 1060; *Stefula/Thoß*, TranspR 2001, 248, 254, die den soeben abgelehnten Weg der Verneinung eines Mangels bei geringfügigen Verspätungen beschreiten.

[1272] So auch *Fröhlich*, S. 271.

[1273] Bzw. § 48 LuftVG, sofern das MÜ nicht anwendbar ist.

[1274] *Reuschle*, Art. 19 Rn. 57; *Koller*, Art. 19 WA 1955 Rn. 9; *Neumann*, ZLW 1997, 217, 220 ff.; *Leffers*, TranspR 1997, 93, 94 f.; *Fröhlich*, S. 88 f.; AG Frankfurt/Main, ZLW 1997, 297, 298; AG Frankfurt/Main, ZLW 1997, 298 f.; a.A. LG Frankfurt/Main, NJW-RR 1993, 1270, 1271; AG Bad Homburg, NJW-RR 2002, 637; AG Bad Homburg, RRa 2002, 88; AG Frankfurt/Main, NJW-RR 1996, 238; *Stefula/Thoß*, TranspR 2001, 248, 250 f.; *Ruhwedel* Rn. 235; *Führich*, Rn. 961; *Stadie*, S. 79 ff., der allerdings einen Minderungsanspruch des Fluggastes bei der reinen Flugbeförderung aufgrund des nicht gegebenen Mangels ablehnt, vgl. S. 116 ff.

[1275] Nicht ausgeschlossen wäre ein Minderungsanspruch im Hinblick auf die Ankunftsverspätung dagegen nach der FluggastrechteVO, auch wenn *Staudinger*, RRa 2005, 249, 255 f. insofern eine Kollision und einen Ausschluss bejaht. Seine diesbezügliche Argumentation geht nämlich fehl. Die FluggastrechteVO betrifft zum einen gerade nicht die Ankunftsverspätung, sondern ausschließlich die Abflugverspätung, zum anderen werden weitergehende nationale Schadensersatzansprüche nach Art. 12 I 1 FluggastrechteVO und anders als nach Art. 29 MÜ im Anwendungsbereich der FluggastrechteVO gerade nicht ausgeschlossen, sondern sogar ausdrücklich zugelassen. Zu Fragen der Anrechnung siehe *Leffers*, RRa 2008, 258 ff.; *Bollweg*, RRa 2009, 10 ff.

[1276] Dazu bereits unter Punkt 3. Teil, 2. Kapitel, § 1 D. Seite 204.

Ausdruck „dommages-intérêts" verwendet wird, statt wie bisher in Art. 24 WA der Ausdruck „responsabilité", der jedenfalls wohl eher weit zu verstehen war[1277]. Zwar mag es sich nach deutschem[1278] Verständnis bei dem Minderungsanspruch nach § 638 BGB lediglich um einen verschuldensunabhängigen Gewährleistungs- und nicht um einen verschuldensabhängigen Schadensersatzanspruch handeln,[1279] eine Beschränkung auf den Ausschluss anderer verschuldensabhängiger Ansprüche kann m.E. Art. 29 MÜ jedenfalls nicht entnommen werden.[1280] Auch lässt sich der Minderungsanspruch ohne Weiteres als Schadensersatzanspruch qualifizieren, denn letztlich geht es um nichts anderes als um einen Anspruch auf Ersatz des (Ankunftsverspätungs-)Mangelschadens, also einen Schadensersatzanspruch bzgl. des Äquivalenzinteresses im Falle der Ankunftsverspätung, somit um eine Kompensation für einen durch die Ankunftsverspätung und des daraus folgenden Minderwerts der Leistung erlittenen Schaden.[1281] Bei der Minderung im Fall der Ankunftsverspätung handelt es sich eben nicht lediglich um eine (teilweise) Rückzahlung des Beförderungsentgelts,[1282] sondern, weil die Leistung bereits erbracht wurde, gerade auch um den Ausgleich eines Schadens. Die Einstufung des Minderungsanspruchs als eine besondere Form des kleinen Schadensersatzes ist durchaus möglich.[1283] Festzuhalten bleibt also, dass der Wortlaut von

---

[1277] Er umfasste jedenfalls auch verschuldensunabhängige Ansprüche, siehe dazu *Fröhlich*, S. 81 m.N.

[1278] Zu rechtsvergleichenden Ausführungen siehe *Fröhlich*, S. 77 ff.

[1279] So LG Frankfurt/Main, NJW-RR 1993, 1270, 1271; AG Bad Homburg, NJW-RR 2002, 637; AG Bad Homburg, RRa 2002, 88; AG Frankfurt/Main, NJW-RR 1996, 238; *Stadie*, S. 79 ff.

[1280] Siehe dazu bereits unter Punkt 3. Teil, 2. Kapitel, § 1 C. III. 2. b) Seite 201. Ähnlich auch *Reuschle*, Art. 19 Rn. 57. Zu Art. 24 WA so auch *Fröhlich*, S. 81 und *Stefula/Thoß*, TranspR 2001, 248, 249 f. Letztere kommen jedoch auf anderem Weg zu einem Minderungsanspruch des Fluggastes.

[1281] *Stefula/Thoß*, TranspR 2001, 248, 250 sind dagegen der Ansicht, dass Art. 24 WA, also die Vorgängerregelung von Art. 29 MÜ, sich auf den Ausschluss anderer Schadensersatzansprüche, die das Integritätsinteresse betreffen, beschränkt. Das ergebe sich aus dem französischen Wortlaut, insbesondere aus dem Wort „dommage". *Fröhlich*, S. 83 ff. ist nach einer ausführlichen funktionellen Betrachtung der Minderung der Ansicht, dass der Minderungsanspruch aufgrund seiner Berechnungsweise (jetzt § 638 III 1 BGB) nur selten mit einem Schadensersatzanspruch vergleichbar sei. Diese Betrachtung ist m.E. jedoch zu „spitzfindig" und widerspricht grds. auch der später geäußerten Ansicht Fröhlichs (*Fröhlich*, S. 89), Art. 24 WA schließe auch den Minderungsanspruch aus, denn bei der Überschreitung des Wortlautes ist zumindest Zurückhaltung geboten.

[1282] So aber *Stefula/Thoß*, TranspR 2001, 248, 250 unter Berufung auf eine französische Quelle, die aber den Fall eines endgültig unterbrochenen Fluges betrifft und nicht den Fall einer Ankunftsverspätung, siehe *Fröhlich*, S. 77.

[1283] So auch *Staudinger*, RRa 2005, 249, 255. Nach *Reuschle*, Art. 19 Rn. 57 und *Neumann*, ZLW 1997, 217, 221 geht es ähnlich in beiden Fällen um Zahlungsansprüche, die in der verspäteten Ankunft am Bestimmungsflughafen ihren Grund haben. Sie plädieren deshalb für eine international einheitliche Auslegung ohne Rücksicht auf das dogmatische Verständnis einer Rechtsordnung.

Art. 29 MÜ die Einbeziehung des Minderungsanspruches in den Kreis der ausgeschlossenen Ansprüche zumindest nicht ausschließt.[1284]

Somit ist auf Sinn und Zweck des Art. 29 MÜ zurückzugreifen. Diese ergeben m.E. eindeutig, dass der Minderungsanspruch zu dem Kreis der durch Art. 29 MÜ ausgeschlossenen Ansprüche zu zählen ist.[1285] Art. 29 MÜ will den Luftfrachtführer im Sinne einer international einheitlichen Haftung für den Fall einer Ankunftsverspätung umfassend vor einem über den Haftungsrahmen des MÜ hinausgehenden Haftungsrisiko schützen.[1286] Eine Umgehung der Haftungsordnung und insbesondere der Haftungshöchstbeträge soll vermieden werden.[1287] Die Haftungshöchstbeträge dienen dabei dem Luftfrachtführer zur besseren Abschätzung und Versicherung seiner finanziellen Risiken.[1288] Zudem ist im MÜ ein angemessener Interessenausgleich zwischen den Interessen des Luftfrachtführers und den Interessen des Fluggastes gefunden worden – im Bereich der Flugverspätung bestehend aus Haftungshöchstbeträgen und im Gegenzug aus einer Haftung für vermutetes Verschulden[1289] – der ebenfalls vor der Möglichkeit, ihn zu unterlaufen, bewahrt werden soll.[1290]

Mit diesen Zielen lässt sich die Zulassung des Minderungsanspruchs neben dem Anspruch aus Art. 19 MÜ nicht vereinbaren. Auch wenn der Anspruch letztlich in der Höhe auf den Flugpreis begrenzt ist,[1291] führt seine Zulassung doch je nach entrichtetem Flugpreis zu einer u.U. sehr weitgehenden weiteren Haftung des Luftfrachtführers. Im Extremfall, wenn der Fluggast z.B. First Class Flugtickets gebucht hat, ist es nicht ausgeschlossen, dass es insgesamt zu einer Verdoppelung oder sogar Verdreifachung der nach dem MÜ möglichen Haftung des Luftfrachtführers[1292] kommt. Eine solche Haftungserweiterung bewegt sich keinesfalls mehr im Bereich einer tolerierbaren und unerheblichen Größenordnung. Sie lässt sich daher am Ende auch nicht mit dem Argument rechtfertigen, dass die Luftfahrtindustrie nicht mehr in den Kinderschuhen stecke und solche Mehrbelastungen ohne weiteres tragen könne.[1293] Art. 29

[1284] Diese Frage beantwortet *Fröhlich*, S. 81 nicht, wenn er lediglich fragt, ob nach dem Wortlaut von Art. 19 WA die Differenzierung zwischen Schadensersatzansprüchen und Gewährleistungsansprüchen möglich ist.

[1285] So auch *Fröhlich*, S. 86 ff. und *Leffers*, TranspR 1997, 93, 95 zu Art. 24 WA. *Stadie*, S. 81 Fn. 129 hingegen stützt sich nur für die Einbeziehung der Selbstabhilfeansprüche in den Kreis der nach Art. 24 WA ausgeschlossenen Ansprüche auf Sinn und Zweck der Vorschrift. Nur hier sieht er eine Umgehungsgefahr.

[1286] *Reuschle*, Art. 19 Rn. 57; zu Art. 24 WA so auch *Fröhlich*, S. 86.

[1287] So zu Art. 24 WA *Stefula/Thoß*, TranspR 2001, 248, 259.

[1288] *Fröhlich*, S. 86 zu Art. 24 WA.

[1289] *Fröhlich*, S. 86 zu Art. 24 WA.

[1290] *Giemulla* in *Giemulla/Schmid*, MÜ, Art. 29 Rn. 1.

[1291] So zutreffend *Stadie*, S. 80; *Neumann*, ZLW 1997, 217, 221; *Fröhlich*, S. 87.

[1292] Nach dem MÜ haftet der Luftfrachtführer bei Ankunftsverspätungen wie gezeigt grds. beschränkt auf 4150 SZR, also momentan ca. 4.600 Euro.

[1293] Ähnlich *Fröhlich*, S. 87.

MÜ soll den Luftfrachtführer zudem nicht bloß, wie *Stadie*[1294] meint, vor einer unüberschaubaren weiteren Haftung, sondern grds. vor jeder weiteren Haftung im Fall der Ankunftsverspätung schützen. Sinn der Haftungsbeschränkung ist es, dem Luftfrachtführer eine feste und nicht bloß eine variable Kalkulationsgrundlage zu geben.[1295] Schließlich bedrohen gerade weitergehende verschuldensunabhängige Ansprüche die mit dem MÜ geschaffene ausgewogene Haftungsordnung,[1296] und die Rücksichtnahme auf die uneinheitliche und zufällige Begriffsbildung in den Vertragsstaaten gefährdet und widerspricht dem Vereinheitlichungszweck des Abkommens[1297].

Dass Art. 29 MÜ für den Minderungsanspruch eine kaum überwindbare Hürde aufstellt, ist im Übrigen in der eingangs bereits zitierten Entscheidung des *Landgerichts Bonn* zumindest mittelbar anerkannt worden.[1298] Dort mochte man sich im Fall der Ankunftsverspätung bei einer internationalen Beförderung offenbar nicht auf das wie dargelegt etwas zu vordergründige Argument berufen, dass der Minderungsanspruch aufgrund seines Charakters als Gewährleistungsanspruch nicht durch Art. 29 MÜ bzw. Art. 24 WA ausgeschlossen sei. Man wollte aber trotzdem einen Minderungsbetrag zusprechen und hat sich daher entschieden, über das sich aus dem Wortlaut von Art. 19 MÜ bzw. Art. 19 WA nicht ergebende, sehr dehnbare Erfordernis des luftverkehrspezifischen Risikos[1299] die Voraussetzungen von Art. 19 MÜ bzw. Art. 19 WA zu verneinen.[1300] Auf diese Weise war dann der Weg frei für einen Minderungsanspruch nach nationalem Recht, und zwar ohne dass es einer größeren Auseinandersetzung mit Art. 29 MÜ bzw. Art. 24 WA bedurfte. Das Erfordernis eines luftverkehrspezifischen Risikos kann Art. 19 MÜ aber, wie dargestellt, nicht entnommen werden,[1301] so dass auch diese Lösungsmöglichkeit, grds. ausscheiden muss.

c) *Ergebnis*

Als Ergebnis bleibt daher festzuhalten, dass ein Minderungsanspruch des Fluggastes nach § 638 BGB bei einer Ankunftsverspätung schon deshalb nicht bestehen kann, weil die verspätete Ankunft keinen Mangel der Beförderung begründet. Zumindest muss der Minderungsanspruch aber an Art. 29 MÜ

[1294] *Stadie*, S. 80 zu Art. 24 WA.
[1295] *Fröhlich*, S. 87 zu Art. 24 WA.
[1296] Ähnlich *Fröhlich*, S. 87 zu Art. 24 WA. In die gleiche Richtung geht auch das entstehungsgeschichtliche Argument *Fröhlichs*, siehe *Fröhlich*, S. 82 f.
[1297] *Fröhlich*, S. 88 f. zu Art. 24 WA.
[1298] LG Bonn, TranspR 1999, 109 f. = RRa 1998, 121 f. m. zust. Anm. *Ruhwedel*.
[1299] Angeblich nicht gegeben z.B. bei einem Triebwerksschaden. Dazu ausführlich unter Punkt 3. Teil, 2. Kapitel, § 2 C. II. 4. Seite 284.
[1300] Den gleichen Weg wählt auch *Staudinger*, RRa 2005, 249, 254.
[1301] Siehe dazu unter Punkt 3. Teil, 2. Kapitel, § 2 C. II. 4. Seite 284.

scheitern.¹³⁰² Ein anderes Ergebnis wäre im Personenluftverkehr m.E. nur de lege ferenda möglich, wenn man den Ersatz des Minderwertes der verspäteten Beförderungsleistung als Teil des nach §§ 249 ff. BGB geschuldeten Schadensersatzes regeln würde.

3. Rücktritt wegen verspäteter Ankunft

Grds. möglich erscheint bei einer Ankunftsverspätung auch ein Rücktritt des Fluggastes vom Beförderungsvertrag.¹³⁰³ Ein Rücktrittsrecht kann sich dabei zwar nicht aus dem Gewährleistungsrecht des Werkvertrages ergeben, denn § 634 Nr. 3 BGB setzt ein mangelhaftes Werk voraus, ein Mangel wurde jedoch soeben für die verspätete Beförderung gerade abgelehnt. Ein Rücktrittsrecht kann sich aber aus dem allgemeinen Leistungsstörungsrecht ergeben, und zwar aus § 323 BGB, da der Luftfrachtführer bei einer Ankunftsverspätung die fällige Beförderungsleistung nicht erbringt.¹³⁰⁴ Das allgemeine Leistungsstörungsrecht ist bis zur Vollendung der Beförderung weiterhin anwendbar. Der Fluggast müsste also grds. noch vor Vollendung der Beförderung, also vor der Ankunft,¹³⁰⁵ den Rücktritt erklären und könnte dies gemäß § 323 IV BGB ggf. auch bereits vor Fälligkeit, also noch vor dem vereinbarten Ankunftszeitpunkt, tun. Fraglich ist lediglich, ob die Setzung einer angemessenen Frist zur Nacherfüllung entbehrlich ist. Dafür kommen verschiedene Möglichkeiten in Frage. Ohne Fristsetzung könnte der Fluggast gemäß § 326 V i.V.m. § 323 BGB vom Beförderungsvertrag zurücktreten, wenn der Luftbeförderungsvertrag bezogen auf den Ankunftszeitpunkt ein absolutes Fixgeschäft wäre und die Beförderungsleistung damit durch eine verspätete Ankunft gemäß § 275 I BGB unmöglich würde. Der Luftbeförderungsvertrag

---

¹³⁰² Ist der Minderungsanspruch des Fluggastes bei einer Ankunftsverspätung aber gemäß Art. 29 MÜ ausgeschlossen, bedeutet dies im Übrigen in der Konsequenz, dass auch der pauschalreiserechtliche Minderungsanspruch im Falle einer Ankunftsverspätung ausgeschlossen sein muss. Ansatzweise so auch *Fröhlich*, S. 77. Dies sehen jedoch die deutsche Rechtsprechung (LG Frankfurt/Main RRa 2007, 269 f.; LG Hannover, NJW 1985, 2903 f.; LG Frankfurt/Main, NJW-RR 1986, 216 f.; OLG Celle RRa 1995, 163, 164; AG Baden-Baden TranspR 1999, 402, 403 f.) und Literatur (vgl. nur *Führich*, Rn. 211, 212, 328 m.w.N.) ohne Widerspruch bisher anders. *Stadie*, S. 81 Fn. 129 sieht durch Art. 24 WA lediglich den reiserechtlichen Selbsthilfeanspruch ausgeschlossen.

¹³⁰³ Einen entsprechenden Anspruch bei der Eisenbahnbeförderung bejahen *Staudinger*, S. 55 und *Dörner*, S. 53; im Ergebnis auch *Pohar*, S. 158.

¹³⁰⁴ Nicht anwendbar ist m.E. dabei § 323 V S. 1 BGB, da der Luftfrachtführer bei einer Ankunftsverspätung noch keine Teilleistung nicht rechtzeitig erbracht hat. Die Luftbeförderung ist insofern nicht teilbar. So jüngst auch *Pohar*, S. 156. A.A. offenbar *Fröhlich*, S. 255 f. zu § 326 a.F. BGB und *Staudinger*, S. 55; *Dörner*, S. 53 f., beide für eine Verspätung während der Fahrt bei der Eisenbahnbeförderung. Die Luftbeförderung ist allerdings in Teilstrecken teilbar, wenn diese in einem einheitlichen Vertrag vereinbart worden sind und Zwischenlandungen erfolgen.

¹³⁰⁵ So auch *Fröhlich*, S. 250 für das Rücktrittsrecht aus § 326 a.F. BGB im Hinblick auf die Beendigung des Verzugs m.w.N.

stellt jedoch nach hier vertretener Ansicht grds. kein absolutes Fixgeschäft bezogen auf den Ankunftszeitpunkt dar.[1306] Ferner wäre eine Nachfristsetzung gemäß § 323 II Nr. 2 BGB entbehrlich, wenn der Luftbeförderungsvertrag bezogen auf den Ankunftszeitpunkt ein relatives Fixgeschäft wäre. Auch dies wurde hier jedoch grds. abgelehnt.[1307] Eine Nachfristsetzung wäre aber schließlich auch dann entbehrlich, wenn bei einer Ankunftsverspätung gemäß § 323 II Nr. 3 BGB besondere Umstände anzunehmen wären, die unter Abwägung der beiderseitigen Interessen den sofortigen Rücktritt rechtfertigen würden. Dies könnte nach Ablauf einer gewissen mit Überschreitung des Ankunftszeitpunktes automatisch beginnenden Nachfrist zu bejahen sein.[1308]

Man könnte sich aber auch auf den Standpunkt stellen, dass bei der Luftbeförderung besondere Umstände i.S.v. § 323 II Nr. 3 BGB bereits deshalb vorliegen, weil eine Fristsetzung mit Überschreitung des Ankunftszeitpunktes grds. sinnlos wird, da sie zu diesem Zeitpunkt ihre Funktion i.d.R. nicht mehr erfüllen kann.[1309] Der Flug wird zu diesem Zeitpunkt regelmäßig bereits begonnen haben, so dass dem Luftfrachtführer keine zweite Chance zur Erfüllung eingeräumt werden muss. Zudem wird der Luftfrachtführer die Flugzeiten kennen, so dass er nicht an seine vertragsgemäße Erfüllung erinnert werden muss. Darüber hinaus dürften die Einflussmöglichkeiten des Luftfrachtführers auf die Flugdauer, sofern ein Flug einmal eine bestimmte Verspätung hat, sehr gering sein, so dass er ohnehin auf eine Nachfrist nicht entsprechend reagieren könnte. Auf diese Weise ließe sich also sogar ein Rücktritt ohne jegliche Nachfrist begründen.

Eine solche Argumentation würde aber zwangsläufig auf die Begründung des gerade abgelehnten relativen Fixgeschäftes bezogen auf den Ankunftszeitpunkt der Luftbeförderung hinauslaufen. Auch wird dem Luftfrachtführer durch eine automatisch laufende Nachfrist insofern eine zweite Chance eingeräumt, als sich auf jeden Fall der Zeitraum verlängert, in dem die Erfüllung ganz sicher noch möglich ist. Deshalb muss es m.E. bei einer automatisch laufenden Nachfrist bleiben, nach deren Ablauf der sofortige Rücktritt i.S.v. § 323 II Nr. 3 BGB möglich ist.

Über allem steht jedoch wiederum die Frage, ob das Rücktrittsrecht des Fluggastes bei einer Ankunftsverspätung nicht ebenso wie das Minderungsrecht durch Art. 29 MÜ ausgeschlossen ist. Zur Beantwortung dieser Frage sind die Rechtsfolgen eines Rücktritts in der Situation der Ankunftsverspätung genauer zu untersuchen.

[1306] Siehe dazu bereits unter Punkt 3. Teil, 2. Kapitel, § 1 A. II. Seite 158.

[1307] Siehe dazu auch bereits unter Punkt 3. Teil, 2. Kapitel, § 1 A. II. Seite 158.

[1308] Vgl. zu ähnlichen Überlegungen im Rahmen der Abflugverspätung und zur Länge einer solchen Frist bereits unter Punkt 3. Teil, 2. Kapitel, § 2 A. III. 4. Seite 219.

[1309] So für die Eisenbahnbeförderung auch *Pohar*, S. 160. Ähnlich zur Minderung wegen Verzögerung einer Werkleistung *Peters* in *Staudinger* (2000), § 636 Rn. 22.

Wäre ein Rücktritt möglich, könnte der Fluggast nach dem Rücktritt gemäß § 346 I BGB grds. die Rückerstattung des gezahlten Beförderungsentgeltes vom vertraglichen Luftfrachtführer verlangen. Er wäre daraufhin gemäß § 346 I i.V.m. II Nr. 1 BGB aber auch zum Wertersatz für die erhaltene Leistung verpflichtet.[1310] Für dessen Berechnung wiederum wäre grds. auf den objektiven Wert der Leistung abzustellen. Dabei wäre eine vereinbarte Gegenleistung, hier also der gezahlte Flugpreis, gemäß § 346 II S. 2 BGB der Berechnung des Wertersatzes zugrunde zu legen.[1311] Das würde für den von einer Ankunftsverspätung betroffenen Fluggast jedoch bedeuten, dass sich sein Rücktritt vom Beförderungsvertrag zunächst einmal nicht positiv auf die eigene Vermögenssituation auswirken würde, obwohl gerade die Verspätung den Rücktrittsgrund bildet. Wegen der Ankunftsverspätung wäre jedoch der Wert der Beförderung, der sich aus der vereinbarten Gegenleistung ergäbe, wohl grds. anteilig, abhängig von der jeweiligen Verspätung, zu kürzen.[1312] Entsprechend tritt nach h.M. bei minderwertigen Leistungen auch eine geminderte Gegenleistung an die Stelle des Wertersatzes.[1313] Möglicherweise wäre so sogar eine vollständige Kürzung des Wertersatzes bis auf Null denkbar, wenn die Beförderung aufgrund der Verspätung für den Fluggast überhaupt keinen Wert mehr hatte.[1314] Im Endeffekt hätte der Fluggast somit bei einer Ankunftsverspätung nach erfolgtem Rücktritt jedenfalls einen Anspruch auf zumindest teilweisen Ersatz des gezahlten Beförderungsentgeltes. Er müsste sich bei der Rückzahlung des Flugpreises lediglich einen Abzug gefallen lassen, der dem Wert der verspäteten Beförderung entspricht.

Ein Rücktritt des Fluggastes im Hinblick auf eine Ankunftsverspätung der Beförderung würde daher im Ergebnis auf eine Art Minderungsanspruch bzw. auf einen Schadensersatzanspruch bzgl. des Äquivalenzinteresses des Fluggastes hinauslaufen, so dass auch hier ein Konflikt mit Art. 29 MÜ bzw. Art. 24 WA oder der entsprechenden Vorschrift des LuftVG besteht. Der Rücktritt des Fluggastes vom Beförderungsvertrag muss daher ebenso wie der Minderungsanspruch selbst durch Art. 29 MÜ ausgeschlossen sein. Nach Sinn und Zweck will Art. 29 MÜ m.E. auch diesen Anspruch erfassen. Die Kosten eines nutzlosen Fluges können damit ggf. lediglich über Art. 19 MÜ als nutzlose Aufwendungen ersetzt verlangt werden.

[1310] So für die Eisenbahnbeförderung auch *Dörner*, S. 54; *Staudinger*, S. 55; für unkörperliche Werkleistungen so auch *Gaier* in MünchKomm BGB, § 346 Rn. 20.
[1311] Vgl. *Gaier* in MünchKomm BGB, § 346 Rn. 21.
[1312] So für die Eisenbahnbeförderung auch *Dörner*, S. 54; *Staudinger*, S. 55 und *Pohar*, S. 156 f.
[1313] Vgl. nur *Gaier* in MünchKomm BGB, § 346 Rn. 21; *Palandt/Grüneberg*, § 346 Rn. 10 beide m.w.N.; a.A. Kohler, JZ 2002, 682, 688.
[1314] Nach h.M. ist kein Ersatz zu leisten, wenn die erbrachte Leistung keinen Wert hat, vgl. *Gaier* in MünchKomm BGB, 4. Aufl. Band 2a, § 346 Rn. 22.

4. Rücktritt bei Beförderungen über mehrere Teilstrecken

Für Beförderungen über mehrere Teilstrecken kann schließlich nichts anderes gelten. Auch hier muss der Rücktritt vom Beförderungsvertrag aufgrund einer Ankunftsverspätung bei der Zwischenlandung bzgl. der gestörten Teilstrecke und bereits abgeflogener Teilstrecken durch Art. 29 MÜ ausgeschlossen sein. Dies muss darüber hinaus aber auch für den Rücktritt vom Beförderungsvertrag bzgl. bereits abgeflogener Teilstrecken aufgrund einer Abflugverspätung auf der Anschlussflugstrecke gelten, sei es, dass der Anschlussflug verschoben wurde oder der Fluggast auf einen anderen Anschlussflug umgebucht wurde, wenn die Abflugverspätung auf der Ankunftsverspätung des Fluggastes auf der Zubringerflugstrecke beruht. Auch in dieser Situation muss der Fluggast auf den Anspruch aus Art. 19 MÜ verwiesen werden. Bzgl. noch nicht abgeflogener Teilstrecken ist dagegen ein Konflikt mit Art. 29 MÜ nicht erkennbar. Hier bleibt es also bei dem Rücktrittsrecht des Fluggastes nach nationalem Recht wegen der Abflugverspätung auf der Anschlussflugstrecke.

D. Verzögerungen nach der Ankunft

Auch nach der Ankunft am Zielort hat der Luftfrachtführer den Fluggast zügig und in angemessener Zeit[1315] weiter abzufertigen.[1316] Insbesondere müssen z.B. die Beförderung zum Terminal und insgesamt die Bodenabfertigung nach der Ankunft in angemessener Zeit erfolgen. Eine Überschreitung dieser Zeit kann damit zu einer weiteren (Ankunfts-)Verspätung des Fluggastes „bei der Luftbeförderung" führen, für die der Luftfrachtführer m.E. ebenfalls nach Art. 19 MÜ einzustehen hat, sofern er die Verspätung zu vertreten hat. Auch für das Ende der Haftung aus Art. 19 MÜ kann es daher nicht auf das Ende der Beförderung i.S.v. Art. 17 MÜ mit dem Aussteigevorgang ankommen.[1317] Vielmehr richtet sich die Haftung des Luftfrachtführers auch insoweit nach der vertraglichen Vereinbarung. Die vertraglich geschuldete Beförderung kann jedoch erst dann als erfüllt angesehen werden, wenn der Fluggast sich wieder frei bewegen kann. Die Haftung des Luftfrachtführers für Verspätungen endet daher m.E. erst dann, wenn der Fluggast das Flughafengebäude nach der Ankunft ohne weitere Hindernisse selbständig verlassen kann, im Zweifel also erst nach der Kontrolle durch die Zollbehörden. Eine andere Frage ist es dagegen, ob dem Luftfrachtführer eine zeitliche Verzöge-

---

[1315] Eine konkrete Leistungszeit ist insofern regelmäßig nicht vereinbart, da die Flugzeit selbst mit dem Andocken des Flugzeugs am Flughafengebäude bzw. dem Erreichen der endgültigen Parkposition im Vorfeld endet.
[1316] So auch *Fröhlich*, S. 120 f. Siehe zu der Auslieferung von Gepäck in angemessener Zeit auch *Schmid* in *Giemulla/Schmid*, MÜ, Art. 19 Rn. 6 a.E.
[1317] So wohl auch *Mankiewicz*, Rn. 218; a.A. *Fröhlich*, S. 117; *Drion*, Rn. 75; *Schmid* in *Giemulla/Schmid*, MÜ, Art. 19 Rn. 30 m.w.N.

rung durch die Zollbehörden zuzurechnen ist oder ob dem Fluggast eventuell ein Mitverschulden zur Last zu legen ist, weil er sich nicht zügig zum Ausgang begeben hat. Die Unterschiede zu der auf das Haftungsende nach Art. 17 MÜ abstellenden Ansicht sind aber letztlich nicht sehr groß, da das Tatbestandsmerkmal „Aussteigen" von dieser Ansicht regelmäßig weit ausgelegt wird und z.B. auch den Vorfeldbus umfassen soll.[1318] Eine Anlehnung erfolgt hier i.d.R. an den Begriff der Obhut i.S.v. Art. 18 III MÜ,[1319] der grds. den Zeitraum der Verantwortung des Luftfrachtführers für den Fluggast gut umschreibt und im Hinblick auf Unfallschäden damit auch auf die Beförderung von Personen übertragen werden kann.

Die verspätete Aushändigung von Reisegepäck kann dagegen grds. nicht zu einer Verspätung des Reisenden i.S.v. Art. 19 MÜ führen. Der Fluggast darf m.E. jedoch über die angemessene Zeit für die Gepäckauslieferung hinaus eine weitere angemessene Zeit auf sein aufgegebenes und nicht aufgegebenes Reisegepäck warten und eine solche Verspätung dem Luftfrachtführer auch im Hinblick auf seine Person zurechnen. Eine darüber hinausgehende Verspätung in der Auslieferung des Reisegepäcks ist jedoch ausschließlich eine Frage der Verspätungshaftung für Reisegepäck, die sich allerdings wiederum nach Art. 19 MÜ richtet. Insofern ist der Fluggast also nach einer gewissen Wartezeit „gezwungen", den Flughafen zu verlassen.

E. Haftung des ausführenden Luftfrachtführers

Gibt es gemäß Art. 39 MÜ bei einer Luftbeförderung sowohl einen vertraglichen wie auch einen ausführenden Luftfrachtführer,[1320] bzw. führt ein ausführender Luftfrachtführer eine Beförderung, die nach dem mit dem vertraglichen Luftfrachtführer geschlossenen Beförderungsvertrag dem MÜ unterliegt,[1321] ganz oder teilweise durch, unterliegt gemäß Art. 40 MÜ[1322] neben dem vertraglichen Luftfrachtführer grds. auch der ausführende Luftfrachtführer den Vorschriften des MÜ. Aus Kapitel V des MÜ, Art. 39 ff. MÜ, ergeben sich nur wenige Besonderheiten. Auch der ausführende Luftfrachtführer haftet somit bei Vorliegen der Voraussetzungen nach Art. 19 MÜ für Ankunftsverspätungsschäden des Fluggastes. Er haftet gemäß Art. 40 MÜ a.E. jedoch nur für die (Teil-)Strecke der Beförderung, die er übernommen hat und tatsächlich ausführt. Lediglich insofern kommt es zu einer haftungsrechtlichen Gleich-

---

[1318] Vgl. *Schmid* in *Giemulla/Schmid*, MÜ, Art. 17 Rn. 64 ff.
[1319] Vgl. *Schmid* in *Giemulla/Schmid*, MÜ, Art. 17 Rn. 55 f.
[1320] Dazu bereits unter Punkt 2. Teil, 2. Kapitel, § 5 A. Seite 60.
[1321] Unerheblich ist, ob auch der ausgeführte Teil der Beförderung selbst den Vorschriften des MÜ unterliegen würde, dazu *Dettling-Ott* in *Giemulla/Schmid*, MÜ, Art. 40 Rn. 3; *Guldimann* Art. II ZAG Rn. 4; *Koller* Art. II ZAG Rn. 3.
[1322] Die Vorschrift beruht auf Art. II ZAG.

behandlung zwischen vertraglichem und ausführendem Luftfrachtführer.[1323] Der ausführende Luftfrachtführer bekommt nur für diesen Teil der Beförderung die Stellung eines „Quasi-Vertragspartners".[1324] Sinn und Zweck der Vorschrift ist es, dem Reisenden, der i.d.R. keinen Einblick in die tatsächliche Organisation der Luftbeförderung bzw. das Innenverhältnis der zusammenwirkenden Luftfrachtführer hat, die Geltendmachung von Ansprüchen nach dem MÜ zu erleichtern, indem es dem Reisenden einen zweiten Schuldner gibt.[1325]

[1323] *Ruhwedel*, Rn. 97.
[1324] *Ruhwedel*, Rn. 608, 621.
[1325] *Reuschle*, Art. 40 MÜ Rn. 1.

4. Teil

Nichtbeförderung auf einem bestimmten Flug

Neben Flugverspätungen ist häufig auch die Nichtbeförderung eines Fluggastes auf einem i.d.R. durch Flugnummer, Datum und Abflug- und Ankunftszeit bestimmten Flug ein großes Ärgernis für den Fluggast, führt sie doch regelmäßig ebenfalls dazu, dass der Fluggast an seinem Zielort verspätet ankommt. Eine solche Nichtbeförderung kann dabei auf der einen Seite gegeben sein, wenn der Fluggast selbst die vereinbarte Meldeschlusszeit[1] nicht beachtet, bestehende Sicherheitsvorschriften nicht einhält,[2] eine Gefahr für die Gesundheit anderer Fluggäste und Besatzungsmitglieder darstellt[3] oder nicht im Besitz gültiger Reisedokumente (z.B. Visum oder Impfbescheinigung)[4] ist und deswegen zurückgewiesen werden muss.[5] Sie kann auf der anderen Seite aber auch auf Flugüberbuchungen, -annullierungen und -vorverlegungen oder ganz einfach auf einer Umbuchung (Verlegung des Fluggastes auf einen anderen Flug) seitens des Luftfrachtführers beruhen. Fraglich ist daher insbesondere, welche Rechte dem Fluggast in den zuletzt genannten Situationen zustehen. In den zuerst genannten Situationen verliert der Fluggast dagegen mit der berechtigten[6] Zurückweisung auf einem bestimmten Flug häufig sogar seinen Beförderungsanspruch auf der betroffenen Flugstrecke insgesamt. Das wiederum hängt m.E. davon ab, ob der

---

[1] Siehe dazu bereits unter Punkt 2. Teil, 4. Kapitel, § 2 Seite 99. Vgl. auch *Schmid* in *Giemulla/ Schmid*, MÜ, Art. 19 Rn. 115 m.w.N.; *Führich* Rn. 1006.

[2] Vgl. *Führich*, Rn. 989; *Führich*, MDR 2007, Sonderbeilage, 1, 4; *Tonner*, II. Rn. 26; *Lienhard*, GPR 2004, 259, 262; *Staudinger/Schmidt-Bendun*, NJW 2004, 1897, 1898.

[3] Vgl. *Tonner*, II. Rn. 26; *Schmid* in *Giemulla/Schmid*, MÜ, Art. 19 Rn. 110.

[4] Vgl. *Schmid* in *Giemulla/Schmid*, MÜ, Art. 19 Rn. 116; Art. 3 ABB Air Berlin.

[5] Vgl. Art. 7 ABB Flugpassage der Lufthansa und Art. 2 j) FluggastrechteVO.

[6] Wird der Fluggast zu Unrecht zurückgewiesen, bestehen die für den Fall der Flugverspätung des Fluggastes dargestellten Rechte mit der Maßgabe, dass der Fluggast gemäß § 323 II Nr. 1 BGB und § 281 II BGB bereits ohne Nachfristsetzung vom Beförderungsvertrag zurücktreten bzw. Schadensersatz statt der Leistung verlangen, sofern er endgültig auf der betroffenen Flugstrecke nicht befördert werden soll. Vgl. auch *Führich*, Rn. 986; *Fröhlich*, S. 260; LG Frankfurt/Main NJW 1991, 2572. Dass Fälle der endgültigen Nichtbeförderung nicht dem Abkommen unterfallen, war bereits für die Delegierten der Warschauer Konferenz eindeutig, siehe II Conférence, S. 52; II Conférence, S. 115. Siehe auch *Fröhlich*, S. 123 f.; *Schmid* in *Giemulla/Schmid*, MÜ, Art. 19 Rn. 96.

Fluggast zum Zeitpunkt der Zurückweisung oder danach seinen Flug noch umbuchen kann, inwiefern also eine Flugbindung besteht.[7]

1. Kapitel Definitionen

§ 1 Überbuchung

Unter einer Flugüberbuchung versteht man grds. den Umstand, dass durch den Luftfrachtführer für einen bestimmten Flug mehr Sitzplätze im Wege einer verbindlichen Platzbuchung vergeben werden als auf diesem Flug zur Verfügung stehen.[8] Es handelt sich um eine gängige Praxis fast aller Fluggesellschaften zur Verbesserung ihrer Auslastung.[9] Etwa 10 Prozent der auf einem bestimmten Flug zur Verfügung stehenden Plätze werden regelmäßig zur Überbuchung freigegeben.[10] Hintergrund sind die verschiedenen im Hinblick auf die Platzbuchung flexibel umbuchbaren Flugtickets zum Normalflugpreis,[11] die i.d.R. von Geschäftsreisenden genutzt werden. Sie führen dazu, dass es häufig zu sehr kurzfristigen Stornierungen[12] (bzw. Änderungen) der Platzbuchung für einen bestimmten Flug durch diese Personen kommt, u.U. sogar durch Nichterscheinen zum Abflug, sog. No-Shows, so dass davon auszugehen ist, dass ein bestimmter Prozentsatz der Sitzplätze auf einem Flug regelmäßig unbesetzt bleibt. Diese voraussichtliche Minderauslastung versuchen die Luftfrachtführer nun durch die Überbuchung ihrer Flüge wieder auszugleichen.[13] Ferner kann es infolge von Flugannullierungen oder -verspätungen oder in seltenen Ausnahmefällen auch aufgrund von Computerproblemen zu Überbuchungen

---

[7] Dazu bereits genauer unter Punkt 2. Teil, 4. Kapitel, § 2 B. II. Seite 110 im Zusammenhang mit dem Nichteinhalten der vereinbarten Meldeschlusszeit durch den Fluggast.

[8] Vgl. nur *Fröhlich*, S. 132 m.w.N.; *Müller-Rostin*, TranspR 1980, 12, 13.

[9] Siehe zur Überbuchung auch *Giemulla*, EuZW 1991, 367, 368; *Führich*, Rn. 1010; *Führich*, NJW 1997, 1044; *Schmid* in *Giemulla/Schmid*, MÜ, Art. 19 Rn. 94; *Schmid*, TranspR 1985, 369, 373; *Schmid*, TranspR 1991, 128; *Ruhwedel*, Rn. 162; *Shawcross and Beaumont*, VII[756]; *Schwenk*, 2. Aufl., S. 650; *Tonner*, II. Rn. 23; *Tonner* in *Gebauer*, Kapitel 13 a Rn. 40 ff; *Haanappel*, ZLW 2005, 27 f.; *Giemulla* in *Giemulla/Schmid*, LuftVG, § 48 Rn. 22; *Stadie*, S. 102 und 106 f.; *Fröhlich*, S. 133 f. m.w.N. Siehe auch die Begründung der Europäischen Kommission zum Gesetzentwurf der FluggastrechteVO, KOM 2001, 784, S. 4.

[10] Vgl. nur *Führich*, Rn. 1010. *Schmid*, TranspR 1991, 128, 131 spricht sogar von bis zu 20%. Ebenso *Schoner*, ZLW 1980, 327, 343; *Müller-Rostin*, TranspR 1980, 12, 13.

[11] Viele sog. Billigfluggesellschaften, die i.d.R. nur wenige flexibel umbuchbare Tickets ausgeben, sind daher weniger zur Überbuchung ihrer Flüge „gezwungen", vgl. auch *Haanappel*, ZLW 2005, 27 f.

[12] Ohne Verlust des Beförderungsanspruchs.

[13] Siehe *Führich*, Rn. 1010. Sehr ausführlich *Fröhlich*, S. 134 auch zur wirtschaftlichen Bedeutung der Überbuchung.

auf Flügen eines Luftfrachtführers kommen. IdR wird man bei der Frage des Vertretenmüssens jedoch Vorsatz[14] oder zumindest eine bewusste grobe Fahrlässigkeit[15] des Luftfrachtführers annehmen müssen.

§ 2 Annullierung

Unter einer Annullierung versteht man die vollständige Nichtdurchführung eines bestimmten Fluges, für den zumindest eine Platzbuchung eines Fluggastes bestand.[16] Annullierungen können ebenfalls vielfältige Gründe haben, seien es Flugeinschränkungen, Sicherheitsbedenken oder Wetterbedingungen, die einen Start nicht erlauben, sei es, dass die für den Flug vorgesehene Maschine defekt ist, oder seien es auch wirtschaftliche Überlegungen der Fluggesellschaften (sog. wirtschaftliche Annullierungen).[17] Die Frage des Vertretenmüssens ist hier i.d.R. schwieriger zu beantworten.

§ 3 Vorverlegung

Unter einer Vorverlegung eines Fluges versteht man die Verlegung der Abflug- und Ankunftszeit eines bestimmten Fluges auf einen früheren Zeitpunkt als ursprünglich vorgesehen. Für sie kommen ähnliche Gründe wie für Flugannullierungen in Betracht. Häufig werden Flugvorverlegungen jedoch wirtschaftlicher Natur und damit vom Luftfrachtführer zu vertreten sein.

§ 4 Umbuchung

Mit einer Umbuchung ist schließlich ganz allgemein die Verlegung des Fluggastes auf einen anderen bestimmten Flug[18] gemeint.[19] Auch sie kann verschiedene Gründe haben. Häufig wird sie auf Überbuchungen oder Annullierungen eines Fluges, auch infolge der Zusammenlegung von Flügen, beruhen. Entsprechend unterschiedlich ist die Frage des Vertretenmüssens zu beantworten.

---

[14] Vgl. nur *Schmid* in *Giemulla/Schmid*, MÜ, Art. 19 Rn. 94; *Schmid*, ZLW 2005, 373, 377; *Tonner* in *Gebauer*, Kapitel 13 a Rn. 40.

[15] *Fröhlich*, S. 155 f.; *Schmid*, TranspR 1985, 369, 375; *Giemulla*, EuZW 1991, 367, 368; *Tonner* in *Gebauer*, Kapitel 13 a Rn. 98. Gegen die Annahme grober Fahrlässigkeit *Müller-Rostin*, TranspR 1980, 12, 14 f.

[16] Vgl. Art. 2 l) FluggastrechteVO.

[17] Siehe *Haanappel*, ZLW 2005, 27 f.

[18] Zu dieser Problematik im Rahmen der FluggastrechteVO siehe *Reuschle*, Art. 19 MÜ Rn. 64; *Führich*, Rn. 1019; *Lienhard* GPR 2004, 259, 262.

[19] Siehe dazu bereits genauer unter Punkt 2. Teil, 3. Kapitel, § 2 D. VI. Seite 86.

2. Kapitel Rechtsfolgen

Im Hinblick auf die Rechtsfolgen von Flugüberbuchungen, Flugannullierungen, Flugvorverlegungen[1] und Umbuchungen ist zunächst noch einmal darauf hinzuweisen, dass der vertragliche Luftfrachtführer nach dem oben Gesagten gerade nicht die Beförderung mit einem bestimmten Flug schuldet.[2] Die Beförderung des Fluggastes auf einer bestimmten Flugstrecke wird also durch die Zurückweisung der Beförderung des Fluggastes auf einem bestimmten Flug und den Abflug dieses Fluges eben nicht gemäß § 275 BGB unmöglich.[3] Vielmehr behält der Fluggast grds. seinen ursprünglichen Erfüllungsanspruch aus dem Luftbeförderungsvertrag und der vertragliche Luftfrachtführer bleibt auch weiterhin zur Beförderung des Fluggastes auf der gebuchten Flugstrecke im Rahmen der ursprünglich getroffenen Vereinbarung, insbesondere zu den ursprünglich vereinbarten Flugzeiten, ggf. auch durch Höherstufung in eine höhere Beförderungsklasse oder Umbuchung auf einen anderen ausführenden Luftfrachtführer, verpflichtet. Das gilt im Übrigen grds. ebenso für den Fall einer Verschiebung eines Fluges ohne Umbuchung des Fluggastes auf einen anderen Flug.[4]

Von diesem Grundsatz gibt es im Wesentlichen zwei Ausnahmen. Zum einen ist es denkbar, dass der vertragliche Luftfrachtführer aufgrund eines wirksamen einseitigen Leistungsänderungsvorbehaltes und somit auch im Zusammenhang mit einer Umbuchung des Fluggastes unter anderem die vereinbarten Flugzeiten einseitig ändern kann.[5] Zum anderen ist es dem Fluggast grds. mög-

---

[1] Siehe zu den Rechtsfolgen einer Flugvorverlegung auch AG Frankfurt/Main RRa 2005, 231 ff. (3 Urteile, Anspruch nach § 280 I BGB); AG Düsseldorf RRa 2005, 135 (Anspruch nach §§ 280, 283 BGB); OLG Frankfurt/Main TranspR 1984, 21, 22 f.; LG Frankfurt/Main NJW-RR 1989, 48 = TranspR 1989, 18 = ZLW 1989, 384, 385; LG Düsseldorf NJW-RR 1994, 740, 741; (alle Anspruch nach § 325 BGB a.F.); *Schmid* in *Giemulla/Schmid*, MÜ, Art. 19 Rn. 113, 116 m.w.N.; *Ruhwedel*, Rn. 160; *Fröhlich*, S. 247 Fn. 1359; *Schwenk*, 2. Aufl., S. 656.

[2] Siehe dazu unter Punkt 2. Teil, 3. Kapitel, § 2 D. IV. Seite 80. Ferner wird die Überbuchungspraxis der Fluggesellschaften auch nicht durch die FluggastrechteVO legalisiert, siehe *Führich*, MDR 2007, Sonderbeilage, 1, 4; *Tonner* in *Gebauer*, Kapitel 13 a Rn. 39.

[3] So aber die h.M., wenn sie sich neben der Vereinbarung der Flugnummer auch auf den absoluten Fixgeschäftscharakter der Luftbeförderung beruft, siehe jeweils dort.

[4] Flugverschiebungen sind daher grds. nicht anders zu behandeln als Flugverspätungen. A.A. ausgehend von einem absoluten Fixgeschäft OLG Düsseldorf NJW-RR 1997, 930.

[5] Siehe dazu unter Punkt 2. Teil, 4. Kapitel, § 1 Seite 92.

lich, sich mit den neuen Flugbedingungen, insbesondere der Geltung neuer Flugzeiten, einverstanden zu erklären. Besteht daher ein wirksamer Leistungsänderungsvorbehalt oder verzichtet der von einer Überbuchung betroffene Fluggast freiwillig auf seine Platzbuchung auf dem überbuchten Flug und lässt er sich auf einen anderen neuen Flug umbuchen, werden mit dieser Umbuchung und der Platzbuchung auf dem neuen Flug für diesen Fluggast – in der zweiten Alternative im Wege eines Änderungsvertrages[6] – auch neue Flugzeiten vereinbart. Rechte im Hinblick auf die ursprünglich vereinbarten Flugzeiten kann der Fluggast dann gegen den vertraglichen Luftfrachtführer nicht mehr herleiten. Ähnliches gilt für Annullierungen verbunden mit der Umbuchung auf einen anderen Flug und Vorverlegungen mit oder ohne Umbuchung auf einen anderen Flug sowie Umbuchungen generell. Sowohl Vorverlegungen eines Fluges als auch Umbuchungen auf einen anderen Flug, ggf. infolge einer Annullierung oder Vorverlegung eines Fluges, können aufgrund eines wirksam vereinbarten einseitigen Änderungsvorbehaltes bzgl. der vereinbarten Flugzeiten für den Fluggast verbindlich sein oder sie können auf einer zweiseitigen vertraglichen Vereinbarung[7] beruhen. In beiden Fällen sind die neuen Flugzeiten für den Fluggast maßgeblich und er kann Rechte im Hinblick auf die ursprünglich vereinbarten Flugzeiten gegen den vertraglichen Luftfrachtführer nicht mehr herleiten.

Erfolgt die Umbuchung des Fluggastes auf einen anderen Flug, ggf. nach einer Überbuchung oder Annullierung, jedoch unfreiwillig und ist die einseitige Änderung der vereinbarten Flugzeiten durch den Luftfrachtführer unwirksam, muss es bei den ursprünglich vereinbarten Flugzeiten und einem entsprechenden Erfüllungsanspruch des Fluggastes bleiben. Gleiches gilt für Flugvorverlegungen. Hier ist unter den genannten Bedingungen – Unfreiwilligkeit der Vorverlegung und Unwirksamkeit der einseitigen Änderung der Flugzeiten – nicht nur die Vorverlegung der Flugzeiten unwirksam,[8] sondern auch die dann erforderliche Umbuchung des Fluggastes auf einen späteren Flug führt nicht zur Maßgeblichkeit neuer Flugzeiten. Die Umbuchung des Fluggastes auf einen im Vergleich zu den ursprünglich vereinbarten Flugzeiten späteren Flug zur Erfüllung der Beförderungsverspflichtung aus dem Beförderungsvertrag hat in

---

[6] So auch *Führich*, Rn. 1035; *Führich*, MDR 2007, Sonderbeilage, 1, 11; *Lienhard*, GRP 2004, 259, 265; *Tonner*, II. Rn. 28. Der ausführende Luftfrachtführer handelt dabei ggf. als Vertreter des vertraglichen Luftfrachtführers, so auch *Tonner*, II. Rn. 28.

[7] Bei der Vorverlegung kann sich der Fluggast dabei auch konkludent durch rechtzeitiges Erscheinen zur Abfertigung des vorverlegten Fluges mit den neuen Flugzeiten einverstanden erklären. Für die Umbuchung auf einen späteren Flug kann dies jedoch nicht gelten, da der Fluggast grds. nicht später als vereinbart fliegen will. Insofern wird man daher für eine zweiseitige Änderung eine ausdrückliche Vereinbarung verlangen müssen.

[8] Abweichend von dem Grundsatz des § 271 II BGB kann der Gläubiger bei der Luftbeförderung diese nicht vor dem vereinbarten Zeitpunkt bewirken, da dies von den Parteien aufgrund der Bedeutung der Abflugzeit nicht gewollt ist und zudem eine Mitwirkungshandlung des Fluggastes erforderlich ist. Vgl. allgemein nur *Palandt/Heinrichs*, § 271 Rn. 11.

den genannten Situationen und unter den genannten Umständen lediglich die „Vereinbarung" einer neuen Meldeschlusszeit zur Folge.[9]

Das bedeutet, dass der Fluggast nach einer solchen Umbuchung im Hinblick auf die ursprünglich vereinbarten Flugzeiten i.d.R. nicht nur verspätet an seinem Abflugort abfliegt, sondern auch verspätet an seinen Zielort ankommt. Auch in den genannten Situationen hat der Fluggast somit letztlich ein Verspätungsproblem, so dass auch hier die für Flugverspätungen aufgezeigten Rechte des Fluggastes gegen den vertraglichen Luftfrachtführer gelten müssen. Es zeigt sich also, dass Flugüberbuchungen, Flugannullierungen, Flugvorverlegungen und generell Umbuchungen des Fluggastes im Grundsatz nicht anders zu behandeln sind und nicht zu anderen Rechten führen als Abflug- und Ankunftsverspätungen des Fluggastes.[10]

Hinzu kommen lediglich besondere Rechte nach der FluggastrechteVO, sofern der vertragliche Luftfrachtführer auch ausführendes Luftfahrtunternehmen i.S.d. FluggastrechteVO ist. Diese wiederum schließen die Rechte nach nationalem Recht nicht aus. Nach Art. 12 I 1 FluggastrechteVO gilt die FluggastrechteVO ausdrücklich unbeschadet eines weitergehenden Schadensersatzanspruchs des Fluggastes.[11]

Im Einzelnen kann der Fluggast also auch im Fall von Flugüberbuchungen, Flugannullierungen, Flugvorverlegungen und allgemein Umbuchungen gegen den vertraglichen Luftfrachtführer i.d.R. die bereits zur Flugverspätung des Fluggastes dargestellten Rechte entsprechend geltend machen. Nur wenn der vertragliche Luftfrachtführer die „Ersatz"-Beförderung mit einem anderen (späteren) Flug ernsthaft und endgültig verweigert[12], ergibt sich zur Situation der oben diskutierten Abflugverspätung ein nicht ganz unwesentlicher Unterschied.[13] In diesem Fall kann der Fluggast nämlich gemäß § 323 II Nr. 1 BGB und § 281 II BGB bereits ohne Nachfristsetzung und ggf. auch vor Fälligkeit[14] vom Beförderungsvertrag zurücktreten bzw. Schadensersatz statt der Leistung verlangen. Erforderliche Mitwirkungshandlungen des Gläubi-

---

[9] Siehe dazu bereits unter Punkt 2. Teil, 3. Kapitel, § 2 D. IV. Seite 80.
[10] Für die Anwendbarkeit von Art. 19 MÜ bzw. Art. 19 WA im Fall von Überbuchungen auch *Stadie*, S. 102 f.; *Fröhlich*, S. 148 f.; a.A. die wohl h.M., siehe nur BGH NJW 1979, 495; OLG München ZLW 1983, 60, 61; *Reuschle*, Art. 19 MÜ Rn. 9; *Schmid* in Giemulla/Schmid, MÜ, Art. 19 Rn. 97 f.; *Schmid*, TranspR 1985, 369, 374; *Müller-Rostin*, TranspR 1980, 12, 14; *Ruhwedel*, Rn. 550. Für die Anwendbarkeit von § 325 a.F. BGB im Fall des Ausfalls eines Fluges LG Frankfurt/Main NJW-RR 1987, 823, 824 (streikbedingter Ausfall eines Fluges); *Fröhlich*, S. 220 f. m.w.N. und 238 ff.
[11] Fraglich ist lediglich, ob in irgendeiner Weise eine Anrechnung erfolgt. Dazu ausführlich unter Punkt 2. Teil, 1. Kapitel, § 1 C. IV. 5. Seite 45.
[12] Es sind strenge Anforderungen zu stellen, vgl. nur BGH NJW 2006, 1195, 1197 m.w.N.; *Palandt/Heinrichs*, § 281 Rn. 14 und *Palandt/Grüneberg*, § 323 Rn. 18; *Gsell* in Soergel, § 323 Rn. 98.
[13] Siehe dazu auch *Fröhlich*, S. 259; OLG Düsseldorf, NJW-RR 1997, 930 a.E.
[14] Vgl. *Ernst* in MünchKomm BGB, § 281 Rn. 62 m.w.N.

gers wären ebenfalls entbehrlich.[15] Für den Fall der überbuchungsbedingten Ankunftsverspätung des Fluggastes ergibt sich schließlich eine weitere Besonderheit. Da in diesem Fall regelmäßig davon auszugehen ist, dass aufgrund der vorsätzlich oder zumindest bewusst grob fahrlässig begangenen Überbuchung des Fluges, für den der Fluggast eine bestätigte Buchung besaß, auch die spätere Ankunftsverspätung des Fluggastes durch den vertraglichen oder ausführenden Luftfrachtführer vorsätzlich oder bewusst grob fahrlässig herbeigeführt wurde, haftet der vertragliche Luftfrachtführer gemäß Art. 22 V MÜ sogar unbegrenzt.[16] Die summenmäßige Haftungsbeschränkung greift in diesem Fall nicht.

---

[15] Vgl. BGH NJW-RR 1990, 442, 444; *Palandt/Heinrichs*, § 281 Rn. 14 und *Palandt/ Grüneberg*, § 323 Rn. 18.
[16] So im Hinblick auf Art. 25 WA/HP auch *Fröhlich*, S. 155 f.

5. Teil

Gesamtergebnis

Zusammenfassend lässt sich festhalten, dass der Luftbeförderungsvertrag aufgrund der vertraglichen Vereinbarung weder ein absolutes[1] noch ein relatives Fixgeschäft ist und sich auch der Beförderungsanspruch des Fluggastes nicht auf einen bestimmten Flug mit bestimmter Flugnummer beschränkt. Diese ist nur relevant im Hinblick auf die Rechte des Fluggastes nach der FluggastrechteVO. Vielmehr bleibt der Erfüllungsanspruch des Fluggastes gegen den vertraglichen Luftfrachtführer zu den ursprünglich mit der Platzbuchung vereinbarten Flugzeiten auch bei Verspätungen, Verschiebungen, Überbuchungen, Annullierungen und Vorverlegungen eines Fluges grds. bestehen.

Hinsichtlich der Ansprüche gegen den vertraglichen Luftfrachtführer ist daher lediglich zu trennen zwischen Abflug- und Ankunftsverspätungen eines Fluggastes. Auf diese Weise kann auch der Anwendungsbereich von Art. 19 MÜ, der aufgrund der HaftungsVO neben internationalen Beförderungen auch auf allen Flügen von Luftfahrtunternehmen mit einer Betriebsgenehmigung der Europäischen Gemeinschaft anwendbar ist, einfach abgegrenzt werden. Und zwar regelt Art. 19 MÜ nach hier vertretener Ansicht nur die Haftung des vertraglichen und des ausführenden Luftfrachtführers für Schäden, die auf einer Ankunftsverspätung des Fluggastes am vereinbarten Ziel- oder Zwischenlandeort einer Beförderung aufgrund eines Beförderungsvertrages beruhen, diese jedoch gemäß Art. 29 MÜ abschließend. Auch geringfügige Ankunftsverspätungen führen dabei grds. bereits zu einem Anspruch des Fluggastes nach Art. 19 MÜ, jedoch dürfte es bei geringfügigen Ankunftsverspätungen i.d.R. an einem Schaden des Fluggastes fehlen oder es ist zu fragen, ob den Fluggast aufgrund zu enger Terminplanung nach der Ankunft möglicherweise ein Mitverschulden trifft. Ein Minderungsanspruch des Fluggastes nach § 638 BGB im Falle einer Ankunftsverspätung eines Fluggastes ist dagegen zumindest bei der reinen Flugbeförderung aufgrund eines Werkvertrages gemäß § 631 BGB abzulehnen.[2] Weder begründet die verspätete Beförderung einen Mangel der Beförderungsleistung noch wäre ein solcher Anspruch nicht durch Art. 29 MÜ ausgeschlossen.

---

[1] So jetzt auch BGH, Urt. v. 28.5.2009, Az.: Xa ZR 113/08 = BeckRS 2009, 19293.
[2] So jetzt auch BGH, Urt. v. 28.5.2009, Az.: Xa ZR 113/08 = BeckRS 2009, 19293.

Auf Abflugverspätungen ist dagegen in erster Linie das nach dem IPR jeweils maßgebende nationale Recht anwendbar, sofern deutsches Recht maßgebend ist, insbesondere die §§ 323 ff. und §§ 280 ff. BGB. Dabei kann, da die rechtzeitige Leistung zu den Kardinalpflichten des Luftbeförderungsvertrages zu zählen ist, der vertragliche Luftfrachtführer seine Haftung auch für einfache Fahrlässigkeit nicht in ABB ausschließen. Bei Beförderungen über mehrere Teilstrecken sind zudem die Besonderheiten des echten Sukzessivlieferungsvertrages zu berücksichtigen. Aus diesen Vorgaben lassen sich dann die Fluggastrechte (Rücktritt, Schadensersatz statt der Leistung, Ersatz des Verzögerungsschadens) im Einzelnen problemlos entwickeln. Hinzu kommen die Ansprüche nach der FluggastrechteVO im Hinblick auf die Leistungsstörung eines ganz bestimmten Fluges, sofern der vertragliche Luftfrachtführer auch ausführendes Luftfahrtunternehmen i.S.d. FluggastrechteVO ist und diese anwendbar ist.

Zwar werden neben den Ansprüchen aus Art. 19 MÜ die Rechte des Fluggastes nach der FluggastrechteVO auch in Zukunft allein aufgrund der ausdrücklichen Regelung und des Ausgleichsanspruchs nach Art. 7 FluggastrechteVO im Fall von Flugüberbuchungen und -annullierungen und des hierfür nicht erforderlichen Vorliegens eines Schadens des Fluggastes von größerer Bedeutung für den Fluggast sein, als Ansprüche nach nationalem Recht; diese können jedoch die Ansprüche nach der FluggastrechteVO in Teilen sinnvoll ergänzen.[3] Auch verbleibt die Hoffnung, dass die vorliegende Auseinandersetzung mit den zivilrechtlichen Grundlagen der Luftbeförderung zu einem besseren Verständnis der Ansprüche des Fluggastes nach der FluggastrechteVO beitragen wird.

---

[3] Ähnlich jüngst auch *Staudinger*, DAR 2007, 477, 478, insbesondere im Hinblick auf die umstrittene Frage, wann eine Abflugverspätung nach der FluggastrechteVO in eine Annullierung nach dieser Vorschrift „umschlägt". Siehe dazu auch den Vorlagebeschluss des BGH an den EuGH (dort Az.: C-402/07), BGH NJW 2007, 3437 = RRa 2007, 233; *Staudinger*, NJW 2007, 3392; *Staudinger/Schmidt-Bendun*, NJW 2007, 2301, 2304; *Kummer*, RRa 2008, 14 ff. und BGH NJW 2009, 358.

Literaturverzeichnis

Air Berlin, Allgemeine Geschäftsbedingungen (AGB) und Allgemeine Beförderungsbedingungen (ABB) der Air Berlin PLC & Co. Luftverkehrs KG, NIKI Luftfahrt GmbH (Fluggesellschaft), LTU Lufttransport-Unternehmen GmbH, Luftfahrtgesellschaft Walter mbH und Belair Airlines AG, Stand: Dezember 2008, zit.: ABB bzw. AGB Air Berlin

Alff, Richard, Fracht-, Lager- und Speditionsrecht, Kommentar zu den §§ 407–460 HGB und weiteren fracht- und speditionsrechtlichen Bestimmungen (GÜKG, KVO, ADSp u.a.), 2. Aufl., Neuwied, 1991, zit.: *Alff*, 2. Aufl.

Allgaier, Edwin, Ausschluß eines Fluggastes – Mangelndes Wohlverhalten an Bord eines Flugzeuges zahlt sich nicht aus, VersR 1989, 128 ff.

Am Ende, Moritz, Erwartung, Wartung, Überraschung – EuGH stärkt Passagierrechte bei Flugannullierung, ELR 2009, 23 ff.

Arnold, Arnd, Die vorübergehende Unmöglichkeit nach der Schuldrechtsreform, JZ 2002, 866 ff.

Arnold, Kinga, Application of Regulation (EC) No 261/2004 on Denied Boarding, Cancellation and Long Delay of Flights, ASL 2007, 93 ff.

Bachem, Carina, Code sharing im internationalen Luftverkehr und die Haftung der beteiligten Luftfahrtunternehmen, Diss., Köln, 2003, zit.: *Bachem*

Bamberger, Heinz Georg/Roth, Herbert (Hrsg.), Kommentar zum Bürgerlichen Gesetzbuch, Band 1, §§ 1–610, CISG, 2. Aufl., München, 2007, zit.: *Bearbeiter* in *Bamberger/Roth*

Bartl, Harald, Reiserecht, Kommentar zum Reisevertragsgesetz und den Allgemeinen Reisebedingungen, Flugtouristik, Ferienhaus, Busreisen u. Kreuzfahrt, 2. Aufl., Bonn, 1981, zit.: *Bartl*

Bartlik, Martin, Die Kompetenz zum Abschluß von Luftverkehrsabkommen – Analyse des Open-Sky-Urteils und die sich daraus ergebenden Folgen, TranspR 2004, 61 ff.

Basedow, Jürgen, Buchbesprechung Schwenk, Walter, Handbuch des Luftverkehrsrechts, RabelsZ 46 (1982), 838 ff.

– Der Transportvertrag, Studien zur Privatrechtsangleichung auf regulierten Märkten, Tübingen, 1987, zit.: *Basedow*

– Münchener Kommentar zum Handelsgesetzbuch, Band 7, Viertes Buch, Handelsgeschäfte §§ 407–457, Transportrecht, München, 1997, zit.: *Bearbeiter* in MünchKomm HGB

– Münchener Kommentar zum Handelsgesetzbuch, Band 7 a, Aktualisierungsband zum Transportrecht, München, 2000, zit.: *Bearbeiter* in MünchKomm HGB (Aktualisierungsband)

– Die Europäische Gemeinschaft als Partei von Übereinkommen des einheitlichen Privatrechts in: Schwenzer, Ingeborg H./Hager, Günter (Hrsg.), Festschrift für Peter Schlechtriem zum 70. Geburtstag, Tübingen, 2003, zit.: *Basedow*, FS Schlechtriem

Benkö, Marietta/Kadletz, Andreas, Unfallhaftpflicht in Luftverkehrssachen, Köln, 2000, zit.: *Benkö/Kadletz*

Bentzien, Joachim, Das Abkommen zwischen der EG und der Schweiz über den Luftverkehr, ZLW 2000, 467 ff.
- Das Luftverkehrsabkommen zwischen der EG und ihren Mitgliedstaaten und den USA vom 30. April 2007, ZLW 2007, 587 ff.
- Die Urteile des EuGH vom 5. November 2002 betreffend die Zuständigkeit der EG für Luftverkehrsabkommen mit Drittstaaten, ZLW 2003, 153 ff.

Bischoff, Jan Asmus, Besprechung des Gutachtens 1/03 des EuGH vom 7.2.2006, EuZW 2006, 295 ff.

Böckstiegel, Karl-Heinz, Die IATA-Beförderungsbedingungen für Fluggäste und Gepäck, Zur Berücksichtigung internationaler Vereinbarungen bei Allgemeinen Geschäftsbedingungen, NJW 1974, 1017 ff.

Boettge, Jochen, Das Luftfrachtrecht nach dem Montrealer Übereinkommen, VersR 2005, 908 ff.

Bollert, Martin, Erkundigungspflichten eines Flugreisenden bei Code-share-Flugreisen, RRa 2006, 35 ff.

Bollweg, Hans-Georg, Das Montrealer Übereinkommen Rückblick – Überblick – Ausblick, ZLW 2000, 439 ff.
- Dornröschen ist hellwach – Eine Entgegnung auf Ruhwedel/Schmid, RRa 2000, 147, RRa 2001, 21 ff.
- Schadensersatz wegen nutzlos aufgewendeter Urlaubszeit bei internationalen Flugpauschalreisen?, RRa 2007, 242 ff.
- Luftverkehrsrechtliche Ausgleichsleistungen und reisevertragliche Gewährleistung, RRa 2009, 10 ff.

Bollweg, Hans-Georg/Schnellenbach, Annette, Die Neuordnung der Luftverkehrshaftung, ZEuP 2007, 798 ff.

Brandi-Dohrn, Anselm, Auslegung internationalen Einheitsprivatrechts durch die internationale Rechtsprechung, Das Beispiel des Warschauer Abkommens von 1929, TranspR 1996, 45 ff.

Bundesregierung, Denkschrift zum MÜ, BT-Drs. 15/2285, S. 32, 2003, zit.: Denkschrift zum MÜ

Calliess, Christian/Ruffert, Matthias (Hrsg.), EUV, EGV, Das Verfassungsrecht der Europäischen Union mit Europäischer Grundrechtecharta, 3. Aufl., München, 2007, zit.: *Bearbeiter* in *Calliess/Ruffert*

Canaris, Claus-Wilhelm, Sondertagung Schuldrechtsmodernisierung, Die Reform des Rechts der Leistungsstörungen, JZ 2001, 499 ff.

Cheng, Bin, The 1999 Montreal Convention on International Carriage by Air Concluded on the Seventieth Anniversary of the 1929 Warsaw Convention (Part I), ZLW 2000, 287 ff.

Clarke, Malcolm, Will Montreal Convention be able to replace the Warsaw System and what will the changes be?, TranspR 2003, 436 ff.

Czerwenka, Beate/Heidersdorf, Christian/Schönbeck, Martin, Eisenbahn-Beförderungsrecht, 4. Aufl., Berlin, Loseblatt, Stand: August 2001, zit.: Czerwenka/Heidersdorf/Schönbeck

Däubler, Wolfgang, Zugverspätungen als Rechtsproblem, NJW 2003, 2651 ff.

Dauner-Lieb, Barbara/Konzen, Horst/Schmidt, Karsten (Hrsg.), Das neue Schuldrecht in der Praxis, Akzente, Brennpunkte, Ausblick, München, 2003, zit.: *Bearbeiter* in *Dauner-Lieb/Konzen/Schmidt*

Dauner-Lieb, Barbara/Langen, Werner (Hrsg.), Anwaltkommentar BGB, Band 2, Schuldrecht, Teilband 1, §§ 241 bis 610 BGB, Bonn, 2005, zit.: *Bearbeiter* in AnwK-BGB

de Juglart, Michel, Traité de droit aérien, Band 1, 2. Aufl., Paris, 1989, zit.: *de Juglart*

Dengler, Fritz, Können Einreden nach Art. 5 Abs. 3 Verordnung (EG) Nr. 261/ 2004 mit technischen Mängeln am Fluggerät begründet werden?, RRa 2007, 210 ff.

Derleder, Peter/Hoolmans, Fabian, Vom Schuldnerverzug zum Gläubigerverzug und zurück, Eine Untersuchung der Neuregelung des verspäteten Leistungsangebots des Schuldners, NJW 2004, 2787 ff.

Dettling-Ott, Regula, Internationales und schweizerisches Lufttransportrecht, Zürich, 1993, zit.: *Dettling-Ott*

Deutsches Reich, Motive zu dem Entwurfe eines Bürgerlichen Gesetzbuches für das Deutsche Reich, Band II, Recht der Schuldverhältnisse, Berlin, 1888, zit.: Motive II

Diederiks-Verschoor, Isabella H. Ph., Entretien et réparations des avions, Problèmes posés par la responsabilité, AASL, 1983, 29 ff.

– The Liability for Delay in Air Transport, ASL 2001, 300 ff.

Dörner, Heinrich/Staudinger, Ansgar, Verbraucherrechte im Öffentlichen Personenverkehr, Gutachten für das Bundesministerium für Verbraucherschutz, Ernährung und Landwirtschaft (unveröffentlicht), Münster, 2002, zit.: *Dörner*

Drion, Huibert, Limitation of liabilities in international air law, Den Haag, 1954, zit.: *Drion*

Ebenroth, Carsten Thomas/Boujong, Karlheinz/Joost, Detlev, Handelsgesetzbuch, Kommentar, Band 2, §§ 343–475 h, Transportrecht, Bank- und Börsenrecht, München, 2001, zit.: *Bearbeiter* in *Ebenroth/Boujong/Joost*

Ehmann, Horst, Das Lohn-Risiko bei Smog-Alarm, Unmöglichkeit oder Annahmeverzug oder Kurzarbeit nach Abschied von der Betriebsrisikolehre, NJW 1987, 401 ff.

Ehmen, Klaas, Zur Haftung des Frachtführers und des Spediteurs für streikbedingte Verzögerungsschäden bei innerdeutschen und internationalen Transporten, TranspR 2007, 354 ff.

Eisenbarth, Peter, Die Vereinbarkeit der IATA-Beförderungsbedingungen mit dem AGB-Gesetz unter Berücksichtigung des Warschauer Abkommens, des Luftverkehrsgesetzes und des Reisevertragsgesetzes, Diss., Köln, 1986, zit.: *Eisenbarth*

Ellers, Holger, Der Ersatz vergeblicher Aufwendungen, Diss., Potsdam, 2005, zit.: *Ellers*

Emmerich, Volker, Das Recht der Leistungsstörungen, 6. Aufl., München, 2005, zit.: *Emmerich*

Ensthaler, Jürgen/Bandasch, Georg (Hrsg.), Gemeinschaftskommentar zum Handelsgesetzbuch mit UN-Kaufrecht, 7. Aufl., Neuwied, 2007, zit.: *Bearbeiter* in GK-HGB

Ernst, Stefan, Obligationenrecht (einschl. ziviles Verbraucherschutzrecht). Transparenz bei Flugpreisen nach der EU-Verordnung Nr. 1008/2008, GPR 2009, 18 ff.

Esser, Josef/Schmidt, Eike, Schuldrecht, Band I, Allgemeiner Teil, Teilband 1, Entstehung, Inhalt und Beendigung von Schuldverhältnissen, 8. Aufl., Heidelberg, 1995, zit.: *Esser/ Schmidt*

Fischer, Frank O., Verspätetes Erscheinen und unterlassene Rückbestätigung im internationalen Luftbeförderungsvertrag, MDR 1999, 140 ff.

Fischer, Michael T., Versicherungspflicht von Passagierhaftungsschäden bei Luftbeförderungen, Eine Bestandsaufnahme, VersR 2004, 1372 ff.

Freise, Rainer, Reform der Reform des Eisenbahntransportrechts in Europa?, TranspR 2004, 377 ff.

Freitag, Robert, „Überkreuzbuchungen" im Luftverkehr und ihre Sanktionierung durch „Verfallklauseln", TranspR 2006, 444 ff.

Fritzsche, Steffen, Das europäische Luftverkehrsrecht und die Liberalisierung des transatlantischen Luftverkehrsmarktes, Diss., Halle, 2007, zit.: *Fritzsche*

Fröhlich, Holger, Leistungsstörungen im Luftverkehr, Verspätung und Nichtbeförderung zwischen internationalem und nationalem Recht, Diss., Tübingen, 2002, zit.: *Fröhlich*

Führich, Ernst, Die Fluggastrechte der VO (EG) Nr. 261/2004 in der Praxis, MDR 2007, Sonderbeilage, 1 ff.
- Entschädigung bei Überbuchung von Linienflügen, NJW 1997, 1044 ff.
- EU-Überbuchungsverordnung und Reiserecht, RRa 1998, 87 ff.
- Reiserecht, Handbuch des Reisevertrags-, Reiseversicherungs- und Individualreiserechts, 4. Aufl., Heidelberg, 2002, zit.: *Führich*, 4. Aufl.
- Mein Recht auf Reisen, Guter Rat bei Urlaubsärger mit Reiseveranstaltern, Fluglinien und Hotels, 2. Aufl., München, 2003, zit.: *Führich*, Mein Recht auf Reisen
- Reiserecht, 5. Aufl., Heidelberg, 2005, zit.: *Führich*

Gansfort, Guy, Ist der luftverkehrsrechtliche Chartervertrag ein Vertrag zugunsten Dritter?, RRa 1994, 2 ff. und 22 ff.
- Wirksame Einbeziehung der Allgemeinen Beförderungsbedingungen der Luftfahrtunternehmen in den Pauschalflugreise-Vertrag?, TranspR 1989, 131 ff.
- Das Rechtsverhältnis zwischen Gelegenheits-Luftverkehrsunternehmen und Reiseveranstaltern beim Pauschalflugreisevertrag und seine Auswirkungen auf die Rechtsstellung des Reisenden, Diss., Köln, 1991, zit.: *Gansfort*
- Code-sharing ein neues Verkehrsrecht? Zur Notwendigkeit der Schaffung einer 9. Freiheit, S. 77 ff. in: Müller-Rostin, Wolf/Schmid, Ronald (Hrsg.), Luftverkehrsrecht im Wandel, Festschrift für Werner Guldimann, Neuwied, 1997, zit.: *Gansfort*, FS Guldimann

Gassner, Ulrich/Deichstetter, Alexander R. A., Luftverkehrsabkommen als Gemeinschaftsaufgabe, EWS 2003, 265 ff.

Gebauer, Martin/Wiedmann, Thomas (Hrsg.), Zivilrecht unter europäischem Einfluss, Die richtlinienkonforme Auslegung des BGB und anderer Gesetze, Dresden, 2005, zit.: *Bearbeiter* in *Gebauer*

Geigel, Reinhart/Schlegelmilch, Günter (Hrsg.), Der Haftpflichtprozess: mit Einschluß des materiellen Haftpflichtrechts, 23. Aufl., München, 2001, zit.: *Geigel/Bearbeiter*, 23. Aufl.
- (Hrsg.), Der Haftpflichtprozess, Mit Einschluss des materiellen Haftpflichtrechts, 25. Aufl., München, 2008, zit.: *Geigel/Bearbeiter*

Geisler, Markus/Boewe, Marius, Zu neuen Entwicklungen im Bereich der Slot-Vergabe, ZLW 2008, 501 ff.

Geraghty, Joanna L./Westwood Wilson, Diane, The Progeny of Tseng, ASL 2000, 63 ff.

Germanwings, Beförderungsbedingungen (ABB) der Germanwings GmbH, Stand: Januar 2009, zit.: ABB Germanwings

Giemulla, Elmar, Überbuchungen bei Luftbeförderung, EuZW 1991, 367 ff.

Giemulla, Elmar/Schmid, Ronald, Ausgewählte internationale Rechtsprechung zum Warschauer Abkommen in den Jahren 1994–1996, ZLW 1996, 380 ff.
- Die Einbeziehung von Allgemeinen Beförderungsbedingungen in Luftbeförderungsverträge im Rahmen von Passagierflügen, NJW 1999, 1057 ff.
- Luftverkehrsgesetz, Kommentar, Neuwied, Loseblatt, Stand: Dezember 2008, zit.: *Bearbeiter* in *Giemulla/ Schmid*, LuftVG
- Montrealer Übereinkommen, Kommentar, Neuwied, Loseblatt, Stand: August 2008, zit.: *Bearbeiter* in *Giemulla/ Schmid*, MÜ
- Warschauer Abkommen und Zusatzabkommen von Guadalajara, Kommentar, Neuwied, Loseblatt, Stand: Juni 2004, zit.: *Bearbeiter* in *Giemulla/Schmid*, WA

Giemulla, Elmar/van Schyndel, Heiko, Rechtsprobleme des „Code-Sharing", TranspR 1997, 253 ff.
Giesecke, Christian/Makiol, Philipp, Passagierrechte und technische Defekte, TranspR 2009, 213 ff.
Gimbel, Hermann, Die gesetzliche Neuregelung der Verspätungshaftung: Eine gerechtfertigte Forderung im Interesse der Frachtkunden und des Luftverkehrs, ITZ 1964, 1162 und 1254 ff.
- Die Haftung für Verspätungsschäden im Luftfrachtverkehr gemäss Warschauer Abkommen, ITZ 1963, 1691 ff.
Glöckner, Herbert/Muth, Wolfgang, Leitfaden zur CMR, Übereinkommen über den Beförderungsvertrag im internationalen Strassengüterverkehr, Kommentar, 7. Aufl., Berlin, 1991, zit.: *Glöckner*
Goedhuis, Daniel, National Airlegislations and the Warsaw Convention, Den Haag, 1937, zit.: *Goedhuis*
Goeteyn, Geert, EC Aviation Scene (Major 2006 Developments), ASL 2007, 40 ff.
- EC Aviation Scene: Major Developments November 2006 – February 2007, ASL 2007, 195 ff.
- EU Aviation Scene: Major Developments December 2007 – June 2008, ASL 2008, 444 ff.
Goldhirsch, Lawrence B., The Warsaw Convention annotated, Dordrecht, 1988, zit.: *Goldhirsch*
Göller, Harald, Zur Übung – Bürgerliches Recht: Der säumige Stahllieferant und sein säumiger Kunde, JuS 2002, 1177 ff.
Götting, Thomas, Code-Sharing, Rechtliche Betrachtung einer Kooperationsform im Luftverkehr, Diss., Frankfurt/Main, 2003, zit.: *Götting*
Gran, Andreas, Die Beförderungsbedingungen im Luftfrachtverkehr, TranspR 1999, 173 ff.
Greiner, Stefan, Ganz oder gar nicht! – Zur Unterbindung des „Cross-Border-Selling" und „Cross-Ticketing" durch die Allgemeinen Beförderungsbedingungen der Fluggesellschaften, RRa 2009, 121 ff.
Grigoleit, Hans Christoph/Riehm, Thomas, Die Kategorien des Schadensersatzes im Leistungsstörungsrecht, AcP 203 (2003), 727 ff.
Grigoleit, Hans Christoph, Neuregelung des Ausgleichs frustrierter Aufwendungen (§ 284 BGB): Das ausgefallene Musical, ZGS 2002, 122 ff.
- Rechtsfolgenspezifische Analyse „besonderer" Informationspflichten am Beispiel der Reformpläne für den E-Commerce, WM 2001, 597 ff.
Grönfors, Kurt, The Concept of Delay in Transportation Law, ETR 1974, 400 ff.
Guldimann, Werner, Internationales Lufttransportrecht, Kommentar zu den Abkommen von Warschau 1929/55 und Guadalajara 1961, Zürich, 1965, zit.: *Guldimann*

Haanappel, P.P.C., The New EU Denied Boarding Compensation Regulation of 2004, ZLW 2005, 22 ff.
Hagleitner, Martin, Strategische Allianzen von Airlines im Lichte des Europarechts, TranspR 1998, 444 ff.
Harms, Carsten/Schuler-Harms, Margarete, Die Haftung des Luftfrachtführers nach dem Montrealer Übereinkommen, TranspR 2003, 369 ff.
Henssler, Martin/Busche, Jan, Münchener Kommentar zum Bürgerlichen Gesetzbuch, Band 4, Schuldrecht, Besonderer Teil II, §§ 611–704, EFZG, TzBfG, KSchG, 4. Aufl., München, 2005, zit.: *Bearbeiter* in MünchKomm BGB

Hobe, Stephan, Passenger Rights Introductory remarks, S. 51 ff. in: European Air Law Association Papers, Volume 18, Athen, Den Haag, 2003, zit.: *Hobe,* European Air Law Association Papers, Volume 18

Hobe, Stephan/von Ruckteschell, Nicolai (Hrsg.), Kölner Kompendium des Luftrechts, Werk in drei Bänden, Band 1 Grundlagen, Köln, 2008, zit.: *Bearbeiter* in Kölner Kompendium I

Hofmann, Max/Grabherr, Edwin, Luftverkehrsgesetz, Kommentar, München, Loseblatt, Stand: November 2007, zit.: *Hofmann/Grabherr*

Huber, Peter/Faust, Florian, Schuldrechtsmodernisierung, Einführung in das neue Recht, München, 2002, zit.: *Huber/Faust*

Huber, Ulrich, Handbuch des Schuldrechts, Band 9/2, Die Folgen des Schuldnerverzugs – Die Erfüllungsverweigerung und die vom Schuldner zu vertretende Unmöglichkeit, Tübingen, 1999, zit.: *Huber,* Leistungsstörungen II

ICAO, Conférence internationale de droit privé aérien, La Haye, septembre 1955, ICAO Doc. Nr. 7686-LC/140, Montreal, 1956
- International Conference on Air Law, Guatemala City, February–March 1971, Volume I, Minutes, ICAO Doc. Nr. 9040-LC/167-1 und Volume II, Documents, ICAO Doc. Nr. 9040-LC/167-2, Montreal, 1972, zit.: Guatemala City Volume I bzw. Volume II
- CD-Rom: International Conference on Air Law, Modernization of the „Warsaw System" Montreal, 10 to 28 May 1999, Montreal, 1999

Jaensch, Michael, Der Gleichlauf von Rücktritt und Schadensersatz, NJW 2003, 3613 ff.
- Schadensersatz beim vorweggenommenen Vertragsbruch und relativen Fixgeschäft, ZGS 2004, 134 ff.

Jahnke, Manja, Die Rolle der luftfahrttypischen Kausalität der Haftung im Rahmen des Art. 17 Abs. 1 MÜ, RRa 2008, 160 ff.
- Haftung bei Unfällen im internationalen Luftverkehr, Forum shopping aufgrund von Auslegungsdivergenzen: Zwischen Art. 17 WA/MÜ und dem nationalen Recht, Diss., Rostock, 2008, zit.: *Jahnke*

Jauernig, Othmar (Hrsg.), Bürgerliches Gesetzbuch, Kommentar, 12. Aufl., München, 2007, zit.: *Jauernig/Bearbeiter*

Jung, Christian, Die Marktordnung des Luftverkehrs – Zeit für neue Strukturen in einem liberalisierten Umfeld, ZLW 1998, 308 ff.

Kadletz, Andreas, American Courts' New Drive Towards Uniformity in International Air Transport Law, A Survey of Recent US and Canadian Jurisprudence and the Political Background, ZLW 2000, 201 ff.
- Buchbesprechung Fröhlich, Leistungsstörungen im Luftverkehr, Verspätung und Nichtbeförderung zwischen internationalem und nationalem Recht, ZLW 2002, 611 ff.
- Das neue Montrealer Übereinkommen vom 28.5.1999 über den internationalen Luftbeförderungsvertrag („Neues Warschauer Abkommen"), VersR 2000, 927 ff.
- Fiat lux – Erhellung der Grauzone zwischen Einheitsrecht und IPR im Warschauer Haftungssystem, IPRax, 1998, 304 ff.

Kaiser, Erich, Der Personenbeförderungsvertrag im Luftrecht, Diss., Würzburg, 1936, zit.: *Kaiser*

Karsten, Jens, Passagierrechte und Passagierbegriff im Gemeinschaftsrecht und die Überarbeitung des Gemeinschaftlichen Besitzstandes im Verbraucherrecht, VuR 2008, 201 ff.

Kehrberger, H.-Peter, Overhead Bin - Unfälle an Bord von Flugzeugen. Eine Fallstudie, S. 129 ff. in: Müller-Rostin, Wolf/Schmid, Ronald (Hrsg.), Luftverkehrsrecht im Wandel, Festschrift für Werner Guldimann, Neuwied, 1997, zit.: *Kehrberger,* FS Guldimann
Keiler, Stephan, Recht und billig beim Fliegen, ELR 2006, 266 ff.
– Die Fluggastrechte-VO vor dem EuGH, ZVR 2009, 236 ff.
Koffka, Otto/Bodenstein, Hans G./Koffka, Else, Luftverkehrsgesetz und Warschauer Abkommen (Erstes Abkommen zur Vereinheitlichung des Luftprivatrechts) nebst den wichtigsten Nebenbestimmungen, Kommentar, Berlin, 1937, zit.: *Koffka/Bodenstein/ Koffka*
Kohlhase, Christian, Die *Verordnung* (EG) Nr 2111/2005 – die „Schwarze Liste" in der EU und transparentere Informationen für Fluggäste, ZLW 2006, 22 ff.
Koller, Ingo, CMR und Speditionsrecht, VersR 1988, 556 ff.
– Schadensverhütung und Schadensausgleich bei Güter- und Verspätungsschäden nach dem Montrealer Übereinkommen, TranspR 2004, 181 ff.
– Unbeschränkte Haftung des Luftbeförderers nach dem Montrealer Übereinkommen 1999?, TranspR 2005, 177 ff.
– Transportrecht, 6. Aufl., München, 2007, zit.: *Koller*
Kommission zur Überarbeitung des Schuldrechts, Abschlußbericht der Kommission zur Überarbeitung des Schuldrechts, Köln, 1992, zit.: Abschlußbericht
Konert, Anna/Ephraimson, Hans, Passengers with Reduced Mobility in the EU, Canada and the US, ASL 2008, 233 ff.
Kreissl, Stephan, Zur Haftung des Unternehmers im Arbeitskampf, JZ 1995, 695 ff.
Kretschmer, Natalie, Das internationale Privatrecht der zivilen Verkehrsluftfahrt, Diss., Göttingen, 2003, zit.: *Kretschmer*
Kronke, Herbert/Melis, Werner/Schnyder, Anton K. (Hrsg.), Handbuch internationales Wirtschaftsrecht, Köln, 2005, zit.: Bearbeiter in Kronke/ Melis/Schnyder
Kropholler, Jan, Internationales Einheitsrecht, Tübingen, 1975, zit.: *Kropholler,* Einheitsrecht
– Internationales Privatrecht, 6. Aufl., Tübingen, 2006, zit.: *Kropholler*
Krüger, Ulrich J., Die Rechtsstellung des Reisebüros bei der Luftbeförderung, Diss., Köln, 1991, zit.: *Krüger*
Krüger, Wolfgang, Münchener Kommentar zum Bürgerlichen Gesetzbuch, Band 2a, Schuldrecht, Allgemeiner Teil, §§ 241–432, 4. Aufl., München, 2003, zit.: *Bearbeiter* in MünchKomm BGB, 4. Aufl. Band 2a
– Münchener Kommentar zum Bürgerlichen Gesetzbuch, Band 2, Schuldrecht, Allgemeiner Teil, §§ 241–432, 5. Aufl., München, 2007, zit.: *Bearbeiter* in MünchKomm BGB
Kuhn, Robert, Der Luftfrachtführer kann auch bei Flugzeugentführungen haften – Zugleich Erwiderung auf den Aufsatz von Schmid VersR 86, 17, VersR 1987, 447 ff.
– Die Haftung für Schäden an Frachtgütern, Gepäck und Luftpostsendungen nach dem Warschauer Haftungssystem und den §§ 44–52 LuftVG, Diss., Köln, 1987, zit.: *Kuhn*
Kummer, Joachim, Der gegenwärtige Stand der höchstrichterlichen Rechtsprechung zu den Fluggastrechten, DAR 2009, 121 ff.
– Zur Abgrenzung der „großen Verspätung" von der „Annullierung" eines Fluges, RRa 2008, 14 ff.
Kunz, Wolfgang, Fahrgastrechte im Eisenbahnfern- und -nahverkehr (Stand der Gesetzgebung), TranspR 2007, 226 ff.
– Fahrplan und Kursbuch im Lichte des Rechts, TranspR 1988, 263 ff.
Küppers, Karsten, Verdorbene Genüsse und vereitelte Aufwendungen im Schadensersatzrecht, Eine Untersuchung zur Kommerzialisierungsthese und Frustrationslehre, Diss., Freiburg, 1976, zit.: *Küppers*

Lamberz, Markus, Probleme der Verordnung (EG) Nr. 261/2004 bei mehreren Flugabschnitten, RRa 2009, 62 ff.
Lange, Hermann/Schiemann, Gottfried, Handbuch des Schuldrechts, Band 1, Schadensersatz, 3. Aufl., Tübingen, 2003, zit.: *Lange/Schiemann*
Larenz, Karl, Lehrbuch des Schuldrechts, Band I, Allgemeiner Teil, 14. Aufl., München, 1987, zit.: *Larenz*
Leffers, Christiane, Minderung des Flugpreises bei Verspätungen im internationalen Luftverkehr, TranspR 1997, 93 ff.
– Reisepreisminderung und Ausgleichsleistung nach der Verordnung (EG) Nr. 261/2004, RRa 2008, 258 ff.
Lehmann, Heinrich, Die positiven Vertragsverletzungen, AcP 96 (1905), 60 ff.
Lehmann, Matthias, Wo verklagt man Billigflieger wegen Annullierung, Überbuchung oder Verspätung von Flügen?, NJW 2007, 1500 ff.
Lerche, Holger, Konkurrenz von Einheitsrecht und nationalem Privatrecht. Perspektiven für ein Europäisches Zivilgesetzbuch, Diss., Hamburg, 2007, zit.: *Lerche*
Lienhard, Ulrich, Europäisches Schuldrecht im Flugverkehr, GPR 2004, 259 ff.
Liesecke, Rudolf, Die neuere internationale Rechtsprechung zum Luftfrachtrecht des Warschauer Abkommens von 1929 nebst Haager Protokoll von 1955 (II), MDR 1968, 93 ff.
Lindner, Beatrix, Die Pflicht zur Unterrichtung von Fluggästen über die Identität des ausführenden Luftfahrtunternehmens, Eine erste Einschätzung der Verordnung (EG) Nr. 2111/2005, RRa 2006, 58 ff.
Linhart, Karin, Internationales Einheitsrecht und einheitliche Auslegung, Diss., Würzburg, 2005, zit.: *Linhart*
Littger, Michael K./Kirsch, Alexander, Die Haftung im internationalen Luftverkehr nach Inkrafttreten des Montrealer Übereinkommens, Zum Übergang vom Warschauer zum Montrealer Haftungsregime, ZLW 2003, 563 ff.
Löhnig, Martin, Die Einbeziehung von AGB bei Internet-Geschäften, NJW 1997, 1688 ff.
Lorenz, Stephan/Riehm, Thomas, Lehrbuch zum neuen Schuldrecht, München, 2002, zit.: *Lorenz/Riehm*
Lowenfeld, Andreas F./Mendelsohn, Allan I., The United States and the Warsaw Convention, 80 Harvard Law Review (1967), 497 ff.
Löwisch, Manfred, Arbeitskampf und Vertragserfüllung, AcP 174 (1974), 202 ff.
– J. von Staudingers Kommentar zum Bürgerlichen Gesetzbuch mit Einführungsgesetz und Nebengesetzen, 2. Buch, Recht der Schuldverhältnisse, §§ 328–361 b, Berlin, 2001, zit.: *Bearbeiter* in *Staudinger*
– J. von Staudingers Kommentar zum Bürgerlichen Gesetzbuch mit Einführungsgesetz und Nebengesetzen, 2. Buch, Recht der Schuldverhältnisse, §§ 255–304 (Leistungsstörungsrecht I), Berlin, 2004, zit.: *Bearbeiter* in *Staudinger*
– J. von Staudingers Kommentar zum Bürgerlichen Gesetzbuch mit Einführungsgesetz und Nebengesetzen, 2. Buch, Recht der Schuldverhältnisse, §§ 315–326 (Leistungsstörungsrecht II), Berlin, 2004, zit.: *Bearbeiter* in *Staudinger*
Lufthansa, Beförderungsbedingungen für Fluggäste und Gepäck (ABB Flugpassage), Stand: Januar 2007, zit.: ABB Flugpassage Lufthansa

Magdelénat, Jean-Louis, Air Cargo, Toronto, 1983, zit.: Magdelénat
Magnus, Ulrich, J. von Staudingers Kommentar zum Bürgerlichen Gesetzbuch mit Einführungsgesetzen und Nebengesetzen, Einführungsgesetz zum Bürgerlichen Gesetzbuche, IPR, Art 27–37 EGBGB, Anhänge (Internationales Vertragsrecht), Berlin, 2002, zit.: *Bearbeiter* in *Staudinger*

Makiol, Philip/von Ruckteschell, Nicolai, Zur Problematik der „Wegwerfcoupons" bei Flugreisen, ZLW 2008, 1 ff.
Mankiewicz, René H., The liability regime of the international air carrier, Deventer, 1981, zit.: *Mankiewicz*
Mankowski, Peter, Die Rom I-Verordnung – Änderungen im europäischen IPR für Schuldverträge, IHR 2008, 133 ff.
– Entwicklungen im Internationalen Privat- und Prozessrecht für Transportverträge in Abkommen und speziellen EG-Verordnungen, TranspR 2008, 177 ff.
– Neues aus Europa zum Internationalen Privatrecht für Transportverträge: Art. 5 Rom I-VO, TranspR 2008, 339 ff.
McClean, J. David, Shawcross and Beaumont, Air law, Volume I, General Text, 4. Aufl., London, Loseblatt, Stand: Juni 2006, zit.: *Shawcross and Beaumont*
McLaughlin, Joyce, Overbooking and Denied Boarding: Legal Response in the Last Decade, 54 JALC (1988), 1135 ff.
Medicus, Dieter, Bürgerliches Recht, Eine nach Anspruchsgrundlagen geordnete Darstellung zur Examensvorbereitung, 21. Aufl., München, 2007, zit.: *Medicus,* BürgR
Mehrings, Josef, Verbraucherschutz im Cyberlaw: Zur Einbeziehung von AGB im Internet, BB 1998, 2373 ff.
Meyer, Alex, Versicherungs- und Haftungsfragen bei Flugzeugentführungen, Sabotagehandlungen und bewaffneten Angriffen gegen ein Luftfahrzeug, ZLW 1970, 293 ff.
– Luftrecht im Rückblick, Otto Riese zur Erinnerung, S. 439 ff. in: Aubin, Bernhard C. H. (Hrsg.), Festschrift für Otto Riese aus Anlass seines siebzigsten Geburtstages, Karlsruhe, 1964, zit.: *Meyer,* FS Riese
Meyer-Sparenberg, Wolfgang, Rechtswahlvereinbarungen in Allgemeinen Geschäftsbedingungen, RIW/AWD 1989, 347 ff.
Micklitz, Hans-Wolfgang/Tonner, Klaus, Vertriebsrecht, Haustür-, Fernabsatzgeschäfte und elektronischer Geschäftsverkehr: (§§ 312–312 f., 355–359 BGB), Kommentar, Baden-Baden, 2002, zit.: *Micklitz/Tonner*
Miller, Georgette, Liability in international air transport: the Warsaw system in municipal courts, Deventer, 1977, zit.: *Miller*
Ministère des Affaires Étrangères, Conférence Internationale de Droit Privé Aérien, 27 Octobre – 6 Novembre 1925, Paris, 1936, zit.: I Conférence
Mölls, Walter, Die neuen Allgemeinen Beförderungsbedingungen für Fluggäste und Gepäck (ABB Flugpassage) der Deutschen Lufthansa, ZLW 1987, 141 ff.
Mossler, Patrick, Rücktrittsrecht vor Fälligkeit bei solvenzbedingten Zweifeln an der Leistungsfähigkeit des Schuldners (§ 323 Abs 4 BGB), ZIP 2002, 1831 ff.
Mühlbauer, Thomas, Nochmals – Die haftungsrechtlichen Folgen des so genannten „Economy-Class-Syndroms" – Anmerkungen zum Aufsatz von Kahlert/Hast VersR 2001, 559, VersR 2001, 1480 ff.
Müller-Rostin, Wolf, Das Montrealer Übereinkommen vom 28. Mai 1999 – neue Haftungsregelungen für den internationalen Flugverkehr, GPR 2004, 266 ff.
– Das neue Warschauer Abkommen im Überblick, TranspR 1999, 291 ff.
– Die Haftung des Luftfrachtführers bei der Beförderung von Luftfracht, TranspR 1989, 121 ff.
– Die Internationale Luftrechtskonferenz von Montreal zur Reform des Warschauer Abkommens (10–28 Mai 1999), ZLW 2000, 36 ff.
– Die Zeit im Luftverkehr, ASDA/SVLR-Bulletin 2000, 9 ff.
– Diplomatische Konferenz über die Modernisierung des Warschauer Abkommens, ZLW 1999, 324 ff.
– Haftung und Versicherung beim Code Sharing, NZV 2002, 68 ff.

- Neue Regelungen für Überbuchungsschäden, TranspR 1980, 12 ff.
- Rechtliche Unsicherheiten bei der Neuregelung von Fluggastrechten – eine kritische Würdigung der Verordnung (EG) 261/2004 und zugleich eine Erwiderung zu Schmid in NJW 2006, 1841, NZV 2007, 221 ff.
- Redaktionelle Unzulänglichkeiten im Übereinkommen von Montreal von 1999 über den internationalen Luftbeförderungsvertrag, VersR 2001, 683 ff.
- Verordnung (EG) Nr. 261/2004: Ein Zwischenruf, RRa 2007, 256 ff.
- Zum Begriff des Unfalls im Sinne des LuftRAbk Art 17 und zur Zulässigkeit der Geltendmachung von Schäden außerhalb des Regelungsbereichs des LuftRAbk nach nationalem Recht, TranspR 1985, 391 ff.
- Zum Schmerzensgeldanspruch beim sog Economy-Class-Syndrom, NZV 2002, 182 ff.

Musielak, Hans-Joachim, Leistungsstörungen bei Sukzessivlieferungsvertrag – BGH, WM 1977, 220, JuS 1979, 96 ff.

Mutschler, Annette, Die Haftung für Unfälle im internationalen Luftverkehr, Diss., Konstanz, 2002, zit.: *Mutschler*

Nastelski, Karl, Die Zeit als Bestandteil des Leistungsinhalts, JuS 1962, 289 ff.

Neumann, Holger, Kein Recht des Fluggastes auf Minderung bei Flugverspätung, ZLW 1997, 217 ff.

Oertmann, Paul, Kommentar zum Bürgerlichen Gesetzbuch und seinen Nebengesetzen, 1. Kommentar zum Bürgerlichen Gesetzbuch, Buch 2, Recht der Schuldverhältnisse, Abt. 1, §§ 241 bis 432, 5. Aufl., Berlin, 1928, zit.: *Oertmann*

Oppermann, Thomas, Europarecht, Ein Studienbuch, 3. Aufl., München, 2005, zit.: *Oppermann*

Ott, Gerhard, Die Luftfrachtbeförderung im nationalen und internationalen Bereich, Diss., München, 1990, zit.: *Ott*

Paech, Fritz, Der Leistungsverzug, Eine Studie zum Bürgerlichen Gesetzbuch, Berlin, 1902, zit.: *Paech*

Palandt, Otto, Bürgerliches Gesetzbuch, Kommentar, 67. Aufl., München, 2008, zit.: *Palandt/Bearbeiter*

Peterhoff, Wolf, Die Rechte des Flugreisenden im Überblick, TranspR 2007, 103 ff.

Peters, Frank, Der verspätete Konzertbeginn – AG Passau, NJW 1993, 1473, JuS 1993, 803 ff.

Pohar, Michael A., Schadensersatz wegen Informationspflichtverletzungen bei Zugausfall und Verspätung, Zugleich Anmerkung zu LG Essen, NZV 2003, 139, und AG Köln, NZV 2003, 345, NZV 2004, 72 ff.

Pohar, Mihael Aleksander, Rechtsbeziehungen zwischen Fahrgast und Eisenbahn, Vertragliche Pflichten und Haftung im nationalen und internationalen Eisenbahnpersonenverkehr in Deutschland und Europa, Diss., Münster, 2006, zit.: *Pohar*

Pompl, Wilhelm, Luftverkehr, Eine ökonomische und politische Einführung, 5. Aufl., Berlin, 2007, zit.: *Pompl*

Purnhagen, Kai P./Hauzenberger, Klemens, Das Verbot von Cross-Ticketing in den AGB von Flugbeförderungsverträgen und deren verbandsklagerechtliche Kontrolle – Eine ökonomische und rechtliche Analyse, VuR 2009, 131 ff.

Rabe, Dieter, Wird eine Luftfracht nicht mit der ausdrücklich vertraglich vorgesehenen Maschine, sondern mit einem späteren Flug befördert, liegt keine Verspätung, sondern Nichterfüllung vor, EWiR 1989, 203 ff.

Ramming, Klaus, Die Nicht-Zurverfügungstellung des Beförderungsmittels zur vorgesehenen Zeit, TranspR 2003, 419 ff.
- Vorzeitiges Rücktrittsrecht und Schadensersatz statt der Leistung, ZGS 2002, 412 ff.

Reichsminister der Justiz, Das erste (Warschauer) Luftprivatrechtsabkommen, Berlin, 1933, zit.: Denkschrift zum WA

Reim, Uwe, Der Ersatz vergeblicher Aufwendungen nach § 284 BGB, NJW 2003, 3662 ff.

Reithmann, Christoph/Martiny, Dieter (Hrsg.), Internationales Vertragsrecht, Das internationale Privatrecht der Schuldverträge, 6. Aufl., Köln, 2004, zit.: *Bearbeiter* in *Reithmann/Martiny*

Reitzfeld, Alan D./Mpande, Cheryl S., EU Regulation on Banning of Airlines for Safety Concerns, ASL 2008, 132 ff.

Rennig, Christoph, Der „letzte Zielort" i.S.d. Art. 7 Abs. 1 Satz 2 der Verordnung (EG) Nr. 261/2004, RRa 2008, 58 ff.

République Populaire de Pologne, II Conférence Internationale de Droit Privé Aérien, 4 – 12 Octobre 1929, Varsovie, Warschau, 1930, zit.: II Conférence

Reuschle, Fabian, Montrealer Übereinkommen, Übereinkommen zur Vereinheitlichung bestimmter Vorschriften über die Beförderung im internationalen Luftverkehr, Kommentar, Berlin, 2005, zit.: *Reuschle*

Reuter, Dieter, J. von Staudingers Kommentar zum Bürgerlichen Gesetzbuch mit Einführungsgesetz und Nebengesetzen, 2. Buch, Recht der Schuldverhältnisse, §§ 631–651 (Werkvertragsrecht), Berlin, 2003, zit.: *Bearbeiter* in *Staudinger*

Riese, Otto, Die internationale Luftprivatrechtskonferenz im Haag zur Revision des Warschauer Abkommens, September 1955, ZLR 1956, 4 ff.
- Luftrecht, Das internationale Recht der zivilen Luftfahrt unter besonderer Berücksichtigung des schweizerischen Rechts, Stuttgart, 1949, zit.: *Riese*

Risch, Paul, Divergenzen in der Rechtsprechung zum Warschauer Abkommen und die Mittel zur Sicherung der einheitlichen Auslegung des vereinheitlichten Luftprivatrechts, Diss., 1973, zit.: *Risch*

Risse, Stefanie, Vertragsstörungen im Reiserecht, Münster, 2007, zit.: *Risse*

Rogalla, Dieter/Schweren, Katrin, Der Luftverkehr in der Europäischen Union, Die Lücke im Binnenmarkt, Baden-Baden, 1994, zit.: *Rogalla/ Schweren*

Roßmann, Hans-Gerhard/Schimm, Reinhardt, Das Verfahren der Slotallokation in Deutschland und seine Alternativen, TranspR 2001, 381 ff.

Rudolf, Alfred, Die Haftung für Schäden bei der Beförderung in militärischen Luftfahrzeugen, ZLW 1960, 11 ff.
- Die neuen IATA-Beförderungsbedingungen für Fluggäste und Gepäck, ZLW 1971, 153 ff.

Ruhwedel, Edgar, Das Montrealer Übereinkommen zur Vereinheitlichung bestimmter Vorschriften über die Beförderung im internationalen Luftverkehr vom 28.5.1999, Eine Zwischenbilanz, TranspR 2001, 189 ff.
- Die „Luftfahrtunternehmen der Gemeinschaft" und das Montrealer Übereinkommen, TranspR 2004, Sonderbeilage, S. XXXIV ff.
- Montrealer Übereinkommen vs. Warschauer System, TranspR 2008, 89 ff.
- Neue Entwicklungen im Lufttransportrecht vor dem Hintergrund des Inkrafttretens des Montrealer Übereinkommens, TranspR 2006, 421 ff.
- Zur Haftung des Luftfrachtführers für verlorengegangenes Handgepäck, RRa 2000, 231 ff.
- Der Luftbeförderungsvertrag, 3. Aufl., Neuwied, 1998, zit.: *Ruhwedel*

Ruhwedel, Edgar/Schmid, Ronald, Der lange Weg von Warschau über Brüssel nach Montreal – ein Zwischenbericht oder – Dornröschen wurde nur halbherzig wachgeküßt, RRa 2000, 147 ff.
Rüthers, Bernd/Stadler, Astrid, Allgemeiner Teil des BGB, 15. Aufl., München, 2007, zit.: Stadler in *Rüthers/Stadler*
Ryanair, Allgemeine Beförderungsbedingungen für Fluggäste und Gepäck und Geschäftsbedingungen für die Beförderung, Stand: August 2008, zit.: ABB bzw. AGB Ryanair

Sabathil, Sabine, Lehrbuch des Linienflugverkehrs, 4. Aufl., Frankfurt/Main, 2002, zit.: *Sabathil*
Saenger, Ingo, Harmonisierung des internationalen Luftprivatrechts, Vom IATA-Intercarrier Agreement zur Neufassung des Warschauer Abkommens in der Montrealer Konvention vom Mai 1999, NJW 2000, 169 ff.
Sand, Peter H., „Parteiautonomie" in internationalen Luftbeförderungsverträgen, ZLW 1969, 205 ff.
Schäffer, Heiko F., Von Kitty Hawk nach Montreal – Der Weg zur International Civil Aviation Organisation (ICAO), TranspR 2003, 377 ff.
Schellhammer, Kurt, Das neue Kaufrecht – Die Sachmängelrechte des Käufers, MDR 2002, 301 ff.
Schiemann, Gottfried, J. von Staudingers Kommentar zum Bürgerlichen Gesetzbuch mit Einführungsgesetzen und Nebengesetzen, 2. Buch, Recht der Schuldverhältnisse, §§ 249–254 (Schadensersatzrecht), Berlin, 2005, zit.: *Bearbeiter* in *Staudinger*
Schiller, Kaspar, Das Warschauer Abkommen beim Wort genommen, Zur Auslegung von Artikel 25 WA/HP, TranspR 1996, 173 ff.
– Vom Warschauer zum Montrealer Abkommen, Einige Aspekte der neuen Haftungsordnung im Lufttransport, SJZ 96 (2000), 184 ff.
Schladebach, Marcus, Europäisches Luftverkehrsrecht: Entwicklungsstand und Perspektiven, EuR 2006, 773 ff.
– Luftrecht, Tübingen, 2007, zit.: *Schladebach*
Schleicher, Rüdiger/Reymann, Friedrich/Abraham, Hans Jürgen, Das Recht der Luftfahrt, Kommentar und Quellensammlung, Band 1, Allgemeine Einleitung und Internationales Luftrecht, 3. Aufl., Köln, 1960, zit.: *Bearbeiter* in *Schleicher/Reymann/Abraham*
Schmid, Ronald, Das Zusammenspiel von internationalen und europäischen Vorschriften zur Haftung für Passagier- und Gepäckschäden im internationalen Luftverkehr, RRa 2004, 198 ff.
– Der Begriff „Leute" im sog. Warschauer Abkommen, TranspR 1984, 1 ff.
– Der Wechsel der Fluggesellschaft – ein Reisemangel?, BB 1986, 1453 ff.
– Die Berechnung der Großkreis-Entfernungen zur Bestimmung der Höhe des Ausgleichsanspruchs nach der Verordnung (EG) Nr. 261/2004 vom 11. Februar 2004, ZLW 2006, 81 ff.
– Die Bewährung der neuen Fluggastrechte in der Praxis, Ausgewählte Probleme bei der Anwendung der Verordnung (EG) Nr. 261/2004, NJW 2006, 1841 ff.
– Die Entschädigung von Fluggästen bei Nichtbeförderung wegen Überbuchung, TranspR 1991, 128 ff.
– Die Rechte des Reisenden beim Wechsel der Fluggesellschaft und des Luftfahrzeugs, NJW 1996, 1636 ff.
– Die Rechtslage beim verspäteten Eintreffen des Fluggastes am Abfertigungsschalter, RRa 1994, 74 ff.

- Die Rechtsprechung zur Flugverspätung und zur Änderung von Flugrouten – Zeit zum Umdenken?! Zugleich Besprechung zu LG Frankfurt a. M., RRa 2005, 167, RRa 2005, 151 ff.
- Die Verordnung (EG) Nr. 261/2004 – eine „Sagrada familia" des Fluggastrechts?, RRa 2008, 202 ff.
- Die Verordnung (EG) Nr. 261/2004 – Europäischer Verbraucherschutz mit Nachbesserungsbedarf, ZLW 2005, 373 ff.
- Fluggastrechte in der Praxis, Ein Überblick über Entscheidungen zur Verordnung (EG) Nr. 261/2004 mit Anmerkungen, NJW 2007, 261 ff.
- Kein Beförderungsanspruch des Reisenden aus dem Flugschein, RRa 1994, 7 ff.
- Keine Haftung des Luftfrachtführers bei Flugzeugentführungen, VersR 1986, 17 ff.
- May a Technical Fault with an Aircraft be Considered as 'Extraordinary Circumstances' in the Meaning of the Regulation (EC) No 261/2004?, ASL 2007, 376 ff.
- Neues Haftungsregime für internationale Luftbeförderung, RRa 1999, 131 ff.
- Rechtsprobleme bei der Luftbeförderung im Rahmen von Flugpauschalreisen, Ein Überblick über die Rechtsprechung in den Jahren 2002 bis 2004, NJW 2005, 1168 ff.
- Rechtsprobleme bei der Luftbeförderung im Rahmen von Flugpauschalreisen, Überblick über die Rechtsprechung in den Jahren 1998–2002, NJW 2002, 3510 ff.
- Verspätung und Nichtbeförderung im Luftverkehr, TranspR 1985, 369 ff.
- Zum Entlastungsbeweis nach LuftRAbk Art 20 bei Verspätungsschäden im Luftbeförderungsverkehr, TranspR 1991, 148 ff.
- Die Arbeitsteiligkeit im modernen Luftverkehr und ihr Einfluss auf die Haftung des Luftfrachtführers, Der Begriff „Leute" im sog. Warschauer Abkommen, Diss., Frankfurt/Main, 1983, zit.: *Schmid*
- Der Flugschein – seine Bedeutung für Fluggast und Luftfrachtführer, S. 999 ff. in: Erdmann, Willi/Gloy, Wolfgang/Herber, Rolf (Hrsg.), Festschrift für Henning Piper, München, 1996, zit.: *Schmid*, FS Piper
- Rechtsprechung zum Charterflug, Rechtsprobleme bei der Luftbeförderung im Rahmen von Flugpauschalreisen, Berlin, 1997, zit.: *Schmid*, Charterflug
- Workshop: Auswirkungen von Streiks in Luftfahrtunternehmen, S. 87 ff. in: Deutsche Gesellschaft für Reiserecht, DGfR Jahrbuch 2001, Baden-Baden, 2002, zit.: *Schmid*, DGfR Jahrbuch 2001

Schmid, Ronald/Müller-Rostin, Wolf, In-Kraft-Treten des Montrealer Übereinkommens von 1999 – Neues Haftungsregime für internationale Lufttransporte, NJW 2003, 3516 ff.

Schmid, Ronald/Tonner, Klaus, Meine Rechte als Fluggast, Luftverkehrs- und Reiserecht – Verbraucherschutz, München, 2003, zit.: *Schmid/Tonner*

Schmidt, Christine, Die neue Verordnung (EG) Nr. 1371/2007 über Rechte und Pflichten der Fahrgäste im Eisenbahnverkehr, RRa 2008, 154 ff.

Schmidt, Karsten, Handelsrecht, 5. Aufl., Köln, 1999, zit.: *K. Schmidt*, Handelsrecht

Schmidt-Bendun, Rüdiger, Haftung der Eisenbahnverkehrsunternehmen Auf dem Weg zu einem harmonisierten Eisenbahn- und Luftverkehrsrecht in Europa, Diss., Bielefeld, 2007, zit.: *Schmidt-Bendun*

Schmidt-Räntsch, Günther, Die Ausführung der Luftbeförderung durch einen Dritten, S. 479 ff. in: Aubin, Bernhard C. H. (Hrsg.), Festschrift für Otto Riese aus Anlass seines siebzigsten Geburtstages, Karlsruhe, 1964, zit.: *Schmidt-Räntsch*, FS Riese

Schneider, Peter, Die Haftung des Luftfrachtführers bei Flugzeugentführungen und sonstigen kriminellen Angriffen auf den Luftverkehr, ZLW 1989, 220 ff.

Schollmeyer, Eberhard, Die Harmonisierung des Haftungsrechts im Luftverkehr zwischen Warschau, Montreal und Brüssel, IPRax 2004, 78 ff.

Schoner, Dieter, Die internationale Rechtsprechung zum Warschauer Abkommen in den Jahren 1974 bis 1976, Teil I, ZLW 1977, 256 ff.
– Die internationale Rechtsprechung zum Warschauer Abkommen in den Jahren 1974 bis 1976, Teil II, ZLW 1978, 151 ff.
– Die internationale Rechtsprechung zum Warschauer Abkommen in den Jahren 1977 bis 1980, ZLW 1980, 327 ff.
Schönwerth, Erich, Noch einmal – Zur luftfahrttypischen Kausalität, Zugleich Anmerkung zu OLG Düsseldorf, TranspR 1997, 150, TranspR 1997, 414 ff.
– Zur luftfahrttypischen Kausalität – als Voraussetzung der Anwendung der Haftungsregeln von WA/HP und LuftVG, TranspR 1992, 11 ff.
Schwab, Martin, Leistungsstörungen im Sukzessivlieferungsvertrag nach neuem Schuldrecht, ZGS 2003, 73 ff.
– Schadensersatzverlangen und Ablehnungsandrohung nach der Schuldrechtsreform, JR 2003, 133 ff.
Schweickhardt, A., Der Transportchartervertrag in neuer Sicht, ZLW 1964, 9 ff.
Schwenk, Walter, Charterverträge im Luftverkehr, BB 1970, 282 ff.
– Handbuch des Luftverkehrsrechts, 2. Aufl., Köln, 1996, zit.: *Schwenk,* 2. Aufl.
Schwenk, Walter/Giemulla, Elmar, Handbuch des Luftverkehrsrechts, 3. Aufl., Köln, 2005, zit.: *Schwenk/Giemulla*
Seidl-Hohenveldern, Ignaz/Stein, Torsten, Völkerrecht, 10. Aufl., Köln, 2000, zit.: Seidl-Hohenveldern/Stein
Soergel, Hans Theodor/Kegel, Gerhard, Bd. 10, Bürgerliches Gesetzbuch mit Einführungsgesetz und Nebengesetzen, Einführungsgesetz, Kommentar Band 10, 12. Aufl., 1996, zit.: *Bearbeiter* in *Soergel*
Soergel, Hans Theodor/Mertens, Hans-Joachim, Bürgerliches Gesetzbuch mit Einführungsgesetz und Nebengesetzen, Schuldrecht 1, §§ 241–432 BGB, Kommentar Band 2, 12. Aufl., 1990, zit.: *Bearbeiter* in *Soergel*
Soergel, Hans Theodor/Wolf, Manfred, Bürgerliches Gesetzbuch mit Einführungsgesetz und Nebengesetzen, Schuldrecht 3/2, §§ 320–327 BGB, Kommentar Band 5/2, 13. Aufl., Stuttgart, 2005, zit.: *Bearbeiter* in *Soergel*
Sonnenberger, Hans Jürgen, Münchener Kommentar zum Bürgerlichen Gesetzbuch, Band 10, Einführungsgesetz zum Bürgerlichen Gesetzbuche (Art. 1–46), Internationales Privatrecht, 4. Aufl., München, 2006, zit.: *Bearbeiter* in MünchKomm BGB
Stadie, Patrick, Die Luftbeförderung im System der reiserechtlichen Vorschriften, Diss., Konstanz, 1999, zit.: *Stadie*
Staudinger, Ansgar, Abgrenzung zwischen großer Verspätung und Annullierung im Luftverkehrsrecht – eine neue Aufgabe für den EuGH?, NJW 2007, 3392 ff.
– Annullierung und Verspätung im Europäischen Luftverkehrsrecht – zugleich Rezension des Urteils vom AG Frankfurt a.M., Az. 30 C 1370/06-25, DAR 2007, 477 ff.
– Der Begriff „Streik" in der Verordnung (EWG) Nr. 295/91, Zugleich Rezension der Entscheidung des AG Frankfurt aM – RRa 2006, 230, RRa 2006, 254 ff.
– Internet-Buchung von Reisen und Flügen, RRa 2007, 98 ff.
– Leistungsänderung und Pflicht zur Rückbestätigung bei der Luftbeförderung, Zugleich Anmerkung zu AG Bad Homburg vdH, Urteil vom 12.7.2004 – 2 C 150/04 (23), abgedruckt in RRa 2004, 210, RRa 2004, 252 ff.
– Wider die Qualifikation des Luftbeförderungsvertrags als absolutes Fixgeschäft sowie die Relevanz des Mängelrechts, Zugleich Besprechung der Entscheidung des AG Simmern, RRa 2005, 279, RRa 2005, 249 ff.

- Zweifelsfragen der Verordnung (EG) Nr. 1371/2007 des Europäischen Parlaments und des Rates vom 23.10.2007 über die Rechte und Pflichten der Fahrgäste im Eisenbahnverkehr, EuZW 2008, 751 ff.
- Verbraucherrechte im öffentlichen Schienen-Personenverkehr, Entwicklung konkreter rechtlicher Vorgaben für eine Gesetzesinitiative, Frankfurt/Main, 2004, zit.: *Staudinger*

Staudinger, Ansgar/Schmidt-Bendun, Rüdiger, Das Zusammenspiel der Verordnung (EG) Nr. 261/2004 über Ausgleichs- und Unterstützungsleistungen für Fluggäste mit völkervertraglichen, europäischen sowie nationalen Vorschriften, VersR 2004, 971 ff.
- Haftung der Bahn für Verspätungsschäden – de lege lata – de lege ferenda, NJW 2004, 646 ff.
- Neuregelung über Ausgleichs- und Unterstützungsleistungen für Fluggäste, NJW 2004, 1897 ff.
- Pauschalreise-, Luftverkehrs-, Eisenbahn- sowie Reiseversicherungsrecht, Rechtsprechung aus den Jahren 2005 und 2006 sowie aktuelle Entwicklungen, NJW 2007, 2301 ff.

Stefula, Martin, Völkerrechtswidrigkeit der EG-Lufthaftungsverordnung?, TranspR 2000, 399 ff.

Stefula, Martin/Thoß, Axel, Minderungsrecht des Passagiers bei Flugverspätungen?, TranspR 2001, 248 ff.

Steppler, Ulrich, Die Verordnung (EG) Nr 1459/2006 – Anfang vom Ende des IATA-Interlining?, ZLW 2007, 367 ff.
- Tarifbildung und IATA-Interlining im Luftverkehr, Eine wettbewerbsrechtliche Betrachtung, Masterarbeit, Mainz, 2007, zit.: *Steppler*

Streinz, Rudolf /Ohler, Christoph (Hrsg.), EUV/EGV, Kommentar, München, 2003, zit.: *Bearbeiter* in *Streinz*, EUV/EGV

Stütz, Manfred, Mangelhafte Werkherstellung und der Neuherstellungsanspruch, Diss., München, 1970, zit.: *Stütz*

Sundberg, Jacob, Quelques aspects de la responsabilité pour retard en droit aérien, RFDA, 1966, 139 ff.

Sundberg, Jacob W. F., Air charter, A study in legal development, Stockholm, 1961, zit.: *Sundberg*

Tavakoli, Anusch Alexander, Privatisierung und Haftung der Eisenbahn, Diss., Konstanz, 2001, zit.: *Tavakoli*

Teuchert, Wilfried/Damm, Günter/Günther, Klaus-Dieter, Luftrecht, Berlin, 1987, zit.: Teuchert

Thomas, Frank P., Flugzeugleasingfonds – Strukturierung, Steueroptimierung und haftungsrechtliche Risiken, TranspR 1997, 313 ff.

Thor, Hans, Muss der Luftfrachtführer für alle Zufälle des täglichen Lebens haften?, S. 273 ff. in: Müller-Rostin, Wolf/Schmid, Ronald (Hrsg.), Das Luftverkehrsrecht vor neuen Herausforderungen, Festgabe für Edgar Ruhwedel, Darmstadt, 2004, zit.: *Thor*, Festgabe Ruhwedel

Titze, Heinrich, Die Unmöglichkeit der Leistung nach deutschem bürgerlichen Recht, Leipzig, 1900, zit.: *Titze*

Tompkins, George N. Jr., 'Bumping' – Denied Boarding – and Article 19 of the Montreal Convention, ASL 2007, 231 ff.

Tonner, Klaus, Der Luftbeförderungsvertrag zwischen europäischer und globaler Regulierung, NJW 2006, 1854 ff.
- Die EG-Verordnung über Ausgleichsleistungen bei Nichtbeförderung, Annullierung und großer Verspätung – ein wichtiger Beitrag des Rechts zur Qualitätssicherung im Luftverkehr, RRa 2004, 59 ff.

- Flugverspätung, Annullierung und Nichtbeförderung im europäischen Reiserecht, RRa 2006, 278 ff.
- Der Reisevertrag, Kommentar zu den §§ 651 a–651 l BGB, 5. Aufl., Neuwied, 2007, zit.: *Tonner*, II.
- Fluggastrechte und der EuGH, VuR 2009, 209 ff.

Tonner, Klaus/Lindner, Beatrix, Der Wechsel der Fluggesellschaft als Reisemangel?, VuR 1996, 249 ff.

Trappe, Johannes, Zum Verspätungsschaden im Luftrecht, VersR 1975, 596 ff.

Ultsch, Michael, Rückgabe von Fußball-WM-Tickets nach § 649 BGB, ZGS 2005, 261 ff.

Videla Escalada, Federico, The Warsaw Convention within Argentine Law, ZLW 1991, 339 ff.

Vitt, Elmar/Specht, Karl, Reiserecht als Mittel zur Kontrolle und Verbesserung der Flugsicherheit?, NJW 1996, 2916 ff.

Vogt, Georg, Erwerb von Flugscheinen für Dritte, ZLW 1967, 125 ff.

Vollmar, Iris-Beatrix, Die Haftung des Luftfrachtführers nach deutschem Recht für Personenschäden von Fluggästen bei nationaler und internationaler Beförderung, Diss., Köln, 1986, zit.: *Vollmar*

von Ziegler, Alexander, Time Flies: Die Zeit beim Frachtguttransport im Luftverkehr, ASDA/SVLR-Bulletin 2002, 30 ff.

Wagner, Beate, Die „Billigfluggesellschaften" aus dem Blickwinkel des Verbraucherschutzes, RRa 2004, 102 ff.
- Verbesserung der Fluggastrechte durch die Verordnung (EG) Nr. 261/2004?, Praktische Probleme aus Verbrauchersicht, VuR 2006, 337 ff.

Wagner, Rolf, Neue kollisionsrechtliche Vorschriften für Beförderungsverträge in der Rom I-Verordnung, TranspR 2008, 221 ff.

Weber, Ludwig/Jakob, A., The Modernisation of the Warsaw System: The Montreal Convention of 1999, AASL, 1999, 333 ff.

Weise, Stefanie/Schubert, Andreas, Konkurrenzen der VO (EG) Nr. 261/2004 über Entschädigungsleistungen von Fluggästen bei einer Verspätung, Nichtbeförderung und Annullierung zum deutschen Pauschalreiserecht, TranspR 2006, 340 ff.

Weller, Marc-Philippe, Das Übertragungsverbot der Fußball-WM-Tickets – eine angreifbare Vinkulierung durch den DFB, NJW 2005, 934 ff.

Westermann, Harm Peter (Hrsg.), Erman Bürgerliches Gesetzbuch, Band I, §§ 1–758, AGG, UKlaG, 12. Aufl., Köln, 2008, zit.: *Bearbeiter* in Erman
- Erman Bürgerliches Gesetzbuch, Band II, §§ 759–2385, ProdHaftG, ErbbauRG, HausratsVO, VAHRG, LPartG, WEG, EGBGB, 12. Aufl., Köln, 2008, zit.: *Bearbeiter* in Erman

Whalen, Thomas J., The New Warsaw Convention: The Montreal Convention, ASL 2000, 12 ff.

Wipfli, Hans, Sicherheitsmassnahmen gegen Gewaltakte im schweizerischen Linienluftverkehr, Diss., Zürich, 1983, zit.: *Wipfli*

Wolf, Martin, Die Haftung des Werkunternehmers, für Lieferantenverschulden, ZIP 1998, 1657 ff.

Wolf, Manfred/Horn, Norbert/Lindacher, Walter F., AGB-Gesetz, Kommentar, 4. Aufl., München, 1999, zit.: Wolf/Horn/Lindacher

Würthwein, Susanne, Schadensersatz für Verlust der Nutzungsmöglichkeit einer Sache oder für entgangene Gebrauchsvorteile?, Diss., Marburg, 2001, zit.: *Würthwein*

Zandke-Schaffhäuser, Birgit, Praktische Probleme mit der Verordnung (EG) Nr. 261/2004, RRa 2008, 168 ff.
Zenker, Wolfgang, Unübertragbarkeit von „Flugtickets" in der Klauselkontrolle, NJW 2003, 1915 ff.

Sachverzeichnis

Abfliegen der Flugcoupons 114
Abflugort 69
Abflugverspätung 126, 165, 182, 187, 191, 204, 205
– Beförderung über Teilstrecken 232, 269
– Erfüllung 205
– geringfügige 217, 276
– Haftungsausschluss 252
– Haftungsbegrenzung 252
– Informationspflicht 208
– Mitverschulden 272
– Rücktritt 210
– Schaden 255
– Schadensersatz statt der Leistung 237
– Verschulden 239
– Verzögerungsschaden 273
Abflugverspätungsschäden 182
Abflugzeit 71, 126, 216
Abflugzeitpunkt 274
Abgangsflughafen 71
abschließende Regelung 192, 195, 204
absolutes Fixgeschäft 158, 163
– Abflugzeit 134
– Ankunftszeit 158
– Anwendungsbereich MÜ 149
– Bedeutung der Abflugzeit 139
– Entfallen des Beförderungsanspruchs 142
– FluggastrechteVO 147
– Literatur 135
– Qualifizierung spätere Beförderung 145
– Rechtsprechung 134
– verspätetes Erscheinen 148
Airline Passenger Service Commitment 9, 19, 85, 87
Airpass 70
Allgemeine Beförderungsbedingungen 17
– Buchung im Reisebüro 53
– Fremdsprachliche Beförderungsbedingungen 56
– Ticketautomat 55
– wirksame Einbeziehung 51

– Wirksamkeit 18
allgemeines Lebensrisiko 290
allgemeines Leistungsstörungsrecht 213
Allgemeine Beförderungsbedingungen
– Buchung im Internet 54
– telefonische Buchung 55
Änderung der Flugzeiten 92, 95
– Verschiebung 95
– Vorverlegung 95
– Wirksamkeit bestehender Klauseln 97
– Zumutbarkeit 95
Änderungsvorbehalt 92, 345
Ankunftsverspätung 126, 165, 182, 188, 191, 204, 278
– ausführender Luftfrachtführer 338
– Beförderung über Teilstrecken 306, 309
– Erfüllung 310
– FluggastrechteVO 323
– Gerichtsstand 318
– geringfügige 279
– Haftungsausschluss 291
– Haftungsbeschränkung 291
– Haftungshöchstbetrag 314
– Haftungszeitraum 280
– Informationspflicht 278, 321
– Kausalität 302
– Klagefrist 318
– luftfahrttypische Kausalität 284
– luftverkehrsspezifische Risiken 284
– Minderung 323, 333
– Mitverschulden 293
– Reisegepäck 338
– Rücktritt 334
– Schaden 302
– Schadensanzeige 318
– Schadensersatz 278
– Verpassen des Anschlussfluges 292, 306
– Verschulden 294
– Versicherungspflicht 320
– Verzögerungen nach der Ankunft 337
– Vorschusspflicht 319
– Zubringerflug 306

Ankunftsverspätungsschäden 182
Ankunftszeit 71, 126, 279, 325
Annullierung 343, 345
Anreisekosten 305, 309
Anschlussflug 270, 292, 303, 306, 308, 310
Anschlussverbindung 270
anwendbares Recht 21
– deutsches Vertragsrecht 44
– EG-Recht 25
– internationale Luftbeförderungen 22
– Montrealer Übereinkommen 21
– nationale Luftbeförderungen 47
– nationales Recht 31
– Warschauer Abkommen 24
aufeinanderfolgende Luftfrachtführer 63, 88, 89
ausführender Luftfrachtführer 61, 338
– Haftung 338
ausführendes Luftfahrtunternehmen 66
Auslegung des MÜ 166
– amtliche Übersetzung 167
– historische 169, 176
– rechtsvergleichende 172, 181
– systematische 169, 174
– teleologische 171, 190
– Wortlaut 167, 172
Ausschlusswirkung 194
Beförderung über Teilstrecken 87, 210, 293, 306, 337
– Abflugverspätung 232
– Ankunftsverspätung 306, 309
– durchgehende Beförderung 90
– ein Vertrag 88, 232, 309
– Einsteigezeit 107
– mehrere Verträge 88, 232, 269, 306
– Rücktritt 232
– Rücktritt für die Zukunft 235
– Schadensersatz statt der Leistung 269
– Teilrücktritt 234
– Totalrücktritt 234
Beförderungsanspruch 69
Beförderungsentgelt 211
Beförderungsklasse 69, 72, 206, 211, 276, 344
Begleitschaden 209
Behörde 248
Beschaffungsrisiko 206
Bestimmungsort 69, 278
Boarding 106
Bodenabfertigung 337

Bodenabfertigungsdienst 247
Bordkarte 99
Check-in 99
Code-Sharing 62
Computerreservierungssystem 125
Dauerschuldverhältnis 210
Dayroom 276
Deutsche Bahn
– Kundencharta Fernverkehr 10, 222
Differenztheorie 256
Direktflug 129
Direktverbindung 292
Durchabfertigung 90
EG-Recht 13
eingeschränkter Regelungsbereich 194
Einheitsprivatrecht 166
Einsteigezeit 107
– Folgen der Nichteinhaltung 107
entgangene Leistungen 261, 266, 305
entgangener Gewinn 259, 304
Entlastung 295
Entlastungsbeweis 280
Erfüllung 205, 270, 310, 344
– höhere Gewalt 244
– Streik 251
Erfüllungsgehilfe 240, 245
– ausführender Luftfrachtführer 247
– Behörde 248
– Bodenabfertigungsdienst 247
– Sicherheitskontrolle 249
– Streik 250
Erfüllungsinteresse 255
Erfüllungsverweigerung 207, 346
Erfüllungszeitraum 156, 159
– Abflug 157
– Ankunft 159
– Eisenbahnbeförderung 157
Erheblichkeitsschwelle 218
Ersatzanschlussflug 303
Ersatzbeförderung 206, 259
Ersatzflug 164, 257, 346
Ersatzflugzeug 206, 242
Essensmehraufwendungen 275
FahrgastrechteVO 131
Fahrlässigkeit 240, 312
Fälligkeit 126
– Abflugzeit 127, 216, 229
– Ankunftszeit 127
– Beförderungsentgelt 211
Fälligkeitsvereinbarung 152

Sachverzeichnis

Fernabsatzgeschäft 92
Fixgeschäft 133
– absolutes 133, 134
– relatives 133
flexible Tickets 111, 113
Flugabschnitt 87
Fluggast 68
Fluggastrechte
– Einzelheiten 205
– Entwicklung 5
– Rechtsquellen 11
FluggastrechteVO 10, 14, 30, 45, 84, 147, 155, 226, 242, 276, 346
Flughafenkoordinierung 123
Flugnummer 80, 118, 163, 341
Flugplan 75, 119
Flugpreis 267
Flugschein 57, 89
– Airpass 70
– elektronischer Flugschein 57
– flexible Tickets 111, 113
– herkömmlicher Papierflugschein 57
– Normalpreisflugticket 111, 113
– offenes Ticket 70
– Sondertariftickets 70, 91, 111
– Stand-by Ticket 70
Flugsegment 87
Flugstrecke 69
Flugzeiten 118, 326
– Abflugzeit 126
– angemessene Zeit 120
– Ankunftszeit 126
– Flugplan 119
– Flugticket 119
– In-Block-Zeit 122
– Off-Block-Zeit 122
– Pufferzeiten 125
– Reisebestätigung 119
– Reiseplan 119
– Taxizeiten 123
– Verbindlichkeit 123
Freistellung 255, 275, 302
Frustrationstheorie 265
Gepäckidentifizierungsmarke 59
Gepäckschein 59
Gerichtsstand 318
Gesamtvermögensvergleich 255
Goldfranken 322
Go-Show 76
Haftungsausschluss 252, 291

Haftungsbegrenzung 252, 283
Haftungsbeschränkung 291
Haftungshöchstbetrag 314, 322
– Durchbrechung 315
– Teilstrecke 315
– Warschauer Abkommen 322
Haftungsverzicht 292
HaftungsVO 13, 26, 321, 322
Haftungszeitraum 280
höhere Gewalt 230, 240, 242, 293, 296
– Krieg 206
– medizinischer Notfall 244
– Naturkatastrophe 206
– Nebel 243
– schlechtes Wetter 243
– technischer Defekt 244
– terroristische Akte 244
– Überlastung des Flughafens 244
– Überlastung des Luftraumes 244
Hotel 261, 267, 276, 303, 305
IATA-Empfehlung RP 1724 17
In-Block-Zeit 122
Information über Abwicklungsfragen 85
Informationspflicht 208, 245, 278, 321
– nach HaftungsVO 321
– Schadensersatz 209
Interline-System 64
internationale Beförderung 22
– Anschlussflug 23
– Rundflug 22
– Zubringerflug 23
Kabotage 8
Kapazität 206
Kardinalpflicht 253
Kerosinzuschlag 92
Klagefrist 318
Kommunikationsmehraufwendungen 276, 303
Krieg 206
Kündigung 91, 111, 210, 235
Kurzstreckenflug 224
Langstreckenflug 224
Leichtfertigkeit 316
Leistungsänderung 86, 91, 344
– Änderung der Flugzeiten 92, 95
– Änderungsvorbehalt 92, 345
– einseitige 92
– rechtzeitige Erklärung 94
– Voraussetzungen 92
– zweiseitige 91

Leistungsverweigerungsrecht 212
Leistungszeit 69, 71
Leute 298
– ausführender Luftfrachtführer 300
– Ausführung einer Verrichtung 301
Liberalisierung 8
Luftbeförderungsvertrag 49
– „Rumpf"-Beförderungsvertrag 69
– Änderung der Flugzeiten 92
– ein Vertrag 88
– Kündigung 91, 111
– Leistungsänderung 86, 91
– mehrere Verträge 88
– Platzbuchung 71
– Rechtsnatur und Form 49
– Stornierung 91
– Umbuchung 86, 91
– Vertrag zugunsten Dritter 50
luftfahrttypische Kausalität 284
Luftfrachtführer 60
– aufeinanderfolgende Luftfrachtführer 63, 88, 89
– ausführender Luftfrachtführer 61
– ausführendes Luftfahrtunternehmen 66
– vertraglicher Luftfrachtführer 60
Luftverkehrsgesetz 16, 42
luftverkehrsspezifische Risiken 284
Meldeschlusszeit 85, 87, 96, 101, 307, 309, 310, 341, 346
– Ausnahmen der Einhaltung 105
– FluggastrechteVO 102, 103, 104
– Folgen der Nichteinhaltung 107
– Verbindlichkeit 102
Mietwagen 261, 267, 305
Minderung 214, 287, 323, 333
– Ausschluss 330
– Pauschalreise 328
– Werkmangel 325
mittelbarer Schaden 293
Mittelstreckenflug 224
Mitverschulden 271, 280, 293, 311
– Abflugverspätung 271
– Ankunftsverspätung 311
Modalitäten der Ausführung 87
– Änderung 87
– Bestimmung 87
– rechtzeitige Information 87
Monopolunternehmen 298
Montrealer Übereinkommen 6, 12

Montrealer-Übereinkommen-Durchführungsgesetz 16, 41
Nachfrist 219, 237
– Abwicklung 220
– Angebot nach Fristablauf 228
– Ausschluss 220
– automatischer Beginn 222
– Dauer 223
– Entbehrlichkeit 221
– FluggastrechteVO 226
– geringfügige Überschreitung 227
– konkludente Setzung 223
– Rücktritt 219
– Schadensersatz statt der Leistung 237
– Selbstmahnung 223
– Verzicht 221
nationale Luftbeförderungen 47
Naturalrestitution 145, 255, 302
Naturkatastrophe 206
Nebel 243
Nichtbeförderung 162, 181, 185, 187, 189, 341
– endgültige 162, 185
– vorübergehende 163, 166
Nichterscheinen des Fluggastes 113, 342
Normalpreisflugticket 111, 113
Normaltarif 211
No-Show 113, 342
Off-Block-Zeit 122
offenes Ticket 70
OK-Vermerk 75
One-Way-Flug 40, 88
– ein Vertrag 88
– mehrere Verträge 88
Open-Skies-Bedingungen 8
Open-Skies-Urteil 38
Parkposition 122, 279
Personal 240
Personenbeförderungsvertrag 329
Platzbuchung 69, 71, 86, 212
– Anspruch 76
– ausführender Luftfrachtführer 76
– einseitige Stornierung 108
– Fluggerät 78
– Flugnummer 80
– Flugroute 79
– rechtliche Qualifizierung 72
– Stornierung 99, 113, 212
positives Interesse 255
Privatjet 259

Pufferzeiten 125
punitive damages 302
Rahmenlösung 193
Ratenwerkvertrag 234
Recht der engsten Verbindung 35
– Abgangs- und Bestimmungsort 39
– engere Verbindung 37
– Hauptniederlassung 36
Rechtswahl 32
– ausdrückliche 33
– gewöhnlicher Aufenthaltsort 35
– konkludente 34
Reisegepäck 338
Reisender 67
relatives Fixgeschäft 150
– Abflugzeit 150
– Ankunftszeit 159
– Bedeutung der Abflugzeit 152, 153
– FluggastrechteVO 155
Rentabilitätsvermutung 262, 267
Reparatur 206
Reservierungsklasse 72, 211
Rückabwicklung 270
Rückbeförderung 303
Rückbestätigungspflicht 114
Rückflug 269, 303, 309
Rücktritt 210, 274, 334
– Ausschluss 335
– Beförderung über Teilstrecken 232
– Einschränkungen in ABB 230
– Erweiterungen in ABB 231
– geringfügige Abflugverspätung 217
– Nachfrist 219
– Rücktritt für die Zukunft 235
– Teilrücktritt 234
– Totalrücktritt 234
– Verzögerung der Leistung 216
– vor Fälligkeit 229
Rundflug 39, 87, 88, 114
– ein Vertrag 88
– mehrere Verträge 88
Schaden 255, 302
– Anreisekosten 305, 309
– Anschlussflug 308, 310
– entgangene Leistungen 261, 266, 305
– entgangener Gewinn 259, 304
– Ersatzanschlussflug 303
– Ersatzflug 257
– Flugpreis 267
– Kausalität 302

– mittelbarer 293
– Privatjet 259
– Rückbeförderung 303
– Rückflug 269, 303, 309
– Verdienstausfall 260, 304
– vergebliche Aufwendungen 261, 309
– verlorene Urlaubszeit 260, 304
– Verzögerungsschaden 268
Schadensanzeige 318
Schadensersatz 278
– Ankunftsverspätung 278
– Beförderung über Teilstrecken 307, 310
– geringfügige Ankunftsverspätung 279
– Haftungshöchstbetrag 314
– Kausalität 302
– Mitverschulden 311
– punitive damages 302
– Schaden 302
– Strafschadensersatz 302
– Verschulden 294
Schadensersatz statt der Leistung 237
– Angebot nach Fristablauf 239
– Beförderung über Teilstrecken 269
– geringfügige Abflugverspätung 237
– gestörte Teilleistung 270
– Mitverschulden 272
– Nachfrist 237
– nicht erfüllte Teilleistung 270
– Rückabwicklung 270
– Schaden 255
– Verschulden 239
– vor Fälligkeit 238
– Voraussetzungen 237
Schadensminderungsaufwendungen 267, 305
Schadensminderungspflicht 257, 260, 264, 267, 268, 276, 303, 305, 308
schwarze Liste 11, 15
Schwarze-ListeVO 11, 15, 31, 46
Selbstmahnung 223
Sicherheitskontrolle 249
Sicherheitsvorschriften 341
Sitzplatz 71
Slot 122
Slotallokation 122
Sondertarif 211
Sondertarifftickets 70, 91, 111
Sonderziehungsrecht 314
Sorgfaltsmaßstab 241, 296
Stand-by Ticket 70

Steuern und Gebühren 91, 112
Stornierung 91
– Abfliegen der Flugcoupons 114
– einseitige 99
– Nichterscheinen des Fluggastes 113
– Rückbestätigungspflicht 114
– verspätetes Erscheinen 99
– zweiseitige 91
Strafschadensersatz 302
Streik 250
Sukzessivlieferungsvertrag 233
Surrogationstheorie 256
Tarif 211
Tarifbestimmungen 91, 111, 308
Taxizeiten 123
technischer Defekt 241
Teilbarkeit 234
Teilleistung 232
Teilstrecke 87, 234, 269, 315
Terminhintergrund 128
Theaterkarten 261, 266
Ticket-Service-Charge 92
Überbuchung 284, 342, 345, 347
Überbuchungsentscheidung des BGH 284
ÜberbuchungsVO 8
Übernachtungsmehraufwendungen 275, 303
Umbuchung 86, 91, 95, 206, 207, 307, 310, 343
Umsteigeverbindung 89, 129, 232, 269
Unmöglichkeit 344
– vorrübergehende 274
– vorübergehende 206
Verdienstausfall 260, 304
Verdrängungslösung 193
vergebliche Aufwendungen 261, 309
verlorene Urlaubszeit 260, 304
Verrichtung 301
Verschiebung des Abflugs 95, 344
Verschulden 239, 294
– Abflugverspätung 239
– betriebliche Organisation 241
– eigene Mitarbeiter 240
– eigenes 240, 295
– Erfüllungsgehilfe 240, 245
– Ersatzflugzeug 242
– Fahrlässigkeit 240, 295
– FluggastrechteVO 242
– Fremdverschulden 245
– höhere Gewalt 242

– Leichtfertigkeit 316
– Leute 297
– Sorgfaltsmaßstab 241
– Störungsvorsorge 241
– Streik 250
– technischer Defekt 241
– vermutetes 294
– Vorsatz 240, 295
Versicherungspflicht 319
verspätetes Erscheinen 99, 148
– Boarding 106
– Check-in 101
– Einsteigezeit 107
– Meldeschlusszeit 101
– Rechtsfolge 107
– Verlust des Beförderungsanspruchs 110
Verspätung 83, 117, 161, 278
– Abflugverspätung 126, 165
– abschließende Regelung 192
– Ankunftsverspätung 126, 165
– Definition 117
– Flugzeiten 118
– Rechtzeitigkeit 118
Verspätungsbegriff
– historische Auslegung 176
– rechtsvergleichende Auslegung 181
– systematische Auslegung 174
– teleologische Auslegung 190
– Wortlautauslegung 172
Vertrag zugunsten Dritter 50
vertraglicher Luftfrachtführer 60
Vertragspartner für die Beförderung im Luftverkehr 67
Verzögerungen nach der Ankunft 337
Verzögerungsschaden 268, 270, 273, 278
Verzug 274
Vollendung 211, 214, 277, 325
Vorleistungspflicht 211
Vorsatz 240
Vorschusspflicht 319
Vorverlegung des Abflugs 95, 343, 345
Wahlschuld 72
Warschauer Abkommen 6, 12, 322
Warteraum 276
Wartung 242
Werkmangel 214, 277, 325
Werkvertrag 49
Wet-Lease 63
Wetter 243
Wind 243

Zeitpuffer 272, 313, 322
Zielflughafen 71
Zubringerflug 269, 306

Zusammenlegung 343
Zwischenlandeort 236, 278, 306
Zwischenlandung 87, 88, 236

Studien zum ausländischen und internationalen Privatrecht

Alphabetische Übersicht

Adam, Wolfgang: Internationaler Versorgungsausgleich. 1985. *Band 13.*
Ady, Johannes: Ersatzansprüche wegen immaterieller Einbußen. 2004. *Band 136.*
Ahrendt, Achim: Der Zuständigkeitsstreit im Schiedsverfahren. 1996. *Band 48.*
Amelung, Ulrich: Der Schutz der Privatheit im Zivilrecht. 2002. *Band 97.*
Anderegg, Kirsten: Ausländische Eingriffsnormen im internationalen Vertragsrecht. 1989. *Band 21.*
Arnold, Stefan: Die Bürgschaft auf erstes Anfordern im deutschen und englischen Recht. 2007. *Band 196.*
Athanassopoulou, Victoria: Schiffsunternehmen und Schiffsüberlassungsverträge. 2005. *Band 151.*
Aukhatov, Adel: Durchgriffs- und Existenzvernichtungshaftung im deutschen und russischen Sach- und Kollisionsrecht. 2009. *Band 214.*
Bach, Ivo: Grenzüberschreitende Vollstreckung in Europa. 2008. *Band 209.*
Bälz, Moritz: Die Spaltung im japanischen Gesellschaftsrecht. 2005. *Band 158.*
Bartels, Hans-Joachim: Methode und Gegenstand intersystemarer Rechtsvergleichung. 1982. *Band 7.*
Bartnik, Marcel: Der Bildnisschutz im deutschen und französischen Zivilrecht. 2004. *Band 128.*
Basedow, Jürgen / Wurmnest, Wolfgang: Die Dritthaftung von Klassifikationsgesellschaften. 2004. *Band 132.*
Basedow, Jürgen (Hrsg.): Europäische Verkehrspolitik. 1987. *Band 16.*
– */ Scherpe, Jens M.* (Hrsg.): Transsexualität, Staatsangehörigkeit und internationales Privatrecht. 2004. *Band 134.*
Baum, Harald: Alternativanknüpfungen. 1985. *Band 14.*
Behrens, Peter: siehe *Hahn, H.*
Beulker, Jette: Die Eingriffsnormenproblematik in internationalen Schiedsverfahren. 2005. *Band 153.*
Bitter, Anna-Kristina: Vollstreckbarerklärung und Zwangsvollstreckung ausländischer Titel in der Europäischen Union. 2009. *Band 220.*
Böhmer, Martin: Das deutsche internationale Privatrecht des timesharing. 1993. *Band 36.*
Boelck, Stefanie: Reformüberlegungen zum Haager Minderjährigenschutzabkommen von 1961. 1994. *Band 41.*
Brand, Oliver: Das internationale Zinsrecht Englands. 2002. *Band 98.*
Brockmeier, Dirk: Punitive damages, multiple damages und deutscher ordre public. 1999. *Band 70.*
Brokamp, Arno: Das Europäische Verfahren für geringfügige Forderungen. 2008. *Band 207.*
Brückner, Bettina: Unterhaltsregreß im internationalen Privat- und Verfahrensrecht. 1994. *Band 37.*
Buchner, Benedikt: Kläger- und Beklagtenschutz im Recht der internationalen Zuständigkeit. 1998. *Band 60.*

Budzikiewicz, Christine: **Materielle Statuseinheit und kollisionsrechtliche Statusverbesserung.** 2007. *Band 185.*
Büttner, Benjamin: **Umfang und Grenzen der Dritthaftung von Experten.** 2006. *Band 169.*
Burkei, Felix: **Internationale Handelsschiedsgerichtsbarkeit in Japan.** 2008. *Band 213.*
Busse, Daniel: **Internationales Bereicherungsrecht.** 1998. *Band 66.*
Dawe, Christian: **Der Sonderkonkurs des deutschen Internationalen Insolvenzrechts.** 2005. *Band 159.*
Dernauer, Marc: **Verbraucherschutz und Vertragsfreiheit im japanischen Recht.** 2006. *Band 164.*
Dilger, Jörg: **Die Regelungen zur internationalen Zuständigkeit in Ehesachen in der Verordnung (EG) Nr. 2201/2003.** 2004. *Band 116.*
Döse-Digenopoulos, Annegret: **Der arbeitsrechtliche Kündigungsschutz in England.** 1982. *Band 6.*
Dohrn, Heike: **Die Kompetenzen der Europäischen Gemeinschaft im Internationalen Privatrecht.** 2004. *Band 133.*
Dopffel, Peter (Hrsg.): **Ehelichkeitsanfechtung durch das Kind.** 1990. *Band 23.*
– (Hrsg.): **Kindschaftsrecht im Wandel.** 1994. *Band 40.*
–, *Ulrich Drobnig* und *Kurt Siehr* (Hrsg.): **Reform des deutschen internationalen Privatrechts.** 1980. *Band 2.*
Dornblüth, Susanne: **Die europäische Regelung der Anerkennung und Vollstreckbarerklärung von Ehe- und Kindschaftsentscheidungen.** 2003. *Band 107.*
Drappatz, Thomas: **Die Überführung des internationalen Zivilverfahrensrechts in eine Gemeinschaftskompetenz nach Art. 65 EGV.** 2002. *Band 95.*
Drobnig, Ulrich: siehe *Dopffel, Peter.*
Dutta, Anatol: **Die Durchsetzung öffentlichrechtlicher Forderungen ausländischer Staaten durch deutsche Gerichte.** 2006. *Band 172.*
Eckl, Christian: **Treu und Glauben im spanischen Vertragsrecht.** 2007. *Band 183.*
Eichholz, Stephanie: **Die US-amerikanische Class Action und ihre deutschen Funktionsäquivalente.** 2002. *Band 90.*
Eisele, Ursula S.: **Holdinggesellschaften in Japan.** 2004. *Band 121.*
Eisenhauer, Martin: **Moderne Entwicklungen im englischen Grundstücksrecht.** 1997. *Band 59.*
Ernst, Ulrich: **Mobiliarsicherheiten in Deutschland und Polen.** 2005. *Band 148.*
Eschbach, Sigrid: **Die nichteheliche Kindschaft im IPR – Geltendes Recht und Reform.** 1997. *Band 56.*
Faust, Florian: **Die Vorhersehbarkeit des Schadens gemäß Art. 74 Satz 2 UN-Kaufrecht (CISG).** 1996. *Band 50.*
Fenge, Anja: **Selbstbestimmung im Alter.** 2002. *Band 88.*
Festner, Stephan: **Interessenkonflikte im deutschen und englischen Vertretungsrecht.** 2006. *Band 177.*
Fetsch, Johannes: **Eingriffsnormen und EG-Vertrag.** 2002. *Band 91.*
Fischer-Zernin, Cornelius: **Der Rechtsangleichungserfolg der Ersten gesellschaftsrechtlichen Richtlinie der EWG.** 1986. *Band 15.*
Förster, Christian: **Die Dimension des Unternehmens.** 2003. *Band 101.*
Forkert, Meinhard: **Eingetragene Lebenspartnerschaften im deutschen IPR: Art. 17b EGBGB.** 2003. *Band 118.*
Freitag, Robert: **Der Einfluß des Europäischen Gemeinschaftsrechts auf das Internationale Produkthaftungsrecht.** 2000. *Band 83.*

Fricke, Martin: Die autonome Anerkennungszuständigkeitsregel im deutschen Recht des 19. Jahrhunderts. 1993. *Band 32.*
Fricke, Verena: Der Unterlassungsanspruch gegen Presseunternehmen zum Schutze des Persönlichkeitsrechts im internationalen Privatrecht. 2003. *Band 110.*
Fröschle, Tobias: Die Entwicklung der gesetzlichen Rechte des überlebenden Ehegatten. 1996. *Band 49.*
Fromholzer, Ferdinand: Consideration. 1997. *Band 57.*
Fuglinszky, Ádám: Mangelfolgeschäden im deutschen und ungarischen Recht. 2007. *Band 188.*
Funken, Katja: Das Anerkennungsprinzip im internationalen Privatrecht. 2009. *Band 218.*
Gärtner, Veronika: Die Privatscheidung im deutschen und gemeinschaftsrechtlichen Internationalen Privat- und Verfahrensrecht. 2008. *Band 208.*
Gal, Jens: Die Haftung des Schiedsrichters in der internationalen Handelsschiedsgerichtsbarkeit. 2009. *Band 215.*
Ganssauge, Niklas: Internationale Zuständigkeit und anwendbares Recht bei Verbraucherverträgen im Internet. 2004. *Band 126.*
Gerasimchuk, Eleonora: Die Urteilsanerkennung im deutsch-russischen Rechtsverkehr. 2007. *Band 181.*
Gilfrich, Stephanie Uta: Schiedsverfahren im Scheidungsrecht. 2007. *Band 189.*
Godl, Gabriele: Notarhaftung im Vergleich. 2001. *Band 85.*
Gottwald, Walther: Streitbeilegung ohne Urteil. 1981. *Band 5.*
Graf, Ulrike: Die Anerkennung ausländischer Insolvenzentscheidungen. 2003. *Band 113.*
Grigera Naón, Horacio A.: Choice of Law Problems in International Commercial Arbitration. 1992. *Band 28.*
Grolimund, Pascal: Drittstaatenproblematik des europäischen Zivilverfahrensrechts. 2000. *Band 80.*
Häcker, Birke: Consequences of Impaired Consent Transfers. 2009. *Band 223.*
Hahn, H. u.a.: Die Wertsicherung der Young-Anleihe. Hrsg. von Peter Behrens. 1984. *Band 10.*
Handorn, Boris: Das Sonderkollisionsrecht der deutschen internationalen Schiedsgerichtsbarkeit. 2005. *Band 141.*
Hartenstein, Olaf: Die Privatautonomie im Internationalen Privatrecht als Störung des europäischen Entscheidungseinklangs. 2000. *Band 81.*
Hartnick, Susanne: Kontrollprobleme bei Spendenorganisationen. 2007. *Band 186.*
Hein, Jan von: Das Günstigkeitsprinzip im Internationalen Deliktsrecht. 1999. *Band 69.*
Heinze, Christian A.: Einstweiliger Rechtsschutz im europäischen Immaterialgüterrecht. 2007. *Band 195.*
Heiss, Helmut (Hrsg.): Zivilrechtsreform im Baltikum. 2006. *Band 161.*
Hellmich, Stefanie: Kreditsicherungsrechte in der spanischen Mehrrechtsordnung. 2000. *Band 84.*
Hellwege, Phillip: Die Rückabwicklung gegenseitiger Verträge als einheitliches Problem. 2004. *Band 130.*
Henninger, Thomas: Europäisches Privatrecht und Methode. 2009. *Band 224.*
Herb, Anja: Europäisches Gemeinschaftsrecht und nationaler Zivilprozess. 2007. *Band 187.*
Hettenbach, Dieter: Das Übereinkommen der Vereinten Nationen über die Verwendung elektronischer Mitteilungen bei internationalen Verträgen. 2008. *Band 212.*

Hinden, Michael von: Persönlichkeitsverletzungen im Internet. 1999. *Band 74.*
Hippel, Thomas von: Der Ombudsmann im Bank- und Versichungswesen. 2000. *Band 78.*
Hirse, Thomas: Die Ausweichklausel im Internationalen Privatrecht. 2006. *Band 175.*
Hoffmann, Nadja: Die Koordination des Vertrags- und Deliktsrechts in Europa. 2006. *Band 168.*
Hotz, Sandra: Japanische, deutsche und schweizerische Irrtumsregelungen. 2006. *Band 176.*
Huber, Stefan: Entwicklung transnationaler Modellregeln für Zivilverfahren. 2008. *Band 197.*
Hutner, Armin: Das internationale Privat- und Verfahrensrecht der Wirtschaftsmediation. 2005. *Band 156.*
Hye-Knudsen, Rebekka: Marken-, Patent- und Urheberrechtsverletzungen im europäischen Internationalen Zivilprozessrecht. 2005. *Band 149.*
Janköster, Jens Peter: Fluggastrechte im internationalen Luftverkehr. 2009. *Band 227.*
Janssen, Helmut: Die Übertragung von Rechtsvorstellungen auf fremde Kulturen am Beispiel des englischen Kolonialrechts. 2000. *Band 79.*
Jeremias, Christoph: Internationale Insolvenzaufrechnung. 2005. *Band 150.*
Jung, Holger: Ägyptisches internationales Vertragsrecht. 1999. *Band 77.*
Junge, Ulf: Staatshaftung in Argentinien. 2002. *Band 100.*
Kadner, Daniel: Das internationale Privatrecht von Ecuador. 1999. *Band 76.*
Kannengießer, Matthias N.: Die Aufrechnung im internationalen Privat- und Verfahrensrecht. 1998. *Band 63.*
Kapnopoulou, Elissavet N.: Das Recht der mißbräuchlichen Klauseln in der Europäischen Union. 1997. *Band 53.*
Karl, Anna-Maria: Die Anerkennung von Entscheidungen in Spanien. 1993. *Band 33.*
Karl, Matthias: siehe *Veelken, Winfried.*
Kern, Christoph: Die Sicherheit gedeckter Wertpapiere. 2004. *Band 135.*
Kircher, Wolfgang: Die Voraussetzungen der Sachmängelhaftung beim Warenkauf. 1998. *Band 65.*
Klauer, Stefan: Das europäische Kollisionsrecht der Verbraucherverträge zwischen Römer EVÜ und EG-Richtlinien. 2002. *Band 99.*
Kleinschmidt, Jens: Der Verzicht im Schuldrecht. 2004. *Band 117.*
Kliesow, Olaf: Aktionärsrechte und Aktionärsklagen in Japan. 2001. *Band 87.*
Klingel, Katharina: Die Principles of European Law on Personal Security als neutrales Recht für internationale Bürgschaftsverträge. 2009. *Band 222.*
Klüber, Rüdiger: Persönlichkeitsschutz und Kommerzialisierung. 2007. *Band 178.*
Köhler, Martin: Die Haftung nach UN-Kaufrecht im Spannungsverhältnis zwischen Vertrag und Delikt. 2003. *Band 111.*
Koerner, Dörthe: Fakultatives Kollisionsrecht in Frankreich und Deutschland. 1995. *Band 44.*
Kopp, Beate: Probleme der Nachlaßabwicklung bei kollisionsrechtlicher Nachlaßspaltung. 1997. *Band 55.*
Kronke, Herbert: Rechtstatsachen, kollisionsrechtliche Methodenentfaltung und Arbeitnehmerschutz im internationalen Arbeitsrecht. 1980. *Band 1.*
Kroymann, Benjamin: Das Kapitalgesellschaftsrecht der VR China. 2009. *Band 217.*

Kuckein, Mathias: Die ‚Berücksichtigung' von Eingriffsnormen im deutschen und englischen internationalen Vertragsrecht. 2008. *Band 198.*
Laimer, Simon: Durchführung und Rechtsfolgen der Vertragsaufhebung bei nachträglichen Erfüllungsstörungen. 2009. *Band 219.*
Landfermann, Hans-Georg: Gesetzliche Sicherungen des vorleistenden Verkäufers. 1987. *Band 18.*
Leicht, Steffen: Die Qualifikation der Haftung von Angehörigen rechts- und wirtschaftsberatender Berufe im grenzüberschreitenden Dienstleistungsverkehr. 2002. *Band 82.*
Linhart, Karin: Internationales Einheitsrecht und einheitliche Auslegung. 2005. *Band 147.*
Linker, Anja Celina: Zur Neubestimmung der Ordnungsaufgaben im Erbrecht in rechtsvergleichender Sicht. 1999. *Band 75.*
Lohmann, Arnd: Parteiautonomie und UN-Kaufrecht. 2005. *Band 119.*
Lorenz, Verena: Annexverfahren bei Internationalen Insolvenzen. 2005. *Band 140.*
Lüke, Stephan: Punitive Damages in der Schiedsgerichtsbarkeit. 2003. *Band 105.*
Magnus, Dorothea: Medizinische Forschung an Kindern. 2006. *Band 170.*
Martens, Sebastian: Durch Dritte verursachte Willensmängel. 2007. *Band 190.*
Meier, Sonja: Irrtum und Zweckverfehlung. 1999. *Band 68.*
Melin, Patrick: Gesetzesauslegung in den USA und in Deutschland. 2004. *Band 137.*
Minuth, Klaus: Besitzfunktionen beim gutgläubigen Mobiliarerwerb im deutschen und französischen Recht. 1990. *Band 24.*
Mistelis, Loukas A.: Charakterisierungen und Qualifikation im internationalen Privatrecht. 1999. *Band 73.*
Mitzkait, Anika: Leistungsstörung und Haftungsbefreiung. 2008. *Band 205.*
Mörsdorf-Schulte, Juliana: Funktion und Dogmatik US-amerikanischer punitive damages. 1999. *Band 67.*
Monleón, Nicole: Das neue internationale Privatrecht von Venezuela. 2008. *Band 204.*
Morawitz, Gabriele: Das internationale Wechselrecht. 1991. *Band 27.*
Mülhens, Jörg: Der sogenannte Haftungsdurchgriff im deutschen und englischen Recht. 2006. *Band 174.*
Müller, Achim: Grenzüberschreitende Beweisaufnahme im Europäischen Justizraum. 2004. *Band 125.*
Müller, Carsten: International zwingende Normen des deutschen Arbeitsrechts. 2005. *Band 157.*
Naumann, Ingrid: Englische anti-suit injunctions zur Durchsetzung von Schiedsvereinbarungen. 2008. *Band 202.*
Nemec, Jirí: Ausländische Direktinvestitionen in der Tschechischen Republik. 1997. *Band 54.*
Neumann, Nils: Bedenkzeit vor und nach Vertragsabschluß. 2005. *Band 142.*
Neunhoeffer, Friederike: Das Presseprivileg im Datenschutzrecht. 2005. *Band 146.*
Niklas, Isabella Maria: Die europäische Zuständigkeitsordnung in Ehe- und Kindschaftsverfahren. 2003. *Band 106.*
Nojack, Jana: Exklusivnormen im IPR. 2005. *Band 152.*
Nordmeier, Carl F.: Zulässigkeit und Bindungswirkung gemeinschaftlicher Testamente im Internationalen Privatrecht. 2008. *Band 201.*
Pattloch, Thomas: Das IPR des geistigen Eigentums in der VR China. 2003. *Band 103.*

Peinze, Alexander: Internationales Urheberrecht in Deutschland und England. 2002. *Band 92.*

Pfeil-Kammerer, Christa: Deutsch-amerikanischer Rechtshilfeverkehr in Zivilsachen. 1987. *Band 17.*

Plett, K. und *K.A. Ziegert* (Hrsg:) Empirische Rechtsforschung zwischen Wissenschaft und Politik. 1984. *Band 11.*

Pißler, Knut B.: Chinesisches Kapitalmarktrecht. 2004. *Band 127.*

–: Gläubigeranfechtung in China. 2008. *Band 203.*

Reichert-Facilides, Daniel: Fakultatives und zwingendes Kollisionsrecht. 1995. *Band 46.*

Reiter, Christian: Vertrag und Geschäftsgrundlage im deutschen und italienischen Recht. 2002. *Band 89.*

Richter, Stefan: siehe *Veelken, Winfried.*

Ringe, Georg: Die Sitzverlegung der Europäischen Aktiengesellschaft. 2006. *Band 171.*

Rogoz, Thomas: Ausländisches Recht im deutschen und englischen Zivilprozess. 2008. *Band 200.*

Rohe, Mathias: Zu den Geltungsgründen des Deliktsstatus. 1994. *Band 43.*

Rothoeft, Daniel D.: Rückstellungen nach § 249 HGB und ihre Entsprechungen in den US-GAAP und IAS. 2004. *Band 122.*

Rühl, Giesela: Obliegenheiten im Versicherungsvertragsrecht. 2004. *Band 123.*

Rusch, Konrad: Gewinnhaftung bei Verletzung von Treuepflichten. 2003. *Band 109.*

Sachse, Kathrin: Der Verbrauchervertrag im Internationalen Privat- und Prozeßrecht. 2006. *Band 166.*

Sachsen Gessaphe, Karl August Prinz von: Das Konkubinat in den mexikanischen Zivilrechtsordnungen. 1990. *Band 22.*

Sandrock, Andrea: Vertragswidrigkeit der Sachleistung. 2003. *Band 104.*

Schacherreiter, Judith: Das Franchise-Paradox. 2006. *Band 167.*

Schärtl, Christoph: Das Spiegelbildprinzip im Rechtsverkehr mit ausländischen Staatenverbindungen. 2005. *Band 145.*

Schepke, Jan: Das Erfolgshonorar des Rechtsanwalts. 1998. *Band 62.*

Scherpe, Jens M.: Außergerichtliche Streitbeilegung in Verbrauchersachen. 2002. *Band 96.*

–: siehe *Basedow, J.*

Schilf, Sven: Allgemeine Vertragsgrundregeln als Vertragsstatut. 2005. *Band 138.*

Schimansky, Annika: Der Franchisevertrag nach deutschem und niederländischem Recht. 2003. *Band 112.*

Schindler, Thomas: Rechtsgeschäftliche Entscheidungsfreiheit und Drohung. 2005. *Band 139.*

Schlichte, Johannes: Die Grundlage der Zwangsvollstreckung im polnischen Recht. 2005. *Band 144.*

Schmidt, Claudia: Der Haftungsdurchgriff und seine Umkehrung im internationalen Privatrecht. 1993. *Band 31.*

Schmidt, Jan Peter: Zivilrechtskodifikation in Brasilien. 2009. *Band 226.*

Schmidt-Ahrendts, Nils: Das Verhältnis von Erfüllung, Schadensersatz und Vertragsaufhebung im CISG. 2007. *Band 193.*

Schmidt-Parzefall, Thomas: Die Auslegung des Parallelübereinkommens von Lugano. 1995. *Band 47.*

Schneider, Winfried-Thomas: Abkehr vom Verschuldensprinzip? 2007. *Band 179.*

Schnyder, Anton K.: Internationale Versicherungsaufsicht zwischen Wirtschaftsrecht und Kollisionsrecht. 1989. *Band 20.*
Scholz, Ingo: Das Problem der autonomen Auslegung des EuGVÜ. 1998. *Band 61.*
Schröder, Vincent: Die Verweisung auf Mehrrechtsstaaten im deutschen Internationalen Privatrecht. 2007. *Band 192.*
Schütze, Elisabeth: Zession und Einheitsrecht. 2005. *Band 155.*
Schurr, Francesco A.: Geschäftsimmanente Abstandnahme. 2006. *Band 165.*
Seibt, Christoph H.: Zivilrechtlicher Ausgleich ökologischer Schäden. 1994. *Band 42.*
Seif, Ulrike: Der Bestandsschutz besitzloser Mobiliarsicherheiten. 1997. *Band 52.*
Selbig, Sabine: Förderung und Finanzkontrolle gemeinnütziger Organisationen in Großbritannien und Deutschland. 2006. *Band 173.*
Sieghörtner, Robert: Internationales Straßenverkehrsunfallrecht. 2002. *Band 93.*
Siehr, Kurt: siehe *Dopffel, Peter.*
Söhngen, Martin: Das internationale Privatrecht von Peru. 2006. *Band 162.*
Solomon, Dennis: Der Bereicherungsausgleich in Anweisungsfällen. 2004. *Band 124.*
Sonnentag, Michael: Der Renvoi im Internationalen Privatrecht. 2001. *Band 86.*
Spahlinger, Andreas: Sekundäre Insolvenzverfahren bei grenzüberschreitenden Insolvenzen. 1998. *Band 64.*
Spelsberg-Korspeter, Ullrich: Anspruchskonkurrenz im internationalen Privatrecht. 2009. *Band 225.*
Sprenger, Carsten: Internationale Expertenhaftung. 2008. *Band 199.*
Stegmann, Oliver: Tatsachenbehauptung und Werturteil in der deutschen und französischen Presse. 2004. *Band 120.*
Stehl, Kolja: Die Überwindung der Inkohärenz des Internationalen Privatrechts der Bank- und Versicherungsverträge. 2008. *Band 211.*
Steinbrück, Ben: Die Unterstützung ausländischer Schiedsverfahren durch staatliche Gerichte. 2009. *Band 221.*
Stiller, Dietrich F.R.: Das internationale Zivilprozeßrecht der Republik Korea. 1989. *Band 19.*
Stringari, Katerina: Die Haftung des Verkäufers für mangelbedingte Schäden. 2007. *Band 184.*
Sujecki, Bartosz: Das elektronische Mahnverfahren. 2008. *Band 206.*
Takahashi, Eiji: Konzern und Unternehmensgruppe in Japan – Regelung nach deutschem Modell? 1994. *Band 38.*
Tassikas, Apostolos: Dispositives Recht und Rechtswahlfreiheit als Ausnahmebereiche der EG-Grundfreiheiten. 2004. *Band 114.*
Thiele, Christian: Die zivilrechtliche Haftung der Tabakindustrie. 2003. *Band 115.*
Thoma, Ionna: Die Europäisierung und die Vergemeinschaftung des nationalen ordre public. 2007. *Band 182.*
Thoms, Cordula: Einzelstatut bricht Gesamtstatut. 1996. *Band 51.*
Tiedemann, Andrea: Internationales Erbrecht in Deutschland und Lateinamerika. 1993. *Band 34.*
Tiedemann, Stefan: Die Haftung aus Vermögensübernahme im internationalen Recht. 1995. *Band 45.*
Tochtermann, Peter: Die Unabhängigkeit und Unparteilichkeit des Mediators. 2008. *Band 210.*
Trillmich, Philip: Klauselkontrolle nach spanischem Recht im Vergleich mit der Klauselrichtlinie 93/13/EWG. 2009. *Band 216.*

Trulsen, Marion: Pflichtteilsrecht und englische family provision im Vergleich. 2004. *Band 129.*
Veelken, Winfried, Matthias Karl, Stefan Richter: Die Europäische Fusionskontrolle. 1992. *Band 30.*
Verse, Dirk A.: Verwendungen im Eigentümer-Besitzer-Verhältnis. 1999. *Band 72.*
Waehler, Jan P. (Hrsg.): Deutsch-polnisches Kolloquium über Wirtschaftsrecht und das Recht des Persönlichkeitsschutzes. 1985. *Band 12.*
– (Hrsg.): Deutsches und sowjetisches Wirtschaftsrecht. Band 1. 1981. *Band 4.*
– Band 2. 1983. *Band 9.*
– Band 3. 1990. *Band 25.*
– Band 4. 1990. *Band 26.*
– Band 5. 1991. *Band 28.*
Wang, Xiaoye: Monopole und Wettbewerb in der chinesischen Wirtschaft. 1993. *Band 35.*
Kai Wantzen: Unternehmenshaftung und Enterprise Liability. 2007. *Band 191.*
Wazlawik, Thomas: Die Konzernhaftung der deutschen Muttergesellschaft für die Schulden ihrer US-amerikanischen Tochtergesellschaft. 2004. *Band 131.*
Weidt, Heinz: Antizipierter Vertragsbruch. 2007. *Band 194.*
Weinert, Mirko: Vollstreckungsbegleitender einstweiliger Rechtsschutz. 2007. *Band 180.*
Weishaupt, Axel: Die vermögensrechtlichen Beziehungen der Ehegatten im brasilianischen Sach- und Kollisionsrecht. 1981. *Band 3.*
Weller, Matthias: Ordre-public-Kontrolle internationaler Gerichtsstandsvereinbarungen im autonomen Zuständigkeitsrecht. 2005. *Band 143.*
Wesch, Susanne: Die Produzentenhaftung im internationalen Rechtsvergleich. 1994. *Band 39.*
Weyde, Daniel: Anerkennung und Vollstreckung deutscher Entscheidungen in Polen. 1997. *Band 58.*
Wiese, Volker: Der Einfluß des Europäischen Rechts auf das Internationale Sachenrecht der Kulturgüter. 2006. *Band 160.*
Willemer, Charlotte: Vis attractiva concursus und die Europäische Insolvenzverordnung. 2006. *Band 163.*
Witzleb, Normann: Geldansprüche bei Persönlichkeitsverletzungen durch Medien. 2002. *Band 94.*
Wu, Jiin Yu: Der Einfluß des Herstellers auf die Verbraucherpreise nach deutschem und taiwanesischem Recht. 1999. *Band 71.*
Wurmnest, Wolfgang: Grundzüge eines europäischen Haftungsrechts. 2003. *Band 102.*
–: siehe *Basedow, J.*
Zeeck, Sebastian: Das Internationale Anfechtungsrecht in der Insolvenz. 2003. *Band 108.*
Ziegert, K.A.: siehe *Plett, K.*
Zobel, Petra: Schiedsgerichtsbarkeit und Gemeinschaftsrecht. 2005. *Band 154.*

Einen Gesamtkatalog erhalten Sie kostenlos vom Verlag
Mohr Siebeck, Postfach 2040, D-72010 Tübingen.
Neueste Informationen im Internet unter www.mohr.de